《文子》資料探索

丁原植　著

目　　錄

說　明

　　本書是拙著《文子研究》的第二部份，主要在探索今本《文子》的資料問題。定州《文子》出土與釋文的公佈，不但確證先秦有《文子》一書傳世，同時也啓發對今本《文子》重新思考的重要線索。今本《文子》非常駁雜，除原始《文子》古本外，包含大量後世混入的其他文字。這些混入的部份，有四分之三均見於《淮南子》。但經過仔細的探索與分析，一般所謂《文子》與《淮南子》間，誰抄襲誰的問題並不存在。這些《文子》與《淮南子》的互見部份，極可能是混入了與《淮南子》撰寫有關的一些資料。

　　我們發現，《淮南子》曾以不同的文本流傳於世，其中混入《文子》的是一種《淮南子》的別本。這個文本以節要的方式，記錄著通行的徐注或高注的《淮南子》。我們以"《淮南子》別本殘文"來指稱這些資料。

　　在西漢初期，劉安於其封地成立了一個龐大的文化活動中心。劉安與其門客在編撰後來被稱爲《淮南子》的《鴻烈》一書時，肯定曾經參閱了大量先秦以來的百家思想史料。這些資料，在劉安因被誣告謀反而自殺之後，隨著門客的逃離，可能流散在民間。今本《文子》中，有部份文字，雖與《淮南子》思想相近，但全未出現於該書中。這些資料，有推衍發展竹簡《文子》思想者，有與解《老》傳承相關者，有與南方楚學思想相近者，有表現出三晉之學特徵者。由於這部份資料後來混入了《文子》，我們暫且稱它爲"文子外編"。

　　因此，在本書中，關於《文子》資料的來源，我們區分爲以下幾種情況[1]：

　　〔甲〕竹簡《文子》資料部份。

　　〔乙〕與竹簡《文子》思想相近部份。

　　〔丙〕文子學派思想史料部份。

---

[1] 對於今本《文子》資料分類的解析，參閱拙著《文子新論》，萬卷樓出版社，1999 年，台北。

〔丁〕文子學派解《老》資料部份。

〔戊〕"文子外編"殘文部份,包含與《淮南子》同源的資料,其中有不見於今本《淮南子》者。

〔己〕《淮南子》別本殘文部份,包含與文子或文子學派關係較遠的史料。

〔庚〕其他先秦典籍資料殘文竄入部份。

凡 例

第一、本書以《正統道藏》之《通玄真經》爲底本。

第二、《文子》全書共十二篇，今按"老子曰"，或少數以"文子問"、"平王問"、"孔子問"、"文子曰"等體例，分爲一百八十七章。每章按文義結構，分爲若干節。

第三、各篇均先說明今本《文子》資料編輯情況，並按章次分別排列，凡未見於《淮南子》字句，或全文，均以"〔〕"符號標明。

第四、"相關資料尋索"部份，凡見於《淮南子》者，均摘引附上，見於他書者，亦按其與《文子》的關連，一併載錄。《淮南子》與《文子》互見文字，均以楷書體排列，其中與《文子》文字有異者，以單引號加於前後，如《淮南子》"沖而徐盈"句，本書寫作"沖而'徐'盈"，顯示"徐"字與見於《文子》者不同。又，二者句序有異者，以"{ }"符號來標明。《淮南子》未見於《文子》者，以"〔〕"符號加於前後。

第五、文字見於《淮南子》段落，根據中華書局版劉文典撰《淮南鴻烈集解》本，將頁碼記於《淮南子》引文之後。並將拙著《淮南子與文子考辨》[2]頁碼附綴於後。

第六、"探析與解說"部份，分析《文子》資料來源，判斷資料可能歸屬，並加以解說。凡稱引"校《淮南子》云"者，引書見參考書目。

---

[2] 《淮南子與文子考辨》，萬卷樓出版社，1999 年，台北。

一　〈道原〉篇探析

　　此篇稱“道原”，“道原”篇名也見於馬王堆帛書《老子乙本卷前古逸書》（後稱《黃帝四經》）而賈誼《新書》有〈道基〉篇，《淮南子》中也有〈原道訓〉。以“原道”或“道原”爲名的撰寫體例，應當形成於秦漢之前。“道原”是對“道”觀念的推衍，也就是所謂的“道”論。“道原”的論題是“道論”的重要組成部份。

　　竹簡《文子》中是否有“道原”篇，今已難判定，而《漢書·藝文志》所載錄九卷本《文子》，也不能確知有以“道原”名篇的資料。我們認爲，“道原”資料應與“文子外編”[1]有關，或許保留部份文子學派資料，但與竹簡《文子》的哲學思想，有相當出入。

　　此篇資料除第五章外，均整章或大部份見於《淮南子·原道訓》。由定州竹簡《文子》可知，古本《文子》原爲對話體例，不應有此長篇論述，當爲竹簡《文子》之後，竄入今本《文子》中的資料，其中有屬於《文子外編》者，有《淮南子》別本[2]的殘文。

　　全篇分爲十章，第一、二、三、八、九章與第四、六、七、十章部份文字見於〈原道訓〉；第四章部份文字見於〈俶真訓〉；第五章與第六章部份文字，

---

[1] 我們稱“文子外編”，是指一些劉安與其門客所輯略的前人思想資料，《淮南子》撰寫時曾部份參考引用，後來卻與《淮南子》別本一起竄入《文子》書中，而編入今本《文子》。

[2] 我們提出“《淮南子》別本”的名稱，是因爲今本《文子》與《淮南子》互見的資料，常與今本《淮南子》不同，這極可能是屬於與今本《淮南子》不盡相同的其他傳本。“文子外編”與《淮南子》別本的差異：前者爲劉安所輯略的先秦思想史料，《淮南子》撰述時曾參考、引用並加以申論，其中有不見於《淮南子》者。而後者指《淮南子》不同的文本，其中竄入《文子》的部份，常顯示爲摘要節錄的形式，以泛稱的用語代替事例的解證。

見於〈道應訓〉；第七、十章部份文字，見於〈齊俗訓〉；第十章有大段不見於《淮南子》。

1-1

〔老子曰：〕

有物混成，先天地生。惟象無形，窈窈冥冥，寂寥澹泊，不聞其聲，吾強為之名，字之曰道。

夫道者，高不可極，深不可測，苞裹天地，稟受無形。原流泏泏，冲而不盈，濁以靜之徐清。施之無窮，無所朝夕，表之不盈一握，約而能張，幽而能明，柔而能剛，'含'[1]陰吐陽，而章三光。山以之高，淵以之深，獸以之走，鳥以之飛，麟以之游，鳳以之翔，星曆以之行。〔以亡取存，以卑取尊，以退取先。〕

古者三皇，得道之統，立於中央，神與化游，以撫四方。是故能天運而地墆，輪轉而無廢，水流而不止，與物終始。風興雲蒸，雷聲雨降，並應無窮。已雕已琢，還復於樸。無為為之而合乎生死，無為言之而通乎道德，恬愉無矜而得乎和，有萬不同而便乎生。和陰陽，節四時，調五行，潤乎草木，浸乎金石，禽獸碩大，毫毛潤澤，鳥卵不敗，獸胎不殰，父無喪子之憂，兄無哭弟之哀，童子不孤，婦人不孀，虹蜺不見，盜賊不行，含德之所致也。

天常[2]之道，生物而不有，成化而不宰。萬物恃之而生，莫之知德，恃之而死，莫之能怨。收藏蓄積而不加富，布施稟受而不益貧。忽兮怳兮，不可為象兮，怳兮忽兮，用不詘兮，窈兮冥兮，應化無

1 "含"字原作"舍"，據朱弁注本改。

2 "天常"二字，景宋本、《文子纘義》道藏本均作"大常"；朱弁注本作"天"。

形兮，遂兮通兮，不虛動兮，與剛柔卷舒兮，與陰陽俛仰兮。

【相關資料尋索】

有物混成，先天地生。寂兮寥兮，獨立而不改，周行而不怠，可以為天下母。'吾不知其名，強'字之曰道。《老子·二十五章》

夫道者，覆天載地，廓四方，柝八極，高不可'際'，深不可測，'包'裹天地，稟'授'無形。'原流泉浡'，沖而'徐'盈；混混滑滑，'濁而'徐清。故植之而塞於天地，橫之而彌於四海，施之無窮，〔而〕無所朝夕。舒之幎於六合，'卷'之不盈於一握。約而能張，幽而能明，弱而能強，柔而能剛。橫四維而含陰陽，紘宇宙而章三光。甚淖而滒，甚纖而微。山以之高，淵以之深，獸以之走，鳥以之飛，日月以之明，{星曆以之行，}麟以之游，鳳以之翔。

'泰古二皇'，得道之'柄'，立於中央，神與化游，以撫四方。是故能天運地'滯'，輪轉而無廢，水流而不止，與〔萬〕物終始。風興雲蒸，事無不應；雷聲雨降，並應無窮。鬼出電入，龍興鸞集；鈞旋轂轉，周而復匝。已雕已琢，還'反'於樸。無為為之而合于'道'，無為言之而通乎德，恬愉無矜而得于和，有萬不同而便'於性'，神託於秋毫之末，而大宇宙之總。其德優天地而和陰陽，節四時〔而〕調五行。呴諭覆育，萬物群生，潤'於'草木，浸'於'金石，禽獸碩大，毫毛潤澤，羽翼奮也，角骼生也，獸胎不贕，鳥卵不'㲉'，父無喪子之憂，兄無哭弟之哀，童子不孤，婦人不孀，虹蜺不'出'，'賊星'不行，含德之所致也。

〔夫〕'太上'之道，生〔萬〕物而不有，成化〔像〕而'弗'宰。'蹠行喙息，蠉飛蠕動，'待而〔後〕生，莫之知德，'待'之'後'死，莫之能怨。得以利者不能譽，用而敗者不能非。收'聚'畜積而不加富，布施稟授而不益貧。旋縣而不可究，纖微而不可勤。累之而不高，墮之而不下，益之而不眾，損之而不寡，斲之而不薄，殺之而不殘，鑿之而不深，填之而不淺。忽兮'怳'兮，不可為象兮：'怳'兮忽兮，用不'屈'兮；'幽'兮冥兮，應無形兮；遂兮'洞'兮，不虛動兮。與剛柔卷舒兮，與陰陽俛仰兮。《淮南子·原道訓》

【探析與解說】

　　此章資料全見於《淮南子·原道訓》，〈原道訓〉文字對偶完整，文氣連貫，《文子》此章文句略顯雜亂，但義理簡要。定州出土竹簡《文子》殘缺嚴重，就其字數與可能為標示篇名的簡文來看[1]，當與《七略》或《漢書·藝文志》所著錄九篇之《文子》不同。九篇本《文子》應是文子與文子學派思想資料的彙編。至於今本〈道原〉篇是否原即包含其中，則難以確定。唯此章不應視為摘錄或抄襲《淮南子》，它似原屬 "文子外編" 資料，後竄入《文子》。"文子外編" 此項 "道原" 的論述資料，或受到楚國南方道家思想影響，但不似直接傳自竹簡《文子》，以下分四點來說明：

　　第一、"有物混成" 段：此段見於今本《老子》第二十五章，帛書《老子》甲本作："有物昆成，先天地生。繡呵繆呵，獨立□□□，可以為天地母。吾未知其名，字之曰道。吾強為之名曰大。" 乙本作："有物昆成，先天地生。蕭呵漻呵，獨立而不玹，可以為天地母。吾未知其名，字之曰道。吾強為之名曰大。" 而郭店竹簡《老子》甲本作："又牆蟲成，先天陞生。敓繾，蜀立不亥，可以為天下母。未智其名，挐之曰道，虖弜為之名曰大。"《文子》所引文字與上述文本差異頗大，似文子學派保留之《老子》異本，或節本殘文。此段資料極可能原屬九卷本《文子》，編輯今本《文子》者，將其置於全書之首，明示《文子》全書與《老子》的關連，也便於以 "老子曰" 作為全書分段的安排。

　　第二、"夫道者" 段：此段文句較〈原道訓〉簡約。"源流泏泏，沖而不盈，濁以靜之徐清" 兩句，〈原道訓〉作 "源流泉浡，沖而徐盈；混混滑滑，濁而徐清。"〈原道訓〉文句對仗工整，似經刻意修飾。

---

[1] 李學勤先生〈試論八角廊簡《文子》〉一文中，考定並斷句竹簡《文子》編號 2465 殘文作："《文子·上經》：《聖□》《明王》"，見《文物》1996 年第 1 期。

又，“表之不盈一握”句，俞樾[1]云：“‘表’字無義，乃‘衮’字之誤，古音‘衮’與‘卷’同。《禮記·王制》篇：‘制、三公一命卷’，鄭注曰：‘卷’、俗讀也，其通則曰‘衮’。《釋名·釋首飾》曰：‘衮’、‘卷’也，畫卷龍於衣也。《釋名》一書，皆以聲爲義，是古音‘衮’與‘卷’同之證。《禮記》以‘卷’爲‘衮’，此則以‘衮’爲‘卷’。‘衮之不盈一握’，言‘卷之不盈一握’也。《淮南子·原道訓》篇作‘卷之不盈一握’，是其證。”植案：《文子》作‘表’，當爲後人誤寫，但保留原爲‘衮’字的痕跡，〈原道訓〉似用俗讀之‘卷’字。

又，“不盈”二字，〈原道訓〉作“徐盈”。王叔岷《文子斠證》[2]云：“案：‘不盈’當從《淮南子·原道訓》作‘徐盈’。‘原泉始出虛，徐流不止，能漸盈滿，以喻於道亦然也。’是其義也。僞託者蓋據《老子》‘道沖而用之，或不盈。’改‘徐’爲‘不’，失其旨矣。”植案：〈道原〉篇此章資料來源，原屬先秦論述“道原”問題史料，並無“僞託”之事。“不”似不必改爲“徐”，《老子》第四章曰：“道沖，而用之或不盈也。”

又，“約而能張，幽而能明，柔而能剛，含陰吐陽，而章三光。”四句，〈原道訓〉作“約而能張，幽而能明，弱而能強，柔而能剛。橫四維而含陰陽，紘宇宙而章三光。”〈原道訓〉前四句對偶整齊，《文子》恐脫“弱而能強”句。

又，“含陰吐陽而章三光”句，〈原道訓〉作“紘宇宙而章三光”。陶方琦校《淮南子》云：“《文選》潘岳〈西征賦〉注、司馬彪〈贈山濤詩〉注引許本作‘夫道含吐陰陽而章三光’，……《文子·道原》作‘含陰吐陽而章三光’。《文選》注所引許本正同。”

又，“以亡取存”句，《淮南子》無，《文子》此處原始思想當與《淮南子》同源。

又，“以退取先”句，徐靈符注：“自後而人先也。”俞樾云：“‘退’

---

[1] 俞樾，《諸子評議補錄》卷四，世界書局，台北，1984 台景二版。後引同書不標明出處。

[2] 王叔岷，《文子斠證》收入《諸子斠證》，世界書局，台北，1964。後引同書不標明出處。

當作‘後’。”

第三、“古者三皇”段:〈原道訓〉作“泰古二皇”。“三皇”指伏羲、神農與黃帝,〈原道訓〉作“二皇”,高誘注曰:“二皇,伏羲、神農也,只說陰陽,故不言三。”漢人有“太一”之神,並有“二皇”之說;但“二”亦或爲“三”字之誤。《潛夫論·五德志》:“世傳三皇五帝,多以伏羲、神農爲二皇,其一者,或曰燧人,或曰祝融,或曰女媧。”

又,“得道之統”句,“統”字,〈原道訓〉作“柄”。“柄”有“本”、“權”之義,也與“稟”通。《周禮·天官·大宰》:“以八柄詔王馭群臣。”鄭玄注:“柄,所秉持以起事者也。”“統”有“總”、“合”之義,也“引申爲凡綱紀之稱”[1]。“統”、“柄”義含相近,當爲不同記述。

又,“風興雲蒸,雷聲雨降,並應無窮”三句,〈原道訓〉作“風興雲蒸,事無不應;雷聲雨降,並應無窮”,後者較爲整齊。

又,“無爲爲之”句,“生死”與“道德”二詞,〈原道訓〉分別作“道”與“德”,此與後“和”、“生”均爲單詞,能相對應。

又,“和陰陽,節四時,調五行”三句,〈原道訓〉作“優天地而和陰陽,節四時而調五行”,《淮南子》對仗完整,但《文子》文字較爲簡要。唐高宗章懷太子李賢的《後漢書·班固傳·注》引“老子曰:‘和陰陽,節四時,潤乎草木,浸乎金石,禽獸碩大,毫毛潤澤。”[2]同書另引老子曰:“執玄德於心,化馳如神”[3]兩句。此兩處引“老子”均不見今本《老子》,而出自《文子》。唐人似認爲《文子》中所稱“老子曰”者,屬老子資料。

又,“毫毛潤澤”句下,〈原道訓〉有“羽翼奮也,角觡生也”兩句,此兩句與前後文文氣不能連貫,似注文竄入。

又,“盜賊”二字,〈原道訓〉作“賊星”,《太平御覽》卷七十七引許慎注曰:“五星逆行,謂之賊星”。“虹蜺”與“賊星”均指涉天象的變化,

---

[1] 段玉裁《說文解字注·系部》

[2] 《後漢書》中華書局版,頁1381。

[3] 上引書,頁1372。

《文子》作“盜賊”。于大成[1]云：“此作‘盜賊’，誤也，當依《淮南子》改。”

第四、“天常之道”段：“天常”一語似保留較爲原始的觀念，〈原道訓〉作“太上”。《呂氏春秋·仲夏紀·大樂》曰：“陰陽變化，一上一下，合而成章。渾渾沌沌，離則復合，合則復離，是謂天常。”因此，“天常”當爲先秦哲學用語。‘常’的此種哲學意含，來自於說明天象運作的“當”，《楚帛書》曰：“隹□□□，月則經緯，不得其當”，又《禮記·樂記》子夏曰：“古者天地順而四時當，民有德而五穀昌。疾災不作而祆祥，此之謂大當。”鄭玄注云：“當，謂不失其所也。”《越語》范蠡云：“贏縮以爲常，四時以爲親。”“當”與“常”似可通用。景宋本《通玄真經》“天常”作“大常”，近於《樂記》所言“大當”。“天（大）常（當）之道”，當指萬物自然而本然的運行。俞樾云：“天常二字無義，‘天’當作‘太’，字之誤也。‘常’當作‘上’，聲之誤也。《淮南子》〈原道訓〉，正作‘太上之道’。”俞說，恐不確。

又，“萬物恃之而生”，〈原道訓〉作“跂行喙息，蠉飛蝡動，待而後生”。“待”字，向宗魯云：“《文子》〈道原〉篇‘待’皆作‘恃’。《老子》第三十四章云‘萬物恃之而生而不辭’即此‘恃’字之義。作‘待’非。”植案：此處，《文子》使用“萬物”泛稱之詞。《黃帝四經·道原》有“萬物得之以生”句，同時亦曰“〔蚑〕（規）行〔蟯〕〔動〕（重），戴根之徒，皆取生”，此與《淮南子》所記當有關連。

又，《老子》第二十一章曰：“道之爲物，惟恍惟惚。惚兮恍兮，其中有象。恍兮惚兮，其中有物。窈兮冥兮，其中有精。其精甚真，其中有信。”此處《文子》則曰：“忽兮恍兮，不可爲象兮，恍兮忽兮，用不詘兮，窈兮冥兮，應化無形兮，遂兮通兮，不虛動兮，與剛柔卷舒兮，與陰陽俛仰兮。”一是從萬物存在的發生而言，故從“忽恍、窈冥”之間形成“物、象與精”，一是從萬物始源的運作而言，故“不可爲象”而“應化無窮”。此處《文子》文字直接推演《老子》思想，或受到文子學派思想的影響。“通”字，〈原道訓〉作“洞”。俞樾校《淮南子》云：“‘洞’亦深也。《文選·西京賦》‘赴洞穴’，薛綜注曰：‘洞穴，深且通也。’是洞有通義。”

---

[1] 于大成，〈文子斠補〉，中山學術文化集刊第二集 1996 年，台北。後引同書不標明出處。

1-2

〔老子曰：〕

大丈夫恬然無思，澹然無慮，以天為蓋，以地為車，以四時為馬，以陰陽為御[1]〔；行乎無路，游乎無怠，出乎無門〕。

以天為蓋，即無所不覆也；以地為車，則無所不載也；四時為馬，則無所不使也；陰陽‘為御’[2]，則無所不備也。是故疾而不搖，遠而不勞，四支不動，聰明不損，而照見天下者，執道之要，觀無窮之地也。

故天下之事不可為也，因其自然而推之，萬物之變不可‘究’[3]也，稟其要而歸之。是以聖人內修其本，而不外飾其末，厲其精神，偃其智故，漠然無為而無不為也，無治而無不治也。所謂無為者，不先物為也；無治者，不易自然也；無不治者，因物之相然。

【相關資料尋索】

昔者馮夷、大丙之御也，乘雷車，入雲蜺，游微霧，騖忽恍，歷遠彌高以極往，經霜雪而無跡，照日光而無景，扶搖拵抱羊角而上，經紀山川，蹈騰崑崙，排閶闔，淪天門。末世之御，雖有輕車良馬，勁策利鍛，不能與之爭先。是故大丈夫恬然無思，澹然無慮，以天為蓋，以地為車，以四時為馬，以陰陽為御；乘雲陵霄，與造化者具。縱志舒節，以馳大區。可以步而步，可以驟而驟。令雨師灑道，使風伯掃塵。電以為鞭策，雷以為車輪。上游於霄雿之野，下出於無垠之門。瀏覽遍照，復守以全。經營四隅，還反於樞。

---

[1] 各本均作“御”，唯朱弁注本作“驦”。

[2] “爲御”原作“御之”，據《文子纘義》道藏本改。

[3] “究”字原作“救”，據《文子纘義》道藏本改。

故以天為蓋，‘則’無不覆也；以地為‘輿’，則無不載也；四時為馬，則無不使也；陰陽‘為御’，則無不備也。是故疾而不搖，遠而不勞，四支不動，聰明不損，而‘知八紘九野之形埒’者，何也？執道〔要〕之‘柄’，‘而游於’無窮之地也。

〔是〕故天下之事，不可為也，因其自然而推之。萬物之變，不可究也，秉其‘要歸之趣’。《淮南子‧原道訓》p.5-10／〈原道訓〉辨析，頁 8-9

昔舜耕於歷山，期年，而田者爭處墝埆，以封畔肥饒相讓；釣於河濱，期年，而漁者爭處湍瀨，以曲隈深潭相予。當此之時，口不設言，手不指麾，執玄德於心，而化馳若神。使舜無其志，雖口辯而戶說之，不能化一人。是故不道之道，莽乎大哉！夫能理三苗，朝羽民，徒裸國，納肅慎，未發號施令而移風易俗者，其唯心行者乎！法度刑罰，何足以致之也？

是‘故’聖人內修其本，而不外飾其末，‘保’其精神，偃其‘智故’，漠然無為而無不為也，〔澹然〕無治也而無不治也。所謂無為者，不先物為也；所謂無不為者，因物之所為。〔所謂〕無治者，不易自然也；〔所謂〕無不治者，因物之相然〔也〕。

萬物有所生，而獨知守其根；百事有所出，而獨知守其門。故窮無窮，極無極，照物而不眩，響應而不乏，此之謂天解。《淮南子‧原道訓》p.23-24／〈原道訓〉辨析，頁 19-20

【探析與解說】

此章全見於《淮南子‧原道訓》，似受文子學派思想影響之“文子外編”資料。〈原道訓〉以“馮夷、大丙”等寓言人物加以申論，並用神仙家思想加以發揮。以下分三點來說明：

第一、“大丈夫”段：“大丈夫”一詞，先秦文獻除《孟子‧滕文公》出現一次外，另見於《老子》第三十八章與《韓非子‧解老》。《淮南子》僅此處使用“大丈夫”一詞，而《文子》除此處外，〈精誠〉篇曰：“夫所謂大丈夫者，內強而外明，內強如天地，外明如日月，天地無不覆載，日月無不照明。”

〈精誠〉篇此段文字，並未見於《淮南子》。"大丈夫" 觀念，應與《老子》思想發展有直接傳承的關係。

又，"以陰陽為御" 句，朱弁注本作 "驛"。《文子》各本均作 "御"，〈原道訓〉同，但顧炎武云："'驛' 古音則俱反。與 '俱'、'區'、'驟' 為韻。'御' 字正釋 '驛' 字。"于大成云："竊謂作 '驛' 作 '御'，乃許、高之異同，非此事而彼非也。許本作 '驛'，《御覽》、《補韻》所引是也。《文子》各本，以朱弁注本最得其真，朱注本作 '驛'，尤為許本作 '驛' 之明證。作 '御' 者，高本耳。"植案：朱弁注本多處與它本有異文字，多與《淮南子》同，最能保持《淮南子》舊文，似曾據《淮南子》加以校正。

又，"行乎無路，游乎無怠，出乎無門" 三句，〈原道訓〉無，〈原道訓〉似以 "乘雲陵霄……還反於樞" 等句，來鋪陳發揮此三句的內容。俞樾云："'無怠' 之義，與 '無路'、'無門' 不一律。《淮南子》〈原道〉篇作 '上游於霄霓之野，下出於無垠之門'。文法不同，未可據訂。〈符言〉篇云：'藏于無形，行于無怠'。《淮南》〈詮言〉篇作 '藏無形，行無跡，游無朕'。'朕' 與 '跡'，義皆可通，而與 '怠' 字形聲絕遠。以聲求之，或當為 '垓' 之假字。《淮南》〈俶真〉篇 '設于無垓坫之宇'，是其義也。'垓' 從亥聲，《廣韻》：'怠、音徒，亥切'，則聲固相近矣。"

第二、"以天為蓋" 段：此段分別解釋上段各句文意。"四支不動" 句，王叔岷云："'動' 當作 '勤'，'勤'、'損' 為韻。《說文》：'勤，勞也。''勞'、'損' 義近。今本 '勤' 誤作 '動'，既失其義，又失其韻矣。〈自然〉篇：'四體不勤'，亦可證此文 '動' 字之誤。今本《淮南子》'勤' 亦誤 '動'。"

又，"照見天下" 句，〈原道訓〉作 "知八紘九野之行埒"。"照見" 一語，意謂從光照中映現而得以明察，含意較 "知" 字深刻。"八紘"、"九野" 為《淮南子》書中常用語。〈原道訓〉似申論 "文子外編" 文句。

又，"執道之要" 句，〈原道訓〉作 "執道要之柄"。俞樾校《淮南子》云："既言要，又言柄，於義未安，當作 '執道之柄，而游於無窮之地'。《文子》〈道原〉篇作 '執道之要，觀無窮之地也。' 彼言要，此言柄，彼言觀，此言游，文異而義同。"《文子》似保留與《淮南子》同源，但文字略異的資料。

又，"天下之事不爲可爲"、"內修其本"、"因自然"、"歷其精神"等句，均似文子學派推衍的重要哲學觀念。

第三、"是以聖人內修其本"段："稟其要而歸之"句，〈原道訓〉作"稟其要歸之趣"，文意難解。王念孫校《淮南子》云："'稟其要歸之趣'當作'稟其要趣而歸之'。稟，執也。要趣猶要道也。言執其要道而萬變皆歸也。此與'因其自然而推之'相對爲文。且'歸'與'推'爲韻，今作'稟其要歸之趣'，則句法參差而又失其韻矣。《文子》〈道原〉篇正作'稟其要而歸之'。"植案：高誘注此句曰："趣，亦歸也。"高誘所見本似已誤作"稟其要歸之趣"。顯見"文子外編"資料在高誘注前即已流傳。

又，"所謂無爲者"等句，《文子》脫"所謂無不爲者，因物之所爲。"當依〈原道訓〉補。此數句詳盡而完整解釋《老子》"無爲"的觀念，爲先秦典籍所僅見，極可能爲《文子》學派闡釋老子的重要資料。

1-3

〔老子曰：

執道以御民者，事來而循之，物動而因之，〕萬物之化無不應也，百事之變無不耦也。〔故道者，虛無、平易，清靜、柔弱、純粹素樸，此五者，道之形象也。虛無者，道之舍也；平易者，道之素也；清靜者，道之鑒也；柔弱者，道之用也；反者，道之常也；柔者，道之剛也；弱者，道之強也。 純粹素樸者，道之幹也。虛者，中無載也，平者，心無累也。〕嗜欲不載，虛之至也；無所好憎，平之至也；一而不變，靜之至也；不與物雜，粹之至也；不憂不樂，德之至也。

夫至人之治也，棄其聰明，滅其文章，依道廢智，與民同出乎公。約其所守，寡其所求，去其誘慕，除其‘嗜’[1]欲，捐其思慮。約其所守即察，寡其所求即得。

故以中制外，百事不廢，中能得之，則外能牧之。中之得也，五臟寧，思慮平，筋骨勁強，耳目聰明。

大道坦坦，去身不遠，求之遠者，往而復返。

【相關資料尋索】

夫精氣志者，靜而日充者日以壯，躁而日耗者日以老。是故聖人將養其神，和弱其氣，平夷其形，而與道沈浮俛仰，恬然則縱之，迫則用之。其縱之也若委衣，其用之也若發機。如是則萬物之化無不遇，而百事之變無不應。《淮南子·原道訓》p.42-43／〈原道訓〉辨析，頁 42

……

是故至人之治也，‘掩’其聰明，滅其文章，依道廢智，與民同出于公。約其所守，寡其所求，去其誘慕，除其嗜欲，‘捐’其思慮。約其所守則察，寡其所求則得。《淮南子·原道訓》p.30-31／〈原道訓〉辨析，頁 28

夫喜怒者，道之邪也；憂悲者，德之失也；好憎者，心之過也；嗜欲者，性之累也。人大怒破陰，大喜墜陽；薄氣發瘖，驚怖為狂；憂悲多恚，病乃成積；好憎繁多，禍乃相隨。故｛心‘不憂樂’，德之至也；‘通’而不變，靜之至也；嗜欲不載，虛之至也；無所好憎，平之至也；不與物‘散’，粹之至也。｝能此五者，則通於神明。通於神明者，得其內者也。

〔是〕故以中制外，百事不廢；中能得之，則外能牧之。中之得，〔則〕

---

[1] "嗜"字原作"貴"，據《文子纘義》道藏本改。

五藏寧，思慮平，筋‘力’勁強，耳目聰明，疏達而不悖，堅強而不鞼，無所大過而無所不逮，處小而不逼，處大而不窕，其魂不躁，其神不嬈，湫漻寂漠，爲天下梟。大道坦坦，去身不遠，求之近者，往而‘復反’。迫則能應，感則能動；物穆無窮，變無形像。優游委縱，如響之與景；登高臨下，無失所秉：履危行險，無忘玄伏。能存之此，其德不虧，萬物紛糅，與之轉化，以聽天下，若背風而馳，是謂至德。《淮南子·原道訓》p.31-33／〈原道訓〉辨析，頁33

【探析與解說】

此章資料頗爲複雜，可分爲三段。其中有部份文字，分別見於《淮南子》三處，但有大段文字，並未出現於《淮南子》。此章資料原屬“文子外編”重要史料。尤其明確提到“道”的五種形象，爲先秦哲學著作所少見。其思想來源，或許與文子學派的發展有關，《淮南子》似曾加以分別引用並發揮。但全章資料並不完整，應有闕文。以下分四點來說明：

第一、“執道以御民者”段：“執道以御民者”等五句，原應屬“文子外編”的重要資料。而其中“萬物之化無不應也，百事之變無不耦也”兩句，出現於〈原道訓〉末章，並另見於〈九守〉篇第十三章。《淮南子》兩處，均似取自“文子外編”。

又，“耦”字，〈原道訓〉作“遇”，孫詒讓校《淮南子》云：“‘遇’與‘耦’通。”《文子·九守》亦曰：“萬物之化無不偶也。”

又，“故道者”至“心無累也”數句，全不見於《淮南子》。以“虛無、平易，清靜、柔弱、純粹素樸”五者爲道之徵象，此爲先秦文獻以形象闡釋“道”觀念的珍貴資料。但按其分層說明的方式，全段並不完整，尤其“反者，道之常”、“柔者，道之剛”、“弱者，道之強”、“虛者，中無載”、“平者，心無累”等句，與作爲“道之形象”的“五者”不能對應，此處似僅存殘文。

又、“嗜欲不載”數句，見於〈原道訓〉，但句序不同，《淮南子》似引用“文子外編”資料。“不與物雜”句，“雜”字，〈原道訓〉作“散”。高誘注曰：“散，亂。”王引之校《淮南子》云：“諸書無訓‘散’爲雜亂者。（《說文》：'散，雜肉也。' '雜'乃'離'之誤，辯見《說文攷證》。）'散'皆當爲'殽'。隸書'殽'或作'散'，（見漢殽阮神祠碑。）與'散'相似。'散'或作'靫'，與'殽'亦相似。故'殽'誤爲'散'。……《廣雅》：'殽，雜也，亂也。'並與高注同義，則'散'爲'殽'之誤，明矣。'殽'訓爲'雜'，義與'粹'正相反。故曰：'不與物殽，粹之至也'《文子》〈道原〉篇作'不與物雜'，'雜'作'殽'也。"植案：此處顯見《淮南子》高誘注本與"文子外編"資料並非相同。

第二、"夫至人之治"段：此段見於〈原道訓〉。〈原道訓〉該節首段與末段見於《文子·道原》第八章第一段，〈道原〉篇文意直接承續，保留較佳行文次序，但〈原道訓〉夾雜"夫至人之治"段，以致文句雜亂。《文子》此處文字，當原屬"文子外編"，直接承接此章前段思想。

"捐其思慮"句，〈原道訓〉作"損其思慮"，王念孫曰："'損'當爲'捐'，字之誤也。'捐'與'去除'同意。作'損'則非其指矣。《文子·道原》篇正作'捐其思慮'。"

第三、"是故以中制外"段：此段見於〈原道訓〉。《文子》此段與上段欠連貫。〈原道訓〉上接"通於神明者，得其內也"，"得內"故能"以中制外"，二者義理相通。但"通於神明"句，卻見於《文子·道原》第八章。《文子》似僅保留"文子外編"殘句。

"則外能牧之"句，"牧"字，〈原道訓〉作"收"。王念孫曰："'收'當爲'牧'。……此承上文'得其內'而言，能得之於中，則能養之於外。……若云'外能收之'，則非其指矣。且'牧'與'得'爲韻，若作'收'，則失其韻矣。……《文子·道原》篇正作'牧'。"

第四、"大道坦坦"段：《文子·上德》第四章曰："大道坦坦，去身不遠，修之於身，其德乃真，修之於物，其德不絕。"《賈誼·新書·君道》曰，"書曰：大道宣宣，其去身不遠，人皆有之，舜獨以之。去射而不中者，不求

之鍭，而反修之於己。君國子民者，反求之己，而君道備矣。"[1]陳逢衡認爲乃
《逸周書》之逸文。"大道坦坦"段似前人資料，或爲《文子》保留。此段見
於《淮南子・原道訓》第十章，但"遠"字，〈原道訓〉作"近"。于大成云：
"《淮南》'遠'字作'近'，高注云：'近謂近身也。'案：《淮南》'近'
是誤字，當從本書作'遠'，高所據本已誤，故就誤本而強爲之訓耳。道在邇，
不在遠，故求之身，其德乃真；若求之遠，則徒勞往反也。《論語》〈述而〉
篇所謂'我欲仁，斯仁至矣'，即是此意。《孟子》〈離婁上〉：'道在邇而
求諸遠，事在易而求諸難'，即此'求之遠者'也。〈自然〉篇亦作'求之遠
者，往而副反'。"

又，此數句見於二書的句序問題相當複雜。試說明如下：

（甲）有認爲是"注文"者，王引之校《淮南子》云："'大道坦坦'至
'往而復返'，注'近謂身也'，此節宋本在'能存之此'上，今本在'迫而
能應'上，《道藏》本無此四句。"按：'能存之此，其德不虧'，上承'物
穆無窮'以下八句，所謂穆忞隱閔，純德獨存也。中間不得有此四句。"迫則
能應，感則能動"上承'湫漻寂漠，爲天下梟'，所謂寂然不動感而遂通也。
中間亦不得有此四句。且《文子・道原》'大道坦坦，去身不遠，求之遠者，
往而復返'，〈自然〉篇'夫道可親不可疏，可近不可遠，求之遠者，往而復
反'，蓋言道不在遠，往而求於遠，必將無所得而復返也。今乃云'求之近者，
往而復反'，則義不可通矣，正文及注，皆後人妄加，當以《藏本》爲是。"
楊樹達贊同王說，曰："王氏《雜誌》校刪此四句，其說是也，當從之。"

（乙）有認爲當在"能存之此"上者，何寧校《淮南子》云："'大道坦
坦'四句錯簡，當在'無忘玄伏'下。自'五臟寧'至'無忘玄伏'凡二十四
句，皆承'中之得'言之，謂中之得而後能若此者，不得插入'大道坦坦'四
句，使上下文義隔絕。于'無忘玄伏'下緊承'登高臨下'四句以總結上文，
于義爲當。《文子》〈原道訓〉作'中之得也，五臟寧，思慮平，筋骨勁強，
耳目聰明。大道坦坦，去身不遠，求之遠者，往而復返'，一段至此結束，則
四句故結語也，不得置於段中。又〈上德〉篇云：'大道坦坦，去身不遠，修

之于身，其德乃真，修之于物，其德不絕。’‘修之于身’四句，與此‘能存之此，其德不虧，萬物紛糅，與之轉化’，實文異而義同。則‘大道坦坦’四句，當在‘能存之此’上明矣。《道藏》本無此四句，當是後人臆刪。鈔宋本正在‘無忘玄伏’下，是其證。”

從上引兩種說法來看，我們認為“大道坦坦”四句，原屬“文子外編”資料，而在《淮南子》中，則因不同文本，或未出現，或見於不同段落。此種跡象不但可作為《淮南子》有別本傳世的證據，也可說明“文子外編”與《淮南子》一書的密切關連。“文子外編”有時保留較《淮南子》更為通達的章序或句義。但“文子外編”並非竹簡《文子》原書的資料，不應與文子思想相混淆。它的內容相當駁雜，部份產生于南方楚學地域，與《莊子·外篇》思想相近，影響《淮南子》撰述甚大。

1-4

〔老子曰：〕

聖人忘乎治人，而在乎自理。〔貴忘乎勢位，而在乎自得，自得即天下得我矣。〕樂忘乎富貴，而在乎和。知大己而小天下，幾於道矣。〔故曰：“至虛極也，守靜篤也，萬物並作，吾以觀其復。”〕

＊

〔夫道者，〕陶冶萬物，〔終始無形，寂然不動，〕大通混冥。深宏廣大不可為外，‘析’[1]豪剖芒不可為內，無環堵之宇，而生有無之總名[2]也。〔真人體之以虛無、平易、清靜、柔弱、純粹素樸、不與物雜，至德天地之道，故謂真人。真人者，知大己而小天下，

---

[1] “析”字原作“折”，據朱弁注本、《文子纘義》道藏本改。

[2] “總名”二字，景宋本作“之間”。

貴治身而賤治人，不以物滑和，不以欲亂情，隱其名姓，有道則隱，無道則見，為無為，事無事，知不知也。懷天道，包天心，噓吸陰陽，吐故納新，與陰俱閉，與陽俱開，與剛柔卷舒，與陰陽俯仰，與天同心，與道同體。〕

　　夫形傷乎寒暑燥濕之虐者，形究而神杜，神傷於喜怒思慮之患者，神盡而形有餘。故真人用心，復[1]性依神，相扶而得終始，是以其寢不夢，覺而無憂，無所樂、無所苦、無所喜、無所怒，萬物玄同，無非無是。

【相關資料尋索】

　　古之人有居巖穴而神不遺者，末世有勢為萬乘而日憂悲者。由此觀之，聖亡乎治人，而在于‘得道’；樂亡于富貴，而在于〔德〕和。知大己而小天下，則幾於道矣。《淮南子・原道訓》p.32-33／〈原道訓〉辨析，頁 34

　　夫天下者亦吾有也，吾亦天下之有也，天下之與我，豈有間哉！夫有天下者，豈必攝權持勢，操殺生之柄而以行其號令邪？吾所謂有天下者，非謂此也，自得而已。自得，則天下亦得我矣。吾與天下相得，則常相有已，又焉有不得容其間者乎！《淮南子・原道訓》p.36／〈原道訓〉辨析，頁 38

　　有“有始者”，有“未始有有始者”，有“未始有夫未始有有始者”。有“有者”，有“無者”，有“未始有有無者”，有“未始有夫未始有有無者”。
　　所謂“有始者”，繁憒未發，萌兆牙蘗，未有形埒垠堮，無無蠕蠕，將欲生興而未成物類。
　　有“未始有有始者”，天氣始下，地氣始上，陰陽錯合，相與優游競暢于宇宙之間，被德含和，繽紛蘢蓯，欲與物接而未成兆朕。
　　有“未始有夫未始者有有始者”，天含和而未降，地懷氣而未揚，虛無寂

---

[1]　“復”字，《文子纘義》道藏本與朱弁注本均作“伇”。

冥，蕭條霄霏，無有仿佛，氣遂而大通冥冥者也。

有"有者"，言萬物摻落，根莖枝葉，青蔥苓蘢，萑蒿炫煌，蠉飛蝡動，蚑行噲息，可切循把握而有數量。

有"無者"，視之不見其形，聽之不聞其聲，捫之不可得也，望之不可極也，儲與扈冶，浩浩瀚瀚，不可隱儀揆度而通光燿者。

有'未始有有無'，包裹天地，陶冶萬物，大通混冥，深閎廣大不可為外，析毫剖芒不可為內，無環堵之宇，而生有無之'根'。有"未始有夫未始有有無"者。

有"未始有夫未始有有無者"，天地未剖，陰陽未判，四時未分，萬物未生，汪然平靜，寂然清澄，莫見其形。《淮南子·俶真訓》p.44-45／〈俶真訓〉辨析，頁45-46

是故：形傷于寒暑燥溼之虐者，形'苑'而神'壯'；神傷乎喜怒思慮之患者，神盡而形有餘。故罷馬之死也，剝之若槁；狡狗之死也，割之猶濡。

是故：傷死者其鬼嬈，時既者其神漠。是皆不得形神俱沒也。夫'聖'人用心，'杖'性依神，相扶而得終始，是'故'其寐不夢，〔其〕覺不憂。《淮南子·俶真訓》p.47-48／〈俶真訓〉辨析頁49

故天下神器，不可為也，為者敗之，執者失之。夫許由小天下而不以己易堯者，志遺于天下也。所以然者，何也？因天下而為天下也。天下之要，不在於彼而在於我，不在於人而在於我身，身得則萬物備矣。徹於心術之論，則嗜欲好憎外矣。是故〔無所喜而無所怒，無所樂而無所苦，〕萬物玄同也，無非無是，化育玄燿，生而如死。《淮南子·原道訓》p.35-36／〈原道訓〉辨析，頁37

【探析與解說】

此章資料主要可分為兩個部份，第一部份"聖人"段，似屬於《文子》所保留解《老》資料，第二部份，"夫道者"之後，則原應接續前章，同屬"文子外編"的重要組成部份，編輯今本《文子》者，分為兩處。其中部份不見於《淮南子》，部份則分別見於〈原道訓〉與〈俶真訓〉。我們認為《文子》此章資料原屬"文子外編"，《淮南子》引用並加以闡述發揮。以下分三點來說明：

第一、"聖人忘乎治人"段：王叔岷云："案：上'人'字涉下'人'字而衍，'聖忘乎治人'，與下'貴忘乎勢位'，'樂忘乎富貴'，文例一律。《淮南子》正無上'人'字。"植案：《文子》此段文義完整，全章以"聖人"作爲主語，說明"忘乎治人，而在乎自理"。故段末解證《老子》第十六章經文，"至虛極也，守靜篤也，萬物並作，吾以觀其復。"段中"貴忘乎勢位，而在乎自得"兩句，並未見於《淮南子》，"自得即天下得我矣"見於〈原道訓〉他處。此段當原屬"文子外編"，與解《老》傳承資料有關，《淮南子》似引用此項文字。

又，"忘"字，俞樾云："三'忘'字皆當作'亡'。亡、猶不在也。言不在彼而在此也。古書每以'亡'與'在'對。《荀子》〈正論〉篇曰：'然則鬥與不鬥亡於辱之與不辱也，乃在於惡之與不惡也。'〈正名〉篇曰：'故治亂在於心之所可，亡於情之所欲。'〈堯問〉篇曰：'吾所以得三士者，亡於十人與三十人中，乃在百人與千人之中。'《莊子》〈田子方〉篇曰：'其在彼邪亡乎我，在我邪亡乎彼。'並其證也。後人不達古語，改作'忘'字，失其義矣。《淮南子》〈原道〉篇作'聖亡乎治人而在乎得道，樂亡乎富貴而在于德和'，字正作'亡'，可據以訂正。"

第二、"夫道者"段：此段見於《淮南子·俶真訓》，仍屬"文子外編"資料。〈俶真訓〉第一章，將《莊子·齊物論》"始源界定不可定"之辯證形式，轉化爲宇宙發生與展現的步驟，並分爲"有始者"、"未始有有始者"、"未始有夫未始有有始者"、"有者"、"無者"與"未始有有無者"六個階段，這與〈齊物論〉的哲學探索方向完全不同。《文子》此段文字，是用來說明"未始有有無"的層次。"真人體之以虛無"句後大段文字，全不見於《淮南子》，它原應連續前章"論道之形象"段之後。其中提到"真人"的觀念，即承襲與《莊子》的思想，當爲"文子外編"重要思想史料。先秦史料中，"真人"觀念首先出現於《莊子》，分別見於〈大宗師〉（九次）、〈刻意〉（一次）、〈天道〉（一次）、〈田子方〉（一次）、〈徐無鬼〉（二次）、〈天下〉（一次）、〈列禦寇〉等篇，與《列子》（〈楊朱〉篇一次）、《呂氏春秋》（〈季春記〉一次）二書。此一觀念當與《莊子》的思想傳承有關。《淮南子》使用"真人"一詞共十次，而見於《文子》卻有十七次之多，其中有五次並未出現於《淮南子》。因此，《文子》中所保留關於"真人"的資料，不可能來自於《淮南子》，而應當另有來源。它可能原屬"文子外編"。"文子外編"既然是劉安與其門客所輯略的先秦史料，其中當然包含《莊子》學派的資料。竹簡《文子》殘文，並無"真人"，也無"真"字，而"聖"字出現十八次，有"聖人"、"聖王"、"聖者"等語。由於竹簡《文子》的思想，近於周王畿的史官之學，"真人"觀念似不屬文子思想，應是南方道家發展的產物，其時代似應在戰國中期之後。文子之後，可能繼續有文子學派的發展，其中或許形成解《老》的嫡系傳承。文子學派與《莊子》學派的關係如何，就目前資料，仍不得而知。但《淮南子》撰寫時，應參考保留於"文子外編"中這些思想資料。《莊子》一書的編輯，既然極可能最早出於劉安之手，《漢書・藝文志》記有《莊子》五十二篇，而今本僅存郭象整理的三十三篇，是否有部份存於"文子外編"資料中，原屬《莊子》學派佚文，仍值得我們思考。

第三、"夫形傷"段：此段文意與前段文氣不能銜接，但在〈俶真訓〉中亦似殘簡。此項資料應原屬"文子外編"殘文，部份保留於《文子》與《淮南子》二書中。"其寐不夢，其覺不憂"二句，出自《莊子・大宗師》與〈刻意〉兩篇，當爲受到南方楚學影響的史料。

又，"形究而神杜"，〈俶真訓〉作"形苑而神壯"，顧觀光云："'度'字誤，當依《淮南子》〈俶真訓〉作'壯'。"俞樾亦云："'杜'乃'壯'字之誤，《淮南子》〈俶真訓〉正作'壯'。"王叔岷校《淮南子》云："案：顧、俞說並是；惟'形究而神壯'，亦不可通，'究'乃'苑'之誤，當依《淮南子》訂正。高誘注：'苑，枯並也。'是其義也。"植案：《文子》'苑'、'壯'二字恐涉字形而誤。

又，"無所樂"段，〈原道訓〉以"是故"的體例引用。

1-5

〔孔子問道，老子曰：〕

“正汝形，一汝視，天和將至；攝汝知，正汝度，神將來舍。德將為汝容，道將為汝居。瞳兮若新生之犢，而無求其故，形若枯木，心若死灰，真其實知而不以曲故自持，恢恢無心可謀。”“明白四達，能無知乎？”

【相關資料尋索】

齧缺問道於被衣，被衣曰，“正女形，壹女視，天和將至。攝女知，正女度，神將來舍。德將‘來為若美’，〔而〕道將為女居。‘悫乎’若新生之犢，而無求其故。”言未卒，齧缺繼以齁夷。被衣行歌而去曰：“形若‘槁骸’，心如死灰。‘直實不’知，不以故自持。〔墨墨〕恢恢，無心可〔與〕謀。彼何人哉！”故老子曰：“明白四達，能無以知乎！”《淮南子·道應訓》p. 382-383／〈道應訓〉辨析，頁 294-295

齧缺問道乎被衣，被衣曰：“若正汝形，一汝視，天和將至；攝汝知，一汝度，神將來舍。德將為汝美，道將為汝居，汝瞳焉如新生之犢，而無求其故！”言未卒，齧缺睡寐。被衣大說，行歌而去之，曰：形若槁骸，心若死灰，真其實知，不以故自持。媒媒晦晦，無心而不可與謀。彼何人哉！”《莊子·知北遊》

載營魄抱一，能無離乎？專氣致柔，能嬰兒乎？滌除玄鑒，能無疵乎？愛民治國，能無為乎？天門開闔，能為雌乎？明白四達，能無知乎？《老子·第十章》

【探析與解說】

此章見於《淮南子·道應訓》，與《莊子·知北遊》。就文字敘說方式來看，〈道應訓〉似直接取自《莊子》，並用以解證《老子》第十章“明白四達，能無知乎”兩句經義。此章資料具解《老》形式，似受南方莊學傳承影響，而與〈道應訓〉併行流傳。以下分兩點來說明：

　　第一、"孔子問道，老子曰"的形式，《文子》全書僅此處出現"孔子"一詞。"孔"字恐原為"文"字，因後代傳抄而訛誤。所引《老子》經文出自《老子》第十章。王弼本《老子》"知"作"為"，帛書《老子》乙本作"知"，與《淮南子》同，《文子》無"以"字。

　　第二、"正汝形"段："德將為汝容"句，〈道應訓〉作"德將來為若美"，而〈知北遊〉篇則作"德將為如美"。王念孫校《淮南子》云："'德將來附若美'，此後人因上句'神將來舍'而妄改之也。'若'亦女也。'將為若美'，'道將為女居'，相對為文。……《莊子》〈知北游〉作'德將為如美，而道將為女居'，《文子》〈道原〉篇作'德將為女容，道將女居'，皆其證。"植案；〈道應訓〉文字取自〈知北遊〉篇，而與〈道原〉篇資料來源不同。《文子·上仁》篇第十二章曰："古之善為天下者，無為而無不為也，故為天下有容。""德將為汝容"之"容"字，意含與"為天下者有容"之"容"同，均指"因充實的內涵而發生的顯露"。"美"有"精"之義，也有"充"的意含。《孟子·盡心》篇即言"充實之謂美。""美"與"容"，在思想上可通。但二者不同的記述，當各有其來源。又，孫星衍[1]云："《淮南》作'德將來附若美'，是誤讀'容'為'容色'。"並認為是《淮南子》抄襲《文子》之一證。孫氏之說，將《文子》與《淮南子》資料問題，太過單純化，〈道應訓〉並非抄襲《文子》，其說恐不可取。

　　又，"真其實知"句，〈道應訓〉作"直實不知"。王念孫校《淮南子》云："'直實不'三字，文不成義，當從《莊子》、《文子》作'真其實知'。今本'真'誤為'直'，又脫'其'字。"

　　又，"恢恢無心可謀"句，俞樾云："'恢恢'上脫'墨墨'二字，當據《淮南子》〈道應訓〉補。《莊子》〈知北游〉篇作'媒媒晦晦。無心而不可與謀'。"

---

[1] 孫星衍，〈文子序〉，收入《問字堂集》，中華書局，北京，1996年。

1-6

〔老子曰：〕

夫事生¹者應變而動，變生於時，知時者無常之²行。〔故"道可道，非常道；名可名，非常名。"〕書者，言之所生也，言出於智，智者〔不知，非常道也。名可名，〕非藏書者也。"多聞數窮，不如守中。"〔"絕學無憂"，"絕聖棄智，民利百倍。"〕

*

人生而靜，天之性也；感物而動，性之欲也；物至而應，智之動也。智與物接，而好憎生焉。好憎成形，而智'怵'³於外，不能反己，而天理滅矣。是故聖人不以人易天，外與物化，而內不失情。

故通於道者，反於清靜，究於物者，終於無為，以恬養智，以漠合神，即乎無門⁴。循天者與道游也，隨人者與俗交也。

故聖人不以'人'⁵滑天，不以欲亂情；不謀而當，不言而信，不慮而得，不為而成。是以處上而民不重，居前而人不害，天下歸之，姦邪畏之。"以其無爭於萬物也，故莫敢與之爭。"

【相關資料尋索】

王壽負書而行，見徐馮於周。徐馮曰："事者、應變而動，變生於時，〔故〕知時者無常行。書者、言之所'出'也，言出於智者，知者〔不〕藏書。"於

---

¹ 朱弁本無"生"字，與《淮南子》同。

² 朱弁本無"之"字，與《淮南子》同。

³ "怵"字原作"出"，據朱弁注本改。

⁴ "無門"二字，景宋本作"無垠"。

⁵ "人"字原作"事"，據朱弁注本改。

是王壽乃焚〔其〕書而舞之。故老子曰："多言數窮，不如守中。"《淮南子·道應訓》p.392／〈道應訓〉辨析，頁 310-311

王壽負書而行，見徐馮於周塗，馮曰："事者，爲也。爲生於時，知者無常事。書者，言也。言生於知，知者不藏書。今子何獨負之而行？"於是王壽因焚其書而舞之。故知者不以言談教，而慧者不以藏書篋。此世之所過也，而王壽復之，是學不學也。故曰："學不學，復歸眾人之所過也。"《韓非子·喻老》

人生而靜，天之性也；感於物而動，性之欲也。物至知知，'然後好惡形焉。好惡無節於內，' 知誘於外，不能反躬，天理滅矣。夫物之感人無窮，而人之好惡無節，則是物至而人化物也。人化物也者，滅天理而窮人欲者也。於是有悖逆詐僞之心，有淫洗作亂之事。是故強者脅弱，眾者暴寡，知者詐愚，勇者苦怯，疾病不養，老幼孤獨不得其所，此大亂之道也。是故先王之制禮樂，人爲之節；衰麻哭泣，所以節喪紀也；鐘鼓干戚，所以和安樂也；昏姻冠笄，所以別男女也；射鄉食饗，所以正交接也。禮節民心，樂和民聲，政以行之，刑以防之，禮樂刑政，四達而不悖，則王道備矣。《禮記·樂記》

人生而靜，天之性也。感而後動，性之'害'也。物至而〔神〕應，'知'之動也。'知'與物接，而好憎生焉。好憎成形，而'知誘'於外，不能反己，而天理滅矣。'故達於道者'，不以人易天，外與物化，而內不失其情。至無而供其求，時騁而要其宿。小大脩短，各有其具，萬物之至，騰踴肴亂而不失其數。是以處上而民'弗'重，居前而'眾弗''害，天下歸之，姦邪畏之。以其無爭於萬物也，故莫敢與之爭。《淮南子·原道訓》p.10-11／〈原道訓〉辨析，頁 11

是故，'達'於至道者反於清靜，究於物者終於無爲。以恬養性，以沒處神，'則入於'天門。所謂天者，純粹樸素，質直皓白，未始有與雜揉者也。所謂人者，偶睹智故，曲巧僞詐，所以俛仰於世人而與俗交者也。故牛歧蹏而戴角，馬被髦而全足者，天也。絡馬之口，穿牛之鼻者，人也。循天者，與道游者也。隨人者，與俗交者也。夫井魚不可與語大，拘於隘也；夏蟲不可與語寒，篤於時也；曲士不可與語至道，拘於俗，束於教也。故聖人不以'人'滑天，不以欲亂情，不謀而當，不言而信，不慮而得，不爲而成，精通于靈府，

與造化者爲人。《淮南子・原道訓》p.20-21／〈原道訓〉辨析，頁 15-16

【探析與解說】

此章資料可分爲兩個部份，第一部份，文字舛亂，文義不通，當爲《淮南子》別本殘文竄入。第二部份 "人生而靜" 之後，似屬 "文子外編" 資料。此章當爲今本《文子》編輯者，將竄入《文子》中資料的殘文合編爲一章。以下分三點來說明：

第一、"夫事生者" 段：文句舛亂，而見於〈道應訓〉文字，卻內容完整，藉徐馮評王壽 "負書而行" 的事例以解《老》。《文子》此章原來的形式可能如下：

> 夫事生者應變而動，變生於時，知時者無常之行。（故 "道可道，非常道；名可名，非常名。"）書者，言之所生也，言出於智，智者（不知，非常道也。名可名，）非藏書者也。"多聞數窮，不如守中。"（"絕學無憂"，"絕聖棄智，民利百倍。"）

"多言數窮" 句，出自《老子》第五章。"絕學無憂"、"絕聖棄智，民利百倍" 分別見於《老子》第十九、二十兩章。"絕學無憂" 兩句，竹簡《老子》作 "𢿫（絕）智弃卞（辯），民利百伓（倍）"。"道可道" 句，出自《老子》首章，此處引文與其前文文意無關。"智者不知，非常道也。名可名，非藏書者也"，字義相當費解。此章恐原爲《文子》解《老》資料，因殘缺嚴重，編輯今本《文子》時，將竄入其中之《淮南子》別本殘文，雜編於此。此段資料主要內容，也見於《韓非子・喻老》。《韓非子・喻老》是用王壽故事，以解喻《老子》第六十四章經文，與〈道應訓〉不同。王壽故事應是先秦傳說，〈喻老〉篇與〈道應訓〉分別用來解喻《老子》。

第二、"人生而靜" 段："人生而靜……天理滅矣" 另見於《禮記・樂記》。〈樂記〉篇此數句說明聖人制定禮樂，在節制人民情慾，而《淮南子》則強調 "不以人易天"，"反己"，以保持 "天理" 本性的道理，二者解說方向有異。據傳〈樂記〉篇爲西漢河間獻王劉德主導而編撰，此段資料可能原爲先秦史料，儒家傳承用之以解釋 "先王禮樂" 的王道，《淮南子》引用此項資料，發揮道家傳承的思想。《文子》此處文字與《淮南子》相近,似原屬"文子外編"資料。

"感物而動"句,《淮南子・道原》篇無"物"字,王叔岷校《淮南子》[1]云:"案:'感'下當有'物'字,文意乃明。《禮記・樂記》、《史記・樂書》並作'感於物而動',《文子》〈道原〉篇作'感物而動',皆有'物'字,當據補。"又,"性之欲"句,于大成云:"《困學記聞》五引此作'欲'作'害',朱弁本正作'害'。唯'害'亦是誤字,字當作'容'。'容'亦動也,'動'與'容'韻。作'欲'作'害',既失其義,又失其韻。《史記・樂書》作'頌','頌'亦'容'也。"

又,"是故聖人不以人易天"句,"聖人",〈原道訓〉作"達於道者"。"達於道者"的表述,《文子》全書未見,而《淮南子》見於三處(另一見於〈原道訓〉"達於道者反於清靜",另一見於〈齊俗訓〉"達至道者則不然")。二者的記述不同,可能各有來源。

第三、"故通於道者"段:承襲前章言"清靜"、"無爲"的思想,應與"文子外編"資料有關。"無門"二字,《淮南子》作"天門"。《文子》中"無門"一詞,凡三見,而無"天門",《淮南子》無"無門",而"天門"出現兩次。《淮南子》此句之後有"所謂天者","無"(原寫作"无")似"天"字之形誤。俞樾亦云:"'即乎無門',義不可通,當作'即入乎天門'。'天'誤作'无',因誤作'無'耳。……《淮南子》〈原道訓〉作'以恬養性,以漠處神,則入於天門',可據以訂正。"

又、"故聖人不以人滑天"句,〈原道訓〉此句之前有"夫井魚不可與語大,拘於隘也;夏蟲不可與語寒,篤於時也;曲士不可與語至道,拘於俗,束於教也。"此數句與前後文文意無關,當爲他處錯簡。〈原道訓〉"故聖人"句,應直接上承"與俗交也"句,此種句序與《文子》不同。〈原道訓〉"不爲而成"句下作"精通於靈府,與造化爲人",似承襲推衍《莊子》思想,《文

---

[1] 王叔岷,《淮南子斠證》、《淮南子斠證》補遺、《淮南子》斠證續補,見於《諸子斠證》,後引同書不標明出處。

子》無此二句。

又、"是以處上而民不重"等句，〈原道訓〉曰："至無而供其求，時騁而要其宿。小大脩短，各有其具，萬物之至，騰踴肴亂而不失其數。是以處上而民弗重……" "至無而供其求"等句，似說明"達於道者"的操持不因萬物的淆亂而失其數，故能"處上而民不重"。《文子》此句接於"不爲而成"後，說明"聖人不以事滑天，不以欲亂情"，二者句序不同。但《文子》的說理較爲通暢。

此段闡述《老子》"聖人"無爲而得治天下的思想。郭店竹簡《老子》對應王弼本第六十六章曰："其才民上也，民弗厚也；其才民前也，民弗害也。天下樂進而弗詁，以其不靜（爭）也，古（故）天下莫能與之靜（爭）。"《文子》此段似直接發揮《老子》此章的意旨。

1-7

〔老子曰：〕

夫人從欲失性，動未嘗正也，以治國則亂，以治身則穢。故不聞道者，無以反其性〔，不通物者，不能清靜〕。原人之性，無邪穢，久湛於物即易，易而忘其本，即合於若性。水之性欲清，沙石穢之，人之性欲平，嗜欲害之，唯聖人能遺物反己。

是故聖人不以智[1]役物，不以欲滑和，其於樂不忻忻，其於憂不惋惋。〔是以高而不危，安而不傾。〕故聽善言便計，雖愚者知說之；稱聖德高行，雖不肖者知慕之。說之者眾而用之者寡，慕之者多而行之者少。所以然者，牽於物而繫於俗。〔故曰："我無爲而民自化，我無事而民自富，我好靜而民自正，我無欲而民自樸。"〕

---

[1] 朱弁注本"智"字作"身"，與《淮南子》同。

*

　　清靜者，德之至也；柔弱者，道之用也；虛無恬愉者，萬物之祖也。〔三者行〕則淪於無形。無形者，一之謂也。一者，無心合於天下也。布德不溉[1]，用之不勤，視之不見，聽之不聞，無形而有形生焉，無聲而五音鳴焉。無味而五味形焉，無色而五色成焉。故有生於無，實生於虛。音之數不過五，五音之變不可勝聽也；味之數不過五，五味之變不可勝嘗也；色之數不過五，五色之變不可勝觀也。音者，宮立而五音形矣，味者，甘立而五味定矣，色者，白立而五色成矣，道者，一立而萬物生矣。

　　故一之理，施於四海；一之嘏[2]，察於天地。其全也，敦兮其若樸；其散也，渾兮其若濁。濁而徐清，沖而徐盈，澹然若大海，氾兮若浮雲，若無而有，若亡而存。

【相關資料尋索】

　　原人之性，‘蕪滅’而不得清明者，物或堁之也。羌、氐、僰、翟，嬰兒生皆同聲，及其長也，雖重象狄鞮，不能通其言，教俗殊也。今三月嬰兒，生而徙國，則不能知其故俗。由此觀之，衣服禮俗者，非人之性也，所受於外也。夫竹之性浮，殘以爲牒，束而投之水，則沈，失其體也。金之性沈，託之於舟上則浮，勢有所支也。夫素之質白，染之以涅則黑；縑之性黃，染之以丹則赤。人之性無邪，久湛於‘俗’‘則’易。易而忘本，合於若性。

　　故日月欲明，浮雲蓋之；‘河水’欲清，沙石濊之；人性欲平，嗜欲害之。唯聖人能遺物〔而〕反己。

　　夫乘舟而惑者，不知東西，見斗極則寤矣。夫性、亦人之斗極也。有以自

---

[1] 俞樾云：“‘溉’當作‘既’，古字通耳·淮南子作‘布施而不既’。”

[2] “嘏”字，朱弁注本作“解”，與《淮南子》同。

見也，則不失物之情；無以自見，則動而惑營。譬若隴西之遊，愈躁愈沈。孔子謂顏回曰：「吾服汝也忘，而汝服於我也亦忘。雖然，汝雖忘乎吾，猶有不忘者存。」孔子知其本也。

〔夫「縱」欲〔而〕失性，動未嘗正也，以治身則危，以治國則亂〕，以入軍則破。是故不聞道者，無以反性。《淮南子・齊俗訓》p.352-353／〈齊俗訓〉辨析，頁 255-257

所謂樂者，豈必處京臺、章華，游雲夢、沙丘，耳聽《九韶》、《六瑩》。口味煎熬芬芳，馳騁夷道，釣射鷫鵝之謂樂乎？吾所謂樂者，人得其得者也。夫得其得者，不以奢爲樂，不以廉爲悲，與陰俱閉，與陰俱開。故子夏心戰而臞，得道而肥。聖人不以「身」役物，不以欲滑和，是故其「為」歡不忻忻，其「為」「悲」不「惙惙」，萬方百變，消搖而無所定，吾獨慷慨，遺物而與道同出。是故有以自得之也，喬木之下，空穴之中，足以適情。無以自得也，雖以天下爲家，萬民爲臣妾，不足以養生也。能至於無樂者，則無不樂；無不樂則至極樂矣。

夫建鍾鼓，列管弦，席旃茵，傅旄象，耳聽朝歌北鄙靡靡之樂，齊靡曼之色，陳酒行觴，夜以繼日，強弩弋高鳥，走犬逐狡兔，此其爲樂也，炎炎赫赫，怳然若有所誘慕。解車休馬，罷酒徹樂，而心忽然若有所喪，悵然若有所亡也。是何則？不以內樂外，而以外樂內，樂作而喜，曲終而悲，悲喜轉而相生，精神亂營，不得須臾平。察其所以，不得其形，而日以傷生，失其得者也。

是故內不得於中，稟授於外而以自飾也，不浸于肌膚，不浹于骨髓，不留於心志，不滯於五藏。故從外入者，無主於中，不止；從中出者，無應於外，不行。

故聽善言便計，雖愚者知說之；稱「至」德高行，雖不肖者知慕之。說之者眾而用之者「鮮」，慕之者多而行之者「寡」。所以然者，何也？「不能反諸性也」。夫內不開於中而強學問者，不入於耳而不著於心。此何以異於聾者之歌也？效人爲之而無以自樂也，聲出於口則越而散矣。夫心者，五藏之主也，所以制使四支，流行血氣，馳騁於是非之境，而出入於百事之門戶者也。是故不得於心而有經天下之氣，是猶無耳而欲調鍾鼓，無目而欲喜文章也，亦必不勝其任矣。《淮南子・原道訓》p.33-35／〈原道訓〉辨析頁 35-37

是故清靜者，德之至也；〔而〕柔弱者，道之'要'也；虛無恬愉者，萬物之'用'也。肅然應感，殷然反本，則淪於無形〔矣〕。所謂無形者，一之謂也。所謂一者，無'匹'合於天下者也。卓然獨立，塊然獨處，上通九天，下貫九野，員不中規，方不中矩，大渾而為一，葉累而無根，懷囊天地，為道關門，穆忞隱閔，純德獨存，布'施'而不'既'，用之〔而〕不勤。是故視之不見其形，聽之不聞其聲，循之不得其身，無形而有形生焉，無聲而五音鳴焉，無味而五味形焉，無色而五色成焉。〔是〕故有生於無，實出於虛，天下為之圈，則名實同居。音之數不過五，〔而〕五音之變不可勝聽也。味之'和'不過五，〔而〕五味之'化'不可勝嘗也。色之數不過五，〔而〕五色之變不可勝觀也。〔故〕音者，宮立而五音形矣；味者，甘立而五味'亭'矣；色者，白立而五色成矣；道者，一立而萬物生矣。

〔是〕故一之理，施四海；一之'解'，'際'天地。其全也，'純'兮若樸；其散也，'混'兮若濁。濁而徐清，沖而徐盈，澹'兮'〔其〕若'深淵'，泛兮〔其〕若浮雲，若無而有，若亡而存。《淮南子·原道訓》p.29-30／〈原道訓〉辨析，頁 26-27

善為上者，能令人得欲無窮，故人之可得用亦無窮也。蠻夷反舌殊俗異習之國，其衣服冠帶，宮室居處，舟車器械，聲色滋味皆異，其為欲使一也。三王不能革，不能革而功成者，順其天也；桀、紂不能離，不能離而國亡者，逆其天也。逆而不知其逆也，湛於俗也。久湛而不去則若性。性異非性，不可不熟。不聞道者，何以去非性哉？無以去非性，則欲未嘗正矣。欲不正，以治身則夭，以治國則亡。故古之聖王，審順其天而以行欲，則民無不令矣，功無不立矣。聖王執一，四夷皆至者，其此之謂也。執一者至貴也。至貴者無敵。聖王託於無敵，故民命敵焉。《呂氏春秋·為欲》

【探析與解說】

此章可分為兩個部份，分別敘說完整的內容。全章見於《淮南子》兩篇。"夫人從欲"至"唯聖人能遺物反己"段，見於《淮南子·齊俗訓》第三章，"是故聖人不以智役物"段，則見於〈原道訓〉不同段落。〈齊俗訓〉第三章，全見於《文子・下德》第七章，資料相當複雜。《文子》此章第一部份，似屬解《老》資料，《淮南子》曾加以引用。而第二部份，則屬與本篇前章同源的"文子外編"資料。以下分四點來說明：

第一、"夫人從欲失性"段：此段似與解《老》資料有關。"夫人從欲失性"句，《文子》提出人之本性問題的探討與說明，而見於《淮南子・齊俗訓》處，卻成爲結論性的引述。

"不聞道者，無以反性，不通物者，不能清靜"四句，"不聞道"與"不通物"相對成義，〈齊俗訓〉似闕漏後半句。

又，"原人之性，無邪穢"兩句，〈齊俗訓〉改作"原人之性，蕪濊而不得清明者，物或堁之也。"然後舉出各種事物失性的情況，來加以申述。《淮南子》似引用"文子外編"資料。

又，"久湛於物即易"句，"物"字，〈齊俗訓〉作"俗"。〈齊俗訓〉前文已有"物或堁之"句，故將"物"字改爲"俗"。

第二、"是故聖人不以智役物"段：此段見於《淮南子・原道訓》多處。〈原道訓〉此部份資料相當雜亂。"故子夏心戰而臞，得道而肥"兩句，在《淮南子》中爲錯簡，而"聖人不以身役物"等句亦與其前後文文意不相連貫。〈原道訓〉"萬方百變"句，應上接"與陰俱開"。而〈原道訓〉後文"吾獨慷慨"句，回應上文"吾所謂樂者"段，介於此兩段間"聖人不以身役物"句，出現"聖人"一詞，與前後文"吾"的第一人稱表述不合。《文子》"是故聖人……安而不傾"等句，恐非襲自《淮南子》。〈原道訓〉"故聽善言便計"數句，與上下文義有別。刪除此數句與《文子》互見者，則《淮南子》文理順暢。此種《淮南子》出現錯簡的情況，說明《淮南子》撰述時似曾引用今本《文子》保留的解《老》資料，且在後世流傳過程中，恐有"文子外編"資料竄入。此處《淮南子》與《文子》互見部份，高誘無注，或許當時尚未竄入錯簡。

"不以智役物"句，"智"字，〈原道訓〉作"身"。此句文意亦見於《文子》他處，如：〈微明〉篇第十三章曰："以身役物，即陰陽食之。"（同見於《淮南子・人間訓》），〈精誠〉篇曰："此不免以身役物。"（同見於《淮南子・俶真訓》）

　　"役物"一詞，先秦文獻僅見於《荀子》二次。《荀子·修身》曰："傳曰：
'君子役物，小人役於物。'"〈正名〉篇亦曰："夫是之謂重己役物。""役
物"與"役於物"，二者意含有別。《文子》"役"字，有"牽繫、繫絆"之
義。因此，"不以智役物"、"不以欲滑和"，相對爲文，"智"、"欲"均
指人性的表現，與〈原道訓〉作"身"，敘說的方向不同。

　　又，"是以高而不危，安而不傾"兩句，不見於《淮南子》，此兩句聯繫
上文而言，〈原道訓〉可能有脫漏。

　　又，"所以然者，牽於物而繫於俗"兩句，〈原道訓〉"所以然者，何也？
不能反諸性也。"《文子》是就前段"久湛於物"而爲物欲所繫來說，文意較
《淮南子》爲佳。

　　第三、"清靜者"段：此段似"文子外編"資料殘文。"清靜"、"柔弱"
與"虛無恬愉"，與本篇第三章以"虛無、平易，清靜、柔弱、純粹素樸"作
爲"道之形象"的思想相應，二者當屬同源。《文子》此段部份文字與〈原道
訓〉不同，文句欠連貫。

　　"柔弱者，道之用"，"用"字，〈原道訓〉作"要"。高誘注曰："要，
約也。"《老子》第四十章曰："弱者，道之用"，故"柔弱"當爲"道之用"，
《文子》文意近於《老子》。

　　又，"虛無恬靜者，萬物之祖"兩句，"祖"字，〈原道訓〉作"用"。
《文子》下章曰："夫無形者，物之太祖。"《文子》強調"萬物"以"虛無
恬靜"爲"祖"，指出萬物本質的始源，文意似較《淮南子》爲勝。

　　又，此段前三句，分別就"德"、"道"、"萬物"的運作而言。因此，
三者渾合，即潛沒於無形。"三者行"，〈原道訓〉作"蕭然感應，殷然反本"，
〈原道訓〉詳言"德、'道'、"萬物"三者的交應作用。

　　又，"無心合於天下"句，"心"字，〈原道訓〉作"匹"。俞樾云："'心'
乃'匹'字之誤。言其在天下無可匹合者，故謂之一也。《淮南子》〈原道訓〉，
正作'匹'。"朱弁注本"心"字作"止"。李定生云："'心'乃'止'之
誤。"認爲當作"一者，無止，合於天下"。植案：此種解釋，於義未安。〈原

道訓〉此句之後曰："卓然獨立，塊然獨處"云云，故作"無匹合於天下"。
而《文子》此句之後接"布德而不漑（既），用之不勤"云云，故說"無心"而
渾合於天下。此處作"無心"，下文即可言"無形"、"無聲"、"無味"、
"無色"，而分別產生"有形"、"五音"、"五味"、"五色"，而總結爲
"有生於無，實生於虛。""無心"與"無匹"，二者意含不同。"匹"指出
相互對偶的性質，"一"無所偶，故無匹合於天下，而"無心"卻強調"以天
下爲心"。

又，"五味定"句，"定"字，〈原道訓〉作"亭"。俞樾校《淮南子》
云："《釋名‧釋言語》：'亭，定也，定於所在也。'五味亭矣，猶曰五味
定矣。《文子‧道原》篇正作'定'。"

又，"布德不既"句，俞樾云："漑"與"既"，古字相通。于大成云：
"俞說是也。《史記‧帝嚳（植案：當爲"五帝"）本紀》'帝嚳漑執中而遍天下'，
《集解》引徐廣曰：'古既字作旁'。"

第四、"故一之理"段："覢"字，朱弁注本作"解"，《淮南子‧原道
訓》亦作"解"，高誘注曰："解，達也。讀'解故'之'解'也。"《黃帝
四經‧十大經‧成法》曰："一之解，察於天地；一之理，施於四海。""覢"，
有大之義。《爾雅‧釋詁》："覢，大也。"《方言》卷一："秦晉之間，凡
物壯大謂之覢。"《逸周書‧皇門》："用能承天覢命。"莊述祖、朱右曾云：
"覢，大也。""察"字，〈原道訓〉作"際"。王叔岷云："察、際，古通。"
《爾雅‧釋詁一》"察，至也。"《文子》此句意謂："一"的弘大，可上至
於天，下達於地。《文子》作"覢"，與《淮南子》記述不同，保存"文子外
編"舊文，不必改作"解"。朱弁注本恐據《淮南子》文本而改。

1-8

〔老子曰：〕

萬物之總，皆閱一孔，百事之根，皆出一門。故聖人一度循軌，

不變其故，不易其常，放準循繩，‘曲因其常’[1]。

*

夫喜怒者，道之邪也；憂悲者，德之失也；好憎者，心之過也；嗜欲者，生之累也。人大怒破陰，大喜墜陽，薄氣發喑，驚怖為狂，憂悲焦心，疾乃成積。人能除此五者，即合於神明。神明者，得其內也。〔得其內者，〕五臟寧，思慮平，耳目聰明，筋骨勁強，疏達而不悖，堅強而不匱，無所太過，無所不逮。

*

天下莫柔弱於水，〔水之為道也，〕廣不可極，深不可測，長極無窮，遠淪無涯。息耗減益，過於不訾。上天為雨露，下地為潤澤，萬物不得不生，百事不得不成，大包群生而無私好，澤及蚑蟯而不求報，富贍天下而不既，德施百姓而不費。行不可得而窮極，微不可得而把握。擊之不創，刺之不傷，斬之不斷，灼之不熏，淖約流循而不可靡散，利貫金石，強淪天下。有餘不足，任天下取與，稟受萬物而無所先後。無私無公，與天地洪同，是謂至德。

夫水所以能成其至德者，以其淖約潤滑也。故曰：“天下之至柔，馳騁天下之至堅，無有入於無間。”

夫無形者，物之太祖；無音者，類之太宗。

*

真人者，通於靈府，與造化者為人。執玄德於心，而化馳如神。

是故不道之道，芒乎大哉！未發號施令而移風易俗，其唯心行

---

[1] “曲因其常”四字，原作“曲因其直，直因其常”，據《文子纘義》道藏本與景宋本改。

也。萬物有所生而獨‘知’¹其根，百事有所出而獨守其門。故能窮無窮，極無極，照物而不眩，響應而不知²。

【相關資料尋索】

萬物之總，皆閱一孔；百事之根，皆出一門。其動無形，變化若神；其行無跡，常後而先。

是故：至人之治也，掩其聰明，滅其文章，依道廢智，與民同出于公。約其所守，寡其所求，去其誘慕，除其嗜欲，損其思慮。約其所守則察，寡其所求則得。夫任耳目以聽視者，勞形而不明；以知慮爲治者，苦心而無功。

〔是〕故：聖人一度循軌，不變其‘宜’，不易其常，放準循繩，曲因其‘當’。

*

夫喜怒者，道之邪也；憂悲者，德之失也；好憎者，心之過也；嗜欲者，‘性’之累也。人大怒破陰，大喜墜陽；薄氣發瘖，驚怖為狂；憂悲‘多恚’，病乃成積；好憎繁多，禍乃相隨。故心不憂樂，德之至也；通而不變，靜之至也；嗜欲不載，虛之至也；無所好憎，平之至也；不與物散，粹之至也。‘能此五者’，‘則通’於神明。〔通於〕神明者，得其內者也。

是故以中制外，百事外廢；中能得之，則外能收之。中之得，則五藏寧，思慮平，筋‘力’勁強，耳目聰明，疏達而不悖，堅強而不鞼，無所‘大’過〔而〕無所不逮，處小而不逼，處大而不窕，其魂不躁，其神不嬈，湫漻寂漠，爲天下梟。《淮南子·原道訓》p.30-32／〈原道訓〉辨析，頁28-32

天下〔之物，〕莫柔弱於水，然而‘大’不可極，深不可測，‘脩’極〔於〕無窮，遠淪〔於〕無崖，息耗減益，‘通’於不訾，上天〔則〕為雨露，下地〔則〕為潤澤，萬物‘弗’得不生，百事不得不成，大包群生而無‘好憎’，澤及蚑蟯而不求報，富贍天下而不既，德施百姓而不費，行而不可得窮極〔也〕，

1　“知”字原作“如”，據顧觀光依《淮南子·原道訓》校改。

2　“知”字，朱弁注本作“止”。

微而不可得把握〔也〕，擊之無創，刺之不傷，斬之不斷，‘焚之不然’，淖
‘溺’流‘遁’，錯繆相紛而不可靡散，利貫金石，強‘濟’天下，動溶無形
之域，而翱翔忽區之上，邅回川谷之閒，而滔騰大荒之野，有餘不足，‘與’
天地取與，‘授’萬物而無所‘前’後，〔是故〕無〔所〕私〔而〕無〔所〕
公，靡濫振蕩，與天地‘鴻洞’，無所左而無所右，蟠委錯紾，與萬物終始，
是謂至德。

　　夫水所以能成其至德〔於天下〕者，以其淖‘溺’潤滑也。故〔老聃之言〕
曰：“天下至柔，馳騁〔於〕天下之至堅。〔出於〕無有，入於無閒。吾是以
知無爲之有益。”

　　夫無形者，物之‘大’祖也；無音者，‘聲’之‘大’宗〔也〕。其子爲
光，其孫爲水，皆生於無形乎！夫光可見而不可握，水可循而不可毀，故有像
之類，莫尊於水。出生入死，自無蹠有，自有蹠無，而以衰賤矣。《淮南子·原道訓》
p.27-29／〈原道訓〉辨析，頁25-26

　　是故，達於道者反於清靜，究於物者終於無爲。以恬養性，以沒處神，則
入於天門。所謂天者，純粹樸素，質直皓白，未始有與雜揉者也。所謂人者，
偶䁗智故，曲巧僞詐，所以俛仰於世人而與俗交者也。

　　故牛歧蹏而戴角，馬被髦而全足者，天也。絡馬之口，穿牛之鼻者，人也。
循天者，與道游者也。隨人者，與俗交者也。夫井魚不可與語大，拘於隘也；
夏蟲不可與語寒，篤於時也；曲士不可與語至道，拘於俗，束於教也。

　　故‘聖’人不以人滑天，不以欲亂情，不謀而當，不言而信，不慮而得，
不爲而成，精通于靈府，與造化者爲人。《淮南子·原道訓》p.20-21／〈原道訓〉辨析，頁15-16

　　昔舜耕於歷山，期年，而田者爭處境埍，以封畔肥饒相讓；釣於河濱，期
年，而漁者爭處湍瀨，以曲隈深潭相予。當此之時，口不設言，手不指麾，執
玄德於心，而化馳‘若’神。使舜無其志，雖口辯而戶說之，不能化一人。是
故不道之道，‘莽’乎大哉！夫能理三苗，朝羽民，徒裸國，納肅慎，未發號
施令而移風易俗者，其‘唯’心行者乎！法度刑罰，何足以致之也？

　　是故聖人內修其本，而不外飾其末，保其精神，偃其智故，漠然無爲而無
不爲也，澹然無治也而無不治也。所謂無爲者，不先物爲也；所謂無不爲者，

因物之所爲。所謂無治者，不易自然也；所謂無不治者，因物之相然也。

　　萬物有所生，而獨知〔守〕其根；百事有所出，而獨〔知〕守其門。故窮無窮，極無極，照物而不眩，響應而不'乏'，此之謂天解。《淮南子・原道訓》p.23-24 ／〈原道訓〉辨析，頁 18-20

【探析與解說】

　　此章資料相當複雜，可分爲四個部份，內容各不連屬。全章分別見於《淮南子・原道訓》不同段落。第一部份資料文義完整，似保留"文子外編"舊文，而其他部份文義舛亂，可能爲《淮南子》別本殘文竄入。以下分四點來說明：

　　第一、"萬物之總"段：此段見於《淮南子・原道訓》。〈原道訓〉此段作"萬物之總，皆閱一孔；百事之根，皆出一門。其動無形，變化若神；其行無跡，常後而先。""其動無形"四句，〈道原〉篇無，此四句"其"字，似不能指前文"一孔"與"一門"，恐他處錯簡。《文子》此段文義通貫，當保持"文子外編"舊文句序。

　　又，"曲因其常"句，原作"曲因其直，直因其常"，據景宋本與《文子纘義》道藏本改。〈原道訓〉作"曲因其當"。俞樾云："曲因其直二句，義不可通。疑上'直'字乃'宜'字之誤。'曲因其宜，直因其常'，言曲直皆因乎物耳。"但王叔岷云："案：二句義不可通。景宋本作'曲因其常'，是也。注：'各附所安，俱利其性，是曲因其常者也。'可證正文'曲因其'下本無'直直因其'四字。《淮南子》作'曲因其當'，'常'、'當'，古通。〈道德〉篇：'故聖人常聞禍福所生而擇其道'，唐寫本'常'作'當'，即其此。"植案："不變其故"句，"故"字，〈原道訓〉作"宜"。上文言"聖人一度循軌"，"軌"與"故"義理相近，作"故"字較佳。《文子》此處似原作："聖人一度循軌，不變其故，不易其常，放準循繩，曲因其當。""曲"指個別事變，"當"指處事得當。"不變其故"等四句對稱。

　　第二、"夫喜怒者"段：此段資料與前段文義不能連貫。"人能除此五者"句，《淮南子・原道訓》作"能此五者"。〈原道訓〉所言五者，乃指"心不憂樂"、"通而不變""嗜欲不載"、"無所好憎"與"不與物散"〈原道訓〉此數句見於《文子》本篇第三章。《文子》此處"五者"無所指涉,段中所言"喜怒"、"憂悲"、"好憎"、"嗜欲"又為四事,不能稱為"五者",當為《淮南子》別本殘文竄入。

又,"得其內者",〈原道訓〉作"中之得",其前並有"是故以中制外,百事外廢;中能得之,則外能收之。""得其內者"四字,恐為編輯今本《文子》所加,以聯繫後文。

第三、"天下莫柔弱於水"段:此段論述"水"為"至德"的思想。郭店楚墓竹簡有"太一生水"篇,顯見以"水"作為"道"之柔弱性徵的觀念,在先秦時代廣為哲學家所重視。"天下莫柔弱於水"句,出自《老子》第七十八章,《淮南子·原道訓》作"天下之物於柔弱於水",與《老子》經文有異。《文子》此段直接推衍《老子》思想,或與文子學派傳承有關。"水之為道也"五字,《淮南子》無,《淮南子》此處似引述並闡發保留於"文子外編"資料的思想。

又,"息耗減益,過於不訾"句,"過"字,〈原道訓〉作"通"。"訾"字,高誘注曰:"量也"。"達於不量",謂不可計量,《淮南子》原即作"達"。"過於不訾"之"訾",似不當作"量"解。王叔岷云:"《御覽》引此下有注云:'涌出曰("曰"字,于大成校訂為"曰"。)息,煎乾曰耗。出川枝流曰減,九野注之曰益,過於不貲者,此過尾閭之大壑,入無底谷。"

又,"任天下取與"句,〈原道訓〉作"與天地取與",劉積校訂《淮南子》云:"'下',舊訛'地'。"張雙棣校《淮南子》云:"《文子》〈道原〉篇作'任天下取與',劉積蓋據《文子》改。"《文子》此兩句意謂:萬物有餘者取之,不足者補之,聽任天下取擇。《文子》義理較完備。

又,"無私好"三字,《淮南子·原道訓》作"無好憎",王引之校《淮南子》云:"本作'無私好',此後人以意改之。《文子》〈道原〉篇正作'無私好'。此承上文生萬物、成百事而言,言水之利物,非有所私好而然也。……加一憎字,則非其指矣。"

又，“淖約流循”句，《淮南子·原道訓》作“淖溺流遁”。高誘注曰：“遁，逸也。”《莊子·外物》有“流遁之志”句。“淖約”與“淖溺”，均有“柔和”之義。《莊子·齊物論》曰：“肌膚若冰雪，淖約若處子。”《管子·水地》曰：“夫水，淖弱（溺）以清，而好灑人之惡，仁也。”《文子》的記述與《淮南子》不同，當屬不同來源。

又，“稟受萬物”句，《淮南子·原道訓》作“授萬物”，俞樾校《淮南子》云：“‘授’上當有‘稟’字，上文‘稟授無形’，又曰‘布施稟授而不益貧’，下文曰：‘稟授於外而已自飾也’，並以‘稟授’連文，是其證。《文子》〈道原〉篇作‘稟授萬物而無所先後’，當據補。”

又，“夫水所以能成其至德者”段，引《老子》第四十三章“無有入無間”經文，與今本《老子》同，並合於馬王堆帛書《老子》甲本，但《淮南子·原道訓》引作“出於無有，入於無間”。〈原道訓〉或保留漢初《老子》不同傳本文句。

又，“夫無形者”數句，與前後文文義不能連貫，當爲“文子外編”或《淮南子》別本殘文。“類之大宗”句，“類”字，《淮南子·原道訓》作“聲”。前文曰“無音者”，此處當作“聲”。

第四、“真人者”段：此段文句分別見《淮南子》〈原道訓〉多處，全段思想與《莊子》相近。其中“靈府”與“與造物者爲人”的說法，均出自《莊子》。〈德充符〉篇曰：“故不足以滑和，不可入於靈府。”〈大宗師〉篇曰：“彼方且與造物者爲人”。〈應帝王〉篇曰：“予方將與造物者爲人。”《文子》此處兩段，彼此之間並不連貫。前段“真人者”句，與下段“未發號施令而移風易俗”所言之事，並不合於《莊子》“真人”的觀念。《淮南子》後句之前有“舜……夫能理三苗，朝羽民，徙裸國，納肅慎”等句，“未發號施令”指“舜”，而非“真人”。此處當爲《淮南子》別本資料殘文竄入《文子》。

1-9

〔老子曰：〕

夫德道者，志弱而事強，心虛而應當。志弱者，柔懦安靜，藏於不‘敢’¹，行於不能，澹然無為，動不失時。故：「貴必以賤為本，高必以下為基。」託小以包大，在中以制外，行柔而剛，力無不勝，敵無不陵，應化揆時，莫能害之。

欲剛者必以柔守之，欲強者必以弱保之。積柔即剛，積弱即強，觀其所積，以知存亡。強勝不若己者，至於若己者而格，柔勝出於己者，其力不可量。故曰：「兵強即滅，木強即折。革強而裂，齒堅於舌而先斃」。故曰：「柔弱者生之幹也，堅強者死之徒也。」先唱者窮之路，後動者達之原。

夫執道以耦變，先亦制後，後亦制先，何‘則’²？不失所以制人，人亦不能制也。所謂後者，調其數而合其時。時之變則，間不容息，先之則太過，後之則不及。日回月周，時不與人游。故聖人不貴尺之璧，而貴寸之陰，時難得而易失。故聖人〔隨時而舉事，因資而立功，〕守清道，拘雌節，因循而應變，常後而不先，柔弱以靜，安徐以定，功大靡堅，不能與爭也。

【相關資料尋索】

〔故〕‘得’道者，志弱而事強，心虛而應當。
〔所謂〕志弱〔而事強〕者，柔懦安靜，藏於不‘敢’，行於不能，‘恬’

---

1 "敢"字原作"取"，據朱弁注本、《文子續義》道藏本改。
2 "則"字原作"即"，據《文子續義》道藏本與朱弁注本改。

然無‘慮’，動不失時，與萬物回周旋轉，不爲先唱，感而應之。〔是〕故貴〔者〕必以賤為‘號’，〔而〕高〔者〕必以下為基。託小以包大，在中以制外，行柔而剛，用弱而強，轉化推移，得一之道，而以少正多。

所謂其事強者，遭變應卒，排患扞難，力無不勝，敵無不‘凌’，應化揆時，莫能害之。

〔是故〕欲剛者必以柔守之，欲強者必以弱保之。積〔於〕柔‘則’剛，積〔於〕弱‘則’強，觀其所積，以知‘禍福之鄉’。強勝不若己者，至於若己者而‘同’；柔勝出於己者，其力不可量。

故兵強‘則’滅，木強‘則’折，革‘固則’裂，齒堅於舌而先‘之敝’。

〔是故〕“柔弱者、生之幹也，而堅強者、死之徒也。”

*

先唱者，窮之路也；後動者，達之原也。何以知其然也？凡人、中壽七十歲，然而趨舍指湊，日以自悔也，以至於死，故蘧伯玉年五十而有四十九年非。何者？先者難爲知，而後者易爲攻也。先者上高，則後者攀之；先者踰下，則後者蹶之；先者隤陷，則後者以謀；先者敗績，則後者違之。由此觀之，先者，則後者之弓矢質的也。猶錞之與刃，刃犯難而錞無患者，何也？以其託於後位也。此俗世庸民之所公見也，而賢知者弗能避也。

{所謂後者，非謂其底滯而不發，凝竭而不流，〔貴其〕‘周’於數而合‘於’時〔也〕。}

夫執道〔理〕以耦變，先亦制後，後亦制先。〔是〕何則？不失〔其〕所以制人，人不能制也。

時之‘反側’，間不容息，先之則太過，後之則不‘逮’。〔夫〕日回而月周，時不與人游。故聖人不貴尺之璧，而‘重’寸之陰，時難得而易失〔也〕。禹之趨時也，履遺而弗取，冠挂而弗顧，非爭其先也，而爭其得時也。〔是〕故聖人守清道〔而〕抱雌節，因循應變，常後而不先。柔弱以靜，‘舒安’以定，攻大‘磨’堅，莫能與之爭。《淮南子·原道訓》p.24-27／〈原道訓〉辨析，頁21-24

【探析與解說】

此章見於《淮南子·原道訓》，多處引用《老子》經文，應與解《老》傳承有關。但《文子》與《淮南子》此處文字均非完整，其中有脫文。此處原始內容似屬文子學派的解《老》資料，《淮南子》曾引述並加以發揮。《文子》此章可能爲《淮南子》別本殘文竄入。以下分兩點來說明：

第一、"夫德道者"段：此段與〈原道訓〉文字幾近全同，其中徵引三處《老子》文句[1]。"兵強即滅，木強則折"句，王弼注本作"兵強則不勝，木強則兵"，帛書《老子》甲本作"兵強則不勝，木強則恆（乙本爲 '競'）"，嚴遵、傅奕本作"木強則共"。高明《老子帛書校注》認爲，"共"、"恆"、"競"古讀音相同，均假借爲 '烘'，"'木強則烘'，猶言木強則爲樵者伐取，燎之於炷灶。"[2]可見《老子》當有不同傳本。竹簡與帛書《老子》的相繼出土，似顯出戰國時期《老子》傳本原爲多元的可能。此處文句，多爲格言型態，極類似《老子》體例，如"託小以包大，在中以制外"、"行柔而剛，力無不勝，亂無不陵，應化揆時，莫能害之"、"欲剛者必以柔守之，欲強者必以弱保之"、"積柔即剛，積弱即強，觀其所積，以知存亡"、"強勝不若己者，至於若己者而格，柔勝出於己者，其力不可量"、"革強而裂，齒堅於舌先斃"、"先唱者窮之路，後動者達之原"。尤其"托小以包大"與"先唱者窮之路"等句，接於今本《老子》經文之後，或屬當時傳誦之《老子》文句，雖今已難確知，但應與《老子》學派傳統有直接淵源。

又，"夫德（〈原道訓〉做"得"）道者，志弱而事強，心虛而應當"。《文子》後接"志弱者"句，《淮南子·原道訓》則後文有"所謂志弱而事強者"、"所謂其事強者"。這種以"所謂……"形式申論的體例，先秦古書多見。〈原道訓〉此處前句當作"所謂志弱者"而衍"而事強"三字。《文子》"力無不勝"等句，恐原屬〈原道訓〉"所謂其事強"句後。或後句"所謂其事強者"爲衍文。此段應爲"文子外編"資料竄入，〈原道訓〉引用並加以申論。

又，"行柔而剛"句，于大成云："《淮南》〈原道訓〉此下有 '用弱而強' 四字，是也。下文：'欲剛者必以柔守之，欲強者必以弱保之。積柔即剛，

[1] "貴必以賤爲本"兩句出自《老子》第三十九章，"兵強即滅"等句與"柔弱者"兩句，均出自《老子》第七十六章。

[2] 見高明《老子帛書校注》，頁202，中華書局，1996年。

積弱即強'，正承'行柔而剛，用弱而強'八字，奪此四字，即下文無承矣。"

第二、"欲剛者必以柔守之"段："觀其所積，以知存亡"兩句，〈原道訓〉作"觀其所積，以知禍福之鄉"，《黃帝四經·十大經·雌雄節》曰："觀其所積，乃知禍福之鄉"，《淮南子》似引用與《黃帝四經》同源資料，而與《文子》不同。

又，"至於若己者而格"句，"格"字，〈原道訓〉作"同"。"格"有"匹敵"之義，《正字通·木部》："格，抵敵也。"《史記·張儀列傳》："且夫爲從者，無以異乎趨群羊而攻猛虎，虎之與羊不格明矣。"'格'字意含較佳。

又，"先唱者窮之路"兩句，〈原道訓〉句後曰："何以知其然？"接著舉例來申述"先唱後動"之義，但全段說理並不連貫。

第三、"夫執道以耦變"段：此段與見於〈原道訓〉者，文句次序有異。《文子》先提出"夫執道以耦變，先亦制後，後亦制先"，後反問而答曰："何則？不失所以制人，人亦不能制也。"再解釋："所謂後者，調其數而合其時。"下文再論及"時之變則，間不容息，先之則太過，後之則不及。日回月周，時不與人游。"最後結論："故聖人不貴尺之璧，而貴寸之陰，時難得而易失。"與"故聖人隨時而舉事，因資而立功，守清道，拘雌節，因循而應變，常後而不先，柔弱以靜，安徐以定，功大靡堅，不能與爭也。"

《淮南子·原道訓》此處文字頗顯雜亂。它先說："先唱者，窮之路也；後動者，達之原也。"然後反問："何以知其然也？"再舉例加以申論曰："凡人、中壽七十歲，然而趨舍指湊，日以自悔也，以至於死，故蘧伯玉年五十而有四十九年非。"然後，再反問而回答說"何者？先者難爲知，而後者易爲攻也。先者上高，則後者攀之；先者蹫下，則後者蹶之；先者隤陷，則後者以謀；先者敗績，則後者違之。"透過這些文字解釋"居後"的重要，然後提出結論："由此觀之，先者，則後者之弓矢質的也。"並再次舉例說："猶錞之與刃，刃犯難而錞無患者，何也？以其託於後位也。"接著又告誡說"此俗世庸民之所公見也，而賢知者弗能避也。"《淮南子》此段文意至此當已經完備。按其申論文氣不應下接"所謂後者"數句。此數句曰："所謂後者，非謂其底滯而不發，凝竭而不流，貴其周於數而合於時也。夫執道理以耦變，先亦制後，後亦制先。是何則？不失其所以制人，人不能制也。時之反側，間不容息，先之則太過，後之則不逮。……。"此段既然強調"居後"，又說："先亦制後，後亦制先"，文氣實難通通。《文子》"所謂後者"句，在"人亦不能制也"句後，"調其數而合其時"句接"時之變則，間不容息"，文理較爲緊密。《文子》說明"能操持道理應對變化，則在先亦可制後，居後亦可制先"，並非特意強調在"先、後"關係中"居後"的意義。因此，"後"的作用並不僅是"居後"，而是"周於數而合於時"。它強調"時難得而易失"，故"聖人隨時而舉事，因資而立功"，並且"因循應變，常後而不先"。聖人之"常後"，指隨順時宜而應對變化，"不先"指不盪逸於時機之外。《淮南子》此處引用"文子外編"資料申論，恐有脫文與錯亂。

又，"時之變則，間不容息"兩句，俞樾云："變與反通，《詩》〈猗嗟〉篇：'四矢反兮'，《韓詩》作'四矢變兮'，是其證也。'則'乃'側'之假字。變猶反側也，《淮南子》〈原道訓〉正作'時之反側，閒不容息'。"

又，"拘雌節"句，俞樾云："'拘'當從《淮南子》作'抱'。"于大成云："《天中記》二十四引此，'拘'正作'抱'。"《黃帝四經·十大經·雌雄節》曰："皇后（此指黃帝）屯〔曆〕（磨；"屯曆"有"知曉"之義。）吉凶之常，以〔辨〕（辯）雌雄之節，乃分禍福之〔向〕（鄉）。憲〔傲〕（敖）驕倨，是胃雄節；□□〔恭〕（共）儉（驗），是〔謂〕（胃）雌節。夫雄節者，〔盈〕（涅）之徒也。雌節者，〔謙〕（兼）之徒也。夫雄節以得，乃不爲福；雌節以亡，必將有賞。夫雄節而數得，是〔謂〕（胃）積〔殃〕（英）；凶憂重至，幾於死亡。雌節而數亡，是謂積德，慎戒毋法，大祿將極。凡彼禍難也，先者恒凶，後者恒吉。先而不凶者，恒備雌節存也。""守雌節"的觀念，應是承襲《老子》思想而形成，或與文子學派有關。

1-10

〔老子曰：〕

機械之心藏於中，即純白之不粹，神德不全，於身者不知，何遠之能‘懷’[1]！欲害之心忘乎中者，即饑虎可尾也，而況於人乎！體道者佚而不窮，任數者勞而無功。夫法刻刑誅者，非帝王之業也；垂策繁用者，非致遠之御也〔；好憎繁多，禍乃相隨〕。

故先王之法，非所作也，所因也；其禁誅，非所為也，所守也。故能因即大，作即細。〔能守即固，為即敗。〕

夫任耳目以聽視者，勞心而不明；以智慮而為理者，苦心而無功。任一人之材難以致治，一人之能不足以治三畝之宅。循道理之數，因天地自然，即六合不足均也。〔聽失於非譽，目淫於彩色。〕禮亶不足以放[2]愛，誠心可以懷遠。故兵莫憯於志，鏌耶為下，寇莫大於陰陽，而枹鼓為細。

【相關資料尋索】

夫釋大道而任小數，無以異於使蟹捕鼠，蟾蜍捕蚤，不足以禁姦塞邪，亂乃逾滋。昔者夏鯀作三仞之城，諸侯背之，海外有狡心。禹知天下叛也，乃壞城平池，散財物，焚甲兵，施之以德，海外賓服，四夷納職，合諸侯於涂山，執玉帛者萬國。

故機械之心藏於胸中，則純白不粹，神德不全，‘在’身者不知，何遠之所能懷！是故革堅則兵利，城成則衝生，若以湯沃沸，亂乃逾甚。是故鞭噬狗，策蹄馬，而欲教之，雖伊尹、造父弗能化。欲害之心‘亡’於中，則飢虎可尾，‘何’況‘狗馬之類’乎！〔故〕體道者‘逸’而不窮，任數者勞而無功。夫‘峭法刻誅’者，非‘霸王’之業也；箠策繁用者，非致遠之‘術’也。《淮南子·

原道訓》p.13-15／〈原道訓〉辨析，頁13

夫喜怒者，道之邪也；憂悲者，德之失也；好憎者，心之過也；嗜欲者，性之累也。人大怒破陰，大喜墜陽；薄氣發瘖，驚怖為狂；憂悲多恚，病乃成積；好憎繁多，禍乃相隨。……《淮南子·原道訓》p.31／〈原道訓〉辨析，頁31

夫猿狖得茂林，不舍而穴；猨猱得壤防，弗去而緣；物莫避其所利，而就其所害。是故鄰國相望，雞狗之音相聞，而足跡不接諸侯之境，車軌不接千里之外者，皆各得其所安。

故亂國若盛，治國若虛，亡國若不足，存國若有餘。虛者非無人也，皆守其職也；盛者非多人也，皆徼於末也；有餘者非多財也，欲竭而事寡也；不足者非無貨也，民躁而費多也。

故先王之法〔籍〕，非所作也，〔其〕所因也；其禁誅，非所為也，〔其〕所守也。《淮南子·齊俗訓》p.351／〈齊俗訓〉辨析，頁252-253

天地四時，非生萬物也，神明接，陰陽和，而萬物生之。聖人之治天下，非易民性也，拊循其所有，而滌盪之，故因則大，‘化’則細〔矣〕。……《淮南子·泰族訓》p.669／〈泰族訓〉辨析，頁617

萬物之總，皆閱一孔；百事之根，皆出一門。其動無形，變化若神；其行無跡，常後而先。

是故至人之治也，掩其聰明，滅其文章，依道廢智，與民同出于公。約其所守，寡其所求，去其誘慕，除其嗜欲，損其思慮。約其所守則察，寡其所求則得。

夫任耳目以聽視者，勞‘形’而不明；以知慮為治者，苦心而無功。

是故聖人一度循軌，不變其宜，不易其常，放準循繩，曲因其當。《淮南子·原道訓》p.30-31／〈原道訓〉辨析，頁28

夫峭法刻誅者，非霸王之業也；箠策繁用者，非致遠之術也。離朱之明，察針末於百步之外，不能見淵中之魚。師曠之聰，合八風之調，而不能聽十里之外。任一人之能，不足以治三畝之宅。循道理之數，因天地之自然，即六合不足均也。是故禹之決瀆也,因水以爲師;神農之播穀也,因苗以爲教。《淮南子·原道訓》p.15-16／〈原道訓〉辨析,頁 14

　　爲仁者必以哀樂論之,爲義者必以取予明之。目所見不過十里,而欲遍照海內之民,哀樂弗能給也。無天下之委財,而欲澹萬民,利不能足也。且喜怒哀樂,有感而自然者也。故哭之發於口,涕之出於目,此皆憤於中而形於外者也。譬若水之下流,煙之上尋也,夫有孰推之者!故強哭者雖病不哀,強親者雖笑不和。情發於中而聲應於外,故甯負羈之壺餐,愈於晉獻公之垂棘;趙宣孟之束脯,賢於智伯之大鍾。故禮'豐'不足以'效'愛,〔而〕誠心可以懷遠。《淮南子·齊俗訓》p.354／〈齊俗訓〉辨析,頁 258

　　甯負羈以壺餐表其閭,趙宣孟以束脯免其軀,禮不隆而德有餘,仁心之感恩接而憯怛生,故其入人深。俱之叫呼也,在家老則爲恩厚,其在責人則生爭鬥。故曰:"兵莫憯於〔意〕志,莫邪爲下;寇莫大於陰陽,枹鼓爲'小'。"《淮南子·繆稱訓》p.325-326／〈繆稱訓〉辨析,頁 217

【探析與解說】

　　此章資料相當混雜,包含四個文義各不相屬部份。第一部份見於《淮南子》多處。第二部份全不見於《淮南子》,而第三部則見於《淮南子·齊俗訓》。此章資料有屬文子學派史料者,有屬於"文子外編"者,有《淮南子》節本殘文者。

　　第一部份資料並不整齊,包含三段文字,分別見於《淮南子·原道訓》、〈齊俗訓〉與〈泰族訓〉三篇。見於《淮南子》此三篇文字,均以"故"形式引述,可能取自"文子外編"。但《文子》此處內容並不連貫,可能爲《淮南子》別本殘句竄入,而編輯今本《文子》者加以綴合而成此章首段。以下分三點來說明:

　　第一、"積械之心"段:"非致遠之御也"句,"御"字,〈原道訓〉作"術"。王念孫校《淮南子》云:"'術'當作'御',字之誤也。〈繆稱訓〉曰:'急轡數策者,非千里之御也。'義與此同。《群書治要》引此正作'御'。

《文子》〈道原〉篇亦作‘御’。《文子》保留《淮南子》舊文。

又，“好憎繁多，禍乃相隨”兩句，文意與前後文無關，當爲錯簡。本篇第八章曰：“憂悲者，德之失也；好憎者，心之過也；嗜欲者，性之累也。人大怒破陰，大喜墜陽；薄氣發瘖，驚怖爲狂；憂悲多恚，病乃成積。”《淮南子·原道訓》於“病乃成疾”句後，以“好憎繁多”兩句，回應“好憎者，心之過”。

第二、“故先王之法”段：此段同時出現於〈自然〉篇第五章，與《淮南子·齊俗訓》第三章。〈自然〉篇第五章全見於《淮南子·齊俗訓》，內容完整，本章此段似〈自然〉篇錯簡。〈自然〉篇無“故能因即大”四句。〈齊俗訓〉無“能守即固，爲即敗”兩句。《淮南子》似有脫文。

又“作則細”句，〈泰族訓〉作“化則細”。高誘注曰：“能循，則必大也；化而欲作，則小矣。”王念孫校《淮南子》云：“‘化’字義不可通。‘化’當爲‘作’，字之誤也。聖人順民性而條暢之，所謂因也。反是，則爲作矣。〈原道訓〉曰：‘任一人之能，不足以治三畝之宅也。循道理之數，因天地之自然，則六合不足均也。’故曰：‘因則大，作則細矣。’高注本作‘能循，則必大也；化而欲作，則小矣。’，今本‘欲作’上有‘化而’二字，則後人依已誤之正文加之耳。《文子》〈道原〉篇作‘因即大，作即細’，〈自然〉篇作‘因即大，作即小’，皆其證。”

第三、“夫任耳目”段：此段文字分別見於《淮南子》〈原道訓〉、〈齊俗訓〉與〈繆稱訓〉三篇，似屬《淮南子》別本殘文，並有多處誤字。

“勞心”二字，〈原道訓〉作“勞形”，前句曰：“任耳目以視聽者”，此就“形”而言，“心”字似誤。

又，“循道理之數”句，“循”字，〈原道訓〉作“脩”。王念孫校《淮南子》云：“‘脩’當作‘循’隸書‘循’、‘脩’二字相似，故‘循’誤爲‘脩’。《太平御覽》〈地部〉二、〈居處部〉八引並作‘循’。《文子》〈道原〉篇亦作‘循’。”

又，“聽施於非譽，目淫於彩色”兩句，〈齊俗訓〉無，“禮亶不足以放

愛"句，〈齊俗訓〉作"禮豐不足以效愛"，朱弁注本"放"作"效"，似據
《淮南子》改。"亶"字，于大成曰："《爾雅·釋詁》曰：'亶，厚也。'
厚、豐義近。""放"字，《廣雅·釋詁三》曰："放，效也"。但放作效解
時，是指"仿效"，此處不具此義。《廣雅·釋言》曰："效，驗也。"〈齊
俗訓〉"禮豐不足以效愛，誠心可以懷遠"兩句，意謂：豐厚的禮物，不足以
表明出愛心，而真誠的心意，卻可以歸服遠方的人民。"放"字當作"效"，
因形近而誤。

＊

〔所謂大寇伏尸不言節，中寇藏於山，小寇藏於民間。故曰：
"民多智能，奇物滋起，法令滋章，盜賊多有。"去彼取此，天殃
不起。故"以智治國，國之賊；不以智治國，國之德。"〕

＊

〔夫無形大，有形細；無形多，有形少；無形強，有形弱，無
形實，有形虛。有形者遂事也，無形者作始也。遂事者成器也，作
始者樸也。有形則有聲，無形則無聲。有形產於無形，故無形者有
形之始也。

廣厚有名，有名者貴'重'[1]也；儉薄無名，無名者賤輕也。殷
富有名，有名尊寵也；貧寡無名，無名者卑辱也。雄牡有名，有名
者章德也；雌牝無名，無名者隱約也。有餘者有名，有名者高賢也；
不足者無名，無名者任下也。有功即有名，無功即無名。有名產於
無名，無名者有名之母也。

夫道"有無相生也，難易相成也"。 是以聖人執道虛靜、微妙

---

[1] "重"字原作"全"，據朱弁注本改。

以成其德。故有道即有德，有德即有功，有功即有名，有名即復歸於道，功名長久，終身無咎。王公有功名，孤寡無功名，故曰"聖人自謂孤寡"。歸其根本，功成而不有，故有功以為利，無名以為用。〕

【探析與解說】

第二部份資料全不見於《淮南子》，似屬文子學派傳承的史料。

第一、"所謂大寇"段：此段似解《老》資料，但殘缺嚴重，文意難解。"民多智"等四句，出自《老子》第五十七章，竹簡《老子》作"人多智〈知〉天〈而〉戟〈奇〉勿〈物〉慈〈滋〉記〈起〉。法勿〈物〉慈〈滋〉章〈彰〉，規〈盜〉惻〈賊〉多又〈有〉。""法令"二字，《文子》與今本《老子》、竹簡《老子》同，而帛書《老子》乙本作"□物"。"故以智治國"段引自第六十五章。

第二、"夫無形大"、"廣厚有名"兩段：此兩段為先秦道家傳承論述"形名"思想的重要資料，別就"形"與"名"來看"有"、"無"的作用。從"形"上來說："無形"為："大；多；強；實；遂事；有聲。""有形"為："小；少；弱；虛；作始；無聲。""有形與無形"的根源是："有形產於無形"與"無形者有形之始"。從"名"上來說："無名"為："儉薄－賤輕"；"貧寡－卑辱"；"雌牝－隱約"；"不足－任下"。"有名"為："廣厚－貴全"；"殷富－尊寵"；"雄牡－章德"、"有餘－高賢"。"有名"與"無名"的根源是："有名產於無名"與"無名者有名之母"。此兩段中，"遂事者成器也，作始者樸也"兩句原似注文。"有功者即有名，無功者即無名"兩句，提出"功"的哲學性意義，原文恐不止此兩句。

第三、"夫道有無相生"段：此段由"功"的層面，說明"有無相生"統攝與導源的循環關係。"聖人執道虛靜，微妙以成其德"兩句，以"道"、"德"為兩極，顯示出聖人的作為。聖人"有道"，即是"有德"，"有德"的表現為"有功"，而"有功"是"有名"的彰顯，因此，"有名"最終仍是"復歸於道"。這就是聖人的"功名長久，終身無咎"。"聖人自謂孤寡"，是以"虛靜"爲操持，"歸其根本，功成而不有"，所以，"孤寡無功名"。而"王公有功名"，是藉"王公"有爲的施政，體現聖人無爲之治的功效。因此，"有功以爲利，無名以爲用"，即以"有、無"的結構說明道家思想人文建構的方式與意義。

＊

　　古者民童蒙，不知西東，貌不離情，言不出行，〔行'步'[1]無容，言而不文。〕其衣煖而無采，其兵鈍而無刃。〔行蹎蹎，視瞑瞑，〕鑿井而飲，耕田而食，不布施，不求德，高下不相傾，長短不相形。

　　風齊於俗，可隨也，事周於能，易爲也。矜僞以惑世，軻行以迷衆，聖人不以爲民俗。

【相關資料尋索】

　　古者，民童蒙不知東西，貌不'羡乎'情，〔而〕言不'溢乎'行。其衣'衣致煖而無文'，其兵銖而無刃，其歌樂而無轉，其哭哀而無聲。鑿井而飲，耕田而食。'無所施其美，亦不求得'。親戚不相毀譽，朋友不相怨德。及至禮義之生，貨財之貴，而詐僞萌興，非譽相紛，怨德並行，於是乃有曾參、孝己之美，而生盜跖、莊蹻之邪。故有大路龍旂，羽蓋垂緌，結馹連騎，則必有穿窬拊楗、扣墓踰備之姦；有詭文繁繡，弱緆羅紈，必有菅屨跐踦，短褐不完者。故高下'之'相傾也，短脩'之'相形也，亦明矣。

＊

　　夫蝦蟆爲鶉，水蠆重爲蟌蟢，皆生非其類，唯聖人知其化。夫胡人見黂，不知其可以爲布也；越人見毳，不知其可以爲旃也。故不通於物者，難與言化。

---

[1] "步"字原作"出"，據朱弁注本改。

昔太公望、周公旦受封而相見。太公望問周公曰："何以治魯？"周公曰："尊尊親親。"太公曰："魯從此弱矣！"周公問太公曰："何以治齊？"太公曰："舉賢而上功。"周公曰："後世必有劫殺之君！"其後，齊日以大，至於霸，二十四世而田氏代之；魯日以削，至三十二世而亡。故：《易》曰："履霜，堅冰至。"聖人之見終始微言！故：糟丘生乎象櫡，炮烙生於熱斗。

子路撜溺而受牛謝，孔子曰："魯國必好救人於患。"子贛贖人而不受金於府，孔子曰："魯國不復贖人矣。"子路受而勸德，子贛讓而止善。孔子之明，以小知大，以近知遠，通於論者也。

＊

由此觀之，廉有所在，而不可公行也。

故'行'齊於俗，可隨也；事周於能，易為也。矜偽以惑世，'伉'行以'違'眾，聖人不以為民俗也。《淮南子·齊俗訓》p.344-347／〈齊俗訓〉辨析，頁 145-248

【探析與解說】

此段見於《淮南子·齊俗訓》，〈齊俗訓〉此處承襲《莊子·馬蹄》思想而加以發揮，而《文子》此處文意不能連貫，似《淮南子》別本資料竄入，但保留"文子外編"舊文。以下分兩點來說明：

第一、"古者民童蒙"段："貌不離情，言不出行，行步無容，言而不文"四句，〈齊俗訓〉作"貌不羨乎情，而言不溢乎行"，並無後兩句。"羨"字有"過"、"溢"之義。《淮南子·精神訓》曰："無天下不虧其性，有天下不羨其和"句，高誘注曰："羨，過也。"《史記·司馬相如列傳》："德隆乎三皇，功羨於五帝"句，司馬貞《索隱》引司馬彪云："羨，溢也。"因以"羨"、"溢"相對為文，而"離"、"出"意含相稱匹。《文子》此處記述，較《淮南子》古樸，似"文子外編"舊文，《淮南子》引用而加以申論。

又，"其衣煖而無采，其兵頓而無刃"兩句，〈齊俗訓〉作"其衣致煖而無文，其兵戈銖而無刃"，高誘註："楚人謂刃頓為銖"。王念孫校《淮南子》云："此本作'其衣煖而無文，其兵銖而無刃'，後人於'煖'上加'致'字，於義無取。戈為五兵之一，言兵而戈在其中，不當更加'戈'字。且'其衣致煖'與'其兵戈鏃'不對,明是後人所改。《文子》〈道原〉篇正作'其衣煖而無采,其兵鈍而無刃'。"《纘義》本作"致煖"。俞樾云:"疑'煖'當為'緩'。緩者,縵之假字也。《說文》〈系部〉:'縵,繪無文。'……是凡無文者皆謂之'縵',故曰'其衣縵而無文',正與'其兵鏃而無刃'同義。'縵'與'緩',古音相同,得以通用。"植案:《文子》保留與今本《淮南子》不同文本的資料。

又,"行蹎蹎,視瞑瞑"兩句,〈齊俗訓〉無。"不布施,不求德"兩句,〈齊俗訓〉作"無所施其美,亦不求得"。此處顯示竄入《文子》之"文子外編"文字,與《淮南子》記述有異。

又、"高下不相傾,長短不相形"兩句,〈齊俗訓〉作"高下之相傾,長短之相形,亦明矣"。〈齊俗訓〉此處前文認為"禮義之生"即"詐偽萌興",猶如"高下、長短之相傾、相形"。《文子》此處為《淮南子》別本殘文,兩"之"字,恐原為"不"字。

第二、"風齊於俗"段:見於〈齊俗訓〉處,此段之前資料相當雜亂。"夫蝦蟆為鶉"、"昔太公望、周公旦受封而相見"、"子路撜溺而受牛謝"三段資料,分別說明:"唯聖人知化",能"通於物",可"以小知大,以近知遠"而"見終知微",均與前文文義無關,亦與〈齊俗訓〉篇旨有別,當為錯簡,或屬〈謬稱訓〉文字。又,"子路撜溺而受牛謝"事,說明"子貢受贖人賞金而影響魯人贖人之風",是與"子路撜溺不受金於府"相對而說,重點在標明"孔子之明,以小知大,以近知遠",與其下段文意無關。"由此觀之,廉有所在,而不可公行"三句,不能承接前段。《文子》此段文字似《淮南子》別本殘文。

"風"字,〈齊俗訓〉作"行",下文曰"事周於能","行"與"事"相對為文,"風"字似誤。

又,"軻行以迷眾"句,"軻行"二字,義不可解,文字恐誤,〈齊俗訓〉作"仇行以違眾"。

二 〈精誠〉篇探析

　　本篇以“精誠”爲名，“精誠”是中國古典哲學重要觀念之一。它由《老子》思想中“精”、“氣”與“神”諸問題的提出，漸次發展爲“精氣”、“精神”二說，並結合儒家“誠”的思想而逐步推衍所形成。“精誠”觀念首見於《莊子》，〈漁父〉篇曰：“真者，精誠之至也。不精不誠，不能動人。”雖然《莊子》外篇中多次使用“誠”的觀念，顯示出道家哲學受到儒家思想與觀念的影響，但“精誠”一詞僅見於〈漁父〉篇一次，〈漁父〉篇屬於戰國晚期作品，“精誠”觀念不太可能出現於春秋戰國之際的文子，或稍後竹簡《文子》成書的時代。同時“精誠”觀念與《莊子》外、雜篇思想較爲相近，其形成與發展地域，可能起自南方楚國地區。

　　“精誠”觀念與文子學派的發展是否有關？或是否受到文子學派思想的影響？這直接關係到今本《文子》資料歸屬的問題。我們基本上認爲文子屬晉人，而所謂古本《文子》資料（定州竹簡《文子》殘文）的思想，也具有晉學特徵。這種思想主要提出以“執一無爲”、“虛靜守柔”爲根基的新人文建構，並未特意發展“始源”問題的論說，或人性本然的探索。此處以“道原”爲主旨，進而形成作爲“人”之本質意含的“精誠”觀念，或許形生於文子學派後續的發展，但就目前史料來說，它與文子哲學思想當有區別。關於出現今本《文子》論述“精誠”問題的文字，似與《淮南子》成書的來源較爲密切，而非屬《文子》的原始資料。

　　今本《淮南子》並非足本[1]，保存於今本《文子》書中的若干文字，並未出現於《淮南子》，而且有些字句二者也不盡相同。由於這些資料後來竄入《文子》，我們稱之爲“文子外編”。它屬於《淮南子》撰述時引用或參考的前人

---

[1] 參閱拙著《淮南子與文子考辨》，萬卷樓出版社，1999 年，台北。

資料。今本《文子·精誠》的成篇，極可能是編輯今本者就"文子外編"涉及"精誠"觀念的文字編輯而成。全篇內容並不完整，除另一章討論"精誠"問題的部份出現於〈上仁〉篇第六章外，全篇僅有六章內容與篇名有關，其餘資料相當雜亂。

全篇分爲二十一章，第一、二章見於〈泰族訓〉；第三、四、五章見於〈覽冥訓〉；第六、七、八章見於〈俶真訓〉；第九、十一、十二章，見於〈主術訓〉；第十、十八章見於〈道應訓〉；第十四章見於〈本經訓〉；第十五、十六、十七章，見於〈繆稱訓〉；第十九章與第二十章部份文字，見於〈脩務訓〉；第二十章見於〈說山訓〉；而第十三章與第二十一章大段文字，不見於《淮南子》。

2-1

〔老子曰：〕

天致其高，地致其厚，日月照，列星朗，陰陽和，非有為焉，正其道而物自然。陰陽四時非生萬物也，雨露時降非養草木也，神明接，陰陽和，萬物生矣。

夫道者，藏精於內，棲神於心，靜漠恬澹，悅穆胸中，廓然無形，寂然無聲，官府若無事，朝廷若無人，無隱士，無逸民，無勞役，無冤刑，天下莫不仰上之德，象主之旨，絕國殊俗莫不重譯而至，非家至而人見之也，推其誠心，施之天下而已。

故賞善罰暴者，正令也，其所以能行者，精誠也。令雖明不能獨行，必待精誠。故總道以被民而民弗從者，精誠弗至也。

【相關資料尋索】

天致其高，地致其厚，'月照其夜，日照其晝，'陰陽'化'，列星朗，

'非其道'而物自然,〔故〕陰陽四時,非生萬物也;雨露時降,非養草木也;神明接,陰陽和,而萬物生矣。故高山深林,非為虎豹也;大木茂枝,非為飛鳥也;源流千里,淵深百仞,非為蛟龍也;致其高崇,成其廣大,山居木棲,巢枝穴藏,水潛陸行,各得其所焉。

夫大生小,多生少,天之道也。故丘阜不能生雲雨,潦水不能生魚鱉者,小也。牛馬之氣蒸生蟣虱,蟣虱之氣蒸不能生牛馬。故化生於外,非生於內也。夫蛟龍伏寢於淵,而卵割於陵;螣蛇雄鳴於上風,雌鳴於下風而化成形;精之至也。故聖人養心,莫善於誠,至誠而能動化矣。〔今〕夫道者,藏精於內,棲神於心,靜漠恬淡,'訟繆'胸中,邪氣無所留滯,四枝節族,毛蒸理泄,則機樞調利,百脈九竅莫不順比,其所居神者得其位也,豈節拊而毛脩之哉!

聖主在上,廓然無形,寂然無聲,官府若無事,朝廷若無人,無隱士,無'軼'民,無勞役,無冤刑,'四海之內'莫不仰上之德,象主之指,'夷狄之國'重譯而至,'非戶辯而家說之也',推其誠心,施之天下而已矣。《詩》曰:"惠此中國,以綏四方。"內順而外寧矣。

大王亶父處邠,狄人攻之,杖策而去,百姓攜幼扶老,負釜甑,蹈梁山,而國乎岐周,非令之所能召也。秦穆公為野人食駿馬肉之傷也,飲之美酒,韓之戰,以其死力報,非勞之所能責也。宓子治亶父,巫馬期往觀化焉,見夜漁者得小即釋之,非刑之所能禁也。孔子為魯司寇,道不拾遺,市買不豫賈,田漁皆讓長,而斑白不戴負,非法之所能致也。

夫矢之所以射遠貫牢者,弩力也;其所以中的剖微者,人心也。賞善罰暴者,政令也;其所以能行者,精誠也。故弩雖強不能獨中,令雖明不能獨行,'必自精氣所以與之施道'。故'攄'道以被民,而民弗從者,誠心弗施也。《淮南子·泰族訓》p. 665-669 /〈泰族訓〉辨析,頁615-617

【探析與解說】

此章見於《淮南子·泰族訓》,全章似屬與《淮南子》同源的"文子外編"資料,並保留部份《淮南子》舊文。"正其道而物自然"的思想承襲《老子》,其中強調"令雖明不能獨行,必待精誠",是對重法之治的批判與矯正。以下分三點來說明:

　　第一、"天致其高"段："日月照，列星朗，陰陽和"三句，于大成[1]云：
"《說郛》本作'日月照耀，列星明朗，陰陽和合'。"〈泰族訓〉作"月照
其夜，日照其晝，陰陽化，列星朗。"植案：〈泰族訓〉文句對稱工整，但"和"
字作"化"，因下文有"陰陽和，而萬物生矣"句，"化"字似誤。

　　又，〈泰族訓〉"非其道"句有脫文，《文子》作"非有爲焉，正其道而
物自然"，文意完整。王念孫校《淮南子》云："'列星朗，陰陽化，非有爲
焉，正其道而物自然'。自'天致其高'至'列星朗'，是說天地日月星，而
'陰陽化'句則總承上文言之。今本'列星朗'句在後，則失其次矣。且厚、
晝爲韻，化、焉、然爲韻。若'列星朗'句在後，則失其韻矣。'非有爲焉，
正其道而物自然'者，'然'，成也。言天地陰陽非有所爲，但正其道而萬物
自成也。〈原道訓〉云：'萬物固以自然，聖人又何事焉！'語意正與此同。
下文云：'故陰陽四時，非生萬物也；雨露時降，非養草木也；神明接，陰陽
和，而萬物生矣。'即此所謂'非有爲焉，正其道而物自然'也。《道藏》本
'非有'下脫'爲焉正其'四字，則文不成義。……《文子》〈精誠〉篇作'列
星朗，陰陽和，非有爲焉，正其道而物自然'，是其明證。"植案：《文子》
此處保留《淮南子》舊文。

　　第二、"夫道者"段："悅穆"，〈泰族訓〉作"訟繆"，高誘注曰："訟，
容也。繆，靜也。"王引之校《淮南子》云："高所見本作'訟'，故訓爲'容'，
訟、容古同聲也。其實'訟'乃'說'字之誤，說，古'悅'字。'繆'與'穆'
同，穆亦和悅也。《大雅》〈烝民〉箋曰：'穆，和也。'《管子》〈君臣〉
篇'穆君之色'，尹知章曰：'穆，猶悅也。''說繆胸中'者，所謂'不改
其樂'也。《文子》〈精誠〉篇正作'悅穆胸中'。"

　　又，"廓然無形，寂然無聲"兩句，〈泰族訓〉前有"聖主在上位"。因
下文有"仰上之德，象主之指"，此處《文子》似有脫漏。

　　又，"無逸民"句，"逸"字，〈泰族訓〉作"軼"。王叔岷校《淮南子》
云："《治要》引'軼'作'逸'，《文子》〈精誠〉篇同。軼、逸古通。"

---

[1]　于大成，〈文子精誠校釋〉，中山學術文化集刊第一集 1968 年，台北。後引同書不標明出處。

又，"天下"二字，〈泰族訓〉作"四海之內"，而、"絕國殊俗"，則作"夷狄之國"。"絕國殊俗"句，三見於《文子》[1]，而僅出現於《淮南子·脩務訓》一次。〈道德〉篇第十一章不見於《淮南子》，屬古本《文子》資料。且"非家至而人見之"句，〈泰族訓〉作"非戶辨而家說之"，二者意含相近。《文子》此處文字原即與《淮南子》有異，各屬不同文本。

又，〈泰族訓〉"夷敵之國"下，似奪"莫不"兩字。

又，"廓然無形"句，〈泰族訓〉句前有"聖主在上"四字，文意可聯繫下文"官府若無事，朝廷若無人"等句。《文子》此處似有脫文。

第三、"故賞善罰暴者"段：此段"精誠"一詞凡三見，而〈泰族訓〉分別作"精誠"、"精氣"與"誠心"。"必待精誠"句，〈泰族訓〉作"必自精氣所以與之施道"。"精誠弗至"句，作"誠心弗施也。"〈泰族訓〉似以"精氣"存之於人者爲"精誠"，"精誠"施之於萬民者爲"誠心"。〈泰族訓〉辨析較詳盡。

又，"總"字，〈泰族訓〉作"攄"，于大成云："《淮南子》亦當從本書作'總'。"劉文典校《淮南子》云："《群書治要》引'攄'作'總'。"植案："總"有統領之義，"總道"即"執道"，《莊子·天地》曰："執道者德全"。而"攄"意指"張佈"，"播施"，《爾雅·釋詁一》曰"攄，張也。""攄道"可解爲"施行道術"。"總"、"攄"二字，因形近易混，二者皆可通。

2-2

〔老子曰：〕

天設日月，列星辰，張四時，調陰陽；日以暴之，夜以息之，風以乾之，雨露以濡之；其生物也，莫見其所養而萬物長；其殺物

---

[1] 另兩次分別出現於《道德》第十一章，〈自然〉篇第十章。

也，莫見其所喪而萬物亡，此謂神明。

是故聖人象之，其起福也，不見其所以而福起；其除禍也，不見其所由而禍除。稽之不得，察之不虛，日計不足，歲計有餘，寂然無聲，一言而大動天下，是以天心動化者也。

故精誠內形，氣動於天，景星見，黃龍下，鳳凰至，醴泉出，嘉穀生，河不滿溢，海不波湧。逆天暴物，即日月薄蝕，五星失行，四時相乖，晝冥宵光，山崩川涸，冬雷夏霜。天之與人有以相通。故國之殂亡也，天文變，世‘惑’¹亂，虹蜺見。萬物有以相連，精氣有以相薄。故神明之事，不可以智巧為也，不可以強力致也。

故大人與天地合德，與日月合明，與鬼神合靈，與四時合信，懷天心，抱地氣，執沖含和，不下堂而行四海，變易習俗，民化遷善，若‘出’²諸己，能以神化者也。

【相關資料尋索】

天設日月，列星辰，調陰陽，張四時，日以暴之，夜以息之，風以乾之，雨露以濡之。其生物也，莫見其所養而物長；其殺物也，莫見其所喪而物亡，此〔之〕謂神明。聖人象之，〔故〕其起福也，不見其所‘由’而福起；其除禍也，不見其所‘以’而禍除。遠之則邇，延之則疏：稽之弗得，察之不虛；日計‘無算’，歲計有餘。

夫濕之至也，莫見其形，而炭已重矣；風之至也，莫見其象，而木已動矣。日之行也，不見其轉，騏驥倍日而馳，草木為之靡，懸烽未轉，而日在其前。故天之且風，草木未動而鳥已翔矣；其且雨也，陰曀未集而魚已噞矣，以陰陽之氣相動也。故寒暑燥濕，以類相從；聲響疾徐，以音相應也。故《易》曰：“鳴鶴在陰，其子和之。”

---

¹ “惑”字原作“俗”，據朱弁注本改。

² “出”字，景宋本、朱弁注本作“生”，《淮南子》作“性”。

高宗諒闇，三年不言：四海之內，寂然無聲：一言〔聲然，〕大動天下。是以天心‘呿唫’者也，故一動其本而百枝皆應，若春雨之灌萬物也，渾然而流，沛然而施，無地而不澍，無物而不生。

故聖人者懷天心，聲然能動化天下者也。故精誠‘感於內’，〔形〕氣動於天，〔則〕景星見，黃龍下，‘祥鳳’至，醴泉出，嘉穀生，河不滿溢，海不‘溶波’。故《詩》云：“懷柔百神，及河嶠岳。”逆天暴物，則日月薄蝕，五星失行，四時‘干乖’，晝冥宵光，山崩川涸，冬雷夏霜。《詩》云：“正月繁霜，我心憂傷。”天之與人有以相通〔也〕。故國‘危’亡〔而〕天文變，世惑亂〔而〕虹蜺見，萬物有以相連，精‘祲’有以相蕩也。故神明之事，不可以智巧為也，不可以‘筋’力致也。

天地所包，陰陽所嘔，雨露所濡，以生萬物，瑤碧玉珠，翡翠玳瑁，文彩明朗，潤澤若濡，摩而不玩，久而不渝，奚仲不能旅，魯般不能造，此之謂大巧。宋人有以象為其君為楮葉者，三年而成；莖柯豪芒，鋒殺顏澤，亂之楮葉之中而不可知也。列子曰：“使天地三年而成一葉，則萬物之有葉者寡矣。夫天地之施化也，嘔之而生，吹之而落，豈此契契哉！”

故：凡可度者、小也，可數者、少也。至大、非度之所能及也，至眾、非數之所能領也。故九州不可頃畝也，八極不可道里也，太山不可丈尺也，江海不可斗斛也。

故：大人者，與天地合德，與日月合明，與鬼神合靈，與四時合信。〔故聖人〕懷‘天氣’，抱‘天心’，執‘中’含和，不下〔廟〕堂而‘衍’四海，變習易俗，民化〔而〕遷善，若‘性’諸己，能以神化也。《詩》云：“神之聽之，終和且平。”夫鬼神視之無形，聽之無聲，然而郊天、望山川，禱祠而求福，雩兌而請雨，卜筮而決事。《詩》曰：“神之格思，不可度思，矧可射思！”此之謂也。《淮南子·泰族訓》p. 663-665／〈泰族訓〉辨析，頁 610-614

【探析與解說】

此章見於《淮南子·泰族訓》，似“文子外編”資料竄入，其中保留部份《淮南子》舊文。以下分四點來說明：

第一、“天設日月”段：《新語・道基》曰：“張日月、列星辰，序四時，調陰陽。布氣治性，次置五行，春生夏長，秋收冬藏。陽生雷電、陰成雪霜，養育群生，一茂一亡，潤之以風雨、曝之以日光、溫之以節氣、降之以殞霜、位之以眾星、制之以斗衡、苞之以六合、羅之以紀綱、改之以災變、告之以禎祥、動之以生殺、悟之以文章。”〈道基〉篇此文與〈泰族訓〉思想相類，部份文句近似，二者或同出一原。《文子》此處與〈泰族訓〉文字完全相同。

“神明”一詞，先秦文獻多見，最早出現於《墨子・公孟》。〈公孟〉篇曰：“子墨子曰：‘古聖王皆以鬼神爲神明，而爲禍福，執有祥不祥，是以政治而國安也。自桀紂以下，皆以鬼神爲不神明，不能爲禍福，執無祥不祥，是以政亂而國危也。’”此種“神明”的用法，帶有宗教性質，應屬早期意含。《管子》一書使用“神明”有八次之多，〈五行〉篇曰：“黃帝得六相而天地治，神明至。”此處“神明”一詞也具有宗教性的意義。〈心術〉篇曰：“天曰虛，地曰靜，乃不伐。潔其宮，開其門，去私毋言，神明若存。”〈內業〉篇曰“形不正，德不來。中不靜，心不治。正形攝德，天仁地義，則淫然而自至神明之極，照乎知萬物。”又曰：“誠暢乎天地，通於神明，見姦僞也。”《管子》三處“神明”，均指映照動化萬物的至上德性。而在《莊子》〈外・雜〉篇中，“神明”觀念的意含就相當複雜，它不但指心靈的狀態，如：“勞神明爲一，而不知其同”（〈齊物論〉），同時更具體成爲表徵天地間不可知測變化的自然運作力量，如：“天尊，地卑，神明之位也”（〈天道〉篇），“今彼神明至精，與彼百化，物已死生方圓，莫知其根也，扁然而萬物自古以固存。”（〈知北游〉篇）“古之人其備乎！配神明，醇天地，育萬物，和天下，澤及百姓，明於本數，係於末度，六通四辟，小大精粗，其運無乎不在。”、“芴漠無形，變化無常，死與生與，天地並與，神明往與！”（〈天下〉篇）。就“神明”意含的演進來看，它應屬戰國中期之後的思想，與文子時代的哲學觀念有別。“神明”、“精神”、“精誠”等觀念，均是對《老子》思想的一種推衍，或許與文子學派後續發展有關，但不能視爲文子哲學的原來內容。

第二、“是故聖人”段：“寂然無聲”句，〈泰族訓〉作：“高宗諒闇，三年不言，四海之內，寂然無聲”。《文子》略去“高宗”事例。“動化”二字，〈泰族訓〉作“呿唫”。《玉篇・口部》“呿，張口貌。”“唫”有“吸”

義。"呿唫"，音趣盡，意指"張口吸氣"。以天心來呼吸，正可回應前文"寂然無聲，一言磬（原作"聲"，據俞樾校改。）然"，〈泰族訓〉此數句說明較爲清楚，而《文子》"一言而大動天下，是以天心動化者也"兩句，文字簡拙，文氣也似不能承接此段首句"是故聖人象之"，恐爲殘文，或編輯今本《文子》者有所更動。

又，"不足"二字，〈泰族訓〉作"無算"。王叔岷校《淮南子》云："案：'無算'本作'不足'，此淺人妄改之也。'日計不足，歲計有餘'，謂無近功，而有遠效也。既言'日計無算'，何待言'歲計有餘'邪？《文子》〈精誠〉'無算'正作'不足'。"

第三、"故精誠內形"段："故精誠內形，氣動於天"兩句，〈泰族訓〉作"故精神感於內，形氣動於天"。《淮南子》他處並無"形氣"一詞，而"神氣"卻四見，《文子》亦無"形氣"之說，而"神氣"見於三處。此兩句原屬"文子外編"資料，〈泰族訓〉引用並誤將動詞使用之"形"字，改易爲"形氣"。本篇第二十一章曰："至人精誠內形。"第十章曰："精誠發於內，神氣動於天。""發於內"即指"內形"。此段"氣"當爲"神氣"而略去"神"字，〈泰族訓〉作"形氣"，似誤。于大成云："'形'，疑'神'字之誤。……神與氣可動於天，形爲骨肉，安可動天乎？"

又，"世俗亂"句，"俗"字，〈泰族訓〉作"惑"，此處應以"天文"、"世俗"對舉，"惑"字誤。

又，"萬物有以相連，精氣有以相薄"兩句，後句〈泰族訓〉作"精浸有以相蕩"。高誘注曰："精浸，氣之侵入者也。"但"萬物"與"精浸"，不能對稱，〈泰族訓〉恐誤。《管子・內業》曰："凡物之精，比（原作"此"）則爲生，下生五穀，上爲列星。流於天地之間，謂之鬼神，藏於胸中，謂之聖人；是故此（原作"民"）氣，杲乎如登於天，杳乎如入於淵，淖乎如在於海，卒乎如在於己。是故此氣也，不可止以力，而可安以德。不可呼以聲，而可迎以音。敬守勿失，是謂成德。德成而智出，萬物果得。""薄"有束縛之義，《釋名・釋言語》："縛，薄也，使相薄者也。""精氣"並非專指人的"精氣"，它指一切事物各自的本質。《文子》此兩句意謂：萬物外在的形勢是相互關連的，而作為它們本質的氣也是相互束縛著。

第四、"故大人"段：《易·乾卦·文言》曰："夫大人者，與天地合其德，與日月合其明，與四時合其序，與鬼神合其吉凶。"《文子》此處似因襲《易傳》思想。

"懷天心，抱地氣"兩句，〈泰族訓〉作"懷天氣，抱天心"。俞樾校《淮南子》亦云："《文子》〈精誠〉篇作'懷天心，抱地氣'，是也。上文云'故聖人者懷天心'，則此文亦當作'懷天心'矣。'天心'之文既與《文子》同，則下句亦當作'抱地氣'矣，傳寫誤耳。上文'故聖者懷天心'下，疑亦當有'抱地氣'三字。今闕此句，文義不備。"植案："天心"、"地氣"，均指前文"與天地合其德"而言，《文子》意含較佳，保留《淮南子》舊文。

又，"不下堂而行四海"句，"行"字，〈泰族訓〉作"衍"，王念孫校《淮南子》云："《文選》〈東都賦〉注引此，作'不下堂廟而行於四海'，於義為長。《文子》〈精誠〉篇亦作'不下堂而行四海'。"

又，"若出諸己"句，于大成云："《淮南子》〈泰族訓〉'出'作'性'，'性'當作'生'。朱弁本、續古逸本、景宋本'正'作'生'。"

2-3

〔老子曰：

夫人道者，〕全性保真，不虧其身，遭急迫難，精通乎天。若乃未始出其宗者，何為而不成。死生同域，不可脅凌，又況官天地，'府'[1]萬物，返造化，含至和，而己未嘗死者也。精誠形乎內，而外'諭'[2]於人心，此不傳之道也。

聖人在上，懷道而不言，澤及萬民，〔故不言之教，芒乎大哉！〕

---

[1] "府"字，景宋本、朱弁注本均作"懷"，與《淮南子》同。

[2] "諭"字原作"喻"，據《文子續義》道藏本及朱弁注本改。

君臣乖心，倍譎見乎天，神氣相應，徵矣。此謂不言之辯，不道之道也。"夫召遠者使無為焉，親近者言無事焉，唯夜行者能有之"。故卻走馬以糞，車軌不接於遠方之外，是謂"坐馳""陸沈"。

天道無私就也，無私去也，能者有餘，拙者不足，順之者利，逆之者凶。是故以智為治者難以持國，唯同乎大和而持自然應者，為能有之。

【相關資料尋索】

武王伐紂，渡于孟津，陽侯之波，逆流而擊，疾風晦冥，人馬不相見。於是武王左操黃鉞，右秉白旄，瞋目而撝之，曰："余任，天下誰敢害吾意者！"於是風濟而波罷。魯陽公與韓構難，戰酣日暮，援戈而撝之，日為之反三舍。〔夫〕全性保真，不虧其身，遭急迫難，精通于天。若乃未始出其宗者，何為而不成！〔夫〕死生同域，不可脅凌，勇武一人，為三軍雄。彼直求名耳，而能自要者尚猶若此，又況夫宮天地，懷萬物，而'友'造化，含至和，直偶于人形，觀九鑽，一知之所不知，而心未嘗死者乎！

昔雍門子以哭見於孟嘗君，已而陳辭通意，撫心發聲，孟嘗君為之增欷歔唈，流涕狼戾不可止。精'神'形於內，而外諭〔哀〕於人心，此不傳之道。使俗人不得其君形者而效其容，必為人笑。故蒲且子之連鳥於百仞之上，而詹何之騖魚於大淵之中，此皆得清淨之道、太浩之和也。《淮南子・覽冥訓》p. 191-194／〈覽冥訓〉辨析，頁78-79

夫物類之相應，玄妙深微，知不能論，辯不能解。

故：東風至而酒湛溢，蠶咡絲而商弦絕，或感之也。畫隨灰而月運闕，鯨魚死而彗星出，或動之也。

〔故〕：聖人在'位'，懷道而不言，澤及萬民。君臣乖心，則背譎見於天。神氣相應，徵矣。故：山雲草莽，水雲魚鱗，旱雲煙火，潦雲波水，各象其形，類所以感之。夫陽燧取火於日，方諸取露於月，天地之間，巧曆不能舉其數。手徵忽恍，不能覽其光，然以掌握之中，引類於太極之上，而水火可立致者,陰陽同氣相動也。此傅說之所以騎辰尾也。

　　故:至陰飂飂,至陽赫赫,兩者交接成和,而萬物生焉。眾雄而無雌,又何化之所能造乎!'所'謂不言之辯、不道之道也。'故'召遠者使無為焉,親近者言無事焉,惟夜行者為能有之。故卻走馬以糞,〔而〕車軌不接於遠方之外。是謂坐馳陸沈,晝冥宵明,以冬鑠膠,以夏造冰。《淮南子・覽冥訓》p. 194-198/〈覽冥訓〉辨析,頁81-82

　　夫道者,無私就也,無私去也,能者有餘,拙者不足,順之者利,逆之者凶。譬如隋侯之珠,和氏之璧,得之者富,失之者貧。得失之度,深微窈冥,難以知論,不可以辯說也。何以知其然?今夫地黃主屬骨,而甘草主生肉之藥也,以其屬骨,責其生肉,以其生肉,論其屬骨,是猶王孫綽之欲倍偏枯之藥而欲以生殊死之人,亦可謂失論矣。若夫以火能焦木也,因使銷金,則道行矣;若以磁石之能連鐵也,而求其引瓦,則難矣,物固不可以輕重論也。

　　夫燧之取火於日,磁石之引鐵,解之敗漆,葵之鄉日,雖有明智,弗能然也。

　　故耳目之察,不足以分物理;心意之論,不足以定是非。故以智為治者難以持國,唯通于太和而持自然之應者為能有之。《淮南子・覽冥訓》p. 198-200/〈覽冥訓〉辨析,頁83-84

　　召遠者使無為焉,親近者言無事焉,唯夜行者獨有也。《管子・形勢》

【探析與解說】

　　此章文字見於《淮南子・覽冥訓》。定州竹簡《文子》編號0918有殘文曰:"□請問人道。文子"。"人道"一詞見於今本《文子》三次,但僅此處以"人道"作為一章之首。因此,"夫人道者"句,或與古本《文子》資料殘文有關。但此句與下文"全性保真"段,文氣並不連貫。其中"若乃"、"又況"等連接詞,不應出現在正面鋪陳"人道"的表達語氣中。同時此章結構也相當雜亂,似《淮南子》別本殘文竄入,經編輯今本《文子》者綴合而成。"全性保真,精通於天"、"精誠內形,外論人心"、"懷道不言"、"神氣相應"、"道無私就，無私去"、"通於太和持自然之應者能治國"等句，均屬南方楚學的思想，或與文子學派有關，但非文子思想。以下分三點來說明：

第一、"夫全性"段：見於《淮南子·覽冥訓》處，分別用"武王伐紂"、"魯陽公與韓構難"與"雍門子以哭見孟嘗君"三事例，闡述"遭急迫難，精通於天"，"精神形於內"即"外喻於人心"，而《文子》將之普遍化為"人道"與"不傳之道"。〈精誠〉篇此種歸納性說明，與此段說理結構並不契合。

又，〈覽冥訓〉中"夫死生……而心未嘗死者乎！"數句，出自《莊子·德充符》。〈德充符〉篇曰："夫保始之徵，不懼之實，勇士一人，雄入於九軍，將求名而能自要者尚猶若是，而況官天地，府萬物，直寓六骸，象耳目，一知知所知而心未嘗死者乎！"〈覽冥訓〉改"夫保始之徵，不具之實"兩句，作"夫死生同域，不可脅陵"。

又，"又況官天地"句，"官"字，〈覽冥訓〉作"宮"，高誘注："以天地為宮室。"于大成云："惟《莊子》〈德充符〉篇作'官'，《列子》〈天瑞〉篇張湛注亦云：'若有心於生化形色，則豈能官天地而府萬物，瞻群生而不遺乎'，字亦作'官'，並與本書同。"植案：《文子》此處資料似與今本《淮南子》不同。

又，"返造化"句，"返"字，〈覽冥訓〉作"友"。前文有"宮天地"、"府萬物"兩句，此處當作"友造化"，以表現協同造化的運作，"友"與"反"，因形近而誤。

又，"精誠形於內，而外喻於人心"兩句，"精誠"二字，〈覽冥訓〉作"精神"，"諭"字下有"哀"字。〈覽冥〉所言的"哀"，是指"昔雍門子以哭見於孟嘗君，已而陳辭通意，撫心發聲，孟嘗君為之增欷歍唈，流涕狼戾不可止。"〈覽冥訓〉此兩句絕非取自《文子》。《文子》此兩句，原係《淮南子》別本殘文，似經後人改動，以配合上文文意。

第二、"故聖人在上"段：此段申論《老子》"不言之教"的觀念，或與《老子》思想的傳承有關。"故不言之教，芒乎大哉"兩句，不見於〈覽冥訓〉。

又，"此謂不言之辯，不道之道也"兩句，"此"字，〈覽冥訓〉作"所"。

〈覽冥訓〉此兩句，是"至陰飋飋，至陽赫赫，兩者交接成和，而萬物生焉。眾雄而無雌，又何化之所能造乎"段結論。《文子》此兩句與前文文氣似欠連貫。

又，"夫召遠者使無爲焉，親近者言無事焉，唯夜行者能有之"三句，"言無事"三字，〈覽冥訓〉作"使無事"。王念孫曰："'使'當作'言'。無爲、無事，猶今人言無用也。此言使不足以召遠，言不足以親近，惟誠足以動之耳。今本'言'作'使'者，涉上句'使'字而誤。高（案：指高誘注）云'欲親近者，當以無事'，'以'字正釋'使'字，則所見本已誤作'使'。"植案：《文子》與《淮南子》同出自《管子·形勢》，〈形勢〉篇曰："召遠者使無爲焉，親近者言無事焉，爲夜行者獨有之也"。〈形勢解〉則曰："明主之使遠者來而近者親也，爲之在心，所謂夜行者，心行也，能心行德，則天下莫能與之爭矣；故曰：'唯夜行者獨有之乎！'""言無事"三字，《文子》與《管子》同，高誘所見《淮南子》文本與《文子》所保留《淮南子》別本資料有異。

《鶡冠子》有〈夜行〉篇，曰："天，文也；地，理也；月，刑也；日，德也；四時，檢；度數，節也；陰陽，氣也；五行，業也；五政，道也；五音，調也；五聲，故也；五味，事也；賞罰，約也。此皆有驗，有所以然者。隨而不見其後，迎而不見其首，成功遂事，莫知其狀，圖弗能載，名弗能舉，強爲之說曰：芴乎芒乎，中有象乎；芒乎芴乎，中有物乎；窅乎冥乎，中有精乎；致信究情，復反無貌。鬼見不能爲人業，故聖人貴夜行。""文子外編"似輯入部份鶡冠子及其後人思想資料。

又，"是謂坐馳、陸沈"句，〈覽冥訓〉作"是謂坐馳陸沈，晝冥宵明，以冬鑠膠，以夏造冰。"楊樹達校《淮南子》云："'是謂'以下與上文語意不貫，疑上當有脫文。"《文子》仍保留《淮南子》原有句序，顯見其爲《淮南子》別本殘文。

第三、"天道"段：此段發揮《老子》"天道無親"（第七十九章）"有餘者損之，不足者補之"（第七十七章）的思想。〈精誠〉篇此段文字，語意完整，保存《淮南子》別本的精要形式。"天道"句，〈精誠〉篇作"夫道者"。劉文典云："'夫'本作'天'，形近而訛也。高注作'天道'，《御覽》二十七引此文及《文子》〈精誠〉篇并作 '天道' ，皆其證。"

2-4

〔老子曰：〕

夫道之與德，若韋之與革，遠之則近，近之即疏，稽之不得，察之不虛。是故聖人若鏡，不將不迎，應而不藏，萬物不傷。其得之也，乃失之也，其失之也，乃得之也。

故通於大和者，闇若醇醉而甘臥以游其中。若未始出其宗，是謂大通。此假不用能成其用也。

【相關資料尋索】

夫道之與德，若韋之與革，遠之則 '邇' ，近之則 '遠' ， '不得其道，若觀鯈魚' 。故聖若鏡，不將不迎，應而不藏，故 '萬化而無傷' 。其得之乃失之，其失之 '非乃得之也' ？

今夫調弦者，叩宮宮應，彈角角動，此同聲相和者也。夫有改調一弦，其於五音無所比，鼓之而二十五弦皆應，此未始異於聲，而音之君已形也。故通於太和者， '惛' 若純醉，而甘臥以游其中，而不知其所由至也。純溫以淪，鈍悶以終，若未始出其宗，是謂大通。

　　　　　　　　　　＊

……

昔者，王良、造父之御也，上車攝轡，馬爲整齊而歛諧，投足調均，勞逸若一，心怡氣和，體便輕畢，安勞樂進，馳騖若滅，左右若鞭，周旋若環，世皆以爲巧，然未見其貴者也。若夫鉗且、大丙之御也，除轡銜，去鞭棄策，車莫動而自舉，馬莫使而自走也。日行月動，星燿而玄運，電奔而鬼騰，進退屈伸，不見朕垠。故不招指，不咄叱，過歸鴈於碣石，軼鶤雞於姑餘。騖若飛，鶩若絕，縱矢躡風，追猋歸忽，朝發榑桑，日入落棠。此假弗用而能以成其用者也，非慮思之察，手爪之巧也；嗜欲形於胸中，而精神踰於六馬，此以弗御御之者也。《淮南子・覽冥訓》p. 200-201／〈覽冥訓〉辨析，頁 85-87

　　若夫鉗且、大丙之御也，除轡銜，去鞭棄策，車莫動而自舉，馬莫使而自走也。日行月動，星燿而玄運，電奔而鬼騰，進退屈伸，不見朕垠。故不招指，不咄叱，過歸雁於碣石，軼鶤雞於姑餘。騁若飛，騖若絕，縱矢躡風，追猋歸忽，朝發榑桑，日入落棠。此假‘弗’用而能〔以〕成其用〔者〕也，非慮思之察，手爪之巧也。嗜欲形於胸中，而精神踰於六馬，此以弗御御之者也。《淮南子・覽冥訓》p. 204-205／〈覽冥訓〉辨析，頁 87-88

【探析與解說】

　　此章見於〈覽冥訓〉，並接上章之後，似仍屬《淮南子》別本資料殘文，以下分兩點來說明：

　　第一、“夫道之與德得”段：此段論述“道”與“德”的關係，“道”指始源的運作，“德”爲運作的所在。二者有別而無分，如同僅去毛的生獸皮——“革”，與再次加工的熟獸皮——“韋”，二者均來自於獸皮，其差異僅在處理的過程。因此，若說二者不同，其實體本爲一原；若說二者相近，其存在的方式仍有所分。這種以思辨性解析“道”與“德”關係的論述，爲現存中國古典哲學所僅見。

　　“是故聖人若鏡”等句見於《莊子》，〈應帝王〉篇曰：“至人之用心若鏡，不將不迎，應而不藏，故能勝物而不傷。”以“鏡”作爲哲學象徵性用語，體現出中國哲學特有的一種應對萬物的方式。“鏡”能映照，所以“用心若鏡”是指保持心靈的虛靜來映照萬物的本然。以“鏡”取喻的說法，應當極早。《墨子・非攻中》曰：“是故子墨子言曰：‘古者有語曰：君子不鏡於水而鏡於人，鏡於水，見面之容，鏡於人，則知吉與凶。’”在《老子》書中，“鏡”的徵象成爲重要的哲學觀念。《老子》第十章曰“德除玄鑒（帛書《老子》乙本作“監”，今本作“覽”，原當作“鑒”），能無疵乎？”“鑒”，即“鏡”，《老子》以此作爲持心操守的所在。《莊子・天下》引述關尹的思想也說：“關尹曰：‘在己無居，形物自著。其動若水，其靜若鏡，其應若響。芴乎若亡，寂乎若清，同焉者和，得焉者失。未嘗先人而常隨人。'"《呂氏春秋·審分覽》提到"關尹貴清"，以清明之玄鏡映照萬物的思想，似屬關尹哲學特徵。它或許影響《管子·心術》的思想，〈心術下〉曰："能戴大圓者體乎大方。鏡大清者視乎大明。"（此句也見於《文子·微明》第十三章與《淮南子·俶真訓》）《文子》此處《淮南子》別本資料，原先可能保留於"文子外編"中，或與關尹後學的發展有關。此部份資料似影響《莊子》學派思想，同時也影響《淮南子》的撰寫。

又，"稽之不得，察之不虛"兩句，〈覽冥訓〉作"不得其道，若觀儵魚"。高誘注曰："儵魚，小魚也，在水中可觀見，見而不可得，道亦如是。"高誘注文與"稽之不得，察之不虛"意含相近。

又，"近之則疏"句，"疏"字，〈覽冥訓〉作"遠"。王念孫校《淮南子》云："'遠'當作'疏'，此句涉上句'遠'字而誤。'德'、'革'爲韻，'疏'、'魚'爲韻，若作'遠'則失其韻矣。……《文子》〈精誠〉篇正作'近'。"

又，"其得之也"等句，〈覽冥訓〉作"其得之乃失之，其失之非乃得之也"。王念孫校《淮南子》云："'非'字義不可通，衍文也。……劉本作'其失之也，乃得之也'，此依《文子》〈精誠〉篇改。"俞樾云："'非'上脫'未始'二字，'非'下衍'乃'字，本作'其失之，未始非得之也'，故高注曰：'自謂得道，乃失道也。自謂失道，未必不得道也。'各依正文爲說耳。《文子》〈精誠〉篇曰：'其得之也，乃失之也。其失之也，乃得之也。'雖用《淮南》文，然意同而字句故小異矣。"植案：據王、俞二氏之說，似可說明《文子》此處並非襲用《淮南子》文句，當爲與《淮南子》不同文本資料。

第二、"故通於太和者"段："若未始出其宗"前，〈覽冥訓〉有"純溫以淪，鈍悶以終"，《文子》缺此兩句，文義不能上承。

又，"此假不用能成其用也"句，〈覽冥〉句前有大段敍說"鉗且、大丙之御"，操持運作，變化莫測，是以"不用"的方式而能就了其御馬之用，此句是結語。《文子》僅存此殘句，與前文文義或文氣均不相連屬，顯見其爲《淮南子》別本殘文。

2-5

〔老子曰：〕

昔黃帝之治天下，調日月之行，治陰陽之氣，節四時之度，正律曆之數。別男女，明上下，使強不掩弱，衆不暴寡，民保命而不夭，歲時熟而不凶。百官正而無私，上下調而無尤，法令明而不闇，輔佐公而不阿，田者讓畔，道不拾遺，市不預賈。〔故於此時，〕日月星辰不失其行，風雨時節，五穀豐昌，鳳凰翔於庭，麒麟游於郊。

處犧氏〔之王天下也，〕枕石寢繩，秋殺冬約，負方州，抱員天，陰陽所擁，沈滯不通者竅理之，逆氣戾物傷民厚積者絕止之。〔其民童蒙不知西東，〕視瞑瞑，行蹎蹎，侗然自得，莫知其所由，浮游泛然，不知所本，‘罔’[1]養不知所如往。當此之時，禽獸蟲蛇無不懷其爪牙，藏其螫毒，功揆天地。

〔至黃帝〕要繆乎太祖之下。然而不章其功，不揚其名，隱真人之道，以從天地之固然，何則？道德上通，而智故消滅也。

【相關資料尋索】

昔〔者，〕黃帝治天下，而力牧、太山稽輔之，‘以治日月之行律’，治陰陽之氣，節四時之度，正律曆之數，別男女，異雌雄，明上下，等貴賤，使強不掩弱，衆不暴寡，〔人〕民保命而不夭，歲時熟而不凶，百官正而無私，上下調而無尤，法令明而不闇，輔佐公而不阿，田者‘不侵’畔，漁者不爭隈，道不拾遺，市不豫賈，城郭不關，邑無盜賊，鄙旅之人相讓以財，狗彘吐菽粟於路而無忿爭之心，於是日月精明，星辰不失其行，風雨時節，五穀‘登熟’，虎狼不妄噬，鷙鳥不妄搏，鳳皇翔於庭，麒麟游於郊，青龍進駕，飛黃伏皁，

---

[1] “罔”字原作“自”，據景宋本改。

諸北、儋耳之國莫不獻其貢職。然猶未及虙戲氏之道也。

往古之時，四極廢，九州裂，天不兼覆，地不周載，火爁炎而不滅，水浩洋而不息，猛獸食顓民，鷙鳥攫老弱。於是女媧鍊五色石以補蒼天，斷鰲足以立四極，殺黑龍以濟冀州，積蘆灰以止淫水。蒼天補，四極正，淫水涸，冀州平，狡蟲死，顓民生。‘背’方州，抱員天，〔和春、陽夏〕，‘殺秋約冬’，〔枕方寢繩，〕陰陽〔之〕所壅沈不通者，竅理之；逆氣戾物、傷民厚積者，絕止之。當此之時，臥倨倨，興眄眄，一自以為馬，一自以為牛，〔其〕行蹎蹎，〔其〕視瞑瞑，侗然‘皆得其和’，莫知所由〔生〕，浮游‘不知所求’，〔魍魎不知所往〕。當此之時，禽獸‘蝮’蛇無不‘匿’其爪牙，藏其螫毒，無有攫噬之心。｛考其功烈，上際九天，下契黃壚｝，名聲被後世，光暉重萬物。乘雷車，服駕應龍，驂青虬，援絕瑞，席蘿圖，黃雲絡，前白螭，後奔蛇，浮游消搖，道鬼神，登九天，朝帝於靈門，‘宓穆’休于太祖之下。然而不彰其功，不揚其‘聲’，隱真人之道，以從天地之固然。何則？道德上通，而智故消滅也。《淮南子・覽冥訓》p.205-210／〈覽冥訓〉辨析，頁88-90

【探析與解說】

此章見於《淮南子・覽冥訓》，全章文意並不完整，當係《淮南子》別本殘文。〈覽冥訓〉此處分別見於《文子》此章與《文子・上禮》第七章。〈上禮〉篇第七章曰："老子曰：世之將喪性命，猶陰氣之所起也。主闇昧而不明，道廢而不行，德滅而不揚……"，〈覽冥訓〉作"逮至夏桀之時，主闇晦而不明，道瀾漫而不修，棄捐五帝之恩刑，推蹷三王之法籍，是以至德滅而不揚……。"《文子》此兩章，均似編輯今本《文子》者，將《淮南子》別本殘文拼湊改造而成。〈覽冥訓〉此數段說明"黃帝之治"不如"虙戲氏之道"，並藉此分析古時世代的衰微。認為"自三代以後者，天下未嘗得安其情性，而樂其習俗"。此種標榜遠古自然生活，並認為隨時代的演進，人為治術的興起，導致人性淪失，世代衰敗的說法，是道家哲學傳承一項特殊的思想發展。它與《莊子》中〈駢拇〉、〈馬蹄〉、〈胠篋〉、〈天地〉與〈盜跖〉等外、雜篇的思想相近，此種資料應與《莊子》這幾篇的成書有關。以下分四點來說明：

第一、"昔黃帝治天下"段：此段似〈覽冥訓〉解析歷史發展中五個不同政治變化階段的殘文。〈覽冥訓〉先說明黃帝之治的情形，再回朔到宓犧之前往古的樸質世代，接下去提到夏桀時代的昏亂，然後是七國異族晚世的爭戰奪略，最後提到劉漢當今的英明盛世。全段的分析爲：（甲）黃帝之時，有賢臣扶佐，百官公正，法令明確，於是日月精明，風雨時節，天下得治，遠方獻貢。但此不及"宓犧氏之道"。（乙）"往古之時，四極廢，九周裂"，天下不堪其生。女媧補蒼天、正四極，窮理陰陽，因而開啓遠古自然無爲的大道之治，"道德上通，而智故消滅。"而見於《上禮》篇第七章處則說明：（丙）夏桀之時，主國君昏庸不明，道德混亂不修，因而君臣不親，骨肉不附，妖虐叢出，在上者只知求神問卜，因此德滅不陽，帝道撝而不興。（丁）戰國之時，諸侯割據，各自制法，習俗各異，彼此舉兵相鬥，連橫合縱從中離間。"世至於枕人頭，食人肉，菹人肝，飲人血"。（戊）西漢之時，天子居於上位，持道德、輔仁義，近者獻智，遠者懷德，四海賓服，天下混而爲一，終得接迎天德。〈覽冥訓〉對此五個階段分別論說，文義完整。《文子》此章僅〈覽冥訓〉前兩段殘文，而〈上禮〉篇第七章則爲後三段殘文。其中缺少區別不同時代的重要語句，多處文義不通，但保留部份《淮南子》舊文。

又，"調日月之行，治陰陽之氣"兩句，〈覽冥訓〉作"以治日月之行律，治陰陽之氣"。高誘注曰："律，度也。"陳觀樓校《淮南子》云："'律'下本無'治'字，'律陰陽之氣'與上下相對爲文，讀者誤以'律'字屬上讀爲句，則'陰陽之氣'似字文不成義，故又加'治'字耳。高注：'律，度也'三字本在'律陰陽之氣'下，傳寫誤在'律'字之下，'陰陽'之上，隔斷上下文義，遂致讀者之惑。"但劉文典云："《北堂書抄》四引，作'理日月之行，治陰陽之氣'。"植案：高誘所見文本與竄入《文子》中《淮南子》別本有異。

又，"民保命而不夭"句，"民"字前，〈覽冥訓〉有"人"字。劉家立校《淮南子》云："'人'字乃衍文。'民保命而不夭，歲時孰而不凶'，皆六字爲句，下文'百官正而無私'四句亦同。此蓋由唐人避諱改'民'爲'人'，後之校書者記'民'字於旁，而寫者遂誤入正文也。《文子》〈精誠〉篇作'民保命而不夭'，無'人'字。"

第二、"慮犧氏之王天下也"段：此段〈覽冥訓〉以"然猶未及慮戲氏之道也"結束上段對"黃帝治天下"的敘說，而以"往古之時，四極廢，九州裂……"開啓另段，但其中並未出現"慮戲氏"之名，而有"於是女媧鍊五色石以補蒼天"句，當是因襲"慮犧氏"、"女媧氏"古時並世的神話傳說。

"陰陽所擁沈滯不通者"句，〈覽冥訓〉作"陰陽之所壅沈不通者"。王念孫校《淮南子》云："當依《文子》作'陰陽所擁，（擁、壅古字通。）沈滯不通者'。今本'所'上衍'之'字，'沈'下脫'滯'字，則句法參差，且與下文不對。"

又，"浮游泛然，不知所本，罔養不知所如往"三句，俞樾云："'本'乃'求'字之誤。《淮南》〈覽冥〉篇作'浮游不知所求'是也。'汎然'二字，《淮南》所無，當爲衍文。'自養'當爲'罔養'。《後漢書·馬嚴傳》注曰：'罔養、猶依違也。'本疊字。《莊子》〈天地〉篇之'罔象'。《楚辭·哀時命》之'罔兩'，並字異而義同。'如'字衍文，'浮游不知所求，罔養不知所往'。浮求爲韻，養往爲韻，二句乃韻語也。《淮南》作'浮游不知所求，魍魎不知所往。''罔兩'二字皆從鬼，此寫者誤增。蓋淺人以爲是不逢不若之義，而不知'浮游'、'罔兩'，皆形容當時之民之不識不知，非謂魍魅魍魎，莫能逢之也。"

又，"禽獸蟲蛇"句，〈覽冥訓〉作"禽獸蝮蛇"。王念孫校《淮南子》云："'蝮蛇'本作'蟲蛇'。……'禽獸'、'蟲蛇'，相對爲文，所包甚廣。改'蟲蛇'爲'蝮蛇'，則舉一漏百，且與'禽獸'二字不類矣。《文子》〈精誠〉篇正作'禽獸蟲蛇'。"此段《文子》保存《淮南子》舊文。

第三、"至黃帝要謬祖之下"段：首句，〈覽冥訓〉作"宓穆修於太祖之下"。〈覽冥訓〉此處連接上文，描述女媧的功烈，說明黃帝治天下不及伏犧之道。《文子》重提"至黃帝"三字，全句不可理解，整段說理亦無對比性的辨析，顯爲殘文，"至黃帝"三字當爲編輯今本《文子》者所加。"隱真人之道"句，〈覽冥訓〉同。此處文意在貶抑"黃帝之治"，"真"字似爲"聖"字之誤，先秦文獻常以"聖人"讚譽黃帝，尚未見稱黃帝爲"真人"者。

2-6

〔老子曰：〕

天不定，日月無所載，地不定，草木無所立，身不寧，是非無所形。是故"有真人而後有真知"，其所持者不明，何知吾所謂知之非不知與？

*

積惠重‘厚’[1]，使萬民欣欣，人樂其生者，仁也。舉大功，顯令名，體君臣，正上下，明親疏，存危國，繼絕世，立無後者，義也。閉九竅，藏志意，棄聰明，反無識，芒然仿佯乎塵垢之外，逍遙乎無事之際，含陰吐陽而與萬物同和者，德也。是故道散而為德，德溢而為仁義，仁義立而道德廢矣。

【相關資料尋索】

夫天不定，日月無所載；地不定，草木無所‘植’；〔所立於〕身〔者〕不寧，是非無所形。是故有真人然後有真知。其所持者不明，‘庸詎’知吾所謂知之非不知歟？

*

〔今夫〕積惠重厚，累愛襲恩，以聲華嘔符、嫗掩萬民百姓，使‘知之訴訴然’，人樂其‘性’者，仁也。舉大功，‘立顯名’，體君臣，正上下，明親疏，等貴賤，存危國，繼絕世，決挐治煩，興毀宗，立無後者，義也。閉九竅，藏‘心志’，棄聰明，反無識，芒然仿佯于塵埃之外，〔而〕消搖于無事之‘業’，含陰吐陽，而萬物和同者，德也。是故道散而為德，德溢而為仁義，仁義立而道德廢矣。《淮南子·俶真訓》p. 58-59／〈俶真訓〉辨析，頁 58-60

---

[1] "厚"字原作"貨"，據《太平御覽》卷四百一十九引文改。

【探析與解說】

　　此章按文意可分爲兩段，彼此並不連貫，見於《淮南子·俶真訓》處，雖兩段接連，但文意亦不相承接。第一段文字，直接發揮《莊子》"真人"的思想，而見於〈俶真訓〉處，與其上下文關連不大，可能爲錯簡，或劉安解《莊》資料殘文。《文子》此段似《淮南子》別本竄入。第二段文意完整，用語簡要，從道家思想角度，提出"仁"、"義"與"德"的積極性意含，並解釋"道德"與"仁義"的不同功效，認爲"仁義立"即"道德廢"，應承襲《老子》或竹簡《文子》的思想，而有所發揮改造。部份文句仍出自《莊子》。[1]此段資料可能原屬受文子學派影響並與《莊子》一書有關的思想資料，保存於"文子外編"中，爲《淮南子》所引用。以下分兩點來說明：

　　第一、"天不定"段：此段內容似直接襲自《莊子·大宗師》，但與〈大宗師〉篇論述與思索的方式不同。此種情形與〈俶真訓〉第一章相似，均爲"解說"性質，應與劉安關於《莊子》一書整理與注解之事有關。〈大宗師〉篇曰："知天之所爲，知人之所爲者，至矣。知天之所爲者，天而生也；知人之所爲者，以其知之所知，以養其知之所不知，終其天年而不中道夭者，是知之盛也。雖然，有患。夫知有所待而後當，其所待者特未定也。庸詎知吾所謂天之非人乎？所謂人之非天乎？且有真人而後有真知。"〈大宗師〉篇此處強調"天"、"人"雖然有別，但就人實際運作而言，"天"與"人"的分辨爲不定。且只有在人存實質基礎之上，任何辨析的作用才能發生功效。《文子》與《淮南子》此處，所謂"天不定，日月無所載，地不定，草木無所立，身不寧，是非無所形"完全由正面直述"有定"之理，與《莊子》多向思索與提問的方式不同。而就全段文意來看，恐亦有脫文。"有真人而後有真知"句，出自〈大宗師〉篇，"其所持者未明"與"何知吾所謂知之非不知與"[2]兩句，似改動《莊子》文句。

---

[1] "芒然彷徨乎塵垢之外，逍遙乎無爲之業"，出自〈大宗師〉，〈刻意〉篇有"語大功，立大名，禮君臣，正上下，爲治而已矣"等句，與《文子》此章相近。

[2] 此句《齊物論》作"庸詎知吾所謂不知之非知邪"。

又，"身不寧"三字，〈俶真訓〉作"所立於身者不寧"，此處"天不定"，"地不定"，"身不寧"相對爲文，前後對稱，"所立於"四字恐衍。何寧校《淮南子》云："'所立於身者不寧'當作'身不寧'。'所立'原作'所植'，涉上文而衍。後人以兩'所植'複，依高注改'植'爲'立'，又於'身'上加'於'字，'身'下加'者'字以就誤文耳。天不定，日月無所載；地不定，草木無所植；身不寧，是非無所形：皆以八字排比爲句，作'所立於身者不寧'，則句法參差，且義不可解矣。《文子》〈精誠〉篇正作'身不寧，是非無所形'，是其證。"又，"立"字，〈俶真訓〉作"植"，高誘注："植，立也。"植案：《文子》的記述與今《淮南子》文本，似有不同。

第二、"積惠重厚"段：此段分別解釋"仁"、"義"、"德"三者的意義，並提出它們與"道"的關連，與有竹簡《文子》殘文對應之今本《文子・道德》第三章的論述方式相近。〈道德〉篇第三章以"德、仁、義、禮"爲四經，並分別解析爲："畜之養之，遂之長之，兼利無擇，與天地合，此之謂德"、"爲上不矜其功，爲下不羞其病，於大不矜，於小不偷，兼愛無私，久而不衰，此之謂仁也"、"爲上即輔弱，爲下即守節，達不肆意，窮不易操，一度順理，不私枉撓，此之謂義也"、"爲上則恭嚴，爲下則卑敬，退讓守柔，爲天下雌，立於不敢，設於不能，此之謂禮也"。"四經"觀念是判斷《文子》資料歸屬，或其學術傳承關連的重要指標之一。它以無爲之"道"爲根基，提出的一種新人文方式的建構。"積惠重厚"段，對於"仁、義"的說明，與"四經"的觀念相符。但對"德"的說明與"閉九竅"等句，卻似受到《莊子》思想影響。〈大宗師〉曰："彼方且與造物者爲人，而遊乎天地之一氣。……假於異物，託於同體；忘其肝膽，遺其耳目；反覆終始，不知端倪；芒然彷徨乎塵垢之外，逍遙乎無爲之業。彼又惡能憒憒然爲世俗之禮，以觀眾人之耳目哉！"這種"德"的意含與《文子》"德"觀念不同。而"道散而爲德"等三句，則發揮《老子》第三十八章"失道而後德"段的義理，與文子思想以"道"爲"四經"根源的觀念，也不盡相同。此段資料極可能是在道家思想影響下，改造了文子學派的哲學觀念，而表現爲另種人文思索的態度。

又，"貨"字，〈俶真訓〉作"厚"，"貨"字似因形近而誤。"無事之際"〈俶真訓〉作"無事之業"，《莊子》作"無爲之業"。

又，"使萬民欣欣"句，〈俶真訓〉作"使知之訢訢然"。王念孫校《淮南子》云："'使'下不當有'知'字。"

又，"繼絕世"句下，〈俶真訓〉有"決揳治煩"四字。劉家立校《淮南子》云："'決揳治煩'四字，此誤衍也。〈主術訓〉云'今人之才，有欲平九州，從方外，存危國，繼絕世，志在直正道邪，決揳理煩。'云云。疑後人據彼文以增之。不知彼言人之才欲存危繼絕，非具直正導邪，決揳理煩之志，不能任之，與此言仁義之道不同，不得據彼以增此也。《文子》〈精誠〉篇作'舉大功，顯令名，體君臣，正上下，明親疏，存危國，繼絕世，立無後者，義也'，亦無此四字。"

2-7

〔老子曰：〕

神越者言華，德蕩者行偽，至精芒乎中，而言行觀乎外，此不免以身役物也。精有愁盡而行無窮極；所守不定而外淫於世俗之風。

是故聖人內修道術而不外飾仁義，知九竅四肢之宜，而游乎精神之和，此聖人之游也。

【相關資料尋索】

百圍之木，斬而為犧尊，鏤之以剞劂，雜以青黃，華藻鎛鮮，龍蛇虎豹，曲成文章，然其斷在溝中，壹比犧尊，溝中之斷，則醜美有間矣，然而失木性，鈞也。是故神越者〔其〕言華，德蕩者〔其〕行偽。至精'亡'於中，而言行觀於外，此不免以身役物矣。夫趨舍行偽者，為精求于外也，精有湫盡，而行無窮極，則滑心濁神，而惑亂其本矣。〔其〕所守者不定，而外淫於世俗之風，所斷差跌者，而內以濁其清明，是故躊躇以終，而不得須臾恬淡矣。

是故聖人內修道術，而不外飾仁義，'不知耳目之'宜，而游'于'精神之和。若然者，下揆三泉，上尋九天，橫廓六合，揲貫萬物，此聖人之游也。（接

79

下章引文）《淮南子・俶真訓》p.59-61／〈俶真訓〉辨析，頁 60-61

【探析與解說】

此章見於《淮南子・俶真訓》。〈俶真訓〉此處包含《文子・精誠》此章與下章文字。二者辨析"聖人"與"真人"之別，文意並不完整。〈俶真訓〉似有錯簡竄入，而〈精誠〉篇此章與下章的分隔，也相當武斷。見於〈俶真訓〉者，可能與《莊子・外物》"聖人之所以駴天下"段資料有關。《文子・微明》第十九章有"昔者中黃子曰"段資料，也談及"聖人"、"真人"間的比較。〈精誠〉篇此章與下章，似原屬"文子外編"資料，《淮南子》引用，但此處似《淮南子》別本殘文竄入。以下分兩點來說明：

第一、"神越者言華"段：此段說明人的精神渙散，德性盪逸，就難免被外物所役使。"精有愁盡"兩句，〈俶真訓〉曰"夫趨舍行僞者，爲精求于外也，精有湫盡而行無窮極，則滑心濁神而惑亂其本矣。其所守者不定，而外淫於世俗之風，所斷差跌者，而內以濁其清明，是故躊躇以終，而不得須臾恬淡矣。夫趨舍行僞者，爲精求于外也。"〈俶真訓〉此段"而"，"則"等數次連詞的使用，文意不甚清楚。《文子》此處意謂："精有湫盡"則"行無窮極"，"所守不定"，則"外淫於世俗之風"。所謂"行無窮極"，指行爲無所歸趨。《漢書・陳遵傳》："足下諷頌詩書，苦身自約，不敢差跌，而我放意自恣，浮湛俗間。"[1]"浮湛俗間"即"與世浮沉"而"行無窮極"。〈俶真訓〉當有誤字或脫文，"所斷差跌"句，楊樹達云"'斷'字疑因'所'字形近而衍。"

又，"愁"字，〈俶真訓〉作"湫"，"湫"，通"遒"，盡也。張雙棣云："'愁'與與'湫'從'秋'得聲，並與從'酋'之'遒'字相通有盡義。"

第二、"是故聖人"段："知耳目之所宜"句，〈俶真訓〉"知"前並有"不"字。俞樾校《淮南子》云："'宣'當作'宜'。《莊子・德充符》'夫若然者，且不知耳目之所宜而遊心乎德之和'，即《淮南》所本。《文子》〈精

---

[1] 轉引自許匡一先生《淮南子》全譯上卷頁 81，貴州人民出版社，1993 年。

誠〉作‘知九竅四肢之宜，而游乎精神之和’，字正作宜，但‘知’上脫‘不’字耳。」

2-8

〔老子曰：〕

若夫聖人〔之游也〕，即動乎至虛，游心乎太無，馳於方外，〔行於無門，聽於無聲，視於無形，不拘於世，不繫於俗。〕

故聖人所以動天下者，真人不過，賢人所以矯世俗者，聖人不觀。夫人拘於世俗，必形繫而神泄，故不免於累，使我可拘繫者，必其命自在外者矣。

【相關資料尋索】

（接上章引文）若夫‘真人’，‘則’動〔溶〕于至虛，而游于‘滅亡之野’，騎蜚廉而從敦圉，馳於‘外方’，休乎宇內，燭十日而使風雨，臣雷公，役夸父，妾宓妃，妻織女，天地之間，何足以留其志！是故虛無者、道之舍，平易者、道之素。

夫人之事其神而嬈其精，營慧然而有求於外，此皆失其神明而離其宅也。是故凍者假兼衣于春，而暍者望冷風于秋，夫有病於內者必有色於外矣。夫梣木已青翳，而蠃愈癰蝸睆，此皆治目之藥也。人無故求此物者，必有蔽其明者。

聖人之所以‘駭’天下者，真人未嘗過焉；賢人之所以矯世俗者，聖人未嘗觀焉。夫牛蹄之涔，無尺之鯉；塊阜之山，無丈之材。所以然者何也？皆其營宇狹小，而不能容巨大也。又況乎以無裏之者邪！此其為山淵之勢亦遠矣。

夫人之拘於世也，必形繫而神泄，故不免於‘虛’。使我可‘繫’羈者，必其有命在〔於〕外也。《淮南子‧俶真訓》p.61-63／〈俶真訓〉辨析，頁 61-62

靜然可以補病，皆摩可以休老，寧可以止遽。雖然，若是，勞者之務也，非佚者之所未嘗過而問焉。聖人之所以駴天下，神人未嘗過而問焉；賢人所以駴世，聖人未嘗過而問焉；君子所以駴國，賢人未嘗過而問焉；小人所以合時，君子未嘗過而問焉。《莊子·外物》

【探析與解說】

此章接續見於〈俶真訓〉，《文子》仍爲《淮南子》別本殘文竄入，但見於〈俶真訓〉處，關於"聖人"、"真人"幾段資料，相當雜亂，恐爲錯簡。前後文意並非相連。《文子》僅存其中部份殘句，其中或保留《淮南子》別本部份舊文。

第一、"若夫聖人之遊"段：〈俶真訓〉作"若夫真人"，無"之遊也"，此處爲"聖人"與"真人"的分辨，《文子》"聖"字，原當作"真"，而〈俶真訓〉恐脫"之游也"三字。

又，"即動乎至虛，游心乎太無"兩句，〈俶真訓〉作"則動容于至虛，而游心于滅亡之野"。《文子》無"溶"字而有"心"字，〈俶真訓〉有"溶"字而無"心"字，二者可能各有脫文。俞樾云："'動'下脫'容'字，《淮南子》〈俶真〉篇作'若夫真人則動溶于至虛'。'容'與'溶'通。古書中用動容字不必定加水旁也。'即'與'則'通，《淮南》作'則'者，《文子》每作'即'。""太無"二字，〈俶真訓〉作"滅亡之野"。《文子》文句較爲對稱。

又，"行於無門"五句，〈俶真訓〉無，而爲"騎蜚廉"、"從敦圉"、"爥十日"……等等的敘說。〈俶真訓〉此處似有較多的發揮，可能申論"文子外編"原有資料的義理，但《文子》此段顯似《淮南子》別本殘文竄入。

第二、"故聖人所以動天下者"段：此段重見於《淮南子·微明》第十九章。〈微明〉篇此章資料雜亂，其中有文曰："昔者，中黃子曰：天有五方，地有五行，聲有五音，物有五味，色有五章，人有五位。故天地之間有二十五人也。上五有神人、真人、道人、至人、聖人；次五有德人、賢人、智人、善人、辯人；……聖人者，以目視，以耳聽，以口言，以足行。真人者，不視而明，不聽而聰，不行而從，不言而公。故聖人所以動天下者，真人未嘗過焉；賢人所以驕世俗者，聖人未嘗觀焉。”“聖人者，以目視⋯⋯不言而公”段，不見於今本《淮南子》。而“故聖人所以動天下”段，也見於《莊子·外物》，〈外物〉篇曰：“聖人之所以駴天下，神人未嘗過而問焉；賢人所以駴世，聖人未嘗過而問焉。”就此項資料見於各書的情況來看，它原先可能爲先秦道家某學派辨析人品的史料，與傳說中的“中黃子”或〈外物〉篇的資料來源有關，後輯入“文子外編”中，《淮南子》撰述時曾引用發揮，但〈精誠〉篇此處當爲錯簡。

又，見於〈俶真訓〉文句相當雜亂，也有誤字。“聖人所以動天下”，“動”字，〈俶真訓〉作“駴”。按〈俶真訓〉文意，“聖人”駴天下，“賢人”矯世俗，唯“真人”能“動溶於至虛，遊於滅亡之野”，但全段對“聖人”的說明爲“內修道術，而不外飾仁義，不知耳目之宜（誤作“宣”），而游于精神之和。若然者，下揆三泉，上尋九天，橫廓六合，揲貫萬物，此聖人之游也。”聖人之操持如此，如何可說“駴天下”？〈俶真訓〉對“聖人”與“真人”的操持也難以區別。“下揆三泉，上尋九天，橫廓六合，揲貫萬物”數句，不似對聖人的描述。《文子》無此數句，上章曰：“聖人內修道術而不外飾仁義，知九竅四肢之宜，而遊心於精神之和，此聖人之遊。”按《文子》文意，聖人不以仁義飾外而內修道術，遊心於精神之和而慎擇處身之所宜。《文子》與《淮南子》當均爲殘文。

又，“不免於累”句，“累”字，〈俶真訓〉作“虛”，前文有“人拘于世”句，人若爲世俗所拘繫，必當有所“累”，“虛”字恐誤。

又，“必其命自在外者矣”句，〈俶真訓〉作“必其有命在於外也”。王念孫校《淮南子》曰：“‘有命在於外’當作‘命有在外’，言既爲人所係羈，則命在人而不在我也。今本‘命’‘有’二字誤倒，則文義不明。《文子》〈精誠〉篇正作‘必其命有在外者矣’。《莊子》〈山木〉篇‘物之所利，乃非己也，吾命有在外者也’，即《淮南》所本。”

2-9

〔老子曰：

人主之思，〕神不馳於胸中，智不出於四域，懷其仁誠之心，甘雨以時，五穀蕃植，春生夏長，秋收冬藏，月省時考，終歲獻貢，養民以公，威厲不誡，法省不煩，教化如神，法寬刑緩，囹圄空虛，天下一俗，莫懷姦心，〔此聖人之恩也。〕

夫上好取而無量，即下貪功而無讓，民貧苦而紛爭生，事力勞而無功，智詐萌生，盜賊滋彰，上下相怨，號令不行。夫水濁者魚噞，政苛者民亂。上多欲即下多詐，上煩擾即下不定，上多求即下交爭，不治其本而救之於末，無以異於鑿渠而止水，抱薪而救火。

聖人事省而治，求寡而贍，不施而仁，不言而信，不求而得，不為而成，〔懷自然，〕保至真，抱道推誠，天下從之，如響之應聲，影之像形，所修者本也。

【相關資料尋索】

‘昔者神農之治天下也’，神不馳於胸中，智不出於四域，懷其仁誠之心，甘雨‘時降’，五穀蕃植，春生夏長，秋收冬藏。月省時考，歲終獻功，以時嘗穀，祀于明堂，明堂之制，有蓋而無四方，風雨不能襲，寒暑不能傷。遷延而入之，養民以公。其民樸重端愨，不忿爭而財足，不勞形而功成。因天地之資，而與之和同，是故威厲而不‘殺’，刑錯而不用，法省〔而〕不煩，〔故其〕化如神。其地南至交阯，北至幽都，東至暘谷，西至三危，莫不聽從。當此之時，法寬刑緩，囹圄空虛，〔而〕天下一俗，莫懷姦心。

末世之政則不然，上好取而無量，下貪‘狼’而無讓，民貧苦而忿爭，事力勞而無功，智詐萌‘興’，盜賊滋彰，上下相怨，號令不行。執政有司不務反道，矯拂其本，而事修其末，削薄其德，曾累其刑，而欲以為治，無以異於執彈而來鳥，捶梲而狎犬也，亂乃逾甚。

夫水濁則魚噆，政苛則民亂。故夫養虎豹犀象者，為之圈檻，供其嗜欲，適其飢飽，違其怒恚，然而不能終其天年者，刑有所劫也。是以上多‘故’則下多詐，上多事則下多能，上煩擾則下不定，上多求則下交爭。不‘直’之於本，而‘事’之於末，譬猶揚堁而弭塵，抱薪以救火也。

故聖人事省而〔易〕治，求寡而〔易〕贍，不施而仁，不言而信，不求而得，不為而成，〔塊然〕保真，抱德推誠，天下從之，如響之應聲，景之像形，其所修者本也。刑罰不足以移風，殺戮不足以禁姦，唯神化為貴。至精為神。《淮南子·主術訓》p. 271-2／〈主術訓〉辨析，頁 150-152

【探析與解說】

此章見於《淮南子·主術訓》，〈主術訓〉此處分為三段，首兩段辨析“神農治天下”與“末世之政”的差異，然後提出“聖人之治”的說明，立論清晰，文意完整。《文子》此章不見此種對較性說明。〈主術訓〉彼處文字，具有“埒略衰世古今之變”的形式，讚揚遠古無為而自然的盛世，批判後代貪婪繁瑣的人為統治，與《莊子》部份資料的思想相通，似原屬於輯入“文子外編”的先秦史料，《淮南子》引用並加以闡發，但《文子》此章，卻似《淮南子》別本殘文竄入，並經後人編輯改動。

第一、“人主之思”段：此段首句，〈主術訓〉作“昔者神農之治天下”。《文子》此段論述天下之治事，不當說成“人主之思”。段後有“此聖人之恩”，此一結論與前文文意不能連貫，與首句也不能呼應，恐均為後人編輯時所加。

“威厲而不誠”句，“誠”字，〈主術訓〉作“殺”，王念孫校《淮南子》云：“‘殺’本作‘試’，此後人以意改之也。《荀子》〈議兵〉、〈宥坐〉兩篇及《史記·禮書》並云：‘威厲而不試，刑錯而不用’。不試猶不用也。若云‘不殺’，則非其旨矣。《太平御覽》〈皇黃部〉引此，正作‘不試’，《文子》〈精誠〉篇同。”今本《文子》各本無均作“誠”，無作“試”者，不知王念孫所云與“文子精誠篇同”所據為何種版本。“誠”與“試”字，恐因形近而誤，但與〈主術訓〉作“殺”不同。

又，"甘雨以時"句，〈主術訓〉作"甘雨時降"。劉文典校《淮南子》云："《御覽》七十八引作'甘雨以時'。"王叔岷云："案：《文子》〈精誠〉篇亦作'甘雨以時'。"

又，"終歲獻貢"句，俞樾云："'貢'讀爲'功'，古字通用。《周易·繫辭傳》：'六爻之義易以貢。'荀作功，是其證也。《周禮·典婦功》曰：'及秋獻功。'典絲曰：'及獻功，則受良功而藏之。'並可以說此獻功之義。《淮南子》〈主術〉篇，正作'歲終獻功'。"

第二、"夫上好取"段：見於〈主術訓〉處，前有"末世之政則不然"句，以與上段"昔者神農之治天下"作比較。

"無以異於鑿渠而止水，抱薪而救火"兩句，〈主術訓〉作"譬猶揚堁而弭塵，抱薪以救火也。此兩句近於〈覽冥〉"是猶抱薪而救火，鑿竇而出水"。王念孫校《淮南子》云"'出'當爲'止'字，字之誤。……《文子》〈精誠〉篇'鑿渠而止水，抱薪而救火'，即用《淮南》之文。"植案：〈精誠〉篇此處保留《淮南子》舊文。

第三、"聖人事省而治"段：全段內容均見於〈主術訓〉。"懷自然，保至真，抱道推誠"三句，〈主術訓〉作"塊然保真，抱德推誠"，《文子》似保留《淮南子》不同文本資料。

2-10

〔老子曰：〕

精神越於外，智慮蕩於內者，不能治形。神之所用者遠，則所遺者近。故"不出於戶以知天下，不窺於牖以知天道，其出彌遠，其知彌少。"〔此言精誠發於內，神氣動於天也。〕

【相關資料尋索】

白公勝慮亂，罷朝而立，倒杖策，錣上貫頤，血流至地而弗知也。鄭人聞之曰：“頤之忘，將何不忘哉！”此言精神〔之〕越於外，智慮〔之〕蕩於內，則不能‘漏理’〔其〕形〔也〕。〔是故〕神之所用者遠，則所遺者近也。故〔老子曰〕：“不出戶以知天下，不窺牖以見天道。其出彌遠，其知彌少。”此之謂也。《淮南子·道應訓》p. 412／〈道應訓〉辨析，頁337-338

白公勝慮亂，罷朝，倒杖而策銳貫頤，血流至於地而不知。鄭人聞之曰：“頤之忘，將何爲忘哉！”故曰：“其出彌遠者，其智彌少。”《韓非子·喻老》

白公勝慮亂，罷朝而立，倒杖策，錣上貫頤，血流至地而弗知也。鄭人聞之曰：“頤之忘，將何不忘哉？”意之所屬著，其行足躓株埳，頭抵植木而不自知也。《列子·說符》

【探析與解說】

此章見於《淮南子·道應訓》與《韓非子·喻老》，《列子·說符》也有相同記述。“白公勝慮亂”事，似先秦流傳故事，〈喻老〉篇與〈道應訓〉分別用來解喻《老子》第四十七章經文，而〈道應訓〉文字似直接取自〈喻老〉篇。但〈道應訓〉與《文子》文字互見部份，卻未見於〈喻老〉篇。〈精誠〉篇章末“此言精誠發於於內，神氣動於天”兩句，不見於《淮南子》。《淮南子·道應訓》、《文子》與《韓非子·喻老》三者，在解《老》傳承上有重要關連，此處三者間似存在不同的解喻或闡釋方式。《老子》第四十七章曰：

> 不出戶，知天下；不闚牖，見天道。其出彌遠、其知彌少。是以聖人不行而知、不見而名，不為而成。

〈喻老〉篇解釋的全文爲：

> 空竅者，神明之戶牖也。耳目竭於聲色，精神竭於外貌，故中無主。中無主則禍福雖如丘山無從識之，故曰：“不出於戶，可以知天下；不闚於牖，可以知天道。”此言神明之不離其實也。
>
> 　　趙襄主學御於王子期，俄而與於期逐，三易馬而三後。襄主曰：“子之教我御術未盡也。”對曰：“術已盡，用之則過也。凡御之所貴，馬

體安於車，人心調於馬，而後可以進速致遠。今君後則欲逮臣，先則恐逮於臣。夫誘道爭遠，非先則後也。而先後心皆在於臣，上何以調於馬，此君之所以後也。"

白公勝慮亂，罷朝，倒杖而策銳貫頤，血流至於地而不知。鄭人聞之曰："頤之忘，將何為忘哉！"故曰："其出彌遠者，其智彌少。"此言智周乎遠，則所遺在近也，是以聖人無常行也。

能並智，故曰："不行而知。"

能並視，故曰："不見而明。"

隨時以舉事，因資而立功，用萬物之能而獲利其上，故曰："不為而成。"

〈喻老〉篇此處的資料並不完整，其中趙襄主段文字似與《老子》第四十七章的文義無關。〈道應訓〉的結構為：

白公勝慮亂……將何不忘哉／此言精神之越於外……／故老子曰："不出戶以知天下……其知彌少。"／此之謂也。

〈精誠〉篇文字的結構為：

精神越於外……／故不出於戶以知天下……／此言精誠發於內，神氣動於天也。

在上引三者資料的述說中，均以"此言"或"此之謂"來作為解證的形式。

〈喻老〉篇前句"此言"是以"神明之不離其實"，來解證《老子》"不出戶"等四句的義理。後句"此言"是以"智周乎遠，則所遺在近"，以解證《老子》第四十七章"其出彌遠者，其智彌少"後二句的義理。"

〈道應訓〉"此言"，是藉"白公勝慮亂"之事，來佐證"精神越於外"段，並解證《老子》第四十七章全章的旨意。而段後"此之謂也"四字，是就《老子》此章義理，來總結前文的敘說。

〈精誠〉篇"此言"，是以"精誠發於內，神氣動於天也"兩句，來闡釋《老子》第四十七章旨意，此兩句近於〈喻老〉篇所稱"神明之不離其實"。

〈精誠〉與〈道應〉兩篇中，"精神越於外"段，發揮〈喻老〉篇"神明不離其實"與"智周乎遠，則所遺在近"的思想。這些資料的產生，應後於〈喻老〉篇的成書，屬輯入"文子外編"資料。此處以"精誠"、"精神"與"神氣"等觀念來闡釋《老子》經文，顯出解《老》傳承晚期的思想，或許與文子學派的後續發展有關，〈道應〉撰寫時或曾參考此類資料。

2-11

〔老子曰：〕

冬日之陽，夏日之陰，萬物歸之而莫之使。極自然至精之感，弗召自來，不去而往，窈窈冥冥，不知所為者而功自成。待目而照見，待言而使命，其於治難矣。皋陶喑而為大理，天下無虐刑，何[1]貴乎言者也。師曠瞽而為太宰，晉國無亂政，何[2]貴乎見者也。不言之令，不視之見，聖人所以為師也。

民之化上，不從其言，從其所行。故人君好勇，弗使鬥爭，而國家多難，其漸必有劫殺之亂矣；人君好色，弗使風議，而國家昏亂，其積至於淫泆之難矣。

故聖人精誠別於內，好憎明於外，出言以副情，發號以明指。是故刑罰不足以移風，殺戮不足以禁姦，唯神化為貴，精至為神。精之所動，若春氣之生，秋氣之殺。

故君子者，其猶射者也，於此毫末，於彼尋丈矣！故〔理[3]人者，〕慎所以感之。

---

[1] "何"字，景宋本、朱弁注本作"有"。

[2] 同上。

[3] "理"字，《群書治要》引、朱弁注本均作"治"，"理"字疑唐人避高宗諱改。

【相關資料尋索】

　　{刑罰不足以移風，殺戮不足以禁姦，唯神化為貴。‘至精為神’。}夫
疾呼不過聞百步，志之所在，踰于千里。

　　冬日之陽，夏日之陰，萬物歸之，而莫使‘之然’。‘故至精之像’，弗
招而自來，‘不麾’而自往，窈窈冥冥，不知為之者誰，而功自成。智者弗能
誦，辯者弗能形。

　　昔孫叔敖恬臥，而郢人無所害其鋒；市南宜遼弄丸，而兩家之難無所關其
辭。鞅鞈鐵鎧，瞋目扼擘，其於以御兵刃，縣矣！券契束帛，刑罰斧鉞，其於
以解難，薄矣！待目而照見，待言而使‘令’，其於為治，難矣！

　　蘧伯玉為相，子貢往觀之，曰："何以治國？"曰："以弗治治之。"簡
子欲伐衛，使史黯往觀焉。還反報曰："蘧伯玉為相，未可以加兵。"固塞險
阻，何足以致之！

　　故皋陶喑而為大理，天下無虐刑，‘有’貴于言者也。師曠瞽而為太宰，
晉無亂政，‘有’貴于見者也。故不言之令，不視之見，‘此伏犧、神農之’
所以為師也。

　　〔故〕民之化〔也〕，不從其〔所〕言，〔而〕從其所行。故’齊莊公’
好勇，不使鬥爭，而國家多難，其漸至于‘崔杼’之亂。‘頃襄’好色，不使
風議，而‘民多’昏亂，其積至‘昭奇’之難。{故至精之所動，若春氣之生，
秋氣之殺也，雖馳傳騖置，不若此其亟。故君人者，其猶射者乎！於此豪末，
於彼尋常矣。故慎所以感之也。}

＊

　　夫榮啓期一彈，而孔子三日樂，感于和。鄒忌一徽，而威王終夕悲，感于
憂。動諸琴瑟，形諸音聲，而能使人為之哀樂。縣法設賞，而不能移風易俗者，
其誠心弗施也。甯戚商歌車下，桓公喟然而寤矣，至精入人深矣！故曰："樂，
聽其音則知其俗，見其俗則知其化。孔子學鼓琴於師襄，而諭文王之志，見微
以知明矣。延陵季子聽魯樂而知殷、夏之風，論近以識遠也。作之上古，施及
千歲而文不滅，況於並世化民乎！

　　湯之時，七年旱，以身禱於桑林之際，而四海之雲湊，千里之雨至。抱質
效誠，感動天地，神諭方外，令行禁止，豈足為哉！‘古聖王’至精‘形’於

內，〔而〕好憎‘忘’於外，出言以副情，發號以明旨，陳之以禮樂，風之以歌謠，業貫萬世而不壅，橫局四方而不窮，禽獸昆蟲與之陶化，又況於執法施令乎！《淮南子·主術訓》p. 273-5／〈主術訓〉辨析，頁 153-157

【探析與解說】

此章與下章均見接續於《淮南子·主術訓》。全章論述“至精”與“神化”的效用，強調刑罰、殺戮不足以移風禁姦，不但與三晉法家重刑施罰的思想不同，也與齊法家強調禮樂的功能有異。這種奠基在“精誠”觀念之上的人文建構，應是先秦道家哲學推衍的一項重要成果。此章與下章資料原屬“文子外編”，但以《淮南子》別本樣式竄入《文子》，保留部份《淮南子》舊文與句序。以下分四點來說明：

第一、“冬日之陽”段：〈精誠〉篇此段文義，與本章末句相呼應，說明治人者應謹慎“自然至精”的感應。見於〈主術訓〉處，以“夫疾呼不過聞百步，志之所在，踰于千里”、“冬日之陽，夏日之陰，萬物歸之，而莫使之然”兩事例，說明“至精”的觀念。二者敘說的結構不同，《淮南子》似引述“文子外編”資料，加以申論。“待目而照見……難矣”數句，見於〈主術訓〉處說明：“昔孫叔敖恬臥，而郢人無所害其鋒”，所以“鞅鞈鐵鎧，瞋目扼擘，其於以御兵刃，縣矣！”；“市南宜遼弄丸，而兩家之難無所關其辭”，所以“劵契束帛，刑罰斧鉞，其於以解難，薄矣”。但“待目而照見，待言而使令，其於爲治，難矣”，卻後接“蘧伯玉爲相，子貢往觀之”與“簡子欲伐衛，使史黯往覘焉”兩事。文意似有間斷。《文子》直接以“皋陶喑而爲大理，天下無虐刑”、“師曠瞽而爲太宰，晉無亂政”來說明“言”與“見”的不可貴。〈主術訓〉整段文句結構，並不整齊。

第二、“民之化上”段：“化上”二字，〈主術訓〉無“上”。王念孫校《淮南子》云：“‘民之化也’本作‘民之化上也’。下句‘其’字，正指上而言，脫‘上’字，則義不相屬。《文子》〈精誠〉篇正作‘民之化上’。”

又，“劫殺之亂”與“淫泆之難”兩種泛稱，〈主術訓〉均以“崔杼之亂”、

"昭奇之難"具體事例來說明。

第三、"故聖人精誠別於內"段：此段分別見於〈主術訓〉不同段落，前後次序有異。

"故聖人精誠別於內，好憎明於外"兩句，"別"字，〈主術訓〉作"形"。王叔岷云："'別'當作'刑'，字之誤。'刑'與'形'同。《治要》引此正作'形'。《淮南子》同。""明"字，〈主術訓〉作"忘"。聖王不當有好憎之意，"明"字誤，當據〈主術訓〉作"忘"。

第四、"故君子"段："君子"一詞，〈主術訓〉作"君人者"。《淮南子》全書"君人者"出現六次，《文子》則無。

又，"尋常"二字，〈主術訓〉作"尋常"。八尺為"尋"，十尺為"丈"，十六尺為"常"，此處"尋丈"、"尋常"似均可通。

又，"理人者"句，〈主術訓〉無。

2-12

〔老子曰：〕

懸法設賞而不能移風易俗者，誠心不抱也。故聽其音則知其風，觀其樂即知其俗，見其俗即知其化。夫抱真效誠者，感動天地，神踰方外，令行禁止。〔誠通其道而達其意，雖無一言，天下萬民、〕禽獸、鬼神與之變化。故太上神化，其次使不得為非，其下賞賢而罰暴。

【相關資料尋索】

夫榮啓期一彈，而孔子三日樂，感于和。鄒忌一徵，而威王終夕悲，感于憂。動諸琴瑟，形諸音聲，而能使人為之哀樂。縣法設賞，而不能移風易俗者，

'其'誠心'弗施'也。

甯戚商歌車下，桓公喟然而寤矣，至精入人深矣！故曰：樂，聽其音則知其'俗'，見其俗則知其化。

孔子學鼓琴於師襄，而諭文王之志，見微以知明矣。延陵季子聽魯樂而知殷、夏之風，論近以識遠也。作之上古，施及千歲而文不滅，況於並世化民乎！湯之時，七年旱，以身禱於桑林之際，而四海之雲湊，千里之雨至。抱'質'效誠，感動天地，神諭方外，令行禁止，豈足為哉！

古聖王至精形於內，而好憎忘於外，出言以副情，發號以明旨，陳之以禮樂，風之以歌謠，業貫萬世而不壅，橫局四方而不窮，'禽獸〔昆蟲〕與之'陶'化'，又況於執法施令乎！故太上神化，其次使不得為非，其次賞賢而罰暴。《淮南子·主術訓》／p. 275-6／〈主術訓〉辨析，頁 155-157

【探析與解說】

此章見於《淮南子·主術訓》前引段落，全章內容承接上章，原為《淮南子》別本殘文，編輯今本《文子》者加"老子曰"於章前。全章文意並不連貫，見於〈主術訓〉者文氣亦顯散亂。全章闡發《老子》"太上神化"的思想，並引述其第十七章經文。

"懸法設賞"句，"誠心不抱"，〈主術訓〉作"誠心弗施"。"誠心"一詞，〈文子〉另見於"誠心可以懷遠"（〈道原〉篇；《淮南子》同）、"推其誠心"（〈精誠〉篇；《淮南子》同）、"誠心不精"（〈精誠〉篇）。"誠心"即可"懷遠"，故《文子》此處作"誠心不抱"，而"誠心"可推而廣之，故《淮南子》作"弗施"，二者文字記述不同。

又，"故聽其風"等句，〈主術訓〉作"故曰：'樂，聽其音則知其俗，見其俗則知其化。'"王念孫校《淮南子》云："'樂'字與下文義不相屬，當有脫文。《文子》〈精誠〉作'故聽其音則知其風，觀其樂即知其俗，見其俗即知其化。'"《呂氏春秋·音初》曰："凡音者，產乎人心者也。感於心則蕩乎音，音成於外而化乎內，是故聞其聲而知其風，察其風而知其志，觀其志而知其德。盛衰、賢不肖、君子小人皆形於樂，不可隱匿，故曰樂之為觀也深矣。" "聽音知風"、"觀樂知俗"、"見俗知化"的操持，與周史官的職責有關。〈主術訓〉似引述前人資料，當取自"文子外編"，今本有脫文。

又，"令行禁止"句下，〈主術訓〉作"豈足爲哉"，二者文義有別。《文子》指"抱真效誠者"能政令有行、禁制可止。而〈主術訓〉則意謂：能"抱質效誠者"，可"感動天地，神蹦方外"，"令行禁止"不足以達致如此效果。

又，"誠通其道而達其意"三句，〈主術訓〉無。〈主術訓〉此處作"古聖王至精形於內，而好憎忘於外，出言以副情，發號以明旨，陳之以禮樂，風之以歌謠，業貫萬世而不壅，橫局四方而不窮，禽獸昆蟲與之陶化，又況於執法施令乎！"〈主術訓〉此段思想與前文"令行禁止，豈足爲哉"文義，似相矛盾。"出言"、"發號"均是禁制性的作爲。而"陳之以禮樂，風之以歌謠"也與《老子》所謂"太上神化"的思想有違。《淮南子》似參照"文子外編"資料而另作發揮。

又，"禽獸鬼神"句，"鬼神"二字，〈主術訓〉作"昆蟲"。高誘注此句曰："昆蟲或作鬼神。"高誘似曾見《淮南子》別本。

2-13

〔老子曰：大道無為，無為即無有，無有者不居也，不居者即處而無形，無形者不動，不動者無言也，無言者即靜而無聲，無形無聲者，視之不見，聽之不聞，是謂微妙，是謂至神。"綿綿若存"，"是謂天地之根。"

道，無形無聲，故聖人強為之形，以一字為名。天地之道，大以小為本，多以少為始。天子以天地為品，以萬物為資，功德至大，勢名至貴，二德之美與天地配，故不可不軌大道以為天下母。〕

【探析與解說】

　　此章不見於《淮南子》，資料並不完整，但與竹簡《文子》思想相類。竹簡《文子》編號 899 簡文有："下，先始于后，大始于小，多始于少"，即與此章"天地之道"數句，文句相近。全章不但引述《老子》經文，論述的內容也似直接承襲《老子》。我們認爲此章應是《文子》古本資料的殘文。以下分兩點來說明：

　　第一、"大道無爲"段：此段內容與表達方式，近於〈道原〉篇第十章不見於《淮南子》部份，二者原先可能屬於同篇資料。此處說明大道環周的程序，其結構爲：

大道 → 無爲 → 無有 → 不居 → 無形 → 不動

↑ 　　　　　　　　　　　　　　　　　　↓

天地之根 ← 至神 ← 微妙 ← 無聲 ← 無言

　　"大道"即是"天地之根"，透過"無爲"、"無有"、"不居"、"無形"、"不動"、"無言"、"無聲"、"微妙"、"至神"等展現的程序，終仍復返於"大道"。"道"透過自身的展示，而表現爲"天地之根"，這與《老子》首章所謂"無名萬物之始，有名萬物之母"（帛書本文句）、"玄牝之門，是謂天地根"（第六章）、"有物混成……可以爲天下母"（第二十五章）的哲學作用相同。

　　第二、"道無形無聲"段："道"本無形聲之界定，聖人強"形"之以"一字之名"。"形"的作用是推衍與設定，同時也是對"道"的述說。"道"展現爲天地萬物的本然運作。故天子以天地爲法式，以萬物爲資用，因循大道以爲天下母。

2-14

〔老子曰：〕

賑窮補急則名生，起利除害即功成。世無災害，雖聖無所施其德，上下和睦，雖賢無所立其功。

故至人之治，含德抱道，〔推誠樂施，〕無窮之智寢說而不言。天下莫知貴其不言者，故"道可道，非常道也，名可名，非常名也。"著於竹帛，鏤於金石，可傳於人者，皆其粗也。

三皇五帝三王，殊事而同心，異路而同歸。末世之學者，不知道之所體一，德之所總要，取成事之跡，跪坐而言之，雖博學多聞，不免於亂。

【相關資料尋索】

振〔困〕窮，補'不足'，則名生；'興'利除害，伐亂禁暴，'則'功成。世無災害，雖'神'無所施其德；上下和'輯'，雖賢無〔所〕立其功。

昔容成氏之時，道路鴈行列處，託嬰兒於巢上，置餘糧於畮首，虎豹可尾，虺蛇可蹻，而不知其所由然。

逮至堯之時，十日並出，焦禾稼，殺草木，而民無所食。猰貐、鑿齒、九嬰、大風、封豨、修蛇。皆爲民害。堯乃使羿誅鑿國於疇華之野，殺九嬰於凶水之上，繳大風於青丘之澤，上射十日而下殺猰貐，斷脩蛇於洞庭，禽封豨於桑林。萬民皆喜，置堯以爲天子。於是天下廣陝險易遠近始有道里。

舜之時，共工振滔洪水，以薄空桑，龍門未開，呂梁未發，江、淮通流，四海溟涬，民皆上丘陵，赴樹木。舜乃使禹疏三江五湖，闢伊闕，導瀍、澗，平通溝陸，流注東海。鴻水漏，九州乾，萬民皆寧其性。是以稱堯、舜以爲聖。

晚世之時，帝有桀、紂，桀爲琁室、瑤臺、象廊、玉床，紂爲肉圃、酒池，燎焚天下之財，罷苦萬民之力。剟諫者，剔孕婦，攘天下，虐百姓。於是湯乃以革車三百乘伐桀于南巢，放之夏臺，武王甲卒三千破紂牧野，殺之於宣室，天下寧定，百姓和集，是以稱湯、武之賢。由此觀之，有賢聖之名者，必遭亂世之患也。

〔今〕至人'生亂世之中'，含德'懷'道，〔拘〕無窮之智，〔鉗口〕寢說〔，遂〕不言〔而死者眾矣，然〕天下莫知貴其不言'也'。故"道可道，非常道;名可名,非常名。"著於竹帛,鏤於金石,可傳於人者,其粗也。

五帝三王,殊事而同'指',異路而同歸。晚世學者,不知道之所'一體',德之所總要,取成之跡,〔相與〕'危'坐而說之,鼓歌而舞之,故博學多聞,〔而〕不免於'惑'。《詩》云:"不敢暴虎,不敢馮河。人知其一,莫知其他。"此之謂也。《淮南子·本經訓》p. 253-257／〈本經訓〉辨析,頁 134-136

【探析與解說】

此章按文意可分為三段,均見於《淮南子·本經訓》。全章資料並不完整,似"文子外編"殘文竄入。以下分三點來說明:

第一、"賑窮補急"段:"賑窮補急則名生,起利除害即功成"兩句,〈本經訓〉作"振困窮,補不足,則名生;興利除害,伐亂禁暴,則功成。"。《文子》文句對稱,文意簡要古樸。"雖聖無所施其德"句,"聖"字,〈本經訓〉作"神"。下文曰:"雖賢無所立其功",古書多"聖賢"連稱,"神"字恐誤。此段見於〈本經訓〉者之後有四段文字,分別就"容成氏之時"、"堯之時"、"舜之時"與"晚世之時",說明世代衰變的情況,並用以闡述"功名"的生成在於亂世的所需。似發揮"文子外編"資料的思想。

第二、"故至人之治"段:此段雖以"故"字申論前段文意,但上段已言"雖聖無所施其德",此段卻說"至人之治,含德抱道,推誠樂施",二者內容不能通貫。"故至人之治"句,〈本經訓〉作"今至人生亂世之中",接續前文世代變遷的形式。此處《淮南子》論列衰世之變,劉安當不敢稱所處時代為亂世。《淮南子》一書凡指稱劉漢之時,均極力讚譽。如:

> 昔者,黃帝治天下……然猶未及虙戲氏之道也。往古之時……逮至夏桀之時……晚世之時,七國異族,諸侯制法……逮至當今之時,天子在上位,持以道德,輔以仁義,近者獻其智,遠者懷其德,拱揖指麾而四海賓服,春秋冬夏皆獻其貢職,天下混而為一,子孫相代。此五帝之所以迎天德也。〈覽冥訓〉

> 禹之時……秦之時……逮至高皇帝,存亡繼絕,舉天下之大義,身自奮

祑執銳，以為百姓請命于皇天。……逮至暴亂已勝，海內大定，繼文之
業，立武之功，履天子之圖籍，造劉氏之貌冠，總鄒、魯之儒墨，通先
聖之遺教，戴天子之旗，乘大路，建九斿，撞大鍾，擊鳴鼓，奏〈咸池〉，
揚干戚。當此之時，有立武者見疑。〈氾論訓〉

顯見〈本經訓〉此處資料，原不屬於《淮南子》文本，可能為“文子外編”
文字竄入，或屬他處資料，但不能接於前四段之後。且此段文意也不能與前文
連貫。〈本經訓〉“晚世之時”段末“由此觀之，有賢聖之名者，必遭亂世之
患也”三句，即為該處的結論。

又，“無窮之智寢說而不言”句，〈本經訓〉作“拘無窮之智，鉗口寢說，
遂不言而死者眾矣”。此處《文子》文義與〈本經訓〉差異頗大。“無窮之智”
句，在“含德抱道，推誠樂施”之後，主語均應指“至人”，意謂“至人的治
世，雖有無窮的智術，但寢息而不言說”，或“至人的治世，使無窮的智術，
寢息而不言說”。〈本經訓〉則意謂：“至人生於亂世，雖抱無窮之智，但至
死寢說而不言者極多”。

又，“天下莫知貴其不言者”句，“者”字，〈本經訓〉作“也”。《文
子》此處所稱“不言”，指至人所達致的教化，使天下不言。〈本經訓〉所說
的“不言”，指至人生於亂世而不欲言或不得言。二者義理不同，但就二者所
引《老子》“道可道”經文的意含來看，〈本經訓〉文意與整段論述的內容較
為契合，《文子》此處恐為殘文。

第三、“三皇五帝三王”段：此段以“道”、“德”說明三皇、五帝、三
王的歸趨，並批判晚世學者僅取成事之跡來論說，以致造成世人的淆亂，似“文
子外編”資料，但此種文意與前段不能通貫。見於〈本經訓〉文字，亦接於上
段之後。《文子》此處恐為《淮南子》別本殘文竄入。“三皇五帝三王”句，
〈本經訓〉無“三皇”二字。

又，“不知道知所體一”句，“體一”二字，〈本經訓〉作“一體”。下
文曰：“德之所總要”。“體”與“總”，均作動詞用，“體一”與“總要”，
相對為文。“一體”二字似誤，《文子》保留《淮南子》舊文。

又，“危”字〈本經訓〉作“跪”，俞樾〈讀文子〉云：“‘跪’，當從《淮南子》〈本經訓〉作‘危’。”

又，“取成事之跡”句，〈本經訓〉無“事”字，陳觀樓校《淮南子》云：“‘取成之跡’，當依《文子》〈精誠〉篇作‘取成事之跡’。”

2-15

〔老子曰：〕

心之精者，可以神化，而不可說道。聖人不降席而匡天下。情甚於謷呼。

故同言而信，信在言前也，同令而行，誠在令外也。聖人在上，民化如神，情以先之。動於上，不應於下者，情令殊也。

三月嬰兒未知利害，而慈母愛之愈篤者，情也。故言之用者，變變乎小哉，不言之用者，變變乎大哉。信、君子之言，忠、君子之意，忠信形於內，感動應乎外〔，賢聖之化也〕。

【相關資料尋索】

心之精者，可以神化，而不可以‘導人’；目之精者，可以消澤，而不可以昭誋。在混冥之中，不可諭於人。故‘舜’不降席而‘天下治’，桀不下陛而天下亂，蓋情甚乎‘叫呼’也。無諸己，求諸人，古今未之聞也。

同言而〔民〕信，信在言前也。同令而〔民〕化，誠在令外也。聖人在上，民‘遷而化’，情以先之也。動於上，不應於下者，情〔與〕令殊也。故《易》曰：“亢龍有悔。”

三月嬰兒，未知利害也，而慈母之愛‘諭’焉者，情也。故言之用者，‘昭昭’乎小哉！不言之用者，‘曠曠’乎大哉！‘身君子之言，信也’；‘中君子之意，忠也’。忠信形於內，感動應於外。故禹執干戚舞於兩階之閒而三苗

服。鷹翔川，魚鱉沈，飛鳥揚，必遠害也。《淮南子·繆稱訓》p.323-324／〈繆稱訓〉辨析，頁214

三月嬰兒，軒冕在前，弗知欲也，斧鉞在後，弗知惡也，慈母之愛諭焉，誠也。故誠有誠乃合於精，精有精乃通於天。乃通於天，水木石之性，皆可動也，又況於有血氣者乎？故凡說與治之務莫若誠。聽言哀者，不若見其哭也；聽言怒者，不若見其鬥也。說與治不誠，其動人心不神。《呂氏春秋·具備》

【探析與解說】

此章見於《淮南子·繆稱訓》，內容與《呂氏春秋·具備》記載相近，部份文字即出自該書。〈具備〉篇論述 "誠" 的作用，人能有 "誠"，即可有 "精"，而 "精" 通於 "天"。〈具備〉篇資料似出自戰國晚期發展 "精誠" 觀念的道家傳承，此種資料後輯入 "文子外編"，而爲《淮南子》撰述時所參引。《文子》此章討論 "精"、"神化"、"情"、"誠" 等觀念，應與南方道家傳承有關。全章似《淮南子》別本殘文竄入。以下分三點來說明：

第一、"心之精者" 段："心之精者，可以神化" 兩句，〈繆稱訓〉同。"神化" 一詞，今存先秦文獻似僅見於《鶡冠子》，並爲該書的重要觀念。如：

> 帝制神化，景星光潤。……鶡冠子曰："有神化，有官治，有教治，有因治，有事治。"……鶡冠子曰："神化者，定天地，豫四時，拔陰陽，移寒暑。正流並生，萬物無害，萬類成全，名尸氣皇。……"〈度萬〉

> 聖道神方，要之極也。帝制神化，治之期也。〈泰鴻〉

李學勤考定《鶡冠子》當是秦焚書之前作品，其思想形成或在戰國晚期前半[1]。《鶡冠子》"神化" 觀念似保存於 "文子外編" 資料之中。《文子》使用 "神化" 一詞有七次之多（見於〈精誠〉篇有四次）。《淮南子》中 "神化" 出現的段落與《文子》同，僅《文子·上仁》"唯神化者，物莫能勝" 兩句，"神化"

---

[1] 《簡帛佚籍與學術史》頁 94；台灣時報出版社，1994 年。

二字，《淮南子·主術訓》作“造化”。此處以“心之精者”作爲“神化”的基礎，是將“精”的觀念結合於“教化”之事，可能是一種統合性的發展。

又，“說道”二字，〈繆稱訓〉作“導人”，並申述曰“目之精者，可以消澤，而不可以昭誋。在混冥之中，不可諭於人”。“神化”不以“言說教導”，《文子》此處意含較佳。

又，“聖人不降席而匡天下”句，〈繆稱訓〉作“故舜不降席而天下治，桀不下陛而天下亂”。《淮南子》凡舉以個別事例處，見於《文子》者多用泛稱。

第二、“故同言而信”段：《後漢書·宣稟王良傳》論章懷注引《子思子·累德》曰：“同言而信，則信在言前；同令而行，則誠在令外。”《意林·卷一》引子思子曰：“言而信，信在言前；令而化，化在令外。聖人在上，而遷其化。”此數句當爲先秦資料，保留於“文子外編”。《中庸》一書，“誠”爲核心觀念，據傳《中庸》爲子思或其後學所著，先秦哲學“精誠”觀念的形成，可能受到子思哲學思想的影響。

第三、“三月嬰兒”段：“慈母愛之愈篤者”〈繆稱訓〉作“慈母之愛諭焉者”，“愈篤”當爲“諭焉”之訛誤，《呂氏春秋》正作“諭焉”。

又，兩處“變變”二字，〈繆稱訓〉分別爲“昭昭”與“曠曠”，〈繆稱訓〉意含較爲明晰。

又，“信、君子之言”與“忠、君子之意”二句，〈繆稱訓〉分別作“身君子之言，信也”，“中君子之意，忠也”。《文子》強調：“信”、“忠”爲君子之德，故忠信形於君子之內，感動必符應於外，此之謂“賢聖之化”。〈繆稱訓〉則稱：體行君子所言，則謂之信，切合君子心意，則謂之忠。若能忠信具形於內，則可感化於外。〈繆稱訓〉無“聖賢之化”四字。〈繆稱訓〉引用“文子外編”似有所改動。高誘注：“身君子之言，體行君子之言也。”東漢時，《淮南子》此處文字即如今本。

2-16

〔老子曰：〕

子之死父，臣之死君，非出死以求名也，恩心藏於中而不違其難也。君子之憯怛，非正為也，自中出者也。

亦察其所行，聖人不慚於景，君子慎其獨也，舍近期遠，塞矣。

故聖人在上則民樂其治，在下則民慕其意〔，志不忘乎欲利人也〕。

【相關資料尋索】

子之死父也，臣之死君也，世有行之者矣，非出死以‘要’名也，恩心之藏於中，而不能違其難也。故人之甘甘，非正爲蹠也，而蹠焉往。君子之慘怛，非正為形也，諭乎人心。非從外入，自中出者也。《淮南子·繆稱訓》p. 324 ／〈繆稱訓〉辨析，頁 215

動於近，成文於遠。夫察所夜行，‘周公’慚乎景，〔故〕君子慎其獨也。‘釋’近‘斯’遠，塞矣。《淮南子·繆稱訓》p.325 ／〈繆稱訓〉辨析，頁 216

聖人在上，則民樂其治；在下，則民慕其意。小人在上位，如寢關、曝纊，不得須臾寧。故《易》曰：“乘馬班如，泣血漣如。”言小人處非其位，不可長也。《淮南子·繆稱訓》p.321 ／〈繆稱訓〉辨析，頁 211

【探析與解說】

此章資料並不連貫，可分爲三段，分別見於《淮南子·繆稱訓》三處。〈繆稱訓〉思想與子思學派關係密切，似與儒家傳承有關。楊樹達校《淮南子》云：“此篇多引經證義，皆儒家之說也。今校《子思子》佚文，同者凡七、八節之多，疑皆采自彼也。"[1]《文子》此處，似《淮南子》別本殘文竄入，保留部份《淮南子》舊文。以下分三點來說明：

第一、"子之死父"段："君子之憯怛，非正爲也，自中出者也"三句，"非正爲"三字，費解，〈繆稱訓〉作"君子之憯怛，非正爲形也，諭乎人心。非從外入，自中出者也。"徐靈府注《文子》曰："憯怛謂刑法也，刑戮非正道也，所以懲惡勸善，不得已而行之，不可濫也。"徐注甚爲勉強，並刻意略去"自中出者"句的解釋。〈精誠〉篇此段文句"爲"下當脫"形"字。

第二、"亦察其所行"段：首兩句〈繆稱訓〉作"夫察所夜行，周公慚於景"。《晏子春秋・外篇》曰："嬰聞之：君子獨立不慚於影，獨寢不慚於衾。"《文子》"亦"字，似"夜"字之形誤。〈繆稱訓〉"周公慚於景"句，王念孫校云："'慚'上當有'不字'，方與下意相屬。《文子》〈精誠〉篇作'聖人不慚乎景'。"

又，"舍近期遠"句，〈繆稱訓〉作"釋近斯遠"。王念孫校《淮南子》云："'斯'亦當爲'期'。'釋近期遠塞矣'，謂道在邇而求諸遠，則必塞也。《文子》〈精誠〉篇作'舍近期遠'，是其證。"

第三、"聖人在上位"段："志不忘乎欲利人也"句，不見於〈繆稱訓〉，但本篇十九章有"聖人之從事也，……志不忘乎利人"與"聖人之心，日夜不忘乎欲利人"，均見于《淮南子・脩務訓》。此處似重出，爲編輯今本《文子》者所改。

2-17

〔老子曰：〕

勇士一呼，三軍皆辟，其出之誠也；唱而不和，意而不載，中

---

[1] 《淮南子證聞》頁 92，上海古籍出版社 1985 年。

必有不合者也。不下席而匡天下者，求諸己也。

故說之所不至者，容貌至焉，容貌所不至者，感忽至焉。感乎心，發而成形，精之至者，可以形接，不可以照期。

【相關資料尋索】

勇士一呼，三軍皆辟，其出之'也誠'。〔故〕倡而不和，意而不戴，中〔心〕必有不合者也。〔故舜〕不降席而'王'天下者，求諸己也。故上多故，則民多詐矣。身曲而景直者，未之聞也。

說之所不至者，容貌至焉。容貌〔之〕所不至者，感忽至焉。感乎心，〔明乎智，〕發而成形，精之至者，可以形〔勢〕接，而不可以照'訖'。《淮南子·繆稱訓》p.321-322／〈繆稱訓〉辨析，頁212

勇士一呼而三軍皆避，士之誠也。昔者楚熊渠子夜行，見寢石以爲伏虎，彎弓而射之，沒金飮羽，下視，知其爲石，石爲之開，而況人乎。夫倡而不和，動而不償，中心有不全者矣。夫不降席而匡天下者，求之己也。孔子曰："其身正，不令而行，其身不正，雖令不從。"先王之所以拱揖指麾而"四海來賓者"，誠德之至也，色以形于外也。《詩》曰："王猶允塞，徐方既來。"

《韓詩外傳·卷六》

【探析與解說】

此章見於《淮南子·繆稱訓》，部份文字見於《韓詩外傳》。《韓詩外傳》此處解喻《詩經·大雅·常武》"王猶允塞，徐方既來"兩句經義。其引述文字，或爲古時資料，曾輯入"文子外編"。《文子》此章似"文子外編"資料竄入，與《淮南子》同源。以下分兩點來說明：

第一、"勇士一呼"段："意而不載"句，'載'字，〈繆稱訓〉作"戴"，高誘注曰："戴，噠也。"王念孫校《淮南子》云："高說非也。'戴'讀爲'載'。鄭注〈堯典〉曰：'戴，行也。'言上有意而不行於下者，誠不足以動之也。……《文子》〈精誠〉篇正作‘意而不載。’”《文子》此處保存《淮南子》舊文。

又，“不下席而匡天下者”句，〈繆稱訓〉作“舜不降席而王天下”。《韓詩外傳》“不降”前亦無“舜”字，與《文子》同。《文子》書中使用泛稱之詞，而《淮南子》舉以事例者，並不必然爲《文子》改竄，當屬不同文本。

又，“匡”字，〈繆稱訓〉作“王”。王念孫校《淮南子》云：“‘王’當爲‘匡’字之誤也。匡，正也。正己而天下自正，故曰：‘舜不降席而匡天下者，求諸己也。’己不正，則不能正人，故下文曰：‘身曲而景直者，未之聞也。’……《文子》〈精誠〉篇作‘不下席而匡天下’《韓詩外傳》、《新序》〈雜事〉篇並作‘不降席而匡天下’。”

第二、“故說之所不至”段：“精之至者，可以形接，不可以照期”三句，〈繆稱訓〉作“精之至者，可以形勢接，而不可以照誋”。“形接”與“照期”爲對文，“形接”指發而成形以相接，“照期”指以昭告而求相會。“形接”之“形”當回應“發而成形”之“形”，即實質的顯現，〈繆稱訓〉加“勢”字於其後，則“形勢”爲外在的情勢，似與“文子外編”文義不合。“期”與“接”對應，當爲動詞，意指“會合”。“照期”《淮南子》作“照誋”，《廣雅·釋詁三》：“誋，告也。”“告”指以言來告知，與“期”作“合”解，文意可通，二者或因文本不同，而文字略異。

2-18

〔老子曰：〕

言有宗，事有本，失其宗本，技能雖多，不如寡言。

害衆者倱，而使斷其指，以明大巧之不可爲也。

故：匠人智爲，不以能以時閉，不知閉也，故必杜而後開。[1]

---

[1] 朱弁注本作“故匠人智爲閉也，能以時閉，不知閉也，故必杜而後開。”

【相關資料尋索】

　　齊人淳于髡以從說魏王，魏王辯之。約車十乘，將使荆，辭而行。人以爲從未足也，復以衡說，其辭若然。魏王乃止其行而疏其身。失從心志，而又不能成衡之事，是其所以固也。夫言有宗，事有本。失其宗本，技能雖多，不若‘其寡也’。〔故周鼎著倕〕，而使‘齕’其指，〔先王〕以見大巧之不可也。故〔慎子曰：〕“匠人‘知爲門，能以門，所以不知門也’，故必杜然後能‘門’。”

《淮南子·道應訓》p.332／〈道應訓〉辨析，頁 341

　　齊人有淳于髡者，以從說魏王。魏王辯之，約車十乘，將使之荆。辭而行，有以橫說魏王。魏王乃止其行。失從之意，又失橫之事。夫其多能不若寡能，其有辯不若無辯。周鼎著倕而齕其指，先王有以見大巧之不可爲也。《呂氏春秋·離謂》

【探析與解說】

　　此章見於《淮南子·道應訓》。此處〈道應訓〉引用《慎子》之言。《淮南子·要略》解釋〈道應訓〉篇旨曰：“攬掇遂事之蹤，追觀往古之跡，察禍福利害之反，考驗乎老、莊之術，而以合得失之勢者也。”〈道應訓〉全篇五十六段，有五十三段引用《老子》，一段引《莊子》，另二段分別引《管子》與《慎子》。《淮南子》此處引《慎子》，當視此項資料近於老子思想。《文子》此章文意不全，恐爲《淮南子》別本殘文竄入。

　　又，“害眾者倕，而使斷其指”兩句，文意費解，〈道應訓〉作“故周鼎著倕，而使齕其指”。“害眾者倕”四字，似“周鼎著倕”的形誤。《呂氏春秋》即作“周鼎著倕”。

　　又，“故匠人智爲”段，〈道應訓〉取自《慎子》，但其文意與見於《文子》者，均費解。王世榮稱：“《文子》此文，顯然有脫誤處。”[1]孫詒讓《札

---

[1] 〈先秦道家言論集、《老子》古注之一──《文子》述略〉，《文史》第 18 輯，頁 254。

迻》云："此似當云不能以閉,所以不知門也,故必杜,然後能開。言門以關閉爲用。若匠人爲門,但能開而不能閉,則終未知爲門之要也。"對校《文子》與〈道應訓〉字句,此段似可釐訂爲:"匠人智爲〔門〕,不(以)能以時閉,不知〔門〕(閉)也,故必杜而後開。""時",《廣雅·釋言》:"時,伺也。""以時閉",謂隨時而關閉。《小爾雅·廣詁》:"杜,塞也。""杜而能開",意謂:能關能開。整段文意似指:匠人若僅懂得造門,而不能使門可以隨時關閉,就不能稱懂得"造門"。一定要做到門能開能關才可。"匠人爲門"的譬喻,可能爲先秦成說,《慎子》引用,而《慎子》之言《淮南子》重加引述,同時見於《淮南子》別本,但文字均有脫誤。

2-19

〔老子曰:〕

聖人之從事也,所由異路而同歸,存亡定傾若一,志不忘乎欲利人也。

故秦楚燕魏之歌,異'傳'[1]而皆樂,九夷八狄之哭,異聲而皆哀。夫歌者,樂之徵,哭者,哀之效也。愭[2]於中,發於外,故在所以感之矣。

聖人之心,日夜不忘乎欲利人,其澤之所及亦遠矣。

【相關資料尋索】

聖人之從事也,殊體而合于理,其所由異路而同歸,〔其〕存危定傾若一,志不忘於欲利人。何以明之?

昔者,楚欲攻宋,墨子聞而悼之,自魯趨而往,十日十夜,足重繭而不休

---

[1] "傳"字原作"聲",據景宋本改。

[2] "愭"字朱弁注本作"精"。

息，裂衣裳裹足，至於郢，見楚王，曰："臣聞大王舉兵將攻宋，計必得宋而後攻之乎？亡其苦眾勞民，頓兵剉銳，負天下以不義之名，而不得咫尺之地，猶且攻之乎？"王曰："必不得宋，又且為不義，曷為攻之！"墨子曰："臣見大王之必傷義而不得宋。"王曰："公輸、天下之巧士，作雲梯之械設以攻宋，曷為弗取！"墨子曰："令公輸設攻，臣請守之。"於是公輸般設攻宋之械，墨子設守宋之備，九攻而墨子九卻之，弗能入。於是乃偃兵，輟不攻宋。

　　段干木辭祿而處家，魏文侯過其閭而軾之。其僕曰："君何為軾？"文侯曰："段干木在，是以軾。"其僕曰："段干木、布衣之士，君軾其閭，不已甚乎？"文侯曰："段干木不趨勢利，懷君子之道，隱處窮巷，聲施千里，寡人敢勿軾乎！段干木光于德，寡人光于勢；段干木富于義，寡人富于財。勢不若德尊，財不若義高。干木雖以己易寡人不為，吾日悠悠慚于影，子何以輕之哉！"其後秦將起兵伐魏，司馬庾諫曰："段干木、賢者，其君禮之，天下莫不知，諸侯莫不聞。舉兵伐之，無乃妨於義乎！"於是秦乃偃兵，輟不攻魏。

　　夫墨子跌蹄而趨千里，以存楚、宋；段干木闔門不出，以安秦、魏；夫行與止也，其勢相反，而皆可以存國，此所謂異路而同歸者也。

　　今夫救火者，汲水而趨之，或以甕瓴，或以盆盂，其方員銳橢不同，盛水各異，其於滅火，鈞也。故秦、楚、燕、魏之歌〔也〕，異'轉'而皆樂，九夷八狄之哭〔也〕，'殊'聲而皆'悲'〔，一也〕。

　　夫歌者、樂之徵也，哭者、'悲'之效也。'憤'於中〔則〕'應'於外，故在所以感。〔夫〕聖人之心，日夜不忘於欲利人，其澤之所及者，效亦'大'矣。《淮南子·脩務訓》p. 635-638／〈脩務訓〉辨析，591-593

【探析與解說】

　　此章可分為三段，全章文字均接續見於《淮南子·脩務訓》，似原屬"文子外編"資料，〈脩務訓〉舉事例加以闡發。此章文字保留《淮南子》部份舊文。以下分三點來說明：

　　第一、"聖人之從事"段：〈脩務訓〉作"聖人之從事也，殊體而合于理，其所由異路而同歸，其存危定傾若一，志不忘於欲利人。何以明之？"下文即有大段的申論。"何以明之"前文字，或即取自"文子外編"。但〈脩務訓〉彼處對"異路而同歸者"敘說較多，僅一句及於"不忘于欲利人"，文義似不足，恐有闕文。

第二、"故秦楚燕魏之歌"段："異聲而皆哀"句，〈脩務訓〉作"殊聲而皆悲，一也"。"一也"二字，〈精誠〉篇無。〈脩務訓〉此段之前作"今夫救火者，汲水而趨之，或以甕瓴，或以盆盂，其方員銳橢不同，盛水各異，其於滅火，鈞也。""一也"與"鈞也"，前後相互對應，文章敘說體例一致，與〈精誠〉篇此段所保存"文子外編"的簡要論述不同。"夫歌者"數句，似衍論前述"秦楚燕魏之歌"事。

又，"異聲而皆樂"句，"聲"字，景宋本作"傳"，〈繆稱訓〉作"轉"，高誘注曰："轉，音聲也"。"聲"、"轉"二字，恐屬不同記述。

又，"憎"字，〈脩務訓〉作"憤"，高誘注曰："憤，發也。""歌"、"哭"均爲"發於中而應於外"，〈精誠〉篇作"憎"，當爲形近而誤。

又，"故在所以感之矣"句，〈脩務訓〉無"之矣"二字。俞樾校《淮南子》云："'感'下本有'之矣'二字，傳寫脫之，則文義未完。《文子》〈精誠〉正作'故在所以感之矣'。"

第三、"聖人之心"段：此段回應首段"聖人之從事"。"其澤之所及亦遠矣"句，〈脩務訓〉作"其澤之所及者，效亦大矣"。二者文字記述略異。

2-20

〔老子曰：〕

人無爲而治，有爲也即傷。無爲而治者，爲無爲，爲者不能無爲也。不能無爲者，不能有爲也。

人無言而神，有言也即傷。無言而神者，載無言，則傷有神之神者。

【相關資料尋索】

　　人無為則治，有為'則'傷。無為而治者，載無也。'為者，不能有也'，不能無為者，不能有為也。人無言而神，有言者則傷。無言而神者載無，'有言'則傷其神之神者，鼻之所以息，耳之所以聽，終以其無用者為用矣。物莫不因其所有而用其所無，以為不信，視籟與竽。《淮南子·說山訓》p.522-523／〈說山訓〉辨析，頁 461

【探析與解說】

　　此章見於《淮南子，說山訓》，全章論述"無為"與"無言"的作用，當為先秦道家傳承史料，後輯入"文子外編"，或與文子學派的發展有關。《淮南子》將其編入〈說山訓〉，《文子》此處似《淮南子》別本殘文竄入。《文子》與《淮南子》均有脫文，此處文字的原始形式，似作：

> 人無為而治，有為也即傷。無為而治者，載（為）無為。為者不能無為也，不能無為者，不能有為也。

> 人無言而神，有言也即傷。無言而神者，載無言，〔言〕則傷有神之神者。

　　"為無為"句，前一"為"字，與"載"字同義，因下有"載無言"句，此處當作"載"字。〈說山訓〉作"載無也，為者，不能有也"。高誘注："為者，有為也。有謂好憎情欲，不能恬淡靜漠，故曰不能無為也。"王念孫校《淮南子》認為："'不能有也'本作'不能無為也'。下文'不能無為者'，即承此句而申言之。""則傷有神之神者"句前，似涉上文而奪"言"字。〈說山訓〉以"載無"斷句，並將"言"字下讀，而加"有"字於其前。

2-21

　　〔文子曰：〕

名可強立，功可強成。昔南榮趎恥聖道而獨亡於己，南見老子。受教一言，精神曉靈，屯‘閔’[1]條達，‘辛苦’[2]十日不食，如享太牢，是以明照海內，名立後世，智絡[3]天地，察分秋毫，稱譽華語，至今不休。此謂名可強立也。故田者不強，囷倉不滿；官‘御’[4]不‘勵’[5]，誠心不精；將相不強，功烈不成；王侯懈怠，後世無名。

＊

〔至人潛行，譬猶雷霆之藏也，隨時而舉事，因資而立功，進退無難，無所不通。夫至人精誠內形，德流四方，見天下有利也，喜而不忘，天下有害也，怳若有喪。

＊

“夫憂民之憂者，民亦憂其憂，樂民之樂者，民亦樂其樂，故憂以天下，樂以天下，然而不王者，未之有也。”

“聖人之法，始於不可見，終於不可及，處於不傾之地，積於不盡之倉，載於不竭之府。出令如流水之原，使民於不爭之官，開必得之門，不為不可成，不求不可得，不處不可久，不行不可復。”

＊

大人行可說之政，而人莫不順其命，命順則從，小而致大，命逆則以善為害，以成為敗。

夫所謂大丈夫者，內強而外明，內強如天地，外明如日月，天

1　“閔”字原作“閉”，據景宋本改。

2　“欣若”二字原作“辛苦”，據錢熙作校改。

3　“絡”字景宋本作“略”。

4　據景宋本補。

5　“勵”字原作“厲”，據景宋本改。

地無不覆載，日月無不照明。

大人以善示人，不變其故，不易其常，天下聽令，如草從風。

＊

政失於春，歲星盈縮，不居其常；政失於夏，熒惑逆行；政失於秋，太白不當，出入無常；政失於冬，辰星不效其鄉。四時失政，鎮星搖蕩，日月見謫，五星悖亂慧星出。春政不失，禾黍滋，夏政不失，雨降時，秋政不失，民殷昌，冬政不失，國家寧康。〕

【相關資料尋索】

名可‘務’立，功可彊成，故君子積志委正，以趣明師：勵節亢高，以絕世俗。何以明之？昔〔者，〕南榮疇恥聖道‘之’獨亡於己，身淬霜露，敕蹻跌，跋涉山川，冒蒙荊棘，百舍重趼，不敢休息，南見老聃，受教一言，精神曉泠，鈍‘閔’條達，‘欣然’‘七’日不食、如饗太牢，是以明照四海，名‘施’後世，‘達略’天地，察分秋毫，稱譽華語，至今不休。此所謂名可彊立者。

吳與楚戰，莫囂大心撫其御之手曰：“今日距彊敵，犯白刃，蒙矢石，戰而身死，卒勝民治全，我社稷可以庶幾乎！”遂入不返，決腹斷頭，不旋踵運軌而死。申包胥竭筋力以赴嚴敵，伏尸流血，不過一卒之才，不如約身卑辭，求救於諸侯。”於是乃嬴糧跣走，跋涉谷行，上峭山，赴深谿，游川水，犯津關，躐蒙籠，蹠沙石，蹠達膝，曾繭重眠，七日七夜，至於秦庭。鶴跱而不食，，晝吟宵哭，面若死灰，顏色黴黑，涕液交集，以見秦王，曰：“吳爲封豨脩蛇，蠶食上國，虐始於楚。寡君失社稷，越在草茅。百姓離散，夫婦男女不遑啓處。使下臣告急。”秦王乃發車千乘，步卒七萬，屬之子虎，踰塞而東，擊吳濁水之上，果大破之，以存楚國，烈藏廟堂，著於憲法。此功之可彊成者也。

夫七尺之形，心知憂愁勞苦，膚知疾痛寒暑，人情一也。聖人知時之難得，務可趣也，苦身勞形，焦心怖肝，不避煩難，不違危殆。蓋聞子發之戰，進如激矢，合如雷電，解如風雨，員之中規，方之中矩，破敵陷陳，莫能壅禦，澤戰必克，攻城必下。彼非輕身而樂死，務在於前，遺利於後，故名立而不墮。此自強而成功者也。

〔是〕故田者不強，囷倉不‘盈’；官〔御〕不屬，‘心意’不精；將相不強，功烈不成；侯正懈惰，後世無名。《詩》云：“我馬唯騏，六國〔轡〕如絲。載馳載驅，周爰諮諏。”以言人之有所務也。《淮南子·脩務訓》p.648-653／〈修務訓〉辨析，頁 598-601

……南榮趎贏糧，七日七夜至老子之所。老子曰：“子自楚之所來乎？”南榮趎曰：“唯。”老子曰：“子何與人偕來之眾也？”南榮趎懼然顧其後。老子曰：“子不知吾所謂乎？”南榮趎俯而慚，仰而歎曰：“今者吾忘吾答，因失吾問。”老子曰：“何謂也？”南榮趎曰：“不知乎？人謂我朱愚。知乎？反愁我軀。不仁則害人，仁則反愁我身，不義則傷彼，義則反愁我己。我安逃此而可？此三言者，趎之所患也，願因楚而問之。”老子曰：“向吾見若眉睫之間，吾因以得汝矣，今汝又言而信之。若規規然若喪父母，揭竿而求諸海也。女亡人哉，惘惘乎！汝欲反汝情性而無由入，可憐哉！”南榮趎請入就舍，召其所好，去其所惡，十日自愁，復見老子。老子曰：“汝自洒濯，熟哉鬱鬱乎！然而其中津津乎猶有惡也。夫外韄者不可繁而捉，將內揵；內韄者不可繆而捉，將外揵。外內韄者，道德不能持，而況放道而行者乎！”南榮趎曰：“里人有病，里人問之，病者能言其病，然其病，病者猶未病也。若趎之聞大道，譬猶飲藥以加病也，趎願聞衛生之經而已矣。”老子曰：“衛生之經，能抱一乎？能勿失乎？能無卜筮而知吉凶乎？能止乎？能已乎？能舍諸人而求諸己乎？能翛然乎？能侗然乎？能兒子乎？兒子終日嗥而嗌不嗄，和之至也；終日握而手不掜，共其德也；終日視而目不瞚，偏不在外也。行不知所之，居不知所為，與物委蛇，而同其波。是衛生之經已。”南榮趎曰：“然則是至人之德已乎？”曰：“非也。是乃所謂冰解凍釋者，能乎？夫至人者，相與交食乎地而交樂乎天，不以人物利害相攖，不相與為怪，不相與為謀，不相與為事，翛然而往，侗然而來。是謂衛生之經已。”曰：“然則是至乎？”曰：“未也。吾固告汝曰：‘能兒子乎？’兒子動不知所為，行不知所之，身若槁木之枝而心若死灰。若是者，禍亦不至，福亦不來，。禍福無有，惡有人災也！”《莊子·庚桑楚》

昔者南榮趎醜聖道之忘乎已，故步陟山川，坌冒楚棘，彌道千餘，百舍重繭，而不敢久息。既遇老聃，噩若慈父，鴈行避景，竦立弛進，而后敢問。見教一高言，若饑十日而得大牢焉。是達若天地，行生後世。《賈誼·新書》

聖人者、隨時而舉事，因資而立功，潦則具擢對，旱則修土龍。《淮南子·說林訓》p.583／〈說林訓〉辨析，頁

【探析與解說】

此章資料相當雜亂，"名可強立"段見於《淮南子·脩務訓》，其餘均不見於《淮南子》。今本《文子·道原》、〈精誠〉、〈微明〉與〈上仁〉四篇末章均有大段文字不見於《淮南子》，其中部份資料與文子學派的思想相近。此或許為編輯今本《文子》者特意的編排。《文子》此章有《淮南子》別本文字竄入，有《孟子》與《管子》殘文，有屬不見於《淮南子》之"文子外編"資料，或也有原屬古本《文子》之資料。以下分六點來說明：

第一、"名可強立"段："南榮疇南見老聃"事，詳見於《莊子·庚桑楚》。《淮南子》引用《莊子》此事，以證"名可彊立"，並另引述包公胥求救于秦，以存楚國之事，證明"功可強成"。今本《文子》"名可強立，功可強成"與"故田者不強"兩段，文意通貫，《淮南子》似引用"文子外編"資料加以申述。但二書似均為殘文。

"屯閔條達"句，〈脩務訓〉作"鈍聞條達"。高誘注曰："鈍聞，猶鈍惽也。"王念孫校《淮南子》云："《文子》〈精誠〉篇作'屯閔條達'。植案：'閔'與'惽'聲相近，故高注云：'鈍聞，猶鈍惽。'《方言》曰：'頓閔，惽也。江、湘之間謂之頓閔。'"顯見〈精誠〉篇此處與今通行《淮南子》本資料來源不同。

又，"勤苦十日不食，如享太牢"兩句，〈脩務訓〉作"欣然七日不食，如享太牢"。高誘注曰："丈夫七日不食則斃，故以七日為極也。"王引之校《淮南子》云："'七日不食'上當有'若'字。如讀為而。言聞老聃之言，若七日不食而饗太牢也。《賈子》云：'南榮趎既遇老聃，見教一言，若饑十

114

日而得大牢焉。’是其證。《文子》〈精誠〉篇襲用此文，而改之曰：‘勤苦〔十〕（原作“七”，誤。）日不食，如享太牢。’失其指矣。”植案：“南榮趎南見老聃”事，最早見於《莊子・庚桑楚》，但〈脩務訓〉與《賈誼・新書》文字較近。〈庚桑楚〉此處作““召其所好，去其所惡，十日自愁，復見老子。”

“辛苦”二字，〈脩務訓〉作“欣然”，何寧校《淮南子》云：“‘然’字即‘若’字之誤也。二字草書相似。《文子》〈精誠〉篇作‘勤苦七日不食’。錢熙作云：“勤苦句誤，與下意亦不相屬。錢說是。‘苦’字當即‘若’字之誤。後人以‘欣苦’不詞，又改‘欣’爲‘勤’耳。景宋本《淮南子》正作‘欣若七日不食’。”

又，“稱譽華語”句，〈脩務訓〉作“稱譽葉語”。高誘注曰：“葉，世也。言榮疇見稱譽，世傳相語，至今不休。”王念孫校《淮南子》云：“‘葉’當爲‘蕐’，俗書‘蕐’字作‘華’，與‘葉’相似而誤。蕐，榮也。‘稱譽蕐語，至今不休’，言榮名常在人口也。高所見本已誤作‘葉’，故訓‘葉’爲世。《文子》正作‘蕐語’。”

第二、“至人潛行”段：此段屬“文子外編”重要資料，“精誠”觀念直接影響《淮南子》思想。“隨時而舉事，因資而立功”兩句輯入《淮南子・說林訓》。

第三、“夫憂民之憂者”段：此段爲《孟子・梁惠王下》資料竄入《文子》。《孟子》曰：“樂民之樂者，民亦樂其樂；憂民之憂者，民亦憂其憂。樂以天下，憂以天下，然而不王者，未之有也。”二者句序略異。

第四、“聖人之法”段：此段當爲《管子・牧民》資料竄入《文子》。《管子》曰：“錯國於不傾之地，積於不涸之倉，藏於不竭之府，下令於流水之原，使民於不爭之官，明必死之路，開必得之門。不爲不可成，不求不可得，不處不可久，不行不可復。”二者文字略異。

第五“大人行可說之政”段：與文子學派思想相近，其中“大丈夫”的觀念又與文子學派思想有關，當屬“文子外編”資料。

　　第六、"政失于春"段：似先秦他書資料，與傳世"月令"的資料有關，如：《管子·幼官》、〈幼官〉圖，《呂氏春秋·十二紀》、《禮記·月令》、《淮南子·時則》等。此段似保存於"文子外編"中，或亦輯入古本《文子》。

三 〈九守〉篇探析

　　本篇稱作"九守"，以"老子曰"形式來區分，共有十四章，前兩章並無子目，自第三章起，分別列出"守虛"、"守無"、"守平"、"守易"、"守清"、"守真"、"守靜"、"守法"、"守弱"（包含三章）與"守樸"等十項。因此，雖以"九守"名篇，但實際上卻有"十"守。顧觀光云：

> 《雲笈七籤》卷九十一，全引此篇，分為九節。"天地未形"以下為〈守和〉節，"人受天地變化而生"以下為〈守神〉節，"夫血氣者，人之華也"以下為〈守氣〉節，"輕天下即神無累"以下為〈守仁〉節，"尊勢厚利"以下為〈守節〉節，"古之為道者"以下為〈守易〉節，"人受氣於天者"以下為〈守清〉節，"天地公侯"以下為〈守盈〉節，"聖人與陰陽俱閉"以下為〈守弱〉節。

　　《雲笈七籤》中各節的標題，與今本《文子》不同。據此來看，《文子》傳寫過程中，此篇資料的安排可能有不同文本。對於篇名的意含，徐靈府注曰："此篇有九目，故曰九守。"但今徐注本卻有十目。杜道堅注曰："一者，形之始，九乃數之成。九，究也。聖人究於九而守乎一，道在我矣。"因此，今本《文子》以"九守"為篇名，似乎並不是針對資料條目的數目，而是用"九守"的觀念，來編輯相關內容的資料。

　　本篇文字幾乎全見於《淮南子》，尤其〈精神訓〉，有七章之多，佔本篇半數，見於〈俶真訓〉者，也有三章之多。"九守"觀念，未見先秦典籍，但"守"的問題，卻是《老子》的重要哲學觀念，如"守中"（第五章）、"守靜"（第十六章）、"守柔"、"守其母"（第五十二章）等。《文子·道原》第三章以"虛無、平易、清靜、柔弱、純粹素樸"五者，作為"道之形象"。"九守"所言各項之"守"，其中"守法"，旨在"法天"，與《老子》思想"法天道"相合，其他各項都關係著"道之形象"的觀念。因此，"九守"觀念的形成，與道家或道教思想傳承有關。

檢視全篇文字內容，編輯的資料並不全然符合其篇名與子目的標題。今本此篇文字，其舊有形式恐非以"九守"爲名，其文體形式亦非今本的排列。此篇與《淮南子·精神訓》相近文字可能原屬同源，保留先秦養生問題的重要史料，或許影響〈精神訓〉的撰寫。其他未見於《淮南子》的第十、第十一兩章，與第十三、四章的部份文句，極可能原先即保留在"文子外編"或《文子》古本中。

此篇第一章至第六章，與第十四章見於《淮南子》〈精神訓〉；第七章至第九章，見於〈俶真訓〉；第十章，見於〈繆稱訓〉；第十一章，不見於《淮南子》；第十二章，見於〈道應訓〉；第十三章，見於〈原道訓〉。

3-1

〔老子曰：〕

天地未形，窈窈冥冥，〔渾而為一，寂然清澄，重濁為地，精微為天，離而為四時，〕分而為陰陽，精氣為人，粗氣為蟲，剛柔相成，萬物乃生。精神本乎天，骨骸根於地，精神入其門，骨骸反其根，我尚何存？故聖人法天順地，不拘於俗，不誘於人。以天為父，以地為母，陰陽為綱，四時為紀。天靜以清，地定以寧，萬物逆之者死，順之者生。故靜漠者神明之宅，虛無者道之所居。

夫精神者所受於天也，骨骸者所稟於地也。'故曰'[1]"〔道生一，〕一生二，二生三，三生萬物。萬物負陰而抱陽，沖氣以為和。"

---

[1] 據朱弁本補。

【相關資料尋索】

古未有天地之時，惟像‘無’形，窈窈冥冥，芒芠漠閔，澒濛鴻洞，莫知其門。有二神混生，經天營地，孔乎莫知其所終極，滔乎莫知其所止息，於是乃‘別’為陰陽，離為八極，剛柔相成，萬物乃‘形’，｛煩氣為蟲，精氣為人｝。

是故精神，‘天之有也’；而骨骸者，‘地之有也’。精神入其門，而骨骸反其根，我尚何存？〔是〕故聖人法天順‘情’，不拘於俗，不誘於人，以天為父，以地為母，陰陽為綱，四時為紀。天靜以清，地定以寧，萬物‘失’之者死，‘法’之者生。

‘夫’靜漠者，神明之宅〔也〕；虛無者，道之所居〔也〕。是故或求之於外者，失之於內；有守之於內者，失之於外。譬猶本與末也，從本引之，千枝萬葉莫不隨也。

＊

夫精神者，所受於天也；而‘形體者’，所稟於地也。〔故曰：〕“一生二，二生三，三生萬物。萬物背陰而抱陽，沖氣以為和。”《淮南子・精神訓》p. 218-219 ／〈精神訓〉辨析，頁 97-98

曰遂古之初，誰傳道之？上下未形，何由考之？冥昭瞢闇，誰能極之？馮翼惟像，何以識之？《楚辭・天問》

精神者，天之分。骨骸者，地之分。屬天清而散，屬地濁而聚。精神離形各歸其真，故謂之鬼。鬼，歸也。歸其真宅。黃帝曰：“精神入其門，骨骸反其根，我尚何存？”《列子・天瑞》

且吾聞之，精神者天之有也，形骸者地之有也。精神離形，各歸其真，故謂之鬼。《漢書・楊王孫傳》

【探析與解說】

〈九守〉篇，第一章至第六章文字，接續見於《淮南子・精神訓》，第十四章也見於〈精神訓〉另處。〈九守〉篇這七章文字，似與〈精神訓〉同源，原屬"文子外編"，後竄入《文子》中。以下分兩點來說明：

第一、"天地未形"段：此段說明萬物自始源處發生的過程，與交互相應的運作。"始源"是《老子》所提出的重要問題，也是古典哲學建構的根基，道家傳承後續的發展中，出現不同的發揮與闡釋。如《黃帝四經·十大經·觀》即曰：

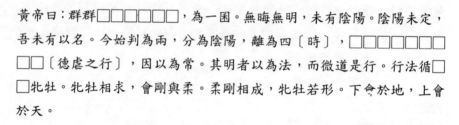

> 黃帝曰：群群□□□□□□，為一困。無晦無明，未有陰陽。陰陽未定，吾未有以名。今始判為兩，分為陰陽，離為四〔時〕，□□□□□□□□□〔德虐之行〕，因以為常。其明者以為法，而微道是行。行法循□□牝牡。牝牡相求，會剛與柔。柔剛相成，牝牡若形。下會於地，上會於天。

上引文字，與《文子》此處相類。"渾而為一"句，近於"為一困"，"離為四時"與"離而為四時"同。這兩句均不見於《淮南子》。其他文字，《文子》也與《淮南子》闡述方式不同。《淮南子》標顯"象"在天地之先的看法，並以"二神"神話性語詞來映射"陰陽"哲學思辨的觀念，即是後續的一種發揮。"渾而為一，寂然清澄，重濁為地，精微為天，離而為四時"五句，〈精神訓〉作"芒芠漠閔，澒濛鴻洞，莫知其門。有二神混生，經天營地，孔乎莫知其所終極，滔乎莫知其所止息。"二者文字的敘說不同。

此段所稱"精微為天"、"精氣為人"、"精神本乎天"，將"氣"與"神"與"精"相連，也是古典哲學一種重要的思想發展。"精神"觀念，可能形成於戰國中、晚期。今存先秦文獻，出現"精神"一語者有《莊子》、《荀子》、《韓非子》、《呂氏春秋》與《列子》，均與道家傳承有關連，而在儒家典籍中，僅見於《禮記·聘義》一次[1]。雖然作為哲學觀念的"精"、"神"二字，均出現於《老子》書中，但"精氣"、"精神"、"精誠"等觀念，應屬"精"與"神"問題的後續推衍，與戰國早期文子的思想恐不相合，應屬"文子外編"資料，《淮南子》加以引用申述。

---

[1] 《禮記·聘義》曰："精神見於山川，地也。"

又，"聖人法天順地"句，"地"字，〈精神訓〉作"情"，此段文字均以"天"、"地"並舉，"情"字當作"地"。

第二、"夫精神者"段："夫精神者所受於天也，骨骸者所稟於地也"兩句，與上段"精神本乎天，骨骸根於地"文意重複，且與所引"道生一，一生二，二生三，三生萬物。萬物負陰而抱陽，沖氣以爲和"（《老子》第四十二章）經文，並無內在的關連。高誘注〈精神訓〉此段曰："一謂道也，二曰神明也，三曰和氣也。或說：一者，元氣也。生二者，乾坤也。二生三，三生萬物。天地設位，陰陽通流，萬物乃生。"高誘注解並未涉及此段經文與前段文意的關係。《文子》若刪除"道生一"等句，則此章與下章文句相連，文意通貫。整當似作"夫精神者所受於天也，骨骸者所稟於地也。人受天地變化而生，一月而膏，二月……"，〈精神訓〉此處作"故曰：一生二，二生三……。故曰：一月而膏，二月……"。〈精神訓〉使用兩次"故曰"，均表現爲引述形式。此處《老子》經文，恐爲舊注竄入"文子外編"，《淮南子》引用時，加上"故曰"，而省略"道生一"三字。

3-2

〔老子曰：

人受天地變化而生，〕一月而膏，二月'而'¹脈，三月而胚，四月而胎，五月而筋，六月而骨，七月而成形，八月而動，九月而躁，十月而生。形骸已成，五臟乃分，肝主目，腎主耳，脾主舌，肺主鼻，膽主口，外爲表，中爲裡。頭圓法天，足方象地。天有四時、五行、九曜²、三百六十日，人有四肢、五臟、九竅、三百六十節。天有風雨寒暑，人有取與喜怒。膽爲雲，肺爲氣，脾爲風，腎爲雨，肝爲雷，人與天地相類，而心爲之主。

---

¹ 原作"血"，據朱弁注本改。《文子纘義》道藏本作"而血"。
² "曜"字朱弁注本作"解"。

　　耳目者，日月也；血氣者，風雨也。日月失行，薄蝕無光；風雨非時，毀折生災、五星失行，州國受其殃。天地之道，至閎以大，尚猶節其章光，'愛'[1]其神明，人之耳目何能久燻而不息？精神何能馳騁而不乏？〔是故聖人守內而不失外。〕

　　夫血氣者，人之華也，五臟者，人之精也。血氣專乎內而不外越，則胸腹充而嗜欲寡。嗜欲寡則耳目清而聽視聰達，聽視聰達謂之明。五臟能屬於心而無離，則氣意勝而行不僻，精神盛而氣不散。以聽無不聞，以視無不見，以為無不成，患禍無由入，邪氣不能襲。故所求多者所得少，所見大者所知小。

　　夫孔竅者，精神之戶牖，血氣者，五臟之使候。故耳目淫於聲色，即五臟動搖而不定，血氣滔蕩而不休，精神馳騁而不守，禍福之至，雖如丘山，無由識之矣。〔故聖人愛而不越。聖人誠〕使耳目精明玄達，無所誘慕，意氣無失清靜而少嗜欲，五臟便寧，精神內守形'骸'[2]而不越，即觀乎往世之外，來事之內，禍福之間'何'[3]足見也。故"其出彌遠者，其知彌少。"以言精神不可使外淫也。故"五色亂目，使目不明，五音'亂'[4]耳，使耳不聰，五味亂口，使口生創，趨舍滑心，使行飛揚"。故嗜欲使人氣淫，好憎使人精勞，不疾去之，則志氣日耗。

　　夫人所以不能終其天年者，以其生生之厚，夫唯無以生為者，即所以得長生。

　　天地運而相通，萬物總而為一。能知一，即無一之不知也，不

1　"愛"字原作"授"，據景宋本、朱弁注本改。

2　"骸"字原作"體"，據景宋本、朱弁注本、《子彙》本改。

3　"何"字原作"可"，據景宋本、朱弁注本改。

4　"亂"字原作"入"，據《子彙》本改。

能知一,即無一之能知也。吾處天下亦為一物,而物亦物也,物之與物,何以相物。欲生不可事也,憎死不可辭也,賤之不可憎也,貴之不可喜也,因其資而寧之,弗敢極也〔,弗敢極即至樂極矣〕。

【相關資料尋索】

故曰:一月而膏,二月而‘膚’,三月而‘胎’,四月而‘肌’,五月而筋,六月而骨,七月而‘成’,八月而動,九月而躁,十月而生。‘形體以’成,五藏乃‘形’。

〔是故〕{肺主目,腎主鼻,膽主口,肝主耳}。外為表而內為裡,開閉張歙,各有經紀。

故頭〔之〕圓〔也〕象天,足〔之〕方〔也〕象地。天有四時、五行、九‘解’、三百六十〔六〕日,人亦有四肢、五藏、九竅、三百六十〔六〕節。天有風雨寒暑,人〔亦〕有取與喜怒。

故膽為雲,{肺為氣,‘肝’為風,腎為雨,‘脾’為雷},‘以與天地相參也’,而心為之主。

〔是故〕耳目者、日月也,血氣者、風雨也。日中有踆鳥,而月中有蟾蜍。日月失〔其〕行,薄蝕無光;風雨非〔其〕時,毀折生災;五星失〔其〕行,州國受殃。

*

夫天地之道,至‘紘’以大,尚猶節其章光,愛其神明,人之耳目‘曷’能久‘熏’勞而不息〔乎〕?精神何能〔久〕馳騁而不‘既’〔乎〕?

〔是故〕:血氣者,人之華也;〔而〕五藏者,人之精也。〔夫〕血氣〔能〕專于‘五藏’。而不外越,則胸腹充而嗜慾‘省’〔矣〕。〔胸腹充而〕嗜慾省,則耳目清、聽視達矣。‘耳目清、聽視達’,謂之明。五藏能屬於心而無‘乖’,則‘敎志’勝而行不僻〔矣〕。敎志勝而行不僻,〔則〕精神盛而氣不散〔矣〕’。精神盛而氣不散則理,理則均,均則通,通則神,神則{以視無不見,以聽無不聞〔也〕},以為無不成〔也〕。〔是故〕憂患‘不能’入〔也〕,〔而〕邪氣不能襲〔也〕。故:事有求之於四海之外而不能遇,或守之於形骸

123

之內而不見也。故：所求多者所得少，所見大者所知小。

*

夫孔竅者，精神之戶牖〔也〕；〔而〕「氣志」者，五藏之使候〔也〕。耳目淫於聲色〔之樂〕，則五藏搖動而不定〔矣〕。五藏搖動而不定，則血氣滔蕩而不休矣。血氣滔蕩而不休，則精神馳騁於外而不守矣。精神馳騁於外而不守，〔則〕禍福之至，雖如丘山，無由識之矣。使耳目精明玄達〔而〕無誘慕，「氣志虛靜恬愉」而〔省〕嗜慾，五藏「定」寧充盈而不泄，精神內守形骸而不〔外〕越，「則望於」往世之「前」，〔而視於〕來事之「後」，猶未足為也，豈直禍福之間哉！故曰：「其出彌遠者，其知彌少。」以言夫精神之不可使外淫也。

〔是〕故：五色亂目，使目不明；五聲「譁」耳，使耳不聰；五味亂口，使口「爽傷」；趣舍滑心，使行飛揚。此四者，天下之所養性也，然皆人累也。

故〔曰〕：嗜慾〔者〕使人〔之〕氣「越」，〔而〕好憎〔者〕使人〔之〕「心」勞，「弗」疾去，則志氣日耗。夫人〔之所以〕不能終其「壽命」而中道夭於刑戮者，何也？以其生生之厚。夫「惟」〔能〕無以生為者，「則」所以「脩得生」也。

*

〔夫〕天地運而相通，萬物總而為一。能知一，「則」無一之不知也；不能知一，「則」無一之能知〔也〕。〔譬〕吾處〔於〕天下〔也〕，亦為一物〔矣〕。不識天下之以我備其物與？且惟無我而物無不備者乎？然則我亦物也，物亦物也。物之與物也，又何以相物也？

雖然，其生我也，將以何益？其殺我也，將以何損？夫造化者既以我為坯矣，將無所違之矣。吾安知夫刺灸而欲生者之非惑也？又安知夫絞經而求死者之非福也？或者生乃徭役也，而死乃休息也？天下茫茫，孰知之哉？其生我也，不彊求已，其殺我也，不彊求止。欲生「而不事」，憎死「而不辭」，賤之「而弗憎」，貴之「而弗喜」，「隨」其〔天〕資而「安」之「不極」。吾生也有七尺之形，吾死也有一棺之土。吾生之比於有形之類，猶吾死之淪於無形之中也。然則吾生也物不以益眾，吾死也土不以加厚，吾又安知所喜憎利害其間者乎！《淮南子·精神訓》p.219-225／〈精神訓〉辨析，頁99-105

　　是故人之身，首姿而員，象天容也；髮、象星辰也；耳目戻戻，象日月也；鼻口呼吸，象風氣也；胸中達知，象神明也；腹胞實虛，象百物也。百物者最近地，故要以下，地也。天地之象，以要爲帶。頸以上者，精神尊嚴，明天類之狀也；二頸而下昔，豐厚卑辱，土壤之比也。足布而方，地形之象也。是故禮，帶置紳必直其頸，以別心也。帶而上者盡爲陽，帶而下者盡爲陰，各其分。陽、天氣也，陰、地氣也。故陰陽之動，使人足病，喉痺起，則地氣上爲雲雨，而象亦應之也。天地之符，陰陽之副，常設於身，身猶天也，數與之相參，故命與之相連也。天以終歲之數，成人之身，故小節三百六十六，副日數也；大節十二分，副月數也；內有五藏，副五行數也；外有四肢，副四時數也；乍視乍瞑，副晝夜也；乍剛乍柔，副冬夏也；乍哀乍樂，副陰陽也；心有計慮，副度數也；行有倫理，副天地也。《春秋繁露・人符天數》

　　且夫失性有五：一曰五色亂目，使目不明；二曰五聲亂耳，使耳不聰；三曰五臭薰鼻，困惾中顙；四曰五味濁口，使口厲爽；五曰趣舍滑心，使性飛揚。此五者，皆生之害也。《莊子・天地》

　　五色令人目盲，五音令人耳聾，五味令人口爽，馳騁畋獵令人心發狂，難得之貨令人行妨。《老子・第十二章》

　　《老子》曰：“五聲亂耳，使耳不聰；五色亂目，使耳不明；五味實口，使口爽傷。”《呂氏春秋・本生》高誘注

【探析與解說】

　　此章接續見於《淮南子・精神訓》，〈精神訓〉使用三次“故曰”，五次“是故”，除引述《老子》第四十七章文句外，當仍有其他前人資料。〈九守〉篇此章，似保留“文子外編”資料較爲完整的樣式，《淮南子》曾引用並申論。《呂氏春秋・本生》高誘注云：“《老子》曰：‘五聲亂耳，使耳不聰，五色亂目，使耳不明，五味實口，使口爽傷。”高誘所引經文，並不見於今本《老

子》，而近於此章第二段部份文字。[1]高誘注《淮南子》與《呂氏春秋》時曾見"文子外編"資料或《文子》漢時文本，其中已有用"老子曰"形式來分章的體例。下分六點來說明：

第一、"人受天地變化而生"段："人受天地變化而生"句，不見於《淮南子》。此句上承前章"夫精神者所受於天也，骨骸者所稟於地也"，文氣通貫。〈精神訓〉僅以"故曰"聯繫下文。〈九守〉篇與〈精神訓〉對人出生前孕育的過程，五官與五臟對應的關係，敘說略異。由懷胎一月至十月的成形過程，二者的說明為：

"膏" → "血脈" → "胚" → "胎" → "筋" → "骨"

↓

"而生" ← "而躁" ← "而動" ← "成形"　　　　　《文子》

"膏" → 　"膚" → "胎" → "肌" → "筋" → "骨"

↓

"而生" ← "而躁" ← "而動" ← "成形"　　　　　《淮南子》

《爾雅‧識親》曰："一月而膏，二月而脂，三月而胎，四月而胞"，也與二者或同或異。

又，"形骸已成，五臟乃分"兩句，〈精神訓〉作："形體以成，五臟乃形"。五官與五臟的對應關係，二者的說明也不相同：

肝—目　／　腎—耳　／　脾—舌　／　肺—鼻　／　膽—口　　　《文子》

肝—耳　／　腎—鼻　　　　　　　肺—目　／　膽—口　　　《淮南子》

王念孫校《淮南子》云："此言五臟之主五官，不當獨缺'脾'與'舌'，下文'膽為雲，肺為氣，肝為風，腎為雨，脾為雷'，即承此文言之，則此當有'脾主舌'一句。"

"膽為雲"等五句，〈九守〉篇與〈精神訓〉說明也有不同。〈精神訓〉

_____

[1] 此說引自何智華先生〈出土《文子》新證〉，香港浸信大學人文中國學報第五期，1998 年。

“肝爲風”、“脾爲雷”兩句，〈九守〉篇作“脾爲風”、“肝爲雷”，且句序有異。

又，此段“三百六十日”與“三百六十節”兩句，〈精神訓〉作“三百三十六日”、“三百三十六節”，《韓非子・解老》曰“人肢身三百六十節四肢九竅，其大具也”，王念孫校《淮南子》云認爲《淮南子》此處“不知舉大數言之”。但，《春秋繁露・人符天數》正作“小節三百六十六，副日數也”。《文子》與《淮南子》可能所據文本不同。

第二、“耳目者”段：此段末句“是故聖人內守而不失外”，不見於《淮南子》。《文子》此句回答前文“人之耳目何能久燻而不息？精神何能馳騁而不乏？”《淮南子》則下接“是故，血氣者…，五臟者…”的解釋，不同於《文子》的句法。

“人之耳目何能久燻而不息”句，“燻”字，〈精神訓〉作“熏勞”。孫詒讓校《淮南子》云：“‘熏勞’無義，‘熏’當作‘勤’。‘勤’挩其半爲‘堇’，又訛作‘熏’，遂不可通。《文子》〈九守〉篇此文作‘何能久燻而不息’，亦非。《御覽》三百六十三引《文子》作：‘人之耳目何能久勤而不愛’，文亦有訛，而‘勤’字可正《文子》與《淮南》此文之誤。”

第三、“夫血氣者”段：“氣意勝而行不僻”句，〈精神訓〉作“敦志勝而行不僻”。高誘注曰：“敦志勝，言己之敦志去也。僻，邪也。‘勝’或作‘遯’。”馬鬃霍校《淮南子》云：“言五臟能隸屬於心而不乖戾，則悖亂之志自可克去，而無邪僻之行矣。”許匡一云：“敦志，旺盛的氣。勝，佔優勢。‘敦志勝’語‘胸腹充’、‘精神盛’相對，都是從肯定方面說。”[1]下段曰：“夫孔竅者，精神之戶牖，血氣者，五臟之使候”，“精神”與“血氣”相對，〈精神訓〉“血氣”二字作“氣志”。因此，此處“氣意勝而行不僻，精神盛而氣不散”，“氣意”應與“血氣”同，而〈精神訓〉“敦志”應與“氣志”同。高誘所見《淮南子》應與《文子》此處文字不同。

第四、“夫孔竅者”段：〈九守〉篇與〈精神訓〉文意不盡相同。二者比

---

[1] 徐匡一，《淮南子全譯》上卷，頁 371-372。

較如下：

> 夫孔竅者，精神之戶牖，血氣者，五臟之使候。故耳目淫於聲色，即五
> 臟動搖而不定，血氣滔蕩而不休，精神馳騁而不守，禍福之至，雖如丘
> 山，無由識之矣。故聖人愛而不越。聖人誠使耳目精明玄達，無所誘慕，
> 意氣無失清靜而少嗜欲，五臟便寧，精神內守形體而不越，即觀乎往世
> 之外，來事之內，禍福之間可足見也。《文子·九守》

> 夫孔竅者，精神之戶牖也；而氣志者，五藏之使候也。耳目淫於聲色之
> 樂，則五藏搖動而不定矣。五藏搖動而不定，則血氣滔蕩而不休矣。血
> 氣滔蕩而不休，則精神馳騁於外而不守矣。精神馳騁於外而不守，則禍
> 福之至，雖如丘山，無由識之矣。使耳目精明玄達而無誘慕，氣志虛靜
> 恬愉而省嗜慾，五藏定寧充盈而不泄，精神內守形骸而不外越，則望於
> 往世之前，而視於來事之後，猶未足為也，豈直禍福之間哉！《淮南子·精
> 神訓》

王念孫校《淮南子》云：“氣可言五臟之使侯，志不可言五臟之使侯。‘氣
志’當作‘血氣’，此涉下文氣志而誤。”又，“耳目淫於聲色”等句，〈淮
南子〉使用疊句以層層解析，與〈九守〉篇句法不同。“故聖人愛而不越”句，
不見於《淮南子》，但文意費解。徐靈府注曰：“雖通嗜欲，務在節宣，不祈
分外。”朱弁注曰：“愛守形神，不樂聲色。”此種說法，相當牽強。〈九守〉
篇第三章有“故心者，形之主也；而神者，心之寶也。形勞而不休即蹶，精用
而不已則竭，是以聖人遵之不敢越也。”此句或為第三章“聖人遵之而不敢越
也”錯簡重出。

又，“聖人誠……禍福之間可足見也”數句，意涵與見於《淮南子》者不
同。《文子·道德》篇曰：“故聖人常聞禍福所生而擇其道，智者常見禍福成
形而擇其行”。此處文字合於《文子》對“禍福”問題的看法，《淮南子》引
用近似的文字以表達不同的思想。

又，“使行飛揚”句，〈精神訓〉同，王叔岷云：“案：《莊子·天地》
篇、《雲笈七籤》引《文子》‘行’並作‘性’。”

第五、"夫人所以不能終其天年者"段："得長生"句，〈精神訓〉作"脩得生"。高誘注："無以生為者，輕利害之鄉，除情性之欲，則長得生矣。"俞樾校《淮南子》云："'脩得生'本作'得脩生'。得脩身者，得長生也。淮南以父諱長，故變'長'為'脩'耳。《文子》〈九守〉篇正作'得長生'，是其證。今作'脩得生'，則文不成義。"顯見高誘所《淮南子》文本，與"文子外編"資料有異，《淮南子》當引述後者資料。

第六、"天地運而相通"段：〈精神訓〉此處與〈九守〉文字互見的段落，全文文意，發揮《莊子·內篇》的思想，文體也近似〈人間世〉與〈大宗師〉兩篇，其中使用"吾"的第一人稱敘說，極為特殊，不屬古本《文子》，當為"文子外編"保存與莊學傳稱有關資料，今本此處似《淮南子》別本殘文竄入。〈九守〉篇與〈精神訓〉文字敘說方式不相同。"欲生不可事"句後，二者的比較如下：

> 欲生不可事也，憎死不可辭也，賤之不可憎也，貴之不可喜也，因其資而寧之，弗敢極也，弗敢極即至樂極矣。〈九守〉篇

> 欲生而不事，憎死而不辭，賤之而弗憎，貴之而弗喜，隨其天資而安之不極。〈精神訓〉

〈精神訓〉說明在造化的御使下，對於人世處境的一種莫可奈何的心態，"不極"，高誘注曰："喻道人不急求生也。"〈九守〉篇卻表現出積極性的處置，以"弗敢極"的審慎態度，達到"至樂"。二者資料來源文本記述有異。

3-3
守虛

〔老子曰：

所謂〕聖人者，因時而安其位，當世而樂其業。

夫哀樂者，德之邪；好憎者，心之累；喜怒者，道之過。故其

生也天行，其死也物化，靜即與陰合德，動即與陽同波。

　　故心者，形之主也；神者，心之寶也；形勞而不休即蹶，精用而不已則竭，是以聖人遵之不敢越也，以無應有，必究其理；以虛受實，必窮其節；恬愉虛靜，以終其命；無所疏，無所親；抱德煬和，以順於天；與道為際，與德為鄰；不為福始，不為禍先，死生無變於己；故曰至神。〔神則以求無不得也，以為無不成也。〕

【相關資料尋索】

　　夫造化者之攫援物也，譬猶陶人之埏埴也；其取之地而已為盆盎也，與其未離於地也無以異；其已成器而破碎漫瀾而復歸其故也，與其為盆盎亦無以異矣。夫臨江之鄉，居人汲水以浸其園，江水弗憎也；苦洿之家，決洿而注之江，洿水弗樂也。是故其在江也，無以異其浸園也；其在洿也，亦無以異其在江也。是故聖人因時以安其位，當世而樂其業。

　　夫‘悲’樂者，德之邪〔也〕；〔〔而〕喜怒者，道之過〔也〕；好憎者，心之‘暴’〔也〕〕。

　　故〔曰：〕“其生也天行，其死也物化，靜則與陰‘俱閉’，動則與陽‘俱開’。”精神澹然無極，不與物散，而天下自服。

　　故心者，形之主也；而神者，心之寶也。形勞而不休則蹶，精用而不已則竭，是故聖人〔貴而〕尊之，不敢越也。夫有夏氏之璜者，匣匱而藏之，寶之至也。夫精神之可寶也，非直夏后氏之璜也。

　　是故聖人以無應有，必究其理，以虛受實，必窮其節，恬愉虛靜，以終其命。

　　〔是故〕無所〔甚〕疏，〔而〕無所〔甚〕親，抱德煬和，以順於天，與道為際，與德為鄰，不為福始，不為禍先。魂魄處其宅，而精神守其根，死生無變於己，故曰至神。《淮南子・精神訓》p.225-227／〈精神訓〉辨析，頁106-107

　　夫明白於天地之德者，此之謂大本大宗，與天和者也；所以均調天下，與人和者也。與人和者，謂之人樂；與天和者，謂之天樂。莊子曰：“吾師乎！

吾師乎！鏊萬物而不爲戾，澤及萬世而不爲仁，長於上古而不爲壽，覆載天地刻雕眾形而不爲巧，此之爲天樂。故曰：知天樂者，其生也天行，其死也物化。靜而與陰同德，動而與陽同波。故：知天樂者，無天恐，無人非，無物累，無鬼責。故曰：其動也天，其靜也地，一心定而王天下；其鬼不崇，其魂不疲，一心定而萬物服。言以虛靜推於天地，通於萬物，此之謂天樂。天樂者，聖人之心，以畜天下也。《莊子・天道》

若夫不刻意而高，無仁義而修，無功名而治，無江海而閒，不道引而壽，無不忘也，無不有也，澹然無極而眾美從之。此天地之道，聖人之德也。……故曰：聖人之生也天行，其死也物化；靜而與陰同德，動而與陽同波；不爲福先，不爲禍始；感而後應，迫而後動，不得已而後起。去知與故，循天之理。”故無天災，無物累，無人非，無鬼責。其生若浮，其死若休。不思慮，不豫謀。光矣而不燿，信矣而不期。其寢不夢，其覺無憂。其神純粹，其魂不罷。虛無恬惔，乃合天德。故曰：悲樂者，德之邪；喜怒者，道之過；好惡者，德之失。故心不憂樂，德之至也。

《莊子・刻意》

是以神人惡眾至，眾至則不比，不比則不利也。故：無所甚親，無所甚疏，抱德煬和以順天下，此謂真人。於蟻棄知，於魚得計，於羊棄意。《莊子・徐無鬼》

【探析與解說】

此章資料相當雜亂，全章文字幾乎均見於《淮南子・精神訓》，而部份出現於《莊子》。文中談論“形”、“心”與“神”諸關係，強調“以無應有”、“以虛受實”、“恬愉虛靜”等心靈操持，應屬“文子外編”中南方道家傳承資料，《文子》此章僅存殘文。以下分三點來說明：

第一、“所謂聖人者”段：聖人“因時”、“當世”而處其位業。“當”，有“符應”之義。“因循”與“順應”是道家後學的重要思想。《淮南子》似以“是故”引述“文子外編”資料，以作爲前文“夫造化者之攪援物”段結論。

第二、“夫哀樂者”段：除見於〈精神訓〉外，同時也出現於《莊子・天道》與〈刻意〉兩篇。三者對應文句的比較如下：

> 夫哀樂者，德之邪，好憎者，心之累，喜怒者，道之過。故其生也天行，
> 其死也物化，靜即與陰合德，動即與陽同波。《文子·九守》

> 夫悲樂者，德之邪也；而喜怒者，道之過也；好憎者，心之暴也。故曰：
> 其生也天行，其死也物化，靜則與陰俱閉，動則與陽俱開。《淮南子·精神
> 訓》

> 故曰：知天樂者，其生也天行，其死也物化。靜而與陰同德，動而與陽
> 同波。《莊子·天道》

> 故曰：聖人之生也天行，其死也物化；靜而與陰同德，動而與陽同波；
> 不為福先，不為禍始；……悲樂者，德之邪；喜怒者，道之過；好惡者，
> 德之失。故心不憂樂，德之至也。《莊子·刻意》

見於《莊子》兩處文句，均具有“故曰”的引述形式。可見此項資料的形成，要早於《莊子》外篇成書。〈九守〉篇文字可能與其同源。“靜即與陰合德，動即與陽同波”兩句，“同德”與“同波”，《文子》與《莊子》同，而《淮南子》則分別作“俱閉”與“俱開”。王念孫校《淮南子》云：“‘與陰俱閉’、‘與陽俱開’，本作‘與陰合德’、‘與陽同波’，後人以〈原道訓〉云‘與陰俱閉，與陽同波’，故據彼以改此也。不知‘波’與‘化’為韻，若如後人所改，則失其韻矣。《文子》〈九守〉篇‘靜則與陰合德，動則與陽同波’，即用《淮南》之文。”植案：《文子》並非引用《淮南子》，而是保留與《淮南子》同源之“文子外編”資料。

又，“神則以求無不得，以為無不成也”兩句，不見於《淮南子》，此句“以求”與“以為”是回應“以無應有，必究其理；以虛受實，必窮其節”，〈九守〉論述較為完整。《淮南子》或因行文體例與《文子》不同，而省略此兩句。

又，“心之累”句，〈精神訓〉作“心之暴”。王念孫校《淮南子》云：“‘暴’當依《文子》〈九守〉篇作‘累’，字之誤。上文曰‘好憎者使人心之勞’，故曰‘好憎者心之累也’。作‘暴’，則非其指矣。”

第三、"故心者"段："不敢越也"句下，〈精神訓〉補述曰："精神之可寶，甚於夏后氏之璜"。"死生無變於己"句，〈精神訓〉前有"魂魄處其宅，而精神守其根"兩句，《文子》此處舉以"禍、福、死、生"，文意完整，〈精神訓〉似有增補。"神則以求無不得，以爲無不成"兩句，未見於《淮南子》，上句"故曰：至神"已是結語，此兩句或爲古注竄入。

3-4
守無

〔老子曰：〕

輕天下，即神無累；細萬物，即心不惑；齊生死，則意不懾；同變化，則明不眩。

夫至人倚不撓之柱，行無關之途，稟不竭之府，學不死之師，無往而不遂，無之而不通，屈伸俯仰，抱命不惑而宛轉，禍福利害，不足以患心。

夫爲義者可迫以仁，而不可劫以兵，可正以義，不可縣以利。君子死義，不可以富貴留也，爲義，不可以死亡恐也，又況於無爲者乎！〔無爲者即無累，〕無累之人，以天下爲影柱。上觀至人之倫，深原道德之意，下考世俗之行，乃足以羞也。夫無以天下爲者，學之建鼓也。

【相關資料尋索】

輕天下，'則'神無累〔矣〕；細萬物，'則'心不惑〔矣〕；齊死生，則'志'不懾〔矣〕；同變化，則明不眩〔矣〕。眾人以爲虛言，吾將舉類而實之：

人之所以樂爲人主者，以其窮耳目之欲，而適躬體之便也。今高臺層榭，人之所麗也，而堯樣桷不斲，素題不枅；珍怪奇異，人之所美也，而堯糲粢之飯，藜藿之羹；文繡狐白，人之所好也，而堯布衣揜形，鹿裘御寒。養性之具不加厚，而增之以任重之憂，故舉天下而傳之於舜，若解重負然。非直辭讓，誠無以為也。此輕天下之具也。

禹南省，方濟于江，黃龍負舟，舟中之人五色無主，禹乃熙笑而稱曰：“我受命於天，竭力而勞萬民。生，寄也；死，歸也。何足以滑和！”視龍猶蝘蜓，顏色不變，龍乃弭耳掉尾而逃。禹之視物亦細矣。

鄭之神巫相壺子林，見其徵，告列子。列子行泣報壺子。壺子持以天壤，名實不入，機發於踵。壺子之視死生亦齊。

子求行年五十有四而病傴僂，脊管高于頂，𩪋下迫頤，兩髀在上，燭營指天，匍匐自闚於井曰：“偉哉造化者！其以我為此拘拘邪？”此其視變化亦同矣。

故覾堯之道，乃知天下之輕也；觀禹之志，乃知天下之細也；原壺子之論，乃知死生之齊也；見子求之行，乃知變化之同也。

夫至人倚不‘拔’之柱，行‘不’關之塗，稟不竭之府，學不死之師，無往而不遂，無‘至’而不通。生不足以挂志，死不足以幽神，屈伸俛仰，抱命‘而婉轉’，禍福利害，千變萬紾，‘孰’足以患心！若此人者，抱素守精，蟬蛻蛇解，游於太清，輕舉獨往，忽然入冥。鳳凰不能與之儷，而況斥鷃乎！勢位爵祿，何足以概志也！

晏子與崔杼盟，臨死地而不易其義。殖、華將戰而死，莒君厚賂而止之，不改其行。故‘晏子’可迫以仁，不可劫以兵；〔殖、華〕可止以義，〔而〕不可縣以利。君子‘義死’，〔而〕不可以富貴留也；‘義為’，〔而〕不可以死亡恐也。彼則直為義耳，而尚猶不拘於物，又況無為者〔矣〕！堯不以天下為貴，故授舜；公子札不以百國為尊，故讓位。子罕不以玉為富，故不受寶；務光不以生害義，故自投於淵。由此觀之，至貴不待爵，至富不待財。天下至大矣，而以與佗人也；身至親矣，而棄之淵。外此，其餘無足以立矣。此之謂無累之人，無累之人，〔不〕以天下為‘貴’〔矣〕。上觀至人之論，深原道德之意，〔以〕下考世俗之行，乃足羞也。

故通許由之意，〈金縢〉、〈豹韜〉廢矣；延陵季子不受吳國，而訟閒田者慚矣；子罕不利寶玉，而爭券契者媿矣；務光不污於世，而貪利偷生者悶矣。故不觀大義者，不知生之不足貪也；不聞大言者，不知天下之不足利也。今夫窮鄙之社也，叩盆拊瓴，相和而歌，自以爲樂矣。嘗試爲之擊建鼓，撞巨鐘，乃性仍仍然，知其盆瓴之足羞也。藏《詩》、《書》，修文學，而不知至論之旨，則拊盆瓴之徒也。**夫以天下爲者，學之建鼓矣。**《淮南子·精神訓》p. 231-237／〈精神訓〉辨析，頁 114-117

【探析與解說】

此章文字全見於《淮南子·精神訓》。〈九守〉篇此章可分爲三段，彼此文意並不連貫，而〈精神訓〉此處的論述也需分爲兩節。此章資料似《淮南子》別本殘文竄入。以下分三點來說明：

第一，"輕天下"段："輕天下"、"細萬物"、"齊生死"、"同變化"四種處世的操持，體現《莊子》"真人"或"至人"的風範，應爲"文子外編"保留南方道家思想史料，後竄入《文子》。《淮南子》曾加引述，並舉出"堯輕天下之具"、"禹視萬物之細"、"壺子視死生之齊""子求（"求"字，據俞樾說當作"來"。）視變化之同"諸事例，加以詳論。"齊生死"句，王叔岷認爲"生死"二字倒置。〈道德〉篇亦云"三皇五帝輕天下，細萬物，齊死生，同變化。"

第二、"夫至人倚不撓之柱"段："至人"觀念是道家傳承所提出的一種表徵人存意義的用語，最早出現於《莊子》，《莊子》使用"至人"有三十次之多。儒家典籍《荀子》使用兩次外，並未見"至人"一詞。《荀子》曰："故明於天人之分，則可謂至人矣。"（〈天論〉篇）此種思想應爲荀子在稷下學宮受到《莊子》的影響。《文子》此段同樣屬於南方道家傳承的資料。

"不撓之柱，無關之途"兩句，"撓"、"無"二字，〈精神訓〉分別作"拔"、"不"。"撓"，清朱駿聲《說文通訓定聲·小部》："撓，假借爲橈。""橈"，曲也。"不曲之柱"、"不拔之柱"，文意近而有異。"無關"與"不關"，含意也有不同。

又，"無之而不通"，"之"字，〈精神訓〉作"至"。于大成云："之，猶至也。"

　　第三、"夫爲義者"段："夫爲義者"四句，〈精神訓〉作"晏子與崔杼盟，臨死地而不易其義。殖、華將戰而死，莒君厚賂而止之，不改其行。故晏子可迫以仁．而不可劫以兵。殖、華將戰而死，莒君厚賂而止之，不改其行。"高誘注曰：

> 崔杼殺齊莊公，盟諸侯曰："不唯崔慶是從者，如此盟。"晏子曰："嬰所不唯忠於君而利社稷者是從，亦如是。"故曰：臨死地而不易其義。晏子不從崔杼之盟，將見殺。晏子曰："句戟何不句，直矛何不摧，不撓不義。"故曰：不改其行。殖，杞梁；華，華周，皆齊士，爲君伐莒。莒人圍之，壯其勇力，厚賂而止之。不可，遂戰而死。故曰不改其行也。

　　〈九守〉篇此處將兩個事例簡約爲"爲義者"，可能爲《淮南子》別本節要的論述。"正以義"句，"正"字，〈精神訓〉作"止"。"止"與"迫"相應，當作"止"。俞樾云："'正'乃'止'字之誤。'止以義'與'迫以仁'，文義相稱，作'正'則非其旨矣。《淮南子》〈精神〉篇作'殖華可止以義而不可縣以利'，即上文所謂'殖華將戰而死，莒君厚賂止之，不改其行也。'"

　　又，"死義"、"爲義"，〈精神訓〉分別作"義死"與"義爲"，可能爲不同文本的敘說。

　　又，"無爲者即無累，無累之人，以天下爲影柱"三句，〈精神訓〉作"無累之人，不以天下爲貴矣"。二者意含不同。"影柱"二字，見於《淮南子》兩處，〈繆稱訓〉云："列子學壺子，觀影柱而知持後矣""影柱"似指測時的工具。〈俶真訓〉曰："提挈天地，而委萬物，以鴻濛爲影柱。""影柱"指依循之準據。《文子》此三句意謂："至人"無所作爲，故無累，而能將天下視爲"影柱"，也就是"以天下作爲驗證人存意義的準據"。〈精神訓〉則說明"無所繫累之人，不以天下爲珍貴"。

　　又，"夫無以天下爲者"句，〈精神訓〉誤奪"無"字，義不可通，當據《文子》補。王念孫校《淮南子》云："'夫以天下爲者'，'以'上，當有

'無'字。'無以天下爲者',承上文許由而言;建鼓'學之',對'拊盆扣瓴'而言。言無以天下爲者,其於世俗之學者,猶建鼓之於盆瓴也。今本'以天下'上脫'無'字,則義不可通。《文子》〈九守〉篇正作'無以天下爲者'。"

"建鼓"二字見於二字見於《莊子》。〈天道〉曰:"又奚傑然若負建鼓而求亡子者邪?"《儀禮·大射儀》曰:"建鼓在阼階西,南鼓,應鼙在其東,南鼓。西階之西,頌磬東面,其南鐘,其南鑮,皆南陳。一建鼓在其南,東鼓;朔鼙在其北。一建鼓在西階之東,南面。"

3-5
守平

〔老子曰:〕

尊勢厚利,人之所貪,比之身則賤。故聖人食足以充虛接氣,衣足以蓋形御寒,適情辭餘〔,不貪得,不多積〕。清目不視,靜耳不聽,閉口不言,委心不慮,棄聰明,反太素,休精神,去知故,〔無好無憎〕,是謂大通。除穢去累,莫若未始出其宗,何爲而不成。知養生之和者,即不可縣以利,〔通內外之符者,不可誘以勢。〕無外之外,至大,無內之內,至貴,能知大貴,何往不遂。

【相關資料尋索】

尊勢厚利,人之所貪〔也〕,'使之左據天下圖而右手刿其喉,愚夫不爲'。由此觀之,生尊于天下也。

聖人食足以接氣,衣足以蓋形,適情'不求'餘,無天下不虧其性,有天下不羨其和。有天下,無天下,一實也。今贛人敖倉,予人河水,飢而餐之,渴而飲之,其入腹者不過簞食瓢漿,則身飽而敖倉不爲之減也,腹滿而河水不爲之竭也。有之不加飽,無之不爲之飢。與守其篅笿、有其井,一實也。

人大怒破陰,大喜墜陽,大憂內崩,大怖生狂。〔除穢去累,莫若未始出其宗，乃為大通〕。清目〔而〕不〔以〕視，靜耳〔而〕不〔以〕聽，'鉗'口〔而〕不〔以〕言，委心〔而〕不〔以〕慮，棄聰明〔而〕反太素，休精神〔而〕'棄'知故，覺而若昧，生而若死，終則反本。未生之時，而與化為一體，死之與生，一體也。

今夫繇者，揭钁臿，負籠土，鹽汗交流，喘息薄喉。當此之時，得茠越下，則脫然而喜矣。巖穴之間，非直越下之休也。病疵痕者，捧心抑腹，膝上叩頭，蹠跼而諦，通夕不寐。當此之時，噲然得臥，則親戚兄弟歡然而喜。夫脩夜之寧，非直一噲之樂也。

故知宇宙之大，則不可劫以死生；知養生之和，則不可縣以'天下'；知未生之樂，則不可畏以死；知許由之貴于舜，則不貪物。牆之立，不若其偃也，又況不為牆乎！冰之凝，不若其釋也，又況不為冰乎！自無蹠有，自有蹠無，終始無端，莫知其所萌。非通於外內，孰能無好憎？無外之外，至大〔也〕；無內之內，至貴〔也〕；能知大貴，何往〔而〕不遂！《淮南子·精神訓》 p.237-240 ／

〈精神訓〉辨析，頁 118-119

【探析與解說】

此章見於《淮南子·精神訓》第五章，二者句序稍有不同。全文敘說"養生之和"與"大通"之理，為道家重要思想。但《文子》與《淮南子》，二者文字似均有殘缺。《文子》此章仍原屬"文子外編"資料，《淮南子》加以引用申說。

"比之於身則賤"句，〈精神訓〉作："使之左據天下圖而右手刎其喉，愚夫不為。"二者文義有別，《文子》是說尊勢厚利，與身相比為賤。而〈精神訓〉則說能得有天下而被殺，雖愚者不為。二者文字記述不同。

又，"故聖人食足以充虛接氣……是謂大通"數句，見於〈精神訓〉文句頗為錯亂。"除穢去累"三句，在"人大怒破陰"四句之後，文義不能銜接。《文子》"清目不視"等句，可上承前文"故聖人"句，文義文意較為連貫。《劉子·防慾》曰："食足以充虛接氣，衣足以蓋形禦寒。"《墨子·節用中》曰："古者聖王制為飲食之法，曰：足以充虛繼氣。""食足"句，與《文子》

同，〈精神訓〉缺“充虛、禦寒”四字。此句《墨子》引爲“古者聖王之制”，當爲〈節用中〉成篇前流傳資料，後保存於“文子外編”之中。

又，“知養生之和者，即不可縣以利，通內外之符者，不可誘以勢”四句，〈精神訓〉作“故知宇宙之大，則不可劫以死生；知養生之和，則不可縣以天下。”“縣以利”三字，〈精神訓〉作“縣以天下”，似回應前文“據天下之圖”而說。〈精神訓〉下文有“非通於外內，孰能無好憎”兩句，與《文子》此處後兩句文義相近。《文子》此處文義完整，似保留“文子外編”舊文，而〈精神訓〉卻有所發揮。

3-6
守易

〔老子曰：〕

古之為道者，理情性，治心術，養以和，持以適，樂道而忘賤，安德而忘貧，性有不欲，無欲而不得，心有不樂，無樂而不為，無益於性者不以累德，不便於生者不以滑和，不縱身肆意而制度，可以為天下儀。

量腹而食，制形而衣，容身而居，適情而行，餘天下而不有，委萬物而不利，豈為貧富貴賤失其性命哉！〔若然者，可謂能體道矣。〕

【相關資料尋索】

衰世湊學，不知原心反本，直雕琢其性，矯拂其情，以與世交，故目雖欲之，禁之以度，心雖樂之，節之以禮，趨翔周旋，詘節卑拜，肉凝而不食，酒澄而不飲，外束其形，內總其德，錯陰陽之和，而迫性命之情，故終身爲悲人。

達至道者則不然，理情性，治心術，養以和，持以適，樂道而忘賤，安德而忘貧，性有不欲，無欲而不得，心有不樂，無樂而‘弗’為，無益‘情’者不以累德,便‘性’者不以滑和,〔故〕縱‘體’肆意而‘度制’,可以為天下儀。

今夫儒者,不本其所以欲而禁其所欲,不原其所以樂而閉其所樂,是猶決江河之源而障之以手也。夫牧民者,猶畜禽獸也,不塞其囿垣,使有野心,繫絆其足,以禁其動,而欲脩生壽終,豈可得乎!夫顏回、季路、子夏、冉伯牛,孔子之通學也。然顏淵夭死,季路菹於衛,子夏失明,冉伯牛為厲。此皆迫性拂情而不得其和也。故子夏見曾子,一臞一肥,曾子問其故,曰:“出見富貴之樂而欲之,入見先王之道又說之,兩者心戰,故臞。先王之道勝,故肥。”推此,志非能不貪富貴之位,不便侈靡之樂,直迫性閉欲,以義自防也。雖情心鬱殪,形性屈竭,猶不得已自強也,故莫能終其天年。

若夫至人,量腹而食,‘度’形而衣,容身而‘游’,適情而行,餘天下而不‘貪’,委萬物而不利;處大廓之宇,游無極之野,登太皇,馮太一,玩天地于掌握之中,〔夫〕豈為貧富‘肥臞’哉!《淮南子・精神訓》p. 240-242 /〈精神訓〉辨析,頁 120-122

【探析與解說】

此章接續見於《淮南子・精神訓》,其中“理情性”、“治心術”、“養和”、“樂道”、“安德”、“不欲”、“不樂”、“適情”、“餘天下”、“委萬物”等觀念近於《莊子》,二者原始資料應屬南方道家莊學傳承,而保留於“文子外編”,《文子》此章似《淮南子》別本殘文竄入,並由今本編輯者加以改動。以下分兩點來說明:

第一、“古之為道者”段:此段首句,〈精神訓〉作“達至道者則不然”。〈精神訓〉此處是以對比形式論述,針對其前文“衰世湊學”不知原性反本,而提出“達至道者則不然”。“不縱體肆意而制度”,“不”字〈精神訓〉作“故”,二者文意差異極大。顧觀光云:“〈精神訓〉‘不’作‘故’,‘故’字是也。此即‘從心所欲不踰矩’之義。”王叔岷云:“‘不’字涉上文諸‘不’字而衍,《七籤》引此,正無‘不’字。”〈精神訓〉此處思想也與《荀子・解蔽》相近。〈解蔽〉篇曰:

欲為蔽,惡為蔽……此心術之公患也。聖人知心術之患,見蔽塞之禍,故無欲、無惡、無始、無終、無近、無遠、無博、無淺、無古、無今,兼陳萬物而中縣衡焉。……何謂衡?曰:道。故心不可以不知道……人何以知道?曰:心。心何以知?曰:虛壹而靜。心未嘗不臧也,然而有所謂虛;心未嘗不兩也,然而有所謂一;心未嘗不動也,然而有所謂靜。……知道察,知道行,體道者也。虛壹而靜,謂之大清明。……精於物者以物物,精於道者兼物物,故君子壹於道而以贊稽物。壹於道則正,以贊稽物則察;以正志行察論,則萬物官矣。……故《道經》曰:“人心之危,道心之微。”……至人也,何彊!何忍!何危!故濁明外景,清明內景。聖人縱其欲,兼其情,而制焉者理矣,夫何彊!何忍!何危!故仁者之行道也,無為也;聖人之行道也,無彊也。仁者之思也恭,聖人之思也樂。此治心之道也。……為之無益於成也,求之無益於得也,憂戚之無益於幾也,則廣焉能棄之矣,不以自妨也,不少頃干之胸中。不慕往,不閔來,無邑憐之心,當時則動,物至而應,事起而辨,治亂可否,昭然明矣。

《荀子》“聖人縱其欲,兼其情,而制焉者理”三句,與〈精神訓〉“縱體肆意而制度”意含相通。《荀子》此處“至人”、“無為”、“心術”、“當時而動”、“物至而應”……等觀念應受到稷下道家思想的影響。

又,“無益於性者不以累德,不便於生者不以滑和”兩句,〈精神訓〉作“無益於情者不以累德,而便性者不以滑和”。《文子》前文曰“理情性”,“情、性”並提,因此,“無益於性”,當作“無益於情”。〈精神訓〉“便性”前無“不”字,王念孫校《淮南子》云:“‘便於性’二句義不可通,且與上文不對。劉績依《文子》〈九守〉篇改為‘無益於情者不以累德,不便於性者不以滑和’,當是也。”

第二、“量腹而食”段:〈精神訓〉前有“若夫至人”句,並接於“今夫儒者,不本其所以欲而禁其所欲……”段後,形成“儒者”與“至人”的比較。〈精神訓〉“今夫儒者”段部份文字見於《文子‧上禮》第四章。《文子》此章與其〈上禮〉篇第四章,均為《淮南子》別本殘文竄入,今本《文子》編輯者，分置於兩處，並加以編改傅會。[1] "若然者，可謂能體道矣" 兩句，不見於《淮南子》，當為編輯者所加按語，以補足殘文的文意。《文子》此段，文氣與前段亦不能連貫。

又，"量腹而食，制形而衣" 兩句，見於本篇第八章。"制" 字，〈精神訓〉作 "度"，第八章亦作 "度"（出現於〈俶真訓〉者亦作 "度"）。"制" 字，似誤。

又，"容身而居" 句，〈精神訓〉作 "容身而游"，"居" 當為正字，"食、衣、居、行" 應指生活中主要的四事，〈精神訓〉作 "游"，恐誤。"餘天下而不有" 句，"有" 字，〈精神訓〉作 "貪"，"有天下" 一詞，為古典文獻常用，《文子》與《淮南子》即多處使用，"貪" 字恐誤，《文子》似保留《淮南子》舊文。

又，"豈為貧富貴賤失其性命哉" 句，〈精神訓〉作 "夫豈為貧富肥臞哉"。〈精神訓〉前文舉出 "子夏見曾子，一臞一肥" 的事例，"貧富肥臞" 四字回應此事，《文字》此句似編輯者所改。

3-7
守清

〔老子曰：〕

人受氣於天者，耳目之於聲色也，鼻口之於芳臭也，肌膚之於寒溫也，其情一也。或以死，或以生，或為君子，或為小人，所以為制者異。

神者，智之淵也，神清則智明；智者，心之府也，智公則心平。人莫鑑於流潦而鑑於澄水，以其清且靜也。故神清意平乃能形物之情，故用之者必假於不用者。夫鑑明者，則塵垢不汙也，神清者，

---

[1] 參見本書〈上禮〉篇第四章探析與解說。

嗜欲不誤也。故心有所至，則神慨然在之，反之於虛，則消躁藏息矣，此聖人之游也。故治天下者，必達性命之情〔而後可也〕。

【相關資料尋索】

　　水之性真情而土汨之，人性安靜而嗜欲亂之。

　　〔夫〕人之所受於天者，耳目之於聲色也，‘口鼻’之於芳臭也，肌膚之於寒‘燠’，其情一也，‘或通於神明，或不免於癡狂’者，何也？其所為制者異也。

　　〔是故〕神者智之淵也，‘淵’清則智明〔矣〕；智者心之府也，智公則心平〔矣〕。人莫鑑於流‘沫’，而鑑於‘止’水〔者〕，以其靜也；莫窺形於生鐵，而窺於明鏡者，以其易也。‘夫唯易且靜，形物之性也’。由此觀之，用也必假之於弗用也，是故虛室生白，吉祥止也。

　　夫鑑明者塵垢‘弗能薶’，神清者嗜欲‘弗能亂’。精神已越於外，而事復返之，是失之於本，而求之於末也。外內無符而欲與物接，弊其玄光而求知之于耳目，是釋其照照，而道其冥冥也，是之謂失道。心有所至而神‘喟’然在之，反之於虛則‘消鑠滅息’，此聖人之游也。《淮南子·俶真訓》p. 67-70／〈俶真訓〉辨析，頁68-69

　　故古之治天下也，必達乎性命之情。其舉錯未必同也，其合於道一也。夫夏日之不被裘者，非愛之也，燠有餘於身也。冬日之不用翣者，非簡之也，清有餘於適也。（下接見於〈九守〉篇下章文句）《淮南子·俶真訓》p. 70／〈俶真訓〉辨析，頁70

【探析與解說】

　　此章與下第八、九兩章，均接續見於《淮南子·俶真訓》。《文子》此三章內容與表達形式，與〈俶真訓〉相近。如〈俶真訓〉曰：“聖人有所達……誠達性命之情，而仁義固附矣……若夫神無所掩，心無所載……此真人之遊（“遊”字，原作“道”，據王念孫校改）也。”又曰“是故聖人內修道術，而不外飾仁義……

此聖人之遊。若夫真人，則動溶於至虛……"[1]。二者不但強調"性命之情"，並且區別"聖人"與"真人"的差異。《文子・精誠》第八章曰："故聖人所以動天下者，真人不過，賢人所以矯世俗者，聖人不觀。"此項內容也見於〈微明〉篇第十九章，曰"故聖人所以動天下者，真人未嘗過焉；賢人所以驕世俗者，聖人未嘗觀焉。"[2]這些內容似原屬同源資料，保留於"文子外編"之中，而此處三章應為《淮南子》別本殘文竄入。以下分三點來說明：

第一、"人受氣於天者"段："人受氣於天"，可回應此篇第二章"人受天地之變化而生"。"受氣於天"四字，〈俶真訓〉作"之所受於天"，二者記述的資料不同。"或以死，或以生，或為君子，或為小人"四句，〈俶真訓〉作"或通於神明，或不免於癡狂者"。《劉子・防慾》曰："耳目之於聲色，鼻口之於芳味，肌膚之於安適，其情一也。然亦以死，亦以生，或為賢智，或為庸愚，由於處之異也。"《劉子》中"賢智"、"庸愚"義近於《文子》之"君子""小人"，而與《淮南子》差異較大；《淮南子》並無"或以生，或以死"句，顯然《劉子》所引用《淮南子》文字，出自與今本不同文本。

又，"所以為制者異"句，《淮南子・俶真訓》無"以"字，王叔岷校《淮南子》云："案：《御覽》七百二十引'所'下有'以'字，《文子》〈守清〉篇同。"

第二、"神者，智之淵"段：此段強調"必達性命之情"，應與《莊子》〈駢拇〉、〈在宥〉、〈天運〉、〈徐無鬼〉等篇資料的傳承有關，應屬南方道家思想史料。見於《莊子》者，如："彼至正者，不失其性命之情。"、"吾所謂臧者，非所謂仁義之謂也，任其性命之情而已矣。"〈駢拇〉篇；"自三代以下者，匈匈焉終以賞罰為事，彼何暇安其性命之情哉！""故君子不得已而臨莅天下，莫若無為。無為也而後安其性命之情。"〈在宥〉篇；"君將盈耆欲，長好惡，則性命之情病矣。"〈徐無鬼〉篇。

---

[1] 此段文字部份見於《文子・精誠》第二章。

[2] 《淮南子・俶真訓》篇作"聖人之所以駭天下者，真人未嘗過焉；賢人之所以矯世俗者，聖人未嘗觀焉。"

又，"神清則智明"句，〈俶真訓〉作"淵清則智明"，王念孫校《淮南子》云："以下兩句例之，則'淵清'，當作'神清'，此涉上句'淵'字而誤也。《太平御覽》引此，正作'清'，《文子》〈九守〉篇同。"

又，"人莫鑑於流潦"句，"流潦"二字，〈俶真訓〉作"流沫"。俞樾校《淮南子》云："〈說山訓〉'人莫鑑於沫雨，而鑑於澄水者，以其休止不蕩也。'注曰：'沫雨，雨潦上覆瓮也。沫雨或作流潦。'今按此當以'流潦'爲正，'流潦'即行潦也。《詩》〈泂酌〉篇毛《傳》曰：'行潦，流潦也。'《孟子》〈公孫丑〉篇趙注曰：'行潦，道旁流潦也。'是其義。'流潦'雨'止水'，正相對爲文。《莊子》〈德充符〉篇'人莫鑑於流水，而鑑於止水。'，流潦猶流水也。《文子》〈九守〉篇亦作'流潦'，可知古本如此矣。"

又，"神清意平，乃能形物之情"兩句，〈俶真訓〉作"夫唯易且靜，形物之性也"。王念孫校《淮南子》云："'夫唯易且靜，形物之性也'，語意未明。《御覽》〈方術部〉引，作'夫唯易且靜，故能形物之性情也'，較今本爲善。《文子》作'神清意平，乃能形物之情也'。"

又，"故用之者必假於不用者"句，〈俶真訓〉作"用也必假之於弗用也"。王念孫校《淮南子》云："'用也'二字，文不成義。《太平御覽》〈方術部〉引此，作'用者必假之於弗用者'，是也。今本兩'者'字，涉上文而誤耳。《文子》作'故用之者必假於不用者'，《莊子》〈知北遊〉篇曰：'是用之者假不用者也'，皆其證。"

又，"必達性命之情而後可也"句，〈俶真訓〉無"而後可也"四字，而有"其舉措未必同也"等句的申論。《淮南子》似引用"文子外編"資料。

3-8

守真

〔老子曰：〕

夫〔所謂〕聖人〔者〕，〔適情而已，〕量腹而食，度形而衣，節乎己而貪汙之心無由生也。故能有天下者，必無以天下為也，能有名譽者，必不以越行求之。誠達性命之情，仁義因附也。

若夫神無所掩，心無所載，通洞條達，澹然無事，勢利不能誘，聲色不能淫，辯者不能說，智者不能動，勇者不能恐，此真人之游也。

夫生生者不生，化化者不化。不達此道者，雖知統天地，明照日月，辯解連環，辭潤金石，猶無益於治天下也。〔故聖人不失所守。〕

【相關資料尋索】

故古之治天下也，必達乎性命之情。其舉錯未必同也，其合於道一也。夫夏日之不被裘者，非愛之也，燠有餘於身也。冬日之不用翣者，非簡之也，清有餘於適也。夫聖人量腹而食，度形而衣，節於己〔而己〕，貪污之心‘奚’由生哉！故能有天下者，必無以天下為也；能有名譽者，必‘無’以‘趨’行求者〔也〕。聖人有所于達，達則嗜欲之心外矣。

孔、墨之弟子，皆以仁義之術教導於世，然而不免於傷。身猶不能行也，又況所教乎？是何則？其道外也。夫以末求返於本，許由不能行也，又況齊民乎！誠達〔于〕性命之情，〔而〕仁義固附〔矣〕，趨捨何足以滑心！

若夫神無所掩，心無所載，通洞條達，‘恬漠’無事，無所凝滯，虛寂以待，勢利不能誘〔也〕，〔辯者不能說〔也〕，聲色不能淫〔也〕〕，美者不能濫也，知者不能動〔也〕，勇者不能恐〔也〕，此真人之‘道’也。若然者，陶冶萬物，與造化者為人，天地之閒，宇宙之內，莫能夭遏。

夫‘化’生者不‘死’，〔而〕化‘物’者不化，神經於驪山、太行而不能難，入於四海九江而不能濡，處小隘而不塞，橫扃天地之間而不窕。不‘通’此者，雖目數千羊之群，耳分八風之調，足蹀《陽阿》之舞，而手會《綠水》之趨，智‘終’天地，明照日月，辯解連環，‘澤’潤玉石，猶無益於治天下也。《淮南子·俶真訓》p.70-72／〈俶真訓〉辨析，頁70-71

【探析與解說】

　　此章接續見於《淮南子·俶真訓》第八章。今本《文子》此章的構爲："夫所謂聖人者……若夫神無所掩……此真人之遊。夫生生者不生……故聖人不失所守"，此種論述相當混亂。而〈俶真訓〉作"故古之治天下也，必達乎性命之情……"（另段起）夫聖人量腹而食……（另段起）孔、墨之弟子，皆以仁義之術教導於世，然而不免於僞。……（另段起）若夫神無所掩，心無所載……此真人之遊也。若然者，陶冶萬物，與造化者爲人……（另段起）夫化生者不死……不通此者……猶無益於治天下也。"全文論述"性命之情"，其中"夫聖人量腹而食"段，則敘說"聖人簡於己"、"無嗜欲之心"，恐爲錯簡。《文子》此章仍沿襲《淮南子》錯亂句序，應爲《淮南子》別本殘文。而《淮南子》此處亦有誤字。以下分三點來說明：

　　第一、"夫所謂聖人者"段："夫所謂聖人者，適情而已，量腹而食"三句，〈俶真訓〉作"夫聖人量腹而食"。"誠達性命之情，仁義因附也"兩句，與前文文意不能銜接。〈俶真訓〉則指文前"孔、墨之弟子，皆以仁義之術教導於世，然而不免於僞"事，此處似《淮南子》別本殘文，編輯今本《文子》者加以綴合增改。

　　第二、"若夫神無所掩"段：此段見於〈精神訓〉處，以"若夫神無所掩"等句，對較"真人之道"與孔墨行徑的不同。〈九守〉篇並無"孔、墨之弟子"段文字，全章形成"聖人"與"真人"的比較，但下段又出現對於"聖人"的說明，文義相當混淆。此處應爲《淮南子》別本殘文竄入，《淮南子》文意似本諸《莊子·田子方》，〈田子方〉篇曰："古之真人，知者不得說，美人不得濫，盜人不得劫，伏戲黃帝不得友。死生亦大矣，而無變乎己，況爵祿乎！"

　　又，"此真人之遊也"句，"遊"字，〈俶真訓〉作"道"。王念孫校《淮南子》云："'道'，本作'遊'，此後人以意改之也。《文子》〈九守〉篇正作'遊'。遊者，行也，言真人之所行如此。"

　　第三、"夫生生者不死"段：此段多處文字與〈俶真訓〉有異，"故聖人不失所守"句，不見於《淮南子》。"夫生生者不死，化化者不化"兩句，〈俶真訓〉作"化生者不死,而化物者不化"。俞樾校《淮南子》云:"'化生'當作'生生',涉下句而誤。〈精神訓〉曰:'故生生者未嘗死也,其所生則死矣。化物者未嘗化也,其所化則化矣。'是其證。"〈九守〉篇此處正作"生生"。俞樾所引〈精神訓〉文句,同見於〈九守〉第十四章,作"故生生者未嘗生,其所生者即生,化化者未嘗化,其所化者即化。"〈九守〉篇兩處"化化",《淮南子》均作"化物",可見二者文本有異。

又,"辭潤玉石"句,〈俶真訓〉作"澤潤玉石"。王念孫校《淮南子》云:"'澤潤玉石'本作'辭潤玉石'。……正文'澤'字涉注文'潤,澤也'而誤。(《太平御覽》〈人事部〉一百五引此已誤。)後人不達,又於注內加一'澤'字以從已誤之正文耳。《文子》〈九守〉篇正作'辭潤玉石'。"

3-9
守靜

〔老子曰:〕

靜漠恬淡,所以養生也;和愉虛無,所以據德也。外不亂內,即性得其宜,靜不動和,即德安其位;養生以經世,抱德以終年,可謂能體道矣。若然者,血脈無鬱滯,五臟無積氣,禍福不能矯滑,非譽不能塵垢。

非有其世,孰能濟焉?有其才,不遇其時,身猶不能脫,又況無道乎?

夫目察秋毫之末者,耳不聞雷霆之聲;耳調金玉之音者,目不見太山之形。故小有所志,則大有所忘。今萬物之來,擢拔吾生,攓取吾精,若泉源也,雖欲勿稟,其可得乎?今盆水若清之經日,乃能見眉睫;濁之不過一撓,即不能見方圓也。人之精神難清而易濁,猶盆水也。

【相關資料尋索】

　　靜漠恬澹，所以養‘性’；和愉虛無，所以‘養’德也。外不‘滑’內，‘則’性得其宜；‘性’不動和，‘則’德安其位。養生以經世，抱德以終年，可謂能體道矣。若然者，血脈無鬱滯，五藏無‘蔚’氣，禍福‘弗’能‘撓’滑，非譽‘弗’能塵垢，故能致其極。

　　非有其世，孰能濟焉？有其‘人’，不遇其時，身猶不能脫，又況無道乎？

　　且人之情，耳目應感動，心志知憂樂，手足之攢疾痒、辟寒暑，所以與物接也。蜂蠆螫指而神不能憺，蚊虻嘬膚而知不能平，夫憂患之來，攖人心也，非直蜂蠆之螫毒而蚊虻之慘怛也，而欲靜漠虛無，奈之何哉！夫目察秋毫之末，耳不聞雷霆之‘音’；耳調玉石之‘聲’，目不見太山之‘高’。何則？小有所志〔而〕大有所忘〔也〕。今萬物之來，擢拔吾‘性’，攫取吾情，‘有’若泉源，雖欲勿稟，其可得‘耶’！

　　今夫樹木者，灌以瀿水，疇以肥壤，一人養之，十人拔之，則必無餘蘗，又況與一國同伐之哉？雖欲久生，豈可得乎！今盆水〔在庭〕，清之‘終’日，〔未〕能見眉睫；濁之不過一撓，〔而〕不能察方員。人神‘易濁而難清’，猶盆水〔之類〕也，況一世而撓滑之，曷須臾平乎！《淮南子·俶真訓》p. 73-75／〈俶真訓〉辨析，頁 72-73

【探析與解說】

　　此章接續見於《淮南子·俶真訓》第八章。全章論述“養生”、“據德”之說，仍屬南方道家思想史料。〈俶真訓〉“非有其世”段，與上下段間文意不能連貫，恐為錯簡竄入。而《文子》仍保持其錯亂句序，顯見其為《淮南子》別本殘文。以下分三點來說明：

　　第一、“靜漠恬淡”段：“養生”是古典哲學的重要訴求，此段“靜漠恬淡，所以養生；和愉虛無，所以據德”，似承襲《莊子·天下》所稱“以本為精，以物為粗，以有積為不足，澹然獨與神明居”的思想。強調“養生”之術的傳承應當早有發展。《荀子·修身》曰：“扁（通“遍”）善之度，以治氣養生，則後彭祖"。傳說彭祖經歷了虞、夏、商、周四代，是長壽的象徵。但"養生"並非僅限於身體的長壽。《莊子·刻意》曰："吹呴呼吸，吐故納新，熊經鳥申，爲壽而已矣；此道引之士，養形之人，彭祖壽考者之所好也。"此處以"養生"與"據德"並提，似本諸〈刻意〉篇所說"若夫不刻意而高，無仁義而修，無功名而治，無江海而閒，不道引而壽，無不忘也，無不有也，澹然無極而眾美從之。此天地之道，聖人之德也。"此段原始資料應屬南方道家思想，而保存於"文子外編"之中。

又，"據德"一詞，〈俶真訓〉作"養德"，因下文有"抱德以終年"，"抱"與"據"，意含相近，"養德"當作"據德"。

又"積氣"一詞，〈俶真訓〉作"蔚氣"，高誘注："蔚，病也"，二者文本不同。

第二、"非有其世"段：全文似意謂："若不能身處相應的世代，誰又能安然渡過？有那樣的才能，未遇上好的時機，連自身都不能解脫，何況是無道的人？"此種文義與上下文間難以通貫。此段接續上段見於〈俶真訓〉處。〈俶真訓〉"才"字作"人"，文義亦與其前後段不相連屬。但其後文有"故世治則愚者不得獨亂，世亂則智者不能獨治"段，並曰"古之聖人，其和愉寧靜，性也；其志得道行，命也。是故性遭命而後能行，命得性而後能明。"[1]〈俶真訓〉此段資料，或爲"故是治"段錯簡，而《文子》仍保持其錯亂句序，顯見其爲《淮南子》別本殘文。

第三、"夫目察秋豪之末者"段：此段見於〈俶真訓〉處文字說明較爲完備，但《文子》似保留部份《淮南子》舊文。"太山之形"句，〈俶真訓〉作"太山之高"，前文有"音"、"聲"，此處作"形"字較佳，王叔岷校《淮南子》云："《文子》〈守靜〉篇'高'作'形'，於義較長。"

又，"攬取吾精"句，〈俶真訓〉作"攬取吾情"。《太平御覽》卷七百

---

[1] 〈俶真訓〉此段文字也見於《文子》〈道德〉篇第四章曰："故世治則愚者不得獨亂，世亂則賢者不能獨治。故聖人和愉寧靜，生也，至德道行，命也。故生遭命而後能行，命得時而後能明，必有其世而後有其人。"

二十引《淮南子》作 "攓取吾精" ，今本 "情" 字，當據《文子》作 "精" 。

　　又， "乃能見眉睫" 句，〈俶真訓〉作 "未能見眉睫" ，此處 "乃能" 與下文 "不能" 相對而言，〈俶真訓〉似當據《文子》作 "乃能" 。

3-10
守法

〔老子曰：

　　上聖法天，其次尚賢，其下任臣。任臣者危亡之道也，尚賢者痴惑之原也，法天者治。天地之道也，虛靜為主；虛無不受，靜無不持；知虛靜之道，乃能終始。故聖人以靜為治，以動為亂。故曰：〕勿撓勿攖，萬物將自清，勿驚勿駭，萬物將自理，是謂天道。

【相關資料尋索】

　　欲知天道，察其數；欲知地道，物其樹；欲知人道，從其欲。{勿驚勿駭，萬物將自理；勿撓勿攖，萬物將自清}。察一曲者，不可與言化；審一時者，不可與言大。日不知夜，月不知晝，日月為明而弗能兼也，唯天地能函之。能包天地，曰唯無形者也。《淮南子・繆稱訓》p. 341／〈繆稱訓〉辨析，頁 237

【探析與解說】

　　此章為論述 "法天道" 的重要資料，全章前段未見於《淮南子》，僅段末五句為〈繆稱訓〉引述。全章文字與竹簡《文子》殘文有部份內容相類者，如：
"‖道。" 平王曰："此天道也。" （編號 0887 號簡）〔乎是。" 平〕王曰："吾不能盡〔學道，能□學人〕" （編號 2470 號簡）"〔法〕天道。" 平王曰："人法天道奈何？" （編號 0689 號簡）此章資料，當文子學派的傳承有關。見於〈繆稱訓〉處，具有諺語的體例，似引述前人資料。"勿撓勿攖" 四句，《文子》以 "故曰"

引述，似仍本諸前人成說。此種哲學人物，春秋之時，似頗有影響，如：《韓非子·外儲說右上》即引述"鄭長者"之言，曰：'夫虛靜無爲而無見也。'"《莊子·天道》也記述類似資料，"其動也天，其靜也地，一心定而王天下；其鬼不祟，其魂不疲，一心定而萬物服。"並解釋曰："言以虛靜推於天地，通於萬物，此之謂天樂。天樂者，聖人之心，以畜天下也。"

3-11

守弱

〔老子曰：

天下公侯以天下一國為家，以萬物為畜，懷天下之大，有萬物之多，即氣實[1]而志驕，大者用兵侵小，小者倨傲凌下，用心奢廣，譬猶飄風暴雨，不可長久。

是以聖人以道鎮之，執一無為，而不損沖氣，見小守柔，退而勿有，法於江海。江海不為，故功名自化；弗強，故能成其王；為天下牝，故能神不死；自愛，故能成其貴。萬乘之勢，以萬物為功名，權任至重，不可自輕，自輕則功名不成。

夫道，大以小而成，多以少為主。故聖人以道蒞天下，柔弱微妙者見小也，儉嗇損缺者見少也，見小故能成其大，見少故能成其美。

"天之道，抑高而舉下，損有餘，補[2]不足"，江海處地之不足，故天下歸之奉之。聖人卑謙，清靜辭讓者，見下也；虛心無有者，見不足也；見下，故能致其高，見不足，故能成其賢。

---

[1] "實"字朱弁注本作"逸"。

[2] "補"字景宋本、朱弁本作"奉"。

　　矜者不立，奢也不長，強梁者死，滿‘溢’[1]者亡，飄風暴雨不終日，小谷不能須臾盈。飄風暴雨行強梁之氣，故不能久而滅，小谷處強梁之地，故不得不奪。是以聖人執雌牝，去奢驕，不敢行強梁之氣；執雌牝，故能立其雄牡，不敢奢驕，故能長久。〕

【探析與解說】

　　此章全不見於《淮南子》，其中使用的語詞與觀念，似直接發揮《老子》思想。“天之道，抑高而舉下，損有餘，補不足”四句，《老子》第七十七章曰：“天之道其猶張弓與？高者抑之，下者舉之；有餘者損之，不足者補之。天之道損有餘而補不足。”二者內容相近。“強梁者死，滿溢者亡”二句，襲自《老子》第四十二章：“強梁者不得其死”。其他似取自《老子》以下各章，如：“飄風不終朝，驟雨不終日。”（第23章）“大國者下流，天下之交，天下之牝。”（第61章）“衣養萬物而不爲主，常無欲可名於小。萬物歸焉，而不爲主，可名爲大。以其終不自爲大，故能成其大。”（第34章）

　　此章部份文字也與竹簡《文子》相類，如：“聖人以道鎮之，執一無爲，而不損沖氣，見小守柔，退而勿有，法於江海”，竹簡《文子》殘文曰：“〔□何？文子曰：執一無爲。平王曰：〕（編號0564 簡）“江海以此道爲百谷王，故能久長功。”（編號0916 簡）“大以小而成，多以少爲主”兩句，竹簡《文子》曰：“是以聖王執一者，見小也；無爲者（殘）”（編號0593 簡）“大者，損有損之；持高者，下有下之。”（編號0926 簡）“□曰：何謂損有損之，下有下之？文（殘）”（編號0813 簡）“觀之難事，道〔于易也；大事，道于細也。〕”（編號0595 簡）“不道始于弱細者，未之〔有也〕。百十一八字│”（編號0696 簡）。我們認爲，全章應爲文子學派的思想資料，或可能爲《文子》古本資料的殘文。

---

[1] “溢”字原作“日”，據景宋本、朱弁注本、《文子纘義》道藏本改。

3-12

〔老子曰：

天道極即反，盈即損，日月是也。故聖人日損而沖氣不敢自滿，日進以牝，功德不衰，天道然也。

人之情性皆好高而惡下，好得而惡亡，好利而惡病，好尊而惡卑，好貴而惡賤。眾人為之，故不能成，執之，故不能得。是以聖人法天，弗為而成，弗執而得，與人同情而異道，故能長久。〕

故三皇五帝有戒之器，命曰侑卮，其中即正，其滿即覆。

夫物盛則衰，日中則移，月滿則虧，樂終而悲。是故聰有廣智守以愚，多聞博辯守以儉，武力勇毅守以畏，富貴廣大守以狹，德施天下守以讓。此五者，先王所以守天下也。"服此道者不欲盈，夫唯不盈，是以弊不新成。"

【相關資料尋索】

孔子觀桓公之廟，有器焉，'謂之'宥卮。孔子曰："善哉乎！得見此器。"顧曰："弟子取水！"水至，灌之，其中則正，其盈則覆。孔子造然革容曰："善哉，持盈者乎"子貢在側曰："請問持盈。"曰："揖而損之。"曰："何謂揖而損之？"曰："夫物盛〔而〕衰，{樂'極''則'悲，日中'而'移，月'盈''而'虧}。是故聰'明叡知'，守之以愚；多聞博辯，守之以儉；武力毅勇，守之以畏；富貴廣大，守之以'儉'；德施天下，守〔之〕以讓。此五者，先王所以守天下〔而弗失〕也。反此五者，未嘗不危也。"故老子曰："服此道者不欲盈。夫唯不盈，是以〔能〕弊〔而〕不新成。"《淮南子·道應訓》p. 417-418／〈道應訓〉辨析，頁346

孔子觀於魯桓公之廟，有欹器焉。孔子問於守廟者曰："此為何器？"守廟者曰："此蓋為宥坐之器。"孔子曰："吾聞宥坐之器者，虛則欹，中則正，滿則覆。"孔子顧謂弟子曰："注水焉！"弟子挹水而注之，中而正，滿而覆，虛而欹。孔子喟然而歎曰："吁！惡有滿而不覆者哉！"子路曰："敢問持滿有道乎？"孔子曰："聰明聖知，守之以愚；功被天下，守之以讓；勇力撫世，守之以怯；富有四海，守之以謙。此所謂挹而損之之道也。"《荀子・宥坐》

孔子觀於魯桓公之廟，有欹器焉。夫子問於守廟者曰："此謂何器？"對曰："此蓋爲宥坐之器。"孔子曰："吾聞宥坐之器，虛則欹，中則正，滿則覆，明君以爲至誠，故常置之於坐側。"顧謂弟子曰："試注水焉。"乃注之水，中則正，滿則覆。夫子喟然歎曰："嗚呼！夫物惡有滿而不覆哉？"子路進曰："敢問持滿有道乎？"子曰："聰明睿智，守之以愚；功被天下，守之以讓；勇力振世，守之以怯；富有四海，守之以謙，此所謂損之又損之之道也。"《孔子家語・三恕》

孔子觀於周廟，有欹器焉。孔子問於守廟者曰："此謂何器也？"對曰："此蓋爲宥座之器。"孔子曰："聞宥座之器，滿則覆，虛則欹，中則正，有之乎？"對曰："然。"孔子使子路取水試之，滿則覆，中則正，虛則欹。孔子喟然而嘆曰："嗚呼！惡有滿而不覆者哉！"子路曰："敢問持滿有道乎？"孔子曰："持滿之道，抑而損之。"子路曰："損之有道乎？"孔子曰："德行寬裕者，守之以恭。土地廣大者，守之以儉。祿位尊盛者，守之以卑。人眾兵強者，守之以畏。聰明睿智者，守之以愚。博聞強記者，守之以淺。夫是之謂抑而損之。"《詩》曰："湯降不遲，聖敬日躋。"《韓詩外傳》卷三

【探析與解說】

此章前段資料不見於《淮南子》，《文子》此章與前兩章，原應同屬文子學派相關思想史料。今本《文子》分屬三章，當爲編輯者妄加區隔。"三皇五帝"句之後，見於《淮南子・道應訓》。孔子觀周廟宥厄之事，另見於《荀子・宥坐》、《孔子家語・三恕》與《韓詩外傳》卷三。我們認爲全章似均爲《文子》古本資料。以下分兩點來說明：

第一、"天道極即反"段："天道"、"法天"等觀念承襲本篇第十章，而強調"日損沖氣"、"不欲盈"，也延續上章"執雌牝"的思想。

第二、"故三皇五帝有戒之器"段：見於《淮南子・道應訓》，也出現於《荀子》與《韓詩外傳》。四者敘說的方式略有不同。《文子》羅列出"愚、儉、畏、狹、讓"五種"不欲盈"的持守狀況；《荀子》僅指出"愚、讓、怯、謙"四種；《韓詩外傳》說明"恭、儉、卑、畏、愚、淺"六種；《淮南子》則舉出"愚、陋、畏、儉、讓"五種。《荀子》總結此事爲："此所謂挹而損之之道也。"《韓詩外傳》亦曰："夫是之謂抑而損之。"二者義理相同，《韓詩外傳》似引述《荀子》，但用以解《詩》。《淮南子》段後作"此五者，先王所以守天下而弗失也。反此五者，未嘗不危也。"並解證《老子》第十五章經文。《淮南子》有"武力毅勇，守之以畏"兩句，與《韓詩外傳》"人眾兵強者，守之以畏"略同，"守之以畏"，不見於《荀子》。《淮南子》似直接引用《韓詩外傳》以解《老》。《文子》此處似保留與其他三書同源，但文字記述不同的資料。

3-13

〔老子曰：聖人〕與陰俱閉，與陽俱開。

能至於無樂也，即無不樂也，無不樂即至樂極矣。是'以'[1]內樂外，不以外樂內。〔故有自樂也，即有自志，貴乎天下。〕所以然者，因天下而為天下之要也，不在於彼而在於我，不在於人而在於身，身得則萬物備矣。故達於心術之論者，嗜欲好憎外矣。是故無所喜，無所怒，無所樂，無所苦，萬物玄同，無非無是。

故士有一定之論，女有不易之行。不待勢而尊，不須財而富，不須力而強，不利貨財，不貪世名，不以貴為安，不以賤為危，形神氣志，各居其宜。

夫形者，生之舍也；氣者，生之元也；神者，生之制也，一失

---

[1] 據景宋本、朱弁注本、《文子纘義》道藏本補。

其位即三者傷矣。故以神為主者,形從而利,以形為'主'[1]者,神從而害。'其生'[2]貪'饕'[3]多欲之人,顛冥乎勢利,誘慕乎名位,幾以過人之知,位高於世,即精神日耗以遠,久淫而不還,形閉中拒,即無由入矣,是以時有盲忘自失之患。夫精神志氣者,靜而日充以壯,躁而日耗以老。是故聖人持養其神,和弱其氣,平夷其形,而與道浮沈。如此,則萬物之化無不偶也,百事之變無不應也。

【相關資料尋索】

......

所謂樂者,豈必處京臺、章華,游雲夢、沙丘,耳聽《九韶》、《六瑩》。口味煎熬芬芳,馳騁夷道,釣射鸐鵝之謂樂乎?吾所謂樂者,人得其得者也。夫得其得者,不以奢為樂,不以廉為悲,與陰俱閉,與陽俱開。

故子夏心戰而臞,道勝而肥。聖人不以身役物,不以欲滑和,是故其為歡不忻忻,其為悲不惙惙,萬方百變,消搖而無所定,吾獨慷慨,遺物而與道同出。是故有以自得之也,喬木之下,空穴之中,足以適情。無以自得也,雖以天下為家,萬民為臣妾,不足以養生也。

能至于無樂者,則無不樂;無不樂則至極樂矣。夫建鍾鼓,列管弦,席旃茵,傅旄象,耳聽朝歌北鄙靡靡之樂,齊靡曼之色,陳酒行觴,夜以繼日,強弩弋高鳥,走犬逐狡兔,此其為樂也,炎炎赫赫,怳然若有所誘慕。解車休馬,罷酒徹樂,而心忽然若有所喪,悵然若有所亡也。是何則?不以內樂外,而以外樂內,樂作而喜,曲終而悲,悲喜轉而相生,精神亂營,不得須臾平。察其所以,不得其形,而日以傷生,失其得者也。

是故內不得於中,稟授於外而以自飾也,不浸于肌膚,不浹于骨髓,不留于心志,不滯于五藏。故從外入者,無主於中,不止;從中出者,無應於外,

---

[1] "主"字,景宋本、朱弁本作"制"。

[2] 朱弁注本、《文子纘義》道藏本,無此二字。

[3] "饕"字,景宋本、朱弁本作"叨"。

不行。

故：聽善言便計，雖愚者知說之：稱至德高行，雖不肖者知慕之。說之者眾而用之者鮮，慕之者多而行之者寡。所以然者，何也？不能反諸性也。

夫內不開於中而強學問者，不入於耳而不著於心。此何以異於聾者之歌也？效人爲之而無以自樂也，聲出於口則越而散矣。夫心者，五藏之主也，所以制使四支，流行血氣，馳騁于是非之境，而出入於百事之門戶者也。是故不得於心而有經天下之氣，是猶無耳而欲調鍾鼓，無目而欲喜文章也，亦必不勝其任矣。

＊

故天下神器，不可爲也，爲者敗之，執者失之。夫許由小天下而不以己易堯者，志遺于天下也。所以然者，何也？因天下而爲天下〔也。天下〕之要，不在於彼而在於我，不在於人而在於〔我〕身，身得則萬物備矣。‘徹’於心術之論，〔則〕嗜欲好憎外矣。是故無所喜〔而〕無所怒，無所樂〔而〕無所苦，萬物玄同〔也〕，無非無是，化育玄燿，生而如死。

夫天下者亦吾有也，吾亦天下之有也，天下之與我，豈有間哉！夫有天下者，豈必攝權持勢，操殺生之柄而以行其號令邪？吾所謂有天下者，非謂此也，自得而已。自得，則天下亦得我矣。吾與天下相得，則常相有已，又焉有不得容其間者乎！

所謂自得者，全其身者也。全其身，則與道爲一矣。故雖游於江潯海裔，馳要褭，建翠蓋，目觀〈掉羽〉、〈武象〉之樂，耳聽滔朗奇麗激抮之音，揚鄭、衛之浩樂，結〈激楚〉之遺風，射沼濱之高鳥，逐苑囿之走獸，此齊民之所以淫泆流湎，聖人處之，不足以營其精神，亂其氣志，使心怳然失其情性。處窮僻之鄉，側谿谷之間，隱于榛薄之中，環堵之室，茨之以生茅，蓬戶甕牖，揉桑爲樞，上漏下溼，潤浸北房，雪霜滾灖，浸潭苴蔣，逍遙於廣澤之中，而仿洋於山峽之旁，此齊民之所爲形植黎黑，憂悲而不得志也，聖人處之，不爲愁悴怨懟，而不失其所以自樂也。是何也？則內有以通於天機，而不以貴賤貧富勞逸失其志德者也。故夫鳥之啞啞，鵲之唶唶，豈嘗爲寒暑燥溼變其聲哉！

是故：夫得道已定，而不待萬物之推移也，非以一時之變化而定吾所以自得也。吾所謂得者，性命之情，處其所安也。夫性命者，與形俱出其宗，形備而性命成,性命成而好憎生矣。

故:士有一定之論,女有不易之行,規矩不能方圓,鉤繩不能曲直。天地之永,登丘不可爲脩,居卑不可爲短。是故得道者,窮而不懾,達而不榮,處高而不機,持盈而不傾,新而不朗,久而不渝,入火不焦,入水不濡。

是故:不待勢而尊,不'待'財而富,不'待'力而強,平虛下流,與化翱翔。若然者,藏金於山,藏珠於淵,不'利'貨財,不貪'勢'名。

是故:不以康爲樂,不以慊爲悲,不以貴爲安,不以賤爲危,形神氣志,各居其宜,以隨天地之所爲。

*

夫形者,生之舍也;氣者,生之'充'也;神者,生之制也。一失位,〔則〕三者傷矣。

是故聖人使人各處其位,守其職,而不得相干也。故夫形者非其所安也而處之則廢,氣不當其所充而用之則泄,神非其所宜而行之則昧。此三者,不可不慎守也。

夫舉天下萬物,蚑蟯貞蟲,蠕動蚑作,皆知其所喜憎利害者,何也?以其性之在焉而不離也,忽去之,則骨肉無倫矣。今人之所以眭然能視,瞥然能聽,形體能抗,而百節可屈伸,察能分白黑、視醜美,而知能別同異、明是非者,何也?氣爲之充,而神爲之使也。何以知其然也?凡人之志各有所在而神有所繫者,其行也,足蹟趎垎,頭抵植木而不自知也,招之而不能見也,呼之而不能聞也。耳目非去之也,然而不能應者,何也?神失其守也。故在於小則忘於大,在於中則忘於外;在於上則忘於下,在於左則忘於右,無所不充則無所不在。是故,貴虛者,以毫末爲宅也。

今夫狂者之不能避水火之難而越溝瀆之險者,豈無形神氣志哉?然而用之異。失其所守之位,而離其外內之舍,是故舉錯不能當,動靜不能中,終身運枯形于連嶁列埒之門,而蹎蹈于污壑阱陷之中,雖生俱與人鈞,然而不免爲人戮笑者,何也?形神相失也。

故以神爲主者,形從而利;以形爲制者,神從而害。貪饕多欲之人,'漠睧於'勢利,誘慕'於'名位,'冀'以過人之智,'植于高世','則'精神日〔以〕耗而'彌遠',久淫而不還,形閉中距,'則'〔神〕無由入矣。

是以〔天下〕時有盲妄自失之患。此膏燭之類也，火逾然而消逾亟。

夫精神‘氣志’者，靜而日充〔者〕以壯，躁而日耗〔者〕以老。是故聖人‘將’養其神，和弱其氣，平夷其形，而與道‘沈浮’〔俛仰〕，恬然則縱之，迫則用之。其縱之也若委衣，其用之也若發機。如‘是’，則萬物之化無不‘遇’，而百事之變無不應。《淮南子·原道訓》p. 33-43／〈原道訓〉辨析，頁35-42

【探析與解說】

此章資料相當雜亂，全章可分為四段，分別見於《淮南子·原道訓》多處，文意並不相連貫，當為《淮南子》別本殘文竄入。以下分四點來說明：

第一、“聖人與陰俱閉”段：〈原道訓〉作“吾所謂樂者，人得其得者也。夫得其得者，不以奢為樂，不以廉為悲，與陰俱閉，與陽俱開。”《文子》此兩句，與下文“能至於無樂也”文意與文氣，均難通慣，恐原係《淮南子》別本殘文，而編輯者增“聖人”二字於句前。

第二、“能至於無樂也”段：此段不但與前兩句義理無關，全段文意也並不整齊。全文除“故有自樂也，即有自志，貴乎天下”三句外，均見於〈原道訓〉，〈原道訓〉敘說的結構為：“所謂樂者，豈必處京臺……吾所謂樂者，人得其得者也。夫得其得者，不以奢為樂，不以廉為悲，與陰俱閉，與陽俱開。……是故有以自得之也……能至于無樂者，則無不樂；無不樂則至極樂矣。夫建鍾鼓，列管弦……此其為樂也，……解車休馬，罷酒徹樂，而心忽然若有所喪，悵然若有所亡也。是何則？不以內樂外，而以外樂內……。故天下神器，不可為也，為者敗之，執者失之。夫許由小天下而不以己易堯者，志遺于天下也。所以然者，何也？因天下而為天下也。……”〈原道訓〉“故天下神器”屬另章資料。《淮南子》此處文字，另有部份見於《文子·道原》第四章與第七章。《文子》此章極似《淮南子》別本殘文竄入，編輯者分別置於〈九守〉篇與〈道原〉篇。

又，“即至樂極矣”句，“至樂極”三字，〈原道訓〉作“至極樂”。王念孫校《淮南子》云：“‘至極樂’本作‘至樂極’。‘至樂’二字連讀，謂極樂也。……《文子·九守》篇作‘即至樂極矣’。”

又，“固有以自樂也”三句，不見於《淮南子》，按其文義，與《淮南子》此處論說內容相類，《淮南子》似有脫誤。

又，“不在於人而在於身”句，〈原道訓〉作“不在於人而在於我身”。王念孫校《淮南子》云：“‘我’字涉上句而衍。‘彼我’、‘人身’，相對為文，‘身’上不當有‘我’字。《文子·九守》篇正作‘不在於人而在於身’。”

又，“所以然者”句之後，〈原道訓〉文句是說明何以“許由小天下而不以己易堯”。〈九守〉篇此句，與前文文意無關。

第三、“故士有一定之論”段：“故士有一定之論”兩句，見於〈原道訓〉。〈原道訓〉彼處文字結構為：“所謂自得者，全其身者也。全其身，則與道為一矣。……是故：夫得道已定，而不待萬物之推移也，非以一時之變化而定吾所以自得也。……**故：士有一定之論，女有不易之行**……**是故：不待勢而尊，不待財而富**……。”以三重“是故”或“故”引述前人資料來解證“自得者”即“全身”而“與道為一”。《淮南子》似引用“文子外編”資料，但《文子》此處，恐為《淮南子》別本殘文。

第四、“夫形者”段：全段說明“形”、“氣”、“神”三者的關係，強調“聖人持養其神”，與〈九守〉篇〈守弱〉子目的思想契合。而此項資料不但與〈九守〉篇的內容有關，在《淮南子》書中也應屬〈精神訓〉資料。此處見於《淮南子·原道訓》者，極可能是〈精神〉篇錯簡。本篇〈守弱〉子目下，共有三章，多說明“聖人守弱”之義，如：“是以聖人……見小守柔”、“故聖人以道蒞天下，柔弱微妙者見小也……”、“聖人卑謙……”、“聖人執雌牝……”（以上本篇第十一章）、“故聖人日損……”（本篇第十二章）。這些文字均不見於《淮南子》，而與此章內容相近。此章原應屬於文子學派史料，保留於“文子外編”中，《淮南子》曾引用，並以《淮南子》別本形式殘存於今本《文子》。

又，“生之元”句，〈原道訓〉作“生之充”。王念孫校《淮南子》云：“‘充’本作‘元’。……元者，本也。言氣為生之本也。《文選·養生論》引此正作‘元’，《文子》〈九守〉篇亦作‘元’。”

又，"顚冥乎勢利"句，"顚冥"二字，〈原道訓〉作"漠曜"，王念孫校《淮南子》云："'漠曜'當爲'滇眠'，字之誤也。……'滇眠'或作'顚冥'。《文子》〈九守〉篇作'顚乎勢利'，是其證也。《莊子》〈則陽〉篇'顚冥乎富貴之地'，《釋文》：'冥，音眠。司馬云：顚冥，猶迷惑也。言其交接人主，情馳富貴。'即此所云'滇眠於勢利，誘慕於名位'也。"

又，"位高於世"句，〈原道訓〉作"植于高世"。王念孫校《淮南子》云："'植于高世'當作'植高于世'。……今本'高'、'于'二字誤倒，則文不成義。《文子》作'位高於世'，'位'亦'立'也。"俞樾云："'位'當作'立'，言貪饕多欲之人，冀以過人之智，立高名於當世也。'立高于世'，與《列子》〈說符〉篇'立懂于天下'句法相似。《淮南子》〈原道〉篇云：'冀以過人之智，植于高世'，當作'植高于世'。'植'即'立'也，誤作'植于高世'，文不可通矣。"《文子》似保留多處《淮南子》舊文。

3-14

守樸

〔老子曰：〕

所謂真人者，性合乎道也。故有而若無，實而若虛，治其內不治其外，明白太素，無為而復樸，體本抱神，以游天地之根，芒然仿佯塵垢之外，逍遙乎無事之業，機械智巧，不載於心。審於無假，不與物遷，見事之化，而守其宗。心意專於內，通達'禍福'[1]於一，居不知所為，行不知所之。不學而知，弗視而見，弗為而成，弗治而辯，感而應，迫而動，不得已而往，如光之耀，如影之效，以道為循，有待而然。廓然而虛，清靜而無。以千生為一化，以萬異為一宗。有精而不使，有神不用，守大渾之樸，立至精之中，其寢不

---

[1] "禍福"二字，朱弁注本作"偶"。

夢，其智不萌，其動無形，其靜無體，存而若亡，生而若死，出入
無間，役使鬼神。精神之所能登假於道者也。

　　使精神暢達而不失於元，日夜無隙而與物為春，即是合而生時
於心者也。故形有纍而神未嘗化，以不化應化，千變萬轉而未始有
極。化者復歸於無形也，不化者與天地俱生也。故生生者未嘗生，
其所生者即生，化化者未嘗化，其所化者即化，〔此真人之游也，
純粹之道也。〕

【相關資料尋索】

　　所謂真人者，性合于道也。故有而若無，實而若虛，處其一不知其二，治
其內不‘識’其外，明白太素，無為復樸，體本抱神，以游‘于’天地之‘樊’，
芒然仿佯‘于’塵垢之外，〔而〕消搖‘于’無事之業。浩浩蕩蕩乎，機械知
巧‘弗’載於心。

　　是故死生亦大矣，而不為變；雖天地覆育，亦不與之抮抱矣。審乎無瑕，
〔而〕不與物‘糅’；見事之‘亂’，而〔能〕守其宗。若然者，正肝膽，遺
耳目，心‘志’專于內，通達〔耦〕于一。居不知所為，行不知所之，渾然而
往，逯然而來。形若槁木，心若死灰。忘其五藏，損其形骸。不學而知，‘不’
視而見，‘不’為而成，‘不’治而辯。感而應，迫而動，不得已而往，如光
之燿，如景之‘放’，以道為‘紃’，有待而然。抱其太清之本而無所容與，
而物無能營，廓‘惝’而虛，清靖而無〔思慮〕，大澤焚而不能熱，河、漢涸
而不能寒也，大雷毀山而不能驚也，大風晦日而不能傷也。是故視珍寶珠玉猶
石礫也，視至尊窮寵猶行客也，視毛嬙、西施猶顑醜也。

　　以‘死生’為一化，以萬‘物’為一‘方’，同精於太清之本，而游於忽
區之旁。有精而不使〔者〕，有神〔而〕不‘行’，‘契’大渾之樸，〔而〕
立至清之中。

　　〔是故〕其寢不夢，其智不萌，其魄不抑，其魂不騰。反覆終始，不知其
端緒，甘瞑太宵之宅，而覺視于昭昭之宇，休息于無委曲之隅，而游敖于無形

埒之野。居而無容，處而無所，其動無形，其靜無體，存而若亡，生而若死，出入無間，役使鬼神，淪於不測，入於無間，以不同形相嬗也，終始若環，莫得其倫。此精神之所以能登假于道也，是故真人之所游。

若吹呴呼吸，吐故內新，熊經鳥伸，鳧浴猿躩，鴟視虎顧，是養形之人也，不以滑心。使神 '滔蕩' 而不失 '其充'，日夜無 '傷' 而與物為春，則是合而生時于心也。且人有戒形而無損於心，有綴宅而無耗精。夫癩者趨不變，狂者形不虧，神將有所遠徙，孰暇知其所為！故形有 '摩' 而神未嘗化〔者〕，以不化應化，千變萬 '抮' 而未始有極。化者，復歸於無形也；不化者，與天地俱生也。夫木之死也，青青去之也。夫使木生者豈木也？猶充形者之非形也。

故生生者未嘗 '死' 也，其所生 '則死'〔矣〕；化 '物' 者未嘗化也，其所化 '則' 化〔矣〕。《淮南子・精神訓》p. 227-231／〈精神訓〉辨析，頁108-112

【探析與解說】

此章見於《淮南子・精神訓》。全章內容與莊學思想相近，"真人" 觀念即取自《莊子》。此章應為輯入 "文子外編" 之莊子後學資料，後竄入《文子》，以下分兩點來說明：

第一、"所謂真人者" 段：此段文字多出自《莊子》如："治其內不識其外，明白太素，無為復樸，體本抱神"，見於〈天地〉篇；"芒然仿佯于塵垢之外，而逍搖于無事之業"，見於〈大宗師〉篇與〈達生〉篇；"居不知所為，行不知所之"見於〈馬蹄〉篇與〈庚桑楚〉篇；"感而應，迫而動，不得已而往"，見於〈刻意〉篇。"使神滔蕩而不失其充，日夜無傷而與物為春，則是合而生時于心也"，見於〈德充符〉篇；"故生生者未嘗死也，其所生則死矣；化物者未嘗化也，其所化則化矣"，見於〈大宗師〉篇。《文子》保留部份《淮南子》舊文。

又，"如影之效" 句，"效" 字，〈精神訓〉作 "放"。王紹蘭校《淮南子》云："'放' 當為 '敠' 字之壞也。《說文・放部》：'敠，光景流也。從白，從放。' '敠' 從 '白'，故為光景；從 '放'，故為 '流'。然則《淮南》本作 '如景之敠'，謂如景之流。許解 '敠' 為光景流，正取此文之義也。

《文子》〈九守〉篇亦本作‘敫’，傳寫者多見‘效’，寡見‘敫’，又以‘效’與‘燿’韻，因誤‘敫’爲‘效’。不知‘敫’讀若‘耀’，證與‘燿’爲韻。”

又，“以道爲循”句·“循”字，〈精神訓〉作“紃”。王叔岷云：“‘循’、‘紃’正假字。”

又，“廓然而虛，清靜而無”兩句，〈精神訓〉作“廓惝而虛，清靖而無思慮”。高誘注曰：“不勞精神”。陳季皋云：“‘思慮’二字，疑本在注文‘精神’下，傳寫誤入正文。……《文子》〈九守〉篇‘廓然而虛，清靖而無’，即其明證。”

又，“以千生爲一化”句，“千”字，〈精神訓〉作“死”。俞樾校《淮南子》云：“《文子》〈九守〉篇作‘以千生爲一化’，當從之。言生之數雖有千，而已爲一也。‘以千生爲一化，以萬物爲一方’，兩文相儷，而意亦相準。若作‘死生’，則不累矣。”王叔岷云：“案：上文‘死生無變於己’（本《莊子》〈齊物論〉篇），‘是故死生亦大矣，而不爲變’（本《莊子》〈德充符〉篇），下文‘死之與生，一體也’，皆可證此‘以死生爲一化’之義。《雲笈七籤》九一引《文子》亦作‘死生’，則作‘千生’者，淺人妄改以與‘萬物’相儷者矣。俞說非也。”

第二、“使精神暢達”段：此段亦爲〈精神訓〉殘文。今本〈精神訓〉此處同樣出現闕文，其中“是故真人之所游。若吹呴呼吸，吐故內新，熊經鳥伸，鳧浴猿躩，鴟視虎顧，是養形之人也，不以滑心”段，與前後文並不連貫。“此真人之遊，純粹之道也”，不見於《淮南子》，而上段“精神之所能登假於道者也”句後，〈精神訓〉有“故真人之所遊”。俞樾校《淮南子》云：“‘是故真人之所遊’，本作‘是真人之遊也’，乃結上之辭。《文子》〈九守〉篇亦有此文，大略相同，結之曰‘此真人之遊也’，乃其明證也。下文曰：‘若吹呴呼吸，吐故內新，熊經鳥伸，鳧浴猿躩，鴟視虎顧，是養形之人也，不以滑心。’高注：‘是非真人之道也。’若如今本作‘是故真人之所遊’，則下文云云，皆爲真人之道矣。其謬殊甚，不可不正。”顯見今本《淮南子》此處有脫文或錯簡，《文子》保留《淮南子》原文句序。

四 〈符言〉篇探析

　　此篇資料，似原爲古時哲人雋語匯編的殘卷，其中包含部份諺語與格言。類似此種內容的資料，先秦時代早有流傳，在古典文獻中提到：《商箴》、《周箴》、《伊》、《志》、《記》、《周諺》、《夏諺》、《諺》、《建言》、《先人有言》、《用兵有言》等書，即應屬此類。先秦至兩漢著作中，更有將此種資料集結成篇者，如：《黃帝四經》的〈稱〉篇，《韓非子》的〈說林〉上、下篇，〈儲說〉六篇，《淮南子》的〈說山〉、〈說林〉兩篇，《說苑》也有〈談叢〉篇與〈雜言〉篇，《列子》有〈說符〉篇，《劉子》有〈言苑〉篇。最近出土的郭店楚墓竹簡中，也有整理者定爲“語叢”的四篇資料。《文子》古本，或定州竹簡《文子》是否有此篇資，今已難知。今本此篇當爲編輯《文子》者，以“老子曰”形式分成三十一段。

　　《文子》之〈符言〉篇，與上述典籍“詮言”、“雜言”、“說符”等篇名，在詞意上相當接近。其中，《列子》一書，曾經由張湛編輯與註解，他並也曾注過《文子》。不知今本《文子》一書的編輯，是否與他曾有過關係？或後人編定《文子》時，曾參照張湛所注《列子》中“說符”的篇名？在道教傳承中，《文子》此篇加上了特殊宗教性的意涵。徐靈府解說此篇的旨意，就稱：“符者，契也；言者理也。故因言契理之微，悟道忘言之妙，可謂奧矣。”

　　今本《文子》此篇三十一章中，有二十六章見於《淮南子》，更有十五章出現於〈詮言訓〉。〈詮言訓〉引用了大量古人論說的資料，其中部份文字，或許與《文子》所保留者同源。也可能是魏晉之後，《淮南子》別本的殘卷與《文子》古本相混雜，編輯今本《文子》者，就此項資料整理以編成。〈符言〉篇與〈詮言訓〉，二者篇名也相當接近。〈符言〉篇的編定，也應當與〈詮言訓〉資料，有密切關連。

　　全篇文字與《淮南子》的關係如下表：

第一章：見於〈繆稱訓〉　　　＊第十六章：見於〈詮言訓〉

＊第二章：見於〈詮言訓〉　　　＊第十七章：見於〈詮言訓〉

＊第三章：見於〈詮言訓〉　　　＊第十八章：見於〈詮言訓〉

第四章：未見於《淮南子》　　　＊第十九章：見於〈詮言訓〉

第五章：見於〈說山訓〉　　　＊第二十章：見於〈詮言訓〉

　　　　與〈原道訓〉　　　　第二十一章：見於〈道應訓〉

第六章：未見於《淮南子》　　　第二十二章：見於〈泰族訓〉

第七章：未見於《淮南子》　　　第二十三章：未見於《淮南子》

第八章：見於〈繆稱訓〉　　　第二十四章：見於〈人間訓〉

＊第九章：見於〈詮言訓〉　　　第二十五章：見於〈繆稱訓〉

＊第十章：見於〈詮言訓〉　　　第二十六章：見於〈繆稱訓〉

＊第十一章：見於〈詮言訓〉　　　第二十七章：未見於《淮南子》

　　　　與〈繆稱訓〉　　　　第二十八章：見於〈說山訓〉

＊第十二章：見於〈詮言訓〉　　　第二十九章：見於〈說山訓〉

＊第十三章：見於〈詮言訓〉　　　第三十章：見於〈說山訓〉

＊第十四章：見於〈詮言訓〉　　　＊第三十一章：見於〈詮言訓〉

＊第十五章：見於〈詮言訓〉

（＊號表示見於〈詮言訓〉）

4-1

〔老子曰：〕

道至高無上，至深無下，平乎準，直乎繩，圓乎規，方乎矩，包裹天地而無表裡，洞同覆蓋而無所礙。是故體道者，不怒不喜，其坐無慮，寢而不夢，見物而名，事至而應。

【相關資料尋索】

道至高無上，至深無下，平乎準，直乎繩，‘員’乎規，方乎矩，包裹‘宇宙’而無表裡，洞同覆載而無所礙。是故體道者，〔不哀不樂，〕‘不喜不怒’，其坐無慮，〔其〕寢無夢，‘物來’而名，事‘來’而應。　《淮南子‧繆稱訓》p. 318 ／〈繆稱訓〉辨析，頁 207

【探析與解說】

此章全見於《淮南子‧繆稱訓》首章。關於〈繆稱訓〉資料的性質，楊樹達認爲：“此篇多引經證義，皆儒家之說也。今校《子思子》佚文，同者凡七、八節之多，疑皆采自彼也。”[1]所謂“繆稱”一詞，許匡一解釋說：“‘謬’有‘異’和‘交錯’的意思，……‘稱’有‘引述’、‘並舉’的意思。”[2]因此，以“繆稱”名篇似指：“以道家道德觀念爲準據，雜引儒家後學思想的論說，以分析聖人處世的作爲。”全篇體例類多爲箴言與短論，彼此之間文意並不連屬。〈繆稱訓〉似取自劉安及其門客輯入“文子外編”資料，而見於《文子‧符言》者，或爲“文子外編”殘文竄入，或爲《淮南子》別本殘文。

又，“不喜不怒”句，〈繆稱訓〉作“不哀不樂，不喜不怒”，二句相對爲文，〈符言〉篇脫“不哀不樂”。

又，“見物而名，事至而應”兩句，〈詮言訓〉作“物來而名，事來而應”，“物來”、“事來”，語意重複，“見物”、“事至”，相對爲文，《文子》文意較佳。

4-2

〔老子曰：〕

---

[1] 《淮南子證聞》頁 92，上海古籍出版社 1985 年。

[2] 《淮南子全譯》頁 541。

欲尸名者必生事，事生即捨公而就私，倍道而任己。見譽而為善，立'名'而為賢，即治不順理而事不順時。治不順理則多責，事不順時則無功。妄為要中，功成不足以塞責，事敗足以滅身。

【相關資料尋索】

名與道不兩明，人受名則道不用，道勝人則名息矣。道與人競長，章人者，息道者也。人章道息，則危不遠矣。故世有盛名，則衰之日至矣。

欲尸名者必為善，欲為善者必生事，事生則'釋'公而就私，背'數'而任己。〔欲〕見譽'於'為善，〔而〕立名'於'為賢，則治不'脩故'，而事不'須'時。治不'脩故'，則多責；事不'須'時，則無功。責多功鮮，無以塞之，則妄發而邀當，妄為〔而〕要中。功〔之〕成〔也〕，不足以'更'責；事〔之〕敗〔也〕，〔不〕足以'弊'身。故重為善若重為非，而幾於道矣。《淮南子‧詮言訓》p. 471-472／〈詮言訓〉辨析，頁 402

【探析與解說】

此章見於《淮南子‧詮言訓》，〈符言〉篇與〈詮言訓〉此處似原屬同源之"文子外編"資料。

又 "欲尸名者必生事，事生即捨公而就私" 兩句，〈詮言訓〉作 "欲尸名者必為善，欲為善者必生事，事生則釋公而就私"，〈符言〉篇下文提及 "見譽而為善，立名而為賢"，《文子》此處當有脫文。

又， "倍道而任己" 句， "倍道" 二字，〈詮言訓〉作 "貨數"。王引之校《淮南子》云： " '貨' 當 '背'。字之誤也。 '背數而任己'，謂背自然之數而任一己之私，與上句 '釋公而就私'，同意。《文子》〈符言〉篇作 '倍道而任己'， '倍' 與 '背' 同。" 。雖然 "倍道" 與 "背數" 意含相同，但可能分屬不同文本。

---

¹ 據朱弁注本、《文子纘義》道藏本、《字彙》本補。

又，“順時”二字，〈詮言訓〉作“須時”，《淮南子》全書他處無有“須時”一詞者，〈兵略訓〉曰：“言必合數，動必順時”，“須”字恐因形近而誤。

又，“妄爲要中”句，接“功成不足以塞責，事敗足以滅身”，意謂“妄爲而求僥倖，即使成功也無法堵塞責備，若是失敗則必定身敗名裂。〈詮言訓〉作“責多功鮮，無以塞之，則妄發而邀當，妄爲而要中。”二者敘說的方式不同。

又“功成不足以塞責，事敗足以滅身”兩句，〈詮言訓〉作“功之成也，不足以更責；事之敗也，不足以弊身”。“更責”與“塞責”，意同。“不足以弊身”句，“不”字，王念孫云：“‘不’字涉上文而衍。此言功成則不足以償其責，事敗責適足以斃其身也《文子》〈符言〉篇作‘事敗足以滅身’，是其證。”

又，〈詮言訓〉下有“故重爲善若重爲非，而幾於道矣”二句，〈符言〉篇無。〈詮言訓〉似引述“文子外編”資料，並加以申論。

4-3

〔老子曰：〕

無爲名戶，無爲謀府，無爲事任，無爲智主。藏於無形，行於無怠；不爲福先，不爲禍始。始於無形，動於不得己，欲福先無禍，欲利先遠害。故無爲而寧者，失其所寧則危，無爲而治者，失其所治即亂。〔故“不欲碌碌如玉，落落如石。”

其文好者皮必剝，其角美身者必殺；甘泉必竭，直木必伐，華榮之言後爲慾。石有玉，傷其山，黔首之患固在言前。〕

【相關資料尋索】

聖人‘不’爲名尸，‘不’爲謀府，‘不’爲事任，‘不’爲智主。藏無形，行無跡，遊無朕。不為福先，不為禍始。‘保於虛無’，動於不得已，欲福〔者〕‘或為’禍，欲利〔者〕‘或離’害。故無為而寧者，失其所〔以〕寧則危；無事而治者，失其所〔以〕治‘則’亂。星列於天而明，故人指之；義列於德而見，故人視之。人之所指，動則有章；人之所視，行則有跡。動有章則詞，行有跡則議，故聖人掩明於不形，藏跡於無為。《淮南子・詮言訓》p. 464 /

〈詮言訓〉辨析，頁 391-392

　　無為名尸，無為謀府；無為事任，無為知主。體盡無窮，而遊無朕；盡其所受乎天，而無見得，亦虛而已。至人之用心若鏡，不將不迎，應而不藏，故能勝物而不傷。《莊子・應帝王》

　　曰：維哉其時，告汝□□道，恐為身災。謹哉民乎，朕則生汝，朕則刑汝，朕則經汝，朕則亡汝，朕則壽汝，朕則名汝。故曰：文之美而以身剝，自謂智也者，故不足。角之美，殺其牛；榮華之言後有茅。凡彼濟者必不怠，觀彼聖人必趣時，石有玉而傷其山，萬民之患故在言。《逸周書・周祝解》

【探析與解說】

　　此章資料，前段見於《淮南子・詮言訓》，《淮南子》似引述《莊子》資料，而〈符言〉篇也與《莊子》文字相近。後段資料，見於《逸周書》。此章似原屬文子學派資料，或與解《老》資料有關。以下分兩點來說明：

　　第一、“無為名尸”段：《文子》此段文字，雖與《淮南子》略近，二者意含卻有出入。《文子》從“無為”產生的結果，說明“無為”的意義，〈詮言訓〉則從“無為”本身的持守，解釋失去“無為”的後果。〈符言〉篇著重在“無為”的表現，〈詮言訓〉則強調“無為”的義理。“始於無形，動於不得已”兩句，〈符言〉篇說明的重點在“始於無形”之“動”上，而〈詮言訓〉作“保於無形，動於不得已”，則強調“保”的操持；“欲福先無禍，欲利先避害”兩句，〈符言〉篇說的是：先考慮無禍害，然後才去求得“福”、“利”，而〈詮言訓〉作“欲福者或為禍，欲利者或離害”，則說明：“福”、“利”有可能導致禍害。“失其所寧則危”、“失其所治則亂”兩句，〈符言〉篇強

調：要保持無爲的結果，也就是“所治”與“所寧”，〈詮言訓〉作“失其所
以寧則危”、“失其所以治則亂”，則強調：不可失去無爲，著重在“所以治”
與“所以寧”。〈符言〉篇文字意含的哲學性較〈詮言訓〉爲強，可能保有《淮
南子》舊文形式。

又，此段“無爲名尸”四句，與見於《莊子・應帝王》者相同，〈應帝王〉
全段內容，表現出南方道家思想特徵，而〈符言〉篇此段，卻近於竹簡《文子》
思想的意含，並與解《老》傳承有關。因此，“無爲名尸”四句，似另有其來
源，《莊子》與《文子》均引述之，而各自發揮不同的闡釋。

第二、“其文好者皮必剝”段：此段見於《逸周書・周祝解》。“直木必
伐”句，見於《黃帝四經・十大經》〈行守〉章與《莊子・山木》，似均爲古
時諺語。

4-4

〔老子曰：

時之行，動以從，不知道者福爲禍；‘時之從，動以行，不知
道者以福亡。’[1]

天爲蓋，地爲軫，善用道者終無盡；地爲軫，天爲蓋，善用道
者終無害。陳彼五行必有勝，天之所覆無不稱。

故“知不知，上，不知知，病也。”〕

【相關資料尋索】

時之行〔也〕，‘勤’以徙，不知道者福爲禍；時之徙也，勤以行，不知
道者以福亡。……

---

[1] 據朱弁注本補。

故：天為蓋，地為軫，善用道者終無盡；地為軫，天為蓋，善用道者終無害；天地之間有滄熱，善用道者終不竭。陳彼五行必有勝，天之所覆'盡'可稱。《逸周書·周祝解》

【探析與與解說】

此章資料未見於《淮南子》，而出現於《逸周書》。《逸周書》思想形成於三晉地區，《文子》保留此項資料，顯示它與晉學地域的特殊關係。《文子》引用此種資料，解證《老子》第七十一章"知不知"段經文。"動"、"從"二字誤，當依〈周祝解〉改為"勤"、"徙"，意謂：時間的運行，是不息地在遷變，不懂此道者，幸福也會變成災禍。

4-5

〔老子曰：〕

山生金，石生玉，反相剝；木生蟲，還自食；人生事，還自賊。

夫好事者未嘗不中，利者未嘗不窮；善游者溺，善騎者墮，各以所好，反自為禍。得在時，不在爭，治者道，不在聖。士處下，不爭高，故高而不危；水流下，不爭疾，故去而不遲。〔"是以聖人無執故無失，無為故無敗。"〕

【相關資料尋索】

山生金，反'自刻'；木生'蟲'，'反'自食；人生事，'反'自賊。《淮南子·說林訓》p. 582／〈說林訓〉辨析，頁529

〔〔夫〕善游者溺，善騎者墮，各以〔其〕所好，反自為禍。〔是故〕好事者未嘗不中，爭利者未嘗不窮也〕。昔共工之力，觸不周之山，使地東南傾。

與高辛爭爲帝,遂潛于淵,宗族殘滅,維〔繼〕嗣絕祀。越王翳逃山穴,越人
熏而出之,遂不得已。由此觀之,得在時,不在爭;治在道,不在聖。士處下,
不爭高,故安而不危;水下流,不爭先,故疾而不遲。《淮南子·原道訓》p. 22-23／〈原
道訓〉辨析,頁 17

【探析與解說】

　　此章分別見於《淮南子·說林訓》與〈原道訓〉兩篇。全章資料,似文子
學派引用古時諺語,解證《老子》第六十四章的經文。《淮南子》引用同源資
料申述"先後"、"禍福"之理,二者取擇的用意相同。"水流下"句,〈原
道訓〉作"水下流"。王叔岷校《淮南子》云:"案:此當作'水流下'與上
文'土處下'對言,《文子》〈符言〉篇正作'水流下'。"

4-6

　　〔老子曰:

　　一言不可窮也,二言天下宗也,三言諸候雄也,四言天下雙也。
貞信則不可窮,道德則天下宗,舉賢德,諸侯雄,惡少愛衆天下雙。〕

【探析與解說】

　　此章資料未見於《淮南子》,應爲《文子》所輯古時雋語。"信"字疑衍,
"貞"爲一言,即"一"字之言。或"貞"爲衍字,俞樾曰:"'貞信'則不
可窮句,衍'貞'字。'信',一言也,'道德',二言也,'舉賢德',三
言也,'惡少愛衆',四言也。以一字爲一言,後人不達此旨,增'貞'字於
'信'字之上,則亦二言而非一言矣。"

4-7

〔老子曰：

人有三死，非命亡焉。飲食不節，簡賤其身，病共殺之；樂得無己，好求不止，刑共殺之；以寡犯眾，以弱凌強，兵共殺之。〕

【相關資料尋索】

天下有參死：忿不量力死，嗜欲無窮死，寡不必眾死。《黃帝四經·稱》

哀公問孔子曰："有智者壽乎？"孔子曰："然。人有三死而非命也者，自取之也。居處不禮，飲食不節，勞佚過度者，病共殺之；居下而好干上，嗜欲無厭，求索不止者，刑共殺之；少以敵眾，弱以侮強，忿不量力者，兵共殺之。故有三死而非命也者，自取之也。"《詩》曰："人而無儀，不死何爲。"

《韓詩外傳》卷一

【探析與解說】

此章資料《淮南子》未見，而分別出現於《黃帝四經·稱》與《韓詩外傳》。全章應屬《文子》古本所輯資料。見於《黃帝四經》者，詞意古樸，或與《文子》同源，而《韓詩外傳》引用之，並改爲哀公問禮於孔子的故事形式，用以解《詩》。

4-8

〔老子曰：〕

其施厚者其報美，其怨大者其禍深；薄施而厚望，畜怨而無患者，未之有也。察其所以往者，即知其所以來矣。

【相關資料尋索】

其施厚者其報美，其怨大者其禍深。薄施而厚望、畜怨而無患者，〔古今〕未之有也。〔是故聖人〕察其所以往，則知其所以來‘者’。《淮南子・繆稱訓》p. 319／〈繆稱訓〉辨析，頁 210

【探析與解說】

此章見於《淮南子・繆稱訓》，二者似屬同源之“文子外編”資料。全文表現晉學慎微觀時的思想，當與文子學派有關。“則知其所以來矣”句，“矣”字，〈繆稱訓〉作“者”，恐因形近而誤，當依《文子》作“矣”。

4-9

〔老子曰：〕

原天命，治心術，理好憎，適情性，即治道通矣。原天命即不惑禍福，治心術即不妄喜怒，理好憎即不貪無用，適情性即欲不過節。不惑禍福即動靜順理，不妄喜怒即賞罰不阿，不貪無用即不以欲害性，欲不過節即養生知足。凡此四者，不求於外，不假於人，反己而得矣。

【相關資料尋索】

原天命，治心術，理好憎，適情性，則治道通矣。原天命‘則’不惑禍福，治心術‘則’不妄喜怒，理好憎‘則’不貪無用，適情性‘則’欲不過節。不惑禍福‘則’動靜循理，不妄喜怒‘則’賞罰不阿，不貪無用‘則’不以欲害性，欲不過節‘則’養性知足，凡此四者，‘弗’求於外，‘弗’假於人，反己而得矣。《淮南子・詮言訓》p. 466／〈詮言訓〉辨析，頁 393

原天命，治心術，理好惡，適情性，而治道通矣。原天命則不惑禍福，不惑禍福，則動靜循理矣。治心術則不妄喜怒，不妄喜怒則賞罰不阿矣。理好惡則不貪無用，不貪無用則不以欲害性，適情性則欲不過節。欲不過節則養性知足矣。四者不求於外，不假於人，反諸己而存矣。夫人者說人者也，形而爲仁義，動而爲法則。《詩》曰："伐柯伐柯，其則不遠。" 《韓詩外傳》卷二

【探析與解說】

此章見於《韓詩外傳》與《淮南子·詮言訓》。《韓詩外傳》記述較詳。《韓詩外傳》成書早於《淮南子》，因此，不可能抄襲後者。《文子》文字與《淮南子》大致相同。《文子·九守》第六章曰"古之爲道者，理情性，治心術，養以和，持以適"（見於《淮南子·精神訓》）與此章首五句相近。此處似文子學派思想史料，不但韓嬰引用來解證《詩經·伐柯》經文的義理，《淮南子》亦似加以引述。《文子》有十數章的部份文字見於《韓詩外傳》，二者間當有關連。《漢書·儒林傳》記有淮南賁生受教於韓嬰，不知賁生是否後入劉安門下，而將部份見於今本《文子》之資料帶至淮南。又，"即不以欲害性"句，〈詮言訓〉作"則不以欲用害性"。俞樾校《淮南子》云："'用'字衍，《文子》〈符言〉篇作'不貪無用即不以欲害性。'"

4-10

〔老子曰：〕

不求可非之行，不憎人之非己，修足譽之德，不求人之譽己。不能使禍無至，信己之不迎也，不能使福必來，信己之不讓也。禍之至，非己之所生，故窮而不憂；福之來，非己之所成，故通而不矜。是故閑居而樂，無爲而治。

【相關資料尋索】

聖人不'為'可非之行，不憎人之非己〔也〕；脩足譽之德，不求人之譽己〔也〕。不能使禍'不'至，信己之不迎也；不能使福必來，信己之不'攘'〔也〕。禍之至也，非'其求'所生，故窮而不憂；福之'至'，非'其求'所成，故通而'弗'矜。知禍福之制，不在於己也，故閒居而樂，無為而治。《淮南子·詮言訓》p.468／〈詮言訓〉辨析，頁398

【探析與解說】

此章與下兩章，接續見於《淮南子·詮言訓》，〈符言〉篇此數章似保留與《淮南子》同源之"文子外編"資料。"不求可非之行"句，"求"，字，〈詮言訓〉作"為"。"行不可求"，〈符言〉篇"求"字涉下文"不求人之譽己"句而誤。又"讓"字，當依〈詮言訓〉作"攘"。俞樾云："'讓'當從《淮南子》〈詮言〉篇作'攘'，高注曰：'攘，卻也。'"又，"非己之所生"、"非己之所成"兩句，〈詮言訓〉作"非其求所生"、"非其求所成"。〈符言〉篇此章前文有"信己之不迎也"、"信己之不讓也"，均以"己"敘說，文字較為整齊。〈詮言訓〉下文有不見於〈符言〉篇兩句，曰："知禍福之制，不在於己也"，似就"文子外編"資料加以申述。

4-11

〔老子曰：〕

道者守其所已有，不求其所[1]未得。求其所未得，即所有者亡，循其所已有，即所欲者至。治未固於不亂，而事為治者必危，行未免於無非，而急求名者必剉，故福莫大於無禍，利莫大於不喪。〔"故物或益之而損，損之而益。"〕

---

[1] 原有"以"字，據朱弁注本、《文子纘義》道藏本、《子彙》本刪。

夫道不可以勸就利者，而可以安神避害。故常無禍，不常福，常無罪，不常有功。

道曰：芒芒昧昧，從天之威，與天同氣。

無思慮也，無設儲也，來者不迎，去者不將，人雖東西南北，獨立中央。故處眾枉，不失其直，與天下並流，不離其域；不為善，不避醜，遵天之道；不為始，不專己，循天之理；不豫謀，不棄時，與天為期；不求得，不辭福，從天之則。內無奇福，外無奇禍，故禍福不生，焉有人賊。

故至德言同輅，事同'輻'[1]，上下一心，無歧道旁見者，'遣'[2]退之於邪，開道之於善，而民向方矣。

【相關資料尋索】

'聖人'守其所以有，不求其所未得。求其所'無'，'則'所有者亡矣；'脩'其所有，'則'所欲者至。

故用兵者，先爲不可勝，以待敵之可勝也；治國者，先爲不可奪，以待敵之可奪也。舜脩之歷山而海內從化，文王脩之岐周而天下移風。使舜趨天下之利，而忘脩己之道，身猶弗能保，何尺地之有！

〔故〕治未固於不亂，而事為治者，必危；行未'固'於無非，而急求名者，必剉〔也〕。福莫大無禍，利莫'美'不喪。動之爲物，不損則益，不成則毀，不利則病，皆險也，道之者危。故秦勝乎戎而敗乎殽，楚勝乎諸夏而敗乎柏莒。

'故'道不可以勸〔而〕就利者，而可以'寧'避害〔者〕。故常無禍，不常有福；常無罪，不常有功。《淮南子·詮言訓》p. 468-469／〈詮言訓〉辨析，頁399

---

[1] 原作"福"，據日本東京樂善堂藏版本改。

[2] 據《文子纘義》道藏本改。"遣退"二字，景宋本作"退章"，並無"之"字，朱弁注本作"進退章"。《淮南子·詮言訓》作"遏障"。

〔聖人〕無思慮，無設儲，來者‘弗’迎，去者‘弗’將。人雖東西南北，獨立中央。故處眾枉〔之中〕，不失其直；‘天下皆’流，〔獨〕不離其〔壇〕域。〔故〕不為善，不避醜，遵天之道；不為始，不專己，循天之理。不豫謀，不棄時，與天為期；不求得，不辭福，從天之則。不求所無，不失所得，內無‘宥’禍，外無‘宥’福。禍福不生，‘安’有人賊！《淮南子・詮言訓》p. 469-470／〈詮言訓〉辨析，頁400

主者，國之心。心治則百節皆安，心擾則百節皆亂。故其心治者，支體相遺也；其國治者，君臣相忘也。{‘黃帝’曰：“芒芒昧昧，從天之‘道’，與‘元’同氣。”}故至德〔者〕，言同‘略’，事同‘指’，上下壹心，無歧道旁見者，‘過障’之於邪，開道之於善，而民‘鄉’方矣。故《易》曰：“同人于野，利涉大川。”[1]《淮南子・繆稱訓》p.318／〈繆稱訓〉辨析，頁208-209

聖人不爲始，不專己；不豫謀，□□□；不爲得，不□福。因天之則。《黃帝四經・稱》

【探析與解說】

此章資料可分爲數段，彼此文氣並不連貫，全文分別見於《淮南子・詮言訓》與〈繆稱訓〉兩篇，部份出現於《黃帝四經・稱》。此章似屬輯入“文子外編”之前人解《老》與論“道”資料的殘文。以下分三點來說明：

第一、“道者守其有已有”段：“道者”《淮南子・詮言訓》作“聖人”。“求其所未得”等句，〈詮言訓〉作“求其所無，則所有者亡矣；脩其所有，則所欲者至”。王念孫校《淮南子》云：“‘求其所無’，本作‘求其所未得’。‘脩其所有’，本作‘脩其所已有’。此皆承上文而申言之，不當有異文。……《群書治要》引此，正作‘求其所未得’、‘脩其所已有’。《文子》〈符言〉篇同。”〈符言〉篇此處文字，或許與今通行本《淮南子》有異。

又，“利莫大於不喪”句，〈詮言訓〉作“利莫美不喪”，並將《老子》

---

[1] 黃帝曰四句，另出現於《淮南子・泰族訓》。

第四十二章"故物或益之而損,損之而益"兩句,鋪陳爲"動之爲物,不損則益,不成則毀,不利則病,皆險也,道之者危"。〈詮言訓〉似曾參引解《老》資料。

第二、"夫道不可勸就利者"段:"道曰"〈繆稱訓〉作"黃帝曰",在"故至德者"段之前,並於"勸"下有"而"字。王念孫校《淮南子》云:"'勸'下'而'字,因下句而衍。《文子》〈符言〉篇無'而'字。"

又,"芒芒昧昧"數句另見於《淮南子·泰族訓》,當爲古時流傳黃老之學資料。但〈繆稱訓〉此處"黃帝曰"段,與其上下文間並無關連,似錯簡。

又,"從天之威"句,〈繆稱訓〉作"從天之道"。王念孫校《淮南子》云:"'道'本作'威'。今作'道'者,後人不解'威'字之義,而妄改之也。"

第三、"無思慮"段:見於〈詮言訓〉處,前有"聖人"二字,〈符言〉篇此段之前當有脫文。"與天下並流,不離其域"兩句,〈詮言訓〉作"天下皆流,獨不離其壇域",二者含意相反。"不專己"句,另見於《黃帝四經·稱》,文字略異。"內無奇福,內無奇禍"兩句,其中兩"奇"字,〈詮言訓〉作"宥",王念孫校《淮南子》云:"'宥'字義不可通。《文子》〈符言〉篇作'奇禍'、'奇福',是也。俗書'奇'字作'竒','宥'字作'旁',二形相似而誤。"此段《文子》文本的義理較佳。

4-12

〔老子曰:〕

為善即勸,為不善即觀,勸即生責,觀即生患。故道不可以進而求名,可以退而修身。故聖人不以行求名,不以知見求譽,治隨自然,己無所與。

　　為者有不成，求者有不得，人有窮而道無‘不’[1]通。有智而無為與無智同功，有能而無事與無能同德。有智若無智，有能若無能。道理達而人才滅矣。

　　人與道不兩明，人愛名即不用道，道勝人即名息，道息‘而’[2]名章即危亡。

【相關資料尋索】

　　為善‘則觀’，為不善‘則議’；‘觀’則生‘貴’，‘議’則生患。故道〔術〕不可以進而求名，〔而〕可以退而脩身；不可以得利，而可以離害。故聖人不以行求名，不以‘智’見譽。‘法脩’自然，己無所與。

　　慮不勝數，行不勝德，事不勝道。為者有不成，求者有不得，人有窮而道無不通，與道爭則凶。故《詩》曰：“弗識弗智，順帝之則。”

　　有智而無為，與無智者同道，有能而無事，與無能者同德。其智也，告之者至，然後覺其動也。使之者至，然後覺其為也。有智若無智，有能若無能，道理為正也。故功蓋天下，不施其美；澤及後世，不有其名；道理‘通’而人偽滅矣。

　　‘名’與道不兩明，人‘受’名則‘道不用’，道勝人則名息矣。道與人競長。章人者，息道者也。‘人章道息’，‘則’危‘不遠矣’。故世有盛名，則衰之日至矣。《淮南子·詮言訓》p. 470-471／〈詮言訓〉辨析，頁 400-402

　　《傳》曰：喜名者必多怨，好與者必多辱。唯滅跡於人能隨天地自然者，為能勝理而無愛名，名興則道不用，道行則人無位矣。夫利為害本，而福為禍先。唯不求利者為無害，唯不求福者為無禍。《詩》曰：“不忮不求，何用不臧。”《韓詩外傳》卷一

---

[1] 據《文子纘義》道藏本補。
[2] 據《文子纘義》道藏本補。

【探析與解說】

此章見於《淮南子·詮言訓》，二者似屬同源之"文子外編"資料。〈詮言訓〉引用，並有所闡發，文意與《文子》略有不同。二者均有誤字脫文。以下分三點來說明：

第一、"為善即勸"段："為善即勸，為不善即觀，勸即生責，觀即生患"四句，〈詮言訓〉作"為善則觀，為不善則議；觀則生貴，議則生患。"徐靈府注曰："勸，勉之，觀，察也。夫人為善當日勉之，有不善者察見己過，則向方矣，是不勉其為善矣。若以己為善，察求人之不善而責之者，責有患矣。故勸為善而不善矣。"唐時今本《文子》即已如此。〈詮言訓〉"為善則觀"句，高誘注曰："眾人之所觀也"，則漢時《淮南子》此處文字即與《文子》不同。"責"〈詮言訓〉作"貴"，王念孫校《淮南子》云："'貴'當為'責'，字之誤。"當依《文子》作"責"。

又，"治隨自然"句，〈詮言訓〉作"法脩自然"。"治隨"與"法脩"，二者字形相近，"法"字，恐為"治"字之誤。"脩"字，似"循"字之形誤，"循"，隨也。"不以智見求譽"句，〈詮言訓〉作"不以智見譽"。呂傳元校《淮南子》云："'不以智見譽''見'當為'求'，字之誤。此與'不以行求名'對言也，言聖人不求名，不求譽也。《文子》〈符言〉篇正作'求'。"'法脩自然'當作'治隨自然'。'法脩'與'治隨'形近而誤。上文'無以天下為者，必能治天下'，又'治國者，先為不可奪，以待敵之可奪也'，又'故治未故於不亂，而事為智者必危'，合上文觀之，知此當作'治'，不當作'法'也。《文子》〈符言〉篇正作'治隨自然'。"

第二、"為者有不成"段："有智而無為與無智同功，有能而無事與無能同德"兩句，〈詮言訓〉此處下有"其智也，告知者至，然後覺其動也"。"有智若無智，有能若無能"兩句，〈詮言訓〉後有"道理為之正"，〈詮言訓〉似均有所闡釋。

第三、"人與道不兩明"段："人"字，〈詮言訓〉作"名"，因下文有"道與人競長"，當依《文子》作"人"。"人愛名即不用道"句，"愛"字，

〈詮言訓〉作“受”，《韓詩外傳》卷一曰：“爲能勝理而無愛名”，“受”字誤。王念孫校《淮南子》亦云：“‘受’當爲‘愛’字，字之誤也。愛名則不愛道，故道不用也。《文子》〈符言〉篇正作‘愛’。”

又，“道息而名章即危亡”句，〈詮言訓〉作“道與人競長。章人者，息道者也。人章道息，則危不遠矣。”何寧校《淮南子》云：“三‘人’字皆當爲‘名’，涉上文‘道勝人’而誤也。上文本以名、道對舉，曰‘名與道不兩名’，若作‘道與人’則文不相承矣。……《文子》〈符言〉篇作‘道息而名章即危亡’，是其證。”

4-13

〔老子曰：〕

使信士分財，不如定分而探籌，何則？有心者之於平，不如無心者也。使廉士守財，不如閉戶而全封，以為有欲者之於廉，不如無欲者也。人舉其疵則怨，鑑見其醜則自善[1]，人能接物而不與己，則免於累矣。

【相關資料尋索】

天下非無信士也，臨貨分財必‘探籌而定分’，以爲有心者之於平，不若無心者也。天下非無廉士也，然而‘守重寶’者必關戶而全封，以為有欲者之於廉，不‘若’無欲者也。人舉其疵則怨〔人〕，鑑見其醜則善鑑。人能接物而不與己〔焉〕，則免於累矣。《淮南子·詮言訓》p. 472／〈詮言訓〉辨析，頁403

使信士分財，不如投策探鉤；使廉士守藏，不如閉局全封。何則？有心者之於平，不若無心之平也；有慾之於廉，不若無慾之不廉也。今人目若驪珠，

---

[1] “善”字，景宋本、朱弁注本作“喜”。

心如權衡，評人好惡，雖言得其實，彼閉嫌怨；及其自照明鏡，摹倒其容，醜狀既露，則心慚而不怨。向之評者，與鏡無殊，然而向怨今之慚者，以鏡無情，而人有心也。《劉子‧去情》

【探析與解說】

此章見於《淮南子‧詮言訓》與《劉子》。三者比較如下：

> 使信士分財，不如定分而探籌，何則？有心者之於平，不如無心者也。使廉士守財，不如閉戶而全封，以為有欲者之於廉，不如無欲者也。
> 《文子》

> 天下非無信士也，臨貨分財必探籌而定分，以為有心者之於平，不若無心者也。天下非無廉士也，然而守重寶者必關戶而全封，以為有欲者之於廉，不若無欲者也。《淮南子》

> 使信士分財，不如投策探鈞；使廉士守藏，不如閉局全封。何則？有心者之於平，不若無心之平也；有慾之於廉，不若無慾之不廉也。《劉子》

《劉子》此處文字與表達的方式近於《文子》，但《劉子》此處之後曰："三人居室，二人交爭，必取信於不爭者，以辯彼此之得失。夫不爭者未必平，而交爭者未必偏。而信於不爭者，何則？以爭者之心，並挾勝情故也。"此段文字不見於《文子》，而〈詮言訓〉上引文之後曰："三人同舍，二人相爭，爭者各自以爲直，不能相聽，一人雖愚，必從旁而決之，非以智，不爭也。兩人相鬥，一贏在側，助一人則勝，救一人則免，鬥者雖彊，必制一贏，非以勇也，以不鬥也。"《劉子》此處文字當取自《淮南子》。此種情況，《劉子》中出現多處[1]。這或可說明劉書同時熟悉《文子》與《淮南子》兩書，而交互引用二者資料。但《劉子》全書無一次提及《文子》，在其〈九流〉篇中，羅列

---

[1] 參閱拙著《文子新論》第四篇第二章：《劉子》、《文子》與《淮南子》，萬卷樓出版社，台北，1999 年 9 月。

九流學術派別，也未見提及文子其人或《文子》其書。因此，劉子所見《淮南子》可能並非今本，其所見者恐與竄入今本《文子》之《淮南子》別本相近。

又，"不如閉戶而全封"句，"全封"二字，〈詮言訓〉同。俞樾校《淮南子》云："'全'字無義，乃''璽字之誤。《國語》〈魯語〉：'追而予之璽書'，韋注曰："璽書，璽封書也。'此'璽封'二字之證。〈時則〉篇曰：'固封璽。''封璽'與'璽封'同。《五音集韻》曰：'璽，俗作壐。'與'全'字形相似，故誤爲'全'矣。"

又，"人舉其疵則怨，鑑見其丑則自善"兩句，〈詮言訓〉"怨"字下有"人"字，義理較明；"自善"二字作"善鑑"，"自善"，文意費解，"怨人"與"善鑑"，二者相對爲文，當據《淮南子》改。

4-14

〔老子曰：〕

凡事人者，非以寶幣，必以卑辭。幣單而欲不厭；卑體免辭，論說而交不結；約束誓盟，約定而反先日。〔是以君子不外飾仁義，而內修道德[1]。〕修其境內之事，盡其地方之廣，勸民守死，堅其城郭，上下一心，與之守社稷。即爲'名'[2]者不伐無罪，爲利者不攻難得，此必全之道〔，必利之理〕。

【相關資料尋索】

外交而爲援，事大而爲安，不若內治而待時。凡事人者，非以寶幣，必以卑辭。事以玉帛，則'貨'殫而欲不'屬'；卑體'婉'辭，則'諭'說而交不結；約束誓盟，〔則〕約定而反無日；雖割國之錙錘以事人，而無自恃之道，

---

[1] "德"字，朱弁本作"術"。

[2] "名"字原作"民"，據朱弁本改。景宋本作"飾"。

不足以爲全。若誠外釋交之策，〔而愼〕脩其境內之事，盡其地‘力以多其積’，‘屬其民死以牢其城’，上下一心，君臣同志，與之守社稷，效死而民弗離，則爲‘名’者不伐無罪，〔而〕爲利者不攻難‘勝’，此必全之道也。《淮南子‧詮言訓》p. 473／〈詮言訓〉辨析，頁405

【探析與解說】

此章文字見於《淮南子‧詮言訓》，《文子》似《淮南子》別本殘文，而由編輯者增改。

又，“幣單而欲不厭”五句，〈詮言訓〉作“事以玉帛，則貨殫而欲不饜；卑體婉辭，則論說而交不結；約束誓盟，則約定而反無日。”此處“事以玉帛”、“卑體婉辭”，“約束誓盟”，分別指出“事人”之三事，《文子》似脫“事以玉帛”句。“幣單”二字，〈詮言訓〉作“貨殫”。“幣”字，似涉上文“幣”字而誤，當作“貨”，指玉帛之物。“單”爲“殫”字之假。

又，“卑體免辭”句，“免”字，〈詮言訓〉作“婉”。“免”，似“娩”字之假，而“娩”爲“婉”字之誤。俞樾云：“‘免’，猶‘俛’也。古冠冕字通作‘免’。‘師冕’，〈古今人表〉作‘師免’，是其證也。《周禮‧弁師》疏曰：‘冕，則俛也，以低爲號也。’此云‘免辭’，與‘卑辭’同。《淮南子》〈詮言〉篇作‘婉辭’，轉非其舊矣。”

又，“論說而交不結”，“論”字，〈詮言訓〉作“喻”。前文曰“卑體婉辭”，表現謙遜之義，此處作“喻說”爲佳。

又，“約束誓盟，約定而反先日”兩句，〈詮言訓〉作“約束誓盟，則約定而反無日”。俞樾云：“‘反先日者’，謂先所約之日而反也，正見約束之不可恃。《淮南子》〈詮言〉篇作‘反無日’，由後人不達其意而臆改也。”

又，“是以君子不外飾仁義，而內修道德”兩句，〈詮言訓〉無，此章敘說“事人”之理，此兩句文意唐突，恐爲錯簡，或編輯今本《文子》者所加的按語。〈詮言訓〉此處作“雖割國之錙錘以事人，而無自恃之道，不足以爲全”，文意通貫。

又，“修其境內之事，盡其地方之廣，勸民守死，堅其城郭”四句，〈詮言訓〉作“若誠釋外（原作“外釋”，據陳觀樓校改）交之策，慎修境內之事。盡其地力以多其積，厲其民死以牢其城”，〈詮言訓〉四句相對爲文，文意清晰。“必利之理”，〈詮言訓〉無，恐爲編輯者所加。

4-15

〔老子曰：〕

聖人不勝其心，眾人不勝其欲。君子行正氣，小人行邪氣。內便於性，外合於義，循理而動，不繫於物者，正氣也。推於滋味，淫於聲色，發於喜怒，不顧後患者，邪氣也。邪與正相傷，欲與性相害，不可兩立，一起一廢，故聖人損欲而從性。目好色，耳好聲，鼻好香，口好味，合而說之，不離利害嗜欲也。耳目鼻口不知所欲，皆心爲之制，各得其所。由此觀之，欲不可勝亦明矣。

【相關資料尋索】

聖人‘勝心’，眾人‘勝欲’。君子行正氣，小人行邪氣。內便於性，外合於義，循理而動，不繫於物者，正氣也。‘重’於滋味，淫於聲色，發於喜怒，不顧後患者，邪氣也。邪與正相傷，欲與性相害，不可兩立。一‘植’一廢，故聖人損欲‘而’從〔事於〕性。

目好色，耳好聲，口好味，‘接’而說之。不‘知’利害嗜慾也，食之不寧於體，聽之不合於道，視之不便於性。三官交爭，以義爲制者，心也。割痤疽非不痛也，飲毒藥非不苦也，然而爲之者，便於身也。渴而飲水非不快也，飢而大飧非不贍也，然而弗爲者，害於性也。此四者，耳目‘鼻口’不知所‘取去’，心爲之制，各得其‘所’。由是觀之，欲之不可勝，明矣。（接下引文）《淮南子·詮言訓》p. 474-476／〈詮言訓〉辨析，頁407-408

【探析與解說】

此章見於《淮南子 · 詮言訓》，似《淮南子》別本殘文竄入，文字均有脫誤。以下分三點來說明：

第一、 "聖人不勝其心，眾人不勝其欲" 兩句，其中兩 "不" 字，〈詮言訓〉無。俞樾曰："此即孟子或從其大體，或從其小體之意。 '聖人不勝其心'，言凡事皆心爲主，莫能勝之也。 '眾人不勝其欲'，言凡事皆欲爲主，莫能勝之也。下文申說其義，曰 '目好色，耳好聲，鼻好香，口好味，合而說之，不離利害嗜欲也。耳、目 、鼻、口不知所欲，皆心爲之制。' 文義甚明。《淮南子 · 詮言訓》篇作 '聖人勝心，眾人勝欲'，句有脫誤，不可據也。"

此處資料似在說明：聖人與眾人不同，聖人能持守其心，眾人不能免除其欲。按此文義，〈符言〉篇兩 "勝" 字，均當解爲 "超過、逾越"，聖人不逾越其心，眾人無法逾越其欲。但就《文子》此章內容，兩 "勝" 字，均應解爲 "盡" （如 "不違農時，穀不可勝食也"《孟子 · 梁惠王上》）或通 "乘" （勝、乘古互爲音訓），有 "依持而盡用" 之義，聖人依持而專注於心，眾人依持而專注於欲。《文子》此章下文曰："欲不可勝亦明矣。" 此處之 "勝" 字，即不應解爲 "逾越"， "勝" 當釋爲 "專任、聽任"，近於 "盡" 、 "乘"。《文子》中前兩 "勝" 字與後文之 "勝" 字，意義衝突。因此，〈符言〉篇首兩句，當脫兩 "不" 字。

王念孫校《淮南子》亦云： "勝，任也。言聖人任心，眾人任欲也。耳目之官不思而蔽於物，心之官則思。聖人先立乎大者，則其小者不能奪，故曰： '聖人任心' 也。若眾人，則縱耳目之欲而不以心制之，故曰： '眾人任欲' 也。下文曰： '食之不寧於體，聽之不合於道，視之不便於性。三官交爭，以義爲制者，心也。' 又云： '耳目鼻口不知所取去，心爲之制，各得其所。' 皆其證矣。《說苑》〈說叢〉曰： '聖人以心導耳目，小人以耳目導心。' 即此所謂 '聖人勝心，眾人勝欲' 也。《說文》： '勝，任也。' '任' 與 '勝' 聲相近，任心任欲之爲勝心勝欲，猶戴任之爲戴勝。高解 '聖人勝心' 曰： '心者，欲之所聲也。聖人止欲，故勝其心。' 則誤以 '勝' 爲 '勝敗' 之 '勝' 矣。如高說，則是心與耳目口無以異，下文何以言 '三關交爭，以義爲制者心' 乎？又解 '眾人勝欲' 曰： '心欲之，而能勝止之也。' 心欲之而能勝止，則是賢人矣，安得謂之‘眾人’乎？且下聞言‘欲不可勝’，則‘勝’之訓‘任’明矣。《文子》〈符言〉篇作‘聖人不勝其心，眾人不勝其欲’，此亦未解‘勝’字之義而以意改之也。”

第二、“故聖人損欲以從性”句，〈詮言訓〉作“故聖人損欲而從事於性”。王念孫校《淮南子》云：“此本作‘故聖人損欲而從性’。上文曰：‘欲與性相害，不可兩立。’故此言損欲而從性也。後人改‘從性’為‘從事於性’，則似八股中語矣。《文子》〈符言〉篇正作‘損欲而從性’。《太平御覽》〈方術部〉一引此，作‘損欲而存性’，雖‘存’與‘從’不同，而皆無‘事於’二字。”

又，“合而說之，不離利害嗜欲也”兩句，〈詮言訓〉作“接而說之，不知利害嗜欲也”，〈符言〉篇此處意謂：人混合“目、耳、鼻、口”之所“好”而悅之，則不能遠離利害嗜欲之域。〈詮言訓〉文字說明：“目、耳、口”三官，皆以其所好，接物而悅之。若不能知利害嗜欲，則“食之不寧於體，聽之不合於道，視之不便於性。”二者敘說的方式不同。

又，“耳目口鼻不知所欲，皆心為之制，各得其所由”三句，“所欲”二字，〈詮言訓〉作“取去”，並無“由”字，二者文義有出入，但〈詮言訓〉義理較勝。“所由”之“由”，似涉下文“由”字而衍。

4-16

〔老子曰：〕

治身養性者，節寢處，適飲食，和喜怒，便動靜，內在己者得，而邪氣無由入。

飾其外，傷其內，扶其情者害其神，見其文者蔽其真。夫須臾無忘其為賢者，必困其性；百步之中無忘其為容者，必累其形。故羽翼美者傷其骸骨，枝葉茂者害其根荄，能兩美者天下無之。

【相關資料尋索】

凡治身養性，節寢處，適飲食，和喜怒，便動靜，'使'在己者得，而邪氣'因而不生'，豈若憂癥疵之與痤疽之發而豫備之哉！夫函牛之鼎沸而蠅蚋弗敢入，崑山之玉瑱而塵垢弗能污也。聖人無去之心而心無醜，無取之美而美不失。故祭祀思親不求福，饗賓修敬不思德，唯弗求者能有之。《淮南子·詮言訓》p.476-477／〈詮言訓〉辨析，頁 408

鼓不滅於聲，故能有聲；鏡不沒於形，故能有形。金石有聲，弗叩弗鳴；管簫有音，弗吹無聲。聖人內藏，不為物先倡，事來而制，物至而應。飾其外〔者〕傷其內，扶其情者害其神，見其文者蔽其'質'。'無'須臾忘為'質'者，必因'於'性；百步之中'不'忘其容者，必累其形。故羽翼美者傷骨骸，枝葉'美'者害根'莖'，能兩美者，天下無之〔也〕。《淮南子·詮言訓》477-478／〈詮言訓〉辨析，頁 410

【探析與解說】

此章見於《淮南子·詮言訓》兩處不同段落，似原屬 "文子外編" 資料。以下分兩點來說明：

第一、"治身養性者" 段："內在己者得，邪氣無由入" 兩句，〈詮言訓〉作 "使在己者得，邪氣因而不生"。《文子》稱 "邪氣無由入"，是以內在之得拒外在邪氣；而〈詮言訓〉稱 "邪氣因而不生"，是使在己者有得，而邪氣不生於內。二者敘說不同，似以《文子》較佳。

第二、"飾其外" 段："見其文者蔽其真" 句，"真" 字、〈詮言訓〉作 "質"。雖然古文獻多以 "文、質" 並稱，但《文子》此處是就精神來敘說，故作 "真" 字。

又，"夫須臾無忘其為賢者" 句，〈詮言訓〉作 "夫無須臾忘其為質"，〈詮言訓〉下文曰 "百步之中不忘其容者"，"不" 在 "忘" 字前，此句 "無" 字似仍在 "忘" 字之前。"為賢者" 三字與下句 "為形者" 相對為文，"賢"

與"形"均指外在的表現，〈詮言訓〉作"質"，恐涉前"質"字而誤。

又，"枝葉茂者害其根荄"句，"荄"字，〈詮言訓〉作"莖"。孫詒讓校《淮南子》云："'莖'，《文子》〈符言〉篇作'荄'，與骸、之協韻，是也。荄'、'莖'，形近而誤。"

4-17

〔老子曰：〕

天有明，不憂民之晦也，地有財，不憂民之貧也。至德道者，若丘山，嵬然不動，行者以為期。直己而足物，不為人賜，用之者亦不受其德，故安而能久。

天地無與也，故無奪也；無德也，故無怨也。善怒者必多怨，善與者必善奪，唯隨天地之自然而能勝理。故譽見即毀隨之，善見即惡從之。利為害始，福為禍先，不求利即無害，不求福無禍。身以全為常，富貴其寄也。

【相關資料尋索】

天有明，不憂民之晦也，百姓穿戶鑿牖，自取照焉。地有財，不憂民之貧也，百姓伐木芟草，自取富焉。至德道者若丘山，嵬然不動，行者以為期〔也〕。直己而足物，不為人'贛'，用之者亦不受其德，故'寧'而能久。天地無予也，故無奪也；〔日月〕無德也，故無怨也。喜'得'者必多怨，喜予者必善奪。唯滅跡於無為而隨天地自然〔者〕，'唯'能勝理而為受名。名興則道行，道行則人無位矣。故譽'生'則毀隨之，善見則怨從之。利〔則〕為害始，福〔則〕為禍先。〔唯〕不求利者為無害，〔唯〕不求福者為無禍。侯而求霸者必失其侯，霸而求王者必喪其霸。故國以全為常，霸王其寄也；身以'生'為常，富貴其寄也。能不以天下傷其國，而不以國害其身者，焉可以托天下也。《淮

南子·詮言訓》p. 478-479／〈詮言訓〉辨析，頁 411-412

　　天有明而不憂民之晦也，□姓闢其戶牖而各取昭焉；天無事焉。地有□而不憂民之貧也，百姓斬木刈薪而各取富焉；地亦無事焉。《黃帝四經·稱》

　　天有明，不憂人之暗也。地有財，不憂人之貧也。聖人有德，不憂人之危也。天雖不憂人之暗，闢戶牖必取己明焉，則天無事也。地雖不憂人之貧，伐木刈草必取己富焉，則地無事也。聖人雖不憂人之危，百姓準上而比於下，其必取己安焉，則聖人無事也，故聖人處上，能無害人，不能使人無己害也。則百姓除其害矣。聖人之有天下也，受之也，非取之也。百姓之於聖人也，養之也，非使聖人養己也，則聖人無事矣。《慎子·威德》

　　傳曰：喜名者必多怨，好與者必多辱。爲滅跡於人，能隨天地自然，爲能勝理而無愛名，名興則道不用，道刑則人無位矣。夫利爲害本，而福爲禍先。唯不求利者唯無害，不求福者唯無禍。詩曰：“不忮不求，何用不臧。”《韓詩外傳》卷一

【探析與解說】

　　此章見於《淮南子·詮言訓》。《淮南子》似引述前人資料，前半段部份內容出現於《黃帝四經》與《慎子》，後半段文字見於《韓詩外傳》。此章似“文子外編”所輯先秦哲人的雋語，後竄入《文子》。

　　第一、“天有明”段：此段內容分別見於《黃帝四經》、《慎子》與《淮南子》，文字略有不同。《黃帝四經·稱》最爲簡要。《慎子》與《淮南子》均有所發揮與申述。〈詮言訓〉中兩“德”字，均應據〈符言〉篇，讀爲“得”。

　　又，“嵬然不動”句，〈詮言訓〉作“塊然不動”。王叔岷校《淮南子》云：“案：宋本、《漢魏叢書》本、莊本‘塊然’並作‘嵬然’。《文子》〈符言〉篇同。”

　　又，“不爲人賜”句，“賜”字，〈詮言訓〉作“贛”，《淮南子·精神訓》曰：“今贛人敖倉，予人河水”，高誘注：“贛，賜也”。

　　第二、“善怒者必多怨”段：此段另見於《韓詩外傳》。“善怒者必多怨”句〈詮言訓〉作“喜得者必多怨”，《韓詩外傳》作“喜名者必多怨”，三者文意均可通，似屬不同文本。

　　又，“唯隨天地之自然而能勝理”，《韓詩外傳》作“能隨天地自然，爲能勝理而無愛名”，〈詮言訓〉作“唯滅跡於無爲而隨天地自然者，唯能勝理而爲受名。”〈詮言訓〉似引用《韓詩外傳》文字，而脫“無”字，並誤“愛”字爲“受”，〈符言〉似脫“而無愛名”四字。

　　又，“身以全爲常”句，“全”字，〈詮言訓〉作“生”，“全”字恐因形殘而誤。

　　又，“善見即惡從之”句，“惡”字，〈詮言訓〉作“怨”。王念孫校《淮南子》云：“劉本依《文子》〈符言〉篇改‘怨’爲‘惡’。案：劉本是也。‘譽’與‘毀’對，‘善’與‘惡’對。《道藏》本作‘怨’者，涉上文兩‘怨’而誤。”

4-18

〔老子曰：〕

　　聖人無屈奇之服、詭異之行。服不雜，行不觀，通而不華，窮而不懾，榮而不顯，隱而不辱，異而不怪，同用，無以名之，是謂大通。

【相關資料尋索】

　　聖人無屈奇之服，〔無〕‘瑰’異之行，服不‘視’，行不觀，〔言不議，〕通而不華，窮而不懾，榮而不顯，隱而不‘窮’，異而不〔見〕怪，〔容而與〕‘眾同’，無以名之，〔此之〕謂大通。《淮南子·詮言訓》p.480／〈詮言訓〉辨析，頁413

【探析與解說】

此章見於《淮南子·詮言訓》，似原屬"文子外編"資料，但各有脫文與誤字。

又，"服不雜"句，〈詮言訓〉作"服不視"。《管子·立政》曰："散民不敢服雜采"，"雜"指"以服飾表現等級"，"雜"字較"視"字爲佳，許慎注此句曰："其所服，眾不觀視也"，似不妥。

又，"同用無以名之"句，此句費解，〈詮言訓〉作"容而與眾同，無以名之"，〈符言〉篇恐脫"容而與眾"四字，並衍"用"字。俞樾云："'同用'上脫'與眾'二字。杜道堅《纘義》曰：'與民同用而已。夫是之謂大通。'疑其所據本正作'與眾同用也'。《淮南子》〈詮言〉篇作'容而與眾同'。按上文，'通而不華，窮而不懾，營而不顯，隱而不辱，異而不怪'，凡用'而'字者必有相反之兩義。若容即是與眾宣矣，何以言容而與眾同乎。《淮南》原文當作'與眾同容'。'容'、'用'聲近，即'與眾同用也'。淺人不達，改其文法，使與上句一律，而義不可通矣。"

4-19

〔老子曰：〕

道者，直己而待命，時之至不可迎而返也，時之去不可追[1]而援也。故聖人不進而求，不退而讓。隨時三年，時去我走，去時三年，時在我後，無去無就，中立其所。天道無親，唯德是與。

福之至，非己之所求，故不伐其功；禍之來，非己之所生，故不悔其行。中心其恬，不累其德；狗吠不驚，自信其情，〔誠無非分。〕故通道者不惑，知命者不憂。

---

[1] "足"字，據景宋本、朱弁注本、《文子纘義》道藏本作"追"，與《淮南子》同。

帝王之崩，藏骸於野，其祭也祀之於明堂，神貴於形也。故神制形則從，形勝神則窮，聰明雖用，必反諸神，謂之大通。

【相關資料尋索】

{聖人常後而不先，常應而不唱；不進而求，不退而讓；隨時三年，時去我'先'；去時三年，時在我後，無去無就，中立其所。天道無親，唯德是與。}

有道者，不失時與人；無道者，失於時而取人。直己而待命，時之至不可迎而'反'也；要遮而求合，時之去不可追而援也。故不曰：我無以為而天下遠，不曰：我不欲而天下不至。《淮南子·詮言訓》p. 486／〈詮言訓〉辨析，頁 419

君子為善不能使福必來，不為非而不能使禍無至。福之至〔也〕，非'其'所求，故不伐其功；禍之來〔也〕，非'其'所生，故不悔其行。內脩極而橫禍至者，皆天也，非人也，故中心常恬'漠'，'累積'其德；狗吠而不驚，自信其情。故'知'道者不惑，知命者不憂。

'萬乘之主卒'，葬〔其〕骸於〔曠〕野〔之中〕，祀〔其鬼神〕於明堂〔之上〕，神貴於形也。故神制'則形從'，形勝'則神窮'。聰明雖用，必反諸神，謂之'太沖'。《淮南子·詮言訓》p. 487／〈詮言訓〉辨析，頁 419

【探析與解說】

此章分別見於《淮南子·詮言訓》兩處，全文論述 "時" 的問題，與文子學派思想相近，可能受文子學派影響之資料，後輯入 "文子外編"，而為《淮南子》引用。以下分三點來說明：

第一、 "道者" 段：全段文意完整，略謂：得道之人，重視自己的操持，不為外在因素所牽累，時遇來到，不可迎面去抵擋，時遇離去，不可追趕去拉回"，〈詮言訓〉似摘引而加以申述。"道者" 二字，〈詮言訓〉作 "聖人"。以 "道者" 一詞指涉 "得道之人"，《文子》使用六次，其中僅〈精誠〉篇第一章，《淮南子·泰族訓》篇亦作 "道者"，他處均作 "聖人"。

又，"時之去不可足而援"兩句，"足"字，〈詮言訓〉作"追"，俞樾《古書疑義舉例》曰："手所拍即謂之手，足所踏謂之足"，故"足"有"踏、追"之義。二書文字記述不同。

又，"隨時三年"六句似古諺語，〈詮言訓〉作"隨時三年，時去我先；去時三年，時在我後，無去無就，中立其所。"呂傳元校《淮南子》云："按'先'當為'走'，走與後韻，若作'先'便失其韻矣。宋本正作'走'。《文子》〈符言〉篇同。"何寧云："宋刊節本作'隨時三年，時去我走，先時三年，時在我後'，今本疑'走先'二字誤倒，'走'又以形近誤作'去'耳。蓋前二句謂不進而求，後二句謂不退而讓。"此六句，〈詮言訓〉與〈符言〉篇均有誤字，似意謂：雖把握時機有三年之久，時機不宜，我即離去，不為此事受累；雖不得時機有三年之久，實際上時機仍緊隨於我後，也不為此事掛心；對於時機的來去，無所去就，直己存立於本然的所處。

第二、"福之至非己之所求"段："中心其恬，不累其德"兩句，〈詮言訓〉作"故中心常恬漠，累積其德"，〈符言〉篇文句文義較古樸，《淮南子》似有更動。"德"應指自然之得，此句作"不累"為佳。王引之校《淮南子》云："'累積其德'，當依《文子》〈符言〉篇作'不累其德'。累，讀如'負累'之'累'。言中心恬漠，外物不能累其德也。下二句'狗吠而不驚，自信其情。''自信其情'與'不累其德'，文正相對。《呂氏春秋》〈有度〉篇曰：'惡欲喜怒哀樂六者，累德者也。'"

又，"誠無非分"句，〈詮言訓〉無。"中心其恬"等四句，均相對為文，此句文意不足，恐為錯簡，或下有脫文。

第三、"帝王之崩"段：〈符言〉篇文字簡要，《淮南子》引用時似加以變動。"帝王之崩"句，〈詮言訓〉改作"萬乘之主卒"，"藏骸於野，其祭也祀之於明堂"，〈詮言訓〉鋪陳為"葬其骸於曠野之中，祀其鬼神於明堂之上。"

又，"神制形則從，形勝神則窮"兩句，〈詮言訓〉作"故神制則形從，形勝則神窮。"俞樾校《淮南子》云："《文子》〈符言〉篇作'故神制形則從，形勝神則窮'，當從之。此申言上文‘神貴於形’之義，言可使神制形，不可使形至神也。觀高注，擇期所據本已誤。"但《文子・九守》第十三章曰："夫形者，生之舍也；氣者，生之元也；神者，生之制也，一失其位即三者傷矣。故以神爲主者，形從而利，以形爲制者，神從而害。"〈符言〉篇此句，似當讀作"神制，形則從；形勝，神則窮"，而〈詮言訓〉當斷句爲"故神制，則形從；形勝，則神窮。"高誘注"神制則形從"句，曰："神制，謂情也。情欲使不作也，而形體從心以合。""神制，謂情也"，文義不可解，似有脫誤。

4-20

〔老子曰：〕

古之存己者，樂德而忘賤，故名不動志；樂道而忘貧，故利不動心。是以謙而能樂，靜而能澹。

以數筭之壽，憂天下之亂，猶憂河水之涸，泣而益之。故不憂天下之亂而樂其身治者，可與言道矣。

【相關資料尋索】

古之存己者，樂德而忘賤，故名不動志；樂道而忘貧，故利不動心。名利充天下不足以概志，故‘兼’而能樂，靜而能澹。故其身治者，可與言道矣。自身以上至於荒芒，爾遠矣；自死而天地無窮，爾滔矣，以數雜之壽，憂天下之亂，猶憂河水之‘少’，泣而益之也。龜三千歲，浮游不過三日，以浮游而爲龜憂養生之具，人必笑之矣。故不憂天下之亂，而樂其身之治者，可與言道矣。《淮南子・詮言訓》p. 486-487／〈詮言訓〉辨析，頁420

【探析與解說】

此章見於《淮南子·詮言訓》，似原屬"文子外編"資料，〈詮言訓〉文字較爲完整，《文子》此章恐爲《淮南子》別本殘文竄入。以下分兩點來說明：

第一、"古之存己者"段：《文子》此段文字結構爲"樂德……故……；樂道……故……。是以……。"〈詮言訓〉則爲"樂德……故……；樂道……故……；名利充天下不足以概志，故……。故其身治者，可與言道矣。"二者敘說的方式不同。

第二、"以數筹之壽"段：〈詮言訓〉段前有"自身以上至於荒芒"等句，文意較完備。段末"樂其身治者，可與言道矣"兩句，〈詮言訓〉同，但〈詮言訓〉正可回應其上文"故其身治者，可與言道矣"，《文子》上段卻無此二句，〈詮言訓〉文意結構較完整。

4-21

〔老子曰：〕

人有三怨：爵高者人妒之，官大者主惡之，祿厚者人怨之。夫爵益高者意益下，官益大者心益小，祿益厚者施益博，〔修此三者，怨不作。〕"故貴以賤爲本，高以下爲基。"

【相關資料尋索】

狐丘丈人謂孫叔敖曰："人有三怨，子知之乎？"孫叔敖曰："何謂也？對曰："爵高者'士'妒之，官大者主惡之，祿厚者怨'處'之。"孫叔敖曰："吾爵益高，吾'志'益下；吾官益大，吾心益小；吾祿益厚，吾施益博。是以免三怨，可乎？"故老子曰："故貴〔必〕以賤爲本，高〔必〕以下爲基。"

《淮南子·道應訓》p. 400 ／〈道應訓〉辨析，頁 324

肩吾問於孫叔敖曰："子三爲令尹而不榮華，三去之而無憂色。吾始也疑子，今視子之鼻間栩栩然，子之用心獨奈何？"孫叔敖曰："吾何以過人哉！

吾以其來不可卻也，其去不可止也，吾以爲得失之非我也，而無憂色而已矣。我何以過人哉！且不知其在彼乎，其在我乎？其在彼邪？亡乎我；在我邪？亡乎彼。方將躊躇，方將四顧，何暇至乎人貴人賤哉！"仲尼聞之曰："古之真人，知者不得說，美人不得濫，盜人不得劫，伏戲黃帝不得友。死生亦大矣，而無變乎己，況爵祿乎！若然者，其神經乎大山而無介，入乎淵泉而不濡，處卑細而不憊，充滿天地，既以與人，己愈有。"《莊子·田子方》

語曰："繪丘之封人，見楚相孫叔敖曰：'吾聞之也：處官久者士妒之，祿厚者民怨之，位尊者君恨之。爲相國有此三者而不得罪楚之士民，何也？'孫叔敖曰：'吾三相楚而心瘉卑，每益祿而施瘉博，位滋尊而禮瘉恭，是以不得罪於楚之士民也。'"《荀子·堯問》

孫叔敖遇狐丘丈人。狐丘丈人曰："僕聞之，人有三利必有三患，子知之乎？"孫叔敖蹴然易容曰："小子不敏，何足以知之。敢問何謂三利？何謂三患？"狐丘丈人曰："夫爵高者，人妒之。官大者，主惡之。祿厚者，怨歸之。此之謂也。"孫叔敖："不然。吾爵益高，吾志益下。吾官益大，吾心益小。吾祿益厚，吾施益博。可以免於患乎？"狐丘丈人曰："善哉言乎！堯舜其猶病諸。"《詩》曰："溫溫恭人，如集于木。惴惴小心，如臨于谷。"《韓詩外傳·卷七》

孤丘丈人謂孫叔敖曰："人有三怨，子知之乎？"孫叔敖曰："何謂也？"對曰："爵高者，人妬之；官大者，主惡之；祿厚者，怨逮之。"孫叔敖曰："吾爵益高，吾志益下；吾官益大，吾心益小；吾祿益厚，吾施益博。以是免於三怨，可乎？"《列子·說符》

孫叔敖爲楚令尹，一國吏民皆來賀。有一老父，衣粗布，冠白冠，后來弔。孫叔敖正衣冠而出見之，謂老父曰："楚王不知臣不肖，使臣受吏民之垢，人盡來賀，子獨后來弔，豈有說乎？"父曰："有說。身已貴而驕人者，民去之；位已高而擅權者，君惡之；祿已厚而不知足者，患處之。"孫叔敖再拜曰："敬受命，願聞餘教。"父曰："位已高而意益下，官益大而心益小，祿已厚而慎不敢取。君謹守此三者，足以治楚矣。"《說苑·敬慎》

【探析與解說】

此章孫叔敖事，分別見於《莊子》、《荀子》、《韓詩外傳》、《列子》與《淮南子·道應訓》。所謂"三爲令尹而不榮華，三去之而無憂色"似關於孫叔敖的傳言，《莊子》的記述哲學性的闡發較多，《荀子》以"語曰"形式引述，所記內容或較合於實情。《韓詩外傳》曾引用以解《詩》。《淮南子》與《韓詩外傳》文意最爲相近，似直接改動後者詞句，但用以解《老》。此章似屬與《淮南子》同源的解《老》資料，以精要節錄的形式輯入"文子外編"。又，"修此三者，怨不作"兩句，回應首句"人有三怨"，此兩句不見於〈道應訓〉，二者敍說方式不同。"故貴以賤爲本"兩句，語出《老子》第三十九章。

4-22

〔老子曰：〕

言者所以通己於人也，聞者所以通人於己也。既闇且聾，人道不通。故有闇聾之病者，〔莫知事通。〕豈獨形骸有闇聾哉！心亦有之塞也，莫知所通，此闇聾之類也。

夫道之爲宗也，有形者皆生焉，其爲親也亦戚矣；饗穀食氣者皆壽焉，其爲君也亦惠矣；諸智者學焉，其爲師也亦明矣。

人皆以無用害有用，故知不博而日不足。以博奕之日問道，聞見深矣。不聞與不問，猶闇聾之比於人也。

【相關資料尋索】

凡人之所以生者，衣與食也。今囚之冥室之中，雖養之以芻豢、衣之以綺繡，不能樂也，以目之無見，耳之無聞。穿隙穴，見雨零，則快然而嘆之，況開戶發牖，從冥冥見炤炤乎！從冥冥，見炤炤，猶尚肆然而喜，又況出室坐堂，見日月光！見日月光，曠然而樂，又況登太山，履石封，以望八荒，視天都若蓋，江、河若帶，又況萬物在其閒者乎！其爲樂豈不大哉！

且聲者，耳形具而無能聞也，盲者，目形存而無能見也。〔夫〕言者，所以通己於人也，聞者，所以通人於己也。瘖者不言，聾者不聞，既‘瘖’且聾，人道不通。故有‘瘖’聾之病者，雖破家求醫，不顧其費。豈獨形骸有‘瘖’聾哉？心〔志〕亦有之。夫指之拘也，莫不事申也，心之塞也，莫知‘務’通也，‘不明於類也’。

夫觀六藝之廣崇，窮道德之淵深，達乎無上，至乎無下，運乎無極，翔乎無形，廣於四海，崇於太山，富於江、河，曠然而通，照然而明，天地之間無所繫戾，其所以監觀，豈不大哉！

人之所知者淺，而物變無窮，曩不知而今知之，非知益多也，問學之所加也。夫物常見則識之，嘗爲則能之，故因其患則造其備，犯其難則得其便。夫以一世之壽，而觀千歲之知、今古之論，雖未嘗更也，其道理素具，可不謂有術乎！

人欲知高下而不能，教之用管準則說；欲知輕重而無以，予之以權衡則喜；欲知遠近而不能，教之以金目則快射；又況知應無方而不窮哉，犯大難而不懼，見煩繆而不惑，晏然自得，其爲樂也，豈直一說之快哉！

夫道，有形者皆生焉，其爲親亦戚矣！‘享’穀食氣者皆‘受’焉，其爲君亦惠矣；諸〔有〕智者〔皆〕學焉，其爲師亦‘博’矣。射者數發不中，人教之以儀則喜矣，又況生儀者乎！

人莫不知學之有益於己也，然而不能者，嬉戲害人也。人皆〔多〕以無用害有用，故知不博而日不足。以鑿觀池之力耕，則田野必辟矣。以積土山之高修堤防，則水用必足矣。以食狗馬鴻雁之費養士，則名譽必榮矣。以〔弋獵〕博弈之日‘誦《詩》讀《書》’，聞‘識必博’矣。‘故不學之與學也’，猶‘瘖’聾之比於人也。《淮南子·泰族訓》p. 689-691／〈泰族訓〉辨析，頁 640-642

【探析與解說】

此章見於《淮南子·泰族訓》，但其文章形式，與〈符言〉篇載錄諺語、格言或雋語體例不合。見於〈泰族訓〉處，可分爲兩節，“凡人之所以生者”、

"且聾者"與"夫觀六藝之廣崇"三段爲第一節,而"人之所知者淺"以下爲第二節。但前節"且聾者"段,與前後段文意不能通貫,若刪除,則"凡人之所以生者"段,可接"夫觀六藝之廣崇"段,文氣通暢,語意完整。"且聾者"段文意似屬第二節內容。〈符言〉篇此章可分爲三段,第一段文字見於〈泰族訓〉"且聾者"段,另兩段見於〈泰族訓〉第二節。〈符言〉篇全章文意通貫,可校正〈泰族訓〉錯簡的句序。但此章似"文子外編"資料竄入。以下分三點來說明:

第一、"言者所以通於人也"段:全段意謂:人或有闇聾之病,而心亦有不通之實。莫知通達於心,即如闇聾之類。"故有闇聾之病者,莫知事通"兩句,文意難解,"莫知"二字恐誤,〈泰族訓〉作"雖破家求醫,不顧其費",敘說清楚。

又,"豈獨形骸有闇聾哉!心亦有之塞也,莫知所通,此闇聾之類也"四句,〈泰族訓〉作"豈獨形骸有痛聾哉?心志亦有之。夫指之拘也,莫不事申也,心之塞也,莫知務通也,不明於類也。""心亦有之塞"五字,似"心亦有之"與"塞也"殘文的綴合。此處文字似本諸《莊子·逍遙遊》,〈逍遙遊〉曰:"瞽者無以與乎文章之觀,聾者無以與乎鐘鼓之聲。豈唯形骸有聾盲哉?夫知亦有之。"

第二、"夫道爲之宗"段:〈泰族訓〉作"夫道",無"爲之宗"三字,因下文所舉數事,均說明"道"之爲"宗",〈符言〉篇文義較詳。"皆壽焉","壽"字,〈泰族訓〉作"受"。"亦明矣",〈泰族訓〉作"亦搏矣",二者意含略異,可能記載不同。

第三、"人皆以無用害有用"段:"以博奕之日問道"四句,〈泰族訓〉作"以弋獵博弈之日誦《詩》讀《書》,聞識必博矣。故不學之與學也,猶痛聾之比於人也"。《文子》所稱"聞道"與"問道",〈泰族訓〉歸諸於"爲學",並明說爲"誦《詩》"與"讀《書》"之事,表現儒家學習的方式,或與"文子外編"原義不盡相符。

4-23

〔老子曰：

人之情，心服於德，不服於力；德在與，不在來。是以聖人之欲貴於人者，先貴人，欲尊於人者，先尊人，欲勝人者，先自勝，欲卑人者，先自卑；故貴賤尊卑，道以制之。

夫古之聖王以其言下人，以其身後人，即天下樂推而不厭，戴而不重，此德重有餘而氣順也。故知“與之為取”，“後之為先”，即幾之道矣。〕

【探析與解說】

此章不見於《淮南子》，似屬古本《文子》解《老》資料殘文，全章內容強調“先自卑”、“先自勝”，“以言下人”、“以身後人”等，與《老子》多處義理相關，如：“天長地久。天地所以能長且久者，以其不自生，故能長生。是以聖人後其身而身先，外其身而身存。非以其無私邪！故能成其私。”（第七章）“江海之所以能為百谷王者，以其善下之，故能為百谷王。是以欲上民，必以言下之；欲先民，必以身後之，是以聖人處上而民不重，處前而民不害，是以天下樂推而不厭，以其不爭，故天下莫能與之爭。”（第六十六章）“天下皆謂我道大似不肖。夫唯大，故似不肖，若肖，久矣！其細也夫。我有三寶持而保之，一曰慈，二曰儉，三曰不敢為天下先。慈故能勇，儉故能廣，不敢為天下先故能成器長。今舍慈且勇，舍儉且廣，舍後且先，死矣！夫慈以戰則勝，以守則固，天將救之，以慈衛之。”（第六十七章）

4-24

〔老子曰：〕

　　德少而寵多者譏，才下而位高者危，無大功而有厚祿者微，故"物或益之而損，或損之而益。"

　　眾人皆知利利，而不知病病；唯聖人知病之為利，利之為病。故再實之木其根必傷，多藏之家其後必殃，夫大利者反為害〔，天之道也〕。

【相關資料尋索】

　　天下有三危：少德而多寵，一危也；才下而位高，二危也；身無大功而'受'厚祿，三危也。故物或損之而益，或益之而損。何以知其然也？

　　昔者楚莊王既勝晉於河、雍之間，歸而封孫叔敖，辭而不受，病疽將死，謂其子曰："吾則死矣，王必封女。女必讓肥饒之地，而受沙石之地。楚越之閒有寢丘者，其地确石而名醜。荊人鬼，越人禨，人莫之利也。"孫叔敖死，王果封其子以肥饒之地，其子辭而不受，請有寢之丘。楚國之俗，功臣二世而收爵祿，唯孫叔敖獨存。此所謂損之而益也。

　　何謂益之而損？昔晉厲公南伐楚，東伐齊，西伐秦，北伐燕，兵橫行天下而无所絕，威服四方而无所詘，遂合諸侯於嘉陵。氣充志驕，淫侈无度，暴虐萬民。內无輔拂之臣，外无諸侯之助。戮殺大臣，親近導諛。明年出遊匠驪氏，欒書、中行偃劫而幽之，諸侯莫之救，百姓莫之哀，三月而死。夫戰勝攻取，地廣而名尊，此天下之所願也，然而終於身死國亡。此所謂益之而損者也。

　　夫孫叔敖之請有寢之丘，沙石之地，所以累世不奪也。晉厲公之合諸侯於嘉陵，所以身死於匠驪氏也。

　　眾人皆知利利而病病也，唯聖人知病之為利，〔知〕利之為病〔也〕。夫再實之木根必傷，'掘'藏之家必有殃，〔以言〕大利而反為害〔也〕。張武教智伯奪韓、魏之地而擒於晉陽，申叔時教莊王封陳氏之後而霸天下。孔子讀《易》至《損》、《益》，未嘗不憤然而歎曰："益損者，其王者之事與！"

《淮南子·人間訓》p. 588-591／〈人間訓〉辨析，頁 540-541

【探析與解說】

此章見於《淮南子・人間訓》。全章文意完整，結構清晰，其中引用《老子》經文，並敘說 "天之道" 的義理，似原屬文子學派解《老》資料殘文，〈人間訓〉似引用並加以申論。

第一、"德少而寵多者饑" 段：〈人間訓〉作 "天下有三危：少德而多寵，一危也；才下而位高，二危也；身無大功而受厚祿，三危也。故物或損之而益，或益之而損。" 並在 "何以知其然也" 下，舉出 "孫叔敖請有寢之丘而累世不奪" 與 "晉厲公合諸侯於嘉陵而身死於匠驪氏" 二事例加以申論。《淮南子》似引用文子學派資料。"物或益之而損" 兩句，出自《老子》第四十二章。

第二、"眾人皆知利利" 段："眾人皆知利利，不知病病；唯聖人知病之為利，利之為病" 四句，〈人間訓〉作 "眾人皆知利利而病病也，唯聖人知病之為利，知利之為病也"，"病病" 前無 "不知" 二字。《老子》第七十一章曰："知不知上，不知知病。夫唯病病，是以不病。聖人不病，以其病病。夫唯病病，是以不病。"《老子》意謂：聖人之所以不病，在於他能知病之為病。〈人間訓〉此處內容與《老子》不同，似意謂：眾人皆知以 "利" 為利，以 "病" 為病，唯聖人能知 "病" 可造成 "利"，而 "利" 會產生 "病"。〈人間訓〉強調 "病" 與 "利" 間相互的轉化，眾人不知此理，僅知 "利利" 與 "病病"。《文子》此處 "病病" 前有 "不知" 二字，則前兩句意謂：眾人皆知 "利" 之為利，不知 "病" 之為病。《文子》此義，不但與《老子》語意不類，也與下文 "病"、"利" 轉化之義不合。"不知" 二字，當為後人妄加。

4-25

〔老子曰：〕

小人從事曰苟得，君子曰苟義。為善者，非求名者也，而名從之，名不與利期，而利歸之。所求者同，所極者異，故動有益則損隨之。

言無常是，行無常宜者，小人也；察於一事，通於一能，中人也；兼覆而並有之，技能而才使之者，聖人也。

【相關資料尋索】

小人〔之〕從事〔也〕，曰苟得；君子曰苟義。所求者同，所‘期’者異〔乎〕！擊舟水中，魚沈而鳥揚，同聞而殊事，其情一也。《淮南子·繆稱訓》p. 325 ／〈繆稱訓〉辨析，頁217

聖人為善，非‘以’求名而名從之，〔名〕不與利期而利歸之。故人之憂喜，非為蹠，蹠焉往生也。故至人不容。故若眯而撫，若跌而據。《淮南子·繆稱訓》p. 326 ／〈繆稱訓〉辨析，頁217

動〔而〕有益，‘則’損隨之。故《易》曰："剝之不可遂盡也，故受之以復。"《淮南子·繆稱訓》p. 326 ／〈繆稱訓〉辨析，頁218

言無常是，行無常宜者，小人也；察於一事，通於一‘伎’者，中人也。兼覆〔蓋〕而并有之，〔度〕伎能而‘裁’使之者，聖人也。《淮南子·繆稱訓》p. 342 ／〈繆稱訓〉辨析，頁239

【探析與解說】

此章見於《淮南子·繆稱訓》四處。〈繆稱訓〉全篇均為散論，論述"道、德、仁、義"等哲學觀念，篇中廣徵《易經》、《書經》與《詩經》經文，與孔、孟遺說，應與儒家傳承關係密切。〈繆稱訓〉原始資料似曾輯入"文子外編"，此章恐為《淮南子》別本殘文。以下分兩點來說明：

第一、"小人從事曰苟得"段：此段見於〈謬稱訓〉三處。《文子》與《淮南子》此處句序不同，《文子》此章恐為編輯者就《淮南子》別本殘文湊合連綴而成。二者比較如下：

> 小人從事曰苟得，君子曰苟義。為善者，非求名者也，而名從之，名不與利期，而利歸之。所求者同，所極者異，故動有益則損隨之。《文子》

　　小人之從事也，曰苟得；君子曰苟義。所求者同，所期者異乎！

　　……

　　聖人為善，非以求名而名從之，名不與利期而利歸之。

　　……

　　動〔而〕有益，‘則’損隨之。《淮南子》

　　“小人從事曰苟得，君子曰苟義”兩句，〈謬稱〉篇“人”下有“之”字，文意較完備。“苟”，有慎重、專注之意，此兩似意謂：小人的作為只注意是否有得，君子則只注意是否合於義。

　　“為善者，非求名者也，而名從之，名不與利期，而利歸之”，五句，〈謬稱訓〉並不承接上兩句，而為他段文字，曰：“聖人為善，非以求名而名從之，名不與利期而利歸之。故人之憂喜，非為蹠，蹠焉往生也。”文子似意謂：為善者亦是如此，僅注意是否為善，而不企望名、利，但名與利卻自然獲得。

　　“所求者同，所極者異”兩句，《文子》此處與前數句文意難以承接。“所求者同”與“所極者異”，應就首兩句“小人”與“君子”的作為來論說。〈謬稱訓〉正接於首兩句之後，文氣通貫。

　　“故動有益則損隨之”句，〈謬稱訓〉作“動而有益，則損隨之。故《易》曰：“剝之不可遂盡也，故受之以復。”〈謬稱訓〉此處似有殘缺，而《文子》接於“而利歸之”句後，文義不可連貫，當為殘文竄入。

　　又，此段文字似與楊朱思想有關，《列子·說符》引楊朱曰：“行善不以為名，而名從之。名不與利期，而利歸之。利不與爭期，而爭及之。故君子必慎為善。”

　　第二、“言無常是”段：此段區別“小人”、“中人”與“聖人”，與〈道原〉篇第十章“中黃子曰”段文意相近。“兼覆而並有之，技能而才使之者”兩句，〈謬稱訓〉作“兼覆蓋而并有之，度伎能而裁使之者”。王念孫校《淮南子》云：“正文本作‘兼覆而並有之，伎能而裁使之’。……伎之言支也；支，度也。注言‘度其能而裁使之’，‘度’字正釋‘伎’字。今本注文作‘度其伎能’者，涉正文而衍‘伎’字也。正文作‘度技能’者，又涉注文而衍‘度’

字也。因正文衍‘度’字，後人又於上句加‘蓋’字，以對下句。‘兼覆蓋而並有之’，斯爲不詞矣。《太平御覽》〈人事部〉一引此，正作‘兼覆而並有之，伎能而裁使之’。《文子》〈符言〉篇同。”植案：此處二書文句，可能所據文本不同。

4-26

〔老子曰：〕

生所假也，死所歸也。故世治即以義衛身，世亂即以身衛義。死之日，行之終也，故君子慎一用之而已矣。

故生所受於天也，命所遭於時也。有其才不遇其世，天也。求之有道，得之在命。君子能為善不能必得其福，不忍[1]為非而未必免於禍。

故君子逢時即進，得之以義，何幸之有！不時即退，讓之以禮，何不幸之有！故雖處貧賤而猶不悔者，得其所貴也。

【相關資料尋索】

生所假也，死所歸也，故弘演直仁而立死，王子閭張掖而受刃，不以所託害所歸也。故世治‘則’以義衛身，世亂‘則’以身衛義。死之日，行之終也，故君子慎一用之。《淮南子·繆稱訓》p. 327／〈繆稱訓〉辨析，頁 220-221

‘性’〔者〕，所受於天也；命〔者〕，所遭於時也。有其材，不遇其世，天也。太公何力，比干何罪，循性而行指，或害或利。求之有道，得之在命。〔故〕君子能為善，〔而〕不能必‘其得’福；不忍為非，而未〔能〕必免‘其’禍。《淮南子·繆稱訓》p. 333／〈繆稱訓〉辨析，頁 228

---

[1] “忍”字下原有“而”字，據《文子纘義》道藏本刪。

君子時‘則’進，得之以義，何幸之有！不時則退，讓之以‘義’，何不幸之有！故‘伯夷餓死首山之下’，猶不自悔，棄其所賤，得其所貴也。《淮南子·繆稱訓》p. 334／〈繆稱訓〉辨析，頁 229

【探析與解說】

此章分別見於《淮南子·繆稱訓》不同段落，似仍屬“文子外編”資料，此章爲《淮南子》別本文字竄入，以下分兩點來說明：

第一，“生所假也”段：〈繆稱訓〉似引用“文子外編”資料，而以“弘演直仁而立死，王子閭張掖而受刃，不以所託害所歸”的故事，加以申說。

第二、“故生所受於天也”段：〈謬稱〉篇句前無“故”字，而爲另段資料。“必得其福”四字，〈繆稱訓〉作“必其得福”。王念孫校《淮南子》云：“‘必其得福’，當依《文子》〈符言〉篇作‘必得其福’，與‘必免其禍’相對爲文。”

第三、“故君子逢時即進”段：〈謬稱〉篇句前無“故”字，而爲另段資料。“逢時而進”四字，〈繆稱訓〉似奪“逢”字，“逢時”與“不時”，前後對稱。“故雖處貧賤而猶不悔者，得其所貴也”兩句，〈繆稱訓〉作“故伯夷餓死首山之下，猶不自悔，棄其所賤，得其所貴也。”《文子》用“處貧賤”的泛稱，與〈繆稱訓〉文本不同。

4-27

〔老子曰：

人有順逆之氣，‘順逆之氣’[1]生於心，心治則氣順，心亂則氣逆。心之治亂在於道[2]德，得道則心治，失道則心亂。心治則交讓，

---

[1] 此四字據朱弁注本增。

[2] “道”字下原有“德”字，據《文子纘義》道藏本刪。

心亂則交爭,讓則有德,爭則生賊。有德則氣順,賊生則氣逆,氣順則自損以奉人,氣逆則損人以自奉。二氣者可道[1]而制也。

天之道,其猶響之報聲也,德積則福生,禍積則怨生。

宦[2]敗於官茂,孝衰於妻子,患生於憂解,病甚於且瘉。故"慎終如始,則無敗事也。"〕

【相關資料尋索】

官怠於有成,病加於小愈,禍生於懈惰,孝衰於妻子。察此四者,慎終如始。《易》曰:"小狐汔濟,濡其尾。"《詩》曰:"靡不有初,鮮克有終。" 《韓詩外傳·卷八》

曾子有疾,曾元抱首,曾華抱足。曾子曰:"吾無顏氏之才,何以告汝!雖無能,君子務益。夫華多實少者,天也;言多行少者,人也。夫飛鳥以山爲卑,而層巢其巔;魚鱉以淵爲淺,而穿穴其中;然所以得者,餌也。君子苟能無以利害身,則辱安從至乎?"官怠于宦成,病加于少愈,禍生于懈惰,孝衰于妻子;察此四者,慎終如始。《詩》曰:"靡不有初,鮮克有終。" 《說苑·敬慎》

【探析與解說】

此章不見於《淮南子》,全章可分爲三段,彼此並不相連。第一段論述"心"與"氣"的關係,"心治則氣順","心亂則氣逆",而以"道德"爲治心的依憑。第二段,說明"天之道"的自然報應。第三段文字見於《韓詩外傳》,《說苑·敬慎》曾加以收錄。此章文字似屬道家傳承資料,其中引用《老子》經文,或與文子學派的解《老》發展有關。

---

[1] "道"下原有"已"字,據朱弁本刪。

[2] 《文子纘義》道藏本作"學"。

"學敗於官茂"段，首四句，見於《韓詩外傳》，《韓詩外傳》作"官怠於有成，病加於小愈，禍生於懈惰，孝衰於妻子"，二者文意相近。"學"字，四庫備要《文子纘義》案語曰："學一本作宦"。

"慎終如始，則無敗事"兩句，語出《老子》第六十四章。《韓詩外傳》"孝衰於妻子"句下有"察此四者，慎終如始"兩句，"慎終如始"即本諸《老子》經文。

4-28

〔老子曰：〕

舉枉與直，如何不得，舉直與枉，勿與逐往。所謂同污而異泥者。

【相關資料尋索】

季孫氏劫公家，孔子說之，先順其所爲而後與之入政，曰："舉枉與直，如何〔而〕不得？舉直與枉，勿與遂往。"此所謂同污而異'塗'者。《淮南子・說山訓》p. 541／〈說山訓〉辨析，頁 479

【探析與解說】

此章見於《淮南子・說山訓》。見於〈說山訓〉處，前段記載"季孫氏脅迫魯定公把持國政"事例。許慎注曰："先順其謀而從，勿遂大，與同小"，但〈說山訓〉此處文意並不明晰。

此章內容近於《論語・爲政》，〈爲政〉篇曰："哀公問曰：'何爲則民服？'孔子對曰：'舉直錯諸枉，則民服；舉枉錯諸直，則民不服。'而《論語・顏淵》則曰："樊遲……問知。子曰：'知人。'樊遲未達。子曰：'舉直錯諸枉，能使枉者直。'"《史記・孔子世家》曰："魯哀公問政。對曰：

'正在選民。'季康子問政。對曰：'舉直錯諸枉，則枉者直。'"定州漢墓竹簡《論語》有殘文曰："〔哀公問〕曰：'和爲則〔民服？'孔子對〕曰：'舉直錯諸〔枉，則民〕……舉枉錯諸直，則民不服。"西漢時有所謂《古論語》、《齊論》與《魯論》三種。據定州漢墓釋文整理者稱："在簡本中發現《魯論》所具有的文字，則應當是《魯論》本來的東西。……在定州漢墓竹簡中和《論語》一起出土的，還有蕭望之的奏議。蕭望之在當時是皇太子的老師，是傳授《魯論》的大師，劉脩死後把《論語》同蕭望之的奏議放在一起，應不是偶然的。"[1]竹簡《論語》殘文近於今本，但"舉枉與直"或"舉枉錯諸直"等句，可能屬於孔子思想資料，文字記載不同。〈符言〉篇此章或與〈說山訓〉屬同源資料，似輯入孔子相關言論。但"異泥"二字，當據〈說山訓〉作"異途"。

又，〈上德〉篇第三章曰："（故舉枉與直，何如不得，舉直與枉，勿與遂往。"與此章文意相近。

4-29

〔老子曰：〕

聖人同死生，愚人亦同死生。聖人同死生明於分理，愚人同死生不知利害之所在。

〔道縣天，物布地，和在人。人主不和即天氣不下，地氣不上，陰陽不調，風雨不時，人民疾飢。〕

【相關資料尋索】

狂者東走，逐者亦東走，東走則同，所以東走則異。溺者入水，拯之者亦入水，入水則同，所以入水者則異。故聖人同死生，愚人亦同死生，聖人〔之〕

---

[1] 《定州漢墓竹簡論語》頁4，文物出版社，1998年。

同死生‘通’於分理，愚人〔之〕同死生不知利害所在。《淮南子·說山訓》p. 544／〈說山訓〉辨析，頁 483

【探析與解說】

　　此章應分兩段，二者文義不相連屬，似均爲古時哲人雋語，或保存於古本《文子》中。以下分兩點來說明：

　　第一段、說明“聖人同死生”，是由於聖人曉明萬物生化不已之理，而“愚人”雖有時亦視死如生，但僅爲“不知利害之所在”。此段見於《淮南子·說山訓》，並於段前有“狂者東走，逐者亦東走”、“溺者入水，拯之者亦入水”二事，更以“故”的形式引述“聖人同死生”段文字。此段文字亦見於《韓非子·說林》，〈說林〉篇曰：“狂者東走，逐者亦東走，其東走則同，其所以東走之爲則異。故曰：‘同事之人，不可不審察也。’”

　　第二段、此段不見於《淮南子》。全文說明“天”、“地”與“人”三項哲學結構因素的作用。“人”的哲學意義體現於“人主”之身，“人主”以“和”協調“天”之“道”與“地”之“物”。人主若不和，則“天氣”與“地氣”不能交互作用，即成災難。全段文意古樸，或與古本《文子》資料有關。

4-30

　　〔老子曰：〕

　　得萬人之兵，不如聞一言之當；得隋侯之珠，不如得事之所由；得和氏之璧，不如得事之所適。

　　〔天下雖大，好用兵者亡；國雖安，好戰者危。故“小國寡民，雖有什伯之器而勿用。”〕

【相關資料尋索】

得萬人之兵，不如聞一言之當。得隋侯之珠，不'若'得事之所由。得和氏之璧，不若得事之所適。《淮南子·說山訓》p.543／〈說山訓〉辨析，頁482

國家雖大，好戰則亡；天下雖安，忘戰必危。《司馬法·仁本》

【探析與解說】

此章可分爲兩段，論用兵之事，並引述《老子》經文，似屬文子學派解《老》資料殘文。

第一段、見於《淮南子·說山訓》，文字相同。

第二段不見於《淮南子》，而見於《司馬法》。《劉子·閱武》亦引述曰："司馬法曰：'國家雖大，好戰則亡；天下雖安，忘戰必危。'"《老子》書中多處論及"用兵"之事，均表現反戰的思想，如："以道佐人主者，不以兵強天下。其事好還。師之所處，荊棘生焉。大軍之後，必有凶年。"（第30章）"夫（今本有"佳"字，據帛書《老子》刪）兵者不祥之器，物或惡之，故有道者不處。……夫樂殺人者，則不可得志於天下矣。（第31章）。"故小國寡民"兩句，語出《老子》第八十章。

4-31

〔老子曰：〕

能成霸王者，必'德'[1]勝者也；能勝敵者，必強者也；能強者，必用人力者也；能用人力者，必得人心者也；能得人心者，必自得者也；自得者，必柔弱者。能[2]勝不如己者，至於若己者而格，柔勝出於若己者，其事不可度。故'能以衆不勝成大勝者，唯聖人能之'

---

[1] 據《文子纘義》道藏本補。

[2] 〈道原〉篇"能"字作"強"。

[1]。

【相關資料尋索】

　　能成霸王者，必得勝者也；能勝敵者，必強者也；能強者，必用人力者也；能用人力者，必得人心者也；能得人心者，必自得者也；〔能〕自得者，必柔弱者〔也〕。‘強’勝不‘若’己者，至於‘與同’則格；柔勝〔出〕於己者，其‘力’不可度。故能以眾不勝成大勝者，唯聖人能之。《淮南子・詮言訓》p. 467 /〈詮言訓〉辨析，頁 395-396

【探析與解說】

　　此章見於《淮南子・詮言訓》，全章內容強調“柔弱”的作用，與《老子》思想相近，似屬文子學派資料，《淮南子》編入〈詮言訓〉。“能勝不如己者”句，《文子・道原》第九章曰：“強勝不若己者，至於若己者而格，柔勝出於己者，其力不可量。”此處重出，“能”字當作“強”。此段文字除見於《淮南子・詮言訓》外，另見於〈原道訓〉：“強勝不若己者，至於若己者而同；柔勝出於己者，其力不可量。”又，此章文意與〈下德〉篇第五章相近，〈下德〉第五章曰：“勝人者有力，自勝者強。能強者，必用人力者也。能用人力者，必得人心者也。能得人心者，必自得者也。未有得己而失人者也，未有失己而得人者也。”

---

[1] 原作“能眾不勝成大勝者也”，據朱弁注本、《文子纘義》道藏本改。

五 〈道德〉篇探析

定州竹簡整理小組所公佈的竹簡《文子》釋文中，可對應今本《文子》者有八章，並全集中在〈道德〉篇中。今本《文子》此八章與對應的簡文，差異頗大。簡文全爲文子與平王的對談，而非文子與老子。簡文字義古樸，文句簡練，文子與平王間相互反覆問答，不似今本《文子》曾作過較多的整理與修飾，並將文子與文王間的討論，均約略爲單純的問答，或以"老子曰"的形式表現出語錄的性質。

竹簡編號 2465 有殘文曰："文子上經聖□明王"。李學勤認爲此簡當讀爲"《文子・上經》：〈聖□〉、〈明王〉"。這說明竹簡《文子》不但有《上經》，也必當有《下經》，甚或也有《中經》，而"明王"之後，簡文殘損，也許所謂的"上經"，實際上包含不只〈聖□〉與〈明王〉兩篇。就是此兩篇的篇目，也不見於今本的篇名。因此，今本以"道德"名篇，顯然是後人杜撰，而全篇資料的安排，也似由後人所編定。對應今本〈道德〉篇的竹簡文字，原先極可能不屬於今本"道德"的篇目之下。

"道德"一詞，是先秦道家的重要觀念，《老子》書中雖未見此一複合詞，但"道"與"德"二字的哲學新意，卻首先由《老子》提出。戰國時代，"道德"連稱的觀念，已普遍流行，散見於《莊子》中〈外・雜〉篇、《管子》、《荀子》、《韓非子》與《呂氏春秋》等書。鑒於竹簡《文子》未出現此類篇目，我們認爲它仍然是六朝晚期，似由道士所編定。

徐靈府注此篇目之義，曰："此篇上問道德，下反禮智，雖前篇具明，今更起問，以其玄奧，故宜精審，將成後學道之由。"而杜道堅曰："天性即道，性善即德，道德之在我者也。"此均爲道教術士的解釋，可能因襲著此篇原先編輯爲道書的思想傳承。

〈道德〉篇二十章與相關資料的對應，我們整理如下表：

　　*第一章：有竹簡《文子》殘文對應

　　　第二章：見於《淮南子·道應訓》與《呂氏春秋·順說》

　　*第三章：有竹簡《文子》殘文對應

　　　第四章：見於《淮南子·俶真訓》

　　*第五章：有竹簡《文子》殘文對應

　　　第六章：見於《淮南子·詮言訓》

　　*第七章：有竹簡《文子》殘文對應

　　　第八章：見於《淮南子·詮言訓》

　　*第九章：有竹簡《文子》殘文對應

　　　第十章：見於《淮南子·詮言訓》

　　　第十一章：未見於《淮南子》

　　　第十二章：見於《淮南子·齊俗訓》

　　*第十三章：有竹簡《文子》殘文對應

　　　第十四章：見於《淮南子·氾論訓》

　　*第十五章：有竹簡《文子》殘文對應

　　　第十六章：未見於《淮南子》

　　　第十七章：見於《淮南子·詮言訓》

　　　第十八章：見於《淮南子·齊俗訓》

　　　第十九章：見於《淮南子·道應訓》與《呂氏春秋·離俗覽》

　　*第二十章：有竹簡《文子》殘文對應　　　（＊號表示見於竹簡）

　　就上表來看，可對應竹簡《文子》者，分別見於第一、三章、五、七章、九章、十一章、十三章、十五與第二十章，共八章，這當原屬於《文子》古本。未見於《淮南子》的第十一章，也為對談體例，極可能仍為《文子》古本資料殘文。第十六章的內容，認為"法煩刑峻即生詐"，反對"用智以生事"，近於竹簡《文子》的思想。其他十章則分別見於《淮南子》不同篇章。但這些見於《淮南子》的文字，有些仍屬輯入"文子外編"資料，似曾影響《淮南子》的撰寫。

5-1

〔文子問道。

老子曰：學問不精，聽道不深。凡聽者，將以達智也，將以成行也，將以致功名也，不精不明，不深不達。故上學以神聽，中學以心聽，下學以耳聽；以耳聽者，學在皮膚，以心聽者，學在肌肉，以神聽者，學在骨髓。故聽之不深，即知之不明，知之不明，即不能盡其精，不能盡其精，即行之不成。凡聽之理，虛心清靜，損氣無盛，無思無慮，目無妄視，耳無苟聽，專精積蓄，內意盈幷，既以得之，必固守之，必長久之。

夫道者，原產有始，始於柔弱，成於剛強，始於短寡，成於眾長，十圍之木，始於把，百仞之臺，始於下，此天之道也。聖人法之，卑者所以自下也，退者所以自後也，儉者所以自小也，損者所以自少也，卑則尊，退則先，儉則廣，損則大，此天道所成也。

夫道者，德之元，天之根，福之門，萬物待之而生，待之而成，待之而寧。夫道，無為無形，內以修身，外以治人，功成事立，與天為鄰，無為而無不為，莫知其情，莫知其真，其中有信。天子有道則天下服，長有社稷；公侯有道則人民和睦，不失其國；士庶有道，則全其身，保其親；強大有道，不戰而剋；小弱有道，不爭而得；舉事有道，功成得福；君臣有道，即忠惠；父子有道，即慈孝；士庶有道，即相愛。故有道即和，無道即苛。由是觀之，道之於人，無所不宜也。

夫道者，小行之小得福，大行之大得福，盡行之天下服，服則懷之。故帝者，天下之適也，王者，天下之往也，天下不適不往，不可謂帝王。故帝王不得人不能成，得人失道亦不能守。夫失道者，奢泰驕佚，慢倨矜傲，見餘自顯自明，執雄堅強，作難結怨，為兵

主，為亂首。小人行之，身受大殃，大人行之，國家滅亡，淺及其身，深及子孫。夫罪莫大於無道，怨莫深於無德，天道然也。〕

【相關資料尋索】

定州竹簡《文子》有殘文可對應此章部份文句，復原如下：

〔德修非一聽，故以耳聽者，學在皮膚；以心聽〕2428〔學在肌月（肉），以□聽者〕0756〔不深者知不遠，而不能盡其功，不能〕2500

〔產于有，始于弱而成于強，始于柔而〕0581〔于短而成于長，始寡而成于眾，始〕2331〔之高始於足下，千方之群始於寓強〕1178〔聖人法于天道，民者以自下〕0871……〔卑、退、斂、損，所以法天也。平王曰：〕0912

〔元也，百事之根〕1181……〔生，侍之而成，侍〕0792……〔子有道，則天下皆服，長有〕0590〔□社稷，公侯〕0629〔道，則人民和陸（睦），長有其國，士庶有□〕2218〔身，葆其親，必強大，有道則不戰〕0619〔□。

弱小有道，則不諍得識。舉事有〕2462……〔則功成得福。是以君臣之間有道，則〕0625……〔間有道，則慈孝，士庶間有道，則〕2445……〔之，道之於人也〕1179

〔□□，小行之小得福，大行之大得福〕0937……〔則帝王之功成矣。故帝者，天下之〕0929……〔者，天往也，天下不適不往，□□〕0990〔矣。是故帝王者不得人不成，得人□〕0798

〔徒暴□，廣奢驕恤，謾裾陵降，見餘〕1194……〔為兵始，為亂首，小人行之，身受大秧（殃），大人行〕2437

道者，一人用之，不聞有餘；天下行之，不聞不足。此謂道矣。小取焉則小得福，大取焉則大得福，盡行之而天下服，殊無取焉則民反，其身不免於賊。
《管子‧白心》

【探析與解說】

此章不見於《淮南子》。全章至少應分爲四個部份，第一部份是討論"學問"與"聽道"的問題，第二部份是文子說明"道"爲始源的問題，第三個部份應以編號 0912 的殘文"平王曰"作爲分段。"夫道者，小行之…"之後，原應屬於文子與文王連續問答的部份。此四部份，後人將其歸倂爲一個整篇。

《文子》全書有十六章出現"文子"，依其體例可分爲四組。第一組包含九章，均作"文子問曰……老子曰"的形式。第二組僅一章，出現於〈精誠〉篇第二十一章，作"文子曰"，第三組有五章，均爲文子問個別哲學問題，有"文子問道，老子曰"（〈道德〉篇第一章）"文子問德，老子曰"（〈道德〉篇第三章）"文子問聖智，老子曰"（〈道德〉篇第五章）"文子問政，老子曰"（〈道德〉篇第十三章）與"文子問治國之本，老子曰"（〈上仁〉篇第四章）。第四組有一章，作"平王問文子曰……文子曰"。這四組寫定的情況，似乎透露出編輯今本《文子》時，曾對一些資料作過不同的安排。當然以文子與老子的對談來作爲章節的形式，明顯是後人改竄。

對於此章資料的問題，以下分三點來說明：

第一、"文子問道。老子曰"段：此段僅存三段竹簡殘文。"故上學以神聽，中學以心聽，下學以耳聽"三句，，簡文作"德修非一聽"，並未分成"上學"、"中學"與"下學"。"以耳聽者，學在皮膚，以心聽者，學在肌肉，以神聽者，學在骨髓"數句，簡文作"故以耳聽者，學在皮膚；以心聽"與"學在肌月（肉），以□聽者"，二者文字記述相同。"故聽之不深，即知之不明，知之不明，即不能盡其精，不能盡其精，即行之不成"數句，簡文作"不深者知不遠，而不能盡其功，不能"，二者文意略異，"不明"、"盡其精"，簡文分別作"不遠"與"盡其功"。竹簡《文子》殘文未見"精"字，古本《文子》書中，恐未出現"精"的觀念。

第二、"夫道者，原產有始"段："夫道者，原產有始，始於柔弱，成於剛強，始於短寡，成於眾長。數句，竹簡作"產于有，始于弱而成于強，始于柔而""于短而成于長，始寡而成于眾，始"。簡文"產于有"下，似脫"有"

223

字重文符號。"有始"觀念起自《老子》，《老子》第五十二章曰："天下有始，以爲天下母。"《呂氏春秋》更以"有始"名篇。《文子》似發揮《老子》中"有始"的觀念。

又，"始與柔弱，成於剛強，始於短寡，成於眾長"四句，簡文似就"柔、弱、剛、強、短、寡、眾"分別言之，二者文字敘說不同。

又，"十圍之木始於把，百仞之臺始於下，此天之道也"，三句，簡文僅存"之高始於足下，千方之群始於寓強"。二者文字，似有不同。此三句語出《老子》第六十四章："合抱之木生於毫末，九層之臺起於累土，千里之行始於足下。"

又，"聖人法之，卑者所以自下也"兩句，簡文作"聖人法于天道，民者以自下"。"聖人法之"，"之"字當指前文"此天之道"，簡文作"聖人法於天道"，文字記述似與今本有異。

又，"損者所以自少也，卑則尊，退則先，儉則廣，損則大，此天道所成也。"，簡文僅存"卑、退、斂、損，所以法天也。平王曰"。二者不但文字表數有異，且"平王曰"三字，當爲另段問答，今本《文子》已無此種體例的敘說。

第三、"夫道者，德之元"段："夫道者，德之元，天之根，福之門，萬物待之而生，待之而成，待之而寧"數句，簡文僅存"元也，百事之根"、"生，侍之而成，侍"。"天之根"，簡文作"百事之根"，二者文意全然不同。此處古本《文子》與今本原應有較大差異。

又，"天子有道則天下服，長有社稷，公侯有道，則人民和睦，不失其國"五句，簡文作"子有道，則天下皆服，長有"，"□社稷，公侯"，"道，則人民和陸（睦），長有其國"。二者文字略異。

又，"士庶有道則全其身，保其親；強大有道，不戰而剋"四句，簡文作"士庶有□"，"身，葆其親，必強大，有道則不戰"。此處簡文敘說較爲簡要。

又，"小弱有道，不爭而得；舉事有道，功成得福；君臣有道即忠惠；父子有道即慈孝，士庶有道，即相愛。故有道即和，無道即苛。由是觀之，道之於人，無所不宜也"數句，簡文作"□。弱小有道，則不諍得識。舉事有"，"則功成得福。是以君臣之間有道，則"，"間有道，則慈孝，士庶間有道，則"，"之，道之於人也"。簡文雖殘缺過甚，但文意似與今本同。

第四、"夫道者，小行之小得福"段："夫道者，小行之小得福，大行之大得福"三句，簡文作"□□，小行之小得福，大行之大得福"。二者文字似全同。

又，"盡行之天下服，服則懷之，故帝者，天下之適也"四句，簡文作"則帝王之功成矣。故帝者，天下之"。簡文"則帝王之功成矣"句不見於今本，二者敘說恐有差異。"帝王之功"、"帝王之道"爲竹簡《文子》重要觀念之一。

又，"王者，天下之往也，天下不適不往，不可謂帝王"四句，簡文作"者，天往也，天下不適不往，□□"。簡文"天往也"句，似脫"下之"二字。

又，"故帝王不得人不能成，得人失道亦不能守"二句，簡文作"矣。是故帝王者不得人不成，得人□"。二者文意相同。

又，"夫失道者，奢泰驕佚，慢倨矜傲，見餘自顯自明"四句，簡文作"徒暴□，廣奢驕恤，謾裾陵降，見餘。"簡文"徒暴□"三字，未見今本，其他文字，也與今本有異，二者敘說方式不同。

又，"爲兵主，爲亂首；小人行之，身受大殃，大人行之"四句，簡文作"爲兵始，爲亂首，小人行之，身受大秧（殃），大人行。""爲兵主"，簡文作"爲兵始"，二者文意相近。

又，此章"小行之小得福"句，曾爲《管子·白心》所引用，古本《文子》成書似早於〈白心〉篇。

5-2

〔老子曰：

夫行道者，〕使人雖勇，刺之不入，雖巧，擊之不中。夫刺之不入，擊之不中，而猶辱也，未若使人雖勇不敢刺，雖巧不敢擊。夫不敢者，非無其意也，未若使人無其意。夫無其意者，未有受利害之心也，不若使天下丈夫女子，莫不懽然皆欲愛利之。若然者，無地而為君，無官而為長，天下莫不願安利之。故勇於敢則殺，勇於不敢則活。

【相關資料尋索】

惠孟見宋康王，蹀足謦欬，疾言曰：“寡人所說者，勇有功也，不說爲仁義者也。客將何以教寡人？”

惠孟對曰：“臣有道於此，人雖勇，刺之不入；雖巧〔有力〕，擊之不中。大王獨無意邪？”

宋王曰：“善！此寡人之所欲聞也。”

惠孟曰：“夫刺之而不入，擊之〔而〕不中，‘此’猶辱也。臣有道於此，使人雖有勇弗敢刺，雖‘有力’不敢擊。夫不敢‘刺、不敢擊’，非無其意也。臣有道於此，使人本無其意也。夫無其意，未有愛利之心也。臣有道於此，使天下丈夫女子，莫不‘歡’然皆欲愛利之〔心〕。此其賢於勇有力也，四累之上也。大王獨無意邪？”

宋王曰：“此寡人所欲得也。”

惠孟對曰：“孔、墨是已。孔丘、墨翟，無地而為君，無官而為長，天下丈夫女子莫不延頸舉踵而願安利之者。今大王、萬乘之主也。誠有其志，則四境之內皆得其利矣。此賢於孔、墨也遠矣！”

宋王無以應。惠孟出，宋王謂左右曰：“辯矣，客之以說勝寡人也！”

故老子曰：“勇於不敢則活。”由此觀之，大勇反爲不勇耳。《淮南子·道應訓》

p. 385-386／〈道應訓〉辨析，頁 296-297

惠盎見宋康王。康王蹀足謦欬疾言曰：“寡人之所說者，勇有力也，不說為仁義者。客將何以教寡人？”惠盎對曰：“臣有道於此，使人雖勇刺之不入，雖有力擊之弗中。大王獨無意邪？”王曰：“善！此寡人所欲聞也。”惠盎曰：“夫刺之不入，擊之不中。此猶辱也。臣有道於此，使人雖有勇弗敢刺，雖有力不敢擊。大王獨無意邪？”王曰：“善！此寡人之所欲知也。”惠盎曰：“夫不敢刺不敢擊，非無其志也。臣有道於此，使人本無其志也。大王獨無意邪？”王曰：“善！此寡人之所願也。”惠盎曰：“夫無其志也，未有愛利之心也。臣有道於此，使天下丈夫女子莫不驩然皆欲愛利之，此其賢於勇有力也，居四累之上。大王獨無意邪？”王曰：“此寡人之所欲得。”惠盎對曰：“孔、墨是也。孔丘、墨翟，無地為君，無官為長，天下丈夫女子莫不延頸舉踵而願安利之。今大王萬乘之主也，誠有其志，則四境之內皆得其利，其賢於孔、墨也遠矣。”宋王無以應。惠盎趨而出。宋王謂左右曰：“辨矣，客之以說服寡人也。”宋王，俗主也，而心猶可服，因矣。因則貧賤可以勝富貴矣，小弱可以制彊大矣。《呂氏春秋·順說》

惠盎見宋康王，康王蹀足聲咳，疾言曰：“寡人之所說者，勇有力也，不說為仁義者也。客將何以教寡人？”惠盎對曰：“臣有道於此，使人雖有勇，刺之不入；雖有力，擊之弗中；大王獨無意邪？”宋王曰：“善！此寡人之所欲聞也。”惠盎曰：“夫刺之不入，擊之弗中，此猶辱也。臣有道於此，使人雖有勇，弗敢刺；雖有力，弗敢擊。夫弗敢，非無其志也。臣有道於此，使人本無其志也。夫無其志也，未有愛利之心也。臣有道於此，使天下丈夫女子，莫不驩然，皆欲愛利之。此其賢於勇有力也，四累之上也。大王獨無意邪？”宋王曰：“此寡人之所欲得也。”惠盎對曰：“孔、墨是已。孔丘墨翟，無地而為君；無官而為長。天下丈夫女子，莫不延頸舉踵，而願安利之。今大王，萬乘之主也；誠有其志，則四境之內皆得其利矣。其賢於孔、墨也遠矣。”宋王無以應。惠盎趨而出，宋王謂左右曰：“辯矣！客之以說服寡人也。”《列子·黃帝》

【探析與解說】

　　此章見於《呂氏春秋·順說》與《淮南子·道應訓》，並另見於《列子·黃帝》。《文子》並無"惠孟見宋康王"事例，文中主要內容，當為先秦傳言，為多家引用，各自發揮其意旨。《呂氏春秋》闡釋的義理為："宋王，俗主也，而心猶可服，因矣。因則貧賤可以勝富貴矣，小若可以制彊大矣。"《淮南子》則用以解證《老子》第七十三章"勇於不敢則活"經文。《文子》似屬與《淮南子》同源的解《老》資料，並保留多處《淮南子》舊文。

　　"使人雖勇"句，〈道應訓〉無"使"字，王念孫校《淮南子》云："'人雖勇'上當有'使'字，下文曰：'臣有道於此，使人雖有勇弗敢刺，雖有力不敢擊。'又曰：'使人本無其意。'又曰：'使天下丈夫女子莫不歡然皆欲愛利之。'皆其證也。《列子》、《呂氏春秋》皆有'使'字。"王叔岷云："案：王說是也，《文子》〈道德〉篇亦有'使'字。"

　　又，"雖巧，擊之不中"，〈道應訓〉作"雖巧有力，擊之不中"。王念孫校《淮南子》云："'有力'上本無'巧'字，此後人以《文子》〈道德〉篇加之也。案：《文子》云：'雖巧，擊之不中。'此云'雖有力，擊之不中'文本不同，加'巧'字於'有力'之上，則文不成義矣。下文云'雖有力不敢擊'，義無'巧'字。《列子》、《呂氏春秋》皆無'巧'字。"

　　又，"莫不歡然皆欲愛利之"句，〈道應訓〉於"愛利之"後有"心"字。王念孫校《淮南子》云："'愛利之'下不當有'心'字，此因上文'未有愛利之心'而誤衍。《文子》、《列子》、《呂氏春秋》皆無'心'字。"

　　又，"故勇於敢則殺，勇於不敢則活"兩句，出自《老子》第七十三章，《文子纘義》本無此二句，據四部叢刊景宋本增，〈道應訓〉僅引"勇於不敢則活"句。王念孫校《淮南子》云："'老子曰'下脫'勇於敢則殺'一句。二句相對為文，單引一句，則文不成義。"

5-3

文子問德。

老子曰：畜之養之，遂之長之，兼利無擇，與天地合，此之謂
德。

何謂仁？

曰：為上不矜其功，為下不羞其病，於大不矜，於小不偷，兼
愛無私，久而不衰，此之謂仁也。

何謂義？

曰：為上即輔弱，為下即守節，達不肆意，窮不易操，一度順
理，不私枉撓，此之謂義也。

何謂禮？

曰：為上則恭嚴，為下則卑敬，退讓守柔，為天下雌，立於不
敢，設於不能，此之謂禮也。

故修其德則下從令，修其仁則下不爭，修其義即下平正，修其
禮則下尊敬，四者既修，國家安寧。

故物，生者道也，長者德也，愛者仁也，正者義也，敬者禮也。
不畜不養，不能遂長，不慈不愛，不能成遂，不正不匡，不能久長，
不敬不寵，不能貴重。

故德者，民之所貴也，仁者，民之所懷也，義者，民之所畏也，
禮者，民之所敬也，此四者，文之順也，聖人之所以御萬物也。

君子無德即下怨，無仁即下爭，無義即下暴，無禮即下亂，四
經不立，謂之無道。無道不亡者，未之有也。

【相關資料尋索】

定州竹簡《文子》有殘文可對應此章部份文句，復原如下：

〔□，為下則守節，循道寬緩，窮〕 0582

〔則敬愛、損退、辭讓、守□服之以〕 0615

〔生者道也，養者〕 2466

〔不慈不愛，不能成遂，不正〕 0600

〔之所畏也，禮者，民之所□也，此四〕 2259

〔踰節謂之無禮。毋德者，則下怨，無〕 0591 ……〔則下諍，無義則下暴，無禮則下亂，四〕 0895/0960 ……〔□立，謂之無道，而國不〕 0811

【探析與解說】

此章不見於《淮南子》。全章至少分為三個部份，第一部份是文子與平王間討論"德仁義禮"的問題，第二部份包含三個以"故"起首的段落，其中似刪略文子與平王間一些對話，第三個部份應以編號 0591 的殘簡作為劃分，今本"君子無德"，竹簡並無"君子"二字，前並有"踰節謂之無禮"，顯見今本曾加以改竄。

又，"為下即守節，達不肆意，窮不易操，一度順理"四句，簡文作"□為下，則守節，循道寬緩，窮"。"達不肆意"句，簡文作"循道寬緩"，二者文意有別。

又，"為上則恭嚴，為下則卑敬，退讓守柔，為天下雌"四句，簡文作"則敬愛、損退、辭讓、守□服之以"。二者敘說的方式不同。

又，"故物，生者道也，長者德也"三句，簡文作"生者道也，養者"，"長"、"養"文意相近。《老子》五十一章曰："故道生之，德畜之，長之，育之，亭之，毒之，養之，覆之。""長之"、"養之"均指"德"的作用。

又，"不慈不愛，不能成遂，不正不匡"三句，簡文作"不慈不愛，不能成遂，不正”，二者文字全同。

又，“義者，民之所畏也，禮者，民之所敬也”四句，簡文作“之所畏也，禮者，民之所□也”，二者文字全同。

又，“此四者，文之順也”兩句簡文僅存“此四”，下當殘“者”字，而接今本“文之順”。

又，“踰節謂之無禮”句，今本無。此處二者似有不同的敘說。

又，“君子無德，即下怨，無仁即下爭，無義即下暴，無禮即下亂”五句，簡文作“毋德者，則下怨，無”，“則下諍，無義則下暴，無禮則下亂”。二者文字全同。

又，“四經不立，謂之無道。無道不亡者，未之有也”數句，簡文作“四”，“□立，謂之無道，而國不”。此兩句簡文似與今本文字相同。“四”下似殘“經不”字而“立”前缺“不”字。“無道”下似缺重文符號。此處簡文雖殘缺，但就對應文字可確證今本此處“四經”觀念，原當屬古本《文子》所有。此種以“德、仁、義、禮”爲四經，積極展現建立人文的規劃，爲《老子》哲學重要的一種推衍性發展[1]。

5-4

〔老子曰：〕

至德之世，賈便其市，農樂其野，大夫安其職，處士修其道，〔人民樂其業〕。是以風雨不毀折，草木不夭死，河出圖，洛出書。及世之衰也，〔賦斂無度，殺戮無止，〕刑諫者，殺賢士，是以山崩川涸〔，螺動不息，野無百蔬〕。

故世治則愚者不得獨亂，世亂則賢者不能獨治。

---

[1] 參閱拙著《文子新論》，第二篇第一章。

故聖人和愉寧靜，生也，至德道行，命也。故生遭命而後能行，命得時而後能明〔，必有其世而後有其人〕。

【相關資料尋索】

〔古者〕至德之世，賈便其‘肆’，農樂其‘業’，大夫安其職，而處士脩其道。當此之時，風雨不毀折，草木不夭，九鼎重味，珠玉潤澤，洛出‘《丹書》’，河出‘《綠圖》’，故許由、方回、善卷、披衣得達其道。何則？世之主有欲利天下之心，是以人得自樂其間。四子之才，非能盡善，蓋今世也，然莫能與之同光者，遇唐、虞之時。

‘逮至夏桀、殷紂’，燔生人，‘辜諫者’，爲炮烙，鑄金柱，‘剖賢人之心’，析才士之脛，醢鬼侯之女，菹梅伯之骸。當此之時，‘嶢山崩，三川涸’，飛鳥鎩翼，走獸擠腳。當此之時，豈獨無聖人哉？然而不能通其道者，不遇其世。夫鳥飛千仞之上，獸走叢薄之中，禍猶及之，又況編戶齊民乎？由此觀之，體道者不專在於我，亦有繫於世者矣。夫歷陽之郡，一夕反而爲湖，勇力聖知與罷怯不肖者同命。巫山之上，順風縱火，膏夏、紫芝與蕭艾俱死。故河魚不得明目，稚稼不得育時，其所生者然也。

故世治則愚者不得獨亂，世亂則‘智’者不能獨治。身蹈于濁世之中，而責道之不行也，是猶兩絆騏驥，而求其致千里也。置援檻中，則與豚同，非不巧捷也，無所肆其能也。舜之耕陶也，不能利其里；南面王，則德施乎四海，仁非能益也，處便而勢利也。

古之聖人，〔其〕和愉寧靜，‘性’也；〔其〕志‘得’道行，命也。〔是〕故‘性’遭命而後能行，命得‘性’而後能明。烏號之弓，谿子之弩，不能無弦而射。越舲蜀艇，不能無水而浮。今矰繳機而在上，網罟張而在下，雖欲翺翔，其勢焉得？故《詩》云：“采采卷耳，不盈傾筐。嗟我懷人，寘彼周行。”以言慕遠世也。《淮南子·俶真訓》p. 75-78／〈俶真訓〉辨析，頁 73-74

【探析與解說】

　　此章可分為兩段，接續見於《淮南子·俶真訓》。見於〈俶真訓〉處，文意完整，以"至德之世"與"夏桀、殷紂之時"人才舉用的比較，說明"得道者是否能施展於世，不完全決於自己的意願，而是受到所處世道好壞的牽連。"因而提出："世治則愚者不得獨亂，世亂則智者不能獨治"之理。《文子》此章全文不見此義，且多處文意不能連貫，似《淮南子》別本殘文竄入。以下分三點來說明：

　　第一、"至德之世"段：《文子》此段僅存〈俶真訓〉"至德之世"與"夏桀、殷紂之時"兩段比較的殘文，其中部份文字與〈俶真訓〉略異，似經編輯今本《文子》者整理改動。如："賈便其市"句，"市"字，〈俶真訓〉作"肆"。"農樂其野"句，"野"字，〈俶真訓〉作"業"。"人民樂其業"句，〈俶真訓，無。"及世之衰也"句，〈俶真訓〉作"逮及夏桀、殷紂"。"賦斂無度，殺戮無止"二句，〈俶真訓〉無。"是以山崩川涸"句，〈俶真訓〉作"嶢山崩，三川涸"。"螾動不息，野無百蔬"二句，〈俶真訓〉無。

　　又，"風雨不毀折，草木不夭死"兩句，〈俶真訓〉無'死'字。王念孫校《淮南子》云："'風雨不毀折，草木不夭死'，相對為文，則有'死'字是也。《文子》〈道德〉篇亦有'死'字。"

　　第二、"故世治則愚者不得獨亂"段：此段文意不能與前文連貫，而見於〈俶真訓〉處，回應前文"許由、方回、善卷、披衣四人，因遇唐、虞之時，故能達其道"，而在"夏桀、殷紂之時，雖有聖人亦不能通其道"。

　　第三、"故聖人和愉寧靜"段："故聖人和愉寧靜，生也，至德道行，命也"四句，〈俶真訓〉作"古之聖人，其和愉寧靜，性也；其志得道行，命也。"〈俶真訓〉文意較為清晰，〈道德〉篇"至德道行"句，似有奪誤。

　　又，"命得時而後能明"句，顧觀光云："'時'字誤，〈俶真訓〉作'性'。"

　　又，"必有其世而後有其人"句，與前文文意不相連貫。此句雖不見於〈俶真訓〉，但〈繆稱訓〉曰："功名遂成，天也；循理受順，人也。太公望、周公旦，天非為武王造之也；崇侯、惡來，天非為紂生之也；有其世，有其人也。"〈道德〉篇此句，或為〈繆稱訓〉"有其世，有其人也"兩句殘文竄入。

此段文意與《文子·符言》相近，〈符言〉篇第二十六章曰："故生所受於天也，命所遭於時也。有其才不遇其世，天也。求之有道，得之在命。"[1]〈九守〉篇亦有類似思想，〈九守〉篇第九章曰："非有其世，孰能濟焉？有其才，不遇其時，身猶不能脫，又況無道乎？"[2]

5-5

〔文子問聖智。

老子曰：聞而知之，聖也，見而知之，智也。故聖人常聞禍福所生而擇其道，智者常見禍福成形而擇其行；聖人知天道吉凶，故知禍福所生；智者先見成形，故知禍福之門。聞未生，聖也，先見成形，智也，無聞見者，愚迷也。〕

【相關資料尋索】

定州竹簡《文子》有殘文可對應此章部份文句，復原如下：

〔□之□而知之乎？

文子曰：未生者可〕0904〔知。

平王曰：何謂聖知？"

文子曰：聞而知之，聖也。〕0896……〔知也。故聖者聞〕0803〔而知擇道。知者見禍福〕1200……〔刑而知擇行。故聞而知之，聖也〕0765……〔知也成刑者，可見而〕0834……〔未生；知者，見成〕0711

【探析與解說】

---

[1] 《淮南子·繆稱訓》作："性者，所受於天也；命者，所遭於時也。有其材，不遇其世，天也。太公何力，比干何罪，循性而行指，或害或利。求之有道，得之在命。"

[2] 《淮南子·俶真訓》作："非有其世，孰能濟焉有其人不遇其時，身猶不能脫，又況無道乎？"

　　此章不見於《淮南子》，今本文字似摘取定州竹簡《文子》改編而成。"聖智"問題當爲竹簡《文子》的重要論題。竹簡編號 2465 殘文曰："《文子·上經》〈聖□〉、〈明王〉"。"聖"下缺字，似"智"字。此章原先或屬《文子·上經》之〈聖智〉篇。

　　編號 0904 殘簡曰："〔□之□而知之乎？文子曰：未生者可〕。此數句簡文，當是平王與文子談論"知"問題的殘句。由於殘缺嚴重，其文字原意不易釐訂。"未生可知"句，與今本《文子》下文"聞未生，聖也"相類。顯見今本此章內容的結構，已非古本《文子》原樣。"聞而知之"句後，二者比較如下：

> 文子問聖智。老子曰：聞而知之，聖也，見而知之，智也。故聖人常聞禍福所生而擇其道，智者常見禍福成形而擇其行。"

　　竹簡文字的組合爲：

　　"知。平王曰：何謂聖知？文子曰：聞而知之，聖也。"（編號 0896）"知"字之前已殘，"平王問聖知"，今本改成文子問老子答。

　　"知也。故聖者聞"（編號 0803），"知也"前似殘"見而知之"四字。"聞"字下似殘"禍福所生"四字。

　　"而知擇道。知者見禍福"（編號 1200）"刑而知擇行。"（編號 0765 前段）。"福"字下，似殘"成"字。

> 聖人知天道吉凶，故知禍福所生；智者先見成形，故知禍福之門。聞未生，聖也，先見成形，智也，無聞見者，愚迷也。

　　竹簡文字的組合爲：

　　"故聞而知之，聖也"（編號 0765 後段）此句與今本差異較大。簡文回應上文編號 0896 簡："聞而知之，聖也。"今本無此結構。

　　"知也成刑者，可見而"（編號 0834）此兩句，似與今本"智者先見成形"之意相近，但文字無法對應。

“未生；知者，見成”（編號0711）等句殘文，原似作“聖者，聞未生，知者，見成形”。句序與今本不同。

5-6

〔老子曰：〕

君好‘智’[1]，即信時而任己，棄數[2]而用惠。物博智淺，以淺贍博，未之有也。獨任其智，失必多矣。好智、窮術也。

好勇，危亡之道也。

好與，則無定分；上之分不定，則下之望無止。若多斂即與民為讎；少取而多與，其數無有。故好與，來怨之道也。

由是觀之，財不足任，道術可因，明矣。

【相關資料尋索】

君好智，‘則’‘倍’時而任己，棄數而用‘慮’。〔天下之〕物博〔而〕智淺，以淺贍博，未有〔能〕者也。獨任其智，失必多矣，〔故〕好智、窮術也。

好勇，則輕敵而簡備，自負而辭助。一人之力，以圉強敵，不杖眾多而專用身才，必不堪也。故好勇，‘危術’也。

好與，則無定分。上之分不定，則下之望無止。若多〔賦〕斂，實府庫，則與民為讎。少取多與，‘數未之有也’。故好與，來怨之道也。

仁智勇力，人之美才也，而莫足以治天下。由‘此’觀之，賢〔能之〕不足任〔也〕，〔而〕道術‘之可脩’，明矣。《淮南子·詮言訓》p. 474／〈詮言訓〉辨析，頁407

---

[1] “智”字原作“義”，據朱弁注本、《文子纘義》道藏本改。

[2] 景宋本作“稟智”。

【探析與解說】

　　此章見於《淮南子·詮言訓》。本篇第六、八、十、十七章四章,均見於〈詮言訓〉,均似“文子外編”資料竄入。以下分三點來說明:

　　第一、“君好智”段:全段說明人君若喜好智術,就會忽略了“時”與“數”。首三句〈詮言〉作“君好智,則倍時而任己,棄數而用慮。”《文子》此段“信時”指“相信時宜”,意謂:君好智即相信時宜,而〈詮言訓〉作“倍時”,指“違逆時運”,意謂:君好智即違逆時運。《文子》書中多處強調“因時”或“隨時”[1],也多次說明“時”的重要[2]。“君好智”,不應是“信時”,而當為“倍時”。

　　又,“棄數而用惠”句,“惠”,〈詮言訓〉作“慮”。“數”指“常理”,“慮”為“私慮”,君用智,故捨常理而用私慮,《文子》作“惠”,與“君好智”不應,恐因形近而誤。

　　又,“物博智淺”句,〈詮言訓〉句前有“天下之”三字,文意較清楚。

　　第二、“好勇”段:〈詮言訓〉此處分別說明人君“好智”、“好勇”與“好與”之患,解說段落分明。“君好智,則……,故好智窮數也”,“好勇,則……,故好勇危術也”,“好與,則……,故好與來怨之道也”。《文子》似僅存殘文。

　　第三、“由是觀之”段:“財”〈詮言訓〉作“賢能”,“賢能”意含較“財”為廣,此處指國君自恃其“智、勇與仁”。

---

[1] 如:“所謂聖人者,因時而安其位。”(〈九守〉篇)“器械者,因時變而制宜適。”(〈上義〉篇)“三王殊事而名立後世,此因時而變者也。”(〈上禮〉篇)“隨時而舉事”(〈道原〉篇與〈精誠〉篇),“隨時三年”(〈符言〉篇)“隨時動靜”、“隨時而不成”(〈微明〉篇)、“隨時舉事”(〈道德〉篇))

[2] 如:“聖人因時而安其位,當時而樂其業”(〈九守〉篇)“不奪時”(〈下德〉篇)“應時修備”(〈上仁〉篇)“應時權變”(〈道德〉篇)“謹於時”(〈上義〉篇)“與時往來”(〈自然〉篇)“隨時動靜”(〈微明〉篇)“靜默以待時”(〈微明〉篇)。

又，"道術可因"句，"因"字，〈詮言訓〉作"脩"。孫詒讓校《淮南子》云："'脩'當作'循'，言道術可循守也。""因"與"循"義同，《文子》作"因"，似屬不同文字記述。

5-7

〔文子問曰：古之王者，以道蒞天下，為之奈何？

老子曰：執一無為，因天地與之變化。"天下大器也，不可執也，不可為也，為者敗之，執者失之。"

執一者，見小也，見小故能成大也；無為者，守靜也，守靜故能為天下正。

處大，滿而不溢，居高，貴而無驕，處大不溢，盈而不虧，居上不驕，高而不危。盈而不虧，所以長守富也，高而不危，所以長守貴也，富貴不離其身，祿及子孫，古之王道具[1]於此矣。〕

【相關資料尋索】

定州竹簡《文子》有殘文可對應此章部份文句，復原如下：

〔王曰："吾聞古聖立天下，以道立天下，"〕2262……〔□何？

文子曰："執一無為。"

平王曰：〕0564……

〔文子曰：〕2360……〔地大器也，不可執，不可為，為者販（敗）之，執者失〕0870……〔是以聖王執一者，見小也；無為者〕0593……〔也。見小故能成其大功，守靜□〕0908……〔下正。"

---

[1] "具"字，景宋本作"其"，朱弁注本與《文子纘義》道藏本作"期"。

平王曰：“見小守靜奈何？”

文子曰：〕 0775 ……〔也。大而不衰者，所以長守□〕 0908 ……〔高而不危，高而不危者，所以長守民〕 0864 ……〔有天下，貴為天子，富貴不離其身〕 2327

【探析與解說】

此章不見於《淮南子》。據竹簡殘文與今本對應來看，此章原為平王三問，文子三答。今本《文子》似經過變動而改編。全章論述“執一無為”思想，推衍《老子》重要哲學觀念，說明文子與老子應有傳承的關係。以下分四點來說明：

第一、“文子問曰”段：竹簡綴合為“王曰：“吾聞古聖立天下，以道立天下”（編號 2262 簡）……“□何？”（編號 0564 簡前段）“何”字前似殘“為之奈”三字。“王曰”，今本改作“文子曰”。

第二、“執一者”段：以今本《文子》補足竹簡綴合的殘文，似作：“是以聖王執一者，見小也；無為者，〔守靜〕也。見小故能成其大功，守靜〔故能為天〕下正”。簡文與今本《文子》文序不同，竹簡《文子》說理具有嚴謹結構，按層次遞相解說。如：

執一	無為
執一者見小	無為者守靜
見小故能成其大	守靜故能天下正

“天下大器”五句，今本《老子》第二十九章曰：“天下神器，不可為也，為者敗之，執者失之。”帛書《老子》與此同。《文子》所引《老子》“神器”作“大器”，並有“不可執也”四字。因各本後文均有“為者敗之，執者失之”兩句，今本《老子》與《淮南子·原道訓》似均脫“不可執也”四字。王叔岷校《淮南子》云：“案：此本《老子》。‘為者敗之’承‘不可為也’而言；‘執者失之’四字無著。《文子》〈道德〉篇作‘天下大器也，不可執也，不可為也，為者敗之，執者失之’，多‘不可執也’四字，與‘執者失之’相應，極是！今本《老子》、《淮南子》並脫四字，當補。據《老子》王弼注：‘萬

物以自然爲性，故可因而不可爲也；可通而不可執也。’是所見本原有‘不可執也’四字。”

第三、“處大”段：此段文字與句序編排，今本《文子》與竹簡《文子》差異很大，二者比較如下：

> 處大，滿而不溢，居高，貴而無驕。處大不溢，盈而不虧，居上不驕，高而不危。盈而不虧，所以長守富也，高而不危，所以長守貴也，富貴不離其身，祿及子孫，古之王道期於此矣。

“也。大而不衰者，所以長守□”（編號0908簡），此三句殘文與今本文字均不能完全對應，今本無“大而不衰”句。

“高而不危，高而不危者，所以長守民”（編號0864簡），今本“民”字，作“貴”。

“有天下，貴爲天子，富貴不離其身”（編號2327簡），前兩句不見於今本。

5-8

〔老子曰：〕

民有道所同行，有法所同守。義不能相固，威不能相必，故立君以一之。君執一即治，無常即亂，君道者，非所以有為也，所以無為也。智者不以德為事，勇者不以力為暴，仁者不以位為惠，可謂一矣。一也者，無適之道也，萬物之本也。

君數易法，國數易君，人以其位，達其好憎，下之‘徑衢’[1]，不可勝理。故君失一，其亂甚於無君也〔，君必執一而後能群矣〕。

---

[1] “徑衢”原作“任懼”，依《道藏》朱弁注本改。

【相關資料尋索】

　　民有道所同 '道' ，有法所同守，〔為〕義之不能相固，威〔之〕不能相必〔也〕，故立君以一 '民' 。君執一則治，無常 '則' 亂。君道者，非所以為也，所以無為也。何謂無爲？智者不以 '位' 為事，勇者不以 '位' 為暴，仁者不以位為 '患' ，可謂 '無為' 矣。夫無爲則得於一也。一也者，｛萬物之本也，無敵之道也｝。凡人之性，少則昌狂，壯則暴強，老則好利。一人之身既數變矣，又況君數易法，國數易君！人以其位 '通' 其好憎，下之徑衢，不可勝理，故君失一 '則' 亂，甚於無君之時。故《詩》曰：“不愆不忘，率由舊章。” 此之謂也。《淮南子·詮言訓》p. 473-474 ／〈詮言訓〉辨析，頁 406

【探析與解說】

　　此章見於《淮南子·詮言訓》，全章說明 “立君” 的意義，與 “君道” 的 “執一” 與 “無爲” ，近於竹簡《文子》的思想，似屬文子學派資料。《淮南子》編入〈詮言訓〉。以下分兩點來說明：

　　第一、 “民有道所同行” 段：此段說明 “立君” 之義，在於一同天下的作爲，與《墨子》 “尙同” 思想相近。《文子》似將《老子》哲學 “天、地、人” 三項思辨因素，與 “聖人” 觀念，體現在 “人君” 的哲學意義上，並闡明 “人君” 在哲學結構中的作用，似屬文子學派後續發展的史料，具有推衍的性質。竹簡《文子》即多次使用 “君” 字，如：編號 0569 簡曰 “有道之君，天舉之，地勉之，鬼神輔（殘）” ，編號 0699 簡曰： “百姓。百國之君，皆驩然思欲愛（殘）。” 同時也使用 “帝” 字，編號 0925 簡曰 “盡行之，帝王之道也。” 更用 “天王” 一詞，如編號 2391 簡 “辭曰：道者，先聖人之傳也。天王不齋不□（殘）” 。這均與 “人君” 的現實性規劃有關。又，此段 “執一” 與 “無爲” 兩觀念，出現竹簡《文子》，同時見於本篇上章。

　　 “所以無爲也” 句後，《文子》與〈詮言訓〉文字差異較大，二者比較如下：

> 君道者，非所以有為也，所以無為也。智者不以德為事，勇者不以力為暴，仁者不以位為惠，可謂一矣。《文子》

> 君道者，非所以為也，所以無為也。何謂無為？智者不以位為事，勇者不以位為暴，仁者不以位為患，可謂無為矣。夫無為則得於一也。《淮南子》

〈詮言訓〉以"何謂無為？"作為說明的轉折語，顯示《淮南子》引用前人資料加以申論的形式。因此，下文"可謂一矣"句，〈詮言訓〉即改作"可謂無為矣。夫無為，則得於一也。"但此處主要在敘說"君道無為"之義，《文子》以"智者不以德為事"、"勇者不以力為暴"、"仁者不以位為惠"三句，說明"君道無為"之"一"的效用，故下文曰："可謂一也"。《淮南子》在此三句之後，曰："可謂無為矣。"似顯出"無為"指"智者"、"勇者"語"仁者"的無為。《文子》文句較合乎全章的義理。

又，"智者不以德為事，勇者不以力為暴，仁者不以位為惠"三句，"德"、"力"與"勇"三字，〈詮言〉篇均作"位"，恐因涉下文"位"字而誤。"不以德為事"指"智者不追求巧得"，"不以力為暴"，指"勇者不強使氣力"。"不以位為慧"，指"仁者不以親暱為恩惠"。"位"通"莅"。《韓非子·外儲說左上》曰："夫不明分，不責成，而以躬親位下。"陳奇猷《韓非子集釋》引王先慎曰："位、莅，古字通。"〈外儲說左上〉引〈逸詩〉曰："不躬不親，庶民不信。"古時認為在上位者躬親於民，為"仁者"的表現。

又，"惠"字，〈詮言訓〉作"患"。王念孫校《淮南子》云："劉本'患'作'惠'。案：劉本是也。'不以位為惠'，謂不假位以行其惠也。'為惠'與'為暴'相對。"

第二、"君數易法"段：此段文意不甚清晰，大意似謂：國君頻繁地進行變法，國家不斷地篡弒易君，各人均以所處地位來追求他們的欲求好憎，普遍影響到市街小巷，幾乎不能治理。所以，若是國君不能一同國家，所造成的混亂，比未產生國君的時代還要嚴重。國君必須執一，然後才能統合群眾。"《文子》段前似有脫文。

此段〈詮言訓〉作“凡人之性，少則昌狂，壯則暴強，老則好利。一人之身既數變矣，又況君數易法，國數易君！人以其位通其好憎，下之徑衢，不可勝理，故君失一則亂，甚於無君之時。故《詩》曰：“不愆不忘，率由舊章。”此之謂也。”“一人之身既數變”等句，另見於〈氾論訓〉。〈氾論訓〉曰：“周公事文王也，行無專制，事無由己，身若不勝衣，言若不出口，有奉持於文王，洞洞屬屬，如將不能，恐失之，可謂能子矣！武王崩，成王幼少，周公繼文王之業，履天子之籍，聽天下之政，平夷狄之亂，誅管、蔡之罪，負扆而朝諸侯，誅賞制斷，無所顧問，威動天地，聲懾海內，可謂能武矣！成王既壯，周公屬籍致政，北面委質而臣事之，請而後爲，復而後行，無擅恣之志，無伐矜之色，可謂能臣矣！故一人之身而三變者，所以應時矣。何況乎君數易〔法〕（原作‘世’，據楊樹達說改。），國數易君，人以其位達其好憎，以其威勢供其嗜欲，而欲以一行之禮，一定之法，應時偶變，其不能中權，亦明矣。”〈氾論訓〉所稱“一人之身而三變”，指周公“事文王”、“履天子之籍”與“成王既壯，周公屬籍致政”三事。所以說“應時矣”。下文“何況君數易法”句，當指戰國時代的情況。〈詮言訓〉所稱“一人之身而三變”指“人之性，少則昌狂，壯則暴強，老則好利”，與“何況君數易君”之義，較難連貫。

又，“下之徑衢”句，“徑衢”二字，各本均作“任懼”，朱弁注本作“任衢”，與〈詮言訓〉同。“任懼”二字，當誤；“君必執一而後能群矣”，〈詮言訓〉無，《文子》資料與今本《淮南子》文本不同。

5-9

〔文子問曰：王道有幾？

老子曰：一而已矣。

文子曰：古有以道王者，有以兵王者，何其不一也？

曰：以道王者德也，以兵王者亦德也。

用兵有五：有義兵，有應兵，有忿兵，有貪兵，有驕兵。誅暴救弱，謂之義；敵來加己不得已而用之，謂之應；爭小故不勝其心，謂之忿；利人土地，欲人財貨，謂之貪；恃其國家之大，矜其人民之衆，欲見賢於敵國者，謂之驕。義兵王，應兵勝，忿兵敗，貪兵死，驕兵滅，此天之道也。〕

【相關資料尋索】

定州竹簡《文子》有殘文可對應此章部份文句，復原如下：

〔平王曰："王者幾道乎？

文子曰：王者一道〕。 2419

〔王曰："古者有〕 0829 〔以道王者，有以兵〕 0850 ……〔以一道也？"

文子曰："古之以道王者〕 2210 ……〔以兵王者〕 1035 ……〔者，謂之貪兵。恃其國家之大，矜其人民〕 0572 〔眾。欲見賢於適（敵）者，謂之驕兵。義兵〕 2217 ……〔故王道唯德乎！臣故曰一道。"

平王〕 2385 ……

【探析與解說】

此章不見於《淮南子》。文中提及"王道"的觀念，"王道"爲古本《文子》思想的重要標誌之一。《書經·鴻範》稱"王道"爲"皇極"，曰："無偏無陂，遵王之義；無有作好，遵王之道；無有作惡，遵王之路。無偏無黨，王道蕩蕩；無黨無偏，王道平平；無反無側，王道正直。會其有極，歸其有極。"這是周文中"王道"的意含，是以"文王之德"作爲根基。《老子》強調"天道"，並提出思辨性的"道"以取代周文中"天"的人文性統攝作用。文子似延續《老子》思想，重新建立"王道"之人文建構的新義。此章重點在說明"用兵"之事與"王道"的關係。所謂"用兵有五"，"義兵王，應兵勝，忿兵敗，貪兵死，驕兵滅，此天之道也。"今本此章資料並不完整，按簡文連綴的文句，原似有三次問答,而今本僅存兩次。文中稱"以道王者德也,以兵王者亦德也",而下文均只說明後句之義,而對"以道王者德"句並未闡發,不合於竹簡《文子》兩相對應,層次遞衍,詳加說明的體例。竹簡《文子》編號2385簡曰"故王道唯德乎!臣故曰一道。"此句今本未見。

"用兵有五"段,段前恐有脫文。馬王堆帛書《黃帝四經·十大經·本伐》曰:"諸庫藏兵之國,皆有兵道。世兵道三:有為利者,有為義者,有行忿者。所謂為利者,見□□□飢,國家不暇,上下不當,舉兵而栽□之,唯(雖)無大利,亦無大害焉。"〈本伐〉篇資料應與《文子》同源,而《文子》記載較詳。另《吳子·圖國》篇曰:"吳子曰:"凡兵之所起者有五,一曰爭名,二曰爭利,三曰積惡,四曰內亂,五曰因饑。其名又有五:一曰義兵,二曰強兵,三曰剛兵,四曰暴兵,五曰逆兵。禁暴救亂曰義,恃眾以伐曰強,因怒興師曰剛,棄禮貪利曰暴,國亂人疲舉事動眾曰逆。五者之數各有其道:義必以禮服,強必以謙服,剛必以辭服,暴必以詐服,逆必以權服。"《吳子》此段資料亦與《文子》相近。

5-10

〔老子曰:〕

釋道而任智者危,棄數而用才者困。故守分循理,失之不憂,得之不喜;成者非所為,得者非所求。入者有受而無取,出者有授而無與,因春而生,因秋而殺,所生不德,所殺不怨,則幾於道矣。

【相關資料尋索】

釋道而任智者〔必〕危,棄數而用才者〔必〕困。有以欲多而亡者,未有以無欲而危者也;有以欲治而亂者,未有以守常而失者也。故智不足免患,愚不足以至於失寧。

守〔其〕分,循〔其〕理,失之不憂,得之不喜,〔故〕成者非所為〔也〕,

得者非所求〔也〕。入者有受而無取，出者有授而無‘予’，因春而生，因秋而殺，所生〔者〕‘弗’德，所殺〔者〕‘非’怨，則幾於道也。《淮南子・詮言訓》

p.468／〈詮言訓〉辨析，頁398

【探析與解說】

此章見於《淮南子・詮言訓》，強調“道”、“數”（術）的作用，與“因順”的操持，合於道家傳承思想。〈詮言訓〉似引用“文子外編”資料。“故守分循理”句前，〈詮言訓〉“有以欲多……至於失寧”等句，說明“欲多則亡”、“欲治則亂”，與其前後文並無必然關連，恐係錯簡。《文子》此章文義簡要，似存“文子外編”舊文。

5-11

〔文子問曰：王者得其歡心，為之奈何？

老子曰：若江海即是也，“淡兮無味，用之不既”，先小而後大。“夫欲上人者，必以其言下之，欲先人者，必以其身後之”。天下必效其歡愛，進其仁義，而無苛氣。“居上而民不重，居前而衆不害，天下樂推而不厭”。雖絕國殊俗，蜎飛蠕動，莫不親愛，無之而不通，無往而不遂，“故為天下貴”。〕

【相關資料尋索】

此章不見於《淮南子》。首句問：王者如何能得人民的歡心。應與竹簡《文子》“王道”的思想相近。但定州竹簡《文子》殘文，未發現可直接對應文字。僅編號0916簡殘文曰：“江海以此道為百谷王，故能久長功”句，或有關連。此章殘缺嚴重，文不成義，部份文字引自《老子》。

“淡兮無味，用之不既”兩句，《老子》第三十五章曰：“道之出口，淡乎其無味。視之不足見，聽之不足聞，用之不足既。"

又，"夫欲上人者，必以其言下之，欲先人者，必以其身後之"，"居上而民不重，居前而眾不害，天下樂推而不厭"兩處，《老子》第六十六章曰："江海之所以能爲百谷王者，以其善下之，故能爲百谷王。是以欲上民，必以言下之；欲先民，必以身後之。是以聖人，處上而民不重，處前而民不害。是以天下樂推而不厭。以其不爭，故天下莫能與之爭。"《文子》此章似發揮《老子》的義理。此段《老子》經文，出現於郭店竹簡《老子》甲本。"是以天下樂推而不厭"句，郭店竹簡《老子》作"天下樂進而弗詀"，二者文字有異。《文子》似改動《老子》原義，今通行本均作"天下樂推之"，恐均因襲《文子》文本。[1]

"雖絕國殊俗，蜎飛蠕動，莫不親愛，無之而不通，無往而不遂，故爲天下貴"六句，《文子·精誠》第一章曰："官府若無事，朝廷若無人，無隱士，無逸民，無勞役，無冤刑，天下莫不仰上之德，象主之旨，絕國殊俗莫不重譯而至，非家至而人見之也，推其誠心，施之天下而已。"二者均說爲無爲而治的效用，文字的敘說與表述的思想均相近。"爲天下貴"句，仍似本諸《老子》。《老子》第五十六章，曰："故不可得而親，不可得而疏；不可得而利，不可得而害；不可得而貴，不可得而賤；故爲天下貴。"

5-12

〔老子曰：〕

執一世之法籍，以非傳代之俗，譬猶膠柱調瑟。聖人者，應時權[2]變，見形施宜，世異則事變，時移則俗易，論世立法，隨時舉事。上古之王，法度不同，非故相返[3]也，時務異也。是故不法其已成之

---

[1] 參閱拙著《郭店竹簡老子釋析與研究》，頁 25-32，萬卷樓出版社，台北，1998 年。

[2] "權"字，朱弁注本作"偶"，《淮南子·齊俗訓》作"耦"。

[3] "返"字，朱弁注本作"反"，"返"通"反"。

法，而法其所以為法者，與化推移。聖人‘之法’[1]可觀也，其所以作法不可原也，其言可聽也，其所以言不可形也。

三皇五帝輕天下，細萬物，齊死生，同變化，抱道推誠，以鏡萬物之情，上與道為友，下與化為人。今欲學其道，不得其清明玄聖，守其法籍，行其憲令，必不能以為治矣。

【相關資料尋索】

今握一‘君’之法籍，以非傳代之俗，譬由膠柱〔而〕調瑟也。

故明主制禮義而為衣，分節行而為帶。從《典》《墳》，虛循撓，衣足以覆形，便身體，適行步，不務於奇麗之容，隅眥之削。帶足以結紐收衽，束牢連固，不亟於為文句疏短之鞻。故制禮義，行至德，而不拘於儒墨。

所謂明者，非謂其見彼也，自見而已；所謂聰者，非謂聞彼也，自聞而已；所謂達者，非謂知彼也，自知而已。是故：身者，道之所託，身德則道得矣。道之得也，以視則明，以聽則聰，以言則公，以行則從。

故：聖人裁制物也，猶工匠之斵削鑿枘也，宰庖之切割分別也，曲得其宜而不折傷。拙工則不然，大則塞而不入，小則窕而不周，動於心，枝於手，而愈醜。夫聖人之斵削物也，剖之判之，離之散之。已淫已失，復揆以一；既出其根，復歸其門；已雕已琢，還反於樸。合而為道德，離而為儀表。其轉入玄冥，其散應無形。禮義節行，又何以窮至治之本哉！

世之明事者，多離道德之本，曰：“禮義足以治天下。”此未可與言術也。所謂禮義者，五帝三王之法籍風俗，一世之跡也。譬若芻狗土龍之始成，文以青黃，絹以綺繡，纏以朱絲，尸祝袀袨，大夫端冕以送迎之。及其已用之後，則壞土草〔薊〕而已，夫有孰貴之！

故當舜之時，有苗不服，於是舜脩政偃兵，執干戚而舞之。禹之時，天下大〔水〕，禹令民聚土積薪，擇丘陵而處之。武王伐紂，載尸而行，海內未定，

---

[1] “之法”原作“法之”，據朱弁注本改，與《淮南子·齊俗訓》同。

故爲三年之喪。禹遭洪水之患，陂塘之事，故朝死而暮葬。此皆聖人〔之所以〕應時‘耦’變，見形〔而〕施宜者也。今知脩干戚而笑钁插，知三年而非一日，是從牛非馬，以徵笑羽也。以此應化，無以異於彈一絃而會〈棘下〉。

　　夫以一世之變，欲以耦化應時，譬猶冬被葛而夏被裘。夫一儀不可以百發，一衣不可以出歲。儀必應乎高下，衣必適乎寒暑。是故：世異‘即’事變，時移‘即’俗易。

　　〔故聖人〕論世〔而〕立法，隨時〔而〕舉事。‘尚’古之王，封於泰山，禪於梁父，七十餘聖，法度不同，非‘務’相反也，‘時世’異也。是故不法其已成之法，而法其所以為法。所以為法者，與化推移〔者也〕。夫能與化推移爲人者，至貴在焉爾。

　　故狐梁之歌可隨也，其所以歌者不可爲也；聖人‘之法’可觀也，其所以作法不可原也；〔辯士〕言可聽也，其所以言不可形也。淳均之劍不可愛也，而歐冶之巧可貴也。

　　今夫王喬、赤誦子，吹嘔呼吸，吐故納新，遺形去智，抱素反真，以遊玄眇，上通雲天。今欲學其道，不得其養氣處神，而放其一吐一吸，時詘時伸，其不能乘雲升假，亦明矣。‘五帝三王’，輕天下，細萬物，齊死生，同變化，‘抱大聖之心’，以鏡萬物之情，上與‘神明’為友，下與〔造〕化為人。今欲學其道，不得其清明玄聖，〔而〕守其法籍憲令，不能為治〔亦明〕矣。故曰：“得十利劍，不若得歐冶之巧；得百走馬，不若得伯樂之數。”《淮南子·齊俗訓》p. 358-362 /〈齊俗訓〉辨析，頁 263-266

【探析與解說】

　　此章可分兩段，二者文意並不相連屬。全章見於《淮南子·齊俗訓》。《文子》篇此章強調“抱道推誠”、“論世立法”、“隨時舉事”等觀念，合於道家傳承思想，並爲戰國變法提供理論的基礎，似與文子學派思想發展有關。〈齊俗訓〉可能引述保留於“文子外編”的此類資料，而加以申論，但今本錯簡雜陳，文意不清。如：“故明主制禮義而爲衣”段，所言“明主制禮義而爲衣，分節行而爲帶”，以正面評價“禮義節行”，而後文卻說“禮義節行，又何以窮至治之本哉”，二者文意相違。“從典墳虛循撓”六字，恐亦爲錯簡。又，

"所謂明者"段，談論"明"、"聰"、"聞"、"達"均來自於自得。自有所得，謂之"身德"，"身德"即"道得"。此種義理與前後文的論說無關，應屬錯簡。但《文子》此章文意亦不全，恐為"文子外編"殘文竄入，而經後人整理成章。以下分兩點來說明：

第一、"執一世之法籍"段："聖人者"句之後，《文子》與〈齊俗訓〉論述方式不同，二者比較如下：

> 聖人者，應時權變，見形施宜，世異則事變，時移則俗易，論世立法，隨時舉事。上古之王，法度不同，非故相返也，時務異也。是故不法其已成之法，而法其所以為法者，與化推移。〈道德〉篇

> 夫一儀不可以百發，一衣不可以出歲。儀必應乎高下，衣必適乎寒暑。是故：世異即事變，時移即俗易。故聖人論世而立法，隨時而舉事。尚古之王，封於泰山，禪於梁父，七十餘聖，法度不同，非務相反也，時世異也。是故不法其已成之法，而法其所以為法。所以為法者，與化推移者也。夫能與化推移為人者，至貴在焉爾。〈齊俗訓〉

《文子》此處前數句，以"聖人"為主語，其謂語分別為"應時權變，見形施宜"，"世異則事變，時移則俗易"、"論世立法，隨時舉事"，但"世異則事變，時移則俗易"兩句，不能作為"聖人"一詞的謂語。〈齊俗訓〉此兩句在"故聖人"之前，意謂：時代不同了，事情就會變化，時間變換了，風俗也會改變。說明一種客觀的事實，因此〈齊俗訓〉接著可說：聖人必須考量時代的特殊狀況來制定法令，隨順著時代的特殊情形，來安排措施。《文子》此段文字似經後人編輯改動。

又，"非故相返也，時務異也"兩句，〈齊俗訓〉作"非務相反也，時世異也。""返"通"反"。"非故"與"非務"，二者意含相同。"時務"二字，〈齊俗訓〉作"時世"。《淮南子》另有兩處使用"時世"一詞，"兼稽時世之變"（〈要略〉篇），"文武更相非，而不知時世之用。"（〈氾論訓〉），並也使用"時務"，如"遭之時務異也"（〈人間訓〉）。此處《文子》與《淮南子》似源自不同文本。

又，“故不法其已成之法，而法其所以為法者，與化推移”三句，〈齊俗訓〉前兩句無“者”字，而後句作“所以為法者，與化推移者也。夫能與化推移為人者，至貴在焉爾。”《文子》敘說較簡略。

又，“聖人法之可觀也並舉者”句，〈齊俗訓〉作“聖人之法可觀也。”《文子》“法之”二字倒置。

又，“其言可聽也”句，〈齊俗訓〉作“辨士言可聽也”。

第二、“三皇五帝”段：“輕天下、細萬物，齊死生、同變化”等觀念，均襲自《莊子》思想。“以鏡萬物之情”句，《文子·精誠》第四章曰“聖人若鏡，不將不迎，應而不藏，萬物不傷。”二者內容相近。“上與道為友，下與化為人”兩句意含，也見於《莊子》，如：““上與造物者遊，而下與外死生無終始者為友。”（〈天下〉篇）“久矣夫丘不與化為人！不與化為人，安能化人！”（〈天運〉篇）“彼方且與造物者為人。”（〈大宗師〉篇）“予方將與造物者為人。”（〈應帝王〉篇）。《文子》此段，不能直接上承前段文意，當為“文子外編”殘文。

又，“三皇五帝”四字，〈齊俗訓〉作“五帝三王”。《莊子》書中，有以“三皇五帝”連稱者，如：“故夫三皇五帝之禮義法度，不矜於同而矜於治。”（〈天運〉篇）有以“五帝、三王”並舉者，如：“五帝之所連，三王之所爭。”（〈秋水〉篇）。

又，“上與道為友，下與化為人”兩句，〈齊俗訓〉作“上與神明為友，下與造化為人。”此均說明《文子》此處資料，與《淮南子》文本不同。

5-13

〔文子問政，老子曰：

御之以道，養之以德，無示以賢，無加以力；損而執一，無處可利，無見可欲，“方而不割，廉而不劌”，無矜無伐。

御之以道則民附，養之以德則民服，無示以賢則民足，無加以力則民樸。無示以賢者，儉也，無加以力，不敢也。下以聚之，賂以取之，儉以自全，不敢以自安。不下即離散，弗養即背叛，示以賢即民爭，加以力即民怨。離散即國勢衰，民背叛即上無威，人爭即輕為非，下怨其上即位危。四者誠修，正道幾矣。〕

【相關資料尋索】

定州竹簡《文子》有殘文可對應此章部份文句，復原如下：

〔平王曰：“為正（政）奈何？”

文子曰：“御之以道，□〕0885……〔之以德，勿視以賢，勿加以力；□而□□〕0707〔……□言。”

平王曰：“御〕2205〔□□以賢則民自足，無加以力則民自〕2324……〔可以治國，不御以道，則民離散，不養〕0876〔則民倍（背）反，視以賢，則民疾諍，加之以〕0826……〔則民苛兆（逃）；民離散，則國執（勢）衰，民倍（背）〕0898……〔上，位危。”平王曰：“行此四者何如？”

文子〕0886……

【探析與解說】

此章不見於《淮南子》，有部份竹簡《文子》殘文可對應。全文論述“為政”之術，在於“御之以道，養之以德，無示以賢，無加以力。”全章具有明顯黃老思想特徵，應為文子對其所開展新人文建構方式的闡釋。按連綴簡文句序，此章至少應有三次平王與文子的問答：“平王曰：……文子曰：……編號0885簡／平王曰：……編號02205簡〔文子曰：〕（竹簡《文子》闕）／平王曰：……編號2205、2324、0826、0898簡文子〔曰〕編號0886簡。今本《文子》有脫文，原當為分層遞相論說，此章內容的結構似可復原如下：

“御之以道，養之以德，無示以賢，無加以力”：竹簡作“御之以道，□

之以德，勿視以賢，勿加以力”。此四句當爲文子回答平王“問政”的要義。

“御之以道則民附，養之以德則民服，無示以賢則民足，無加以力則民樸”，此四句竹簡闕，今本文字則分別申論前段的旨意。

“□□□□□□□，□□□□□□□，無示以賢者儉也，無加以力不敢也”：竹簡作“御……□□以賢則民自足，無加以力則民自”。此四句解釋前段“御之以道”、“養之以德”、“無示以賢”、“無加以力”的原因。前兩句，今本闕。整理小組將簡文編號2205簡“……□言。平王曰：御”輯綴於此處，但“御之以道”句應爲文子所言，此簡“御”字之後當另有敘說。

“下以聚之，賂以取之，儉以自全，不敢自安”：就此段語法形式，前段兩句闕文末兩字當分別作“下也”、“賂也”。此四句說明前段“下”、“賂”、“儉”、“不敢”四種操持的效用。

“不下即離散，弗養即背叛，示以賢即民爭，加以力即民怨”：竹簡作“不御以道，則民離散，不養……則民倍（背）反，視以賢，則民疾諍，加之以……則民苛兆（逃）”。此四句回應“御之以道則民附”段，說明反面的結果。首句當據竹簡作“不御以道”，今本作“不下即離散”，“不下”二字似涉前文“下”字而誤。

“離散即國勢衰，民背叛即上無威，人爭即輕爲非，下怨其上即位危”：竹簡作“民離散，則國執（勢）衰，民倍（背）……上，位危”。今本“離”字前脫“民”字。此四句總結不遵行首段爲政之術的後果。

5-14

〔老子曰：〕

上言者，下用也，下言者，上用也。上言者，常用也，下言者，權用也。唯聖人爲能知權。

　　言而'必'[1]信，期而必當，天下之高行。直而證父，信而死女，孰能貴之。故聖人論事之曲直，與之屈伸，無常儀表。祝即名君，溺則捽父，勢使然也。

　　夫權者，聖人所以獨見，夫先迕而後合者之謂權，先合而後迕者不知權，不知權者，善反醜矣。

【相關資料尋索】

　　昔者，《周書》有言曰："上言者，下用也；下言者，上用也。上言者，常也；下言者，權也。"此存亡之術也。唯聖人為能知權。言而'必'信，期而必當，天下之高行也。直躬其父攘羊而子證之，尾生與婦人期而死之。直而證父，信而'溺死'，雖有直信，孰能貴之！

　　夫三軍矯命，過之大者也。秦穆公興兵襲鄭，過周而東。鄭賈人弦高將西販牛，道遇秦師於周、鄭之間，乃矯鄭伯之命，犒以十二牛，賓秦師而卻之，以存鄭國。故事有所至，信反為過，誕反為功。

　　何謂失禮而有大功？昔楚恭王戰於陰陵，潘尫、養由基、黃衰微、公孫丙相與篡之。恭王懼而失體，黃衰微舉足蹴其體，恭王乃覺。怒其失禮，奮體而起，四大夫載而行。昔蒼吾繞娶妻而美，以讓兄，此所謂忠愛而不可行者也。

　　是故聖人論事之〔局〕曲直，與之屈伸〔偃仰〕，無常儀表，時屈時伸。卑弱柔如薄韋，非攝奪也；剛彊猛毅，志屬青雲，非本矜也；以乘時應變也。

　　夫君臣之接，屈膝卑拜，以相尊禮也；至其迫於患也，則舉足蹴其體，天下莫能非也。是故忠之所在，禮不足以難之也。孝子之事親，和顏卑體，奉帶運履；至其溺也，則捽其髮而拯，非敢驕侮，以救其死也。故｛溺則捽父，祝則名君｝，勢不得不然也。此權之所設也。

　　故孔子曰："可以共學矣，而未可與適道也。可以適道，未可以立也。可以立，未可與權。"權者、聖人之所獨見〔也〕。故忤而後合者，'謂之'〔知〕權；合而後忤者，〔謂之〕不知權。不知權者，善反醜矣。《淮南子·氾論訓》p. 442-

---

[1] "必"字原作"不"，據《道藏》徐靈府注本改

445 ／〈氾論訓〉辨析，頁

【探析與解說】

此章見於《淮南子·氾論訓》，《文子》此處文字簡約，論說扼要，〈氾論訓〉則多闡述發揮。"權用"觀念為竹簡文子重要觀念之一，"權"字出現兩次，如："以壹異，知足以〔知權，彊（強）足以蜀立節□〕"[1]（編號0198簡）、"〔之權〕，欲化久亂之民，其庸能"（編號0837簡）。雖然此兩處簡文，文意不全，但均論說"權"的觀念。今本此章似屬文子學派重要史料，保存於"文子外編"中，《淮南子》似曾引用並申述。以下分兩點來說明：

第一、"上言者"段：〈氾論訓〉稱引自"《周書》"，但不見於今本《書經》，當原屬《逸周書》佚文。《韓非子·說林》曰："伯樂教其所憎者相千里之馬，教其所愛者相駑馬。千里之馬時一，其利緩，駑馬日售，其利急。此《周書》所謂'下言而上用者惑也。'"魏啟鵬解釋說："《逸周書·命》有'權以知微'的論點，又云'以權從法則行'立說，惜原篇有錯訛脫文，語焉不詳。而《文子》以'聖人論事之曲直，與之屈伸，無常儀表，祝則名君，溺則捽父'喻因勢而權變，並指出'夫權者，聖人所以獨見，夫先迕而後合者之謂權，先合而後迕者不知權'。時變事異，法與勢迕，循道變法則合，不僅闡明古學，而且確屬晉學道法思想之精彩言論。"[2]又，《淮南子·人間訓》曰："昔晉文公將與楚戰城濮，問於咎犯曰：'為〔之〕（據劉文典校補。）奈何？'咎犯曰：'仁義之事，（原有"君子"二字，據劉文典校刪。）不厭忠信；戰陳之事，不厭詐偽。君其詐之而已矣。'辭咎犯，問雍季，雍季對曰：'焚林而獵，愈多得獸，後必無獸。以詐偽遇人，雖愈利，後亦無復。君其正之而已矣。'於是不聽雍季之計，而用咎犯之謀，與楚人戰，大破之。還歸賞有功者，先雍季而後咎犯。左右曰：'城濮之戰，咎犯之謀也，君行賞先雍季，何也？'文公曰：'咎犯

---

[1] 此句據何志華先生斷句，何先生認為此處簡文，可對應《淮南子·泰族訓》篇"信足以一異，知足以知變者，人之英也"段，《文子·上禮》第三章作"智足以知權，人英也。"

[2] 見魏啟鵬，〈《文子》學術探微〉，收入"《文子》與道家思想發展兩岸學術研討會論文集"／台北輔仁大學1996年。

之言，一時之權也。雍季之言，萬世之利也。吾豈可以（原有“先”字，據王念孫校刪。）一時之權，而（原有“後”字，據王念孫校刪。）先萬世之利也哉！’”此或可爲“下言者，上用也。上言者，常用也，下言者，權用也”的註腳。

　　“上言者，常用也；下言者，權用也”四句，〈氾論訓〉作“上言者，常也；下言者，權也”。俞樾云：“兩‘用’字皆涉上文而衍。《淮南子》〈氾論〉篇止作‘常也’、‘權也’，無兩‘用’字。此兩句申說上文上言、下言之意。上言謂經常之言，下言謂權變之言。經常之言，民所共由。故上文云：‘上言者下用也’。權變之言，非聖人不能用。故上文云：‘下言者上用也’。上言是常，下言是權。若作‘常用’、‘權用’，義不可通。當據《淮南》正之。”

　　第二、“言而必信”段：“言而必信”六句，對偶工整，〈氾論訓〉作“言而必信，期而必當，天下之高行也。直躬其父攘羊而子證之，尾生與婦人期而死之。直而證父，信而溺死，雖有直信，孰能貴之！”似引述而改寫。王念孫校《淮南子》云：“‘信而溺死’，本作‘信而死女’，言信而爲女死，則信不足貴也。今本‘死女’作‘溺死’者，涉上注‘水至溺死’而誤。‘直而證父’，‘信而死女’，相對爲文。且‘女’與‘父’爲韻。若作‘溺死’，則文既不對，而韻又不諧矣。《文子》〈道德〉篇正作‘信而死女’。”

　　又，“故聖人論事之曲直”句，〈氾論訓〉作“是故聖人論事之局曲直”。王念孫校《淮南子》云：“此言屈伸偃仰，皆因乎事之曲直。‘曲直’上不當有‘局’字，蓋衍文也。《文子》〈道德〉篇無‘局’字。”《文子》保留《淮南子》舊文。

　　第三、“夫權者”段：見於〈氾論訓〉處，前引《論語》〈子罕〉篇孔子語數句。“先合而後迕者不知權”句，〈氾論訓〉作“合而後舛者，謂之不知權”。何寧云：“‘舛’疑‘迕’之形譌，故高注識‘迕’不識‘舛’。〈人間訓〉‘聖人先迕而後合，眾人先合而後迕’，‘迕’、‘合’對舉，文與此同。《文子》〈道德〉篇正作‘合而後迕’。”

5-15

〔文子問曰：夫子之言，非道德無以治天下，上世之王，繼嗣因業，亦有無道，各沒其世而無禍敗者，何道以然？

老子曰：自天子以下至於庶人，各自生活，然其活有厚薄，天下時有亡國破家，無道德之故也。有道德則夙夜不懈，戰戰兢兢，常恐危亡，無道德則縱欲怠惰，其亡無時。使桀紂循道行德，湯武雖賢，無所建其功也。

夫道德者，所以相生養也，所以相畜長也，所以相親愛也，所以相敬貴也。夫螿蟲雖愚，不害其所愛，誠使天下之民皆懷仁愛之心，禍災何由生乎！

夫無道而無禍害者，仁未絕，義未滅也。仁雖未絕，義雖未滅，諸侯以輕其上矣。諸侯輕上，則朝廷不恭，縱令不順。仁絕義滅，諸侯背叛，眾人力政，強者陵弱，大者侵小，民以攻擊為業，災害生，禍亂作，其亡無日，何期無禍也。〕

【相關資料尋索】

定州竹簡《文子》有殘文可對應此章部份文句，復原如下：

〔平王曰："予以道德治天下，上世之王〕 2255

……〔觀之古之天子以下，至於王侯，無□□〕 2376 ……〔欲自活也，其活各有薄（薄）厚，人生益有賢〕 0877 ……〔使桀紂脩道德，湯武唯（雖）賢，毋所建〕 2252 ……〔以相生養也，所以〕 2213 〔相畜長也，相□〕 2206 ……〔朝請不恭，而不從令，不集。"

平王〕 2212 〔□者奈何？

文子曰："仁絕，義取者〕 0567 ……〔諸侯倍（背）反（叛），眾人□正，強乘弱，大陵小，以〕 2321

【探析與解說】

此章不見於《淮南子》，全章敘說平王（文子）與文子（老子）討論“上世之王，雖有無道德而可沒其世無禍敗”問題。但據今本文字，文子的回答並不切題。此章有部份竹簡殘文可對應。簡文出現兩次“平王”一詞，原文至少應有兩次的問答，今本已經過編輯整理。

第一、“夫子之言，非道德無以治天下”段：簡文僅存“平王曰：予以道德治天下，上世之王”。簡文中平王自稱以道德治天下，與今本文意差異頗大，古本《文子》恐有不同傳本。平王此處問：“夫子之言，非道德無以治天下，上世之王，繼嗣因業，亦有無道，各沒其世而無禍敗者，何道以然？”文子卻回答：“自天子以下至於庶人，各自生活，然其活有厚薄，天下時有亡國破家，無道德之故也。”二者文意不能合稱。此處恐有大段脫文，惜簡文殘缺嚴重，已無法復原原文句意。

第二、“自天子以下至於庶人”段：首句簡文作“觀之古之天子以下，至於王侯”，今本與簡文句前似均有闕文。“至於庶人”四字，簡文作“至於王侯”。《文子》此章論述“治天下”之事，似以簡文文意為佳。

又，“使桀紂循道行德”句，簡文作“使桀紂修道德”。簡文以“道德”連稱，文意較為古樸。

第三、“夫道德者”段：僅存“以相生養也，所以”、“相畜長也，相□”兩殘簡，文字似與今本相同。

第四、“夫無道而無禍害”段：“朝廷不恭，縱令不順”兩句，簡文作：“朝請不恭，而不從令，不集”。“朝廷不恭”句，文意不可解，“廷”應為“請”字之誤，“朝請”，指朝觀之事。“庭”、“請”、“觀”三字，似聲近而通假。“縱令”二字，當作“不從令”，簡文“不集”二字後，似有闕文，今本作“不順”，誤。

又，整理小組連綴竹簡殘文為“‘朝請不恭，而不從令，不集。’平王”（編號 2212 簡）“‘□者奈何？’文子曰：‘仁絕，義取者’”（編號 0567 簡）簡文形式與今本完全不同。今本“縱令不順”句下，不當接“仁絕義滅”句，其後原有“平王問" 段落。

5-16

〔老子曰：

　　法煩刑峻即生詐，上多事則下多態，求多即得寡，禁多即勝少。以事生事，又以事止事，譬猶揚火而使 ' 欲 '[1] 無焚也；以智生患，又以智備之，譬猶撓水而欲求其清也。〕

【相關資料尋索】

不見於《淮南子》。

【探析與解說】

此章文字不見於《淮南子》，但其義理與〈精誠〉篇第九章第三段內容相近。〈精誠〉篇此段曰：

> 夫上好取而無量，即下貪功而無讓，民貧苦而紛爭生，事力勞而無功，智詐萌生，盜賊滋彰，上下相怨，號令不行。夫水濁者魚噞，政苛者民亂。上多欲即下多詐，上煩擾即下不定，上多求即下交爭，不治其本而救之於末，無以異於鑿渠而止水，抱薪而救火。

上段文字也見於《淮南子》，〈主術篇〉曰：

> 夫水濁則魚噞，政苛則民亂。故夫養虎豹犀象者，為之圈檻，供其嗜欲，適其飢飽，達其怒恚，然而不能終其天年者，刑有所劫也。是以上多故則下多詐，上多事則下多能，上煩擾則下不定，上多求則下交爭。不直之於本，而事之於末，譬猶揚塿而弭塵，抱薪以救火也。

---

[1] 據朱弁注本、《文子纘義》道藏本補。

〈精誠〉篇與〈主術訓〉此段文字，似均發揮《文子》此章之義。"法繁刑峻即生詐"句，是對戰國時代三晉地區政治亂象的一種批判。此段資料可能與此種地域文化有關。全章強調"多事"之害，來反證"無爲"之利。"以事生事，又以事止之"，"以智生智，又以智止之"等句，表現極爲精粹而深刻的哲學意含，與文子學派的哲學訴求相近。此章似屬古本《文子》資料。

5-17

〔老子曰：〕

人主好仁，即無功者賞，有罪者釋；好刑，即有功者廢，無罪者及。及無好憎者，誅而無怨，施而不德，放準循繩，身無與事，若天若地，何不覆載。合而和之，君也，別而誅之，法也，民以受誅，無所怨憾[1]，謂之道德。

【相關資料尋索】

人主好仁，'則'無功者賞，有罪者釋；好刑，'則'有功者廢，無罪者'誅'。及無好者，誅而無怨，施而不德，放準循繩，身無與事，若天若地，何不覆載。〔故〕合而'舍'之者、君也，'制'而誅之者、法也，民'已'受誅，'怨無所滅'，謂之道。道勝，則人無事矣。《淮南子·詮言訓》p. 479-480／〈詮言訓〉辨析，頁413

【探析與解說】

此章見於《淮南子·詮言訓》，文中強調以"道德"爲本，即無"好仁"與"好刑"之弊。全章文意近於晉學思想，或與文子學派後續發展有關。此項

---

[1] "無所怨憾"，朱弁注本作"怨無所藏"，《淮南子·齊俗訓》作"怨無所滅"。

資料似曾編入“文子外編”，〈詮言訓〉加以引述。

“無罪者及”句，“及”字，〈詮言訓〉作“誅”。“誅”字與前文“釋”字相對應，且下文有“誅而無怨”句，“及”字因“及無所好憎者”句而誤，當據〈詮言訓〉改。

又，“合而和者”句，“和”字，〈詮言訓〉作“舍”，“舍”有“安頓，止息”之意，“舍”與“誅”分別表達“安民”與“誅民”二事。但《文子》“合而和之”、“別而誅之”兩句，更具哲學思辯意涵。楊樹達校《淮南子》云：“‘合而舍之’義不明，《文子·道德》篇作‘合而和之。’”

又，“無所怨憾”句，〈詮言訓〉作“怨無所滅”，王念孫校《淮南子》云：“‘怨無所滅’，《文子·道德》篇作‘無所怨憾’，是也。道故當誅，故受誅者無所怨憾。今本‘怨’字在‘無所’上，‘憾’字又誤作‘滅’，則文不成義。”又，“謂之道德”句，〈詮言訓〉無“德”字，而推衍爲“道勝，則無人事矣。”

5-18
〔老子曰：〕

天下是非無所定，世各是其所善，而非其所惡。夫求是者，非求道理也，求合於己者也；去非者，非去邪也，去忤於心者。今吾欲擇是而居之，擇非而去之，不知世之所謂是非也。

故“治大國若烹小鮮”，勿撓而已。夫‘趣’[1]合者，即言中而益親，身疏而謀當，即見疑。

今吾欲正身而待物，何知世之所從規我者乎。吾若與俗遽走，猶逃雨也，無之而不濡。欲在於虛，則不能虛，若夫不爲虛，而自

---

[1] “趣”字，朱弁注本作“趣”，《淮南子·齊俗訓》作“趣舍”。

虛者，此所欲而無不致也。

　　故通於道者如車軸，不運於己，而與轂致於千里，轉於無窮之原也。故聖人體道反至，不化以待化〔，動而無為也〕。

【相關資料尋索】

　　天下是非無所定，世各是其所‘是’，而非其所‘非’。所謂是與非各異，皆自是而非人。由此觀之，事有合於己者，而未始有是也；有忤於心者，而未始有非也。

　　〔故〕求是者，非求道理也，求合於己者也；去非者，非‘批邪施’也，去忤於心者也。忤於我，未必不合於人也；合於我，未必不非於俗也。至是之是無非，至非之非無是，此真是非也。若夫是於此而非於彼，非於此而是於彼者，此之謂一是一非也。此一是非，隅曲也；夫一是非，宇宙也。

　　今吾欲擇是而居之，擇非而去之，不知世之所謂是非者，不知孰是孰非。

　　老子曰：“治大國若烹小鮮。”為寬裕者曰勿〔數〕撓，為刻削者曰致其鹹酸而已矣。

　　晉平公出言而不當，師曠舉琴而撞之，跌衽宮壁。左右欲塗之，平公曰：“舍之！以此為寡人失。”孔子聞之曰：“平公非不痛其體也，欲來諫者也。”韓子聞之曰：“群臣失禮而弗誅，是縱過也。有以也夫，平公之不霸也！”故賓有見人於宓子者，賓出，宓子曰：“子之賓獨有三過；望我而笑，是攓也。談語而不稱師，是返也、交淺而言深，是亂也。”賓曰：“望君而笑，是公也。談語而不稱師，是通也。交淺而言深，是忠也。”故賓之容一體也，或以為君子，或以為小人，所自視之異也。

　　‘故’趣舍合，即言忠而益親；身疏‘即謀當’而見疑。親母為其子治挖禿，而血流至耳，見者以為其愛之至也；使在於繼母，則過者以為嫉也。事之情一也，所從觀者異也，從城上視牛如羊，視羊如豕，所居高也。闚面於盤水則員，於杯則隨。面形不變其故，有所員、有所隨者，所自闚之異也。

　　今吾〔雖〕欲正身而待物，‘庸遽’知世之所‘自窺’我者乎！若轉化而與世‘競’走，〔譬〕猶逃雨〔也〕，無之而不濡。〔常〕欲在於虛，則有不能〔為〕虛〔矣〕；若夫不為虛而自虛者，此所‘慕’而不〔能〕致也。

　　故通於道者，如車軸，不運於己，而與轂致千里，轉無窮之原也。不通於道者，若迷惑，告以東西南北，所居聆聆，一曲而辟，然忽不得，復迷惑也。故終身隸於人，辟若倪之見風也，無須臾之間定矣。故聖人體道反‘性’，不化以待化，則幾於免矣。《淮南子·齊俗訓》p. 365-368／〈齊俗訓〉辨析，頁 270-274

【探析與解說】

　　此章見於《淮南子·齊俗訓》，〈齊俗訓〉此處資料相當複雜，其中有多處錯簡，全文似申論“天下之是非無所定”，唯有“通於道者”乃能“轉無窮之原”，故“聖人體道反性，不化以待化”，與〈要略〉篇所說〈齊俗訓〉撰述的主旨關連不大，恐為他篇錯簡。《文子》此章文句結構也不完整，其中部份文字，窒礙難解。其中兩次出現以第一人稱“吾”來敘說的段落，極似〈齊俗訓〉相應文字的竄入。《淮南子》別本殘文竄入。以下分四點來說明：

　　第一、“天下是非無所定”段：《文子》解說“天下是非之所以無所定”，是因為“世各是其所善，而非其所惡”。〈齊俗訓〉則作“天下是非無所定，世各是其所是，而非其所非。”《文子》是從喜惡的態度上來說，而〈齊俗訓〉則強調“是非”判斷的根由，二者記述的資料不同。〈齊俗訓〉與《莊子》思想相近，如：“天下是非果未可定也。雖然，無為可以定是非。”（〈至樂〉篇）“道隱於小成，言隱於榮華。故有儒墨之是非，以是其所非而非其所是。欲是其所非而非其所是，則莫若以明。”（〈齊物論〉）“夫求是者”數句，說明“求是者”為“求合於己”，“去非者”在“去忤於心”，與前文“是其所善”、“非其所惡”，文意契合。此數句，〈齊俗〉作“所謂是與非各異，皆自是而非人。由此觀之，事有合於己者，而未始有是也；有忤於心者，而未始有非也。故求是者，非求道理也，求合於己者也；去非者，非批邪施也，去忤於心者也。”〈齊俗〉以“所謂……”、“由此觀之”等形式加以申論。

　　又，“去邪”二字，〈齊俗訓〉作“批邪施”。“批邪施”與“求道理”相對為文。

又，"不知世之所謂是非也"句，〈齊俗訓〉作"不知世之所謂是非者，不知孰是孰非。"《文子》脫漏後句文字，文意似不全。

第二、"故治國若烹小鮮"段："治國若烹小鮮"句，語出《老子》第六十章。"治國"，《老子》作："治大國"。"勿擾而已"句，〈詮言訓〉作"為寬裕者曰勿數撓，為刻削者曰致其鹹酸而已矣。"〈詮言訓〉兩句，似意謂：對相同經文，可有不同闡釋，"為寬裕者"可解釋為"勿數撓"，"為刻削者"可了解為"致其鹹酸而已"。二者均有其理，是非不可定奪。《文子》僅存殘文，文意費解，不但與段文義無關，也不能聯繫下文，當為《淮南子》別本殘文。

又"夫趣合者"句，〈齊俗訓〉作"故趣舍合"。王念孫校《淮南子》云："趣謂志趣也。'趣合'與'身殊'相對為文，則'趣'下不當有'上'字，蓋即'合'字之誤而衍者也。《文子》〈道德〉篇正作'趣合'。"

又，"身疏而謀當，即見疑"兩句，俞樾云："當從《淮南子》〈齊俗〉篇作'身疏者即謀當而見疑'，與上句相對。"

第三、"今吾欲正身而待物"段："何知世之所從規我者乎"句，"規"字，當為"窺"，〈齊俗訓〉作"庸遽知世之所自窺我者乎"。〈齊俗訓〉前有"窺面……，所自窺之異"數句，《文子》此處仍是殘文。

又，"欲在於虛"等句，〈齊俗訓〉作"常欲在於虛，則有不能為虛矣；若夫不為虛而自虛者，此所慕而不能致也"。王念孫校《淮南子》云："'此所慕而不能致也'，義不可通。'不能致'當作'無不致'。上文'欲在於虛，則不能為虛'，高注以為'為者敗之，執者失之'，是也。聖人無為，故無敗。無執，故無失。故曰'若夫不為虛而自虛，此所慕而無不致也'。'所慕無不致'，猶言所欲無不得。〈精神訓〉曰：'達至道者，性有不欲，無欲而不得。'義與此同。今本'不能致'者，涉上文'不能為虛'而誤。《文子》〈道德〉篇正作'此所欲而無不致也'。"但俞樾則認為："此言欲為虛則不能為虛。若夫不為虛而自虛，則又慕之而不能致也。蓋性之自然，非可勉強，故慕之而不能致。《文子》〈道德〉篇作'此所欲而無不致也'，於義不可通。王氏念孫反據以訂正《淮南》，殊爲失之。"植案：王、俞二氏之說雖相反，此處文字當有訛誤脫文。

第四、"故通於道者如車軸"段："故聖人體道反至"句，"至"字，〈詮言訓〉作"性"。《文子》與《淮南子》均多次使用"反性"一詞，如："不聞道者，吾以反性"（《文子・下德》，《淮南子・齊俗訓》），"欲反性於無，游心於虛。"（《文子・上禮》；《淮南子・俶真訓》）"節欲之本，在於反性。"（《淮南子・泰族訓》）等。此處"至"字當誤。"動而無爲"句，不見於《淮南子》，似爲編輯今本《文子》者所加，或注文竄入。

5-19

老子曰：

夫亟戰而數勝者，則國必亡，亟戰則民罷，數勝則主驕，以驕主使罷民，而國不亡者寡矣。主驕則恣，恣則極物，民罷則怨，怨則極慮，上下俱極而不亡者，未之有也。故"功遂身退，天之道也。"

【相關資料尋索】

魏武侯問於李克曰："吳之所以亡者，何也？"李克對曰："數戰而數勝。"武侯曰："數戰而數勝，國家之福。其'獨以亡'，何故也？"對曰："數戰則民罷，數勝則主憍。以憍主使罷民，而國不亡者，〔天下〕'鮮'矣。憍則恣，恣則極物；罷則怨，怨則極慮。上下'俱'極，吳之亡猶晚！此夫差之所以自剄於干遂也。"故老子曰："功成名遂，身退，天之道也。"《淮南子・道應訓》

p. 388／〈道應訓〉辨析，頁 301

魏武侯之居中山也，問於李克曰："吳之所以亡者何也？"李克對曰："驟戰而驟勝。"武侯曰："驟戰而驟勝，國家之福也。其獨以亡，何故？"對曰："驟戰則民罷，驟勝則主驕。以驕主使罷民，然而國不亡者，天下少矣。驕則

恣，恣則極物；罷則怨，怨則極慮。上下俱極，吳之亡猶晚，此夫差之所以自
殁於千隧也。" 《呂氏春秋·離俗覽》

　　魏文侯問里克曰："吳之所亡者何也？" 里克對曰："數戰而數勝。" 文
侯曰："數勝，國之福也，其獨以亡何也？" 里克對曰："數戰則民疲，數勝
則主驕。驕則恣，恣則極。上下俱極，吳之亡猶晚矣。此夫差之所以自喪於干
遂。" 《詩》曰："天降喪亂，滅我立王。" 《韓詩外傳》卷十

　　魏文侯問李克曰："吳之所以亡者，何也？" 李克對曰："數戰數勝。"
文侯曰："數戰數勝，國之福也，其所以亡，何也？" 李克曰："數戰則民疲，
數勝則主驕。以驕主治疲民，此其所以亡也。" 是故好戰窮兵，未有不亡者也。
《新序·雜事》五

【探析與解說】

　　此章主要內容分別見於《呂氏春秋》、《韓詩外傳》、《淮南子·道應訓》
與《新序》。《韓詩外傳》似引述《呂氏春秋》資料，用以解《詩》。〈道應
訓〉內容似取自《韓詩外傳》，並用以解《老》。《文子》則保留此項記述的
精要內容，似屬與〈道應訓〉併行流傳的解《老》資料。"功成身退，天之道"
兩句，語自《老子》第九章，〈道應訓〉引作："功成名遂，身退，天之道也。"
帛書《老子》乙本語王弼注本作"功遂身退，天之道"。

5-20

　　〔平王問文子曰：吾聞子得道於老聃，今賢人雖有道，而遭淫
亂之世，以一人之權，而欲化久亂之民，其庸能乎？

　　文子曰：夫道德者，匡邪以為正，振亂以為治。化淫敗以為樸，
醇德復生，天下安寧，要在一人。人主者，民之師也，上者，下之
儀也，上美之則下食之，上有道德即下有仁義，下有仁義即無淫亂

之世矣。

積德成王，積怨成亡，積石成山，積水成海，不積而能成者，末之有也。積道德者，天與之，地助之，鬼神輔之，鳳凰翔其庭，麒麟游其郊，蛟龍宿其沼。故以道蒞天下，天下之德也，無道蒞天下，天下之賊也。以一人與天下為仇，雖欲長久，不可得也，堯舜以是昌，桀紂以是亡。

平王曰：寡人敬聞命矣。〕

【相關資料尋索】

定州竹簡《文子》有殘文可對應此章部份文句，復原如下：

〔王曰：人主唯（雖）賢，而曹（遭）淫暴之世，以一〕0880……〔之權，欲化久亂之民，其庸能〕0837

〔然臣聞之，王者蓋匡邪民，振亂世〕1172/0820……〔之師也，上者，下之儀法也〕2208……〔德，則下有仁義，下有仁義，則治矣〕0575……〔道德，則下毋仁義之心，下毋仁義之〕2248

〔曰："積怨成亡王，積德成王，積〕0737……〔天之道也，不積而成者寡矣。臣聞〕2315……〔有道之君，天舉之，地勉之，鬼神輔〕0569……〔之德也；以毋道立者，天下之賊也。以□六曰君〕2442……〔一人任與天下為仇，其能久乎。此堯〕0579……

【探析與解說】

此章不見於《淮南子》，有部份竹簡殘文可對應。就整理小組綴合的簡文來看，此章原應有多次"平王"與"文子"的問答。全文談論"以一人之權，何以能化久亂之民"。今本《文子》僅存此章為"平王問與文子答"形式，但資料似有脫文，且與簡文內容也有相當差異。以下分三點來說明：

第一、"平王問文子曰"段：簡文作"王曰：人主唯（雖）賢，而曹（遭）淫暴之世，以一之權，欲化久亂之民，其庸能……。"今本此段有"吾聞子得道於老聃"句，明確提到文子與老子關係，但簡文並無此句。班固《漢書·藝文志》《文子》條目下，自注曰："老子弟子，與孔子並時"。班固所見文本，恐有此句。兩漢之時，《文子》應有不同文本流傳。

第二、"文子曰"段："夫道德者，匡邪以爲正，振亂以爲治。"簡文作"然臣聞之，王者蓋匡邪民，振亂世……。"今本此段文意難承接上段，段前恐有脫文。簡文首句作"然臣聞之"，恐句前亦有脫文。全段強調"道德"之治，文意近於本篇第十七章內容。

"化淫敗以爲樸，醇德復生，天下安寧，要在一人。人主者，民之師也，上者，下之儀也"數句：簡文僅存"之師也，上者，下之儀法也……。""樸"的觀念，襲自《老子》，以"人主"爲"民之師"，"下之儀法"的思想，呈現出人文建構的積極性質。

"上美之則下食之，上有道德即下有仁義，下有仁義即無淫亂之世矣"數句：簡文作"……德，則下有仁義，下有仁義，則治矣……道德，則下毋仁義之心，下毋仁義之"。今本與簡文，此處差異較大。簡文"道德"二字之後，未見於今本。

第三、"積德成王"段："積德成王，積怨成亡，積石成山，積水成海，不積而能成者，未之有也"數句：簡文作"曰："積怨成亡，積德成王，積……天之道也，不積而成者寡矣。臣聞……。"簡文"天之道"三字不見於今本，"臣聞"當有殘文，亦不見於今本。

"積道德者，天與之，地助之，鬼神輔之，鳳凰翔其庭，麒麟游其郊，蛟龍宿其沼"數句：簡文作"有道之君，天舉之，地勉之，鬼神輔……。"簡文"有道之君"，今本作"積道德者"，今本觀念性說理較強。

"故以道蒞天下，天下之德也，無道蒞天下，天下之賊也"數句：簡文作"之德也；以毋道立者，天下之賊也。以□六曰君……。"簡文"天下之賊也"句下文字，不見於今本。《老子》第六十章曰"以道蒞天下，其鬼不神。"《文子》承襲老子思想而闡發。

　　"以一人與天下爲仇，雖欲長久，不可得也，堯舜以是昌，桀紂以是亡"
數句：簡文作"一人任與天下爲仇，其能久乎。此堯……。"簡文敘說與今本
略異。

　　"平王曰：寡人敬聞命矣。"，此句未有可對應的簡文。

六 〈上德〉篇探析

　　"上德"的觀念首見於《老子》。《老子》第三十八章曰："上德不德，是以有德"、"上德無爲而無以爲。"第四十一章也提到"上德若谷"。《莊子・盜跖》曰："凡天下有三德：生而長大，美好無雙，少長貴賤見而皆說之，此上德也；知維天地，能辯諸物，此中德也；勇悍果敢，聚眾率兵，此下德也。"《呂氏春秋・離俗覽》也有〈上德〉篇。今本《文子・上仁》第十一章曰"上德者天下歸之，上仁者海內歸之，上義者一國歸之，上禮者一鄉歸之，無此四者，民不歸也。"[1]今本《文子》有四篇，分別以"上德"、"上仁"、"上義"與"上禮"來作爲篇目，可能與〈上仁〉該段文字有關。

　　〈上德〉篇全篇只出現六次"老子曰"，可分爲六章。但每章長短，極不一致。第一章有兩段資料，分別見於《淮南子・繆稱訓》兩處。第二章，也見於〈繆稱訓〉。第三章包含大量諺語與格言，按文意可分爲九十二段，其中絕大部份見於《淮南子》〈說山訓〉與〈說林訓〉兩篇。第四章除一段文字見於《淮南子・詮言訓》外，另有不見於《淮南子》者。此段資料，據陳鼓應考證，極可能爲淮南門客解《易》的殘文。第五章部份見於《淮南子・繆稱訓》，第六章則全見於《淮南子・人間訓》。

　　徐靈府注〈上德〉篇曰："上德，謂時之君，有德者少也。夫三代之道廢，霸王之德衰，故宜脩德以匡天下，有功可見，有德可尊。故曰：上德者也。"這種解釋，與此篇資料內容毫無關係。徐注似乎僅就"上德"觀念，妄加注釋。朱弁注曰："彼物無宰，由道有常，用與佗倫，玄功自積，故柔服天下。我未始有知，和合生靈，彼無不理，得者也。然上德之體，無所不得，故此一篇之內，雜而伸之。"朱弁注文，雖然也是強爲之解，但提到"一篇之內，雜而伸

---

[1] 〈上仁〉篇此段文字未見於《淮南子》。

之”，可見他所見的文本，就如今本雜亂。

　　我們認為：此篇原先的資料就非常複雜，其中有《淮南子》別本的所保存
〈說山訓〉與〈說林訓〉的殘文，有部份《文子》古本所輯略的格言或諺語，
有“文子外編”的部份殘文，還有些可能是劉安“九師”《易》學著作的殘卷。
編輯今本《文子》者，以“上德”的篇目，將它們彙整為一篇。

6-1

　　〔老子曰：〕

　　主者，國之心也。心治則百節皆安，心擾即百節皆亂。故其身
治者，支體相遺也，其國治者，君臣相忘也。

　　老子[1]學於常樅，見舌而守柔，〔仰視屋樹，退而‘目’[2]川，〕
觀影而知持後。故聖人虛無因循，常後而不先；譬若積薪燎，後者
處上。

【相關資料尋索】

　　主者，國之心。心治‘則’百節皆安，心擾則百節皆亂。故其‘心’治者，
支體相遺也；其國治者，君臣相忘也。黃帝曰：“芒芒昧昧，從天之道，與元
同氣。”故至德者，言同略，事同指，上下壹心，無歧道旁見者，遏障之於邪，
開道之於善，而民鄉方矣。故《易》曰：“同人于野，利涉大川。”《淮南子·繆稱
訓》p. 318-319／〈繆稱訓〉辨析，頁 208-209

　　老子學商容，見舌而知守柔矣；列子學壺子，觀景〔柱〕而知持後〔矣〕。
‘故聖人不為物先，而常制之’，〔其類〕若積薪‘樵’，後者在上。

---

[1]　“子”下原有“曰”字，據朱弁注本、《文子纘義》道藏本改。
[2]　“目”字原作“因”，據朱弁注本、《文子纘義》道藏本改。

《淮南子・繆稱訓》p. 337／〈繆稱訓〉辨析，頁 232

　　子列子學於壺丘子林。壺丘子林曰：“子知持後，則可言持身矣。”列子曰：“願聞持後。”曰：“顧若影，則知之。”列子顧而觀影，形枉則影曲，形直則影正；然則枉直隨形而不在影，屈伸任物而不在我。此之謂持後而處先。

《列子・說符》

　　常樅有疾，老子往問焉，曰：“先生疾甚矣，無遺教可以語諸弟子者乎？”常樅曰：“子雖不問，吾將語子。”常樅曰：“過故鄉而下車，子知之乎？”老子曰：“過故鄉而下車，非謂其不忘故邪？”常樅曰：“嘻！是已。”常樅曰：“過喬木而趨，子知之乎？”老子曰：“過喬木而趨，非謂其敬老耶？”常樅曰：“嘻，是已。”張其口而示老子曰：“吾舌存乎？”老子曰：“然。”“吾齒存乎？”老子曰：“亡。”常樅曰：“子知之乎？”老子曰：“夫舌之存也，豈非以其柔耶？齒之亡也，豈非以其剛耶？”常樅曰：“嘻！是已。天下之事已盡矣，何以復語子哉！”《說苑・敬慎》

【探析與說明】

　　此章可分爲兩段，前後文意各不連屬，分別見於《淮南子・繆稱訓》兩處。前段論述君臣之間的關係，如心與百節一樣。後段敍說因循居後的道理，並提到老子學“守柔”於常樅。此章恐原爲“文子外編”竄入，保留《淮南子》部份舊文。以下分三點來說明：

　　第一、“主者”段：“故其身治者”句，“身”字，〈繆稱訓〉作“心”。此處以“心－身”關係比作“主－國”。下文曰：“國治者，君臣相忘也。”“身治”，指“百節皆安”故能“支體相遺”。〈繆稱訓〉作“心”，恐涉前文“心”字而誤。又，〈繆稱訓〉此處之後文字，見於《文子・符言》第十一章。

　　第二：“老子學於常樅”段：“常樅”爲老子師，當爲古時傳言。《說文・繫辭》樅字下引作“老子師常從子。”《說苑・敬慎》篇曰：“常樅有疾，老

子往問焉……常樅……張其口而示老子曰：'吾舌存乎？'"《漢書·藝文志》
"數術略"著錄"《常從日月星氣》二十一卷"，顏師古曰："常從，人姓名
也，老子師之。""常樅"，〈繆稱訓〉作"商容"。許慎注曰："商容，神
人也。商容吐舌示老子，老子知舌柔齒剛。"《世說新語》卷一引許注："商
容，殷之賢人，老子師。"《淮南子·主術訓》篇曰："武王伐紂，封比干之
墓，表商容之閭，解箕子之囚。"高誘注曰："商容，殷之賢人，老子師。故
表顯其里。〈繆稱訓〉又云'老子業於商容，見舌而知守柔矣'，是也。"《呂
氏春秋·慎大覽·慎大》曰："封比干之墓，靖箕子之宮，表商容之閭。"高
誘注曰："商容，殷之賢人，老子師。故表其閭里。"商容既爲殷時人，似不
得爲老子師。但漢人恐將"商容"與"老子"均視爲傳說人物，故不拘泥於史
實。此種事例亦見於《漢書·藝文志》。"諸子略"《文子》條下班固自注曰：
"老子弟子，與孔子並時，而稱周平王問。似依託者也。""文子"亦爲傳說
人物，故得與"周平王"答問。"似依託者"四字，乃就《文子》撰寫時代而
言，恐非指"文子"與"周平王"二者交談的體例爲依託。

　　又，"仰視屋樹，退而目川"，不見於《淮南子》。"觀影而知持後"句，
〈繆稱訓〉曰："列子學壺子，觀景柱而知持後矣。"《列子·說符》記載較
詳。〈說符〉篇曰："列子顧而觀影，形枉則影曲，形直則影正；然則枉直隨
形而不在影，屈伸任物而不在我。"

　　又，"故聖人"四句，〈繆稱訓〉作"故聖人不爲物先，而常制之，其類
若積薪樵，後者在上。"二者文本不同。《漢書·汲黯傳》曰："陛下用群臣
如積薪耳，後來者居上。"《文子》此段文字，原係古時格言，故多爲人所傳
誦引用。

6-2

　　老子曰：

　　鳴鐸以聲自毀，膏燭以明自煎，虎豹之文來射，猨狖之捷來格。
故勇武以強梁死，辯士以智能困。以智知，未能以智不知。故勇於

一能，察於一辭，可與曲說，未可與廣應。

【相關資料尋索】

'吳'鐸以聲自毀，膏燭以明自'鑠'，虎豹之文來射，猨狄之捷來'措'，故'子路以勇'死，'萇弘以智'困。能以智'智'，而未能以智不'智'也。故行險者不得履繩，出林者不得直道，夜行瞑目而前其手，事有所至，而明有不容。人能貫冥冥入於昭昭，可與言至矣。

鵲巢知風之所起，獺穴知水之高下，暈日知晏，陰諧知雨。爲是謂人智不如鳥獸，則不然。故通於一伎，察於一辭，可與曲說，未可與廣應也。

《淮南子·繆稱訓》p. 337-338 ／〈繆稱訓〉辨析，頁 233

【探析與說明】

此章見於《淮南子·繆稱訓》。〈上德〉篇此處，文意簡要，說明"知不知"的義理，與《老子》思想相近，可能是文子學派所傳的資料，保留於"文子外編"中。

"虎豹之文來射，猨狄之捷來格"兩句，《莊子·應帝王》作"且也虎豹之文來田，猨狙之便來藉。"〈天地〉篇曰"執狸之狗來思，猿狙之便來藉。"欲此處文意相近。"格"，《正字通》云："格，拘執。""藉"，陸德明《釋文》："司馬云：'藉，繩也，由捷見結縛也。'崔云：'藉，繫也。'"此兩句，亦係古時格言。

又，"勇武以強梁死，辯士以智能困"兩句，〈繆稱訓〉作"故子路以勇死，萇弘以智困"。《文子》使用"勇武"、"辨士"的泛稱。

又、"故勇於一能，察於一辭"兩句，〈繆稱訓〉作"故通於一伎，察於一辭。"其前文曰："鵲巢知風之所起，獺穴知水之高下，暈日知晏，陰諧知雨。爲是謂人智不如鳥獸，則不然。"此段文意與"故通於一伎"等句並不契合。《文子》此兩句是回應前文"勇武以強梁死，辯士以智能困"。《文子》此章文意通貫，結構完整，當保留《淮南子》舊文。《淮南子》似引用"文子外編”資料，而加以闡發，但今本恐有脫文或誤字。

6-3

〔老子曰：〕

1

道以無有[1]為體。視之不見其形，聽之不聞其聲，謂之幽冥。幽冥者，所以論道，而非道也。〔夫道者，〕內視而自反。

【相關資料尋索】

魄問於魂曰：“道何以爲體？”

曰：“以無有為體。”

魄曰：“無有有形乎？”

魂曰：“無有。”

“何得而聞也？”

魂曰：“吾直有所遇之耳！視之‘無形’，聽之‘無聲’，謂之幽冥。幽冥者，所以‘喻’道，而非道也。”

魄曰：“吾聞得之矣！乃內視而自反也。”

魂曰：“凡得道者，形不可得而見，名而不可得而揚。今汝已有形名矣，何道之所能乎！”

魄曰：“言者，獨何爲者？吾將反吾宗矣。”

魄反顧，魂忽然不見，反而自存，亦以淪於無形矣。《淮南子·說山訓》p. 520-521

／〈說山訓〉辨析，頁 459

【探析與說明】

此章在“老子曰”形式下，輯入大量文字，共有 2000 餘字。全文未按文意

---

[1] “有”字，景宋本作“爲”。

做任何編輯或整理。全文多與《淮南子・說山訓〉》與〈說林訓〉文字對應，多爲古時流傳諺語。古本《文子》或保留此類資料的原始部份，後人將竄入《文子》之《淮南子》別本殘文，雜集而成此章。全文保留部份《淮南子》舊文，今暫分爲九十二段來說明。此章第一段至第三段，分別見於《淮南子・說山訓》首三段，二者似本諸同源之“文子外編”資料。第一段即〈說山訓〉首段之精要內容的記述。

2

　　故人不小覺[1]，不大迷；不小惠[2]，不大愚。

　　人不小‘學’，不大迷；不小慧，不大愚。《淮南子・說山訓》p. 521／〈說山訓〉辨析，頁 459

　　“覺”字，〈說山訓〉作“學”。王念孫校《淮南子》云：“‘學’當爲‘覺’字之誤也。‘小覺’與‘大迷’相對，‘小慧’與‘大愚’相對。今作‘小學’則非其指矣。《文子》〈下德〉篇正作‘不小覺，不大迷’。”

3

　　莫鑒於流潦，而鑒於止水，以其內保之，止而不外蕩。

　　〔人〕莫鑑於‘沫雨’，而鑑於澄水〔者〕，以其‘休止不蕩’〔也〕。《淮南子・說山訓》p. 521／〈說山訓〉辨析，頁 459-460

　　高誘注曰：“沫雨，雨潦上覆甃也。‘沫雨’或作‘流潦’。”植案：〈上德〉此處文字，屬《淮南子》別本，高誘似曾見及。

4

　　月望，日奪光，陰不可以‘乘’[3]承陽。日出，星不見，不能與

---

[1] “覺”字，景宋本作“學”。

[2] 朱弁注本、《文子纘義》道藏本作“慧”，“惠”通“慧”。

[3] “乘”字原作“承”，據朱弁注本改，《淮南子・說山訓》同。

之爭光。

　　末不可強為本，枝不可以大於幹。上重下輕，其覆必易。

　　一淵不兩蛟，一雌不二雄，一即定，兩即爭。

　　月望，日奪〔其〕光，陰不可以乘陽〔也〕。日出星不見，不能與之爭光
〔也〕。〔故〕末不可以強〔於〕本，'指'不可以大於'臂'。'下輕上重'，
其覆必易。一淵不兩蛟。《淮南子·說山訓》p. 525／〈說山訓〉辨析，頁 462

　　〈說山訓〉無"一雌不二雄，一即定，兩即爭"三句。王念孫校《淮南子》
云："'一淵不兩蛟'，即承上文言之，以明物不兩大之意，而語勢未了，其
下必有脫文。《太平御覽》〈鱗介部〉二引此，'一淵不兩蛟'下有'一棲不
兩雄。一則定，兩則爭'，凡十一字。又引高注云：'以日月不德並明，一國
不可兩君也。'……今本皆脫，當據補。《文子》〈上德〉篇亦云：'一淵不
兩蛟，一雌不二雄，一即定，兩即爭。'"于大成[1]云："'雌'字，當為'棲'。"

　　　5

　　玉在山而草木潤，珠生淵而岸不枯。

　　　6

　　蚯蚓無筋骨之強、爪牙之利，上食'晞'[2]埌，下飲黃泉，用心
一也。

　　詹公之釣，千歲之鯉不能避，曾子攀柩車，引輴者為之止也；老母行歌而
動申喜，精之至也。瓠巴鼓瑟，而淫魚出聽，伯牙鼓琴，而駟馬仰秣；介子歌
龍蛇，而文君垂泣。〔故〕玉在山而草木潤，淵生珠而岸不枯。蟻無筋骨之強、
爪牙之利，上食晞埌，下飲黃泉，用〔心〕一也。《淮南子·說山訓》p. 521-522／〈說山訓〉
辨析，頁 460

---

[1] 于大成，〈文子上德校釋〉，高雄師院學報第四期 1976 年，台灣。後引同書不標明出處。
[2] "晞"字原作"晞"，朱弁注本、《文子纘義》道藏本改。

昔者瓠巴鼓瑟，而流魚出聽；伯牙鼓琴，而六馬仰秣。故聲無小而不聞，行無隱而不形。玉在山而草木潤，淵生珠而崖不枯。為善不積邪，安有不聞者乎！《荀子·勸學》

昔者瓠巴鼓瑟，而沈魚出聽；伯牙鼓琴，而六馬仰秣，夫聲無細而不聞，行無隱而不行；玉居山而木潤，淵生珠而岸不枯；為善而不積乎？豈有不至哉？《大戴禮記·勸學》

昔者瓠巴鼓瑟而潛魚出聽，伯牙鼓琴而六馬仰秣。《韓詩外傳》

故玉處於山而木潤，淵生珠而岸不枯者。《史記·龜筴列傳》

此段諺語見於《荀子·勸學》、《大戴禮記》、《韓詩外傳》與《史記》。“珠生淵”三字，〈說山訓〉作“淵生珠”。劉文典校《淮南子》云：“‘淵生珠’與‘玉在山’不相對。《文子》〈上德〉篇作‘珠生淵’。惟《荀子》〈勸學〉及《大戴禮》併作‘淵生珠’，與今本《淮南》合。”

7

清之為明，杯水可見眸子，濁之為害，河水不見太山。

清之為明，杯水見眸子；濁之為‘闇’，河水不見太山。《淮南子·說山訓》p. 522 /〈說山訓〉辨析，頁 460

8

蘭芷不為莫服而不芳，舟浮江海不為莫乘而沈，君子行道不為莫知而止[1]，性之有也。

蘭〔生幽谷，〕不為莫服而不芳。舟‘在’江海，不為莫乘而‘不浮’。君子行‘義’，不為莫知而止〔休〕。《淮南子·說山訓》p. 526 /〈說山訓〉辨析，頁 464

“不為莫知而止”句，〈說山訓〉於“止”後有“休”字。劉文典校《淮

---

[1] “止”字，景宋本作“慍”。

南子》云：＂＇止休＇，《北堂書抄》百三十七引，作＇止也＇。《書抄》又引《文子》＇君子行義，不爲莫己知而止也＇，今本《文子》〈上德〉篇作＇君子行道，不爲莫知而止＇，亦無＇休＇字。＇休＇疑衍文也。＂

9

以清入濁必困辱，以濁入清必覆傾。

以清入濁必困辱，以濁入清必覆傾。君子之於善也，猶采薪者見一介掇之，見青蔥則拔之。《淮南子・說山訓》p. 528／〈說山訓〉辨析，頁 467

10

天二氣即成虹，地二氣即泄藏，人二氣即生病，陰陽不能常，且冬且夏，月不知畫，日不知夜。

天二氣＇則＇成虹，地二氣＇則＇泄藏，人二氣＇則＇＇成＇病。陰陽不能且冬且夏；月不知畫，日不知夜。《淮南子・說山訓》p. 528／〈說山訓〉辨析，頁 467

11

川廣者魚大，山高者木修，地廣者德厚，故魚不可以無餌釣，獸不可以空器召。

＇水＇廣者魚大，山高者木脩。廣其地而薄其德，譬猶陶人爲器也，摸挻其土而不益厚，破乃愈疾。《淮南子・說山訓》p. 529／〈說山訓〉辨析，頁 468

執彈而招鳥，揮梲而呼狗，欲致之，顧反走。故魚不可以無餌釣〔也〕，獸不可以虛器召〔也〕。《淮南子・說山訓》p. 529／〈說山訓〉辨析，頁

＂獸不可以空器召＂句，〈說山訓〉作＂獸不可以虛器召也＂。俞樾校《淮南子》云：＂＇氣＇當作＇器＇。……＇獸不可以虛器召＇，猶上句云＇魚不可以無餌釣＇也。《文子》〈上德〉篇正作＇獸不可以空器召＇。＂

又，〈說山訓〉＂故魚不可以無餌釣也＂句，與前文文意無關，而〈上德〉

篇此數句接 "川廣者魚大" 三句之後，文意連貫。

12

　　山有猛獸，林木為之不斬，園有螫蟲，葵藿為之不採，國有賢臣，折衝千里。

　　山有猛獸，林木為之不斬；園有螫蟲，'藜'藿為之不採。《淮南子・說山訓》p.
530／〈說山訓〉辨析，頁 469

　　水濁而魚噞，形勞則神亂。〔故〕國有賢君、折衝'千'里。《淮南子・說山訓》
p. 534／〈說山訓〉辨析，頁 469

　　"折衝千里" 句，"千里" 二字，〈說山訓〉作 "萬里"。王念孫校《淮
南子》云： " '萬里' 亦當依《文子》作 '千里'。敵國之遠，可言千里，不
可言萬里也。據高注云 '折衝車於千里之外'，則正文本作 '千里' 明矣。"
又，"國有賢臣" 句，〈說山訓〉在 "水濁而魚噞，形勞則神亂" 之後。王念
孫校《淮南子》云： " '故國有賢君' 二句，與上意絕不相屬，蓋錯簡也。上
文云： '山有猛獸，林木為之不斬；園有螫蟲，藜藿為之不採'，此云 '故國
有賢君，折衝萬里'， '故' 字正承彼文而言。 '賢君' 當作 '賢臣'，謂國
有賢臣，則敵國不敢加兵，亦猶山之有猛獸，園之有螫蟲也。《鹽鐵論》〈崇
禮〉篇： '故《春秋傳》曰：山有虎豹，葵藿為之不採；國有賢士，邊境為之
不割。'《漢書》〈蓋寬饒傳〉：臣聞山有猛獸，藜藿為之不采；國有忠臣，
姦邪為之不起。 '義并與此同。且' 采 '與' 里 '為韻。今本下二句誤在此處，
則既失其義，而又失其韻矣。且' 賢臣 '作' 賢君 '，亦與上文取譬之義不合。
高注有' 賢德不可伐 '之語，恐是後人依已誤之正文改之也。"植案：就《淮
南子》高誘注來看，高誘所見《淮南子》文本即已有誤，與《文子》資料有別。

13

　　通於道者若車軸'之'¹轉於轂中，不運於己，與之'致於'¹

---

¹ 據景宋本、朱弁注本、《文子纘義》道藏本補。

千里，終而復始，轉於無窮之原也。

通於‘學’者若車軸，轉‘轂之’中，不運於己，與之〔致〕千里，終而復始，轉無窮之‘源’。《淮南子‧說山訓》p. 539／〈說山訓〉辨析，頁 477

此段文意，另見於〈道德〉篇，〈道德〉篇第十八章曰：“故通於道者如車軸，不運於己，而與轂致於千里，轉於無窮之原也。”

14

故舉枉與直，何如不得，舉直與枉，勿與遂往。

季孫氏劫公家，孔子說之，先順其所為而後與之入政，曰：“‘與’枉與直，如何〔而〕不得？‘與’直與枉，勿與遂往。”此所謂同污而異塗者。《淮南子‧說山訓》p. 541／〈說山訓〉辨析，頁 479

此段另見於〈符言〉篇，〈符言〉篇第二十八章曰：“舉枉與直，如何不得，舉直與枉，勿與遂往。所謂同污而異泥者。”

15

有鳥將來，張羅而待之，得鳥者，羅之一目，今為一目之羅，則無時得鳥，故事或不可前規，物或不可預慮，故聖人畜道待時也。

有鳥將來，張羅而待之，得鳥者，羅之一目也；今為一目之羅，則無時得鳥〔矣〕。今被甲者，以備矢之至；若使人必知所集，則懸一札而已矣。事或不可前規，物或不可慮，卒然不戒而至，故聖人畜道〔以〕待時。《淮南子‧說山訓》p.542-543／〈說山訓〉辨析，頁 482

“物或不可預慮”句，〈說山訓〉無“預”字。王念孫校《淮南子》云：“‘物或不可慮’，文義未明，且與上句不對。《文子》〈上德〉篇作‘事或不可前規，物或不可預慮’，即用《淮南》之文，今本蓋脫‘豫’字。”

---

[1] 據景宋本補。

16

　　欲致魚者先通谷，欲來鳥者先樹木，水積而魚聚，木茂而鳥集；為魚得者，非挈而入淵也，為猨得者，非負而上木也，縱之所利而已。

　　爝蟬者務在明其火，釣魚者務在芳其餌。明其火者、所以爝而致之也；芳其餌者、所以誘而利之也。欲致魚者先通‘水’，欲‘至’鳥者先樹木。水積而魚聚，木茂而鳥集。《淮南子·說山訓》p. 545-546／〈說山訓〉辨析，頁 484

　　為魚‘德’者，非挈而入淵，為‘蝯賜’者，非負而‘緣’木，縱之其所而已。《淮南子·說山訓》p. 547／〈說山訓〉辨析，頁 485

　　“縱之所利而已”句，〈說山訓〉無“利”字。高誘注《淮南子》云：“喻為官，官當定物，能文者居文官，能武者居武官，故曰縱之其所而已。”王念孫校《淮南子》云：“‘縱之其所而已’，‘所’下脫‘利’字。淵者魚之所利，木者蝯之所利，孤曰‘縱之其所利而已’，高注‘故曰縱之其所利而已也’，‘利’上當有‘所’字，‘所’下當有‘利’字，各本正文脫‘利’字，而注文‘利’字尚存。莊本又改‘利’字為‘所’字，則并注文亦無‘利’字矣。《文子》〈尚德〉篇做‘縱之所利而已’，與高注‘利’字合，則正文原有‘利’字明矣。”植案：比較〈上德〉篇與〈說山訓〉文字，二者說明方式有異，可能分屬不同資料。高誘所見本，如其注文之義，強調“縱之其所”，而〈上德〉篇此章分別見於〈說山訓〉兩處，全章則說明“縱之所利”。

17

　　足所踐者淺，然待所不踐而後能行，心所知者褊，然待所不知而後能明。

　　足以蹍者淺〔矣〕，然待所不蹍而後行；‘智’所知者褊〔矣〕，然待所不知而後明。《淮南子·說林訓》p. 555／〈說林訓〉辨析，頁 494

　　此段文意見於《莊子》，〈徐無鬼〉篇曰：“故足之於地也踐，雖踐，恃其所不蹍而後善博也；人之於知也少，雖少，恃其所不知而後知天之所謂也。”

"足所踐者"句，〈說林訓〉作"足以蹍者"，王念孫校《淮南子》云："足以蹍'以'亦當爲'所'。《文子》〈上德〉篇作'足所踐'，是其證。"

18

川竭而谷虛，丘夷而淵塞，脣亡而齒寒，河水深而壞在山。

川竭而谷虛，丘夷而淵塞，脣'竭'而齒寒。河水〔之〕深，〔其〕壞在山。《淮南子·說林訓》p. 559／〈說林訓〉辨析，頁 500

此段見於《莊子·胠篋》，〈胠篋〉篇曰："脣竭則齒寒。"又曰"夫谷虛而川竭，丘夷而淵實。"

19

水靜則清，清則平，平則易，易則見物之形，形不可併，故可以爲正。

水靜則'平'，'平則清'，'清'則見物之形，｛弗能匿也｝，故可以爲正。《淮南子·說林訓》p. 559／〈說林訓〉辨析，頁 500

此段見於《莊子》，〈刻意〉篇曰："水之性，不雜則清，莫動則平；鬱閉而不流，亦不能清；天德之象也。"

20

使葉落者，風搖之也，使水濁者，物撓之也

使葉落者，風搖之，使水濁者，'魚'撓之。《淮南子·說林訓》p. 566／〈說林訓〉辨析，頁 508

21

璧瑗之'成'[1]器，礛䃴之功也，莫邪斷割，砥礪之力也

---

[1] 據朱弁注本補。

璧瑗「成」器，礛諸之功；鏌邪斷割，砥礪之力。《淮南子・說林訓》p. 558／〈說林訓〉辨析，頁499

22

虻與驥，致千里而不飛，無裹糧之資而不飢。

蝱與驥，致千里而不飛，無「糗」糧之資而不飢。《淮南子・說林訓》p. 559／〈說林訓〉辨析，頁499

23

狡兔得而獵犬烹，高鳥盡而良弓藏，〔名成功遂身退，天道然也。〕

狡兔得而獵犬烹，高鳥盡而「強」弩藏。《淮南子・說林訓》p. 558-559／〈說林訓〉辨析，頁499

"名成功遂身退"兩句，語出《老子》第九章，未見於《淮南子・說林訓》。《文子・道德》篇引作"功遂身退，天之道也。"《老子》想爾本與此引文同。王弼本、帛書《老子》乙本均無"名成"二字。

24

怒出於不怒，為出於不為，視於無有，則得所見，聽於無聲，則得所聞。

怒出於不怒，為出於不為。視於無「形」，則得其所見矣；聽於無聲，則得〔其〕所聞〔矣〕。《淮南子・說林訓》p. 557／〈說林訓〉辨析，頁496-497

此段見於《鄧析子・轉辭》，〈轉辭〉篇曰："怒出於不怒，為出於不為。視於無有，則得其所見，聽於無聲，則得其所聞。故無形者有形之本，無聲者有聲之母。"《莊子・庚桑楚》亦曰："出怒不怒，則怒出於不怒矣；出為無為，則為出於無為矣。"

　　“無有”二字，〈說林訓〉作“無有”。于大成云：“案：‘無形’是也。徐注云：‘內視見於無形’，則本亦作‘無形’。”

25

　　飛鳥反鄉，兔走歸窟，狐死首丘，寒螿得木，各依其所生也。

　　鳥飛反鄉，兔走歸窟，狐死首丘，寒‘將翔水’，各依其所生也。《淮南子·說林訓》p. 555／〈說林訓〉辨析，頁 495

　　“寒螿得木，各依其所生也”兩句，〈說林訓〉作“寒將翔水，各哀其所生也”。高誘注《淮南子》曰：“寒將，水鳥。哀，猶愛也。”俞樾校《淮南子》云：“《文子》〈上德〉篇作‘各依其所生也’。哀與依，古音同，此作‘哀’者，即‘依’之假字耳。高注曰：‘哀，猶愛也’，非是。”陶方琦云：“《文選》謝惠連〈擣衣詩〉注引許注：‘寒螿，蟬屬也。’按：二注文義并異。《文子》〈上德〉作‘寒螿得木’，許本當同，與高作水鳥解者正異。”就高誘注來看，〈上德〉篇此處文字，似與今通行《淮南子》文本不同。

26

　　水火相憎，鼎鬲在其間，五味以和；骨肉相愛也，讒人間之，父子相危也。

　　水火相憎，錯在其間，五味以和。骨肉相愛，讒賊間之，而父子相危。《淮南子·說林訓》p. 558／〈說林訓〉辨析，頁 498-499

27

　　犬豕不擇器而食，愈肥其體，故近死，鳳凰翔於千仞，莫之能致。

　　‘狗彘’不擇‘甀甌’而食，‘偷’肥其體〔而〕‘顧’近死；鳳皇〔高〕翔千仞之上，莫之能致。《淮南子·說林訓》p. 556／〈說林訓〉辨析，頁 496

《淮南子》"甌甌"二字，〈上德〉篇作"器"，"偷"字，作"愈"，"顧"字，作"故"。何寧校《淮南子》云："偷讀為愈。"二者記述文本略異。

28

椎固百內，而不能自'椓'[1]，目見百步之外，而不能見其眥。

椎固'有'柄，不能自'椓'；目見百步之外，不能〔自〕見其眥。《淮南子·說林訓》p. 556／〈說林訓〉辨析，頁 495-496

"百內"二字，〈說林訓〉作"有柄"。王叔岷云："'百內'乃'有丙'之誤。《淮南子》作'有柄'。柄、丙正假字。"

29

〔因高為山即安而不危，因下為'池，即淵深而，'[2]魚鱉歸焉。〕

30

溝池潦[3]即溢，旱即枯，河海之源，淵深而不竭。

'官'池'涔'則溢，旱'則'涸；'江水'之'原'，淵'泉'不能竭。《淮南子·說林訓》p. 559／〈說林訓〉辨析，頁 501

"河海"二字，朱弁注本作"江海"，〈說林訓〉作"江水"，似不同傳本記述。

31

鱉無耳而目不可以蔽，精於明也，瞽無目而耳不可以蔽，精於

---

[1] "椓"字原作"椓"，據朱弁注本改。
[2] 原作"淵則"，據景宋本、朱弁注本改。
[3] "潦"字，景宋本、朱弁注本作"涔"，"潦"通"涔"。

聰也。

　　鱉無耳而目不可以'瞥'，精於明也。瞽無目而耳不可以'察'，精於聰也。《淮南子·說林訓》p. 567-568／〈說林訓〉辨析，頁509

　　此章見於〈說林訓〉，高誘注曰："不可以瞥，瞥知則見也"，又曰："不可以察，查知則聞"。王引之校《淮南子》云："正文、注文，皆義不可通。正文當作'鱉無耳，而目不可以樊，精於明也；瞽無目，而耳不可以塞，精於聰也。'"植案：高誘見本，與《文子》文字記述不同。〈上德〉篇此處保留《淮南子》舊文。

32

　　〔混混之水濁，可以濯吾足乎？冷冷之水清，可以濯吾纓乎？〕

　　《孟子·離簍上》曰："有孺子歌曰：'滄浪之水清兮，可以濯我纓；滄浪之水濁兮，可以濯我足。'孔子曰：'小子聽之！清斯濯纓，濁斯濯足矣，自取之也。'"《楚辭·漁父》曰："漁父莞爾而笑，鼓枻而去，乃歌曰：'滄浪之水清兮，可以濯吾纓。滄浪之水濁兮，可以濯吾足。'"此段為古諺語，流傳當早於孔子。

33

　　紂之為縞也，或為冠，或為絑，冠則戴枝之，絑則足蹑之。

　　鈞之縞也，'一端以'為冠，'一端以'為絑，冠則戴〔致〕之，絑則蹑'履'之。《淮南子·說林訓》p. 559／〈說林訓〉辨析，頁501

　　"紂"字，顧觀光云："'紂'字誤。〈說林訓〉作'鈞'。"王叔岷云："顧說是也。《御覽》六九七引'紂'字作'均'，'均'與'鈞'同。"

　　又，"冠即戴之"句，〈說林訓〉作"冠則戴致之"。王念孫校《淮南子》云："'戴致'二字義不相屬，'致'當為'妓'字，字之誤。……《文子》〈上德〉篇作'冠則戴枝之'。《爾雅》曰：'支，戴也。'支、枝與妓，亦聲近而義同。"〈上德〉篇此處文字,似與今通行本《淮南子》有異。

34

金之勢勝木。一刃不能殘一林'之木'[1],土之勢勝水,一掬不能塞江河'之水,〔水之'[2]勢勝火,一酌不能救一車之薪〕。

金'勝木者','非以一刃殘林也';土'勝水者','非以一墣塞江也'。《淮南子·說林訓》p. 560 /〈說林訓〉辨析,頁 501

"掬"、"江"二字,〈說林訓〉分別作"墣"、"一"。于大成云:"案:《意林》、《容齋三筆》引此,'掬'並作'塊','江'並作'一'。《淮南子·說林訓》'掬'作'墣',徐注云:'墣,塊也'(此注今本《淮南》奪,見《御覽》三十七、又三百四十六引)。此文故書當作'塊',作偽者以徐注改易正文也。""掬"字,《小爾雅·廣量》:"一手之盛謂之溢,兩手謂之掬。"植案:《文子》"一掬"指"兩手所捧者","掬"字可通,並非作偽者所改。

又,"水之勢勝火,一酌不能救一車之薪"兩句,不見於《淮南子》。《孟子·告子上》曰:"仁之勝不仁也,猶水之勝火。今之為仁者,猶以一杯水救一車薪之火也。"此兩句為古諺,孟子似引用。

35

冬有雷,夏有雹,寒暑不變其節。

冬有雷〔電〕,夏有霜〔雪〕,〔然而〕寒暑〔之勢〕不易〔,小變不足以防大〕節。《淮南子·說林訓》p. 561 /〈說林訓〉辨析,頁 502

---

[1] 據景宋本補。

[2] 此句,各本均無"之水"二字,唯朱弁本"江河"下有"之水",但"勢勝火"三字前,似脫"水之"二字。"之木"、"之薪"與"之水",前後相應。

36

〔霜雪麃麃，日出而流。〕

37

傾易覆也，倚易軵[1]也，幾易助也，濕易雨也。

傾〔者〕易覆也，倚〔者〕易軵也。幾易助也，溼易雨也。《淮南子·說林訓》p. 560／〈說林訓〉辨析，頁 502

38

蘭芷以芳，不得見霜，蟾蜍辟兵，壽在五月之望。

蘭芷以芳，‘未嘗’見霜，鼓造辟兵，壽‘盡’五月之望。《淮南子·說林訓》p. 561／〈說林訓〉辨析，頁 503

〈說林訓〉“鼓造辟兵”句，高誘注曰：“鼓造蓋謂梟。一曰：蝦蟆。”何寧校《淮南子》云：“《文子》〈上德〉襲此文‘股造’作‘蟾蜍’，與高注一曰合。”高誘似曾見後竄入《文子》之《淮南子》別本。

39

精泄者，中易殘，華非時者，不可食。

情泄者，中易‘測’。華‘不’時者，不可食〔也〕。《淮南子·說林訓》p. 564／〈說林訓〉辨析，頁 505

〈淮南子〉“情泄者，中易測”兩句，高誘注曰：“不閉其情欲，發泄於外，故其中心易測度知也。”《文子·上德》作“精泄者，中易殘”，謂至精

---

[1] “軵”字，景宋本作“翻”。

耗損，則心神易殘。二者文字記述當有不同。

40

　　舌之與齒，孰先弊焉？繩之與矢，孰先‘折’[1]焉？

　　舌之與齒，孰先‘礲也’？錞之與刃，孰先弊也？繩之與矢，孰先‘直也’？
《淮南子·說林訓》p. 562／〈說林訓〉辨析，頁 503

41

　　使影曲者，形也，使響濁者，聲也。

　　使景曲者、形也，使響濁者、聲也。《淮南子·說林訓》p. 564／〈說林訓〉辨析，頁 505

42

　　與死同病者，難為良醫，與亡國同道者，不可為忠謀。

　　與死‘者同病’，難為良醫；與亡國同道，‘難與為’謀。《淮南子·說林訓》p. 564／〈說林訓〉辨析，頁 504

　　王叔岷云：“《御覽》七三八引《尹文子》云：‘與死者同病，難爲良醫，與亡國同道，不可爲謀。’所引蓋此文，而誤爲尹文子也。”植案：《文子》此處似古諺，各書記載或有不同，“與死者同病”與“與亡國同道者”，相對爲文，而“良醫”與“忠謀”，亦相對耦。〈說林訓〉文句近於《尹文子》，《御覽》所引恐非誤爲《尹文子》，當係出自不同文本。

43

　　使倡吹竽，使工捻[2]竅，雖中節，不可使決，君形亡焉。

　　使‘但’吹竽，使‘氏厭’竅，雖中節‘而不可聽，無其’君形‘者也’。

---

[1]　“折”字原作“直”，據《文子纘義》道藏本改。

[2]　“捻”字，景宋本、朱弁注本均作“攝”。

《淮南子·說林訓》p. 563 ／〈說林訓〉辨析，頁 504

　　"使倡吹竽，使工捻竅" 兩句，〈說林訓〉作 "使但吹竽，使氏厭竅。"高誘注曰："但，古不知吹人。但，讀燕言 '鉏' 同也。"王念孫校《淮南子》云："高讀與燕與 '鉏' 同，則其字當從 '且'，不當從 '旦'。《說文》：'伹，拙也。从人，且聲。' ……《廣韻》：'伹，拙人也。' 意與高注 '不知吹人' 相近。…… '但' 為 '伹' 之誤也。'使氏厭竅'，'氏' 當為 '工'。隸書 '工' 字或作 '𠄌'，'氏' 字或作 '𠄍'，二形相似，故 '工' 誤作 '氏'。……言使不善吹者吹竽，而使樂工為之按竅，音雖中節而不可聽也。《文子》〈上德〉作 '使工捻竅'，'捻' 與 '厭' 同義。"據王氏之說，高誘所見《淮南子》文本，當作 "使伹吹竽，使工厭竅"。俞樾校《淮南子》云："然則 '但'、'氏' 二字乃 '倡'、'工' 之誤。倡也、工也，特為異名以別之，明非一人，實則同義。蓋倡與工雖善吹竽，然必自吹之而自厭之。若一人吹竽，一人厭竅，則雖中節而不可聽矣。《韓子》〈外儲說右〉篇曰：'田連、成竅，天下善鼓瑟者也。然而田連鼓之，成竅攦下，而不能成曲。' 此即《淮南子》所本。"植案：〈上德〉篇此處文字，與高誘所見本不同。

44

　　聾者不歌，無以自樂，盲者不觀，無以接物。

　　聾者不歌，無以自樂；盲者不觀，無以接物。《淮南子·說林訓》p. 562 ／〈說林訓〉辨析，頁 504

45

　　步於林者，不得直道，行於險者，不得履繩。

　　'出' 林者，不得直道，行險者，不得履繩。《淮南子·說林訓》p. 565 ／〈說林訓〉辨析，頁 506

46

　　海內其所出，故能大。

海內其所出，故能大；輪復其所過，故能遠。《淮南子·說林訓》p. 565／〈說林訓〉辨析，頁 506

47

日不並出，狐不二雄，神龍不匹，猛獸不群，鷙鳥不雙。

蓋非橑不蔽日，輪非輻不追疾，‘然橑輻’[1]未足恃也。

日〔月〕不並出，狐不二雄，神龍不匹，猛獸不群，鷙鳥不雙。《淮南子·說林訓》p. 568／〈說林訓〉辨析，頁 511

48

張弓而射，非弦不能發，發矢之為射，十分之一。

‘引’弓而射，非弦不能發〔矢〕，弦之為射，‘百’分之一也。《淮南子·說林訓》p. 568／〈說林訓〉辨析，頁 510

“發矢”二字，〈說林訓〉作“弦”。于大成云：“案：‘弦’字是也。朱弁本、寶曆本並作‘矢之命中’，疑有改竄。”

49

飢馬在廄，漠然無聲，投芻其旁，爭心乃生。

飢馬在廄，‘寂’然無聲；投芻其旁，爭心乃生。《淮南子·說林訓》p. 568／〈說林訓〉辨析，頁 510

《呂氏春秋·守時》曰：“飢馬盈廄嗼然，未見芻也；飢狗盈窖，嗼然，未見骨也；見骨與芻，動不可禁。”

---

[1] 原作“橑輪”，據朱弁注本改。

50

三寸之管無當，天下不能滿，十石而有塞，百斗而足。

三寸之管〔而〕無當，天下'弗'能滿；十石而有塞，百斗而足矣。《淮南子·說林訓》p. 567／〈說林訓〉辨析，頁 509

51

循繩而斷，即不過，縣衡而量，即不差。縣古法以類，有時而遂，杖格之屬，有時而施。是而行之，謂之斷，非而行之，謂之亂。

循繩而'斲'則不過，懸衡而量則不差〔，植表而望則不惑〕。《淮南子·說林訓》p. 568-569／〈說林訓〉辨析，頁 511

懸'垂'之類，有時而隧；枝格之屬，有時而弛。《淮南子·說林訓》p. 569／〈說林訓〉辨析，頁 511

是而行之，固謂之斷；非而行之，必謂之亂。《淮南子·說林訓》p. 580／〈說林訓〉辨析，頁 526

于大成云："案：《淮南》作'懸垂之類，有時而隧；枝格之屬，有時而弛'，與此頗異。疑此不盡出傳抄之誤，或者作偽者有意改《淮南》以就己意與！締觀文意，似謂：稱古法以例於今（《漢書·刑法志·注》引服虔、賈山注並云："縣，稱也"，"縣"與"懸"同。《史記·屈原列傳》："吾將以為類兮"，《正義》云："類，例也。"），有時而亦可遂行（《廣雅·釋詁一》：'遂，行也。'）。然杖格之屬（杖疑即夏、楚。《淮南·覽冥訓》高注："榜，榜床也。"），有時而亦不得不用。言因時而制宜適也。故下文即承之云：'是而行之謂之斷，非而行之謂之亂'也。"植案；于先生著此文時，未見竹簡《文子》，故云"或者作偽者有意改《淮南》以就己意與！"植案：于先生發現此處"與《淮南》異趣"，甚為卓見。《文子》此段，《淮南子》分置兩處，《文子》文意與《淮南子》不同。此處文字內容與敘說語氣，似與史官之職有關，當屬《文子》古本資料。

53

農夫勞而君子養，愚者言而智者擇。

農夫勞而君子養〔焉〕，愚者言而知者擇〔焉〕。《淮南子・說林訓》p. 581 ／〈說林訓〉辨析，頁 527-528

趙文進諫曰：「農夫勞而君子養焉，政之經也；愚者陳意而知者論焉，教之道也；臣無隱忠，君無蔽言，國之祿也。」《戰國策・趙策》

54

見之明白，處之如玉石，見之黯晦，必留其謀。

見之明白，處之如玉石；見之'闇'晦，必留其謀。《淮南子・說林訓》p. 581 ／〈說林訓〉辨析，頁 527

55

百星之明，不如一月之光，十牖畢開，不如一戶之明。

百星之明，不如一月之光，十牖畢開，不'若'一戶之明。《淮南子・說林訓》p. 582 ／〈說林訓〉辨析，頁 529

56

蝮蛇不可為足，虎不可為翼。

蝮蛇不可為足，虎豹不可'使緣木'。《淮南子・說林訓》p. 568 ／〈說林訓〉辨析，頁 510

王叔岷校《淮南子》云：「案：'虎'上不當有'豹'字，豹善緣木，有'豹'字則不可通。蓋後人妄改，以與'蝮蛇'相對耳。注：'虎，猛獸。不可使能緣木也'。是正文本無'豹'字明矣。《文子》〈上德〉篇作'虎不可為翼'，亦無'豹'字。」

57

今有六尺之席，臥而越之，下才不難，立而‘踰’[1]之，上才不易，勢施異也。

今有六尺之席，臥而越之，下‘材弗’難，‘植’而‘踰’之，上材‘弗’易，勢施異也。《淮南子·說林訓》p. 571／〈說林訓〉辨析，頁 514

58

助祭者得嘗，救鬥者得傷，蔽於不祥之木，為雷霆所撲。

‘佐’祭者得嘗，救鬥者得傷，‘蔭’不祥之木，為雷‘電’所撲。《淮南子·說林訓》p. 572／〈說林訓〉辨析，頁 515

59

日月欲明，浮雲蔽之，河水欲清，沙土穢之，叢蘭欲修，秋風敗之。

日月欲明，〔而〕浮雲‘蓋’之，‘蘭芷’欲‘脩’，〔而〕秋風敗之。《淮南子·說林訓》p. 572／〈說林訓〉辨析，頁 515

60

人性欲平，嗜欲害之，蒙塵而欲無眯，不可得潔。

……人之性無邪，久湛於俗則易。易而忘其本，合於若性。故日月欲明，浮雲蓋之；河水欲清，沙石濊之；人性欲平，嗜欲害之。唯聖人能遺物而反己。《淮南子·齊俗訓》p. 352／〈齊俗訓〉辨析，頁 255

61

---

[1] “踰”字原作“逾”，據據景宋本、朱弁注本、《文子纘義》道藏本改。

黃金龜紐，賢者以為佩，土壤布地，能者以為富，故與弱者金玉，不如與之尺素。

黃金'之璽'，賢者以為佩，土壤布〔在〕田，能者以為富，'予拯'溺者金玉，不'若尋常之纏'索。《淮南子·說林訓》p. 573／〈說林訓〉辨析，頁 516

"弱"、"素"二字，〈說林訓〉作"溺"、"索"。俞樾云："'弱'當作'溺'，'素'當作'索'。言人方溺水，雖與金玉而無用，不如一尺之索，可以攀援而至岸也。《淮南子》〈說林〉篇作'予拯溺者金玉，不若尋常之繯索'，可證其義。舊注乃云：'弱者，愚弱也，與之尺素或可保，與之金玉則為害。'殊非其義矣。"于大成云："案：'弱'之與'溺'，'素'之與'索'，皆古字相通。"《淮南子》"予拯溺者金玉"句，王念孫云："今本'溺'上有'拯'字，乃涉注文而衍。"植案：《文子》無"拯"字。此處與《文子》文字記述略異，資料來源似不同。

62

轂虛，而中立三十輻，各盡其力，使一'輻'[1]獨入，眾輻皆棄，何近遠之能至。

轂'立'，'三十輻各盡其力，不得相害'。使一輻獨入，眾輻皆棄，'豈'能'致千里哉'？《淮南子·說林訓》p. 574／〈說林訓〉辨析，頁 517

《淮南子》"轂立，三十輻各盡其力"兩句，《文子》作"轂虛而中立三十輻"，俞樾、蔣禮鴻認為《淮南子》脫"虛而中"三字，但《文子》文字似屬不同資料來源。

63

橘柚有鄉，萑葦有叢，獸同足者相從游，鳥同翼者相從翔。

橘柚有鄉，萑葦有叢。獸同足者相從遊，鳥同翼者相從翔。《淮南子·說林訓》p.

---

[1] "輻"字原作"軸"，據景宋本、朱弁注本、《文子續義》道藏本改。

574／〈說林訓〉辨析，頁 517

64

　欲觀九州之地，足無千里之行，無政教之原，而欲為萬民上者難矣！

　　欲觀九州之‘土’，足無千里之行，心無政教之原，而欲為萬民上‘也’，難矣！《淮南子·說林訓》p.574／〈說林訓〉辨析，頁517

　　王叔岷云：“‘無正教之原’上，當據《淮南子》補‘心’字。‘足無千里之行，心無政教之原’，文正相耦。”

65

　兇兇者獲，提提者射，故“大白若辱，廣德若不足。”

　　‘旳旳’者獲，提提者射，故“大白若辱，大德若不足。”《淮南子·說林訓》p.575／〈說林訓〉辨析，頁517

　　“兇兇”二字，徐靈府注曰：“兇兇，惡也”。《淮南子》“旳旳者獲”句，高誘注曰：“明也，為眾所見，故獲。”此句應符合下文引“大白若辱”兩句文意，“兇兇”二字恐誤，當作“旳旳”。“大白若辱”兩句，語出《老子》第四十二章。“廣德”二字，《淮南子》作“大德”，《莊子·寓言》作“盛德”。

66

　君子有酒，小人鞭缶，雖不可好，亦可以醜。

　　君子有酒，‘鄙人’鼓缶，雖不‘見’好，亦‘不見’醜。《淮南子·說林訓》p.576／〈說林訓〉辨析，頁519

　　“雖不可好”句，〈說林訓〉作“雖不見好”。王叔岷校《淮南子》云：“宋本‘見’作‘可’，與《文子》同。”

又，"亦可以醜" 句，〈說林訓〉作 "亦不見醜"，朱弁注本作 "亦不見醜"。

此段《文子》似意謂："君子拿出美酒，小人鞭打著瓦缶，雖然並非協調，但可比擬相類。"《淮南子》則似意謂："君子拿出美酒，鄉人敲起瓦缶，雖然不見得協調，但也不見得乖違。"

67

人之性，便衣綿帛，或射之即被甲，為所不便，以得其便也。

人性便衣 '絲帛'，或射之則被〔鎧〕甲，為〔其〕所不便，以得所便。《淮南子·說林訓》p. 576／〈說林訓〉辨析，頁 519

陳觀樓校《淮南子》云："'人便絲衣帛' 當作 '便衣絲帛'。'衣絲帛' 與 '被鎧甲' 相對。《文子》〈上德〉篇作 '衣棉帛'。"

68

三十輻共一轂，各直一鑿，不得相入，猶人臣各守其職也。

'輻之入轂'，各 '值其' 鑿，不得相 '通'，猶人臣各守其職，不得相干。《淮南子·說林訓》p. 576／〈說林訓〉辨析，頁 519

"三十輻共一轂" 句，語出《老子》第十一章，〈說林訓〉作 "輻之入轂"，《文子》此段似與解《老》傳承有關，《淮南子》引用。

69

善用人者，若蚈之足，眾而不相害，若舌之與齒，堅柔相磨而不相敗。

善用人者，若蚈之足，眾而不相害；若 '骭' 之與齒，堅柔相摩而不相敗。《淮南子·說林訓》p. 576／〈說林訓〉辨析，頁 520

70

石生而堅，芷生而芳，少而有之，長而逾明。

石生而堅，‘蘭’生而芳，少‘自其質’，長而‘愈’明。《淮南子·說林訓》p. 577／〈說林訓〉辨析，頁 520

　　“少而有之”句，〈說林訓〉作“少自其質”。王念孫校《淮南子》云：“‘少自其質’，‘自’當依劉本作‘有’，字之誤也。《文子》〈上德〉篇作‘少而有之，長而逾明’。”

71

扶之與提，謝之與讓，得之與失，諾之與巳，相去千里。

扶之與提，謝之與讓，故之與先，諾之與己也，之與矣。《淮南子·說林訓》p. 577／〈說林訓〉辨析，頁 520

　　此節見於〈說林訓〉文字，多有訛誤，俞樾校《淮南子》云：“‘故之與先’本作‘得之與失’。……‘之與矣’三字，衍文也。……《文子》〈上德〉篇正作‘扶之與提，謝之與讓，得之與失，諾之與巳，相去千里’，可據以訂正。”

72

再生者不獲，華太早者不須霜而落。

再生者不穫，華‘大旱’者不‘胥’時而落。《淮南子·說林訓》p. 577／〈說林訓〉辨析，頁 521

　　“華太早者”句，“太早”二字，〈說林訓〉作“大旱”。陳觀樓校《淮南子》云：‘大’與‘太’同。‘旱’當爲‘早’，字之誤。再生者不穫，以其不及時也。華太早先落，以其先時也。《文子》〈上德〉篇：‘華太早者，不須霜而落。’”

73

汙其準，粉其顙，腐鼠在阼，燒薰於堂，入水而增濡，懷臭而求芳，雖善者不能為工。

污準〔而〕粉其顙，腐鼠在‘壇’，燒薰於‘宮’，入水而‘憎’濡，懷臭而求芳，雖善者‘弗’能為工。《淮南子‧說林訓》p. 577／〈說林訓〉辨析，頁 521

“增”字，〈說林訓〉作“憎”，于大成云：“‘增’之與‘憎’，其聲同，可相通借。”

74

冬冰可折，夏木可結，時難得而易得失。木方盛，終日朵之而復生，秋風下霜，一夕而零。

冬冰可折，夏木可結，時難得而易失。木方〔茂〕盛，終日‘採而不知’；秋風下霜，一夕而‘殫’。《淮南子‧說林訓》p. 578／〈說林訓〉辨析，頁 522

“時難得而易失”句，亦見於《文子‧道原》，〈道原〉篇第九章曰：“故聖人不貴尺之璧，而貴寸之陰，時難得而易失。”

75

質的張而矢射集，林木茂而斧斤入，非或召之也，形勢之所致。

質的張而‘弓矢’集，林木茂而斧斤入，非或召之，形勢所致〔者〕也。《淮南子‧說林訓》p. 579／〈說林訓〉辨析，頁 524

“質的張而矢射集，林木茂而斧斤入”兩句，“矢射”，〈說林訓〉作“弓矢”。《荀子‧勸學》曰：“是故質的張，而弓矢至焉；林木茂，而斧斤至焉，樹成蔭，而眾鳥息焉。醯酸，而蚋聚焉。”“弓矢”與“斧斤”相耦，《文子》有誤。

76

乳犬之噬虎，伏雞之搏狸，恩之所加，不量其力。

乳犬之噬虎〔也〕，伏雞之搏狸〔也〕，恩之所加，不量其力。《淮南子·說林訓》p. 564／〈說林訓〉辨析，頁 505

77

夫待利而登溺者，必將以利溺之¹矣。

待利而〔後〕'拯'溺'人'，〔亦〕必以利溺'人'矣。《淮南子·說林訓》p. 579／〈說林訓〉辨析，頁 524

"登溺者"三字，〈說林訓〉作"拯溺者"。于大成云："案：《說文·手部》：'拯，上舉也。出休爲拯。从手，丞聲。撜，拯或从登。'撜，从登聲，是登與拯同也，二字古韻蒸部字。……是'丞、登皆有上進之意'。《漢書·司馬相如傳》下'夫拯民於沈溺'，顏注云：'拯，升也'，《淮南·氾論訓》'則捽其髮而拯'，高注云：'拯，升也。'《小爾雅·廣言》：'登，升也。'……《淮南》作'拯'，此自作'登'，文異而誼同。"又，"必將以利溺之矣"句，〈說林訓〉作"亦必以利溺人矣"。俞樾校《淮南子》云："'以'字衍文。高注曰：'利逆人者，利人之逆，得其利也。'則其所據本無'以'字。"植案：二書文字，似屬不同文本。

78

舟能浮能沈，愚者不知足焉。驥驅之不進，引之不止，人君不以求道里。

〔騏〕驥驅之不進，引之不止，人君不以'取'道里。舟能沈能浮，愚者不加足。《淮南子·說林訓》p. 579／〈說林訓〉辨析，頁 524

"愚者不知足焉"句，"知"字，〈說林訓〉作"加"。徐靈府注曰："唯審止足之分，庶免沈溺之惑。""止足"即"不加足"，《文子》作"知足"，恐誤。

---

¹ "之"字，朱弁注本作"人"，《淮南子·說林訓》同。

79

水雖平，必有波，衡雖正，必有差，尺雖齊，必有危。非規矩不能定方圓，非準繩無以正曲直，用規矩者，亦有規矩之心。

水雖平，必有波；衡雖正，必有差；尺〔寸〕雖齊，必有‘詭’。 非規矩不能定方圓，非準繩‘不能’正曲直；用規矩〔準繩〕者，亦有規矩〔準繩焉〕。
《淮南子·說林訓》p. 582／〈說林訓〉辨析，頁 528

“危”字，〈說林訓〉作“詭”，“危”、“詭”通。又，“用規矩者，亦有規矩之心”，〈說林訓〉兩“規矩”二字之前，均有“準繩”，《文子》恐均脫“準繩”二字，而〈說林訓〉“焉”下，似脫“之心”二字。

80

太山之高，倍而不見，秋毫之末，視之可察。

太山之高，‘背’而‘弗’見；秋毫之末，視之可察。《淮南子·說林訓》p.582／〈說林訓〉辨析，頁 529

81

竹木有火，不鑽不熏，土中有水，不掘不出。

‘槁竹’有火，‘弗’鑽不‘爇’；土中有水，‘弗’掘‘無泉’。《淮南子·說林訓》p. 571／〈說林訓〉辨析，頁 513

“不掘不出”句，〈說林訓〉作“弗掘無泉”。王念孫校《淮南子》云：“‘弗掘無泉’，本作‘弗掘不出’，謂不掘則泉不出，非謂無泉也。後人改‘不出’為‘無泉’者，取其與‘爇’字為韻耳。不知此四句以‘火’與‘水’隔句為韻，而鑽與爇、掘與出，則於句中各自為韻。若云‘弗掘無泉’，則反失其韻矣。《太平御覽》〈火部〉二引此已誤。且泉及水也，既云‘土中有水’，則不得又言‘無泉’矣。《文子》〈上德〉篇正作‘土中有水，不掘不出’。”植案：王氏以用韻校改“無泉”二字，但〈上德〉篇似保留與〈說林訓〉不同資料。

82

　矢之疾，不過二里，跬步不休，跛鼈千里，累凷不止，丘山從成。

　　矢之疾，不過二里〔也〕；步之遲，百舍不休，千里可致。《淮南子・說林訓》p. 581／〈說林訓〉辨析，頁 526

　　故跬步不休，跛鼈千里；累‘積’不‘輟’，‘可成丘阜’。《淮南子・說林訓》p. 583／〈說林訓〉辨析，頁 530

　　此段似古時諺語，《荀子》曾引用，《荀子・修身》曰“故蹞步而不休，跛鼈千里；累土而不輟，丘山崇成。”

　　又，“凷”字，〈說林訓〉作“積”。于大成云：“《說文・土部》：‘凷，墣也。塊，俗凷字’，故《纘義》釋音云：‘音塊，同義’。”植案：“跬步”與“累凷”，正相對爲文，〈說林訓〉“積”字恐誤。

83

　臨河欲魚，不若歸而織網。

　　臨河〔而〕‘羨’魚，不若歸‘家’織網。《淮南子・說林訓》p. 580／〈說林訓〉辨析，頁 526

　　劉文典校《淮南子》云：“《白帖九十八》引‘歸家織網’，作‘退而結網’。”王叔岷云：“案：宋本‘不如’作‘不若’，《文子》同。《漢書・董仲書傳》‘歸家織網’，亦作‘退而織網’。”

84

　弓先調而後求勁，馬先順而後求良，人先信而後求能。

　　弓先調而後求勁，馬先‘馴’而後求良，人先信而後求能。《淮南子・說林訓》p. 582／〈說林訓〉辨析，頁 529

85

巧冶不能消[1]木，良匠不能斲冰，物有不可，如之何君子不留意。

巧冶不能‘鑄’木，‘工巧’不能‘斲金’〔者，〕〔形性然也〕。《淮南子・說林訓》p. 583／〈說林訓〉辨析，頁 530

　　“良匠不能斲冰”句，“良匠”二字，〈說林訓〉作“工巧”。孫詒讓校《淮南子》云：“‘工巧’當作‘巧匠’。今本‘匠’訛爲‘工’，而文又倒，遂不可通。〈泰族訓〉云‘故良匠不能斲金，巧冶不能鑠木。’是其證。”〈上德〉篇作‘良匠’，與‘巧匠’義相近。

　　又，“冰”字，顧觀光云：“〈說林訓〉作‘金’。”于大成云：“作‘金’是也。《淮南》〈泰族訓〉亦云：‘良匠不能斲金。’”

86

使人無渡河可，使河無波不可。

使人無度河，可；中河使無度，不可。《淮南子・說林訓》p. 577／〈說林訓〉辨析，頁 521

　　此兩句仍爲古諺，《文子》意謂：可以使人不渡河，但不能使河無波濤。《淮南子》則意指“使人不渡河，是可以的，但人在河中時，不可使他不抵達岸上。二者意含不同。

87

無曰不辜，甌終不墮井矣。

‘毋’曰不‘幸’，甌終不墜井。抽簪招燐，有何爲驚。《淮南子・說林訓》p. 577／〈說林訓〉辨析，頁 521

88

刺我行者，欲我交，訾我貨者，欲我市。

刺我行者，欲〔與〕我交；‘訾’我貨者，欲〔與〕我布。《淮南子・說林訓》p.

---

[1] “消”字，朱弁注本作“銷”，“消”通“銷”。

579／〈說林訓〉辨析，頁 524

89

行一棋不足以見知，彈一弦不足以為悲。

行一棋不足以見‘智’，彈一弦不足以‘見’悲。《淮南子·說林訓》p. 567／〈說林訓〉辨析，頁 508

90

今有一炭然，掇之爛指，〔相近也，〕萬石俱熏，去之十步而不死，同氣而異積也。

一膊炭煤，掇之則爛指，萬石俱煤，去之十步而不死，同氣異積也。大勇小勇，有似於此。《淮南子·說林訓》p. 571 ／〈說林訓〉辨析，頁 514

于大成云：“聚珍纘義本無‘相近也’三字，與《淮南子》同。疑此三字是注文，後人傳鈔，闌入正文。”

91

有榮華者，必有愁悴，上有羅紈，下必有麻絺。

有榮華者必有憔悴，有羅紈者必有麻蒯。《淮南子·說林訓》p. 582／〈說林訓〉辨析，頁 528

92

木大者根瞿，山高者基扶。

木大者根瞿，山高者基扶。《淮南子·說林訓》p. 585／〈說林訓〉辨析，頁 532

6-4

〔老子曰：〕

鼓不藏聲，故能有聲，鏡不沒形，故能有形；金石有聲，不動不鳴，管簫有音，不吹無聲；是以聖人內藏，不為物唱，事來而制，物至而應。

【相關資料尋索】

鼓不‘滅於’聲，故能有聲；鏡不沒〔於〕形，故能有形。金石有聲，‘弗叩弗’鳴；管簫有音，‘弗’吹無聲。聖人內藏，不為物〔先〕倡，事來而制，物至而應。《淮南子‧詮言訓》p. 477-478／〈詮言訓〉辨析，頁 410

【探析與說明】

此章可分為兩個部份，第一部份見於《淮南子‧詮言訓》，似屬“文子外編”資料。第二部份，不見於《淮南子》。

“金石有聲，弗叩弗鳴”兩句，出自《莊子‧天地》，〈天地〉篇曰：“夫道，淵乎其居也，漻乎其清也。金石不得，無以鳴。故金石有聲，不考不鳴。”

又，“鼓不藏聲”段：首四句，〈詮言訓〉作“鼓不滅於聲，故能有聲；鏡不沒於形”。王念孫校《淮南子》云：“‘滅’當作‘藏’‘沒’當‘設’。皆字之誤。‘臧’，古‘藏’字。鼓本無聲，擊之而後有聲；鏡本無形，物來而後有形，故曰‘鼓不藏於聲’，‘鏡不設於形’。作‘滅’、作‘沒’，則義不可通矣。《文選》〈演連珠〉注引此，作‘鏡不設形，故能有形’，《文子》〈上德〉篇作‘鼓不藏聲，故能有聲；鏡不設形，故能有形’，是其證。”

又，“不為物唱”句，〈詮言訓〉作“不為物先唱”。俞樾云：“‘先’字衍文。‘先’即‘唱’也。言‘唱’不必言‘先’。《文子》〈上德〉篇正作‘不為物唱’，無‘先’字。”

*

〔天行不已，終而復始，故能長久，輪'復'[1]其所轉，故能致遠，天行一不差，故無過矣。

天氣下，地氣上，陰陽交通，萬物齊同，君子用事，小人消亡，天地之道也。

天氣不下，地氣不上，陰陽不通，萬物不昌，小人得勢，君子消亡，五穀不植，道德內藏。

天之道，裒多益寡[2]，地之道，損高益下，鬼神之道，驕溢與下，人之道，多者不與，聖人之道，卑而莫能上也。

天明日明，而後能照四方，君明臣明，域中乃安，域有四明，乃能長久，明其施明者，明其化也。

天道為文，地道為理，一為之和，時為之使，以成萬物，命之曰道。

大道坦坦，去身不遠，修之於身，其德乃真，修之於物，其德不絕。

天覆萬物，施其德而養之，與而不取，故精神歸焉；與而不取者，上德也，是以有德。

高莫高於天也，下莫下於澤也，天高澤下，聖人法之，尊卑有敘，天下定矣。

地載[3]萬物而長之，與而取之，故骨骸歸焉；與而取者，下德也，"下德不失德，是以無德。"

---

[1] "復"字原作"得"，據景宋本、朱弁注本改。

[2] "裒多益寡"四字，景宋本作"損盈而益寡"，朱弁注本作"損盈益寡"。

[3] "載"字，朱弁注本作"澤"。

地承天，故定寧，地定寧，萬物形，地廣厚，萬物聚，定寧無
不載，廣厚無不容，地勢深厚，水泉入聚，地道方廣，故能久長，
聖人法之，德無不容。

陰難陽，萬物昌，陽復[1]陰，萬物湛，物昌無不贍也，物湛無不
樂也，物樂則無不治矣。

陰害物，陽自屈，陰進陽退，小人得勢，君子避害，天道然也。
陽氣動，萬物緩而得其所，是以聖人順陽道。夫順物者，物亦順之，
逆物者，物亦逆之，故不失物之情性。

洿澤盈，萬物節成，洿澤枯，萬物‘無節養’[2]，故雨澤不行，
天下荒亡。陽上而復下，故為萬物主，不長有，故能終而復始，終
而復始，故能長久，能長久，故為天下母。

陽氣畜而後能施，陰氣積而後能化，未有不畜積而後能化者也，
故聖人慎所積。

陽滅陰，萬物肥，陰滅陽，萬物衰，故王公尚陽道則萬物昌，
尚陰道則天下亡。陽不下陰，則萬物不成，君不下臣，德化不行，
故君下臣則聰[3]明，不下臣則闇聾。

日出於地，萬物蕃息，王公居民上，以明道德，日入於地，萬
物休息，小人居民上，萬物逃匿。

雷之動也萬物啓，雨之潤也萬物解，大人施行，有似於此，陰
陽之動有常節，大人之動不極物。

---

[1] “復”字，朱弁注本作“消”，《文子纘義》道藏本作“服”。

[2] “無節養”三字原作“荂”，據景宋本改。朱弁注本作“無節葉”。《文子纘義》道藏本作
“節荂”。

[3] “聰”字，朱弁注本作“聽”。

雷動地，萬物緩，風搖樹，草木‘散’[1]，大人去惡就善，民不遠徙，故民有去就也，去尤甚，就少愈。

風不動，火不出，大人不言，小人無述，火之出也必待薪，大人之言必有信，有信而真，何往不成。

河水深，壤在山，丘陵高，下入淵，陽氣盛，變為陰，陰氣盛，變為陽，故欲不可盈，樂不可極。

忿無惡言，怒無作色，是謂計得。

火上炎，水下流，聖人之道，以類相求。聖人偎[2]陽天下和同，偎陰天下溺沈。〕

【探析與說明】

此段文字不見於《淮南子》。據陳鼓應研究，似屬古本《文子》保存珍貴解《易》資料，與劉安門客解《易》之事有關。但其中也有文子學派部份解《老》文字殘文。

經陳先生同意，謹將其所著〈論《文子·上德》的易傳特色〉[3]一文主要內容摘錄如下：

（1）泰卦 ䷊ 下乾上坤

《彖傳》：天地交而萬物通也，上下交而其志同也。內陽而外陰，內健而外順，內君子而外小人。君子道長，小人道消也。

《象傳》：天地交，泰。後以財成天地之道，輔相天地之宜，以左右民。

---

[1] “散”字原作“敗”，據朱弁注本改。

[2] “偎”字，朱弁注本作“依”，徐靈府注：“偎，音依。”

[3] 參閱陳鼓應〈論《文子·上德》的易傳特色〉，收入《文子與道家思想發展兩岸學術研討會論文集》，台灣輔仁大學主辦，1996 年 1 月。

《上德》：天氣下，地氣上，陰陽交通，萬物齊同。君子用事，小人消亡，天地之道也。

《上德》解釋《泰卦》，在思維方式上與《象傳》相同，即以天道推衍人事，這是黃老道家所習用的思維方式。"天氣下，地氣上"，這明顯是說《泰》卦。《泰》卦是上坤下乾，乾表天，坤表地，可見《上德》"天氣下"、"地氣上"合於《泰》卦卦象。"陰陽交通，萬物齊同"，這和莊子思想相合。"陰陽交通"，（見於《莊子·田子方》），"萬物齊同"就是莊子齊物論的思想。《上德》另有一處也是解釋《泰》卦："陰難陽，萬物昌，陽復陰，萬物湛，物昌無不贍也，物湛無不樂也，物樂則無不治矣。"這很明顯地表達了"尚陽"的思想，而與《象傳》一致、《文子》的"尚陽"思想非常突出，尤其是《上德》篇，最顯著的話題是說："陽滅陰，萬物肥，陰滅陽，萬物衰，故王公尚陽道則萬物昌，尚陰道則天下亡。"其實，這種"貴陽賤陰"的觀念正是黃老學派的特點，與老子迥異。"貴陽賤陰"的思想，最早見於馬王堆帛書《黃帝四經》的《稱》篇。此外，還見於稷下道家作品《管子》書中的《樞言》篇。

（2）否卦 ䷋ 下坤上乾

《象傳》：天地不交而萬物不通也，上下不交而天下無邦也。內陰而外陽，內柔而外剛，內小人而外君子。小人道長，君子道消也。

《象傳》：天地不交，否。君子以儉德避難，不可榮以祿。

《上德》：天氣不下，地氣不上，陰陽不通，萬物不昌。小人得勢，君子消亡，五穀不植，道德內藏。

《上德》篇對《泰》卦與《否》卦的解釋，在思想內容上與《象傳》相一致。《上德》另有一處解釋《否》卦："陰害物，陽自屈，陰進陽退，小人得勢，君子避害，天道然也。"此處"避害"與《象傳》"避難"相應。

（3）謙卦 ䷎ 下艮上坤

《象傳》：天道下濟而光明，地道卑而上行。天道虧盈而益謙，地道變盈而充謙，鬼神害盈而福謙，人道惡盈而好謙。謙尊而光，卑而不可逾，君子之終也。

《象傳》：地中有山，謙。君子以裒多益寡，稱物平施。

《上德》：天之道裒多益寡，地之道損高益下，鬼神之道驕溢與下，人之道多者不與，聖人之道卑而不可上也。《上德》與《象傳》、《象傳》文字基本一致，《上德》則更以老義釋易。《老子》77 章："天之道，損有餘而補不足。人之道則不然，損不足以奉有餘。"這種"損多益寡"的思想的《象傳》、《象傳》和《上德》之所本。而《文子》以"聖人之道"與"人道"對舉，這也合於《老子》的觀點。在哲學史上，天、地、人整體性的思考方式始於老子。《老子》25 章就表達了天、地、人統一於自然之道的思想。《易傳》的"三極之道"或"三才之道"淵源於老子，但它更可能是直接稟承於稷下道家。如稷下道家最重要的代表作《管子》的《內業》篇便說"天出其精，地出其形，合此以為人"，還說"天主正，地主平，人主安靜"，這正是《易傳》的"三極之道"之所本。不過，《象傳》和《上德》篇出現天、地、人、鬼神四者並舉，這是老莊及孔孟諸子所沒有的，只有在黃老學派中才出現。稷下學派的《管子·樞言》中便有"天以時使，地以材使，人以德使，鬼神以祥使"之說，而它最早則見於帛書《黃帝四經》，如"聖【人】舉事也，合於天地，順於民，羊（祥）於鬼神"、"知此道，地且（宜）天，鬼且（宜）人"（《十大經·前道》），又說"天有恒干，地有恒常，與民共事，與神同【光】"（《十大經·行守》）。

（4）豫卦 ䷏ 下坤上震

《象傳》：聖人以順動，則刑罰清而民服。

《象傳》：雷出地奮，豫。先王以作樂崇德。

《上德》：雷動地，萬物緩……大人去惡就善，民不遠徙；民不遠徙，故民有去就。

"雷動地"與《象傳》同,這是以卦象為說。《豫》卦是下坤上震之象,坤為地,震為雷,所以說"雷動地"。"雷動地"意指春陽萌動,所以說"萬物緩"。"緩"可以有兩種解釋,一是蘇緩、復蘇,陽氣萌動而萬物復蘇;二是寬緩,順陽而動,故刑法寬廣。"去惡就善"就是《象》、《象》所說的"輕刑崇德",故百姓歸服而不遠徙。"民不遠徙"顯然是以老解易(《老子》81章:"使民重死而不遠徙")。《上德》還說:"陽氣動,萬物緩……是以聖人順陽道","陰主殺罰,陽主生賞"。坤為順,震為陽卦,為動。《象》、《象》所說"以順動"、"刑罰輕"、"作樂崇德",均是《上德》"順陽道"的意思。《象傳》"聖人以順動,則刑罰輕……"的思想和黃老學派有相承關係。帛書《黃帝四經》云:"順者,動也"(《經法·四度》)、"先德後刑,以順天"(《十大經·觀》),與《象傳》同義。《十大經·觀》:"春夏為德,秋冬為刑,先德後刑以養生",這與《象傳》及《上德》的思想完全相合,由此也可見其以黃老釋易的傾向。而帛書《四經》這種"陰陽刑德、先德後刑"的思想觀念,在文化史上經《管子》、《呂氏春秋》及《春秋繁露》等重要著作的傳播,對秦漢以後的思想產生了極為深遠的影響。

(5)離卦 ☲ 下离上离

《象傳》:日月麗乎天,百谷草木麗乎土。重明以麗乎正,乃化成天下。

《象傳》:明兩作,离。大人以繼明照干四方。

《上德》:天明日明,而後能照四方;君明臣明,域中乃安。域有四明,乃能長久。明其施明者,明其化也。

這是依《離》卦的卦象而立論的。《離》卦由上下兩卦的"離"組成,"離"表"明",《象》說"重明",《上德》與《象傳》一樣取象說。《上德》"域有四明",或許與《老子》"域中有四大"相聯繫。不過,這裏是企求君臣能效法天日之明,這仍屬黃老推天道以明人事的思維方式。"君明臣明",是希望君臣能象天日一樣普照四方,政績清明,洞察民間疾苦,只有政績清明才能使百姓安寧("域中乃安")。

313

（6）坎卦 ☵ 下坎上坎

《彖傳》：習坎，重險也……水流而不盈……

《象傳》：水洊至，習坎。君子以常德行，習教事。

《上德》：天道為文，地道為理，一為之和，時為之使，以成萬物，命之曰道。大道坦坦，去身不遠。修之於身，其德乃真；修之於物，其德不絕。

這段文字是在說《坎》卦。《上德》所釋十餘卦基本是成對的，所以姑將之置於《離》卦下，以供參考。虞翻注《彖》“天險地險，故曰重險”（李鼎祚《周易集解》），《上德》也以天、地為說（“天道為文，地道為理”），或有相聯處。《彖》釋“水流而不盈”合《老》義。《上德》“以成萬物”、“其德不絕”的“道”，可能就是《老子》“善利萬物”之“水”。《上德》這裏可能以《坎》卦來闡說《老子》“修之於身，其德乃真”。

（7）乾卦 ☰ 下乾上乾

《彖傳》：大哉乾元，萬物資始，乃統天。

《象傳》：天行健，君子以自強不息。

《上德》：天覆萬物，施其德而養之。與而不取，故精神歸焉；與而不取者，上德也；【上德不德】，是以有德。

《彖傳》將《乾》、《坤》兩卦釋為“萬物資始”、“萬物資生”，其思想源於《老子》“道生之，德蓄之”。《上德》“天覆萬物，施其德而養之”合於老子的“德”義，為“道”之功能的體現。“予而不取”正是老子“給予”的道德精神（《老子》81章：“聖人不積，既以為人己愈有，既以與人己愈多”）。“上德不德，是以有德”，也是以老義釋易。“精神歸焉”與下文釋《坤》：“故骨骸歸焉”，兩見於《文子·九守》：“精神本乎天，骨骸根於地，精神入其門，骨骸反其根”、“夫精神者所受於天也，骨骸者所稟於地也”。《彖傳》此處以天行之健，推衍君子之自強不息。這也是黃老推天道以明人事的思維方式。“天行健”的概念或“自強不息"的精神,乃是《老子》"周行而不殆"(25章)、"建(健)德若偷"(42章)的變文。《十大經·正亂》有言:"夫天行正信,日月不處,啟然不台(息),以臨以下。"這種天行不息之作為聖人以臨天下的一種精神指向,與"天行健(鍵),君子以自強不息"文義相合。馬王堆帛書《周易》的乾卦《大象》讀為"天行,鍵,君子以自強不息","天行"為一個獨立的概念,它是先秦道家自然哲學的一個重要範疇,這個範疇幾乎全出現在黃老的作品中(如上引《十大經·正亂》,此外"天行"概念還出現在稷下道家作品《管子·白心》、《莊子·天道》、《刻意》中具有黃老思想色彩的段落中)。《文子》使用"天行"概念見於《上德》和《九守》。《上德》云:"天行不已,終而復始",與《象·蠱》"終則有始,天行也"文義相同。

(8)坤卦 ☷ 下坤上坤

《彖傳》:至哉坤元,萬物資生,乃順承天。坤厚載物,德合無疆。含弘光大,品物咸亨。牝馬地類,行地無疆,柔順利貞。君子修行,先迷失道,後順得常。西南得朋,乃與類行;東北喪朋,乃終有慶。安貞之吉,應地無疆。

《象傳》:地執坤,君子以厚德載物。

《上德》地載萬物而長之,與而取之,故骨骸歸焉;與而取者,下德也;下德不失德,是以無德。地承天故定寧。地定乎,萬物形。地廣厚,萬物聚。定寧無不載,廣厚無不容。地勢深厚,水泉入聚。地道方廣,故能長久。《上德》承《彖》、《象》"厚載"之旨,並發揮定寧、寬容之義。"下德不失德,是以無德"見於《老子》38章,此為以老釋易。而"水泉入聚",則可能與《坤》卦最初與作"川"有關。

(9)晉卦 ☲ 下坤上離

《彖傳》:晉,進也,明出地上。

《象傳》:明出地上,晉。君子以自昭明德。

《上德》：日出於地，萬物蕃息。王公居民上，以明道德。

《上德》此處釋易，與《彖》、《象》傳一致。"日出於地"象微萬物蓬勃向上；居於上位的王公，當"明道德"，這正是黃老所習用的由天道推衍人事的思維方式。

《上德》說"以明道德"，這與《莊子》思想相合。《莊子·天道》云："古之明道者，先明天而道德次之；道德已明，而仁義次之"，《天地》云："形非道不生，生非德不明。存形窮生，立德明道，非王德者邪。"這些文字當是屬於莊子學派中帶有黃老思想色彩的作者所為。

（10）明夷卦 ䷣ 下离上坤

《彖傳》：明入地中，明夷。內文明而外柔順，以蒙大難，文王以之。利艱貞，晦其明也。內難而外能正其志，箕子以之。

《象傳》：明入地中，明夷。君子以莅眾，因晦而明。

《上德》：日入於地，萬物休息。小人居民上，萬物逃匿。

《上德》此處與《彖》、《象》相合。"日入於地"是以《明夷》卦的卦象為說。《明夷》卦是下离上坤，离表日，坤表地，所說"日入於地"。《上德》所謂"逃匿"，即《彖》、《象》所言"蒙難"、"用晦"之意。

（11）家人卦 ䷤ 下离上巽

《彖傳》：家人，女正位乎內，男正位乎外，男女正，天地之大義也。家人有嚴君焉，父母之謂也。父父子子兄兄弟弟夫夫婦婦，而家道正，正家而天下定矣。

《象傳》：風自火出，家人。君子以言有物而行有恒。

《上德》：風不動，火不出；大人不言，小人無述。火之出也必待薪，大人之言必有信。有信而真，何往不成。

《上德》與《象傳》之取象說相同，《家人》卦是上巽下离，离為火，巽為風、為木，巽風動則離火出，離火出自巽木，所以《上德》說"風不動，火不出"，又云"火之出也必待薪"。"大人不言"即"風不動"，"小人無述"即"火不出"。至於"言必有信"，即《老子》8章"言善信"；"有信而真"，"真"、"信"相聯見於《老子》21章。強調言論的真信，正是老學的特點。

（12）睽卦 ䷥ 下兌上离

《彖傳》：火動而上，澤動而下……天地睽而其事同也，男女睽而其志通也，萬物睽而其事類也。睽之時用大矣哉。

《象傳》：上火下澤，睽。君子以同而異。

《上德》：火上炎，水下流，聖人之道，以類相求。聖人衰（依）陽天下和同，京（依）陽天下溺沉。《上德》與《彖》、《象》對卦象解釋一致。《睽》卦是上离下兌，离表火，兌表澤，所以《上德》說："火上炎，水下流。"在推衍卦象上，《彖》、《象》偏重在求同存異，而《上德》則偏重於尚陽。道家內部在陰陽的偏向上有著不同的著重點，老子在陰陽相濟中尚陰，稷下道家及其黃老學派則在陰陽相濟中尚陽。

（13）損卦 ䷨ 下兌上艮

《彖傳》：損益盈虛，以時偕行。

《象傳》：山下有澤，損。君子以懲忿窒欲。

（14）咸卦 ䷞ 下艮上兌

《彖傳》：聖人感人心而天下和平。

《象傳》：山上有澤，咸、君子以虛受人。

《上德》："河水深，壞在山；丘陵高，下入淵。陽氣盛，變為陰；陰氣盛，變為陽。故欲不可盈，樂不可極。忿無惡言，怒無作色。是謂計得。"

《上德》將《損》卦與《咸》卦並列解說，很有特點。《上德》"河水深，壞在山"謂艮山居兌澤上，此說《損》卦；，"丘陵高，下入淵"
謂艮山由上居下，兌澤由下居上，此說《咸》卦。"陽氣盛，變為陰"，
是說由《損》至《咸》、上九變為初六；"陰氣盛，變為陽"，是說由
《咸》至《損》、上六變為初九。《上德》通過《損》、《咸》二卦的
相互轉換（即艮、兌的上下易位），說明陰陽消長、盈虛變化，指出人道不可
盈欲極樂，需要與時偕行、和悅於必，應當懲止忿怒、遏阻貪欲。

（15）履卦 ䷉ 下兌上乾

《彖傳》：履帝位而不疚，光明也。

《象傳》：上天下澤，履。君子以辨上下，定民志。

《上德》：高莫高於天也，下莫下於澤也。天高澤下，聖人法之，
尊卑有序，天下定矣。

《上德》"天高澤下"與《象傳》同，這是以卦象為說。《履》卦
是下兌上乾，兌表澤，乾表天，所以說"天高澤下"。《正義》說："君
子法此履卦之象，以分辨上下尊卑，以定正民之志意，使尊卑有序也"，
此解完全與《上德》一致。《上德》"天高澤下，聖人法之"正是黃老
慣用的"推天道以明人事"的思維方式。"尊卑有序"亦正是黃老學派
在社會立場上的特殊主張。"貴賤有序"的觀念屢見於帛書《黃帝四經》
（如《經法·道法》宣稱："貴賤有恒立（位）"，《君正》強調："貴賤有別"，《十大經·
果童》堅稱："貴賤必諶"）。

（16）解卦 ䷧ 下坎上震

《彖傳》：天地解而雷雨作，雷雨作而百果草木皆甲坼。解之時大
矣載。

《象傳》：雷雨作，解。君子以赦過宥罪。

《上德》：雷之動也萬物啟，雨之潤也萬物解。大人施行，有似於
此。陰陽之動有常節，大人之動不極物。

《上德》與《彖》、《象》對卦象的解釋相同。《解》卦是下坎上

震，坎表雨，震表雷，所以說"雷之動"、"雨之潤"。《上德》謂雷動物萌、雨潤物生，由此天道而推衍人事，謂"大人施行，有似於此"。下文相同，由陰陽之有常度而推衍"大人之動不極物"，可見《文子》解易在思維方式上充分表現出黃老的特色。

6-5

〔老子曰：〕

積薄成厚，積卑成高，君子日汲汲以成煇，小人日快快以至辱，其消息也，雖未能見，故見善如不及，宿不善如不祥。

苟向善，雖過無怨，苟不向善，雖忠來惡，故怨人不如自怨，勉求諸人，不如求諸己。聲自召也，類自求也，名自命也，人自官也，無非己者，操銳以刺，操刃以擊，何怨於人，〔故君子慎其微。

"萬物負陰而抱陽，沖氣以為和"，和居中央。是以木實生於心，草實生於莢，卵胎生於中央，不卵不胎，生而須時。地平則水不流，輕重均則衡不傾，物之生化也，有感以然。〕

【相關資料尋索】

積薄為厚，積卑為高，〔故〕君子日'孳孳'以成煇，小人日'快快'以至辱。其消息也，〔離朱〕'弗'能見〔也〕。〔文王〕'聞'善如不及，宿不善如不祥，非為日不足也，其憂尋推之也，故《詩》曰："周雖舊邦，其命維新。"

懷情抱質，天弗能殺，地弗能埋也，聲揚天地之間，配日月之光，甘樂之者也。

苟'鄉'善，雖過無怨；苟不'鄉'善，雖忠來患。故怨人不如自怨，求諸人不如求諸己得也。

聲自召也，'貌'自'示'也，名自命也，'文'自官也，無非己者。操銳以刺，操刃以擊，何〔自〕怨'乎'人？故管子文錦也，雖醜登廟；子產練染也，美而不尊。虛而能滿，淡而有味，被褐懷玉者。故兩心不可以得一人，一心可以得百人。《淮南子・繆稱訓》p. 326-327／〈繆稱訓〉辨析，頁 218-220

【探析與說明】

此章可分爲兩個部份。第一、二段，見於《淮南子・繆稱訓》，文中"君子"、"小人"對比，強調"慎微"的思想，與儒家思想相近。第三段，不見於《淮南子》，闡釋《老子》"沖氣爲和"觀念，與解《老》傳承有關。篇此章似屬文子學派資料，《淮南子》引用並加以申論。以下分三點來說明：

第一、"積薄成厚"段：《論語・季氏》："孔子曰：'見善如不及，見不善如探湯。吾見其人矣，吾聞其語矣。隱居以求其志，行義以達其道。吾聞其語矣，未見其人也。"《文子》"故見善如不及"兩句，或取自《論語》。

又，"宿不善如不祥"句，〈淮南子〉同。向宗魯校《淮南子》云："'宿不善'當作'宿善'。……《墨子》〈公孟〉篇曰：'吾聞之曰，宿善如不祥。'《說苑》〈政理〉篇曰：'太公曰，宿善如不祥。'皆其明證。"

又，"其消息也，雖未能見"兩句，文意不完，〈繆稱訓〉作"其消息也，離誅弗能見也。"《文子》"雖"字當誤，或字下有脫文。〈繆稱訓〉此處舉出"離誅"、"文王"事例。

第二、"苟向善"段："求諸己"是儒家哲學的重要操持之一，如："子曰：'君子求諸己，小人求諸人。'"（《論語・衛靈公》）"孟子曰：'……仁者如射：射者正己而後發；發而不中，不怨勝己者，反求諸己而已矣。'"（《孟子・公孫丑上》）"孟子曰：'愛人不親，反其仁；治人不治，反其智；禮人不答，反其敬。行有不得者，皆反求諸己。其身正而天下歸之。'"（《孟子・離婁上》）"射者，仁之道也。射求正諸己，己正然後發，發而不中，則不怨勝己者，反求諸己而已矣。"（《禮記・射義》）"不如求諸己"句，〈繆稱訓〉作"不如求諸己得也"，"得"字似衍。

又，“忠雖來惡”句，“惡”字，〈繆稱訓〉作“患”。何寧云：“‘患’字疑當爲‘惡’，形近而訛。上文云：‘凡行戴情，雖過無怨；不戴其情，雖忠來惡。’《文子》〈上德〉篇作“苟不鄉善，雖忠來惡’，是其證。”

又，“名自命也”是先秦道家承襲《老子》“自然”觀念，所形成的重要思想發展，如《韓非子》曰：“用一之道，以名爲首。名正物定，名倚物徙。故聖人執一以靜，使名自命，令事自定。”（《韓非子・揚權》）“道者，萬物之始，是非之紀也。是以明君守始以知萬物之源，治紀以知善敗之端。故虛靜以待令，令名自命也，令事自定也。”（《韓非子・主道》）《管子・白心》曰：“是以聖人之治也，靜身以待之，物至而名自治之。正名自治之，奇名自廢（原作“奇身名廢”，據《管子集校》改。）。名正法備，則聖人無事。”《黃帝四經・道法》亦曰：“凡事無小大，物自爲舍。逆順死生，物自爲名。名形已定，物自爲正。”此節資料又似與子思思想有關，楊樹達曰：“《中論・貴驗》篇引子思文略同。”《文子》此段極可能是文子學派的思想資料，此一學派主要的發展，或許就在三晉地區，或曾影響《韓非子》。

又，“類相求也”、“人自官也”兩句，〈繆稱訓〉作“貌自示也”、“文自官也”，此處“聲、貌、名、文”分別指“聲音、容貌、名聲、文采”，《文子》作“人”恐誤。“故君子慎其微”句，〈繆稱訓〉無。黃以周校《淮南子》云：“徐幹《中論》〈貴驗〉篇云：‘事自名也，聲自呼也，貌自眩也，物自處也，人自官也，無非己者。’兩文各有誤字。……‘文自官’當依《中論》做‘人自官’爲是。”何寧校《淮南子》云：“《文子》〈上德〉篇亦作‘人自官’。”

第三、“萬物負陰而抱陽”段：此段文字不見於《淮南子》。“萬物負陰而抱陽，沖氣以爲和”兩句，出自《老子》第四十二章，此兩句已見於《文子・九守》第一章。全段內容近於〈九守〉篇第一、二兩章，恐原爲該處文字。全段發揮“和居中央”之義，似屬解《老》資料殘文。

6-6

〔老子曰：〕

山致其高而雲雨起焉，水致其深而蛟龍生焉，君子致其道而德
澤流焉。夫有陰德者必有陽報，有隱行者必有昭名，樹黍者不穫稷，
樹怨者無報德。

【相關資料尋索】

聖王布德施惠，非求其報於百姓也；郊望禘嘗，非求於鬼神也。**山致其高
而雲起焉，水致其深而蛟龍生焉，君子致其道而**‘福祿歸’**焉。**

夫有陰德者必有陽報，有陰行者必有昭名。古者溝防不脩，水爲民害，禹
鑿龍門，辟伊闕，平治水土，使民得陸處。百姓不親，五品不愼，契教以君臣
之義，父子之親，夫妻之辨，長幼之序，田野不脩，民食不足，后稷乃教之辟
地墾著，糞土種穀，令百姓家給人足。故三后之後，無不王者，有陰德也。周
室衰，禮義廢，孔子以三代之道教導於世，其後繼嗣至今不絕者，有隱行也。
秦王趙政兼吞天下而亡，智伯侵地而滅，商鞅支解，李斯車裂，三代種德而王，
齊桓繼絕而霸。〔故〕**樹黍者不穫稷，樹怨者無報德。**《淮南子·人間訓》p. 596-597／〈人
間訓〉辨析，頁 548-549

【探析與說明】

此章見於《淮南子·人間訓》，似均屬古時諺語，輯入“文子外編”。〈人
間訓〉引用並加以闡發。

“山致其高而雲雨起焉”三句，《荀子》似亦引用，〈勸學〉篇曰：“積
土成山，風雨興焉；積水成淵，蛟龍生焉；積善成德，而神明自得，聖心備焉。”
另《論衡·龍虛》記述曰：“傳曰：山致其高，雲雨起焉。水致其深，蛟龍生
焉。”〈人間訓〉“雲”下無“雨”字。王念孫校《淮南子》云：“‘雲’下
脫‘雨’字。‘雲雨’、‘蛟龍’相對爲文。《太平御覽》〈鱗介部〉二引此，
正作‘雲雨起焉’。”

　　又，“夫有陰德者必有陽報”四句，文意與三句相承接，《淮南子》則引
述並加以申論，但文意不全，似有脫文。“隱行”二字，〈人間訓〉作“陰行”。
王念孫校《淮南子》云：“‘陰行’本作‘隱行’，此涉上文‘陰德’而誤也。
‘陰’與‘陽’相對，‘隱’與‘昭’相對。今本‘隱’作‘陰’，則非其指
矣。”

七 〈微明〉篇探析

　　"微明"一詞見於《老子》。《老子》第三十六章曰："將欲歙之，必固張之；將欲弱之，必固強之；將欲廢之，必固興之；將欲奪之，必固與之，是謂微明。柔弱勝剛強。魚不可脫於淵，國之利器不可以示人。"《老子》此章藉"將欲歙之"等句，反向說明"剛強"之弊，其主旨在強調"柔弱勝剛強"，並稱此種辯證性的領會爲"微明"。"柔弱之所以能勝剛強"是以本源復歸的涵藏，來映照天下萬物運作的本然，也就是"道之用"。所以，《韓非子·喻老》解釋此章之義曰："起事於無形，而要大功於天下，是謂微明。"

　　先秦其他典籍並未出現"微明"的觀念，它確實是道家或後來道教傳承中使用的語詞。徐靈府注曰："道周象外，謂之微，德隱冥中，謂之明。是知非微無以究其宗，非明無以契其旨，微明之義，體用而然也。"此種義理，與本篇資料內容，並無直接關係。全篇僅第二章有"微言"一詞，也與"微明"的意含有所不同。我們仍認爲，〈微明〉篇的篇目，與其內容的整理，同樣爲道士所爲。

　　〈微明〉篇可分爲十九章，其中第一、二、三、四、七章，與第十九章部份文字，見於《淮南子·道應訓》。二者在資料上，應當有密切的關係。基本上，它們極可能屬於先秦解《老》的資料。第五、六兩章見於〈繆稱訓〉，第八章，見於〈人間訓〉，第九章見於〈氾論訓〉，第十章見於〈人間訓〉，第十一章，見於〈主術訓〉，第十二章見於〈繆稱訓〉，第十三章則分別見於〈人間訓〉、〈俶真訓〉與〈繆稱訓〉，第十四、十五兩章，見於〈人間訓〉，第十六、十七兩章，見於〈繆稱訓〉，第十九章有大段不見於《淮南子》的解《老》資料，與"中黃子"資料的殘文。而以"昔者中黃子曰"形式載錄的資料，論述人品的區分，其中"聖人"與"真人"之辨的部份文字見於《淮南子》，這些資料可能以"文子外編"樣式，保留在《淮南子》別本中，後竄入《文子》。

7-1

〔老子曰：〕

道可以弱，可以強，可以柔，可以剛，可以陰，可以陽，可以幽，可以明，可以包裹天地，可以應待無方。

知之淺，不知之深；知之外，不知之內；知之粗，不知之精；知之乃不知，不知乃知之。孰知知之為不知，不知之為知乎！

夫道不可聞，聞而非也；道不可見，見而非也；道不可言，言而非也。孰知形之不形者乎！

故“天下皆知善之為善也，斯不善矣！”“知者不言，言者不知。”

【相關資料尋索】

太清問於無窮曰：“子知道乎？”無窮曰：“吾弗知也。”又問於無為曰：“子知道乎？”無為曰：“吾知道。”“子之知道亦有數乎？”無為曰：“吾知道有數。”曰：“其數奈何？”無為曰：“吾知道之可以弱，可以強；可以柔，可以剛；可以陰，可以陽；可以‘窈’，可以明；可以包裹天地，可以應待無方。此吾所以知道之數也。”

太清又問於無始曰：“鄉者，吾問道於無窮，無窮曰：‘吾弗知之。’又問於無為，無為曰：‘吾知道’曰：‘子之知道。亦有數乎？’無為曰：‘吾知道有數。’曰：‘其數奈何？’無為曰：‘吾知道之可以弱，可以強；可以柔，可以剛；可以陰，可以陽；可以窈，可以明；可以包裹天地，可以應待無方。吾所以知道之數也。’若是，則無為知與無窮之弗知，孰是孰非？”無始曰：“｛‘弗’知之深，而知之淺。‘弗’知內，而知之外。‘弗’知精，而知之粗。｝”太清仰而歎曰：“然則｛不知乃知〔邪〕？知乃不知〔邪〕？｝孰知知之為‘弗’知？‘弗’知之為知‘邪’？”無始曰：“道不可聞，聞而非也。道不可見，見而非也。道不可言，言而非也。孰知〔形〕形之不形者乎！”故老子曰：“天下皆知善之為善，斯不善也。”故“知者不言，言者不知”也。

《淮南子‧道應訓》p. 378-9／〈道應訓〉辨析，頁 287-288

於是泰清問乎無窮曰："子知道乎？"無窮曰："吾不知。"又問乎無爲。無爲曰："吾知道。"曰："子之知道，亦有數乎？"曰："有。"曰："其數若何？"無爲曰："吾知道之可以貴，可以賤，可以約，可以散，此吾所以知道之數也。"泰清以之言也問乎無始曰："若是，則無窮之弗知與無爲之知，孰是而孰非乎？"無始曰："不知深矣，知之淺矣；弗知內矣，知之外矣。"於是泰清中而歎曰："弗知乃知乎！知乃不知乎！孰知不知之知？"無始曰："道不可聞，聞而非也；道不可見，見而非也；道不可言，言而非也。知形形之不形乎！道不當名。"無始曰："有問道而應之者，不知道也。雖問道者，亦未聞道。道無問，問無應。無問問之，是問窮也；無應應之，是無內也。以無內待問窮，若是者，外不觀乎宇宙，內不知乎大初，是以不過乎崑崙，不遊乎太虛。"《莊子‧知北遊》

【探析與解說】

此章見於《淮南子‧道應訓》與《莊子‧知北遊》。全章解喻《老子》兩處經文。"天下皆知善知爲善，斯不善也"兩句，出自《老子》第二章，"知者不言，言者不知"兩句，出自第五十六章。《淮南子》此處直接取材《莊子》"太清問於無窮"寓言。《莊子‧知北遊》中多處引用《老子》經文[1]，應與《老子》解經傳承相近。《文子》此章具解《老》資料形式，但其中兩處"孰知知之爲不知者乎"、"孰知形知不行者乎"具有問答體下的表述性質，全章極似摘引〈道應訓〉扼要內容。本篇第一至第四章、第七章與第十九章部份文字，均見於《淮南子‧道應訓》，同時均具此種文體形式。此事恐與"文子外編"記載的方式有關。"文子外編"與《淮南子》各有解《老》資料來源，此章似"文子外編"殘文竄入。以下分三點來說明：

---

[1] 如：故曰："失道而後德，失德而後仁，失仁而後義，失義而後禮。禮者，道之華而亂之首也。"（語出第三十八章）；故曰："爲道者日損，損之又損之以至於無爲，無爲而無不爲也。"（語出第四十八章）；"視之而不見，聽之而不聞，搏之而不得也。"（語出第十四章）

　　第一、“道可以弱”段：〈道應訓〉分別問於“無窮”與“無爲”，而無爲曰：“吾知道之可以弱，可以強；可以柔，可以剛；可以陰，可以陽；可以窈，可以明；可以包裹天地，可以應待無方。此吾所以知道之數也。”《莊子》僅作：“吾知道之可以貴，可以賤，可以約，可以散，此吾所以知道之數也。”〈道應訓〉似申述發展《莊子》的文意。

　　又，“可以幽”句，〈道應訓〉作“可以窈”，俞樾《淮南子》云：“窈讀爲幽，故與明相對。”王叔岷云：“案：《文子》〈微明〉篇‘窈’正作‘幽’，可證俞說。”

　　第二、“知之淺”段：〈道應訓〉問於“無始”時，重述與“無窮”、“無爲”問答的內容。《莊子》則僅作“泰清以之言也問乎無始。”《莊子》文意簡略。“知之淺，不知之深；知之外，不知之內；知之粗，不知之精”六句，爲“無始”的回答，而“知之乃不知，不知乃知之。孰知知之爲不知，不知之爲知乎”四句，〈道應訓〉爲“太清仰而歎曰”的內容。〈道應訓〉、《莊子》文字相近，句序相同，而與《文子》略異。

　　第三、“夫道不可聞”段：此段〈道應訓〉爲“無始”回答的內容，《莊子》同。“孰知形形之不形者乎”句後，《莊子》曰：“道不當名”，並接下有“無始曰：有問道而應之者，不知道也。雖問道者，亦未聞道。道無問，問無應。無問問之，是問窮也；無應應之，是無內也。以無內待問窮，若是者，外不觀乎宇宙，內不知乎大初，是以不過乎崑崙，不遊乎太虛。。”《莊子》此處似不應兩次“無始曰”並列，恐有脫文或錯簡。〈道應訓〉此句之後作“故老子曰：‘天下皆知善之爲善，斯不善也’。故‘知者不言，言者不知也。’”此兩引《老子》經文意合，與《莊子》“道不當名”相通。《文子》與〈道應訓〉此處解《老》文字，似與《莊子·知北游》資料的傳承有關。

　　又，“孰知形之不形者乎”句，〈道應訓〉與《淮南子》“形之”均作“形形之”，《文子》脫一“形”字。王叔岷校《文子》云：“此當作‘孰知形形知不形者乎’。脫一‘形’字，則義不可通。”

7-2

文子問曰：人可以微言乎？

老子曰：何為不可。唯知言之謂乎？夫知言之謂者，不以言言也。爭魚者濡，逐獸者趨，非樂之也。故至言去言，至為去為，淺知之人，所爭者末矣。"言有宗，事有君，夫‘唯’¹無知，是以不吾知。"

【相關資料尋索】

〔白公問於孔子〕曰："人可以微言？孔子不應。白公曰："若以石投水中，何如？"曰："吳、越之善沒者能取之矣。"曰："若以水投水，何如？"孔子曰："菑、澠之水合，易牙嘗而知之。"白公曰："然則人固不可與微言乎？"〔孔子〕曰："何‘謂’不可！唯知言之謂〔者〕乎！夫知言之謂者，不以言言也。爭魚者濡，逐獸者趨，非樂之也。故至言去言，至為無為。〔夫〕淺知之所爭者，末矣！"白公不得也，故死於浴室。故老子曰："言有宗，事有君。夫唯無知，是以不吾知也。"白公之謂也。《淮南子·道應訓》p. 379-380／〈道應訊〉辨析，頁 289-290

白公問於孔子曰："人可與微言乎？"孔子不應。白公曰："若以石投水奚若？"孔子曰："沒人能取之。"白公曰："若以水投水奚若？"孔子曰："淄、澠之合者，易牙嘗而知之。"白公曰："然則人不可與微言乎？"孔子曰："胡為不可？唯知言之謂者為可耳。"白公弗得也。知謂則不以言矣。言者，謂之屬也。求魚者濡，爭獸者趨，非樂之也。故至言去言，至為無為。淺智者之所爭則末矣。此白公之所以死於法室。《呂氏春秋·精諭》

白公問孔子曰："人可與微言乎？"孔子不應。白公問曰："若以石投水，何如？"孔子曰："吳之善沒者能取之。"曰："若以水投水，何如？"孔子

---

¹ "為"字原作"為"，據《文子纘義》道藏本改。

曰：“淄澠之合，易牙嘗而知之。”白公曰：“人故不可與微言乎？”孔子曰：
“何爲不可？唯知言之謂者乎！夫知言之謂者，不以言言也。爭魚者濡，逐獸
者趨，非樂之也。故至言去言，至爲無爲。夫淺知之所爭者，末矣。”白公不
得已，遂死於浴室。《列子‧說符》

　　海上之人有好漚鳥者，每旦之海上，從漚鳥游。漚鳥之至者，百住而不止。
其父曰：“吾聞漚鳥皆從汝游，汝取來，吾玩之。”明日之海上，漚鳥舞而不
下也。故曰：至言去言，至爲無爲。齊智之所知，則淺矣。《列子‧黃帝》

【探析與解說】

　　此章爲問答體，與竹簡《文子》體例同，《文子》全書分章幾均以“老子
曰”記載，出現此種提問形式者，值得特別注意。文子問“微言”之意含，魏
啓鵬曰：“‘微言’典出《逸周書‧大戒》周公引武王之言：‘微言人心，夙
喻動衆。’朱右曾校釋：‘微言，微渺之言。人心，入人深也。夙喻，以身率
之，不待言而喻也。’《文子》即以微言爲‘不以言言’的知言。”[1]據魏先生
說法，此章表現晉學特徵，強調謹於禍福的思想。此類資料，《文子》中出現
多次，《文子‧上德》第六章即曰“君子慎其微。”在竹簡《文子》殘文中也
有所見，如：“而知擇道。知者見禍福”（編號 1200 簡）、“□〔而〕□□□〔不
生，禍亂不起，〕（編號 0674 簡）”、“〔禍（禍）福。”平〕王曰：“何謂禍（禍）
福。”〔曰：〕（編號 2444 簡）”、“禍（禍）福得失之樞，而（編號 0204 簡）”、“〔者，
□得失之胃（謂）也，故斯人得失者，〕（編號 0984 簡）”、“〔□□〕理，則禍〔亂
不起。〕（編號 2485 簡）”。“微言”觀念原應是嚴肅的哲學探討課題，但在上引
《呂氏春秋》等書中，卻顯示一般平常的意含。高誘注曰：“微言，陰謀密事
也”，指白公勝欲殺楚子西、子期，而問孔子關於“不言之謀”是否可行之事。
因此，從今本《文子‧微明》篇此章文意來看，它當與《淮南子》文字有關，
與晉學“微言”的觀念關係不大。就《淮南子‧道應訓》與《呂氏春秋》兩處
資料比較，〈道應訓〉當取自後者，並加以改動，以解證《老子》經文。今本
〈微明〉此章資料當屬《淮南子》別本殘文，但其問答體例，似編輯今本《文

---

[1] 魏啓鵬，〈文子學術探微〉。

子》者將竄入其中"孔子與白公"的對話附加於"微言"殘句之上,並改竄爲"文子問老子答"。

又,"唯知言之謂乎"句,"唯"字,〈道應訓〉作"誰"。王念孫校《淮南子》云:"'誰'當爲'唯',字之誤。《列子》〈說符〉篇作'唯知言之謂者乎',《文子》〈微明〉篇同。"

又,"至爲去爲"句,于大成[1]云:"《呂氏春秋》、《淮南子》、《列子》〈說符〉篇'去爲'併作'無爲',《列子》〈黃帝〉篇有此文,亦作'無爲'。唯《莊子》〈知北游〉篇作'去爲'。"

7-3

〔文子問曰:〕為國亦有法乎?

〔老子曰:〕今夫挽車者,前呼邪軒,後亦應之,此挽車勸力之歌也。雖鄭衛胡楚之音,不若此之義也。治國有禮,不在文辯。"法令滋彰,盜賊多有。"

【相關資料尋索】

惠子爲惠王爲國法,已成而示諸先生,先生皆善之。奏之惠王,惠王甚說之,以示翟煎,曰:"善!"惠王曰:"善,可行乎?"翟煎曰:"不可。"惠王曰:"善而不可行,何也?"翟煎對曰:"今夫'舉大木'者,前呼邪'許',後亦應之,此'舉重'勸力之歌也。〔豈無〕鄭、衛激楚之音〔哉〕?然而不用者,不若此'其宜'也。治國有禮,不在文辯"。故老子曰:"法令滋彰,盜賊多有。"此之謂也。《淮南子‧道應訓》p. 380-381 /〈道應訓〉辨析,頁 290-291

惠子爲魏惠王爲法,爲法已成。以示諸民人,民人皆善之。獻之惠王,惠

---

[1] 于大成,〈文子微明校釋〉,文史哲學報第二十五期 1976 年,台北。後引同書不標明出處。

王善之，以示翟翦。翟翦曰："善也。"惠王曰："可行邪？"翟翦曰："不可。"惠王曰："善而不可行，何故？"翟翦對曰："今舉大木者，前乎輿謣，後亦應之。此其於舉大木者善矣，豈無鄭、衛之音哉？然不若此其宜也。夫國亦木之大者也。"《呂氏春秋・淫辭》

【探析與解說】

此章見於《淮南子・道應訓》。〈道應訓〉此章取材自《呂氏春秋》，並用以解證《老子》經文。《文子》此處文字雖與《淮南子》相近，但其中義理，卻有相當出入，似分屬不同解《老》資料。"法令滋彰，盜賊多有"兩句，出自《老子》第五十七章。此兩句《老子》經文，與王弼注本同，而帛書《老子》作"□物茲（滋）彰，而盜賊□□"，郭店竹簡《老子》作"法勿（物）慈（滋）章（彰），規（盜）惻（賊）多又（有）"。以下分兩點來說明：

第一、"文子問曰"段："爲國亦有法"句，〈道應訓〉作"惠子爲惠王爲國法"，二者義理並不相同。《文子》此句在問"治國是否需要法"，意指治國是否應以法爲主。〈道應訓〉與《呂氏春秋》卻敘說惠子替惠王制定國法之事。

第二、"老子曰"段："今夫挽車者，前呼邪軒，後亦應之，此挽車勸力之歌也。雖鄭衛胡楚之音，不若此之義也"等句，〈道應訓〉作"今夫舉大木者，前呼邪許，後亦應之，此舉重勸力之歌也。豈無鄭、衛激楚之音哉？然而不用者，不若此其宜也。""胡楚"二字，〈道應訓〉作"鄭衛、激楚"，《呂氏春秋》作"鄭衛"。顧觀光校云："'胡楚'，當依〈道應訓〉作'激楚'。"于大成云："《藝文類聚》卷五十七引張衡〈七辯〉：'結鄭衛之遺風，揚流哇而脈激楚'，皆'鄭衛'與'激楚'對舉，尤可證此文'胡'釋'激'之誤字。"植案：《釋名・釋言語》："義，宜也。"《文子》"不若此之義"，意指事各有其所用。

又，"治國有禮，不在文辯"兩句，《文子》意謂：治國要立基在"禮"上，而不是仰賴法令制度的"文辯"。而〈道應訓〉則意指：治國需要禮，而不在於法律的"文辯"。"文辯"一詞，二者意含不同。《文子》強調"以法爲治"爲"文辯"，〈道應訓〉則指"惠子所制定的法爲巧辯"，即前文"惠子爲惠王爲國法，已成而示諸先生，先生皆善之"所稱的"善"。

7-4

〔老子曰：〕

道無正而可以爲正，譬若山林而可以爲材。材不及山林，山林不及雲雨，雲雨不及陰陽，陰陽不及和，和不及道。道者，"所謂無狀之狀，無物之象也"。〔無達其意，〕天地之間，可以陶冶而變化也。

【相關資料尋索】

田駢以道術說齊王，王應之曰："寡人所有，齊國也。道術難以除患，願聞國之政。"田駢對曰："臣之言，無政而可以爲政。譬〔之〕若'林木，無材'而可以爲材。願王察其所謂，而自取齊國之政焉已。〔雖無除其患害，天地之間，六合之內，可陶冶而變化也〕。齊國之政，何足問哉！"此老聃之｛所謂"無狀之狀，無物之象"｝者也。若王之所問者，齊也，田駢所稱者，材也。'材不及林'，'林'不及'雨'，'雨'不及陰陽，陰陽不及和，和不及道。

《淮南子·道應訓》p. 381 ／〈道應訓〉辨析，頁 292

田駢以道術說齊。齊王應之曰："寡人所有者齊國也，願聞齊國之政。"田駢對曰："臣之言，無政而可以得政。譬之若林木，無材而可以得材。願王之自取齊國之政也。駢猶淺言之也。博言之，豈獨齊國之政哉？變化應求而皆有章，因性任物而莫不宜當，彭祖以壽，三代以昌，五帝以昭，神農以鴻。"《呂氏春秋·執一》

【探析與解說】

此章見於《淮南子·道應訓》與《呂氏春秋·執一》，《淮南子》主要內容似出自《呂氏春秋》。〈道應訓〉此處句序並非完整，似有錯亂。《文子》此章文意不完，似 "文子外編" 別本殘文，其中部份文字恐爲編輯今本《文子》者所增改。

又，"道無正可以爲正" 句，〈道應訓〉作 "臣之言，無政而可以爲政。" 此句是田駢回答齊王之語。前文曰："田駢以道術說齊王，王應之曰：寡人所有，齊國也。道術難以除患，願聞國之政。" "無政而可以爲政" 暗指田駢所欲敘說的 "無爲之道"，《文子》此句簡略作 "道無正而可以爲正"。"道"字，似編輯者所加。

又，"譬若山林而可以爲材" 句，〈道應訓〉作 "譬之若林木，無材而可以爲材"，《呂氏春秋》作 "譬之若林木，無材而可以得材。"《文子》"林"下，似脫 "無材" 二字。

又，"材不及山林，山林不及雲雨，雲雨不及陰陽，陰陽不及和，和不及道。" 此數句，〈道應訓〉作 "若王之所問者，齊也，田駢所稱者，材也。材不及林，林不及雨，雨不及陰陽，陰陽不及和，和不及道。"〈道應訓〉此數句在引《老子》經文之後，恐爲誤置。

又，"道者，所謂無狀之狀，無物之象也"，三句，"道者" 二字，〈道應訓〉作 "此老聃之所謂"。"道者" 二字，與下文文氣不通，恐爲編輯者所加。

又，"無達其義，天地之間，可以陶冶而變化也" 三句，〈道應訓〉作 "雖無除其患害，天地之間，六合之內，可陶冶而變化也。"〈道應訓〉此數句在引《老子》經文之前。"無達其義" 四字，文意不清，似 "無除其患害" 五字形誤，或爲編輯者所加。

7-5

〔老子曰：〕

聖人立教施政，必察其終始，見其造恩。

故民知書則德衰，知數而仁衰，知券契而信衰，知機械而實衰。

瑟不鳴而二十五弦各以其聲應，軸不運於己而三十輻各以其力旋。弦有緩急，然後能成曲，車有勞佚，然後能致遠。使有聲者，乃無聲也；使有轉者，乃無轉也。上下異道，易治即亂。

位高而道大者從，事大而道小者凶。小德害義，小善害道，小辯害治，苛峭傷德。大正不險，故民易導；至治[1]優游，故下不賊，至忠復素，故民無偽匿。

【相關資料尋索】

此章資料雜亂，與下章均接續見於《淮南子・泰族訓》第十二章。爲方便分析，“相關資料探索”部份，見下章，“探析與說明”部份，亦見下章。

7-6

〔老子曰：〕

相坐之法立，即百姓怨；滅爵之令張，即功臣叛。故察於刀筆之跡者，不知治亂之本；習於行陣之事者，不知廟戰之權。聖人‘見’[2]福於重關之內，處患於冥冥之外。

愚者惑於小利而忘大害。故事有利於小而害於大，得於此而忘於彼。

---

[1] “治”字，朱弁注本作“德”。

[2] “見”字原作“先”，據朱弁注本、《文子纘義》道藏本改。

故仁莫大於愛人，智莫大於知人，愛人即無怨刑，知人即無亂政。

【相關資料尋索】

聖王之設政施教也，必察其終始，其縣法立儀，必原其本末，不苟以一事備一物而已矣。見其造‘而思其功’，觀其源而知其流，故博施而不竭，彌久而不垢。夫水出於山而入於海，稼生於田而藏於倉，聖人見其所生，則知其所歸矣。故舜深藏黃金於嶄岩之山，所以塞貪鄙之心也。儀狄爲酒，禹飲而甘之，遂疏儀狄而絕嗜酒，所以遏流湎之行也。師延爲平公鼓朝歌北鄙之音，師曠曰：“此亡國之樂也。”大息而撫之，所以防淫辟之風也。

故民知書而德衰，知數而‘厚’衰，知券契而信衰，知械機而實衰。巧詐藏於胸中，則純白不備，而神德不全矣。

琴不鳴，而二十五絃各以其聲應；軸不運，而三十輻各以其力旋。絃有緩急〔小大〕，然‘后’成曲；車有勞軼〔動靜〕，‘而后’能致遠。使有聲音，乃無聲〔者〕也；能致千里者，乃不動者也。故上下異道‘則治’，‘同道’則亂。位高而道大者從，事大而道小者凶。〔故〕小‘快’害義，小‘慧’害道，小辯害治，苛削傷德。大政不險，故民易‘道’；至治‘寬裕’，故下不〔相〕賊；至‘中’復素，故民無匿情。

*

商鞅爲秦‘立相坐之法’，‘而’百姓怨矣；吳起爲楚‘減爵之令’，‘而’功臣‘畔’〔矣〕。商鞅之立法也，吳起之用兵也，天下之善者也。然商鞅以法亡秦，察於刀筆之跡，而不知治亂之本也。吳起以兵弱楚，習於行陳之事，而不知廟戰之權也。

晉獻公之伐驪，得其女，非不善也，然而史蘇嘆之，見其四世之被禍也。吳王夫差破齊艾陵，勝晉黃池，非不捷也，而子胥憂之，見其必擒於越也。小白奔莒，重耳奔曹，非不困也，而鮑叔、咎犯隨而輔之，知其可與至於霸也。句踐棲於會稽，脩政不殆，謨慮不休，知禍之爲福也。襄子再勝而有憂色，畏福之爲禍也。故齊桓公亡汶陽之田而霸，知伯兼三晉之地而亡。聖人見〔禍〕

福於重閉之內，而慮患於‘九拂’之外者也。

*

螟蚕一歲再收，非不利也，然而王法禁之者，爲其殘桑也。離先稻熟，而農夫耨之，不以小利傷大穫也。家老異飯而食，殊器而享，子婦跣而上堂，跪而擊羹，非不費也，然而不可省者，爲其害義也。得媒而結言，聘納而取婦，祒綖而親迎，非不煩也，然而不可易者，所以防淫也。使民居處相司，有罪相覺，于以舉奸，非不掇也，然而傷和睦之心，而構仇讎之怨。故事有鑿一孔而生百隙，樹一物而生萬葉者。所鑿不足以爲便，而所開足以爲敗；所樹不足以爲利，而所生足以爲濊。愚者惑於小利，而忘〔其〕大害。

昌羊去蚤蝨，而人弗席者，爲其來蛉窮也。貍執鼠，而不可脫於庭者，爲搏雞也。故事有利於小而害於大，得於此而亡於彼者。

故行棋者，或食兩而路窮，或予蹄而取勝。偷利不可以爲行，而智術不可以爲法。

*

故仁知、人材之美者也。‘所謂仁者，愛人也’，‘所謂知者，知人也’。愛人‘則’無虐刑矣，知人‘則’無亂政矣。

治由文理，則無悖謬之事矣；刑不侵濫，則無暴虐之行矣。上無煩之亂治，下無怨望之心，則百殘除而中和作矣，此三代之所昌。故《書》曰：“能哲且惠，黎民懷之。何憂讙兜，何遷有苗！”

知伯有五過人之材，而不免於身死人手者，不愛人也。齊王建有三過人之巧，而身虜於秦者，不知賢也。故仁莫大於愛人，知莫大於知人。二者不立，雖察慧捷巧，劬祿疾力，不免於亂也。《淮南子·泰族訓》p. 694-698

【探析與解說】

〈微明〉篇以上兩章，分別見於《淮南子·泰族訓》多處。〈泰族訓〉此章包含數節段落，彼此文意並不連貫。《文子》此兩章資料相當雜亂，文意不能通貫，恐爲《淮南子》別本殘文竄入。以下分七點來說明：

第一、“聖人立教施政”段：“見其造恩”句，文意不可解，〈泰族訓〉

作"見其造而思其功,觀其源而知其流",《文子》此處當有脫誤。俞樾云:
"'恩'乃'思'字之誤。《淮南子》〈泰族〉篇作'見其造而思其功'是
也。此有脫誤耳。"

第二、"故民知書則德衰"段:此段與前後段文意不相承接,當係《淮南
子》別本殘文的綴合。

第三、"琴不鳴"段:全段文意敘說"無聲"能"使有聲","無轉"能
使"有轉",隱含"無爲之治"的義理,應受到《老子》思想影響。瑟不鳴"
句,〈泰族訓〉作"琴不鳴"。王念孫校《淮南子》云:"劉本'琴'作'瑟',
與下文'二十五弦'合。《文子》〈微明〉篇亦作'瑟'。"

又,"弦有緩急,然後能成曲"兩句,〈泰族訓〉作"弦有緩急小大然後
成曲"。王念孫校《淮南子》云:"'成曲'上亦當有'能'字。《文子》〈微
明〉篇正作'然後能成曲'。"

又,"上下異道,易治則亂",〈泰族訓〉作"上下異道則治,同道則亂",
《文子》此處似有有脫漏。俞樾云:"此本作'上下異道即治,易即亂'。言
上下異道則治,易之則亂也。文有脫誤耳。《淮南子》〈泰族〉篇作'上下異
道則治,同道則亂',可證。"

第四、"位高道大則從"段:全段文意強調"大正不險"、"至治優游"、
"至忠復樸"之義,應屬道家後續發展的思想。"苛峭傷德"句,〈泰族訓〉
作"苛削傷德",劉文典校《淮南子》云:"《群書治要》引,'削'作'峭'。
《文子》〈微明〉篇同。"

又,"至治優游,故下不賊"兩句,〈泰族訓〉作"至治寬裕,故下不相
賊"。王念孫校《淮南子》云:"'下不相賊','相'字後人所加。賊,害
也。政寬則不爲民害,故曰'至治寬裕,則下不賊'。若云'下不相賊',則
非其指矣。《文子》〈微明〉篇作'至治優游,故下不賊',是其證。"

又,"至忠復素,故民無僞匿"兩句,〈泰族訓〉作"至中復素,故民無
匿情"。"忠"爲"中"字之假。王念孫校《淮南子》云:"'民無匿情',

‘情’字後人所加，‘匿’與‘慝’同，言至忠復素，則民無姦慝也。後人誤以‘匿’爲‘藏匿’之‘匿’，而於‘必’下加‘情’字，則非其指矣。《群書治要》引此作‘至德樸素，則民無慝’，是其證。”王叔岷云：“《文子》〈微明〉篇‘匿’下無‘情’字，亦可爲王說之證。”于大成云：“‘僞’字當出後人所加，‘匿’與‘慝’同。此段並以四字爲句，此不當異。”

第五、“相坐之法立”段：此段內容，似批判商鞅變法之弊，強調“治亂之本”與“廟戰之權”，具有受到《老子》思想影響之晉法家哲學的特徵。首四句〈泰族訓〉作“商鞅爲秦立相坐之法，而百姓怨矣；吳起爲楚減爵之令，而功臣畔矣”，屬另節資料。王引之校《淮南子》云：“‘減爵之令’，本作‘張減爵之令’。張，施也。施減爵之令也。……‘張減爵之令’與‘立相坐之法’相對爲文。今本坐‘減爵之令’則文不成義。……《文子》〈微明〉篇曰：‘相坐之法立，即百姓怨；減爵之令張，即功臣叛。’語皆本諸《淮南》。”

又，“聖人見福於重關之內，慮患於冥冥之外”兩句，〈泰族訓〉作“聖人見禍福於重閉之內，而慮患於九拂之外者也。”〈泰族訓〉此處“重閉”、“九拂”二詞，文意與《文子》作“重關”與“冥冥”不同。“重閉”指困厄禁阻之地，“九拂”，高誘注曰：“九曲。”“重閉”與“九拂”，具有形象的性質，而“重關”與“冥冥”，指向出對“福”、“患”之事內在的思慮。〈泰族訓〉文意，回應其前文“句踐棲於會稽，脩政不殆，謨慮不休，知禍之爲福也。襄子再勝而有憂色，畏福之爲禍也。”而《文子》則聯繫其重視“治亂之本”與“廟戰之權”的思想。

又，王念孫校《淮南子》云：“‘禍’字因上文兩‘禍’字而衍。‘見福於重閉之內，而慮患於九拂之外’，相對爲文，則‘福’上不當有‘禍’字。《文子》〈微明〉篇無‘禍’字。”

第六、“愚者惑於小利而忘大害”段，見於〈泰族訓〉處，屬另節資料。《文子》此段僅存殘文，編輯者綴合於此處。

第七、“故仁莫大於愛人”段：〈泰族訓〉作“故仁知，人材之美者也。所謂仁者，愛人也，所謂知者，知人也。”見於〈泰族訓〉處，屬另節資料，

敘說 "仁者愛人，智者知人"，因襲儒家思想。《文子》此處資料似僅存殘文。

7-7

〔老子曰：〕

江河之大，溢不過三日，飄風暴雨，日中不出須臾止。德無所積而不憂者，亡其及也。夫憂者所以昌也，喜者所以亡也。故善者，以弱為強，轉禍為福。"道沖而用之又不滿也。"

【相關資料尋索】

趙襄子攻翟而勝之，取尤人、終人。使者來謁之，襄子方將食而有憂色。左右曰："一朝而兩城下，此人之所喜也。今君有憂色，何也？"襄子曰："江、河之大也，不過三日。飄風暴雨，日中不須臾。今趙氏之德〔行〕無所積，今一朝兩城下，亡其及〔我乎〕！"孔子聞之曰："趙氏其昌乎！"夫憂、所以為昌也，而喜、所以為亡也。勝非其難者也，持之者其難也。賢主以此持勝，故其福及後世。齊、楚、吳、越皆嘗勝矣，然而卒取亡焉，不通乎持勝也。唯有道之主能持勝。孔子勁杓國門之關，而不肯以力聞。墨子為守攻，公輸般服，而不肯以兵知。〔善〔持勝〕者，以強為弱〕。故老子曰："道沖，而用之又弗盈也。"《淮南子·道應訓》p. 383-4／〈道應訓〉辨析，頁 295-296

趙襄子攻翟，勝老人中人，使使者來謁之，襄子方食，摶飯有憂色。左右曰："一朝而兩城下，此人之所以喜也，今君有憂色何？"襄子曰："江河之大也，不過三日，飄風暴雨，日中不須臾。今趙氏之德行無所於積，一朝而兩城下，亡其及我乎？"孔子聞之曰："趙氏其昌乎！"夫憂所以為昌也，而喜所以為亡也；勝非其難者也，持之其難者也。賢主以此持勝，故其福及後世。齊、荊、吳、越皆嘗勝矣，而卒取亡，不達乎持勝也。唯有道之主能持勝。孔子之勁，舉國門之關，而不肯以力聞，墨子為守攻，公輸般服，而不肯以兵加。善持勝者以術彊弱。《呂氏春秋·慎大覽》

　　趙襄子使新穉穆子攻翟。勝之，取左人中人；使遽人來謁之。襄子方食，而有憂色。左右曰：“一朝而兩城下，此人之所喜也，今君有憂色，何也？”襄子曰：“夫江河之大也，不過三日；飄風暴雨不終朝；日中不須臾。今趙氏之德行無所施於積，一朝而兩城下，亡其及我哉！”孔子聞之曰：“趙氏其昌乎！夫憂者所以爲昌也，喜者所以爲亡也。勝非其難者也，持之其難者也。賢主以此持勝，故其福及後世。齊楚吳越皆嘗勝矣，然卒取亡焉。不達乎持勝也。唯有道之主爲能持勝。”孔子之勁能拓國門之關，而不肯以力聞，墨子爲守攻，公輸般服，而不肯以兵知，故善持勝者以彊爲弱。《列子·說符》

【探析與解說】

　　此章見於《淮南子·道應訓》，仍爲解《老》資料殘文，文字記述與〈道應訓〉略異，可能所據資料傳本不同。〈道應訓〉此章全取自《呂氏春秋》，並用以解證《老子》第四章“道沖，而用之又弗盈也”兩句經文。“又弗盈”，王弼本、帛書《老子》乙本同，《文子》引作“又不滿”。

　　又，“江河之大，溢不過三日，飄風暴雨，日中不出須臾止”四句，〈道應訓〉作“江、河之大也，不過三日。飄風暴雨，日中不須臾。”〈道應訓〉“不過三日”句，文意不完，“不”字前似脫“溢”字。“日中不出須臾止”句，〈道應訓〉作“日中不須臾”，與《呂氏春秋》、《列子》同。《說苑·談叢》：“江河之溢，不過三日；飄風暴雨，須臾而畢。”《文子》“溢”、“止”二字，見於《說苑》“江河之溢”、“須臾而畢”（畢，止也。），二者意含相近。《文子》資料傳本似與他書不同。

　　又，“德無所積而不憂者，亡其及也”兩句，〈道應訓〉作“今趙氏之德行無所積，今一朝兩城下，亡其及我乎。”〈道應訓〉此數句爲趙襄子之言。《文子》“德無所積而不憂者”爲一般性泛稱。〈道應訓〉無“而不憂者”四字，《呂氏春秋》亦無。

　　又，“夫憂者所以昌也，喜者所以亡也。故善者，以弱爲強，轉禍爲福。”〈道應訓〉見於兩處，前句作“孔子聞之曰：‘趙氏其昌乎！’夫憂、所以爲昌也，而喜、所以爲亡也。”後句之前大段敘說“勝非其難者也，持之者其難”

的義理，而作"善持勝者，以強爲弱。"《呂氏春秋》作"善持勝者，以術彊弱"，《列子》作"故善持勝者，以彊爲弱。"《文子》"善者"指"善於憂患者"，〈道應訓〉"善持勝者"是回應前文"持之者其難"。

7-8

〔老子曰：〕

清靜恬和，人之性也；儀表規矩，事之制也。知人之性，即自養不悖，知事之制，則其舉措不亂。

發一號，散無'竟'[1]，總一管，謂之心。見本而知末，執一而應萬，謂之術。居知所以[2]，行知所之，事知所乘，動知所止，謂之道。

使人高賢稱譽己者，心之力也，使人卑下誹謗己者，心之過也。言出於口，不可禁於人，行發於近，不可禁於遠。事者，難成易敗；名者，難立易廢。

凡人皆輕小害，易微事，以至於大患。夫禍之至也，人自生之；福之來也，人自成之。禍與福同門，利與害同鄰，自非至精，莫之能分。是故智慮者，禍福之門戶也，動靜者，利害之樞機也，不可不愼察也。

【相關資料尋索】

清淨恬'愉'，人之性也；儀表規矩，事之制也。知人之性，〔其〕自養不'勃'；知事之制，其舉錯不'惑'。發一'端'，散無竟，〔周八極，〕

---

[1] 原作"競"，據景宋本、子彙本改。

[2] "以"字，景宋本、朱弁注本均作"爲"。

總一'筦',謂之心。見本而知末,觀指而睹歸,執一而應萬,握要而治詳,謂之術。居'智'所為,行'智'所之,事'智'所秉,動'智'所由,謂之道。道者,置之前而不瘀,錯之後而不軒,內之尋常而不塞,布之天下而不窕。是故使人高賢稱譽己者,心之力也;使人卑下誹謗己者,心之罪也。

夫言出於口〔者〕不可'止'於人,行發於'邇'〔者〕不可禁於遠。事者、難成而易敗〔也〕,名者、難立而易廢〔也〕。千里之隄,以螻蟻之穴漏;百尋之屋,以突隙之煙焚。《堯戒》曰:"戰戰慄慄,日慎一日。人莫躓於山,而躓於垤。"是故人皆輕小害,易微事,'以多悔'。患至而後憂之,是猶病者已惓而索良醫也,雖有扁鵲、俞跗之巧,猶不能生也。

夫禍之'來'也,人自生之;福之來也,人自成之。禍與福同門,利與害為鄰,'非神聖人',莫之能分。

凡人之舉事,莫不先以其知規慮揣度,而後敢以定謀。其或利或害,此愚智之所以異也。曉自然以為智,知存亡之樞機、禍福之門戶,舉而用之,陷溺於難者,不可勝計也。使知所以為是者,事必可行,則天下無不達之塗矣。是故知慮者、禍福之門戶也,動靜者、利害之樞機也。百事之變化,國家之治亂,待而後成。是故不溺於難者成,〔是故〕不可不慎〔也〕。 《淮南子·人間訓》p. 586-588 /〈人間訓〉辨析,頁 537-539

【探析與解說】

此章見於《淮南子·人間訓》,《文子》此章詳述"心"、"術"與"道"的關連與區分,從人性的本源與處事的制約,來解說禍福利害的變化,近於文子學派思想,或屬此學派發展史料,後輯入"文子外編"。其中部份文字與《管子·心術》內容相近,似也與《管子·心術》等四篇的思想傳承有關。以下分四點來說明:

第一、"清靜恬和"段:全段說明:"人之性"為"清靜恬和",而事之制在"儀表規矩"。強調"自養"於內,"制事"於外。與稷下道家思想相類。

第二、"發一號"段:分別陳述"心"、"術"、"道"的意義與作用,似闡發《管子・心術上》所稱："心術者，無爲而制竅者也。" "發一號，散無竟，總一管，謂之心"四句，〈人間訓〉作"發一端，散無竟，周八極，總一筦，謂之心。"俞樾云："謹按：'號'當作'端'。'競'當作'竟'（植案：景宋本、子彙本"競"字原即作"竟"）。'總一管上'脫'周八極'三字，當據《淮南子》〈人間篇〉訂。"此數句意謂：由肇始之端發生，然後散逸於無邊之處，周還於八極之域，終又匯聚於關鍵之處，這整個顯發的過程由"心"所統御。

又，"見本而知末，執一而應萬，謂之術"三句，〈人間訓〉作"見本而知末，觀指而睹歸，執一而應萬，握要而治詳，謂之術"。《文子》此段上下兩處均爲四句對稱，此處似有脫文。

又，"居知所以，行知所之，事知所乘，動知所止，謂之道"五句，〈人間訓〉作"居智所爲，行智所之，事智所秉，動智所由，謂之道"。二者載記文字不同，《文子》意謂：居處時知道所本的根源，行爲時知道所趨的指向，處事時知道所因的資憑，動作時知道所止的持守。

第三、"使人高賢稱譽己者"段：說明因持"心"不同，而造成的影響。〈人間訓〉似引用"文子外編"資料，而加以申論。《說苑・君道》曰："言出於身加於民，行發乎邇見乎遠，言行，君子之樞機。"

"事者，難成易敗；名者，難立易廢"四句，另見於本篇第九章，第九章論述較詳盡。

又，"言出於口"四句，另見於〈微明〉篇，〈微明〉篇第八章，曰："言出於口，不可禁於人，行發於近，不可禁於遠。事者，難成易敗，名者，難立易廢。"

第四、"凡人皆輕小害"段：全段敘說"禍福同門"，"動靜"爲"利害之樞機"，強調"慎察"的思想，近於竹簡《文子》。

又，"禍與福同門"四句，《荀子・大略》曰："禍與福鄰，莫知其門"，二者文意相同。"自非至精"句，〈人間訓〉作"非神聖人"。此處"自非至精"四字，可能屬《文子》不同資料來源。《文子》本篇第十九章曰"利與害同門，禍與福同鄰，非神聖莫之能分。故曰"禍兮，福所倚；福兮，禍所伏，孰知其極。" "神聖人"一詞,另見於《文子・自然》第八章,曰: "無權不可為之勢,而不循道理之數,雖神聖人不能以成功。" 〈人間訓〉此處似引用 "文子外編" 資料。

7-9

〔老子曰:〕

人皆知治亂之機,而莫知全生之具。故聖人論世而為之事,權事而為之謀。聖人能陰能陽,能柔能剛,能弱能強,隨時動靜,因資而立功,睹物往而知其反,事一而察其變,化即為之象,運則為之應,是以終身行之無所困。

故事或可言而不可行者,或可行而不可言者,或易為而難成者,或難成而易敗者。所謂可行而不可言者,取捨也;可言而不可行者,詐偽也;易為而難成者,事也;難成而易敗者,名也。此四者,聖人之所留心也,明者之所獨見也。

【相關資料尋索】

猩猩知往而不知來,乾鵠知來而不知往,此脩短之分也。昔者萇弘、周室之執數者也,天地之氣,日月之行,風雨之變,律曆之數,無所不通,然而不能自知,車裂而死。蘇秦、匹夫徒步之人也,靯蹻嬴蓋,經營萬乘之主,服諾諸侯,然不能自免於車裂之患。徐偃王被服慈惠,身行仁義,陸地之朝者三十二國,然而身死國亡,子孫無類。大夫種輔翼越王句踐,而為之報怨雪恥,禽夫差之身,開地數千里,然而身伏屬鏤而死。‘此皆達於’治亂之機,而‘未’知全性之具〔者〕。

故萇弘知天道而不知人事,蘇秦知權謀而不知禍福,徐偃王知仁義而不知時,大夫種知忠而不知謀。聖人〔則不然〕,論世而為之事,‘權’事而為之謀，是故舒之天下而不窕，內之尋常而不塞。

使天下荒亂，禮義絕，綱紀廢，彊弱相乘，力征相攘，臣主無差，貴賤無序，甲冑生蟣蝨，燕雀處帷幄，而兵不休息，而乃始服屬輿之貌、恭儉之禮，則必滅抑而不能興矣。天下安寧，政教和平，百姓肅睦，上下相親，而乃始立氣矜，奮勇力，則必不免於有司之法矣。

是故聖人〔者〕，能陰能陽，能弱能‘彊’，隨時〔而〕動靜，因資而立功，‘物動’而知其反，事‘萌’而察其變，化‘則’為之象，運則為之應，是以終身行‘而’無所困。

故事‘有’可行而不可言者，‘有’可言而不可行者，‘有’易為而難成者，‘有’難成而易敗者。所謂可行而不可言者，‘趨舍’也；可言而不可行者，偽詐也；易為而難成者，事也；難成而易敗者，名也。此四〔策〕者，聖人之所‘獨見而留意’也。《淮南子·氾論訓》p. 445-446／〈氾論訓〉辨析，頁 370-371

【探析與解說】

此章見於《淮南子·氾論訓》，《文子》此章文意完整，全文敘說聖人“論世”與“權事”之要，在於“隨時舉事”，“因資立功”，似原屬“文子外編”資料。〈氾論訓〉舉以事例闡述此旨。以下分兩點來說明：

第一、“人皆知治亂之機”段：首兩句，〈氾論訓〉作“此皆達於治亂之機，而未知全性之具者。”“此”指前文“以萇弘之智，但不能自知，終車裂而死”，“以蘇秦之能，但不能免於車裂之患”，“以徐偃王之仁，終身死國亡”，“以文種之功，終身伏屬鏤而死”。〈氾論訓〉似舉例證闡述“文子外編”此處的思想。

又，“故聖人論世而為之事，權事而為之謀”兩句，〈氾論〉作“聖人則不然，論世而為之事，權事而為之謀。”〈氾論訓〉是就“萇弘知天道而不知人事，蘇秦知權謀而不知禍福，徐偃王知仁義而不知時，大夫種知忠而不知謀”而言，故稱“聖人則不然”。“權事”二字，〈氾論訓〉作“推事”，“推事”恐誤。

又，"睹物往而知其反，事一而察其變"兩句，〈氾論訓〉作"物動而知其反，事萌而察其變。"《文子》"事一"二字，恐有脫誤。〈氾論訓〉"物動"與"事萌"對稱。

第二、"故事或可言而不可行者"段：全段就人之"言"、"行"處置，來論述面對人間之事的態度。"可行而不可言者"為"取捨的指標"；"可言而不可行者"為"欺偽的權宜"；"易為而難成者"為"遂成的事功"；"難成而易敗者"為"久常的名聲"。"聖人之所留心"者在此，"明者之所獨見"者亦在此。

又，前四句中"或"字，〈氾論訓〉均作"有"。《群書治要》引後兩句，"有"字作"或"，王叔岷云："'或'猶'有'也。"

7-10

〔老子曰：〕

道者敬小微，動不失時，百射重戒，禍乃不滋。計福不及，慮禍過之；同日被霜，蔽者不傷；愚者有備與智者同功。夫積愛成福，積憎成禍。

人皆知救患，莫知使患無生。夫使患無生易，施於救患難。今人不務使患無生，而務施救於患，雖神人不能為謀。患禍之所由來，萬萬無方，聖人深居以避患，靜默以待時。小人不知禍福之門，動而陷於刑，雖曲為之備，不足以全身。

故：上士先避患而後就利，先遠辱而後求名。

故：聖人常從事於無形之外，而不留心於已成之內，是以禍患無由至，非譽不能塵垢。

【相關資料尋索】

‘聖人’敬小〔慎〕微，動不失時，百射重戒，禍乃不滋。計福‘勿’及，慮禍過之；同日被霜，蔽者不傷。愚者有備，與知者同功。夫熛火在縹烟之中也，一指之所能息也；塘漏若鼷穴，一墣之所能塞也。及至火之燔孟諸而炎雲臺，而水決九江而漸荆州，雖起三軍之衆，弗能救也。

夫積愛成福，積怨成禍。若癰疽之必潰也，所浼者多矣。

諸御鞅復於簡公曰：“陳成常、宰予二子者，甚相憎也。臣恐其構難而危國。君不如去一人。”簡公不聽。居無幾何，陳成常果攻宰予於庭中，而弑簡公於朝。不知敬小之所生也。

魯季氏與郈氏鬪雞，郈氏介其雞，而季氏爲之金距。季氏之雞不勝，季平子怒，因侵郈氏之宮而築之。郈昭伯怒，傷之魯昭公曰：“禱於襄公之廟，舞者二人而已，其餘盡舞於季氏。季氏之無道無上，久矣。弗誅，必危社稷。”公以告子家駒，子家駒曰：“季氏之得衆，三家爲一。其德厚，其威強，君胡得之！”昭公弗聽，使郈昭伯將卒以攻之。仲孫氏、叔孫氏相與謀曰：“無季氏，死亡無日矣。”遂興兵以救之。郈昭伯不勝而死，魯昭公出奔齊。

故禍之所從生者，始於雞足；及其大也，至於亡社稷。

故蔡女蕩舟，齊師大侵楚。兩人構怨，廷殺宰予，簡公遇殺，身死無後，陳氏代之，齊乃無呂。兩家鬪雞，季氏金距，郈氏作難，魯昭公出走。

故師之所處，生以棘楚。禍生而不蚤滅，若火之得燥，水之得濕，浸而益大。癰疽發於指，其痛於體。故蠹喙剖梁柱，蟲蝱走牛羊，此之謂也。

*

人皆‘務於’救患〔之備〕，〔而〕莫〔能〕知使患無生。夫使患無生，‘易於救患’，而莫能加務焉，則未可與言術也。

晉公子重耳過曹，曹君欲見其駢脅，使之袒而捕魚。釐負羈止之曰：“公子、非常也。從者三人，皆霸王之佐也。遇之無禮，必爲國憂。”君弗聽。重耳反國，起師而伐曹，遂滅之。身死人手，社稷爲墟，禍生於袒而捕魚。齊、楚欲救曹，不能存也。聽釐負羈之言，則無亡患矣。

今不務使患無生，‘患生而救之’，雖有聖‘知’，‘弗’能為謀。〔且〕患禍之所由來者，萬‘端’無方。〔是故〕聖人深居以避‘辱’，靜‘安’以待時。小人不知禍福之門戶，'妄動而絓羅網'，雖曲為之備，'何'足以全〔其〕身！譬猶失火而鑿池，被裘而用筥也。且塘有萬穴，塞其一，魚何遽無由出？室有百戶，閉其一，盜何遽無從入？夫牆之壞也於隙，劍之折必有齧，聖人見之蚤，故萬物莫能傷也。

太宰子朱侍飯於令尹子國，令尹子國啜羹而熱，投卮漿而沃之。明日，太宰子朱辭官而歸。其僕曰："楚太宰、未易得也。辭官去之，何也？"子朱曰："令尹輕行而簡禮，其辱人不難。"明年，伏郎尹而笞之三百。'夫仕者'先避之，〔見終始微矣〕。

夫鴻鵠之未孚於卵也，一指蔑之，則靡而無形矣；及至其筋骨之已就，而羽翮之既成也，則奮翼揮䎶，凌乎浮雲，背負青天，膺摩赤霄，翱翔乎忽荒之上，析惕乎虹蜺之間，雖有勁弩、利矰微繳，蒲且之子巧，亦弗能加也。江水之始出於岷山也，可攘衣而越也；及至其下洞庭，鶩石城，經丹徒，起波濤，舟杭一日不能濟也。

是故聖人者，常從事於無形之外，而不留'思盡慮'於'成事'之內，'是故患禍弗能傷也'。《淮南子·人間訓》p. 612-616／〈人間訓〉辨析，頁 566-570

【探析與解說】

此章見於《淮南子·人間訓》，全文論述"禍患"的由來，強調"聖人深居以避患，靜默以待時"，與晉學"慎微"的思想相近，似屬與《淮南子》同源的"文子外編"資料。《淮南子》引用並加以申述。以下分四點來說明：

第一、"道者敬小微"段：首句，〈人間訓〉作"聖人敬小慎微"，《文子》中"道者"一詞，《淮南子》多作"聖人"。如〈符言〉篇第十一章："道者守其所已有"，《淮南子·詮言訓》作"聖人守其所已有"。顧觀光云："'敬小'下脫'慎'字，當依〈人間訓〉補。"

又，"夫積愛成福"兩句，與前文文意，不相連屬，見於〈人間訓〉處，屬另段，並舉以"簡公遇殺"、"魯召公出走"事例，解說兩句義理。《文子》此處似"文子外編"殘文，編輯者綴合於"人皆知救患"句前。

第二、"人皆知救患"段："人皆知救患"數句,〈人間訓〉作"人皆務於救患之備,而莫能知使患無生。夫使患無生,易於救患,而莫能加務焉,則未可與言術也",屬另節資料。《文子》似保存"文子外編"的扼要陳述,文字簡約,義理明晰,《淮南子》舉事例加以申述。

又,"今人不務使患無生"數句,〈人間訓〉作"今不務使患無生,患生而救之,雖有聖知,弗能為謀。"〈人間訓〉此數句前文引述"曹君不聽釐負羈之言,無禮於晉公子重耳,而後被晉所滅"事例,故無"人"字。《文子》所保留資料,與《淮南子》文字記述不同。

又,"雖神人不能為謀"句,王叔岷云:"《治要》引作'雖神聖人不能為謀也。'"于大成云:"有'聖'字是也。〈自然〉篇:'雖神聖人不能以成功',與此句法為近;《淮南子》亦有'聖'字。又《淮南》上文:'非神聖人莫之能分',亦有'聖'字。"

又,"萬萬無方"句,〈人間訓〉作"萬端無方"。《文子》"萬"字,恐涉前"萬"字而誤。

又,"動而陷於刑"句,〈人間訓〉作"妄動而結羅網"。《文子》與《淮南子》文本有異。

第三、"故上士先避患而後就利"段:〈人間訓〉作"夫仕者先避之,見終始微矣"。王念孫云:"'夫仕者先避',當作'夫上仕者,先避患而後就利,先遠辱而後求名'。'仕'與'士'同。……避患、遠辱,謂上文太宰子朱辭官之事。今本'仕'上脫'上'字,'先避'下脫'患而後就利,先遠辱而後求名'十二字。《文子》〈微明〉篇作'故上士先避患而後就利,先遠辱而後求名',是其證。'之見終始微矣'上當有'太宰子朱'四字,此即承上文而言,子朱見令尹之輕行簡禮,而知其必將辱人,即辭官而去,可謂見其始而知其終,故曰:'太宰子朱知見終始微矣。'"《文子》此段兩句或原屬"文子外編"資料,《淮南子》舉事例加以申述。

第四、"故聖人常從事於無形之外"段:〈人間訓〉作"故聖人者,常從事於無形之外,而不留思盡慮於成事之內,是故患禍弗能傷也。"《淮南子》

記述似與“文子外編”不同。

又，“是以禍患無由至，非譽不能塵垢”兩句，〈泰族訓〉作“是故患禍弗能傷也”，二者文字記述不同。此二句見於《文子・九守》，〈九守〉篇第九章曰：“禍福不能矯滑，非譽不能塵垢”。[1]

7-11

〔老子曰：〕

凡人之道，心欲小，志欲大，智欲圓，行欲方，能欲多，事欲少。所謂心小者，慮患未生，戒禍慎微，不敢縱其欲也。志大者，兼包萬國，一齊殊俗，是非輻輳，中為之轂也。智圓者，終始無端，方流四遠，淵而不竭也。行方者，‘直立’[2]而不撓，素白而不汙，窮不易操，達不肆意也。能多者，文武備具，動靜中儀，舉措廢置，曲得其宜也。事少者，秉要以偶眾，執約以治廣，處靜以持躁也。故心小者，禁於微也；志大者，無不懷也；智圓者，無不知也；行方者，有不為也；能多者，無不治也；事少者，約所持也。

故：聖人之於善也，無小而不行，其於過也，無微而不改。行不用巫覡，而鬼神不敢先，可謂至貴矣，然而戰戰慄慄，日慎一日。〔是以無為而‘有成’[3]也。〕愚人之智，固已少矣，而所為之事又多，故動必窮。

故：以政教化，其勢易而必成，以邪教化，其勢難而必敗。舍其易而必成，從事於難而必敗，愚惑之所致。

---

[1] 〈九守〉篇該處文字見於《淮南子・俶真訓》，作“禍福弗能撓滑，非譽不能塵垢”。

[2] “直立”原作“立直”，據景宋本、朱弁注本改。

[3] “有成”原作“一之成”，景宋本同，據朱弁注本改。《文子纘義》道藏本作“一之誠”。

【相關資料尋索】

凡人之'論'，心欲小〔而〕志欲大，智欲'員'〔而〕行欲方，能欲多〔而〕事欲'鮮'。

所謂心〔欲〕小者，慮患未生，備禍未發，戒'過'慎微，不敢縱其欲也。志〔欲〕大者，兼包萬國，壹齊殊俗，并覆百姓，若合一族，是非輻湊〔而〕為之轂。智〔欲〕'員'者，環復轉運，終始無端，'旁'流四'達'，淵〔泉〕而不竭，萬物並興，莫不嚮應也。行〔欲〕方者，'直立'而不撓，素白而不'污'，窮不易操，通不肆志。能〔欲〕多者，文武備具，動靜中儀，舉'動'廢置，曲得其宜，無所擊戾，莫不畢宜也。事〔欲〕'鮮'者，執柄持術，'得'要以'應'眾，執約以治廣，{'處靜持中'，運於琁樞，以一合萬，若合符者也}。

故心小者禁於微也，志大者無不懷也，知'員'者無不知也，行方者有不為也，能多者無不治也，事'鮮'者約所持也。

古者天子聽朝，公卿正諫，博士誦詩，瞽箴師誦，庶人傳語，史書其過，宰徹其膳。猶以為未足也，故堯置敢諫之鼓也，舜立誹謗之木，湯有司直之人，武王立戒慎之鞀，過若豪釐，而既已備之也。

夫聖人之於善也，無小而不'舉'；其於過也，無微而不改。堯、舜、禹、湯、文、武，皆坦然天下而南面焉。

當此之時，鼛鼓而食，奏《雍》而徹，已飯而祭灶，行不用巫'祝'，鬼神'弗'敢'祟'，山川弗敢禍，可謂至貴矣，然而戰戰慄慄，日慎一日。由此觀之，則聖人之心小矣。《詩》云："惟此文王，小心翼翼，昭事上帝，聿懷多福。"其斯之謂歟！

武王伐紂，發鉅橋之粟，散鹿臺之錢，封比干之墓，表商容之閭，朝成湯之廟，解箕子之囚，使各處其宅，田其田，無故無新，唯賢是親，用非其有，使非其人，晏然若故有之。由此觀之，則聖人之志大也。

文王周觀得失，遍覽是非，堯舜所以昌、桀紂所以亡者，皆著於明堂，於是略智博聞，以應無方。由此觀之，則聖人之智員矣。

成、康繼文、武之業，守明堂之制，觀存亡之跡，見成敗之變，非道不言，非義不行，言不苟出，行不苟為，擇善而後從事焉。由此觀之，則聖人之行方矣。

孔子之通，智過於萇弘，勇服於孟賁，足躡郊菟，力招城關，能亦多矣。然而勇力不聞，伎巧不知，專行孝道，以成素王，事亦鮮矣。

> 春秋二百四十二年，亡國五十二，弒君三十六，采善鉏醜，以成王道，論亦博矣。然而圍於匡，顏色不變，絃歌不輟，臨死亡之地，犯患難之危，據義行理而志不懾，分亦明矣。然爲魯司寇，聽獄必爲斷，作爲《春秋》，不道鬼神，不敢專己。

> 夫聖人之智，固已多矣，其所守者有約，故舉而必榮。愚人之智，固已少矣，‘其所事者’多，故動〔而〕必窮〔矣〕。吳起、張儀智不若孔、墨，而爭萬乘之君，此其所以車裂支解也。

> 夫以正教化者，易而必成；以邪巧世者，難而必敗。凡將設行立趣於天下，捨其易成者，〔而〕從事難而必敗〔者〕，愚惑之所致也。

此六反者，不可不察也。《淮南子・主術訓》p. 309-314／〈主術訓〉辨析，頁 195-199

【探析與解說】

此章見於《淮南子・主術訓》，全文論述“人之道”在於“心小而禁於微”、“志大而無不懷”、“智圓而無不知”、“行方而有不爲”、“能多而無不治”、“事少而約所持”。此種思想與周王畿史官之學相近，或與文子學派傳承的發展有關。〈主術訓〉中資料有錯亂，而《文子》句序仍依循〈主術訓〉錯簡，當爲《淮南子》別本資料竄入。以下分三點來說明：

第一、“凡人之道”段：“凡人之道”字，〈主術訓〉作“凡人之論”。《文子・上義》第十章有“論人之道”一詞，《淮南子・氾論訓》同作“論人之道”。“凡人之道”與“論人之道”，二者句法相通。

又，“慮患未生，戒禍慎微”二句，〈主術訓〉作“備禍未發，戒過慎微。”《文子》與《淮南子》二者文意相通，文字有異。此種情形，段中多見，如“方流四遠”、“動靜中儀”、“事少”、“秉要以偶眾”等句，〈主術訓〉分別作“旁流四達”、“舉動中儀”、“事小”、“得要以應眾”。二書資料來源，恐有不同。

又，"處靜以持躁也"句，〈主術訓〉作"處靜持中"。俞樾云："《文子》〈微明〉篇作'處靜以持躁'，當從之。靜、躁對文，與上文'得要以應眾，執約以治廣'文義一律。"

又，"舉措廢置"句，〈主術訓〉作"舉動廢置"，王叔岷校《淮南子》云："案：'舉動'本作'舉措'，涉上句'動靜中儀'而誤也。《文子》〈微明〉篇正作'舉措'。"

第二、"聖人之於善也"段：《文子》此段似有脫漏，而見於〈主術訓〉處，文字亦頗顯殘亂。〈主術訓〉舉古人事例申述"聖人之心小"、"聖人之志大"、"聖人之智員"、"聖人之行方"與"能亦多"、"事欲鮮"。《文子》當為《淮南子》別本殘文竄入，但保留其部份舊文。

"是以無為有成也"句，未見於《淮南子》。此句似編輯今本《文子》者所加按語。

又，"愚人之智"四句，見於〈主術訓〉處作"夫聖人之智，固已多矣，其所守者有約，故舉而必榮。愚人之智，固已少矣，其所事者多，故動而必窮矣。"〈主術訓〉"聖人之智"與"愚人之智"對舉，《文子》似有殘脫。但見〈主術訓〉處，此段與上段均與前文文意不相連貫，為該章錯簡，《文子》仍依循其錯置之句序，竄入《文子》之《淮南子》別本，文字恐已殘亂。

又，"所為之事又多"句，〈主術訓〉作"其所事者多"。王念孫校《淮南子》云："'其所事者多'，'多'上亦當有'有'字，有讀為又，《群書治要》引此正作'其所事者又多'。"王叔岷云："案：王說是也，《文子》〈主術訓〉正作'而所為之事又多'。"

第三、"故以政教化"段：此段見於〈主術訓〉處與其下段文意不相連貫。〈主術訓〉此段之後曰："凡此六反也，不可不察也。"此兩句正回應〈主術訓〉前文"心欲小而志欲大，智欲員而行欲方，能欲多而事欲鮮"的六反。

又，"舍其易而必成"句，〈主術訓〉作"捨其易成者"。王念孫校《淮南子》云：“‘捨其易成者’，當作‘捨其易而必成者’，今本脫‘而必’二字，則與上文不合。《文子》〈主術訓〉正作‘捨其易而必成’。”

7-12

〔老子曰：〕

福之起也綿綿，禍之生也紛紛，禍福之數，微而不可見；聖人見其始終〔，故不可不察〕。

明主之賞罰，非以為己，以為國也，適於己而無功於國者，不施賞焉，逆於己而便於國者，不加罰焉。

故義載乎宜謂之君子，遺義之宜謂之小人。通智得而不勞，其次勞而不病，其下病而‘益’[1]勞。古之人味而不舍也，今之人舍而不味也。

紂為象箸而箕子唏[2]，魯人偶人葬而孔子歎，見其所始，即知其所終。

【相關資料尋索】

福之‘萌’也綿綿，禍之生也‘分分’。福禍之‘始萌微’，故民嫚之，唯聖人‘見其始而知其終’，故傳曰：“魯酒薄而邯鄲圍，羊羹不斟而宋國危。”

《淮南子・繆稱訓》p. 334-335／〈繆稱訓〉辨析，頁229-230

明主之賞罰，非以為己〔也〕，以為國也。適於己而無功於國者，不施賞焉；逆於己，便於國者，不加罰焉。故楚莊謂共雍曰：“有德者受吾爵祿，有

---

[1] “益”字原作“亦”，《文子纘義》道藏本改。景宋本、朱弁注本均作“不”，誤。徐靈府注曰：“下士心眼昏滯，精神迷倒（原作“到”），故勞愈甚，病愈篤也。”故原當作“益”。

[2] 《文子纘義》道藏本作“唏”。朱弁注本作“欷”。

功者受吾田宅。是二者，女無一焉，吾無以與女。”可謂不踰於理乎！其謝之也，猶未之莫與。《淮南子‧繆稱訓》p. 335／〈繆稱訓〉辨析，頁 230

義載乎宜‘之謂’君子，‘宜遺乎義’‘之謂’小人。通智得而不勞，其次勞而不病，其下病而‘不’勞。古人味而‘弗貪’也，今人‘貪’而‘弗’味。《淮南子‧繆稱訓》p. 336／〈繆稱訓〉辨析，頁 231

紂為象箸而箕子嘰，魯以偶人葬而孔子嘆，見所始‘則’知所終。故水出於山而入於海；稼生乎野而藏乎倉；聖人見其所生則知其所歸矣。《淮南子‧繆稱訓》p. 339／〈繆稱訓〉辨析，頁 234

【探析與解說】

此章可分為四段，分別見於《淮南子‧繆稱訓》第六十九、七十、七十三與八十一等四節。《文子》此章各段之間，文意不相連貫，其中論述“禍福之微而不可見”、“明主之賞罰，以為國”、“義載乎宜”、“君子、小人之辨”等，與儒家思想相近，也與周王畿史官之學相通，似“文子外編”原先所輯資料。《文子》此處恐為《淮南子》別本殘文。以下分四點來說明：

第一、“福之起也綿綿”段：〈繆稱訓〉作“福之萌也綿綿，禍之生也分分；福禍之始萌微，故民嫚之，唯聖人見其始而知其終。”《淮南子》似引述“文子外編”文字，並引證曰：“故傳曰：‘魯酒薄而邯鄲圍，羊羹不斟而宋國危。’”二者文字記載，略有不同。“聖人見其始終”句，俞樾云：“此本作‘聖人見其始而知其終’。當據《淮南子》〈繆稱訓〉補。”

第二、“明主之賞罰”段：全段見於〈繆稱訓〉，說明“明主”之“賞罰”，不以以己之私欲，而必為國。具有史官諍誡時政的文意，或與周王畿之學有關。

第三、“故義載乎宜謂之君子”段：首兩句，〈繆稱訓〉作“義載乎宜之謂君子，宜遺乎義之謂小人。”此兩句意謂：君子在“行義”中顯出“合宜”的性質；小人只表現著“合宜”而遺忘了“行義”的主旨。“義載乎宜”、“宜遺乎義”二者相對為文。《文子》作“遺義之宜”似誤。

　　第四、"紂爲象箸而箕子唏"段："紂爲象箸而箕子唏，魯人偶人葬而孔子嘆"，兩句似諺語。于大成云："《孟子》〈梁惠王〉上：'仲尼曰：始作俑者，其無後乎！爲其象人而用之也'，即此事也。"〈繆稱訓〉另引"水出於山而入於海；稼生乎野而藏乎倉"。《文子》與《淮南子》均引用諺語來說明聖人能"見始知終"。

7-13

〔老子曰：〕

　　仁者，人之所慕也，義者，人之所高也。為人所慕，為人所高，或身死國亡者，不周於時也。故知仁義而不知世權者〔，不達於道也〕。五帝貴德，三王用義，五伯任力。今取帝王之道，施於五伯之世〔，非其道也〕。故善否同，非譽在俗，趨行等，逆順在時。

　　知天之所為，知人之所行，即有以經於世矣。知天而不知人，即無以與俗交，知人而不知天，無以與道游。直志適情，即堅強賊之，以身役物，即陰陽食之。得道之人，外化而內不化；外化所以知人也，內不化所以全身也。故內有一定之操，而外能屈伸，與物推移，萬舉而不陷。所貴乎道者，貴其龍變也。守一節，推一行，雖以成滿猶不易，拘於小好而塞於大道。

　　〔道者，〕寂寞以虛無，非有為於物也，不以有為於己也。是故舉事而順道者，非道者之所為，道之所施也。天地之所覆載，日月之所照明，陰陽之所煦，雨露之所潤，道德之所扶，皆同一和也。是故能戴大圓者履大方，鏡太清者視大明，立太平者處大堂，能游於冥冥者，與日月同光。

　　無形而生於有形。

　　是故真人託期於靈台，而歸居於物之初。視於冥冥，聽於無聲，冥冥之中獨有曉焉，寂寞之中獨有照焉。其用之乃不用，不用而後能用之也；其知之乃不知，不知而後能知之也。

　　道者，物之所道也；德者，生之所扶也；仁者，積恩之證也；義者，比於心而合於眾適者也。道滅而德興，德衰而仁義生。故上世道而不德，中世守德而不懷，下世繩繩而恐失仁義。故君子非義無以生，失義即失其所以生；小人非利無以活，失利則失其所以活，故君子懼失義，小人懼失利，觀其所懼，禍福異矣。

【相關資料尋索】

　　仁者，‘百姓’之所慕也；義者，‘眾庶’之所高也。為人之所慕，‘行人’之所高，此嚴父之所以教子，而忠臣之所以事君也。然世或用之而身死國亡者，不同於時也。

　　昔徐偃王好行仁義，陸地之朝者三十二國。王孫厲謂楚莊王曰：“王不伐徐，必反朝徐。”王曰：“偃王、有道之君也，好行仁義，不可伐也。”王孫厲曰：“臣聞之，大之與小，強之與弱也，猶石之投卵，虎之啗豚，又何疑焉！且也為文而不能達其德，為武而不能任其力，亂莫大焉。”楚王曰：“善！”乃舉兵而伐徐，遂滅之。｛此知仁義而不知世變者也｝。

　　申菽、杜茞，美人之所懷服也，及漸之於滫，則不能保其芳矣。古者，五帝貴德，三王用義，五‘霸’任力。今取帝王之道，而施之五‘霸’之世，是由乘驥逐人於榛薄，而簑笠盤旋也。

　　今霜降而樹穀，冰泮而求穫，欲其食則難矣。故《易》曰：“潛龍勿用”者，言時之不可以行也。故“君子終日乾乾，夕惕若厲，无咎”。終日乾乾，以陽動也；夕惕若厲，以陰息也。因日以動，因夜以息，唯有道者能行之，夫徐偃王為義而滅，燕子噲行仁而亡，哀公好儒而削，代君為墨而殘。滅亡削殘，暴亂之所致也，而四君獨以為仁義儒墨而亡者，遭之時務異也。非仁義儒墨不行，非其世而用之，則為之擒矣。

夫戟者，所以攻城也，鏡者，所以照形也。宮人得戟則以刈葵，盲者得鏡則以蓋卮，不知所施之也。故善‘鄙不’同，‘誹’譽在俗；趨舍‘不同’，逆順在‘君’。狂譎不受祿而誅，段干木辭相而顯。所行同也，而利害異者，時使然也。故聖人雖有其志，不遇其世，僅足以容身，何功名知可致？

＊

知天之所為，知人之所行，則有以‘任’於世矣。知天而不知人，則無以與俗交；知人而不知天，‘則’無以與道遊。單豹倍世離俗，巖居谷飲，不衣絲麻，不食五穀，行年七十，猶有童子之色，卒而遇饑虎，殺而食之。張毅好恭，過宮室廊廟必趨，見門閭聚眾必下，厮徒馬圉，皆與之伉禮，然不終其壽，內熱而死。豹養其內而虎食其外，毅脩其外而疾攻其內。故直‘意’適情，‘則’堅強賊之；以身役物，‘則’陰陽食之。此皆載物而羸乎其調者也。

得道之士，外化而內不化。外化，所以‘入’人也；內不化，所以全〔其〕身也。故內有一定之操，而外能‘詘’伸、羸縮、卷舒，與物推移，〔故〕萬舉而不陷。‘所以貴聖人者，以其能’龍變也。〔今捲捲然〕守一節，推一行，雖以‘毀碎滅沈，猶且弗易者’，〔此〕‘察’於小好，而塞於大道〔也〕。《淮南子·人間訓》p. 620-622／〈人間訓〉辨析，頁 576-579

道出一原，通九門，散六衢，設於無垓坫之宇，寂漠以虛無，非有為於物也，物以有為於己也。是故舉事而順于道者，非道之所為也，道之所施也。

〔夫〕天之所覆，‘地之’所載，‘六合之所包’，陰陽之所呴，雨露之所濡，道德之所扶，〔此〕皆〔生一父母而〕‘閱’一和也。是故槐榆與橘柚合而為兄弟，有苗與三危通而為一家。《淮南子·俶真訓》p. 55／〈俶真訓〉辨析，頁 55-56

夫道有經紀條貫，得一之道，連千枝萬葉。

是故：貴有以行令，賤有以忘卑，貧有以樂業，困有以處危。夫大寒至，霜雪降，然後知松柏之茂也。據難履危，利害陳于前，然後知聖人之不失道也。

是故：能戴大員者履大方，鏡太清者視大明，立太平者處大堂，能游冥冥者與日月同光。

是故：以道為竿，以德為綸，禮樂為鈎，仁義為餌，投之於江，浮之於海，萬物紛紛，孰非其有！《淮南子·俶真訓》p. 50-51／〈俶真訓〉辨析，頁 51-52

夫秋毫之末，淪於無間而復歸於大矣；蘆符之厚，通於無埶而復反於敦龐。若夫無秋毫之微，蘆符之厚，四達無境，通於無圻，而莫之要御夭遏者；其襲微重妙，挺桐萬物，揣丸變化，天地之間何足以論之！夫疾風勃木，而不能拔毛髮；雲台之高，墜者折脊髓腦，而蚊虻適足以翱翔。夫與蜩螗同乘天機，夫受形於一圈，飛輕微細者，猶足以脫其命，又況夫未有類也？由此觀之，無形而生有形益明矣。

是故‘聖’人託‘其神’於靈府，而歸於萬物之初，視於冥冥，聽於無聲，冥冥之中獨‘見’曉焉，寂‘漠’之中獨有照焉。其用之也以不用，〔其〕不用〔也〕而後能用之；其知〔也〕乃不知，〔其〕不知〔也〕而後能知之〔也〕。夫天不定，日月無所載；地不定，草木無所植；所立於身者不寧，是非無所形。是故有真人然後有真知。其所持者不明，庸詎知吾所謂知之非不知歟？《淮南子·

俶真訓》p. 57-59

道者，物之所‘導’也；德者，性之所扶也；仁者，積恩之〔見〕證也；義者，比於人心而合於眾適者也。〔故〕道滅而德‘用’，德衰而仁義生。故上世體道而不德，中世守德而‘弗壞’〔也〕，末世繩繩〔乎唯〕恐失仁義。君子非〔仁〕義無以生，失〔仁〕義，‘則’失其所以生，小人非‘嗜欲’無以活，失‘嗜欲’，則失其所以活；故君子懼失義，小人懼失利。觀其所懼，‘知各殊矣’。《易》曰：“即鹿無虞，惟入於林中。君子幾，不如舍，往吝。”

《淮南子·繆稱訓》p. 319

【探析與解說】

此章按文意，可分爲五段，分別見於《淮南子》多處。第一、二段接續見於〈人間訓〉，第三、四段見於〈俶真訓〉兩處，第五段見於〈繆稱訓〉。第一、五段文字似與文子學派思想傳承有關，其他各段多處論點與《莊子》思想相近。文中談到“道、德、仁、義”四者在人文建構的作用，具黃老思想特徵。我們認爲此章似原屬“文子外編”資料，《文子》此處各段中，有部份文句文意不相連貫，恐爲《淮南子》別本殘文，以下分五點來說明：

第一、"仁者，仁之所慕也"段：此段說明"時"與"權"的重要。人之逆順，在時。雖有"仁義"之實，若不周於時，即有身死國亡者。故不知"世權"者，不可謂達於道。此段，見於〈人間訓〉文字，分別見於四處。"仁者……不周於時"數句，〈人間訓〉略有申述，與《文子》文句相近。"不周於時"句，"周"字，〈人間訓〉作"同"，"周"有"契合"之義，《淮南子》恐誤。

又，"故知仁義而不知事權者，不達於道也"兩句，〈人間訓〉作"此知仁義而不知事變者也。""不達於道也"句，未見於《淮南子》，而〈人間訓〉"此"字，回應前文引述"徐偃王行仁義而王"的事證。《淮南子》似引用"文子外編"資料而加以闡發。

又，"今取帝王之道，施於五伯之世，非其道也"三句，"非其道也"句，未見於《淮南子》，似保留"文子外編"舊文。〈人間訓〉作"今取帝王之道，而施之五霸之世，是由乘驥逐人於榛薄，而簑笠盤旋也。"〈人間訓〉似推衍"文子外編"之義，而下文另有大段申論文字，並兩引《易經》經文來解證。

又，"逆順在時"句，〈人間訓〉作"逆順在君"，此段說明"時"與"權"的重要，《淮南子》作"君"，恐誤。王叔岷校《淮南子》云："朱（東光）本'君'作'時'，《文子》〈微明〉篇同。"

又，"故善否同，非譽在俗，趨行等，逆順在時"四句，〈人間訓〉作"故善鄙不同，誹譽在俗；趨舍不同，逆順在君"。王念孫校《淮南子》云："兩'不'字，後人所加。此言善鄙同，而或誹或譽者，俗使然也；趨舍同，而或逆或順者，君使然也。故下文云：'狂譎不受祿而誅，段干木辭相而顯。所行同也，而利害異者，時使然也。'後人於'同'上加'不'字，則義不可通矣。《文子》〈微明〉篇作'善否同，非譽在俗，趨行等，逆順在時'，是其證。〈齊俗訓〉云：'趨舍同，非譽在俗；意行鈞，窮達在時。'語意正與此同。"

第二、"知天之所爲"段：見於〈人間訓〉處，屬另章資料，《文子》此段似爲《淮南子》別本殘文。〈人間訓〉此處共引用五處《莊子》文意："知天之所爲，知人之所行，則有以任於世矣"三句見於〈大宗師〉與〈外物〉兩篇[1]；"單豹倍世離俗"數句，見於〈達生〉篇[2]；"以身役物，則陰陽食之"文意取自〈列御寇〉篇[3]；"得道之士，外化而內不化"數句，見於〈知北游〉篇[4]。

"得道之人，外化而內不化；外化所以知人也，內不化所以全身也"四句，〈人間訓〉作"得道之士，外化而內不化。外化，所以入人也；內不化，所以全其身也"。俞樾云："《墨子》〈經上〉篇曰：'知、接也'。《莊子》〈庚桑楚〉篇曰：'知者，接也'。'外化所以知人'，猶曰'外化所以接人'。外化者與人交接之道也。下文云：'外能屈伸與物推移'是也。《淮南子》〈人閒〉篇作'外化所以入人'，疑非其原文矣。"

又，"即有以經於世矣"句，〈人間訓〉作"則有以任於世矣"。王念孫校《淮南子》云："'任於世'三字義不相屬，'任'當為'徑'。徑，行也。言知天知人，則有以行於世也。下文云：'知天而不知人，則無以與俗交；知人而不知天，則無以與道遊。'皆謂其不可行於世也。'徑'字或作'逕'，因誤而為'任'。……《文子》〈微明〉篇作'即有以經於世矣'，經、逕，古字通，經亦行也。《莊子》〈外物〉篇曰：'不可經於世。'"

又，"直志適情"等四句，文意與前文似難連貫，〈人間訓〉此四句為前文敘說"單豹倍世離俗，養其內而虎食其外"與"張毅好恭，脩其外而疾攻其內"兩事例的結語。《文子》此處似《淮南子》別本的扼要摘錄。

又，"所貴乎道者，貴其龍變也"兩句，〈人間訓〉作"所以貴聖人者，以其能龍變也。""道者"二字，〈人間訓〉作"聖人"，《文子》書中多次

---

[1] 〈大宗師〉篇曰："知天之所為，知人之所為者，至矣。知天之所為者，天而生也；知人之所為者，以其知之所知，以養其知之所不知，終其天年而不中道夭者，是知之盛也。"〈外物〉篇曰："是以未嘗聞任氏之風俗，其不可與經於世亦遠矣。"

[2] 〈達生〉篇曰："魯有單豹者，巖居而水飲，不與民共利，行年七十而猶有嬰兒之色；不幸遇餓虎，餓虎殺而食之。有張毅者，高門縣薄，無不走也，行年四十而有內熱之病以死。豹養其內而虎食其外，毅養其外而病攻其內，此二子者，皆不鞭其後者也。"

[3] 〈列御寇〉篇曰："離內刑者，陰陽食之。"

[4] 〈知北遊〉篇曰："古之人，外化而內不化，今之人，內化而外不化。與物化者，一不化者也。安化安不化，安與之相靡，必與之莫多。"

出現此種情形。"守一節，推一行，雖以成滿猶不易，拘於小好而塞大道"四句，〈人間訓〉作"今捲捲然守一節，推一行，雖以毀碎滅沈，猶且弗易者，此察於小好，而塞於大道也。""雖以成滿猶不易"句，文意不甚清楚。〈人間訓〉作"雖以毀碎滅沈，猶且弗易者"，連前文兩句，意指"現在那些勤苦用力持守個別節操，施行單一德行，即使因而遭受到詆毀、破壞、滅亡、沈沒，仍不改其志向的人。"竄入《文子》此處《淮南子》別本殘文，恐有訛誤。

第三、"道者，寂寞以虛無"段：見於《淮南子·俶真訓》兩處。《文子》此段文字，有多處訛誤。首四句，〈俶真訓〉作"道出一原，通九門，散六衢，設於無垓坫之宇，寂漠以虛無，非有爲於物也，物以有爲於己也。"《文子》以"道者"略舉"道出一原"等句文意，似編輯今本《文子》者所改。

又，"不以有爲於己"句，"不"字誤，〈俶真訓〉作"物"。"非道者之所爲"句，"者"似涉上"者"字而衍，〈俶真訓〉無"者"字。

又，"皆同一和也"句，"同"字，〈俶真訓〉作"閱"。于大成云："《淮南子》〈俶真〉'同'作'閱'，高誘注云：'閱，總也'。朱弁本'同'作'說'，'說'即'閱'之誤。"

又，"是故能載大員者"等句，見於〈俶真訓〉另段。《管子·心術下》"能戴大圓者體乎大方。鏡大清者視乎大明。"《管子·內業》亦曰："人能正靜，皮膚裕寬，耳目聰明，筋信而骨強，乃能戴大圓，而履大方，鑒於大淸，視於大明。"《文子》此段文字似與稷下學派思想有關。見於〈俶真訓〉處，與其前後段文意不相連貫，當爲錯簡。

又，"無形而生於有形"句，此句與前後段文意無關，〈俶真訓〉作"無形而生有形益明矣"。〈俶真訓〉此整段結構爲："夫秋毫之末，淪於無間而復歸於大矣……若夫無秋毫之微……其襲微重妙，挺挏萬物，揣丸變化，天地之間何足以論之！……蚑蟯同乘天機，夫受形於一圈，飛輕微細者，猶足以脫（當作'託'）其命，又況夫未有類也。由此觀之，無形而生有形益明矣。"《文子》此處僅存此殘文。又，"無形"不當"生於有形"，《文子》"於"字誤衍。〈道原〉篇第七章曰："無形而有形生焉。"

　　第四、"是故真人託期於靈台"段："真人"、"靈台"二詞，〈俶真訓〉作"聖人"、"靈府"。"靈臺"、"靈府"，均見於《莊子》。〈庚桑楚〉篇曰："備物以將形，藏不虞以生心，敬中以達彼，若是而萬惡至者，皆天也，而非人也，不足以滑成，不可內於靈臺。靈臺者有持，而不知其所持，而不可持者也。"而〈德充符〉曰："死生存亡，窮達貧富，賢與不肖毀譽，飢渴寒暑，是事之變，命之行也；日夜相代乎前，而知不能規乎其始者也。故不足以滑和，不可入於靈府。"《詩經·大雅·靈臺》曰："經始靈臺，經之營之。"《孟子·梁惠王上》曰："《詩》云：'經始靈臺，經之營之。……文王以民力爲臺爲沼，而民歡樂之，謂其臺曰靈臺，謂其沼曰靈沼。'""靈府"似從"靈臺"古義轉換而來，成爲道家傳承表達心靈居處的哲學觀念。此處《文子》文字記述，似與《淮南子》文本不同。"是故真人託期於靈台"句，于大成云："《淮南子》作'託其神於靈府'，'期'古通'其'。……此文'期'下奪'神'字。"

　　又，"視於冥冥"等句，另見於《莊子·天地》。〈天地〉篇曰："視乎冥冥！聽乎無聲。冥冥之中，獨見曉焉，無聲之中，獨聞和焉。故深之又深而能物焉，神之又神而能精焉。"《淮南子》此處多引用《莊子》之文，顯示"文子外編"中此類資料，與莊學關係應極爲密切。

　　第五、"道者，物之所道也"段：此段見於《淮南子·繆稱訓》。全段內容與前四段全然不同，不僅"道、德、仁、義"並舉，並排列"道、德、仁義"三者遞減的作用，表現出與文子學派相近思想特點。〈繆稱訓〉整段文字，用以解證《易經·屯卦》六三爻辭："即鹿無虞，惟入於林中。君子幾，不如舍，往吝。"

　　又，"中世守德而不懷"句，"不懷"二字，〈繆稱訓〉作"弗壞"。俞樾校《淮南子》云："《文子》〈微明〉篇作'中世守德而不懷'，此文'壞'字亦'懷'字之誤。'懷來'之'懷'，言中世守德，未知仁義之爲美，猶無意乎懷來之也。字誤作'壞'，失其旨矣。"

　　又，"故君子非義無以生"數句，此數句以"義"區別"君子"、"小人"，與前文以"仁義"爲"道德衰滅之下世"，二者文意不能連貫，〈繆稱訓〉文字亦如此。〈繆稱訓〉此處資料的原本，恐即有脫文，而竄入《文子》的《淮南子》別本仍依其舊。〈繆稱訓〉三處"仁義"一詞，《文子》均作"義"，王念孫校《淮南子》云："三'仁'字皆原文所無，此後人依上文加之也。不知此八句，與上異義。上文是言仁義不如道德，此文是言君子重義，小人重利，故以義與利欲對言，而仁不與焉。《太平御覽》〈人事部〉六十二'義'下引此，無三'仁'字。《文子》〈微明〉篇同。"

7-14

〔老子曰：〕

事或欲利之，適足以害之，或欲害之，乃足以利之。夫病溫而強餐之熱，病渴而強飲之寒，此眾人之所養也，而良醫所以為病也。'快'[1]於目，悅於心，愚者之所利，有道者之所避。聖人者，先'迕'[2]而後合，眾人先合而後迕。故禍福之門，利害之反，不可不察也。

【相關資料尋索】

事或欲〔以〕利之，適足以害之；或欲害之，乃'反'以利之。｛利害之反，禍福之門戶，不可不察也。｝

陽虎為亂於魯，魯君令人閉城門而捕之。得者有重賞，失者有重罪。圍三匝，而陽虎將舉劍而伯頤。門者止之曰："天下探之不窮，我將出子。"陽虎因赴圍而逐，揚劍提戈而走。門者出之。顧反取其出之者以戈推之，攘祛薄腋。出之者怨之曰："我非故與子反也，為之蒙死被罪，而乃反傷我！宜矣，其有此難也！"魯君聞揚虎失，大怒，問所出之門，使有司拘之，以為傷者受大賞，而不傷者被重罪。此所謂｛害之而反利者｝也。

何謂｛欲利之而反害之｝？楚恭王與晉人戰於鄢陵，戰酣，恭王傷而休。司

---

[1] "快"字原作"悅"，據朱弁注本、《文子纘義》道藏本改。
[2] "迕"字原作"迎"，據景宋本、朱弁注本、《文子纘義》道藏本改。

馬子反渴而求飲，豎陽穀奉酒而進之。子反之爲人也，嗜酒而甘之，不能絕於口，遂醉而臥。恭王欲復戰，使人召司馬子反，子反辭以心痛。王駕而往視之，入幄中而聞酒臭。恭王大怒曰：“今日之戰，不穀親傷，所恃者、司馬也，而司馬又若此，是亡楚國之社稷，而不率吾眾也。不穀無與復戰矣！”於是罷師而去之，斬司馬子反爲僇。故豎陽穀之進酒也，非欲禍子反也，誠愛而欲快之也，而適足以殺之。此所謂｛欲利之而反害之者也｝。

　　夫病溫而強‘之食’，病‘暍’而飲之寒，此眾人之所〔以爲〕養也，而良醫〔之〕所以爲病也。悅於目，悅於心，愚者之所利〔也〕，〔然而〕有道者之所辟〔也〕。〔故〕聖人先忤而後合，眾人先合而後忤。《淮南子·人間訓》p. 591-594／〈人間訓〉辨析，頁 542-543

【探析與解說】

　　此章見於《淮南子·人間訓》，全章強調謹於禍福，察於利害的思想，與文子學派的觀念契合，似屬“文子外編”所輯此項資料。〈人間訓〉此處舉出“門者助陽虎逃難被傷，反受大賞”、“司馬子反飲豎陽穀奉酒，反遭被戮”兩事例，說明“害之而反利之”、“利之而反害之”，當引述“文子外編”文意而申論。

　　又，“乃足以利之”句，“乃足”二字，〈人間訓〉作“乃反”。前文曰：“適足以害之。”“適足”，“乃反”，二詞相應。《文子》“乃足”，恐涉前文而誤。

　　又，“夫病溫而強餐之熱”句，〈人間訓〉作“夫病濕者而強之食”。王念孫校《淮南子》云：“劉本‘溫’誤作‘濕’，莊本又改爲‘濕’，皆非也。病溫者不可以食，若作病濕，則非其指矣。《文子》〈微明〉篇作‘病溫而強餐之熱，病暍而強飲之寒。’〈說林訓〉云‘病熱而強之餐，就暍而飲之寒。’溫亦熱也。又案：‘強之食’，‘食’當依〈說林訓〉作‘餐’，字之誤也。餐、寒爲韻，養、病爲韻。若作‘食’，則失其韻矣。”

　　又，“病渴而強飲之寒”句，于大成云：“《淮南》〈人間〉、〈說林〉‘渴’并作‘暍’，《說文》七上〈日部〉：‘暍，傷暑也’，是其誼也。此作'渴'，自之誤也，非其恉矣。"

又，"故禍福之門，利害之反，不可不察"三句，〈人間訓〉在"乃足以利之"句後，〈人間訓〉似依循其特殊體例而編寫[1]。

7-15

〔老子曰：〕

有功離仁義者即見疑，有罪有仁義者必見信。〔故仁義者，事之常順也，天下之尊爵也。〕雖謀得計當，慮患解圖國存，其事有離仁義者，其功必不遂也。言雖無中於策，其計無益於國，而心周於君，合於仁義者，身必存。故曰：百言百計常不當者，不若舍趨而審仁義也。

【相關資料尋索】

有功者人臣之所務也，有罪者人臣之所辟也。或有功而見疑，或有罪而益信。何也？則有功者離恩義，有罪者不敢失仁心也。魏將樂羊攻中山，其子執在城中，城中縣其子以示樂羊。樂羊曰："君臣之義，不得以子為私。"攻之愈急。中山因烹其子，而遺之鼎羹與其首，樂羊循而泣之，曰："是吾子已。"為使者跪而啜三杯。使者歸報，中山曰："是伏約死節者也，不可忍也。"遂降之。為魏文侯大開地有功。自此之後，日以不信。此所謂有功而見疑者也。

何謂有罪而益信？孟孫獵而得麑，使秦西巴持歸烹之，麑母隨之而啼。秦西巴弗忍，縱而予之。孟孫歸，求麑安在，秦西巴對曰："其母隨而啼，臣誠弗忍，竊縱而予之。"孟孫怒，逐秦西巴。居一年，取以為子傅。左右曰："秦西巴有罪於君，今以為子傅，何也？"孟孫曰："夫一麑而弗忍，又何況於人乎！"此謂有罪而益信者也。

---

[1] 參閱拙著《淮南子與文子考辨》，頁 535。

故趨舍不可不審也。此公孫鞅之所以抵罪於秦,而不得入魏也。功非不大也,然而累足無所踐者,不義之故也。《淮南子·人間訓》p. 594-595／〈人間訓〉辨析,頁 544-545

或說聽計當而身疏,或言不用、計不行而益親。何以明之?

三國伐齊,圍平陸。括子以報於牛子曰:"三國之地不接於我,踰鄰國而圍平陸,利不足貪也。然則求名於我也。請以齊侯往。" 牛子以為善。括子出,無害子入,牛子以括子言告無害子。無害子曰:"異乎臣之所聞。" 牛子曰:"國危而不安,患結而不解,何謂貴智!" 無害子曰:"臣聞之有裂壤土以安社稷者,聞殺身破家以存其國者,不聞出其君以為封疆者。" 牛子不聽無害子之言,而用括子之計,三國之兵罷,而平陸之地存。自此之後,括子日以疏,無害子日以進。

故謀患而患解,圖國而國存,括子之智得矣。無害子之慮無中於策,謀無益於國,然而心調於君,有義行也。

今人待冠而飾首,待履而行地。冠履之於人也,寒不能煖,風不能障,暴不能蔽也,然而戴冠履履者,其所自託者然也。夫咎犯戰勝城濮,而雍季無尺寸之功,然而雍季先賞而咎犯後存者,其言有貴者也。

故:義者,天下之所貴也。百言百當,不若擇趨而審行也。《淮南子·人間訓》p. 600-602／〈人間訓〉辨析,頁 553-554

【探析與解說】

此章文意通貫,當為完整的敘說,而散見於《淮南子·人間訓》三處。全章強調 "仁義" 觀念,或與儒家傳承有關,似原屬 "文子外編" 資料,後竄入《文子》。就〈人間訓〉敘說體例來看,當引用此項資料,舉事例加以闡發。

又,"有功離仁義者即見疑,有罪有仁義者必見信" 兩句,見於〈人間訓〉處,作 "有功者人臣之所務也,有罪者人臣之所辟也。或有功而見疑,或有罪而益信。何也……此所謂有功而見疑者也。……此所謂有罪而益信也。" 〈人間訓〉分別舉 "樂羊有功而見疑"、"西巴有罪而益信" 兩事例,加以申論。

又,"故仁義者,事之常順也,天下之尊爵也" 三句,未見於〈人間訓〉。

又，"雖謀得計當，慮患解圖國存"二句，〈人間訓〉作"謀患而患解，圖國而國存"。《文子》"患"與"國"二字下，原恐均有重文符號，當作"慮患患解，圖國國存"。

又，"其事有離仁義者，其功必不遂也"兩句，〈人間訓〉回應前文所舉"齊王用括子之計"事，作"括子之智得矣"。

又，"言雖無中於策，其計無益於國，而心周於君，合於仁義者"四句，〈人間訓〉仍回應前文"齊王雖不聽無害子之言，但無害子日以進"事，作"無害子之慮無中策，然而心調於君"。"心周於君"句，"周"字，〈人間訓〉作"調"。俞樾校《淮南子》云："'調'當作'周'。《楚辭》〈離騷〉'雖不周於今之人兮'，王逸注曰：'周，合也。''心周於君'，謂心合於君也。作'調'者，古字通用。《文子》〈微明〉篇正作'心周於君'。"

又，"故曰百言百計常不當者"兩句，見於〈人間訓〉另段，作"故：義者，天下之所貴也。百言百當，不若擇趨而審行也。"見於〈人間訓〉處，文字有錯亂，前文"今人待冠而飾首"段，敘說"人之使用冠履，是因爲頭與腳本身需要寄託之處"，與前後文文意並非契合，恐爲他章錯簡。又陶鴻慶云："'夫咎犯戰勝城濮'，至'其言有貴者也'三十三字，當在下文'吾豈可以先一時之權，而先萬世之利也哉'句下。"

7-16

〔老子曰：〕

教本乎君子，小人被其澤；利本乎小人，君子享其功。使君子小人各得其宜〔，即通功易食而道達矣〕。

人多欲即傷義，多憂即害智。

故治國，樂所以存，虐國，樂所以亡。

水下流而廣大，君下臣而聰明，君不與臣爭而治道通。故君，根本也，臣，枝葉也，根本不美而枝葉茂者，末之有也。

【相關資料尋索】

教本乎君子，小人被其澤；利本乎小人，君子享其功。昔東戶季子之世，道路不拾遺，耒耜餘糧宿諸畝首，使君子小人各得其宜〔也〕。故"一人有慶，兆民賴之"。《淮南子·繆稱訓》p. 331／〈繆稱訓〉辨析，頁 223

有義者不可欺以利，有勇者不可劫以懼，如飢渴者不可欺以虛器也。人多欲'虧'義，多憂害智，多懼害勇。《淮南子·繆稱訓》p. 332／〈繆稱訓〉辨析，頁 226

故治國，樂〔其〕所以存，'亡'國，亦樂〔其〕所以亡〔也〕。《淮南子·繆稱訓》p. 333／〈繆稱訓〉辨析，頁 227

水下流而廣大，'君下臣'而聰明。君不與臣爭功，而治道通〔矣〕。笭夷吾、百里奚經而成之，齊桓、秦穆受而聽之。《淮南子·繆稱訓》p. 333／〈繆稱訓〉辨析，頁 227

君、根本也，臣、枝葉也。根本不美、枝葉茂者，未之'聞'也。《淮南子·繆稱訓》p. 334／〈繆稱訓〉辨析，頁 228

【探析與解說】

此章與以下二章分別見於《淮南子·繆稱訓》不同段落，全文敘說"君子"、"小人"的區別，說明"多欲傷義"、"君臣不相爭"等思想，與儒家相近，似原輯入"文子外編"，而，編入〈繆稱訓〉。《文子》此章，恐仍爲《淮南子》別本殘文竄入。

又，"教本乎君子"四句，《孟子·滕文公上》曰："故曰：或勞心，或勞力。勞心者治人，勞力者治於人。治於人者食人，治人者食於人，天下之通義也。"二者文意相同。

又，"使君子小人各得其宜"兩句，〈繆稱訓〉作"昔東戶季子之世，道路不拾遺，耒耜餘糧宿諸畝首，使君子小人各得其宜也。故"一人有慶，兆民賴之。"〈繆稱訓〉"昔東戶計子之世"兩句，與"使君子小人各得其宜也"

句，文意不相連貫，恐有脫文，或為錯簡。

又，"通功易食而道達矣"句，未見於《淮南子》。"食"字似應作"事"，《孟子·滕文公下》曰："不通功易事，以羨補不足，則農有餘粟，女有餘布。"

又、"人多欲即傷義"兩句，與前後文意無關，似《淮南子》別本殘文。

又，"故治國"段，雖以"故"字引述，但其內容與上段文義無關，恐為殘文。見於〈繆稱訓〉文字，亦有"故"字，與其前段文意不相連屬，亦似殘文。《呂氏春秋·誣徒》引子華子曰："王者樂其所以王，亡者亦樂其所以亡。"與此處文意相近。

又，"水下流而廣大"數句，《文子》此段敘說"君不與臣爭則治道通"與"君本臣末"二事之理。全文全文見於〈繆稱訓〉兩處。《意林》引《子思子》：曰："君本也，臣枝葉也，本美而葉茂，本枯則葉雕。"

7-17

〔老子曰：〕

慈父之愛子者，非求其報，不可內解於心。聖主之養民，非為己用也，性不能已也。及恃其力、賴其功勳而必窮，有以為即恩不接矣。

〔故用眾人之所愛，即得眾人之力；舉眾人之所喜，即得眾人之心。〕故見其所始，則知其所終。

【相關資料尋索】

慈父之愛子，非為報也，不可內解於心；聖'王'之養民，非求用也，性不能已；若火之自熱，冰之自寒，夫有何脩焉！及恃其力，賴其功者，'若失火舟中'。〔故君子見始，斯知終矣。〕

媒妁譽人，而莫之德也；取庸而強飯之，莫之愛也。雖親父慈母，不加於此，有以爲'則'恩不接矣。故送往者，非所以迎來也；施死者，非專爲生也。誠出於己，則所動者遠矣。《淮南子・繆稱訓》p. 323／〈繆稱訓〉辨析，頁 213

【探析與解說】

此章部份文字仍見於《淮南子・繆稱訓》。全文說明"慈父之愛子"、"聖主之養民"均爲心性本然的表現，與儒家強調"率性之謂道"的思想相通，原爲輯入"文子外編"資料，後竄入今本《文子》。以下分兩點來說明：

第一、"慈父之愛子者"段：《莊子・人間世》曰："天下有大戒二：其一，命也，其一，義也。子之愛親，命也，不可解於心，臣之事君，義也，無適而非君也，無所逃於天地之間。"《文子》與《淮南子》思索的問題，有相當關連，但解說的方向不同。二者均論及存在的事實，《文子》強調"慈父"、"聖主"與"子"、"民"間人倫性的價值，故說此爲"心"、"性"之本然，而《莊子》則強調"子"、"臣"與"親"、"君"間不可逃脫的人世牽連，故說這是"命"、"義"的無可奈何。

又，"及恃其力、賴其功勳而必窮，有以爲即恩不接矣"三句，分別見於〈繆稱訓〉兩段。前段曰："及恃其力，賴其功者，若失火舟中。故見其始，斯知終矣。""若失火舟中"句，高誘注曰："若舟中之人同心救火，不相爲賜也"。後段曰："媒妁譽人，而莫之德也；取庸而強飯之，莫之愛也。雖親父慈母，不加於此，有以爲則恩不接矣。"《文子》此處文義較明，意謂："若要依恃有意的作爲，仰賴賜予的功勳，二者的關係就困窮難通了，因爲有所作爲，二者的真情，就無從交匯。"

第二、"故用眾人之所愛"段："故用眾人之所愛"四句不見於《淮南子》。〈繆稱訓〉曰："用百人之所能，則得百人之力；舉千人之所愛，則得千人之心。"似與《文子》此處文意相近。"見其所始，則知所終"兩句，見於〈繆稱訓〉前段，爲該處錯簡。

7-18

〔老子曰：〕

人以義愛，黨以群強。是故德之所施者博，即威之所行者遠，義之所加者薄，則武之所制者小。

【相關資料尋索】

人以義愛，‘以’黨‘群’，以群強。是故德之所施者博，則威之所行者遠；義之所加者‘淺’，則武之所制者小。《淮南子·繆稱訓》p. 337／〈繆稱訓〉辨析，頁 232-233

【探析與解說】

此章見於《淮南子·繆稱訓》，似《淮南子》別本殘文竄入。“人以義愛，黨以群強”兩句，〈繆稱訓〉作“人以義愛，以黨群，以群強。”何寧校《淮南子》云：“‘人以義愛，以黨群，以群強’，前後文義抵牾。‘黨’上衍‘以’字，下衍‘群’字。人以義愛，黨以群強，正反相對為文。《文子》〈微明〉篇正作‘人以義愛，黨以群強’。”《文子》此處意謂：人以道義而相愛慕，同道以群體而變得強大。所以，恩德施惠多，則威望就推行得遠，道義予人少，則勇武可制者就小。

7-19

〔老子曰：〕

以不義而得之，又不布施，患及其身。不能為人，又無以自為，可謂愚人。無以異於梟愛其子也。故“持而盈之，不如其已，揣而銳之，不可長保。”

＊

〔德之中有道，道之中有德，其化不可極；陽中有陰，陰中有

陽，萬事盡然，不可勝明。福至祥存，禍至祥先；見祥而不為善，
則福不來；見不祥而行善，則禍不至。〕

　　利與害同門，禍與福同鄰，非神聖莫之能分。故曰"禍兮，福
所倚；福兮，禍所伏，孰知其極。"

　　〔人之將疾也，必先甘魚肉之味；國之將亡也，必先惡忠臣之
語。故疾之將死者，不可為良醫；國之將亡者，不可為忠謀。修之
身，然後可以治民，居家理[1]，　然後可移官長。故曰"修之身，其
德乃真，修之家，其德乃餘，修之國，其德乃豐。"

　　民之所以生活，衣與食也。事周於衣食則有功，不周於衣食則
無功。事無功德不長。故隨時而不成，無更其刑，順時而不成，無
更其理，時將復起，是謂道紀。帝王富其民，霸王富其地，危國富
其吏，'治國若不足，亡國困倉虛'[2]。故曰"上無事而民自富，上
無為而民自化。"

　　起師十萬，日費千金，師旅之後，必有凶年。故"兵者不祥之
器也，非君子之寶也。"

　　"和大怨必有餘怨"，奈何其為不善也。古者親近不以言說，
來遠不以言，使近者悅，遠者來。與民同欲即和，與民同守則固，
與民同念者知。得民力者富，得民譽者顯。行有召寇，言有致禍。
無先人言，後人'而'[3]已。附耳之語，流聞千里。言者禍也，舌者
機也。出言不當，駟馬不追。

＊

---

[1]　"理"字後原有"治"字，據《文子纘義》道藏本刪。

[2]　此句《太平御覽》卷七四二引作："治國若不足，亂國若有餘，存國困倉實，亡國困倉
虛。"今本《文子》有脫文。

[3]　據《文子纘義》道藏本補。

　　昔者，中黃子曰："天有五方，地有五行，聲有五音，物有五味，色有五章，人有五位。故天地之間有二十五人也。上五有神人、真人、道人、至人、聖人；次五有德人、賢人、智人、善人、辯人；中五有公人、忠人、信人、義人、禮人；次五有士人、工人、虞人、農人、商人；下五有眾人、奴人、愚人、肉人、小人。"上五之與下五，猶人之與牛馬也。

　　聖人者，以目視，以耳聽，以口言，以足行。真人者，不視而明，不聽而聰，不行而從，不言而公。〕

　　故聖人所以動天下者，真人未嘗過焉；賢人所以驕世俗者，聖人未嘗觀焉。

　　〔所謂道者，無前無後，無左無右，萬物玄同，無是無非。〕

【相關資料尋索】

　　白公勝得荊國，不能以其府庫分人。七日，石乞入曰："不義得之，又不能布施，患必至矣。不能予人，不若焚之，毋令人以害我。"白公弗聽也。九日，葉公入，乃發太府之貨以予眾，出高庫之兵以賦民，因而攻之，十有九日而擒白公。夫國非其有也，而欲有之，可謂至貪也矣。不能為人，又無以自為，可謂'至愚'〔矣〕。譬白公之嗇也，'何'以異於梟〔之〕愛其子〔也〕？故〔老子〕曰："持而盈之，不如其已。揣而銳之，不可長保也。"《淮南子·道應訓》p. 381-2／〈道應訓〉辨析，頁 292-293

　　白公勝得荊國，不能以其府庫分人。七日，石乞曰："患至矣。不能分人則焚之，毋令人以害我。"白公又不能。九日，葉公入，乃發太府之貨予眾，出高庫之兵以賦民，因攻之。十有九日而白公死。國非其有也而欲有之，可謂至貪矣；不能為人，又不能自為，可謂至愚矣，譬白公之嗇，若梟之愛其子也。

《呂氏春秋·分職》

夫禍之來也，人自生之；福之來也，人自成之。｛禍與福同門，利與害為鄰｝，非神聖'人'，莫之能分。《淮南子·人間訓》／〈人間訓〉辨析，頁539

田中之潦，流入於海；附耳之'言'，'聞於'千里。《淮南子·說林訓》 p. 574 ／〈說林訓〉辨析，頁517

【探析與解說】

此章資料相複雜，可分為三個部份。第一部份文字全見於《淮南子·道應訓》；第二部份僅"利與害同門"段見於《淮南子》，其他屬未見《淮南子》的解《老》殘文；第三部份僅"故聖人所以動天下者"三句，見於《淮南子·俶真訓》，也重見於《文子·精誠》第八章，其他大段被引述為"中黃子"資料則未見於《淮南子》。此章置於篇末，極可能原屬《文子》古本殘卷，編輯者匯集於此處。

第一部份：見於《淮南子·道應訓》與《呂氏春秋》。〈道應訓〉所用"石乞告誡白公貪嗇"事例，與《呂氏春秋》所載略異，似各有資料來源。《文子》此段為《淮南子》別本摘要記述，或與〈道應訓〉襲自同源之解《老》資料。"持而盈之"四句，語出《老子》第九章。

第二部份：此部份可分為六段，似解《老》資料殘文，編輯今本《文子》者綴合而成。

第一、"德之中有道"段：全段說明"道與德"、"陰與陽"彼此參和，交相運作，並以此闡述"禍、福"交相轉化之理。"禍兮伏知所倚，伏兮禍知所伏，孰知其極"三句，語出《老子》第五十八章。"見祥而不為善"句，于大成云："《呂氏春秋》〈制樂〉篇，卜者曰：'吾聞祥者福之先者也，見祥而為不善則福不至；妖者禍之先者也；見妖而為善則禍不至'，《韓詩外傳》三，伊尹曰：'臣聞妖者，禍之先；祥者，福之先。見妖而為善，則禍不至；見祥而為不善，則福不臻'，《說苑》〈君道〉篇，卜者曰：'吾聞之：祥者，福之先者也，見祥而為不善，則福不生；殃者，禍之先者也；見殃而為善，則禍不至'。則此'不爲'二字倒，首句當作'見祥而爲不善'。"

第二、"利與害同門"段：此段見於《淮南子·人間訓》，但未引《老子》經文。〈人間訓〉曰："夫禍之來也，人自生之；福之來也，人自成之。禍與福同門，利與害爲鄰，非神聖人，莫之能分。"

第三、"人之將疾也"段：此段前後文意似不能通貫。"人之將死也"八句，說明亡國之君，必先嫌惡忠臣之語，故不可爲忠謀。此種敘說與"修之身"數句文意有欠契合。此處恐有誤奪。

"必先甘魚肉之味"句，王叔岷云："《治要》尹'甘'上有'不'字，《御覽》七三八引同，惟誤爲《尹文子》文。《藝文類聚》二三、《御覽四五九引《晏子》有此文，'甘'上亦并有'不'字。"

又，"修之身"等六句，語出《老子》第五十四章。《老子》此章見於郭店竹簡《老子》乙本。全文作"善建者不拔，善伓〔保〕者不兌（脫），子孫以其祭祀不屯。攸（修）之身，其悳（德）乃貞（真），攸（修）之豪（家），其悳（德）又（有）舍（餘），攸（修）之向（鄉），其悳（德）乃長，攸（修）之邦，其悳（德）乃奉（豐），攸（修）之天下□□□□□□□□豪（家）。以向（鄉）觀向（鄉），以邦觀邦，以天下觀天下。虗（吾）可（何）以智（知）天□□□□□。"

第四、"民之所以生活"段：此處似有脫文，全文文意並非通貫，強調以"周於衣食"爲事功，以"隨時"、"因時"爲道紀，並區別"帝王"、"霸王"、"危國"的不同情況。"上無事而民自富，上無爲而民自化"兩句，語出《老子》第五十七章。

第五、"起師十萬"段：此段似解《老》殘文。所引《老子》，語出第三十一章。王弼注本曰："兵者不祥之器也，非君子之器。"帛書《老子》乙本曰："故兵者非君子之器，兵者不祥〔之〕器也。"《文子》此處"君子之寶"句，與此二書記述不同，恐引自《老子》別本。又，《孫子·用間》：曰"凡興師十萬，出征千里，百姓之費，公家之奉，日費千金。"《尉繚子·將理》：曰"《兵法》云：'十萬之師，日費千金。'"銀雀山漢墓竹簡《尉繚子》有殘文曰：“故《兵策》曰：‘十萬之師出，費日千金。’”

第六、“和大怨必有餘怨”段：此段仍似解《老》資料殘文的綴合。《老子》第七十九章曰：“和大怨，必有餘怨，安可以爲善？是以聖人，執左契，而不責於人。有德司契，無德司徹。天道無親，常與善人。”《文子》引“和大怨必有餘怨”，並自問曰：“奈何其爲不善也？”。“古者親近不以言說，來遠不以言，使近者悅，遠者來”四句，似解釋前句，但文意不完。“與民同欲即和，與民同守則固，與民同念者知”三句，與“得民力者富，得民譽者顯”二句，似敘說居上者需與民“同欲”、“同守”、“同念”以得民和，但文意與前文不能通貫。“使近者悅，遠者來”兩句，與竹簡《文子》編號 0818 殘文“令遠者〔來〕，令□□□□”相近。《論語·子路》亦引孔子曰：“近者說，遠者來。”“行有召寇”數句，與前文文意無關，似另段資料殘文。“附耳之語，流聞千里”二句，見於《淮南子·說林訓》。

第三部份：“昔者中黃子曰”段，似古本《文子》保留“中黃子”思想資料。“中黃子”先秦典籍未見其人的記載，《文子》此處所載錄內容，恐屬道家傳說人物。于大成云：“中黃子徐注不言何人，《續義》云：‘中黃子者，古之真人歟’。考《說郛》四十三引葛洪《神仙傳》云：‘中黃子善房中之道’，今本無此文。今本《神仙傳》二：‘白石先生者，中黃丈人弟子也。《道藏》有《太清中黃真經》二卷，中黃真人注，又《太上靈寶五符序》有中黃道君語，意者其人乎。沈曾植以爲中黃之目，起自緯書，見《海日樓札叢》卷六。《尸子》卷下：’中黃伯曰：‘余左執太行之獶，而右搏雕虎，惟象之未與，吾心試焉’云云，汪繼培疑此中黃伯即《淮南》〈繆稱〉之‘中行穆伯首伯虎’者，與道書所載異人。”

又，“有二十五人也”句，王叔岷云：“《御覽》引‘人’上有‘等’字。”于大成云：“有‘等’字是也。觀注文云云，明正文本有‘等’字也。又，敦煌所出〈二十五等人圖〉一卷，今藏巴黎圖書館，其標題亦有‘等’字，其書即取《文子》此文敷衍乘篇。”

又，“上五有神人”等句，孫詒讓云：“《五行大義》引此二十五人，唯上五與今本同，以下作‘次五有德人、賢人、善人、忠人、辯人，中五有仁人、

禮人、信人、義人、智人，次五有仕人、庶人、農人、商人、工人，下人有眾
人、小人、駑人、愚人、完（當作“宍”，“肉”字俗寫。）人，與今本差異。”

又，“故聖人所以動天下者”句，另見於〈精誠〉篇第八章，但〈精誠〉
篇該處似錯簡。《淮南子·俶真訓》“故聖人所以動天下者”句，亦爲錯簡，
似竄入《淮南子》之“文子外編”殘文。[1]

---

[1] 參見本書〈精誠〉篇第八章校訂。

八 〈自然〉篇探析

　　"自然"觀念首先由《老子》提出，而"自然"一詞也最先見於《老子》一書。《老子》第二十五章曰："人法地，地法天，天法道，道法自然。""自然"並非指涉最終之界定物，而是表達"一切探索邊際處顯現的萬物運作本然"。在後續古典哲學發展中，"自然"觀念形成多向的探索與發揮。"貴因"、"執一"、"無爲"等說，就是其中重要一些的闡釋。

　　《文子》書中"自然"一詞出現多次[1]，應是《文子》古本重要哲學論點之一。現存先秦典籍，未有以"自然"名篇者。徐靈府注曰："自然，蓋道之絕稱，不知而然，亦非不然，一萬物皆然，不得不然，然而自然非有能然，無所因假，故曰自然。"這僅對"自然"篇目的觀念提出解釋，並未提及"自然"名篇的問題。我們認爲今本〈自然〉篇部份資料，或來自文子學派晚期思想發展史料，但定以"自然"篇名，可能出自道士之手。

　　本篇可分爲十二章，其中第一、第三、第十一章，與第六章後段、第七章前兩段，不見於《淮南子》；第二章與第五章，見於〈齊俗訓〉；第四章與第六章前段，見於〈泰族訓〉；第七章後段與第八章見於〈主術訓〉；第九章與

---

[1] 如："故天下之事不可爲也，因其自然而推之。……無不治者，因物之相然。"（〈道原〉篇第二章）"循道理之數，因天地自然，即六合不足均也。"（〈道原〉篇第十章）"正其道而物自然。"（〈精誠〉篇第一章）"唯同乎大和而持自然應者，爲能有之。"（〈精誠〉篇第三章）"聖人……懷自然，保至真，抱真推誠。"（〈精誠〉篇第九章）"極自然至精之感，弗召自來，不去而往，窈窈冥冥，不知所爲者而功自成。"（〈精誠〉篇第十一章）"故聖人……治隨自然，己無所與。"（〈符言〉篇第十二章）"唯隨天地之自然而能勝理。"（〈符言〉篇第十七章）"故聖人立法，以導民之心，各使自然。"（〈自然〉篇第三章）"物必有自然而後人事有治也。"（〈自然〉篇第六章）"名各自名，類各自以，事由自然，莫出於己。"（〈自然〉篇第七章）"因資而立功，推自然之勢，曲故不得容。"（〈自然〉篇第九章）"循自然之道，緣不得已矣。"（〈下德〉篇第十一章）"不用適然之敎，而得自然之道，萬舉而不失矣。"（〈上義〉篇第二章）。

第十章見於〈脩務訓〉；第十二章，見於〈兵略訓〉。

8-1

〔老子曰：

清虛者，天之明也；無為者，治之常也。去恩慧[1]，捨聖智，外賢能，廢仁義，滅事故，棄佞辯，禁姦偽，則賢不肖者齊於道矣。靜則同，虛則通，至德無為，萬物皆容，虛靜之道，天長地久，神微周盈，與物無宰。

十二月運行，周而復始，金木水火土，其勢相害，其道相待。故至寒傷物，無寒不可，至暑傷物，無暑不可，故可與不可皆可。是以大道無所不可，可在其理，見可不趨，見不可不去，可與不可，相為左右，相為表　。

凡事之要，必從一始，時為之紀，自古及今，未嘗變易，謂之天理。上執大明，下用其光。

道生萬物，理於陰陽，化為四時，分為五行。各得其所，與時往來，法度有常，下及無能。上道不傾，群臣一意。天地之道無為而備，無求而得，"是以知其無為而有益也。"〕

【探析與解說】

此章不見於《淮南子》，文字古樸簡要，當屬古本《文子》資料，似文子學派後續發展的解《老》史料，但全章內容並非完整，恐有脫文。全文可分為四段。

---

[1] 景宋本、《文子續義》道藏本作 "惠"。

　　第一、“清虛者段”：此段強調“清虛”、“無爲”觀念，承襲《老子》思想，“外賢能”、“廢仁義”也與《老子》之旨相合。但對“仁義”問題的看法，與文子重“四經”的人文建構訴求有別，似文子學派南方傳承的發展。

　　第二、“十二月運行”段：此段說明十二月承續運行，五行相互生剋，推衍“可與不可皆可”之義，與《莊子·齊物論》“可乎可，不可乎不可”思想相近。《淮南子·泰族訓》亦曰：“故可乎可，而不可乎不可；不可乎不可，而可乎可。”《莊子釋文》引崔本於〈齊物論〉篇“無物不然無物不可”句下有“可於可，而不可於不可；不可於不可，而可於可也”十九字，與〈泰族訓〉文字同。此種資料當與《莊子》一書的傳承有關。

　　第三、“凡事之要”段：此段所稱“凡事之要，必從一始，時爲之紀，自古及今，未嘗變易，謂之天理”，思想近於《黃帝四經》，《黃帝四經·論約》曰：“四時有度，天地之李（理）也。”〈兵容〉篇曰：“聖人之功，時爲之庸（用），因時秉□，□必有成功。”“四時有度”、“時爲之用”與“時爲之紀”相類，“天地之理”即“天理”。〈姓爭〉篇曰：“靜作得時，天地與之；靜作失時，天地奪之。”又曰：“夫天地之道，寒涅（熱）燥濕，不能并立。剛柔陰陽，固不兩行。兩相養，時相成。居則有法，動作〈則〉循名，其事若易成。若夫人事則無常，過極失（佚）當，變故易常……。”也與《文子》“天理”的觀念相合。

　　第四、“道生萬物”段：此段文意恐非完整，“道生萬物”四句，指“道的創生過程”；“各得其所”四句，說明個別物的的生存樣態。“上道不傾”兩句，似指爲政之事。“天地之道”三句，言天道的運作。引用《老子》經文，語出第四十三章。

8-2

〔老子曰：〕

　　樸，至大者無形狀；道，至大者無度量。故天圓不中規，地方不中矩。往古來今謂之宙，四方上下謂之宇，道在其中而莫知其所。故見不遠者，不可與言大，知不博者，不可與論至。

夫稟道與物通者，無以相非。故三皇五帝，法籍殊方，其得民心一也。

若夫規矩勾繩，巧之具也，而非所以為巧也。故無絃雖師文不能成其曲，徒絃則不能獨悲。故絃悲之具也，非所以為悲也。至於神和，游於心手之間，放意寫神，論變而形於絃者，父不能以教子，子亦不能受之於父，此不傳之道也。故肅者，形之君也，而寂寞者，音之主也。

【相關資料尋索】

樸，至大者無形狀，道，至眇者無度量，故天〔之〕員〔也〕不中規，地〔之〕方〔也〕不中矩。往古來今謂之宙，四方上下謂之宇，道在其間，而莫知其所。故〔其〕見不遠者，不可與語大；〔其〕'智'不'閎'者，不可與論至。昔者馮夷得道，以潛大川；鉗且得道，以處崑崙。扁鵲以治病，造父以御馬，羿以之射，倕以之斲，所為者各異，而所道者一也。

夫稟道以通物者，無以相非也。譬若同陂而溉田，其受水鈞也。今屠牛而烹其肉，或以為酸，或以為甘，煎熬燔炙，齊味萬方，其本一牛之體。伐梗楠豫樟而剖梨之，或為棺槨，或為柱梁，披斷撥檖，所用萬方，然一木之樸也。

故百家之言，指奏相反，其合道一體也。譬若絲竹金石之會，樂同也，其曲家異，而不失於體。伯樂、韓風、秦牙、管青，所相各異，其知馬一也。

故三皇五帝，法籍殊方，其得民心'鈞'也。故湯入夏而用其法，武王入殷而行其禮，桀、紂之所以亡，而湯、武之所以為治。

故剞劂銷鋸陳，非良工不能以制木；鑪橐埵坊設，非巧冶不能以治金。屠牛垣一朝解九牛，而刀以剃毛；庖丁用刀十九年，而刀如新剖硎。何則？游乎眾虛之間。

若夫規矩'鈞'繩者，〔此〕巧之具也，而非'所以巧也'。故'瑟無絃'，雖師文不能〔以〕成曲；徒絃、則不能悲。故絃、悲之具也，而非所以為悲也。若夫工匠之為連鑯、運開、陰閉、眩錯，入於冥冥之眇、'神調之極'，游'乎'心手〔眾虛〕之間，而莫與物為際者，父不能以教子。瞽師之放意相物，'寫神愈舞'，而形乎絃者，'兄不能以喻弟'。今夫為平者準也，為直者繩也。若夫不在於繩準之中，可以平直者，此不共之術也。

故叩宮而宮應，彈角而角動，此同音之相應也。其於五音無所比，而二十五絃皆應，此不傳之道也。故'蕭條'者，形之君；而寂漠者，音之主也。《淮南子·齊俗訓》p. 362-365／〈齊俗訓〉辨析，頁 267-269

【探析與解說】

此章見於《淮南子·齊俗訓》。全章資料可分為三段，文意並不完整。見於〈齊俗訓〉處，多以"故"形式引述。此章恐原屬輯入"文子外編"之先秦史料，《淮南子》引用並加以申述，後竄入《文子》。以下分三點來說明：

第一、"樸至大者"段：孫星衍編《尸子集本》以"上下四方曰宇；往古來今曰宙"兩句，為《尸子》佚文。《莊子·庚桑楚》也對"宇宙"一詞提出詳盡解說。〈庚桑楚〉曰："出無本，入無竅。有實而無乎處，有長而無乎本剽，有所出而無竅者有實。有實而無乎處者，宇也。有長而無本剽者，宙也。"此章資料似與《莊子》學派思想有關。〈齊俗訓〉引用，並舉具體事例加以申論。

又"故天圓不中規，地方不中矩"兩句，"中"字，〈齊俗訓〉均作"得"。俞樾校〈淮南子〉云："兩'得'字皆當為'中'。《周官》師氏：'掌國中失之事'，故書中為得，是其例也。《文子》〈自然〉篇正作'天圓不中規，地方不中矩。'"

第二、"夫秉道與通物者"段：見於〈齊俗訓〉處屬另段，舉出多項例證加以說明。《文子》無此例證，而下接"故三皇五帝"三句，文意與前文不相連貫，恐為殘文。〈齊俗訓〉彼處作"故三皇五帝，法籍殊方，其得民心鈞也。"並下接"故湯入夏而用其法，武王入殷而行其禮，桀、紂之所以亡，而湯、武

385

之所以爲治。"〈齊俗訓〉前段說"法籍殊方",後段言"故湯入夏而用其法,武王入殷而行其禮",前後文意矛盾。〈齊俗訓〉"故三皇五帝"三句亦當爲殘文。

第三、"若夫規矩勾繩"段:《文子》此段文氣與前段不能通貫,當屬另段資料。見於〈齊俗訓〉處,前舉"屠牛垣一朝解九牛,而刀可以剃毛;庖丁用刀十九年,而刀如新剖硎"二事。

又"而非所以爲巧也"句,〈齊俗訓〉無"爲"字,王念孫校《淮南子》云:"'巧也'上當有'爲'字,下文云:"故弦,悲之具也,而非所以爲悲也。'與此相對爲文。《太平御覽》〈工藝部〉九引此,正作'非所以爲巧'。《文子》〈自然〉篇同。

又,"游於心手之間"句,〈齊俗訓〉作"游乎心手眾虛之間"。王念孫校《淮南子》云:"'眾虛'二字因上文'游乎眾虛之間'而誤衍也。上文說庖丁解牛,批卻導窾,游刃有餘,故曰'游眾虛之間'。此是說工匠爲連鐵之事,不當言'眾虛'也。且'心手之間',謂心與手之間也,則不當有'眾虛'二字明矣。《文子》作'由於心手之間',無'眾虛'二字。"

又,"放意寫神,論變而形於絃者",〈齊俗訓〉作"瞽師之放意相物,寫神愈舞,而形乎絃者"。"論變"二字不可解,恐誤。

又,"故肅者"三字,〈齊俗訓〉作"蕭條者"。俞樾云:"'肅'當作'蕭','蕭'下脫'條'字。'蕭條'、'寂寞'相對成文,蕭條則無形也,而爲形之君,寂寞則無音也,而爲因之主。"

8-3

〔老子曰:

天地之道,以德爲主,道爲之命,物以自正。至微甚內,不以事貴。故不待功而立,不以位爲尊,不待名而顯,不須禮而莊,不用兵而強。

故道立而不教，明照而不察。道立而不教者，不奪人能也；明照而不察者，不害其事也。夫教道者，逆於德，害於物。故陰陽四時，金木水火土，同道而異理，萬物同情而異形。知者不相教，能者不相受。故聖人立法，以導民之心，各使自然。故生者無德，死者無怨。

"天地不仁，以萬物為芻狗，聖人不仁，以百姓為芻狗。"夫慈愛仁義者，近狹之道也，狹者入大而迷，近者行遠而惑。聖人之道，入大不迷，行遠不惑，常虛自守，可以為極，是謂天德。〕

【探析與解說】

此章不見於《淮南子》，全章內容與本篇第一章相類，似原屬古本《文子》資料殘文，編輯今本《文子》者分置兩處。以下分兩點來說明：

第一、"天地之道"段：此段說明"天地之道"，以"本質之德"為根基，以"本然之運行"為依循，而萬物各自得其正處。故"不待功而立，不以位為尊，不待名而顯，不須禮而莊，不用兵而強"，文意完整。

第二、"故道立而不教"段："道立而不教，明照而不察"兩句，發揮《老子》"聖人處無為之事，行不言之教"[1]的思想。"夫教道者"下，文句似有錯亂，其原始資料或作：

> 夫教道者，逆於德，害於物。〔故陰陽四時，金木水火土，同道而異理，萬物同情而異形。〕知者不相教，能者不相受。〔故聖人立法，以導民之心，各使自然。〕故生者無德，死者無怨。（註：方括弧內文字為錯簡）

---

[1] 《老子》第二章曰："是以聖人處無為之事，行不言之教。萬物作焉而不辭。生而不有，為而不恃，功成而弗居。夫唯弗居，是以不去。"

　　此段說明“教”、“導”的人爲方式，違逆萬物之德，有害於物的本性。
“故陰陽四時”四句，與“故聖人立法”三句，與此種文意不合，恐爲錯簡。

　　“故陰陽四時，金木水火土，同道而異理”，與本篇第一章“十二月運行，
周而復始，金木水火土，其勢相害，其道相待”等句，意含相通，或爲彼處資
料。

　　又，“知者不相教，能者不相受”兩句，文意似上承此段首三句，並當聯
繫下文“故生者無德，死者無怨”兩句。

　　又，“故聖人立法，以導民心，各使自然”三句，文意與前文“夫教道者
逆德也”相違。此三句當爲他處錯簡，或爲後人注文竄入。

　　第三、“天地不仁”段：此段闡釋《老子》第五章“不仁”的觀念[1]。《文
子》以“慈愛仁義”解釋“仁”，並認爲是“近狹之道”。“慈愛仁義”表現
出“人”的價值要求，而非萬物普遍的本然，故稱之爲“近狹”。“聖人之道”
以“虛”自守，映照“天之本然”，故謂之“天德”。此種思想與竹簡《文子》
強調“仁、義”積極性作用的“四經”不合，恐爲文子後學思想的發展。

8-4

〔老子曰：〕

　　聖人天覆地載，日月照臨，陰陽和，四時化，懷萬物而不同，
無故無新，無疏無親，故能法天者。天不一時，地不一材，人不一
事，故緒業多端，趨行多方。

　　故用兵者，或輕或重，或貪或廉，四者相反，不可一也。輕者
欲發，重者欲止，貪者欲取，廉者不利非其有也。

　　故勇者可令進鬥，不可令持堅；重者可令固守，不可令凌敵；

---

[1] 《老子》第五章曰：“天地不仁，以萬物爲芻狗。聖人不仁，以百姓爲芻狗。”

貪者可令攻取，不可令分財；廉者可令守分，不可令進取；信者可令持約，不可令應變。五者，聖人兼用而材使之。

　　夫天地不懷一物，陰陽不產一類。故海不讓水潦以成其大，山林不讓枉撓以成其崇。〔聖人不辭其負薪之言以廣其名〕。夫守一隅而遺萬方，取一物而棄其餘，即所得者寡，而所治者淺矣。

【相關資料尋索】

　　聖人天覆地載，日月照，陰陽‘調’，四時化，‘萬物不同’，無故無新，無疏無親，故能法天。天不一時，地不一‘利’，人不一事，‘是以’緒業〔不得不〕多端，趨行〔不得不〕‘殊’方。五行異氣而皆調和，六藝異科而皆同道。

　　五行異氣而皆和，六藝異科而皆道。溫惠柔良者，《詩》之風也，淳厖敦厚者，《書》之教也；清明條達者，《易》之義也；恭儉尊讓者，《禮》之為也；寬裕簡易者，《樂》之化也；刺幾辯義者，《春秋》之靡也。故《易》之失鬼，《樂》之失淫，《詩》之失愚，《書》之失拘，《禮》之失忮，《春秋》之失訾。六者，聖人兼用而財制之。失本則亂，得本則治。其美在〔和〕，其失在權。

　　水、火、金、木、土、穀，異物而皆任，規矩權衡準繩，異形而皆施，丹青膠漆，不同而皆用，各有所適，物各有宜。輪圓輿方，轅從衡橫，勢施便也。驂欲馳，服欲步，帶不猒新，鉤不猒故，處地宜也。〈關睢〉興於鳥，而君子美之，為其雌雄之不〔乘〕居也；〈鹿鳴〉興於獸，而君子大之，取其見食而相呼也。泓之戰，軍敗君獲，而《春秋》大之，取其不鼓不成列也；宋伯姬坐燒而死，而《春秋》大之，取其不踰禮而行也。

　　成功立事，豈足多哉，方指所言，而取一概焉爾。王喬、赤松去塵埃之間，離群慝之紛，吸陰陽之和，食天地之精，呼而出故，吸而入新，蹀虛輕舉，乘雲遊霧，可謂養性矣，而未可謂孝子也。周公誅管叔、蔡叔，以平國弭亂，可謂忠臣也矣，而未可謂〔悌〕弟也。湯放桀，武王誅紂，以為天下去殘除賊，可謂惠君矣，而未可謂忠臣矣也。樂羊攻中山，未能下，中山烹其子，而食之以示威，可謂良將矣，而未可謂慈父也。故可乎可，而不可乎不可；不可乎不可，而可乎可。

　　舜、許由異行而皆聖，伊尹、伯夷異道而皆仁，箕子、比干異趨而皆賢。

　　故用兵者，或輕或重，或貪或廉，〔此〕四者相反〔而〕不可一〔無〕也。輕者欲發，重者欲止，貪者欲取，廉者不利非其有。故勇者可令進鬥，〔而〕不可令持‘牢’；重者可令‘填固’，〔而〕不可令‘凌’敵；貪者可令‘進’取，〔而〕不可令‘守職’；廉者可令守分，〔而〕不可令進取；信者可令持約，〔而〕不可令應變。五者〔相反〕，聖人兼用而‘財’使之。

　　夫天地不‘包’一物，陰陽不‘生’一類。海不讓水潦以成其大，山不讓‘土石’以成其‘高’。夫守一隅而遺萬方，取一物而棄其餘，‘則’其所得者‘鮮’，而所治者淺矣。《淮南子·泰族訓》，p. 674-677／〈泰族訓〉辨析，頁 623-626

【探析與解說】

　　此章說明“聖人”法天道，包懷萬物，兼用而裁使之，應屬輯入“文子外編”之道家傳承資料，後竄入《文子》。全文見於《淮南子·泰族訓》，〈泰族訓〉此處資料並不整齊，其中有脫文與錯簡。以下分四點來說明：

　　第一、“聖人天覆地戴”段：“懷萬物而不同”句，〈泰族訓〉作“萬物不同”。《文子》此句意指：聖人懷容萬物而不偏執於黨同。〈泰族訓〉無“懷”字，文義不通，恐有奪誤，〈自然〉篇保留《淮南子》舊文。

　　又，“地不一材”句，“材”字，〈泰族訓〉作“利”。“天不一時”、“地不一利”兩句，“天時”、“地利”相對為文，《文子》“材”字，當為“利”之形誤。

　　第二、“故用兵者”段：見於〈泰族訓〉處，舉出多種事例，闡發“聖人緒業多端，趨行殊方”之義，而引述“故用兵者”段加以解證。

　　第三、“故勇者可令進鬥”段：此段與上段分屬不同資料，前段舉“用兵者，或輕或重，或貪或廉”四種狀況，此段舉“勇者”、“重者”、“貪者”、“廉者”、“信者”五種士兵。“五者，聖人兼用而材使之”句，〈泰族訓〉

作"五者相反，聖人兼用而財使之"。〈自然〉篇"者"下恐奪"相反"二字，而"材"、"財"，均爲"裁"之借字。

第四、"夫天不懷一物"段：此段回應第一段"聖人……懷萬物而不同"段。"山林不讓枉撓以成其崇"句，〈泰族訓〉作"山不讓土石以成其高"。"枉撓"，指曲弱之木。《淮南子·脩務訓》"琴或撥刺枉撓"句下，高誘注："枉撓，曲弱。"《文子》此句意謂：山林不排斥曲弱的樹木，所以成就了它的高崇。《文子》此處資料與今本《淮南子》文字記述不同。

又，"聖人不辭其負薪之言以廣其名"句，未見於〈泰族訓〉，恐爲"文子外編"舊文。《文選·賤逐客書》注引作"聖人不辭其負薪之言以廣其名"，今本"其"字似衍。

8-5

〔老子曰：〕

天之所覆，地之所載，日月之所照，形殊性異，各有所安。樂所以爲樂者，乃所以爲悲也；安所以安者，乃所以爲危也。故聖人之牧民也，使各便其性，安其居，處其宜，爲其所能，周其所適，施其所宜，如此則萬物一齊，無由相過。天下之物，無貴無賤，因其所貴而貴之，物無不貴，因其所賤而賤之，物無不賤。故"不尚賢"者，言不放魚於木，不沉鳥於淵。

昔堯之治天下也，舜爲司徒，契爲司馬，禹爲司空，后稷爲田疇，奚仲爲工師。其導民也，水處者漁，林處者采，谷處者牧，陵處者田。地宜‘其’[1]事，事宜其械，械宜其材。皋澤織網，陵坡耕田，如是則民得以所有易所無，以所工易所拙。是以離叛者寡，聽

---

[1] 據《文子纘義》道藏本補。

從者眾。若風之過‘籟’，[1] 忽然而感之，各以清濁應。

物莫不就其所利，避其所害。是以鄰國相望，雞狗之音相聞，而足跡不接於諸侯之境，車軌不結於千里之外，皆安其居也。故亂國若盛，治國若虛，亡國若不足，存國若有餘。虛者，非無人也，各守其職也；盛者，非多人也，皆徼於末也；有餘者，非多財也，欲節而事寡也；不足者，非無貨也，民鮮而費多也。故先王之法，非所作也，所因也；其禁誅，非所為也，所守也。〔上德之道也。〕

【相關資料尋索】

廣廈闊屋，連闥通房，人之所安也，鳥入之而憂。高山險阻，深林叢薄，虎豹之所樂也，人入之而畏。川谷通原，積水重泉，黿鼉之所便也，人入之而死。〈咸池〉、〈承雲〉、〈九韶〉、〈六英〉，人之所樂也，鳥獸聞之而驚。深谿峭岸，峻木尋枝，蝯狄之所樂也，人上之而慄。{形殊性詭，所以為樂者乃所以為哀，所以為安者乃所以為危也}。乃至‘天地之所覆載’，日月之照〔詔〕，使各便其性，安其居，處其宜，為其能。

故愚者有所脩，智者有所不足；柱不可以摘齒，筐不可以持屋；馬不可以服重，牛不可以追速，鉛不可以為刀，銅不可以為弩，鐵不可以為舟，木不可以為釜。各用之於其所適，施之於其所宜，即萬物一齊，而無由相過。

夫明鏡便於照形，其於以函食不如簞；犧牛粹毛，宜於廟牲，其於以致雨，不若黑蜮。由此觀之，物無貴賤。因其所貴而貴之，物無不貴也；因其所賤而賤之，物無不賤也。

夫玉璞不厭厚，角觡不厭薄；漆不厭黑，粉不厭白。此四者相反也，所急則均，其用一也。今之裘與蓑，孰急？見雨則裘不用，升堂則蓑不御，此代為常者也。譬若舟、車、楯、肆、窮廬，故有所宜也。故老子曰“不上賢”者，

---

[1] 原作“蕭”，李定生云：“‘蕭’當作‘籟’。……《文選·漢高祖功臣頌》注引作‘籟’，是其證。”

言不致魚於木,沈鳥於淵。

故堯之治天下也,舜為司徒,契為司馬,禹為司空,后稷為‘大田師’,奚仲為工。其導〔萬〕民也,水處者漁,‘山處者木’,谷處者牧,‘陸’處者‘農’。地宜其事,事宜其械,械宜其用〔,用宜其人〕。澤泉織網,陵阪耕田,得以所有易所無,以所工易所拙,是故離叛者寡,而聽從者眾。譬若播棊丸於地,員者走澤,方者處高,各從其所安,夫有何上下焉!若風之過簫也,忽然感之,各以清濁應矣。

夫猿狄得茂木,不舍而穴;狟貉得埵防,弗去而緣;物莫避其所利而就其所害。

是故鄰國相望,雞狗之音相聞,而足跡不接諸侯之境,車軌不結千里之外者,皆各得其所安。

故亂國若盛,治國若虛,亡國若不足,存國若有餘。虛者非無人也,皆守其職也;盛者非多人也,皆徼於末也;有餘者非多財也,欲節事寡也;不足者非無貨也,民躁而費多也。

故先王之法籍,非所作也,其所因也。其禁誅,非所為也,其所守也。《淮南子·齊俗訓》p. 347-351／〈齊俗訓〉辨析,頁 250-253

【探析與解說】

此章論述萬物“形殊性異,各有所安”,聖人因之“以養民,使各便其性,安其居”,如此“萬物一齊,無由相過”,並稱之為“上德之道”。全文見於《淮南子·齊俗訓》。《文子》此章似“文子外編”資料竄入。以下分三點來說明:

第一、“天之所覆”段:此段“萬物一齊,無由相過”的思想,與《莊子·齊物論》相近。此處資料當屬南方道家傳承,與竹簡《文子》晉學觀念有別,當屬“文子外編”資料竄入。《文子》全段文意與〈齊俗訓〉相近,但論述的方式有別。

“樂所以為樂者”等四句,〈齊俗訓〉先舉出五種事例加以申述:“廣廈闊屋,連闥通房,人之所安也,鳥入之而憂”,“高山險阻,深林叢薄,虎豹之所樂也，人入之而畏”，“川谷通原，積水重泉，黿鼉之所便也，人入之而死”，“〈咸池〉、〈承雲〉、〈九韶〉、〈六英〉，人之所樂也，鳥獸聞之而驚”，“深谿峭岸，峻木尋枝，蝯狖之所樂也，人上之而慄”，來說明“形殊性詭”，再說“所以爲樂者乃所以爲哀，所以爲安者乃所以爲危也。”。〈齊俗訓〉下文曰：“乃至天地之所覆載，日月之照認，使各便其性，安其居，處其宜，爲其能。”此數句文意不完，與前文亦不能承接，當有脫誤。

又，“故聖人之牧民也”數句，《文子》說明聖人牧民的情況，而〈齊俗訓〉則先說：“故愚者有所脩，智者有所不足；柱不可以摘齒，筐不可以持屋；馬不可以服重，牛不可以追速，鉛不可以爲刀，銅不可以爲弩，鐵不可以爲舟，木不可以爲釜”，因此若能“各用之於其所適，施之於其所宜，即萬物一齊，而無由相過。”二者解說的方式不同。

又，“天下之物，無貴無賤”兩句，〈齊俗訓〉申論作“夫明鏡便於照形，其於以函食不如簞；犧牛粹毛，宜於廟牲，其於以致雨，不若黑蜧。由此觀之，物無貴賤。”此處文意見於《莊子·秋水》，〈秋水〉篇曰：“以道觀之，物無貴賤；以物觀之，自貴而相賤；以俗觀之，貴賤不在己。以差觀之，因其所大而大之，則萬物莫不大；因其所小而小之，則萬物莫不小。”

又，“不尙賢”句，語出《老子》第三章。此數句前，〈齊俗訓〉舉出多重事例，說明“物各有其所用”。

第二、“昔堯之治天下也”段：“林處者采”句，〈齊俗訓〉作“山處者木”。俞樾校《淮南子》云：“‘木’乃‘采’之壞字，謂采樵也。‘山處者采’，與上句‘水處者漁’，下句‘谷處者牧’，‘陸處者農’一律。……《文子》〈自然〉篇作‘林處者采’，可據以訂正。”

又，“地宜其事，事宜其械，械宜其材”三句，〈齊俗訓〉作“地宜其事，事宜其械，械宜其用，用宜其人”。《文子》恐有脫誤。

又，“如是則民得以所有易所無”句，〈齊俗訓〉無“無是則民”四字。何寧校《淮南子》云：“‘得以所有易所無’二句，文義不備。上文‘其導萬民也’云云，此二句乃總上之辭，承‘其導萬民’言之。得以所有易所無，以所工易所拙，民也，句前不得無主語。《文子》〈自然〉篇'得以所有'上有'如是則民'四字，此亦當有。"

又，"若風之過蕭"句，"過"字，〈齊俗訓〉作"遇"。陳觀樓校《淮南子》云："各本'過'字皆誤作'遇'，唯《道藏》本不誤。《文子》〈自然〉篇正作'若風之過蕭'。"

第三、"物莫不就其所利"段：此段敘說"物莫不見其所利，民莫不安其所居"。"故亂國若盛"等四句，與〈齊俗訓〉同。《文子》下文分別解釋"虛者"、"盛者"、"有餘者"、"不足者"，此四句句序恐有錯亂，似當作"治國若虛，亂國若盛，存國若有餘，亡國若不足。"四句文意，近於《文子·微明》第十九章："治國若不足，亡國困倉虛"，《太平御覽》卷七四二引作："治國若不足，亂國若有餘，存國困倉實，亡國困倉虛。"于大成[1]云："《淮南》原文有錯亂，依陶鴻慶校，彼文當云：'故亂國若盛，治國若虛，存國若不足，亡國若有餘。虛者非無人也，皆守其職也；盛者非多人也，皆徼於末也；不足者非多財也，欲節事寡也；有餘者非無貨也，民躁而費多也。'《鹽鐵論》〈本議〉篇云：'老子曰：貧國若有餘，非多才也，嗜欲眾而民譟也。'楊樹達謂以桓寬此文證《淮南》，陶說甚確。又桓寬明引'老子曰'，而《老子》無此文，《淮南》此文不云是《老子》，則漢時《文子》自有此文，疑《淮南》此文本於《漢志》著錄之《文子》，今本《文子》則又本於《淮南》也。"王利器《鹽鐵論校注》亦云："案：此所引《老子》，蓋《文子》〈自然〉篇之異文也。《文子》〈自然〉篇曰：'故亂國若盛，治國若虛，亡國若不足，存國若有餘。虛者，非無人也，各守其職也；盛者，非多人也，皆徼於末也；有餘者，非多財也，欲節而事寡也；不足者，非無貨也，民鮮而費多也。'（又見《淮南子》〈齊俗訓〉）即此文所本，以所引明稱'《老子》曰'，故知所用為《文子》而非《淮南子》也。《文子》以治亂、存亡對言，此文作'貧'，蓋反用其義，故又引下文'欲節事寡'為'嗜欲眾'也。躁謂浮躁，之謂。"植案：《鹽鐵論》當引自《文子》，但所見文本文字，恐與今本不同。漢時《文子》傳本可能即有使用"老子曰"體例者，或當時士人視此句出自《老子》別本。

---

[1] 于大成，〈文子自然校釋〉，幼獅學誌第十四卷第一期 1977 年，台北。後引同書不標明出處。

又，“故先王之法”段，重見於《文子·道原》第十章，〈道原〉彼處文字似錯簡重出。

又，“上德之道也”句，不見於《淮南子》，恐爲後人所加按語。

8-6

〔老子曰：〕

以道治天下，非易人性也，因其所有而條暢之，故因即大，作即小。古之瀆水者，因水之流也；生稼者，因地之宜也；征伐者，因民之欲也。能因則無敵於天下矣。

物必有自然而後人事有治也。故先王之制法，因民之性而為之節文。無其性，不可使順教；其有性，無其資，不可使遵道。人之性有仁義之資，其非聖人為之法度，不可使向方。因其所惡以禁姦，故刑罰不用，威行如神。因其性即天下聽從；怫其性，即法度張而不用。

【相關資料尋索】

天地四時，非生萬物也，神明接，陰陽和，而萬物生。'聖人之'治天下，非易'民'性也，'拊循'其所有而'滌蕩'之，故因則大，'化則細矣'。〔禹鑿龍門，闢伊闕，決江河濬河，東注之海〕，因水之流也。〔后稷墾草發菑，糞土樹穀，使五種各得其宜〕，因地之勢也。〔湯、武革車三百乘，甲卒三千人，討暴亂，制夏、商〕，因民之欲也。〔故〕能因，則無敵於天下矣。

〔夫〕物有〔以〕自然，而後人事有治也。故良匠不能斲金，巧治不能鑠木，金之勢不可斲，而木之性不可鑠也。埏埴而爲器，窬木而爲舟，鑠鐵而爲刃，鑄金而爲鐘，因其可也。駕馬服牛，令雞司夜，令狗守門，因其然也。

民有好色之性，故有大婚之禮；有飲食之性，故有大饗之誼；有喜樂之性，故有鍾鼓笙絃之音；有悲哀之性，故有衰絰哭踊之節。

　　故先王之制法〔也〕，因民之'所好'，而為之節文者也。因其好色而制婚姻之禮，故男女有別；因其喜音而正〈雅〉、〈頌〉之聲，故風俗不流；因其寧家室、樂妻子，教之以順，故父子有親；因其喜朋友而教之以悌，故長幼有序。然後脩朝聘以明貴賤，饗飲習射以明長幼，時搜振旅以習用兵也，入學庠序以脩人倫。此皆人之所有於性，而聖人之所匠成也。

　　〔故〕無其性，不可'教訓'；有其性，無其'養'，不能'遵道'。繭之性為絲，然非得工女煮以熱湯而抽其統紀，則不能成絲。卵之化為雛，非慈雌嘔煖覆伏，累日積久，則不能為雛。人之性有仁義之資，非聖王為之法度〔而教導之〕，〔則〕不可使'鄉'方。

　　故先王之教也，因其所喜以勸善，因其所惡以禁'奸'，故刑罰不用而威行如'流'，'政令'〔約省而化燿〕如神。如因其性，'則'天下聽從；'拂'其性，則法'縣'而不用。《淮南子‧泰族訓》p. 669-671／〈泰族訓〉辨析，頁617-619

【探析與解說】

　　此章可分為兩個部份，第一部份見於〈泰族訓〉，似《淮南子》別本殘文竄入。第二部份包含數段資料，均不見於《淮南子》，文中多引用《老子》經文，或屬解《老》資料殘文。

　　第一、"以道治天下"段：此段論述"以道治天下"，並非"變易人性"，而是因循其本然，故"能因即無敵於天下"。"以道治天下，非易人性也"兩句，〈泰族訓〉作"聖人之治天下，非易民性也。"下文多言"民之欲"、"民之性"，此處"人"字當作"民"。

　　又，"因其所有而滌暢之"句，〈泰族訓〉作"拊循其所有而滌蕩之。"二者所據文本似不同。

　　又，"故因即大，作即小"兩句，〈泰族訓〉作"故因則大，化則細。"王念孫校《淮南子》云："'化'字不可通，'化'當為'作'，字之誤。聖人因民性而條暢之，所謂因也。反是，則為作矣。……《文子》〈道原〉篇作

'因即大，作即細'，〈自然〉篇作'因即大，作即小'，皆其證。"

又，"瀆水者"、"生稼者"、"征伐者"等泛稱之詞，《淮南子》舉以"禹"、"后稷"、"湯"、"武"具體人物的事例。

第二、"物必有自然而後人事有治也"段："因民之性而爲之節文"句，〈泰族訓〉作"故先王之制法也，因民之所好，而爲之節文者也。""因民之性"與"因民之所好"，二者差異頗大。《文子》敘說人性的可能，而〈泰族訓〉則強調人性的欲向。〈泰族訓〉而在此句下，即以大段文字闡釋"因民之好而爲之節文"的事項，並結論曰："此皆人之所有於性，而聖人之所匠成也。"

又，"無其性，不可使順教；有其性，無其資，不可使遵道"四句，"使順教"三字，〈泰族訓〉作"教訓"。"使順教"指"因其性而節文"，"教訓"二字恐誤。"無其資"三字，〈泰族訓〉作"無其養"。"資"，有稟賦之義，與"性"意含相近，恐爲"養"字之誤。《荀子·性惡》："今人之性，生而離其樸，離其資，必失而喪之。"楊倞注："資，才也。"

＊

〔道德者，功名之本也，民之所懷也，民懷之則功名立。

古之善爲君者法江海，江海無爲以成其大，窳下以成其廣，故能長久，"爲天下谿谷，其德乃足"。無爲故能取百川，不求故能得，不行故能至，"是以取天下而無事"。不自貴故富，"不自見故明，不自矜故長"，處不有之地，故爲天下王。"不爭，故莫能與之爭"，"終不爲大，故能成其大"，江海近於道，故能長久，與天地相保。

王公修道，則"功成不有"，不有即強固，強固而不以暴人。道深即德深，德深即功名遂成，"此謂玄德，深矣！遠矣！其與物反矣。"

【探析與解說】

此部份文字，全不見於《淮南子》，內容似與文子學派思想相關，當屬古本《文子》資料，以下分兩點來說明：

第一、"道德者"段："道"、"德"、"功"、"名"，均爲《老子》重要觀念，但並未以"道德"、"功名"二詞連稱。以"道德"作爲"功名之本"，顯然是《老子》哲學的一種推衍。《老子》重天下之事功，全書七次論及"功"的問題。[1]"功名"一詞是將"名"的"彰顯"義，結合在"事功"的作用上。而"道德"一詞是將"道"的"始源"意義，確立在"治德"的根基上，似屬文子學派後續的思想發展。

第二、"古之善爲君者法江海"段：此段似解《老》資料殘文的綴合，多處使用《老子》用語，或取自《老子》經文，如："古之善爲君者法江海"句，近於《老子》第三十二章："譬道之在天下，猶川谷之於江海"與《老子》第六十六章："江海之所以能爲百谷王者，以其善下之"。"爲天下溪谷，其德乃足"兩句，近於《老子》第二十八章："爲天下谷，常德乃足"。"是以取天下而無事"句，語出《老子》第四十八章："取天下常以無事"。"不自見故明，不自矜故長"兩句，與"不爭，故莫能與之爭"兩句，均語出《老子》第二十二章。"終不爲大，故能成其大"兩句，語出《老子》第三十四章。

第三、"王公修道"段：此段行文體例近於〈原道〉篇第十章不見於《淮南子》部份文字。或屬該處古本《文子》殘文。"此謂玄德，深矣！遠矣！其與物反矣"四句，語出《老子》第六十五章。

*

〔天下有始，莫知其理，唯聖人能知所以。非雄非雌，非牝非

---

[1] 如："功成而弗居"（第二章）、"功遂身退"（第九章）、"功成事遂"（第十七章）、"不自伐，故有功"（第二十二章）、"自伐者無功"（第二十四章）、"功成不名有"（第三十四章）、"功成不自處"（第七十七章）。

牡，生而不死，天地以成，陰陽以形，萬物以生。故陰之與陽，有圓有方，有短有長，有存有亡。道為之命，幽沈而無事，於心甚微，於道甚當，死生同理，萬物變化，合於一道。

簡生忘死，何往不壽，去事與言，慎無為也。守道周密，於物不宰。至微無形，天地之始。萬物同於道而殊於形，至微無物，故能周恤；至大無外，故為萬物蓋；至細無內，故為萬物貴。

道以存生，德以安形，至道之度，去好去惡，無有知故，易意和心，無以道迕。

夫天地專而為一，分而為二，反而合之，上下不失；專而為一，分而為五，反而合之，必中規矩。

夫道至親不可疏，至近不可遠，求之遠者，往而復反。〕

【探析與解說】

此部份文字全不見於《淮南子》，應屬古本《文子》資料。以下分五點來說明：

第一、"天下有始"段：此段論說"天下之始"的意含。《老子》第五十二章曰："天下有始，以為天下母。"《文子·道德》第一章曰："夫道者，原產有始，始於柔弱，成於剛強。"竹簡《文子》作"產于有始，始（原脫"始"字的重文符號）于弱而成于強。（編號0581簡）對"有始"觀念的強調，當襲自《老子》。文中區別"始"、"陰陽"與"道"三者的作用，也表現出文子學派後續發展的思想。

第二、"簡生忘死"段：此段文意古樸而精要，屬《文子》古本資料型態。"至微無物，故能周恤；至大無外，故為萬物蓋；至細無內，故為萬物貴"六句，"至微無物"與"至大無外"、"至小無內"並列提出，今存古文獻少見，尤顯珍貴。"慎無為也"句，于大成云："《續義》本'慎'作'順'，二字古通。"

第三、"道以存生"段：此段具有格言型態。"道以存生、德以安形"二句，似承襲《老子》第五十一章："故道生之，德畜之，長之，育之，亭之，毒之，養之，覆之"的思想。"無以道迕"句，于大成云："《纘義》本、守山閣本'以'作'與'。'以'猶'與'也。"

第四、"夫天地專而爲一"段：此段敘說天地交合爲一，析離爲二，復反而爲一，再離判爲五。其論述方式，近於郭店楚墓竹簡〈太一生水〉篇。〈太一生水〉篇曰："太一生水，水反捕（輔）大一，是一成天。天反捕（輔）大一，是以生陞（地）。天陞（地）□□□也，是以生神明。神明復相捕（輔）也，是以成會（陰）易（陽），會（陰）易（陽）復相捕也，是以成四時。……。"

第五、"夫道至親不可疏"段：此段文意近於〈原道〉篇第三章："大道坦坦，去身不遠，求之遠者，往而復返。"《易·履卦》："履道坦坦。"孔穎達疏曰："坦坦，平易之貌。""大道平易"故可稱之爲"至親而不可疏"。

8-7

〔老子曰：

帝者有名，莫知其情。帝者貴其德，王者尚其義，霸者通於理。

聖人之道，於物無有。道狹然後任智，德薄然後任刑，明淺然後任察。任智者心中亂，任刑者上下怨，任察者下求善以事上即弊。是以聖人因天地以變化，其德乃天覆而地載，道之以時，其養乃厚，厚養即治，雖有神聖，夫何以易之。去心知，省刑罰，反清靜，物將自正。〕

*

道之爲君如尸，儼然玄默，而天下受其福，一人被之不褒，萬人被之不禣。是故重為慧[1]，重為暴，即道迕矣。為惠者布施也，無功而厚賞，無勞而高爵，即守職者懈於官，而游居者亟於進矣。夫暴者妄誅，無罪而死亡，行道者而被刑，即修身‘者’[2]不勸善，而為邪行者輕犯上矣。故為惠者即生姦，為暴者即生亂。姦亂之俗，亡國之風也。

故國有誅者而主無怒也，朝有賞者而君無與也。誅者不怨君，罪之當也；賞者不德上，功之致也。民‘知’[3]誅賞之來，皆生於身，故務功修業，不受賜於人。是以朝廷蕪而無跡，田埜辟而無穢，故“太上，下知而有之。”

王道者，處無為之事，行不言之教，清靜而不動，一度而不搖，因循任下，責成而不勞。謀無失策，舉無過事，言無文章，行無儀表，進退應時，動靜循理，美醜不好憎，賞罰不喜怒。名各自名，類各自以，事由自然，莫出於己。若欲狹之，乃是離之，若欲飾之，乃是賊之。

天氣為魂，地氣為魄，反之玄妙，各處其宅，守之勿失，上通太一，太一之精，通合於天。天道嘿嘿[4]，無容無則，大不可極，深不可測，常與人化，智不能得。

輪[5]轉無端，化邃如神，虛無因循，常後而不先。

其聽治也，虛心弱志，清明不闇，是故群臣輻輳並進，無愚智賢不肖，莫不盡其能。君得所以制臣，臣得所以事君，即治國之所

---

[1] 景宋本、《文子纘義》道藏本作“惠”。

[2] 據《文子纘義》道藏本補。

[3] 原作“之”，據景宋本、《文子纘義》道藏本改。

[4] 《文子纘義》道藏本作“默默”。

[5] 《文子纘義》道藏本作“運”。

以明矣。

【相關資料尋索】

　　'君人之道，其猶零星之尸也'，儼然玄默，而〔吉祥〕受福。是故得道者不爲醜飾，不爲僞善，一人被之〔而〕不褒，萬人'蒙'之〔而〕不褊。是故重爲'惠'，〔若〕重爲暴，'則'〔治〕道'通'矣。爲惠者，〔尚〕布施也。無功而厚賞，無勞而高爵，'則'守職者懈於官，而游居者亞於進矣。〔爲〕暴者，妄誅〔也〕。無罪〔者〕而死亡，行'直'而被刑，'則'修身〔者〕不勸善，而爲邪者輕犯上矣。故爲惠者生姦，〔而〕爲暴者生亂。姦亂之俗，亡國之風。

　　是故明主之治，國有誅者而主無怒'焉'，朝有賞者而君無與焉。誅者不怨君，罪之〔所〕當也；賞者不德上，功之〔所〕致也。民知誅賞之來，皆在於身〔也〕，故務功修業，不受'贛'於'君'。是故朝廷蕪而無跡，田'野'辟而無'草'，故“太上下知有之”。《淮南子・主術訓》p. 281-282 ／〈主術訓〉辨析，161-162

　　'人主之術'，處無爲之事，〔而〕行不言之教，清靜而不動，一度而不搖，因循而任下，責成而不勞。

　　是故心知規而師傅諭導，口能言而行人稱辭，足能行而相者先導，耳能聽而執正進諫。是故'慮'無失策，'謀'無過事，言'爲'文章，行'爲'儀表〔於天下〕，進退應時，動靜循理，'不爲醜美好憎'，'不爲賞罰喜怒'，名各自名，類各自類，事'猶'自然，莫出於己。

　　故古之王者，冕而前旒，所以蔽明也；黈纊塞耳，所以掩聰；天子外屏，所以自障。故所理者遠則所在者邇，所治者大則所守者少。夫目妄視則淫，耳妄聽則惑，口妄言則亂。夫三關者，不可不慎守也。

　　若欲規之，乃是離之；若欲飾之，乃是賊之。天氣爲魂，地氣爲魄，反之玄'房'，各處其宅，守之勿失，上通太一，太一之精，通合於天。天道玄默，無容無則，大不可極，深不可測，'尚'與人化，'知'不能得。《淮南子・主術訓》p. 269-271 ／〈主術訓〉辨析，頁 148-150

'夫人主之'聽治也，{清明而不闇，虛心而弱志，}是故群臣輻湊並進，無愚智賢不肖，莫不盡其能。於是乃始陳其禮，建以爲基。是乘眾勢以爲車，御眾智以爲馬，雖幽野險塗，則無由惑矣。

人主深居隱處以避燥濕，閨門重襲以避姦賊，內不知閭里之情，外不知山澤之形。帷幕之外，目不能見十里之前，耳不能聞百步之外，天下之物無不通者，其灌輸之者大，而斟酌之者眾也。是故："不出戶而知天下，不窺牖而知天道。"

乘眾人之智，則天下之不足有也；專用其心，則獨身不能保也。是故人主覆之以德，不行其智，而因萬人之所利。夫舉踵天下而得所利，故百姓載之上弗重也；錯之前而弗害也；舉之而弗高也，推之而弗厭。

*

主道員者，運轉而無端，化'育'如神，虛無因循，常後而不先〔也〕。臣道方者，論是而處當，爲事先倡，守職分明，以立成功也。是故君臣異道則治，同道則亂。各得其宜，處其當，則上下有以相使也。

'夫人主之'聽治也，虛心而弱'意'，清明〔而〕不闇，是故群臣輻湊並進，無愚智賢不肖，莫不盡其能〔者〕，'則'君得所以制臣，臣得所以事君，治國之道明矣。《淮南子·主術訓》p.283-284／〈主術訓〉辨析，頁163-166

【探析與解說】

此章可分爲兩個部份，第一部份包含兩段文字，均不見於《淮南子》，第二部份包含五段文字，分別出現於《淮南子·主術訓》多處。《文子》此章直接闡發《老子》"無爲之治"、"不言之教"的思想，原屬文子學派思想史料，部份輯入"文子外編"，〈主術訓〉引用並加以申述。以下分八點來說明：

第一、"帝者有名"段：區別"帝"、"王"與"霸"的不同操持。首兩句，僅列出"帝者有名"兩句，似有脫文。

第二、"聖人之道"段：此段論述"聖人之道，於物無有，因天地以變化"，與上段文意有別。"道之以時"句後，與前文文氣不相連貫，恐有脫文。全段似屬道家傳承思想史料。

第三、"道之爲君如尸"段："道之爲君"，即"以道爲君"，或"爲君之道"，〈主術訓〉作"君人之道"。此段闡發《老子》第十七章"太上，下知有之"之義，似與解《老》傳承有關，原當屬"文子外編"資料，而〈主術訓〉引用。

"是故重爲慧，重爲暴，即道迋矣"兩句，〈主術訓〉作"是故重爲惠，若重爲暴，則治道通矣"。"慧"字，《文子纘義》本作"惠"。王念孫校《淮南子》云"'重爲惠若重爲暴'本無'若'字。後人以〈詮言訓〉云'重爲善若重爲非'，故加'若'字。不知彼文是言爲善者必生事，故曰'重爲善若重爲非'，此言惠暴俱不可爲，則二者平列，不得云'重爲惠若重爲暴'也。下文'爲惠者生姦'、'爲暴者生亂'，即承此文言之，則惠暴平列，明矣。《文子》〈自然〉篇作'是故重爲惠，重爲暴，即道達（植案：各本《文子》中"達"字均作"迋"。）矣'，無'若'字"。"重爲惠"與"重爲暴"，即不能使"治道通"，因下文明言，"爲惠者即生姦"，"爲暴者生亂"。高誘於"則治道通矣"句下注曰："'通'，猶順也。"植案：高誘所見《淮南子》文本，與《文子》此處文字不同。

第四、"故國有誅者而主無怒也"段：見於〈主術訓〉處，屬另段文字，並前有"是故明主之治"句。

"不受賜於人"句，〈主術訓〉作"不受贖於君"。高誘注曰："贖，物也。"向宗魯校《淮南子》云："注'物也'乃'賜也'之誤。"

又，"田埜辟而無穢"句，〈主術訓〉作"田野辟而無草"。"穢"，指荒蕪。《荀子・富國》曰："民貧則田瘠以穢，田瘠以穢，則出實不半。"

又，"太上，下知有之"句，語出《老子》第十七章。

第五、"王道者"段：全段論述"王道"的意含。"王道"是文子哲學的重要觀念之一，竹簡《文子》殘文即出現"王道"兩次。（編號 2385 簡曰："故王道唯德乎！臣故曰一道。"；編號 0571 簡"矣，故王道成。"）"王道者"三字，〈主術訓〉作

"人主之術"。

又，"言無文章"、"行無儀表"兩句，〈主術訓〉分別作"言爲文章"、"行爲儀表於天下"，《文子》此處說明"王道"是"處無爲之事，行不言之教"，〈主術訓〉兩句與此種義理不合，也與"謀無失策，舉無過事"有違，當從《文子》。俞樾校《淮南子》云："'於天下'三字，衍文也。涉高注曰'爲天下人所法則也'，故誤衍此三字。"王叔岷校《淮南子》云："《文子》〈自然〉篇無'於天下'三字，與俞說合。"

又，"美醜不好憎，賞罰不喜怒"兩句，〈主術訓〉作"不爲美醜好憎，不爲賞罰喜怒"，《文子》意謂：不以好憎論美醜，不以喜怒施賞罰。《文子》之"王道"並非"不爲"，而是"爲於無爲"。《文子》意含，似較〈主術訓〉深刻。

又，"名各自名，類各自以，事由自然，莫出於己"四句，"由"字，〈主術訓〉作"猶"，劉文典校《淮南子》云："《治要》引'猶'作'由'。"王叔岷云："案：《文子》亦作'由'。"此四句下，〈主術訓〉接"古之王者"段。〈主術訓〉此段文意與前文不相通貫，當爲錯簡。

又，"若欲狹之，乃是離之，若欲飾之，乃是賊之"四句，"狹"字，〈主術訓〉作"規"。"規之"與"飾之"，前後相稱，《文子》"狹"字，原當作"規"。此四句，《文子》接於前文四句之後，文意通貫。

第六、"天氣爲魂"段：此段論述"天道"的運作，與上段文義不同，當屬另段資料。全段文字古樸，文意精要，似屬《文子》古本。其中提到"反之玄妙，上通太一"，似對於《老子》"玄德"觀念的一項重要推衍，而稱"太一之精，通合於天"，也似發揮《老子》哲學"精"觀念的始源性狀。

又，"通合於天"句，〈主術訓〉作"通於天道"。王念孫校《淮南子》云："'通於天道'本作'通合於天'，今本脫'合'字，衍'道'字。《文子》〈自然〉篇正作'通合於天'。'天'與'精'爲韻。……若作'通於天道'，則失其韻矣。此文上下十八句皆用韻。"

第七、"輪轉無端"段：見於〈主術訓〉處，屬另段資料，與《文子》前段文字並不連屬。此處似《淮南子》別本殘句的綴合。

第八、"其聽治也"段：《文子》前文論述"天道"之義，此處"其聽治也"之"其"字，無所指涉，全段文字恐爲《淮南子》別本殘文竄入。〈主術訓〉此處亦有錯簡。〈主術訓〉此處敘說的結構如下：

> 夫人主之聽治也，清明而不闇，虛心而弱志，是故群臣輻湊並進，無愚智賢不肖，莫不盡其能。於是乃始陳禮……
>
> ……
>
> 主道員者，運轉而無端，化育如神，虛無因循，常後而不先也。臣道方者，論是而處當，為事先倡，守職分明，以立成功也。是故君臣異道則治，同道則亂。各得其宜，處其當，則上下有以相使也。〔夫人主之聽治也，虛心而弱意，清明而不闇，是故群臣輻湊並進，無愚智賢不肖，莫不盡其能者，則〕君得所以制臣，臣得所以事君，治國之道明矣。

"夫人主之聽治"等句，出現兩次。若刪除後段重見部份，"則上下有以相使也"句，正可下接"君得以治臣"等句。《文子》此段顯似摘要殘文。〈主術訓〉論述"君道圓"、"臣道方"的思想，源自《呂氏春秋·圜道》。〈圜道〉篇曰："天道圜，地道方，聖王法之，所以立上下。""所以立上下"即〈主術訓〉所稱"各得其宜，處其當，則上下有以相使"。

8-8

〔老子曰：〕

知而好問者聖，勇而好問者勝。乘眾人之智者，即無不任也；用眾人之力者，即無不勝也。用眾人之力者，烏獲不足恃也；乘眾人之勢者，天下不足用也。無權不可為之勢，而不循道理之數，雖神聖人不能以成功。

故聖人舉事，未嘗不因其資而用之也。有一'形'[1]者處一位，有一能者服一事。力勝其任，即舉者不重也；能稱其事，即為者不難也。聖人兼而用之，故人無棄人，物無棄材。

【相關資料尋索】

文王智而好問，故聖。武王勇而好問，故勝。〔夫〕乘眾之智，則無不任也；用眾人之力，則無不勝也。千鈞之重，烏獲不能舉也；眾人相一，則百人有餘力矣。是故任一人之力者，則烏獲不足恃；乘眾之'制'者，〔則〕天下不足'有'也。

禹決江疏河，以為天下興利，而不能使水西流。稷辟土墾草，以為百姓力農，然不能使禾冬生。豈其人事不至哉？其勢不可也。'夫推而'不可為之勢，而不修道理之數，雖神聖人不能以成〔其〕功，而況當世之主乎！

夫載重而馬羸，雖造父不能以致遠。車輕馬良，雖中工可使追速。是故聖人舉事也，豈能拂道理之數，詭自然之性，以曲為直，以屈為伸哉？未嘗不因其資而用之也。是以積力之所舉，無不勝也；而眾智之所為，無不成也。

聾者可令嚼筋，而不可使有聞也；瘖者可使守圉，而不可使言也。形有所不周，而能有所不容也。是故有一'形'者處一位，有一能者服一事。力勝其任，'則'舉〔之〕者不重也；能稱其事，'則'為〔之〕者不難也。毋小大脩短，各得其宜，則天下一齊，無以相過也。聖人兼而用之，'故無棄才'。《淮南子·主術訓》p.284-286／〈主術訓〉辨析，頁166-167

【探析與解說】

此章接續見於《淮南子·主術訓》，全章說明"聖人舉事"，"因眾人之資而用之"，故能"人無棄人，物無棄材"。此種思想見於先秦典籍[2]，此處似

---

[1] "形"字原作"功"，據景宋本改。

[2] 如《管子·形勢解》曰："明主之舉事也，任聖人之慮，用眾人之力，而不自與焉；故事成而福生。亂主自智也，而不因聖人之慮，矜奮自功，而不因眾人之力，專用己，而不聽正諫。

屬前人資料，後輯入“文子外編”，《淮南子》撰述時曾加以引用，而《文子》此處恐爲《淮南子》別本的摘錄。以下分兩點來說明：

第一、“知而好問者”段：“知而好問者聖”、“勇而好問者勝”兩句，〈主術訓〉分別作“文王智而好問，故聖”、“武王勇而好問，故勝”。《文子》此處仍用泛稱。顧觀光云：“《治要》引‘勇而好問’句，‘問’，作‘同’‘同’字勝。”于大成云：“案《荀子》〈儒孝〉篇引孔子曰：‘勇而好同必勝’，亦見於《說苑》〈雜言〉篇。《淮南子》〈主術〉此兩句并是‘問’字，與本書今本同，然高誘注云：‘好問，欲與人同其功’，則所據本亦是‘同’字，故以‘同其功’釋之，其出文‘問’字，必是後人據已誤之正文而妄改。下文‘乘眾人之智’，‘用眾人之力’，皆是說‘同’字之義。然則此文兩‘問’字并當爲‘同’字矣。”

又，“乘眾人之智者，即無不任也”兩句，見於〈主術訓〉處，文字相同。于大成云：“‘任’當爲‘聖’，此承上文‘知而好同者聖’而言也。”植案：“任”字，恐爲“聖”字形壞爲“壬”而誤。

又，“用眾人之力者，烏獲不足恃也，承眾人之勢者，天下不足用也”四句，〈主術訓〉作“千鈞之重，烏獲不能舉也；眾人相一，則百人有餘力矣。是故任一人之力者，則烏獲不足恃；乘眾之制者，則天下不足有也。”《文子》此處意含與〈主術訓〉略異。《文子》所言“用眾人之力者”、“承眾人之勢者”，皆是就“同”而說。〈主術訓〉則稱“任憑一人之力，則雖大力若烏獲者，亦不足以賴之。”“制”字，楊樹達校《淮南子》云：“‘制’劉家立《集證》本作‘智’，是也。……‘制’、‘智’音近，傳寫誤耳。”

又，“無權不可爲之勢”句，〈主術訓〉作“夫推而不可爲之勢”。顧觀光云：“‘無權’二字誤，〈主術訓〉作‘夫推’。”俞樾云：“‘無’當爲‘夫’，聲之誤也。‘權’當爲‘推’，字之誤也。《淮南子》〈主術訓〉作

故事敗而禍生。”《呂氏春秋·分職》曰：“先王用非其有，如己有之，通乎君道者也。夫君也者，處虛素服而無智，故能使眾智也，智反無能，故能使眾能也；能執無爲，故能使眾爲也。無智、無能、無爲，此君之所執也。人主之所惑者則不然，以其智彊智，以其能彊能，以其爲彊爲，此處人臣之職也。處人臣之職而欲無壅塞，雖舜不能爲。”

'夫推而不可爲之勢'，‘而’衍字。”植案：“無”（无）字，當爲“夫”之形誤。

第二、“故聖人舉事”段：見於〈主術訓〉處，屬另段資料。“有一形者處一位”句，“形”字，原作“功”，據景宋本改，〈主術訓〉亦作“形”，各本作“功”者，恐後人涉下文“能”字而妄改。“形”，通“型”。《左傳·昭公十二年》：“形民之力。”杜預注：“言國之用民，當隨其立任，如金冶之器，隨器而制形。”孔穎達疏：“鑄冶之家，將作器而制其模，謂之爲形。”

又，“故人無棄人，物無棄材”兩句，〈主術訓〉作“故無棄材”，此兩句出自《老子》第二十七章：“是以聖人常善救人，故無棄人；常善救物，故無棄物。”《文子》“形－位”、“能－事”並舉，此處當以“人”與“材”並列，文意方爲完備，〈主術訓〉似有脫漏。

8-9

〔老子曰：〕

所謂無爲者，非謂其引之不來，推之不去，迫而不應，感而不動，〔堅滯而不流，捲握而不散〕。謂其私志不入公道，嗜欲不挂正術，循理而舉事，因資而立功，推自然之勢，曲故不得容，事成而身不伐，功立而名不有。若夫水用舟，沙用𨋢，泥用輴，山用樏，夏瀆冬陂，因高爲山，因下爲池，非吾所爲也。

聖人不恥身之賤，惡道之不行也；不憂命之短，憂百姓之窮也。〔故常虛而無爲，抱素見樸，不與物雜。〕

【相關資料尋索】

或曰：｛無爲者，寂然無聲，漠然不動，引之不來，推之不往，如此者，乃得道之像。吾以爲不然｝。

　　嘗試問之矣：「若夫神農、堯、舜、禹、湯，可謂聖人乎？」有論者必不能廢。以五聖觀之，則莫得無爲，明矣。

　　古者，民茹草飲水，采樹木之實，食嬴蚘之肉，時多疾病毒傷之害。於是神農乃教民播種五穀，相土地之宜，燥濕肥墝高下，嘗百草之滋味、水泉之甘苦，令民知所避就。當此之時，一日而遇七十毒。

　　堯立孝慈仁愛，使民如子弟。西教沃民，東至黑齒，北撫幽都，南道交趾。放讙兜於崇山，竄三苗於三危，流共工於幽州，殛鯀於羽山。

　　舜作室，築牆茨屋，辟地樹穀，令民皆知去巖穴，各有家室。此其始也，南征三苗，道死蒼梧。

　　禹沐浴霪雨，櫛扶風，決江疏河，鑿龍門，闢伊闕，脩彭蠡之防，乘四載，隨山刊木，平治水土，定千八百國。

　　湯夙興夜寐，以致聰明；輕賦簿斂，以寬民氓；布德施惠，以振困窮；弔死問疾，以養孤孀。百姓親附，政令流行，乃整兵鳴條，困夏南巢，譙以其過，放之歷山。

　　此五聖者、天下之盛主，勞形盡慮，爲民興利除害而不懈。奉一爵酒，不知於色，挈一石之尊則白汗交流，又況贏天下之憂，而海內之事者乎？其重於尊亦遠矣！

　　且夫聖人者，不恥身之賤，而愧道之不行；不憂命之短，而憂百姓之窮。是故禹之爲水，以身解於陽盰之阿；湯旱，以身禱於桑山之林之際。聖人憂民，如此其明也，而稱以「無爲」，豈不，悖哉！

　　〔以下數段，文意與上文不太通貫。部份文字見於《文子》本篇下章。〕

　　　且古之立帝王者，非以奉養其欲〔也〕；聖人踐位者，非以逸樂其身也。為天下強「掩」弱，眾暴寡，詐欺愚，勇侵怯，懷知〔而〕不以相教，積財〔而〕不以相分，故立天子以齊一之。為一人〔聰〕明〔而〕不「足以」遍照海內，故立三公九卿以輔翼之。絕國殊俗，僻遠幽間之處，不〔能〕被〔德承〕澤，故立諸侯以教誨之。是以「地無不任，時無不應」，官無隱事，國無遺利。所以衣寒食飢，養老弱〔而〕息勞倦〔也〕。

　　　若以布衣徒步之人觀之，〔則〕伊尹負鼎而干湯，呂望鼓刀而入周，百里奚轉‘鬻’，管仲束縛，孔子無黔突，墨子無煖席。是以聖人不高山、不廣河，蒙恥辱以干世主，非以貪祿慕位，欲〔事〕起天下利〔而〕除萬民之害。

蓋聞傳書曰：〔神農憔悴，堯瘦臞，舜黴黑，禹胼胝〕。由此觀之，則聖人之憂勞百姓甚矣！故〔自〕天子〔以下〕，至于庶人，四‘肢’不‘動’，思慮不‘用’，‘事治’求‘澹’者，未之聞也。

夫地勢、水東流，人必事焉，然後水潦得谷行。禾稼春生，人必加功焉，故五穀得遂長。聽其自流，待其自生，則鯀、禹之功不立，而后稷之智不用。

〔上段文意似有不足，前後段之間恐有脫文。〕

〔若吾所謂“無為”者〕，私志不〔得〕入公道，嗜欲不〔得〕‘枉’正術，循理而舉事，因資而立功，‘權’自然之勢，〔而〕曲故不得容〔者〕，事成而身‘弗’伐，功立而名‘弗’有，非謂其感而不應，攻而不動者。若夫以火熯井，以淮灌山，此用己而背自然，故謂之有為。若夫水〔之〕用舟，沙〔之〕用鳩，泥之用輴，山之用蔂，夏瀆而冬陂，因高為‘田’，因下為池，〔此〕非吾所〔謂〕為〔之〕。《淮南子·脩務訓》p.629-635／〈脩務訓〉辨析，頁 587-590

天下之民窮矣苦矣。民之窮苦彌甚，王者之彌易。凡王也者，窮苦之救也。水用舟，陸用車，塗用輴，沙用鳩，山用樏，因其勢也。因勢者令行。位尊者其教受，威立者其奸止，此畜人之道也。《呂氏春秋·慎勢》

【探析與解說】

此章與下章均見於《淮南子·脩務訓》。全章明確而詳盡闡釋“無為”的情狀，為道家傳承重要的發展。此項資料或與文子學派有關，後輯入“文子外編”，〈脩務訓〉引用並舉事例加以申述。但《文子》此處恐為《淮南子》別本殘文竄入，唯保留《淮南子》部份舊文句序。〈脩務訓〉此章各段之間，句序有錯亂。以下分兩點來說明：

第一、“所謂無為者”段：《文子·道原》第二章曰：“所謂無為者，不先物爲也。”此段與彼處哲學問題的探索相近。全段論說方式與〈脩務訓〉有異。二者比較如下：

> 所謂無爲者，非謂其引之不來，推之不去，迫而不應，感而不動，堅滯而不流，捲握而不散。謂其私志不入公道，嗜欲不挂正術，循理而擧事，因資而立功，推自然之勢，曲故不得容，事成而身不伐，功立而名不有。若夫水用舟，沙用鳩，泥用輴，山用樏，夏瀆冬陂，因高爲山，因下爲池，非吾所爲也。《文子》

> 或曰：無爲者，寂然無聲，漠然不動，引之不來，推之不往，如此者，乃得道之像。吾以爲不然。………若吾所謂無爲者，私志不得入公道，嗜欲不得枉正術，循理而擧事，因資而立功，權自然之勢，而曲故不得容者，事成而身弗伐，功立而名弗有。非謂其感而不應，攻而不動者。若夫以火熯井，以淮灌山，此用己而背自然，故謂之有爲。若夫水之用舟，沙之用鳩，泥之用輴，山之用蔂，夏瀆而冬陂，因高爲田，因下爲池，此非吾所謂爲之。《淮南子》

就二者論述結構來看，《文子》此處文字簡要，〈脩務訓〉則較爲複雜。〈脩務訓〉的語式作：“或曰：‘無爲者，寂然無聲，漠然不動，引之不來，推之不往，如此者，乃得道之像。’吾以爲不然。……若吾所謂吾爲者……。”所謂“或曰”是指他人的論點，〈脩務訓〉批評此種“無爲”的解釋，而曰：“吾以爲不然”，然後加以辨析，並提出“若吾所謂無爲者”的闡釋。《文子》以“所謂無爲者，非謂……，謂其……”的形式來述說。

又，“因資而立功，推自然之勢”兩句，〈脩務訓〉作“因資而立，權自然之勢”。王念孫校《淮南子》云：“‘因資而立’下脫一字，當依《文子》〈自然〉篇作‘因資而立功’，‘立功’與‘擧事’相對爲文。〈氾論訓〉曰：‘聖人隨時而動靜，因資而立功。’〈說林訓〉曰：‘聖人者，隨時而擧事，因資而立功。’皆其證也。……‘權自然之事’，當依《文子》作‘推自然之事’，字之誤也。〈原道訓〉曰：‘天下之事，不可爲也，因其自然而推之。’〈主術訓〉曰：‘推不可爲之勢，而不循道理之術。’高注：‘推，行也。’今本‘推’作‘權’，則非其指矣。”

又，“迫而不應”四句，見於〈脩務訓〉下文作“非謂其感而不應，攻而不動者”，而無“堅滯而不流，捲握而不散”兩句。王引之校《淮南子》云：“‘攻’當作‘敀’。‘敀’，今‘迫’字也，故《文子》作‘迫而不動’。〈原道訓〉云：‘感而能應，迫而能動。’〈精神訓〉云：‘感而應，迫而動。’《莊子》〈刻意〉云：‘感而後應，迫而後動。’皆其證。”

又，“因高爲山”句，“山”字，〈脩務訓〉作“田”，因下有“因下爲池”句，“田”字較勝。

第二、“聖人不恥身之賤”段：此段文意與前段不相連屬，恐爲錯簡。〈脩務訓〉見於“此五聖者”段後，並以“且夫”轉折語詞連接下文。

又，“故常虛而無爲”三句，說明聖人“常虛”、“無爲”、“不與物雜”等“抱素見樸”的修持，與前文四句所稱“惡道之不行”、“憂百姓之窮”等強調救世之弊的義理不類。此三句，不見於《淮南子》，似他處錯簡，或爲編輯今本者所妄加。

8-10

〔老子曰：〕

古之立帝王者，非以奉養其欲也；聖人踐位者，非以逸樂其身也。爲天下〔之民，〕強陵弱，眾暴寡，詐者欺愚，勇者侵怯；〔又爲其〕懷智[1]不以相教，積財不以相分，故立天子以齊一之。爲一人之明，不能遍照海內，故立三公九卿以輔翼之。爲絕國殊俗，不得被澤，故立諸侯以教誨之。是以天地四時無不應也，官無隱事，國無遺利，所以衣寒食飢，養老弱，息勞倦〔，無不以也〕。

神農形悴，堯瘦癯，舜黧黑，禹胼胝，伊尹負鼎而干湯，呂望

---

[1] “智”字下原有“詐”字，據《文子纘義》道藏本刪。

鼓刀而入周，百里奚傳賣，管仲束縛，孔子無黔突，墨子無煖席，非以貪祿慕位，將欲事[1]起天下之利，除萬民之害也。自天子至於庶人，四體不勤，思慮不困，於事求贍者，末之聞也。

【相關資料尋索】

見上章相關資料探索引〈脩務訓〉。

【探析與解說】

此章見於《淮南子‧脩務訓》上引資料中段。〈脩務訓〉彼處與其前後段文意有出入，恐爲錯簡。《文子》此章仍爲《淮南子》別本殘文竄入。以下分兩點來說明：

第一、"古之立帝王者"段：此段說明"天子"、"三公九卿"、"諸侯"等官制設置的緣由。《文子》書中多處說明"立君"之義，如："民有道所同行，有法所同守，義不能相固，威不能相必，故立君以一之。"（〈道德〉篇第八章）"古之置有司也，所以禁民使不得恣也，其立君也，所以制有司使不得專行也，法度道術，所以禁君使不得橫斷也。"（〈上義〉篇第七章）"所以立君者，以禁暴亂也。"（〈上義〉第十二章）。

"爲天下之民"句，〈脩務訓〉無"之民"二字。"又爲其"三字，〈脩務訓〉，無。"天地四時無不應也"，〈脩務訓〉作"地無不任，時無不應"。"無不以也"句，〈脩務訓〉無。《文子》所載錄文本，似與《淮南子》文字略異，或編輯今本《文子》者曾加以整理。

第二、"神農形悴"段：《文子》此處舉出"神農"、"堯"、"舜"、"禹"、"伊尹"、"呂望"、"百里奚"、"管仲""孔子"、"墨子"等人均"非以貪祿慕位，將欲事起天下之利，除萬民之害"。〈脩務訓〉則置於

---

[1] 《文子纘義》道藏本無"事"字。

兩處，一說"若以布衣徒步之人觀之，則伊尹負鼎而干湯，呂望鼓刀而入周，百里奚轉鬻，管仲束縛，孔子無黔突，墨子無煖席。"另處說："神農憔悴，堯瘦臞，舜黴黑，禹胼胝。由此觀之，則聖人之憂勞百姓甚矣。""神農"、"堯"、"舜"、"禹"等人，應就"聖人憂勞百姓"說，而不當說成"非以貪祿慕位"，《文子》此處恐爲《淮南子》別本殘文，編輯今本者加以綴合而成。

又，"將欲起天下之利"句，〈脩務訓〉作"欲事起天下利"。高誘注曰："事，治也。"王念孫校《淮南子》云："'事起天下利'，本作'事天下之利'，故高注云：'事，治也。'今本'利'上脫'之'字，其'事'下'起'字則後人依《文子》加之也。'事下之利'、'除萬民之害'，相對爲文，'事'下不當有'起'字。《藝文類聚》〈人部〉四、《太平御覽》〈人事部〉四十三、七十二引此，并作'欲事天下之利，除萬民之害也'，是其證。""起天下之利，除萬民之害"兩句，亦相對而言。〈上禮〉篇並無"事"字，當保留與通行本《淮南子》不同文本資料。

又，"四體不勤"句，"勤"字，〈脩務訓〉作"動"。王叔岷校《淮南子》云："《齊民要術》引'動'作'勤'……《文子》'動'亦作'勤'。'動'即'勤'之誤。"

8-11

〔老子曰：

所謂天子者，有天道以立天下也。立天下之道，執一以為保，反本無為，虛靜無有，忽恍無際，遠無所止，視之無形，聽之無聲，是謂大道之經。〕

【探析與解說】

此章不見於《淮南子》。內容與與竹簡《文子》相近，似屬《文子》古本資料，《文子》稱之爲"大道之經"。

　　"所謂天子者，有天道以立天下也"兩句，竹簡《文子》殘文曰："王曰：
"吾聞古聖立天下，_{以道立天下，}"（編號 2262）（今本《文子‧道德》第七章作"文子問曰：古
之王者，以道菭天下，爲之奈何？"）"以道立天下"與"有天道以立天下"，二者意含
相近。

　　又，"立天下之道，執一以爲保，反本無爲"兩句，竹簡《文子》殘文曰：
"□何？文子曰：執一無爲。平王曰："（編號 0564）"執一無爲"是竹簡《文子》
的重要觀念，〈道德〉篇第七章亦曰："執一無爲，因天地與之變化。……執
一者，見小也，見小故能成大也；無爲者，守靜也，守靜故能爲天下正。"

8-12

〔老子曰：〕

　　夫道者，體圓而法方，背陰而抱陽，左柔而右剛，履幽而戴明，
變化無常，得一之原，以應無方，是謂神明。天圓而無端，故不得
觀其形；地方而無涯，故莫窺其門。天化遂無形狀，地生長無計量。
夫物有勝，唯道無勝，所以無勝者，以其無常形勢也。輪轉無窮，
象日月之運行，若春秋之代謝，日月之晝夜，終而復始，明而復晦。
制形而無形，故功可成，物物而不物，故勝而不屈。

　　廟戰者帝，神化者王。廟戰者法天道，神化者明四時。修正於
境內，而遠方懷德，制勝於未戰，而諸侯賓服也。

　　古之得道者，靜而法天地，動而順日月，喜怒合四時，號令比
雷霆，音氣不戾八風，詘伸不獲[1]五度。因民之欲，乘民之力，為之
去殘除害。夫同利者相死，同情者相成，同行者相助，循己而動，

---

[1] 《文子纘義》道藏本作"變"，景宋本作"違"。

天下為鬥。

故善用兵者，用其自為用；不能用兵者，用其為己用。用其自為用，天下莫不可用；用其為己用，無一人之可用也。

【相關資料尋索】

兵失道而弱，得道而強；將失道而拙，得道而工；國得道而存，失道而亡。

所謂道者，體圓而法方，背陰而抱陽，左柔而右剛，履幽而戴明，變化無常，得一之原，以應無方，是謂神明。夫圓者、天也，方者、地也。天圓而無端，故不可‘得而觀’；地方而無‘垠’，故莫〔能〕窺其門。天化〔育〕‘而’無形‘象’，地生長〔而〕無計量，渾渾沉沉，孰知其藏！

‘凡’物有‘朕’，唯道無‘朕’。所以無‘朕’者，以其無常形勢也。輪轉〔而〕無窮，象日月之運行，若春秋有代謝，〔若〕日月有晝夜，終而復始，明而復晦，莫能得其紀。

制‘刑’而無‘刑’，故功可成；物物而不物，故勝而不屈。刑、兵之極也，至於無刑，可謂極之矣。是故大兵無創，與鬼神通，五兵不厲，天下莫之敢當。建鼓不出庫，諸侯莫不懾慑沮膽其處。

故廟戰者帝，神化者王。〔所謂〕廟戰者、‘法’天道也，神化者、‘法’四時〔也〕。‘脩政’於境內而遠方慕〔其〕德，制勝於未戰而諸侯‘服其威’，內政治也。

古得道者，靜而法天地，動而順日月，喜怒〔而〕合四時，‘叫呼’〔而〕比雷霆，音氣不戾八風，詘伸不獲五度。下至介鱗，上及毛羽，條脩葉貫，萬物百族，由本至末，莫不有序。是故入小而不偪，處大而不窕，浸乎金石，潤乎草木，宇中六合，振豪之末，莫不順比。道之浸洽，渭淖纖微，無所不在，是以勝權多也。

夫射，儀度不得，則格的不中；驥，一節不用，而千里不至。夫戰而不勝者，非鼓之日也，素行無刑久矣。故得道之兵，車不發軔，騎不被鞍，鼓不振塵，旗不解卷，甲不離矢，刀不嘗血，朝不易位，賈不去肆，農不離野，招義而責之，大國必朝，小城必下。因民之欲、乘民之力〔而〕為之去殘除‘賊’

〔也〕。‘故’同利相死，同情相成，同‘欲’相助。｛‘順道’而動，天下為嚮；因民而慮，天下為鬥｝。獵者逐禽，車馳人趨，各盡其力，無刑罰之威，而相爲斥闉要遮者，同所利也。同舟而濟於江，卒遇風波，百族之子，捷捽招杼船，若左右手，不以相得，其憂同也。

故明王之用兵也，爲天下除害，而與萬民共享其利，民之爲用，猶子之爲父，弟之爲兄，威之所加，若崩山決塘，敵孰敢當！

故善用兵者，用其自爲用〔也〕；不能用兵者，用其爲己用〔也〕。用其自爲用，〔則〕天下莫不可用〔也〕；用其爲己用，‘所得者鮮矣’。《淮南子·兵略訓》p. 429-495／〈兵略訓〉辨析，頁 430-432

【探析與解說】

此章可分爲四段，均見於《淮南子·兵略訓》。《文子》此章陳述“道”的功效，而非談論“用兵”之事。〈兵略訓〉似引用此項資料，作爲“兵失道而弱，得道之強”的佐證。此章似原屬道家傳承資料，後輯入“文子外編”，此處似“文子外編”資料竄入。以下分四點來說明：

第一、“夫道者”段：〈兵略訓〉主要論述用兵思想，用兵必當合於天道，故引“文子外編”論“道”資料加以解證。此段文字多見於先秦典籍，如：“體圓而法方”句，《莊子·說劍》曰：“上法圓天以順三光，下法方地以順四時，中和民意以安四鄉。”《管子·心術下》曰：“能戴大圓者體乎大方。”“凡物有朕，唯道無朕”兩句，文意近於《莊子·應帝王》，〈應帝王〉篇曰：“體盡無窮，而遊無朕；盡其所受乎天，而無見得，亦虛而已。至人之用心若鏡，不將不迎，應而不藏，故能勝物而不傷。”

又，“故不得觀其形”句，〈兵略訓〉作“不可得而觀”。王念孫校《淮南子》云：“‘不可得而觀’，本作‘不得觀其形’，後人以‘形’與‘端’韻不協，故改爲‘不可得而觀’也。不知元、二部，古或相通。‘形’字正與‘端’爲韻也。人能觀天下而不能知其形，故曰‘不得觀其形’，非謂不可得而觀也。《文子》〈自然〉篇正作‘故不得觀其形’。”

又，“夫物有勝”等句，兩“勝”字，〈兵略訓〉均作“朕”，“朕”，意指“顯發”、“展露”。“夫物有勝”之“物”，指“有形之物”，即《老子》所謂“物形之，勢成之”之“物”。“物”是“顯露而呈現者”，“道”則無所展露。故稱：“唯道無朕，所以無朕者，以其無常形勢也”，“道”即不具“物形之”、“勢成之”兩限定因素。《文子》“勝”字，恐因形近而誤，當作“朕”。于大成云：“‘勝’从‘朕’聲，與‘朕’相通。”

又，“日月之晝夜”句，〈兵略訓〉作“若日月之晝夜”，何寧校《淮南子》云：“‘若日月之晝夜’，文義不通。日即晝，月即夜，何日月復有晝夜也？當刪‘若’字‘有’字。涉上句‘若春秋有代謝’而誤衍也。‘日月晝夜，終而復始，明而復晦’，乃總承上文‘象日月之運行，若春秋有代謝’言之。《文子》〈自然〉篇正作‘日月晝夜’，是其證。”

又，“制形而無形”句，于大成云：“‘制’當作‘形’，徐注云：‘形出無形，故形形而不絕’，可證也。‘形形而不形’，與下句‘物物而不物’對文。”

第二、“廟戰者帝”段：“廟戰”一詞，當為兵家用語。《淮南子·兵略訓》篇曰：“凡用兵者，必先自廟戰：主孰賢？將孰能？民孰附？國孰治？蓄積孰多？士卒孰精？甲兵孰利？器備孰便？故運籌於廟堂之上，而決勝乎千里之外矣。”《文子·微明》第六章亦稱“習於行陣之事者，不知廟戰之權。”“廟戰者帝，神化者王”兩句，“廟戰者”與“神化者”難以區分，似意謂“以廟戰神化者可為帝王”。

第三、“古之得道者”段：此段見於〈兵略訓〉兩處。“古之得道者”數句，見於〈兵略訓〉處，文字相同。“因民之欲，乘民之力，為之去殘除害”四句，與前文“古之得道者”數句文意有別。〈兵略訓〉作“因民之欲、乘民之力而為之去殘除賊也”。〈兵略訓〉此句在“故得道之兵……大國必朝，小城必下”段，文意通貫。《文子》此段當為《淮南子》別本殘文的綴合。

又，“詘伸不獲五度”，《淮南》〈兵略〉許慎注云：“‘獲’，誤也。”《文子續義》本作“變”，景宋本作“違”。今本《文子》流傳，文字常有變動而誤改者。

　　又，“同行者相助”句，〈兵略訓〉作“同欲相助”。王念孫校《淮南子》
云：“‘同欲相助’，當作‘同欲相趨，同惡相助’。今本脫‘相趨’二字，
下句脫‘同惡’二字。‘同欲’，‘同惡’，相對爲文。”植案：《文子》此
處意謂：“循己”即私用而非“同利”、“同情”與“同行”，如此“天下爭
鬥不已”。而〈兵略訓〉則將“天下爲鬥”了解爲“舉天下之人爲之戰鬥”。
《文子》文義古樸，《淮南子》似有所更動。

九 〈下德〉篇探析

　　"下德"一詞見於《老子》。《老子》第三十八章曰："下德不失德是以無德"。《莊子‧盜跖》篇也有"天下有三德"之說，其中"勇悍果敢，聚眾率兵，此下德也"，但此意與〈下德〉篇內容並無關連。今本《文子‧上德》篇第六章有不見於《淮南子》的大段資料，曰："天覆萬物，施其德而養之，與而不取，故精神歸焉；與而不取者，上德也，是以有德。……地載萬物而長之，與而取之，故骨骸歸焉；與而取者，下德也，下德不失德，是以無德。"此段文字屬文子學派所保留解《老》資料的殘文，其中出現"上德"與"下德"二詞，可能與今本《文子》以它們來名篇的考慮有關。

　　徐靈府注曰："時有澆漓，故德有上下，不世之君，以顯有德，非謂至德，故曰下德。"此注連同本篇第二章"欲治之主不世出"來解釋"下德"之義，恐仍爲道士的理解，與全篇資料的內容，關係不大。

　　全篇分爲十六章，均見於《淮南子》。第一、二、五章，見於〈泰族訓〉；第三、六章，見於〈道應訓〉；第四章見於〈氾論訓〉；第七、十章見於〈齊俗訓〉；第八、九、十一、十二、十五章見於〈本經訓〉；第十三、十四章見於〈主術訓〉；第十六章見於〈兵略訓〉

9-1

〔老子曰：〕

治身，太上養神，其次養形。神情意平，百節皆寧，養生之本也；肥肌膚，充腹腸，供[1]嗜欲，養生之末也。

治國，太上養化，其次正法。民交讓爭處卑，財利爭受少，事力爭就勞，日化上而遷善，不知其所以然，治之本也。利賞而勸善，畏刑而不敢為非，法令正於上，百姓服於下，治之末也。上世養本，而下世事末。

【相關資料尋索】

治身，太上養神，其次養形；｛治國，太上養化，其次正法。｝神清‘志’平，百節皆寧，養性之本也；肥肌膚，充腸腹，‘供’嗜欲，養生之末也。民交讓爭處卑，‘委’利爭受‘寡’，‘力事’爭就勞，日化上遷善〔而〕不知其所以然，〔此〕治之上也。利賞而勸善，畏刑而不‘為’非，法令正於上〔而〕百姓服於下，〔此〕治之末也。上世養本〔而〕下世事末，此太平之所以不起也。

（下段部份文字，見於〈下德〉篇下章）

夫欲治之主不世出，〔而〕可與〔興〕治之臣不萬一，‘以萬一求不世出’，此所以千歲不一〔會〕也。

水之性，淖以清，窮谷之污，生以青苔，不治其性也。掘其所流而深之，茨其所決而高之，使得循勢而行，乘衰而流，雖有腐髊流漸，弗能污也。其性非異也，通之與不通也。風俗猶此也。〔誠〕‘決其善志’，防其邪心，啓其善道，塞其奸路，與同出一道，則民性可善，〔而〕風俗可美〔也〕。

所以貴扁鵲者，非貴其隨病而調藥也，貴其摩息脈血，知病之所從生也。所〔以〕貴聖人者，非貴其隨罪而‘鑒’刑也，貴其知亂之所‘由起’也。‘若不脩其風俗’，而縱之淫辟，｛乃隨之以刑，‘繩’之法法｝，雖殘賊天下，弗能禁也。《淮南子·泰族訓》p. 679-681／〈泰族訓〉辨析，頁 629-630

---

[1] 《文子纘義》道藏本作“開”。

【探析與解說】

此章與下章均連續見於《淮南子‧泰族訓》。"養神"一詞,《左傳》即曾使用,《左傳‧成公‧十三年》曰:"是故君子勤禮,小人盡力。勤禮莫如致敬,盡力莫如敦篤。敬在養神,篤在守業。"唯此處"養神"作"供養鬼神"解。此種"神"字的意含,也見於《老子》,《老子》第三十九章曰:"神得一以靈"。作爲內在修持義的"養神"觀念,當爲道家後學的發展。《莊子‧刻意》:"故曰:純粹而不雜,靜一而不變,惔而無爲,動而以天行,此養神之道也。"又曰:"吹呴呼吸,吐故納新,熊經鳥申,爲壽而已矣;此道引之士,養形之人,彭祖壽考者之所好也。"〈刻意〉篇清楚比較"養神"與"養形"的差異,與此處思想相合。而〈刻意〉篇另有多處文字見於《文子》[1],此章似原屬莊學傳承資料,後輯入"文子外編",《淮南子》引用。

"治身"與"治國"兩處,〈泰族訓〉句序與《文子》不同。〈泰族訓〉"治身,太上養神,其次養形;治國,太上養化,其次正法",六句並列,〈下德〉篇前後三句,分置兩段。〈下德〉篇文意結構較爲整齊。此六句,或爲古人雋語,輯入"文子外編"。

又,"治之本也"句,〈泰族訓〉作"此治之上也"。王念孫校《淮南子》云:"'治之上'當爲'治之本',對下文'治之末'而言。上文'養性之本'、'養性之末',即其證。今作'治之上'者,涉上文'治國,太上養化'而誤。《文子》〈下德〉正作'治之本'。"

9-2
〔老子曰:〕

欲治之主不世出,可與治之臣不萬一,以不世出求不萬一,此至治所以千歲不一也。〔蓋霸王之功不世立也。〕

---

[1] 如:〈道原〉篇第四章,〈精誠〉篇第六章,〈九守〉篇第三章等。

順其善意，防其邪心，與民同出一道，則民可善，風俗可美。所貴聖人者，非貴其隨罪而作刑也，貴其知亂之所生也。若開其銳端，而縱之放僻淫佚，而棄之以法，隨之以刑，雖殘賊天下不能禁其姦矣。

【相關資料尋索】

見上章引《淮南子·泰族訓》。

【探析與解說】

此章接續見於《淮南子·泰族訓》"此太平之所以不起"句下，似"文子外編"資料竄入。以下分兩點來說明：

第一、"欲治之主不世出"段：見於〈泰族訓〉處，說明世之難治，在於"欲治之主"與"可與治之臣"均不世出，以回應前文"此太平之所以不起"。《文子》另起一章，當爲編輯今本者就《淮南子》別本殘文妄加分隔。此章保留《淮南子》部份舊文。如："可與治之臣不萬一"句，〈泰族訓〉於"治"前有"興"字。俞樾校《淮南子》云："'興'字衍文，蓋即'與'字之誤而衍者。高誘注《呂氏春秋》〈觀世〉篇引此文曰：'欲治之君不世出，可與治之臣不萬一。'是其明證。《文子》〈下德〉篇亦無'興'字。"

又，"以不世出求不萬一"句，〈泰族訓〉作"以萬一求不世出"。王念孫校《淮南子》："'以萬一求不世出'，當作'以不萬一求不世出'。'不萬一'三字即承上句言之。"

又，"此至治所以千歲不一也"句，"一"下奪"會"字，〈泰族訓〉正作"不一會也"。

又，"蓋霸王之功不世立也"，似編輯今本《文子》者所加的案語，或注文竄入。

　　第二、"順其善意"段：與上段內容無關。見於〈泰族訓〉處可分爲兩段：
"水之性……而風俗可美"段，說明風俗猶疏通積水之壅塞，必要"決民之善
志"，"防其邪心"，"與民通出一道"，則"風俗可美"。《文子》僅殘存
"順其善意"等五句文字。

　　又"順其善意"句，〈泰族訓〉作"決其善志"。二者敘說的意含略異。
《文子》著重在人民善良心意的本性，而〈泰族訓〉則強調張開人民爲善的志
向，表現出積極引導的施爲。

　　又，"與民同出一道"句，〈泰族訓〉"與"下似奪"民"字。

　　又，"則民可善，風俗可美"兩句，〈泰族訓〉作"則民性可善，而風俗
可美也"。"民性"、"風俗"，二者對文，《文子》恐奪"性"字。

　　又，"若開其銳端，而縱之放僻淫佚"兩句，〈泰族訓〉作"若不脩其風
俗，而縱之淫辟"。《老子》第五十二章："塞其兌，閉其門，終身不勤；開
其兌，濟其事，終身不救。"《文子》"開其銳端"文意，似取自《老子》彼
處，與〈泰族訓〉敘說不同。

　　又"而棄之以法，隨之以刑，雖殘賊天下不能禁其姦矣"三句，〈泰族訓〉
作"乃隨之以刑，繩之法法，雖殘賊天下，弗能禁也。"王念孫校《淮南子》
云："當依劉本作'繩之以法'。茅本作'繩之以法，法雖殘賊天下'，以次
'法'字屬下讀，亦非。（莊本同）《文子》〈下德〉作'棄之以法，隨之以刑，
雖殘賊天下，不能禁其姦矣'，則劉本是也。""而棄之以法"句，俞樾云：
"'棄'乃'乘'字之誤。'乘之以法，隨之以刑'兩句，意義相稱。作'棄'
者，字之誤也。《淮南》〈泰族〉篇作'繩之以刑'，則聲之誤也。"

9-3

　　〔老子曰：〕

　　身處江海之上，心在魏闕之下，即重生，重生即輕利矣。猶不
能自勝，即從之，神無所害也。不能自勝，而強不從，是謂重傷，

重傷之人，無壽類矣。

故曰：「知和曰常，知常曰明，益生曰祥，心使氣曰強，〔是謂玄同，〕用其光，復歸其明。」

【相關資料尋索】

中山公子牟謂詹子曰：「身處江海之上，心在魏闕之下。爲之奈何？」詹子曰：「重生。重生〔則〕輕利。」中山公子牟曰：「雖知之，猶不能自勝。」詹子曰：「不能自勝則從之。」「從之，神無怨乎！」「不能自勝〔而強弗〕從者，〔此之〕謂重傷。重傷之人，無壽類矣！」故〔老子〕曰：「知和曰常，知常曰明，益生曰祥，心使氣曰強。」是故「用其光，復歸其明〔也〕」。《淮南子·道應訓》p. 390／〈道應訓〉辨析，頁 305-306

中山公子牟謂瞻子曰：「身在江海之上，心居乎魏闕之下，奈何？」瞻子曰：「重生。重生則利輕。」中山公子牟曰：「雖知之，未能自勝也。」瞻子曰：「不能自勝則從，神無惡乎？不能自勝而強不從者，此之謂重傷。重傷之人，無壽類矣。」魏牟，萬乘之公子也，其隱巖穴也，難爲於布衣之士；雖未至乎道，可謂有其意矣。《莊子·讓王》

中山公子牟謂詹子曰：「身在江海之上，心居乎魏闕之下，奈何？」詹子曰：「重生。重生則輕利。」中山公子牟曰：「雖知之，猶不能自勝也。」詹子曰：「不能自勝則縱之，神無惡乎。不能自勝而強不縱者，此之謂重傷，重傷之人無壽類矣。」《呂氏春秋·審爲》

【探析與解說】

此章見於《淮南子·道應訓》，並另見於《莊子》與《呂氏春秋》。全章文意不能通貫，似屬《淮南子》別本摘錄殘文。〈道應訓〉似取自《莊子》資料，而用以解喻《老子》。

又，「身處江海之上，心在魏闕之下，即重生」句，〈道應訓〉爲中山公子牟問詹何：“身處江海之上，心在魏闕之下，爲之奈何？”詹何回答曰“重生。”《文子》僅摘要三句，文意費解。

又，“猶不能自勝，即從之，神無所害也”三句，見於〈道應訓〉處，前句中山公子牟自稱“雖知之，猶不能自勝。”後二句詹何回答：“不能自勝則從之。從之，神無怨乎！”《文子》僅存此三句，文意不清。“神無怨乎”句，《莊子》與《呂氏春秋》均作“神無惡乎”，三者文意相通。《文子》“神無所害也”似編輯者所改。

又，“知和曰常，知常曰明，益生曰祥，心使氣曰強，是謂玄同”五句，前四句語出《老子》第五十五章。“是謂玄同”句，見於《老子》第五十六章。“是謂玄同”句文意，與前後所引《老子》經文不合，似編輯今本《文子》者所加。“用其光，復歸其明”取自第五十二章。

9-4

〔老子曰：〕

天下莫易於爲善，莫難於爲不善。所謂爲善‘易’[1]者，靜而無爲，適情辭餘，無所誘惑，循性保真，無變於己，故曰爲善易也。所謂爲不善難者，篡弒矯詐[2]，躁而多欲，非人之性也，故曰爲不善難也。

今之以爲大患者，由無常厭度量生也。故利害之地，禍福之際，不可不察。〔聖人無欲也，無避也。〕事或欲之，適足以失之；事或避之，適足以就之。志有所欲，即忘其所爲矣。是以聖人審動靜之變，適‘授’[3]與之度，理好憎之情，和喜怒之節。夫動靜得即患

---

[1] 據《文子纘義》道藏本補。

[2] 《文子纘義》道藏本作“驕淫”。

[3] “授”字原作“受”，據《文子纘義》道藏本改。

不侵也，‘授’[1]與適即罪不累也，理好憎即憂不近也，和喜怒即怨不犯也。

體道之人，不苟得，不讓禍，其有不棄，非其有不制，恆滿而不溢，常虛而易贍。

故自當以道術度量，即食充虛，衣圉寒，足溫飽七尺之形。無道術度量而以自要尊貴，即萬乘之勢不足以為快，天下之富不足以為樂。故聖人心平志易，精神內守，物不能惑。

【相關資料尋索】

天下莫易於為善，〔而〕莫難於為不善〔也〕。所謂為善者，靜而無為〔也〕；｛所謂為不善者，躁而多欲也。｝適情辭餘，無所誘惑，循性保真，無變於己，故曰為善易。越城郭，踰險塞，姦符節，盜管金，篡弒矯‘誣’，非人之性也，故曰為不善難。

今人所以犯｛囹圄之罪，而陷於刑戮之患者，‘由嗜慾無厭，不循度量之故也’。｝何以知其然？天下縣官法曰：「發墓者誅，竊盜者刑。」此執政之所司也。夫法令者，罔其姦邪，勒率隨其蹤跡，無愚夫蠢婦，皆知為姦之無脫也，犯禁之不得免也。然而不材子不勝其欲，蒙死亡之罪，而被刑戮之羞。然而立秋之後，司寇之徒繼踵於門，而死市之人血流於路。何則？惑於財利之得，而蔽於死亡之患也。

夫今陳卒設兵，兩軍相當，將施令曰：「斬首者拜爵，而屈撓者要斬。」然而隊階之卒皆不能前遂斬首之功，而後被要斬之罪，是去恐死而就必死也。故利害之‘反’，禍福之‘接’，不可不審〔也〕。

＊

事或欲之，適足以失之；或避之，適足以就之。楚人有乘船而遇大風者，波至而自投於水。非不貪生而畏死也，惑於恐死而反忘生也。故人之嗜慾，亦

---

[1] “授”字原作“受”，據《文子纘義》道藏本改。

猶此也。齊人有盜金者，當市繁之時，至掇而走。勒問其故曰："而盜金於市中，何也？"對曰："吾不見人，徒見金耳！"志所欲，則忘其為矣。

是故聖人審動靜之變，〔而〕適'受'與之度，理好憎之情，和喜怒之節。夫動靜得，'則'患'弗過'也；'受'與適，'則'罪'弗'累也；'好憎理'，'則'憂'弗'近也；'喜怒節'，'則'怨'弗'犯也。

〔故〕'達'道之人，不苟得，不讓福；其有'弗'棄，非其有'弗索'，'常'滿而不溢，'恆'虛而易'足'。

今夫霤水足以溢壺榼，而江、河不能實漏卮，故人心猶是也。自當以道術度量，食充虛，衣御寒，〔則〕足以'養'七尺之形〔矣〕。〔若〕無道術度量而以自'儉約'，'則'萬乘之勢不足以為'尊'，天下之富不足以為樂〔矣〕。孫叔敖三去令尹而無憂色，爵祿不能累也；荊佽非兩蛟夾繞其船而志不動，怪物不能驚也。聖人心平志易，精神內守，物莫足以惑〔之〕。《淮南子·氾論訓》p. 454-457
／〈氾論訓〉辨析，頁 380-382

【探析與解說】

此章見於《淮南子·氾論訓》，敍說聖人"循性保真"、審視"動靜、授與、好憎、喜怒"之際，精神內守，不爲物所惑，當屬道家後學思想資料，後輯入"文子外編"。此處則似《淮南子》別本殘文竄入。以下分四點來說明：

第一、"天下莫易於爲善"段：《文子》此段與〈氾論訓〉句序不同，《文子》文意結構較爲整齊。二者比較如下："天下莫易於爲善，莫難於爲不善"兩句，〈氾論訓〉同。"所謂爲善易者，靜而無爲，適情辭餘，無所誘惑，循性保真，無變於己，故曰爲善易也"等句，"靜而無爲"句，〈氾論訓〉作"所謂爲善者，靜而無爲也。"而另曰："適情辭餘，無所誘惑，循性保真，無變於己，故曰爲善易。""所謂爲不善難者，篡弒矯詐，躁而多欲，非人之性也，故曰爲不善難也"等句，"躁而多欲"句，〈氾論訓〉作"所謂爲不善者，躁而多欲也。"而另曰："越城郭，踰險塞，姦符節，盜管金，篡弒矯誣，非人之性也，故曰爲不善難。"

431

第二、"今之以爲大患者"段：此段見於〈氾論訓〉兩處。《文子》全段文意不能通貫，似《淮南子》別本殘文的綴合。

又，"由無常厭度量生"句，文意費解，〈氾論訓〉作"今人所以犯囹圄之罪，而陷於刑戮之患者，由嗜慾無厭，不循度量之故也。"《文子》此處僅存殘文，並有字誤。據〈氾論訓〉文意，此句或當作"常由無厭不循度量生也"。

又，"故利害之地，禍福之際，不可不察"三句，與前文文意難以連接。見於〈氾論訓〉處，句前接"不循度量之故也"句，以"何以知其然"作大段說明。"利害之反，禍福之接，不可不審"三句爲此段結語。《文子》僅存此三句殘文。

又，"聖人無欲也，無避也"，〈氾論訓〉無，似編輯今本《文子》者，爲聯繫"事或欲之"等四句殘文所增。

又，"志有所欲，即忘其所爲"兩句，〈氾論訓〉作"志所欲，則忘其爲矣"。《文子》中"其"字無所指涉，當係殘文。〈氾論訓〉則回應前文所舉"楚人乘船遇大風自投於水"與"齊人盜金於市"兩事例。《文子》此處保留《淮南子》舊文。王叔岷校《淮南子》云："案：此當作'志有所欲，則忘其所爲矣'。'志'下脫'有'字，'爲'上脫'所'字，則文意不明。《文子》正作'志有所欲，即忘其所爲'。〈說林訓〉：'意有所在，則忘其所守'。與此句法同。"

又，"夫動靜得即患不侵也，授與適即罪不累也，理好憎即憂不近也，和喜怒即怨不犯也"四句，"理好憎"、"和喜怒"，〈氾論訓〉作"好憎理"、"喜怒節"。"動靜得"、"授與適"，"好憎理"、"喜怒和"，四者對文，當據〈氾論訓〉改。

第三、"體道之人"段："非其有不制"句，〈氾論訓〉"制"作"索"。"制，作也"。"常虛而易贍"，〈氾論訓〉作"恆虛而易足"。"贍，足也。"二者文本似不同。

第四、"故當以道術度量"段："無道術度量而以自要尊貴，即萬乘之勢不足以爲快"兩句，"以自要尊貴"，〈氾論訓〉作"以自簡約"，文意較清晰，“快”字，〈氾論訓〉作“貴”，此處言“萬乘之勢”，似當作“貴”。

9-5

〔老子曰：

“勝人者有力，自勝者強。”〕能強者，必用人力者也。能用人力者，必得人心者也。能得人心者，必自得者也。未有得己而失人者也，未有失己而得人[1]者也。故為治之本，務在安民；安民之本，在於足用；足用之本，在於不奪時；不奪時之本，在於省事；省事之本，在於節用；節用之本，在於去驕。〔去驕之本，在於虛無〕。

故知生之情者，不務生之所無以為，知命之情者，不憂命之所無奈何。目悅五色，口惟滋味，耳淫五聲，七竅交爭，以害一性，日引邪欲竭其天和，身且不能治，奈治天下何！

所謂得天下者，非謂其履勢位，稱尊號，言其運天下心，得天下力也。有南面之名，無一人之譽，此失天下也；故桀紂不為王，湯武不為放。故天下得道，守在四夷；天下失道，守在諸侯；諸侯得道，守在四境；諸侯失道，守在左右。

故曰：無恃其不吾奪也，恃吾不可奪也。行可奪之道，而非篡弒之行，無益於持天下矣。

【相關資料尋索】

欲成霸王之業者，必得勝者也。能得勝者，必強者也。能強者，必用人力者也。能用人力者，必得人心者也。能得人心者，必自得者也。

───────────

[1] “失己而得人”五字，《文子纘義》道藏本作“得人而失己”。

故心者、身之本也，身者、國之本也。（此段似注文或錯簡竄入。）
未有得己而失人者也，未有失己而得人者也。故為治之本，務在‘寧’民；寧民之本，在於足用；足用之本，在於‘勿’奪時；‘勿’奪時之本，在於省事；省事之本，在於節用；節用之本，在於‘反性’。未有能搖其本而靜其末，濁其源而清其流者也。

故知‘性’之情者，不務‘性’之所無以為；知命之情者，不憂命之所無奈何。故不高宮室者，非愛木也；不大鍾鼎者，非愛金也。直行性命之情，而制度可以為萬民儀。

今目悅五色，口‘嚼’滋味，耳淫五聲，七竅交爭，以害〔其〕性，日引邪欲〔而〕‘澆’其‘身’，‘夫調’身‘弗’能治，奈天下何！故自養得其節，則養民得其心矣。

＊

所謂‘有’天下者，非謂其履勢位，受傳籍，稱尊號〔也〕；言運天下之〔力〕，〔而〕得天下‘之心’。

紂之地，左東海，右流沙，前交阯，後幽都。師起容關，至浦水，士億有餘萬，然皆倒矢而射，傍戟而戰。武王左操黃鉞，右執白旄以麾之，則瓦解而走，遂土崩而下。紂有南面之名，〔而〕無一人之‘德’，此失天下也。故桀、紂不為王，湯、武不為放。

周處酆鎬之地，方不過百里，而誓紂牧之野，入據殷國，朝成湯之廟，表商容之閭，封比干之墓，解箕子之囚，乃折枹毀鼓，偃五兵，縱牛馬，搢笏而朝天下，百姓歌謳而樂之，諸侯執禽而朝之，得民心也。

闔閭伐楚，五戰入郢，燒高府之粟，破九龍之鍾，鞭荊平王之墓，舍昭王之宮。昭王奔隨，百姓父兄攜幼扶老而隨之，乃相率而為致勇之寇，皆方命奮臂而為之鬥。當此之時，無將卒以行列之，各致其死，卻吳兵，復楚地。靈王作章華之臺，發乾谿之役，外內搔動，百姓罷弊，棄疾乘民之怨而立公子比，百姓放臂而去之，餓於乾谿，食莽飲水，枕塊而死。楚國山川不變，土地不易，民性不殊，昭王則相率而殉之，靈王則倍畔而去之，得民之與失民也。

故天子得道，守在四夷；天子失道，守在諸侯。諸侯得道，守在四‘鄰’；諸侯失道，守在‘四境’。

故湯處亳七十里，文王處酆百里，皆令行禁止於天下。周之衰也，戎伐凡伯于楚丘以歸。故得道則以百里之地令於諸侯，失道則以天下之大畏於冀州。

故曰：無恃其不吾奪也，恃吾不可奪。行可奪之道，而非篡弒之行，無益於持天下矣。《淮南子·泰族訓》p. 685-689 /〈泰族訓〉辨析，頁 636-639

達生之情者，不務生之所無以爲；達命之情者，不務知之所無奈何。養形必先之以物，物有餘而形不養者有之矣。有生必先無離形，形不離而生亡者有之矣。生之來不能卻，其去不能止。悲夫！世之人以爲養形足以存生；而養形果不足以存生，則世奚足爲哉！雖不足爲而不可不爲者，其爲不免矣。夫欲免爲形者，莫如棄世。棄世則無累，無累則正平，正平則與彼更生，更生則幾矣。事奚足棄而生奚足遺？棄事則形不勞，遺生則精不虧。夫形全精復，與天爲一。天地者，萬物之父母也，合則成體，散則成始。形精不虧，是謂能移；精而又精，反以相天。《莊子·達生》

【探析與解說】

此章論述“得天下在於得天下之心，而能得天下之心，則在於自得”。章首，引《老子》第三十三章兩句經文。主要內容見於《淮南子·泰族訓》，部份文字見於《莊子·達生》。此章似原屬輯入“文子外編”之先秦史料，《淮南子》引用，後竄入《文子》，二者文字記述略異。以下分三點來說明：

第一、“勝人者有力”段：“勝人者有力，自勝者強”兩句，《老子》第三十三章曰：“知人者智，自知者明；勝人者有力，自勝者強；知足者富，強行者有志；不失其所者久，死而不亡者壽。”《文子》此處似就“勝人”與“自勝”辯證性的對比，說明“得天下”的統合性效用。所引《老子》經文，未見於〈泰族訓〉，見於〈泰族訓〉處作“欲成霸王之業者，必得勝者也。能得勝者，必強者也”。〈泰族訓〉著重在“霸王之業”的解釋上，與《文子》不同。

“省事之本，在於節用；節用之本，在於去驕。去驕之本，在於虛無”數句，〈泰族訓〉作“省事之本，在於節用，節用之本，在於反性”。王念孫校《淮南子》云：“‘節用’皆當爲‘節欲’。此因上文‘足用’而誤。《文子》

〈下德〉篇作‘節用’，亦後人以誤本《淮南》改之。”植案：此段文字，亦見於《淮南子‧詮言訓》。〈詮言訓〉曰：“為治之本，務在於安民；安民之本，在於足用；足用之本，在於勿奪時；勿奪時之本，在於省事；省事之本，在於節欲；節欲之本，在於反性；反性之本，在於去載；去載則虛，虛則平；平者，道之素也；虛者，道之舍也。”〈詮言訓〉“平者”等句，另見於《文子‧道原》。〈道原〉篇第三章曰：“虛無者，道之舍也；平易者，道之素也。”顯見《淮南子‧泰族訓》、〈詮言訓〉與《文子‧下德》，三處資料可能分屬不同來源。

第二、“故知生之情者”段：《莊子‧達生》曰：“達生之情者，不務生之所無以為；達命之情者，不務知之所無奈何。”〈下德〉篇與〈泰族訓〉兩“知”字，〈達生〉篇作“達”。“不憂命之所無奈何”句，〈達生〉篇作“不務知之所無奈何””。〈泰族訓〉似改動〈達生〉篇文字，〈下德〉篇當因襲《淮南子》舊文，此處與今本文字同。

又，“口惟滋味”，“惟”字，〈泰族訓〉作“嚼”。王叔岷云：“‘惟’當作‘噍’，‘噍’壞為‘唯’，復易為‘惟’耳。《淮南子》〈泰族訓〉作‘嚼’，‘嚼’即‘噍’之重文。”植案：《說文。口部》：“噍，嚼也……嚼，噍或从爵。”

又，“日引邪欲竭其天和”句，〈泰族訓〉作“日引邪欲而澆其身，夫調身弗能治。”王念孫校《淮南子》云：“‘日引邪欲而澆其身夫調’，本作‘日引邪欲而澆其天和’，即〈原道〉所云‘以欲滑和’也。《文子》〈下德〉篇作‘日引邪欲，竭其天和，身且不能治，奈天下何’，是其明證矣。今本‘澆其’下衍‘身’字，‘天’誤為‘夫’，‘和’誤為‘調’，遂致文不成義。”

第三、“所謂得天下者”段：“言其運天下心，得天下力也”兩句，〈泰族訓〉作“言其運天下之力，而得天下之心。”“天下心”可得，不當作“運”，〈下德〉篇“心”、“力”二字恐為誤置。

又，“有南面之名，無一人之譽”兩句，〈泰族訓〉作“紂有南面之名，而無一人之德”。王念孫校《淮南子》云：“‘德’本作‘譽’。‘無一人之譽’，謂無一人稱譽之也。此言紂失人心，故雖有南面之名，而實無一人之譽。‘譽’與‘名’相對爲文。後人改；‘無一人之德’，則文不成義矣。《太平御覽・皇王部》八引此，正作‘無一人之譽’，《文子・下德》篇同。”〈下德〉篇保留《淮南子》舊文。

又，“故天下得道，守在四夷；天下失道，守在諸侯；諸侯得道，守在四境；諸侯失道，守在左右”等句，〈泰族訓〉作“故天子得道，守在四夷；天子失道，守在諸侯。諸侯得道，守在四鄰；諸侯失道，守在四境。”《左傳・昭公・二十三年》：“古者，天子守在四夷；天子卑，守在諸侯。諸侯守在四鄰；諸侯卑，守在四竟。”此數句當屬古時資料，〈泰族訓〉文句與《左傳》相近，《文子》似有更動。

9-6

〔老子曰：〕

善治國者，不變其故，不易其常。夫怒者，逆德也；兵者，凶器也；爭者，人之所亂也。陰謀逆德，好用凶器，治人之亂，逆之至也，非禍人不能成禍。不如“剉其銳，解其紛，和其光，同其塵。”

〔人之性情皆願賢己而疾不及人。願賢己則爭心生，疾不及人則怨爭生，怨爭生則心亂而氣逆。故古之聖王退爭怨，爭怨不生則心治而氣順。故曰“不尚賢，使民不爭。”〕

【相關資料尋索】

吳起爲楚令尹，適魏，問屈宜若曰：“王不知起之不肖，而以爲令尹。先生試觀起之爲人也。”屈子曰：“將奈何？”吳起曰：“將衰楚國之爵而平其制祿，損其有餘而綏其不足，砥礪甲兵，時爭利於天下。”屈子曰：“宜若聞之，昔善治國〔家〕者，不變其故，不易其常。今子將衰楚國之爵而平其制祿，損其有餘而綏其不足，是變其故、易其常也。行之者不利！宜若聞之曰：怒者、逆德也，兵者、凶器也，爭者、人之'所本'也。今子陰謀逆德，好用凶器，'始'人之'所本'，逆之至也。且子用魯兵，不宜得志於齊，而得志焉。子用魏兵，不宜得志於秦，而得志焉。宜若聞之，非禍人，不能成禍。吾固惑吾王之數逆天道，戾人理，至今無禍，嗟，須夫子也。”吳起惕然曰：“尚可更乎？”屈子曰：“成刑之徒，不可更也。子不若敦愛而篤行之。”老子曰：“挫其銳，解其紛，和其光，同其塵。”《淮南子·道應訓》p. 396-397 ／〈道應訓〉辨析，頁 315-316

　　吳起爲苑守，行縣，適息。問屈宜臼曰：“王不知起不肖，以爲苑守，先生將何以教之？”屈公不對。居一年，王以爲令尹，行縣，適息，問屈宜臼曰：“起問先生，先生不教。今王不知起不肖，以爲令尹，先生試觀起爲之也。”屈公曰：“子將奈何？”吳起曰：“將均楚國之爵，而平其祿。損其有餘，而繼其不足。厲甲兵，以時爭于天下。”屈公曰：“吾聞昔善治國家者，不變故，不易常。今子將均楚國之爵而平其祿，損其有餘而繼其不足，是變其故而易其常也。且吾聞兵者，凶器也；爭者，逆德也。今子陰謀逆德，好用凶器，殆人所棄，逆之至也。淫洗之事也，行者不利。且子用魯兵，不宜得志于齊，而得志焉；子用魏兵，不宜得志于秦，而得志焉。吾聞之曰：非禍人不能成禍。吾固怪吾王之數逆天道，至今無禍，嘻！且待夫子也。”吳起惕然曰：“尚可更乎？”屈公曰：“不可！”吳起曰：“起之爲人謀。”屈公曰：“成刑之徒，不可更已。子不如敦處而篤行之，楚國無貴于舉賢。”《說苑·指武》

【探析與解說】

　　此章按文意，可分爲兩段。第一段文字見於《淮南子·道應訓》，第二段文字不見於《淮南子》。全章似屬“文子外編”解《老》資料殘文。以下分兩點來說明：

　　第一、“善治國者”段：見於〈道應訓〉，全段保留主要文句內容。此段部份文字見於先秦文獻，如：《國語·越語下》曰：“范蠡進諫曰：‘夫勇者，逆德也；兵者，凶器也；爭者，事之末也。陰謀逆德，好用凶器，始於人者，人之所卒也；淫佚之事，上帝之禁也，先行此者，不利。'"《尉繚子·兵令上》曰："兵者，凶器也；爭者，逆德也。事必有本，故王者伐暴，本仁義焉。"《文子》此處"陰謀逆德，好用凶器"兩句，與見於《國語》處同，《淮南子》作"今子陰謀逆德，好用凶器"，爲屈宜若告誡吳起的話語。此兩句當爲《淮南子》引用前人資料。由此推之，凡《文子》與〈道應訓〉互見部份，並非全摘錄〈道應訓〉文字，可能原屬"文子外編"解《老》資料。

"爭者、人之所亂也"與"治人之亂"兩句，兩"亂"字，〈道應訓〉均作"本"。俞樾校《淮南子》云："'本'字無義，乃'去'字之誤。《說苑》〈指武〉篇作'殆人所棄，逆之至也。'彼文作'棄'，此作'去'，文異而義同。惟'始'字亦不可通，《說苑》作'殆'，尤爲無義。'始'乃'治'字之誤。"許慎注："本者，謂兵爭也。"植案：《文子》資料來源文本，似與《淮南子》不同。"剉其銳"四句，語出《老子》第五十六章。

第二、"人之性情"段：不見於《淮南子》，應屬"文子外編"解《老》資料。全段就"人之性皆欲己賢，而疾不及人"，解證《老子》第三章"不尙賢，使民不爭"之本源意義。

9-7

〔老子曰：〕

治物者，不以物以和；治和者，不以和以人；治人者，不以人以君；治君者，不以君以欲；治欲者，不以欲以性；治性者，不以性以德；治德者，不以德以道。

以道本[1]人之性，無邪穢；久湛於物即忘其本，即合於若性。衣食禮俗者，非人之性也，所受於外也。故人性欲平，嗜欲害之，唯有道者能遺物反己。有以自鑒，則不失物之情，無以自鑒，即動而

---

[1] 《文子纘義》道藏本無"人"字。

惑營。

夫縱欲失性，動未嘗正，以治身則失身，以治國則亂人。故不聞道者，無以反性。

古者聖人得諸己，故令行禁止。凡舉事者，必先平意清神，神清意平，物乃可正。聽失於非譽，目淫於采色，而欲得事正，即難矣，是以貴虛。故水激則波起，氣亂則智昏。昏智不可以為正，波水不可以為平。故聖王執一，以理物之情性。夫一者至貴，無適於天下，聖王託於無適，故為天下命。

【相關資料尋索】

〔凡以物〕治物者，不以物以‘睦’；治‘睦’者，不以‘睦’以人；治人者，不以人以君；治君者，不以君以欲；治欲者，不以欲以性；治性者，不以性以德；治德者，不以德以道。

原人之性，蕪濊而不得清明者，物或坱之也。羌、氐、僰、翟，嬰兒生皆同聲，及其長也，雖重象狄騠，不能通其言，教俗殊也。今令三月嬰兒，生而徙國，則不能知其故俗。由此觀之，衣服禮俗者，非人之性也，所受於外也。夫竹之性浮，殘以為牒，束而投之水，則沈，失其體也。金之性沈，託之於舟上則浮，勢有所支也。夫素之質白，染之以涅則黑；縑之性黃，染之以丹則赤。〔人之性無邪，久湛於俗則易。易而忘其本，合於若性〕。

故日月欲明，浮雲蓋之；河水欲清，沙石濊之；人性欲平，嗜欲害之。唯‘聖人’能遺物〔而〕反己。

夫乘舟而惑者，不知東西，見斗極則寤矣。夫性、亦人之斗極也。有以自‘見’〔也〕，則不失物之情；無以自‘見’，‘則’動而惑營。譬若隴西之遊，愈躁愈沈。

孔子謂顏回曰：“吾服汝也忘，而汝服於我也亦忘。雖然，汝雖忘乎吾，猶有不忘者存。”孔子知其本也。

*

夫縱欲而失性，動未嘗正〔也〕，以治身則‘危’，以治國則亂，以入軍則破。〔是〕故不聞道者，無以反性。

〔故〕古之聖王，〔能〕得諸己，故令行禁止，名傳後世，德施四海。是故凡〔將〕舉事，必先平意清神。神清意平，物乃可正。若璽之抑埴，正與之正，傾與之傾。

故堯之舉舜也，決之於目；桓公之取甯戚也，斷之於耳而已矣。爲是釋術數而任耳目，其亂必甚矣。夫耳目之可以斷也，反情性也；聽失於‘誹’譽，而目淫於‘采’色，而欲得事正，‘則’難矣。

夫載哀者聞歌聲而泣，載樂者見哭者而笑。哀可樂者、笑可哀者，載使然也。是〔故〕貴虛。

故水激則波‘興’，氣亂則智昏。智昏不可以為政，波水不可以為平。故聖王執一〔而勿失〕，‘萬物之情既矣’，四夷九州服矣。夫一者至貴，無適於天下。聖人託於無適，故‘民命繫矣’。《淮南子・齊俗訓》p. 351-354／〈齊俗訓〉辨析，頁 255-258

名號大顯，不可彊求，必繇其道。治物者不於物於人，治人者不於事於君，治君者不於君於天子，治天子者不於天子於欲，治欲者不於欲於性。性者萬物之本也，不可長，不可短，因其固然而然之，此天地之數也。《呂氏春秋・貴當》

【探析與解說】

此章見於《淮南子・齊俗訓》，但全章資料相當雜亂，部份文意不能通貫，似“文子外編”殘文竄入，今本編輯者加以整理而成。以下分四點來說明：

第一、“治物者”段：此段由“治物”，通過“治和”、“治人”、“治君”、“治欲”、“治性”、“至德”，而導源至“道”的始源，闡發《老子》第十六章“夫物芸芸，各復歸其根”之意旨。此段資料與《呂氏春秋・貴當》相近，原似輯入“文子外編”之道家思想史料，《淮南子》加以引述闡發，《文子》部份文字與句序，與今本《淮南子》有異。

又，〈齊俗訓〉此段之前作“凡以物治物者”。王念孫校《淮南子》云：

“‘凡以物治物者’，‘以物’二字因下文而衍。《呂氏春秋》〈貴當〉篇、《文子》〈下德〉篇皆無此二字。”此段“和”字，〈齊俗訓〉均作“睦”。《玉篇·睦部》：“睦，和也。”馬宗霍校《淮南子》注曰：“‘睦’當通作‘陸’。《廣雅·釋詁三》云：‘陸，厚也。’……‘睦’既通作‘陸’，‘陸’又訓‘地’，然則‘以睦治物’，猶言物統於地也。……蓋人之生也，食毛踐土，故以人統地。天生民而立之君，使有司牧之，故以君統人。人生而有欲，故以欲統君。欲者性之動，故以性統欲。得其本性謂之德，故以德統性。而終之曰‘治德者不以德以道’，次第相治，猶言道無不統。亦即無不統於道也。”

　　第二、“以道本人之性”段：此段文意近於《文子·道原》第七章：“原人之性，無邪穢，久湛於物即易，易而忘其本，即合於若性。”全段強調“聞道返性”之義，說明人性本無邪穢，其所以不能保持清明，當爲外物與習俗矇蔽。此種思想，也見於其他前秦典籍，如：《呂氏春秋·本生》曰：“未水之性清，土者抇之，故不得清；人之性壽，物者抇之，故不得壽。物也者，所以養性也，非所以性養也。”《莊子·繕性》曰：“繕性於俗學，以求復其初；滑欲於俗思，以求致其明；謂之蔽蒙之民。”

　　又，“以道本人之性”句，文意難解，《正統道藏》《文子纘義》本，無“人”字。顧觀光云：“‘以道本’三字衍，當依〈齊俗訓〉刪。”王叔岷云：“案：‘以道’二字，涉上文‘不以德，以道’而衍。‘本’字非衍，《淮南子》作‘原人之性’，此易‘原’爲‘本’耳。”李定生曰：“此句應讀‘以道本之，性無邪穢。’”植案：〈齊俗訓〉作“人之性無邪”，此句當有“人”字。“以道”二字，似因上文“不以德以道”而衍。而“本”，有“依據”之義，《易·乾》：“本乎天者親上，本乎地者親下。”“原”，指推究本源，《易·繫辭下》：“《易》之爲書也，原始要終，以爲質也。”孔穎達疏：“言《易》之爲書，原窮其事之初始。”“本”與“原”二字，義理可通，此句當原有“本人之性”與“原人之性”兩種不同記載。

　　又，“久湛於物即忘其本，即合於若性”兩句，〈齊俗訓〉作“人之性無邪，久湛於俗則易。易而忘其本，合於若性。”〈下德〉篇此處“忘”前，似脫“易而忘其本”五字，當作“久湛於物即易而忘其本，忘其本即合於若性。”此兩句見於《呂氏春秋·爲欲》，〈爲欲〉篇曰：“逆而不知其逆也，湛於俗也。久湛而不去則若性。性異非性，不可不熟。不聞道者，何以去非性哉？無以去非性，則欲未嘗正矣。欲不正，以治身則夭，以治國則亡。”

又，“衣食禮俗者”三句，文意與前後文不能通貫，恐爲殘文綴合。〈齊俗訓〉此處作“由此觀之，衣食禮俗者，非人之性也，所受於外也。”前文更舉有大段文字說明“因教而俗殊”之義。

又，“有以自鑒”四句，兩“鑒”字，〈齊俗訓〉均作“見”，當爲“鑒”字之假。此數句文意，也見於《莊子·駢拇》，〈駢拇〉篇曰：“吾所謂明者，非謂其見彼也，自見而已矣。夫不自見而見彼，不自得而得彼者，是得人之得而不自得其得者也，適人之適而不自適其適者也。”

第三、“夫縱欲失性”段：全段文意與前文不能通貫，當屬另段資料。“以治身則失身，以治國則亂人”，〈齊俗訓〉作“以治身則危，以治國則亂。”二者資料來源文本，似不同。

第四、“古者聖人得諸己”段：文字散見於〈齊俗訓〉四處，似《淮南子》別本殘文的綴合。

“古者聖人得諸己”兩句，〈齊俗訓〉作“故古之聖王，能得諸己，故令行禁止，名傳後世，德施四海。”《文子》似僅存殘文。

又，“聽失於非譽”五句，見於〈齊俗訓〉處，前文曰：“故堯之舉舜也，決之於目；桓公之取甯戚也，斷之於耳而已矣”。“聽失於非譽”與“目淫於采色”，正回應“決之於目”與“斷之於耳”。《文子》僅存殘文。

又，“是以貴虛”句，〈齊俗訓〉作“夫載哀者聞歌聲而泣，載樂者見哭者而笑。哀可樂者、笑可哀者，載使然也。是故貴虛”。《文子》僅存四字殘文。

又“故水激則波起”句，〈齊俗訓〉作“水擊而波興”。王念孫校《淮南子》云：“‘水擊’當作‘水激’，聲之誤也。《群書治要》引此正作‘激’。”王叔岷云：“王校是也。《文子》正作‘水激’。”

又，“昏智不可以爲正，波水不可以爲平”兩句，“昏智”二字，〈齊俗訓〉作“智昏”。“昏智”、“波水”，二者對文，〈齊俗訓〉作“智昏”，恐誤。

又，“故聖王執一，以理物之情性”兩句，〈齊俗訓〉作“故聖王執一而勿失，萬物之情既矣，四夷九州服矣。”〈齊俗訓〉似衍述“理物之情性”的效果。“故爲天下命”句，〈齊俗訓〉作“故民命繫矣”，二者敘說不同。此處文意見於《呂氏春秋·爲欲》，〈爲欲〉篇曰：“聖王執一，四夷皆至者，其此之謂也。執一者至貴也。至貴者無敵。聖王託於無敵，故民命敵焉。”

9-8

〔老子曰：〕

陰陽陶冶萬物，皆乘一氣而生。上下離心，氣乃上蒸，君臣不和，五穀不登。春肅秋榮，冬雷夏霜，皆賊氣之所生也。天地之間，一人之身也，六合之内，一人之形也，故明於性者，天地不能脅也，審於符者，怪物不能惑也。

聖人由近以知遠，以萬‘異’[1]爲一，同氣蒸乎天地。禮義廉恥不設，萬民莫[2]不相侵暴虐，由在乎混冥之中也。〔廉恥陵遲。〕

及至世之衰，用多而財寡，事力勞而養不足，民貧苦而忿爭生，是以貴仁。人鄙不齊，比周朋黨，各推其與，懷機械巧詐之心，是以貴義。男女群居，雜而無別，是以貴禮。性命之情，淫而相迫於不得已，則不和，是以貴樂。故仁義禮樂者，所以救敗[3]也，非通治之道也。

---

[1] “異”字原作“里”，據《文子纘義》道藏本改。

[2] 《文子纘義》道藏本無“莫”字。

[3] “敗”字《文子纘義》道藏本作“殘”。

　　誠能使神明定於天下而心反其初，即民性善。民性善，即天地陰陽從而包之。是以財足而人贍，貪鄙忿爭之心不得生焉。仁義不用，而道德定於天下，而民不淫於彩色。

　　故德衰然後飾仁義，和失然後調聲，禮淫然後飾容。故知道德，然後知仁義不足行也，知仁義，然後知禮樂不足修也。

【相關資料尋索】

　　天地之合和，陰陽之陶‘化’萬物，皆乘‘人’氣者也。是故上下離心，氣乃上蒸，君臣不和，五穀不‘為’。距日冬至四十六日，天含和而未降，地懷氣而未揚，陰陽儲與，呼吸浸潭，包裹風俗，斟酌萬殊，旁薄眾宜，以相嘔咐醞釀，而成育群生。是故春肅秋榮，冬雷夏霜，皆賊氣之所生。由此觀之，天地〔宇宙〕，一人之身〔也〕；六合之內，一人之‘制’也。

　　〔是〕故明於性者，天地不能脅也；審於符者，怪物不能惑也。

　　〔故〕聖人〔者〕，由近知遠，而萬殊為一。

＊

　　古之人，‘同氣’于天地，與一世而優游。當此之時，無慶賀之利、刑罰之威，禮義廉恥不設，誹譽仁鄙不立，而萬民‘莫’相侵欺暴虐，‘猶’在‘于’混冥之中。

　　‘逮至衰世’，‘人眾財寡’，事力勞而養不足，〔於是〕‘忿爭生’，是以貴仁。‘仁’鄙不齊，比周朋黨，設詐諝，懷機械巧‘故’之心，而性失矣，是以貴義。陰陽之情，莫不有血氣之感，男女群居雜〔處〕而無別，是以貴禮。性命之情，淫而相‘脅’，以不得已，則不和，〔是〕以貴樂。是故仁義禮樂者，可以救敗，而非通治之‘至’也。

　　夫仁者、所以救爭也，義者、所以救失也，禮者、所以救淫也，樂者、所以救憂也。神明定於天下而心反其初，心反其初‘而’民性善，民性善‘而’天地陰陽從而包之，則財足，財足而人澹〔矣〕，貪鄙忿爭不得生焉。由此觀之，則仁義不用矣。道德定於天下而民〔純樸，則目〕不營於色，耳不淫於聲，坐俳而歌謠，被髮而浮游，雖有毛嬙、西施之色，不知悅也，《掉羽》、《武象》不知樂也，淫泆無別，不得生焉。由此觀之，禮樂不用也。

是故德衰然後‘仁生’，行沮然後義立，和失然後‘聲調’，禮淫然後‘容飾’。

〔是〕故知神明然後知道德之不足爲也，知道德然後知仁義之不足行也，知仁義然後知禮樂之不足‘脩’也。今背其本而求其末，釋其要而索之于詳，未可與言至也。《淮南子·本經訓》p. 249-251／〈本經訓〉辨析，頁 129-131

【探析與解說】

此章敘說“萬物皆乘一氣而生”，“聖人以萬異爲一”，“仁義禮樂爲衰世之制”，“道德可以定天下”等，似屬道家後續發展思想史料，後輯入“文子外編”。全文見於《淮南子·本經訓》。〈本經訓〉具有“埒略衰世古今之變”[1]的形式，可能就“文子外編”相關性質資料，加以編輯而成。此章見於〈本經訓〉段落，似有脫文與錯簡，而〈下德〉篇此章仍與〈本經訓〉錯亂句序相同，恐爲《淮南子》別本殘文竄入。以下分五點來說明：

第一、“陰陽陶冶萬物”段：《文子》此段文意不能通貫，結構雜亂，當爲《淮南子》別本殘文竄入。而見於〈本經訓〉處，也與〈要略〉篇所言篇旨不合，恐爲他處錯簡。就其內容而言，以“氣”說明天地萬物的貫通感應，或原屬〈覽冥訓〉殘文。

又，“陰陽陶冶萬物，皆乘一氣而生”兩句，〈本經訓〉作“天地之合和，陰陽之陶化萬物，皆乘人氣者也。”“一氣”二字，〈本經訓〉作“人氣”，此處不當言“人氣”，當依〈下德〉篇作“一氣”。莊逵吉校《淮南子》云：“‘乘人氣’本作‘乘一氣’。”王叔岷校《淮南子》亦云：“‘乘人氣’義不可通。當作‘乘一氣’爲是，《文子》〈下德〉篇亦作‘乘一氣’。

又，“上下離心，氣乃上蒸，君臣不和，五穀不登。春肅秋榮，多雷夏霜，皆賊氣之所生也”等句，“春肅秋榮”三句，與前文文氣不能通貫，當屬另段。

---

[1] 《淮南子·要略》曰：“〈本經〉者，所以明大聖之德，通維初之道，埒略衰世古今之變，以褒先聖之隆盛，而貶末世之曲政也。”

此數句〈本經訓〉作“是故上下離心，氣乃上蒸，君臣不和，五穀不爲。距日多至四十六日，天含和而未降，地懷氣而未揚，陰陽儲與，呼吸浸潭，包裹風俗，斟酌萬殊，旁薄眾宜，以相嘔咐醞釀，而成育群生。是故春肅秋榮，冬雷夏霜，皆賊氣之所生。”〈本經訓〉以兩“是故”引述，但“距日多至四十六日……而成育群生”段，與前後文意似不相連屬，恐爲錯簡。

又，“天地之間”句，〈本經訓〉作“天地宇宙”，因下文有“六合之內”，“宇宙”二字恐誤。

又，“一人之形”句，“形”字，〈本經訓〉作“制”，因前有“一人之身”，作“形”字較佳。王念孫校《淮南子》亦云：“‘制’字義不可通，‘制’當爲‘刑’，字之誤也。‘刑’與‘形’同，‘一人之形’即承‘一人之身’言之。《文子》〈下德〉篇正作‘一人之形’。”

第二、“聖人由近以知遠”段：此段文意費解。《文子》與〈本經訓〉相應文字比較如下：

> 聖人由近以知遠，以萬異為一，同氣蒸乎天地。禮義廉恥不設，萬民不相侵暴虐，由在乎混冥之中也。廉恥陵遲。《文子》

> 故聖人者，由近知遠，而萬殊為一。古之人，同氣于天地，與一世而優游。當此之時，無慶賀之利、刑罰之威，禮義廉恥不設，誹譽仁鄙不立，而萬民莫相侵欺暴虐，猶在于混冥之中。《淮南子》

〈下德〉篇此段似《淮南子》別本殘文的湊合。“聖人由近以知遠，以萬異爲一”兩句，當屬前段。“同氣蒸乎天地”，〈本經訓〉作“古之人，同氣於天地”。俞樾校《淮南子》云：“‘古之人’三字，衍文也。四句一氣同屬，皆蒙‘故聖人者’爲文。若有‘古之人’三字，則文義不貫矣！此文本云‘故聖人者，由近而知遠，以萬殊爲一同，氣蒸於天地，與一世而優游。’今本‘而’字脫去，校者誤補於‘遠’字之下，遂誤刪‘以’字。‘一同’與‘萬殊’本相對爲文，今衍‘古之人’三字，遂以‘同’字下屬，而誤刪‘蒸’字，皆非其舊。《文子》〈下德〉篇作‘聖人由近以知遠，以萬里爲一同，氣蒸乎天地’，宜據以訂正。”植案：細審《文子》此處文字與〈本經訓〉內容，《文子》似殘文綴合。〈本經訓〉此處"古之人"與下文"逮至衰世"相對,合乎〈要略〉篇所言"埒略衰世古今之變"的篇旨。《文子》"以萬異爲一同"句,"同"字當屬下讀,作"同氣於天地","蒸"涉上文"蒸"字而衍。"同氣"一詞,三見於《文子》,〈上仁〉篇更有"同氣者帝"之說。但《文選·贈劉琨》注引《文子》曰:"聖人由近知遠,以萬異爲一同也。"《文子》文本訛誤當甚早。

又,"萬民不相侵暴虐"句,〈本經訓〉作"而萬民莫相侵欺暴虐",俞樾云:"'侵'下脫'欺'字,當據淮南本經篇補。"

又,"廉恥陵遲"四字,與前後文文意無關,當爲他處殘文竄入。

第三、"及至衰世"段:見於〈本經訓〉處作"逮至衰世",以與前段"故之人"相對比。

"人鄙"二字,〈本經訓〉作"仁鄙"。《玉篇·邑部》"鄙,鄙陋也。"《左傳·莊公十年》:"肉食者鄙,未能遠謀。""人鄙不齊"指人心鄙陋,不能齊同。〈本經訓〉"仁"字,似誤。

又,"所以救殘也"句,〈本經訓〉作"所以救敗",王叔岷校《淮南子》云:"案:'可以'下文作'所以','可'猶'所'也。《文子》正作'所'。"

第四、"誠能使神明"段:此段《文子》與〈本經訓〉似均有脫誤。二者比較如下:

> 誠能使神明定於天下而心反其初,即民性善。民性善,即天地陰陽從而包之。是以財足而人贍,貪鄙忿爭之心不得生焉。《文子》

> 神明定於天下,而心反其初,心反其初而民性善,民性善而天地陰陽從而包之,則財足,財足而人澹矣,貪鄙忿爭不得生焉。《淮南子》

《文子》與〈本經訓〉此處,可能涉及"而"、"即"虛字的使用,與"重文符號"的脫誤,而使文意均不整齊。試釐訂如下:

> 神明定於天下而心反其初,即民性善;民性善而天地陰陽從而包之,則財足,財足而人澹矣,貪鄙忿爭不得生焉。

又，"仁義不用，而道德定於天下，而民不淫於彩色"三句，〈本經訓〉作"由此觀之，則仁義不用矣。道德定於天下而民純樸，則目不營於色，耳不淫於聲……。"《文子》此三句，文意不完，似殘文綴合。

第五、"故德衰然後飾仁義"段：見於〈本經訓〉兩處，仍似《淮南子》別本殘文的綴合。

"故德衰然後飾仁義，和失然後調聲，禮淫然後飾容"三句，〈本經訓〉作"是故德衰然後仁生，行沮然後義立，和失然後聲調，禮淫然後容飾。""仁生"、"義立"、"聲調"、"容飾"，四者對文。《文子》此處殘文似經編輯者改動。

又"故知道德"四句，〈本經訓〉前有"是故知神明然後知道德之不足爲也"句，因前文有"誠使神明定於天下"之語，《文子》此處當有脫漏。

9-9

〔老子曰：〕

清靜之治者，和順以寂寞，質真而素樸，閒靜而不躁。在內而合乎道，出外而同乎義。其言略而循理，其行悅而順情。其心和而不偽，其事素而不飾。不謀所始，不議所終；安即留，激即行。通體乎天地，同精乎陰陽，一和乎四時，明朗乎日月，與道化者為人，機巧詐偽莫載乎心。

是以天覆以德，地載以樂，四時不失序，風雨不為虐，日月清靜而揚光，五星不失其行，〔此清靜之所明也〕。

【相關資料尋索】

'太清'之治'也'，和順以寂漠，質真而素樸，閒靜而不躁，推移而無

449

故，在內而合乎道，出外而調于義，發動而成于文，行快而便于物，其言略而循理，其行‘倪’而順情，其心‘愉’而不偽，其事素而不飾，是以不擇時日，不占卦兆，不謀所始，不議所終，安‘則’‘止’，激‘則’行，通體‘于’天地，同精‘于’陰陽，一和‘于’四時，明‘照’‘于’日月，與‘造’化者‘相雌雄’。是以天覆以德，地載以樂，四時不失其‘敘’，風兩不降‘其虐’，日月‘淑清’而揚光，五星〔循軌而〕不失其行。當此之時，玄元至碭而運照，鳳麟至，蓍龜兆，甘露下，竹實滿，流黃出，而朱草生，｛機械詐偽，莫藏于心｝。

逮至衰世，鐫山石，鍥金玉，摘蚌蜃，消銅鐵，而萬物不滋……（此段見於《文子·上禮》第六章，曰：“老子曰：衰世之主，鑽山石，挈金玉，摘礐蜃，消銅鐵，而萬物不滋。……”）

《淮南子·本經訓》p. 244-245／〈本經訓〉辨析，頁 127

【探析與解說】

此章見於《淮南子·本經訓》，見於〈本經訓〉處，具有“垮略衰世古今之變”的敘說形式，就其“太清之治（原作“始”）”與“逮及衰世”的區隔，可分為兩段，第一段文字見於本章，而第二段部份則見於《文子·上禮》第六章。《文子》此章與〈上禮〉篇第六章，極似編輯今本《文子》者，將竄入之《淮南子》別本殘文分置兩處。以下分兩點來說明：

第一、“清靜之治者”段：此段思想與《莊子》相近，似原屬《莊子》學派思想資料。“清靜之治者”句，〈本經訓〉作“太清之始”。“太清之治”一語，古典文獻未見，“太清”觀念源自《莊子》，〈天運〉篇曰：“建之以太清”，〈列御寇〉篇亦曰：“水流乎無形，發泄乎太清。”王念孫校《淮南子》云：“‘太清之始’，‘始’當為‘治’，字之誤也。高注當云：‘太清，無為之治也。’今本作‘太清，無為之始者’，文不成義。……《太平御覽》〈竹部〉一引，正作‘太清之治’。《文子》〈下德〉篇作‘清靜之治者，和順以寂寞，質真而素僕。’是其明證。”

又，與道化者為人”句，〈本經訓〉作“與造化者相雌雄”。《文子·道原》使用“造化者”一詞，〈精誠〉篇有“造化”之說，而《文子》全書並無

“道化者”，“道”字當爲“造”字之形誤。〈原道訓〉、〈俶真訓〉與〈齊俗訓〉均曰：“與造化爲人”，〈大宗師〉作“與造物者爲人”。俞樾云：“此當作‘與道爲友，與化爲人’。〈道德〉篇云：‘上與道爲友，下與化爲人。’是其證也。”

又，“機巧詐僞莫載乎心”句，此句與前文文意不相連屬，恐爲殘文綴合。〈本經訓〉作“機械詐僞，莫藏于心”，在“當此之時”段後。

第二、“是以天覆以德”段：此段似經編輯者改動。“日月清靜而揚光，五星不失其行”兩句，“五星”下〈本經訓〉有“循軌”二字。“日月淑清”與“五星循軌”，相對爲文。《文子》此處似脫“循軌”二字。

又，“此清靜之所明也”句，〈本經訓〉無，恐爲今本《文子》編輯者所加的案語。

9-10

〔老子曰：〕

治世之職易守也，其事易爲也，其禮易行也，其責易償也。是以人不兼官，官不兼‘事’，[1] 士農工商，鄉別州異。故農與農言藏，士與士言行，工與工言巧，商與商言數。是以士無遺行，工無苦事，農無廢功，商無折貨，各安其性。異形殊類，易事而不悖，失‘處’[2] 而賤，得‘勢’[3] 而貴。

夫先知遠見之人，才之盛也，而治世不以責於人[4]。博聞強志，口辯辭給，人知之溢也，而明主不求於下。敖世賤物，不從流俗，

---

[1] “事”字原作“士”，據《文子纘義》道藏本改。

[2] “處”字原作“業”，《文子纘義》道藏本同，據景宋本改。

[3] “勢”字原作“志”，《文子纘義》道藏本同，據景宋本改。

[4] “人”字，《文子纘義》道藏本作“民”。

士之伉行也，而治世不以為化民。故高不可及者，不以為人量，行不可逮者，不可為國俗。故人才不可專用，而度量道術可世傳也。故國治[1]可與愚守也，而軍旅可以法同也。不待古之英雋，而人自足者，因其所有而並用之。

末世之法，高為量而罪不及也，重為任而罰不勝也，危為其難而誅不敢也。民困於三責，即飾智而詐上，犯邪而行危。雖峻法嚴刑，不能禁其姦。獸窮即觸，鳥窮即啄，人窮即詐，此之謂也。

【相關資料尋索】

治世之‘體’易守也，其事易為也，其禮易行也，其責易償也。是以人不兼官，官不兼事，士農工商，鄉別州異。〔是〕故農與農言‘力’，士與士言行，工與工言巧，商與商言數。是以士無遺行，〔農無廢功，工無苦事〕，商無折貨，各安其性，不得相干。故伊尹之興土功也，修脛者使之跖鍤，強脊者使之負土，眇者使之準，傴者使之塗，各有所宜，而人性齊矣。胡人便於馬，越人便於舟，異形殊類，易事而‘悖’，失處而賤，得‘勢’而貴。聖人摠而用之，其數一也。

*

夫先知遠見，達視千里，人才之‘隆’也，而治世不以責於民。博聞強志，口辯辭給，人‘智’之‘美’也，而明主不以求於下。敖世輕物，不‘污’於俗，士之伉行也，而治世不以為民化。神機陰閉，剖剟無跡，人巧之妙也，而治世不以為民業。故萇弘、師曠，先知禍福，言無遺策，而不可與眾同職也；公孫龍折辯抗辭，別同異，離堅白，不可與眾同道也；北人無擇非舜而自投清泠之淵，不可以為世儀；魯般、墨子以木為鳶而飛之，三日不集，而不可使為工也。故高不可及者，不可〔以〕為人量；行不可逮者，不可〔以〕為國俗。

*

　　夫挈輕重不失銖兩，聖人弗用，而縣之乎銓衡；視高下不差尺寸，明主弗任，而求之乎浣準。何則？人才不可專用，而度量可世傳也。故國‘治’可與愚守也，而軍制可與‘權用’也。夫待腰裹飛兔而駕之，則世莫乘車；待西施、毛嬙而為配，則終身不家矣。然‘非’待古之英‘俊’，而人自足者，因所有而並用之。夫騏驥千里，一日而通；駑馬十舍，旬亦至之。由是觀之，人材不足專恃，而道術可公行也。

＊

　　‘亂’世之法，高為量而罪不及，重為任而罰不勝，危為難而誅不‘敢’。民困於三責，‘則’飾智而詐上，犯邪而‘干免’。〔故〕雖峭法嚴刑，不能禁其姦。何者？力不足也。故諺曰：“〔鳥窮‘則’噣，獸窮‘則’觸〕，人窮‘則’詐。”此之謂也。《淮南子·齊俗訓》p. 368-371／〈齊俗訓〉辨析，頁 274-277

【探析與解說】

　　此章見於《淮南子·齊俗訓》，全章敘說“治世之職易守，其事易為，其禮易行，其責易償”。此種人文型態的要求，與管子治齊的效果相合，恐原為齊稷下之學史料，後輯入“文子外編”。《文子》此章則似《淮南子》別本殘文竄入。以下分三點來說明：

　　第一、“治世之職”段：此段內容與《管子·小匡》思想相近，〈小匡〉篇曰：“士農工商四民者，國之石民也。不可使雜處，雜處則其言哤。其事亂，是故聖王之處士，必於閒燕；處農必就田壄‘處工必就官府’處商必就市井。”《文子》此處強調“士、農、工、商”，不得兼職，各安其性，似發揮〈小匡〉篇的意含。

　　又，“治世之職”據，“職”字，〈齊俗訓〉作“體”，此處指“職事”，“體”字誤。王念孫校《淮南子》云：“‘治事之體’，《群書治要》引此，作‘職’，是也。……若作‘體’，則與‘守’字義不相屬，且與下三句不類矣。《文子》〈下德〉篇亦作‘職易守’，下文萇弘、師曠‘不可與眾同職’，又其一證矣。”

又，"故農與農言藏"數句文意，見於本篇第十四章。

又，"異事而不悖"句，此句文意與前文不相連貫，〈齊俗訓〉作"胡人便於馬，越人便於舟，異行殊類，易事而悖。"《文子》僅爲殘文，似衍"不"字。但何寧則認爲《淮南子》"悖"上奪"不"字，曰："蓋後人誤解'易'爲更易字，以爲使胡人乘舟，越人乘馬，故刪去'不'字。不知此'易'字當作'容易'解。……謂胡人便於馬，越人便於舟，雖異形殊類，而各異其事，不相悖亂也。下文云：'失處而賤，得勢而貴'，二句正反相對爲文。此若作易字，則與下句'失處而賤'義複，且與下文不偶矣。《文子》〈下德〉篇正作'易事而不悖'，是其證。"

第二、"夫先知遠見之人"段：此段說明"治世不以高不可及的才智，作爲衡量的標準，也不以行不可及的德行，作爲國家的風俗。"首兩句，〈齊俗訓〉作"夫先知遠見，達視千里，人才之隆也。"《文子》脫"達視千里"句，而加"之"字於"人"字前，"人"字當屬下讀，作"人才之盛"。

"故人才不可專用"句，見於〈齊俗訓〉，但段前曰："夫挈輕重不失銖兩，聖人弗用，而縣之乎銓衡；視高下不差尺寸，明主弗任，而求之乎浣準。何則"數句，似強調"人才不可專用，而度量可世傳"，治國不可專靠人才，而需道術。此種內容與〈齊俗訓〉前後兩段文意不能連貫，恐爲錯簡。《文子》此處仍保持其錯亂句序，似《淮南子》別本殘文竄入。

又，"國法可與愚守也，軍旅可以法同也"兩句，〈齊俗訓〉作"國治可與愚守也，軍制可以權用也"。《文子》此處與〈齊俗訓〉均有字誤。"國法"與"軍制"對文，"愚守"與"權用"相互呼應。此句似當作"國法可與愚守也，軍制可以權用也"，言"國家法律"與"軍隊制度"的設置，重於偶有的特殊人才。

第三、"末世之法"段：此段說明"末世之法"使民困於不及，則雖峻法嚴刑，亦不能禁其奸。王念孫校《淮南子》云："《莊子》〈則陽〉篇：'匿爲物而愚不識，大爲難而罪不敢，重爲任而罰不勝，遠其塗而誅不至。'，《呂氏春秋》〈適威〉篇'煩爲教而過不識，數爲令而非不從，巨爲危而罪不敢，重爲任而罰不勝'，文意並與此同。"

　　"危為其難而誅不敢也"句，〈齊俗訓〉作"為危禁"。王念孫校《淮南子》云："'為危禁'，本作'為危難'。'為危難而誅不敢'者，危猶高也。高危難之事，而則之以必能，及畏難而不敢為，則從而誅之，正與上二句同意。後人不察，而改'難'為'禁'。禁之，正欲其不敢，何反誅之乎？《文子》〈下德〉篇正作'為危難而誅不敢'。《莊子》〈則陽〉：'匿為物而愚不識，大為難而罪不敢，重為任而罰不勝，遠其塗而誅不至。'《呂氏春秋》〈適威〉篇'煩為教而過不識，數為令而非不從，巨為危而罪不敢，重為任而罰不勝。'文義並與此同。"

　　又，"獸窮即觸"三句，〈齊俗訓〉作"故諺曰：'鳥窮則噣，獸窮則觸，人窮則詐。'此之謂也。"《荀子·哀公》亦引曰："臣聞之：'鳥窮則喙，獸窮則攫，人窮則詐。'自古及今，未有窮其下而能無危者也。"

9-11

〔老子曰：〕

　　雷霆之聲，可以鍾鼓象也；風雨之變，可以音律知也。大可睹者，可得而量也；明可見者，可得而蔽也；聲可聞者，可得而調也；色可察者，可得而別也。夫至大，天地不能函也，至微，神明不能'領'，[1]也。及至建律曆，別五色，異清濁，味甘苦，即樸散而為器矣。立仁義，修禮樂，即德遷而為偽矣。民飾智以驚愚，設詐以攻上，天下有能持之，而未能有治之者也。夫智能彌多，而德滋衰，〔是以至人淳樸而不散〕。

　　[2]夫至人之治，〔虛無寂寞，不見可欲，〕心與神處，形與性調，靜而體德，動而理通，循自然之道，緣不得已矣。漠然無為而天下

---

[1] "領"字原作"見"，據《文子續義》道藏本改。

[2] 此處，《文子續義》道藏本有"老子曰"三字。

和，淡然無欲而民自樸，不忿爭而財足。施者不‘德’[1]，受者不讓，德反歸焉，而莫之惠。

　　不言之辯，不道之道，若或通焉，謂之天府。取焉而不損，酌焉而不竭，莫知其所[2]由出，謂之搖光，搖光者，資糧萬物者也。

【相關資料尋索】

　　天地之大，可以矩表識也；星月之行，可以歷推得也；雷震之聲，可以鼓鐘‘寫’也；風雨之變，可以音律知也。〔是故〕大可睹者，可得而量也；明可見者，可得而蔽也；聲可聞者，可得而調也；色可察者，可得而別也。夫至大、天地‘弗’能含也，至微、神明‘弗’能領也。

　　及至建律歷，別五色，異清濁，味甘苦，‘則’樸散而為器矣。立仁義，脩禮樂，則德遷而為偽矣。及偽之生也，飾智以驚愚，設詐以‘巧’上，天下有能持之〔者〕，有能治之者也。昔者蒼頡作書而天雨粟，鬼夜哭；伯益作井，而龍登玄雲，神棲崑崙；‘能愈多而德愈薄矣’。故周鼎著倕，使銜其指，以明大巧之不可為也。

　　〔故〕至人之治〔也〕，心與神處，形與性調，靜而體德，動而理通，‘隨’自然之‘性’〔而〕緣不得已〔之化〕，洞然無為而天下〔自〕和，‘憺’然無欲而民自樸，無禨祥而民不夭，不忿爭而‘養’足，兼苞海內，澤及後世，不知為之者誰何。是故生無號，死無諡，實不聚而名不立，施者不德，受者不讓，德‘交’歸焉而莫之‘充忍也’。

　　故德之所總，道弗能害也；智之所不知，辯弗能解也。不言之辯，不道之道，若或通焉，謂之天府。取焉而不損，酌焉而不竭，莫知其所由出，‘是謂’瑤光。瑤光者，資糧萬物者也。《淮南子·本經訓》p. 251-253 /〈本經訓〉辨析，頁131-132

【探析與解說】

1　　“德”字原作“得”，《文子纘義》道藏本改。
2　　“所”字下原有“求”字，據《文子纘義》道藏本刪。

456

此章見於《淮南子・本經訓》，全章似屬輯入"文子外編"之道家傳承資料，《文子》此章仍似《淮南子》別本殘文竄入，但保留《淮南子》部份舊文。以下分三點來說明：

第一、"雷霆之聲"段：〈本經訓〉前有"天地之大，可以矩表識也；星月之行，可以歷推得也。"《文子》無，後文卻有"大可睹者"與"明可見者""聲可聞者"與"色可察者"四事，顯見此章爲《淮南子》別本殘文。

又，"雷霆"二字，〈本經訓〉作"雷震"。王念孫校《淮南子》云"'雷震'當作'雷霆'，字之誤。天地、星月、雷霆、風雨，相對爲文。《太平御覽》〈天部〉十三引此，正作'雷霆'。《文子》〈下德〉篇同。"

又，"天下有能持之，而未能有治之者"兩句，〈本經訓〉"而未能"作"有能"，意不可解。高誘注曰："有能持之者，桀、紂之民。有能治之者，湯、武之君也。"王念孫校《淮南子》云："'有能治之者'當作'未有能治之者'。言詐僞並起，天下有能以法持之，未有能以道治之者也。其能治之，必待至人。……《文子》〈下德〉篇作'天下有能持之，而未有能治之者也'，是其證。高誘所見本蓋脫'未'字。"高誘所見本與竄入〈下德〉篇之《淮南子》文本有異。

又，"夫智能彌多，而德滋衰。"兩句，〈本經訓〉作"能愈多而德愈薄矣"。王念孫校《淮南子》云："《太平御覽》〈鱗介部〉一引此，'能愈多'作'智愈多'。案：當作'智能愈多'。'智能'二字總承上文言之，今本脫'智'字，《御覽》脫'能'字。《文子》〈下德〉篇作'智能愈多而德滋衰'，是其證。"

又，"是以至人淳樸而不散"句，文意與此段內容無關，恐爲編輯者所加的案語。

第二、"夫至人之治"段：此段近於《莊子》思想，〈庚桑楚〉篇曰："有爲也欲當，則緣於不得已，不得已之類，聖人之道。"此意與"循自然之道，緣不得已矣"相通。而見於〈本經訓〉處"兼苞海內"數句，即出自《莊子・徐無鬼》，〈徐無鬼〉篇曰"聖人并包天地，澤及天下，而不知其誰氏。是故生無爵，死無謚，實不聚，名不立，此之謂大人。”

“循自然之道，緣不得已矣”兩句，〈本經訓〉作“隨自然之性，而緣不得已之化”，《文子》似脫“之化”二字。

又，“德反歸焉，而莫之惠”兩句，〈本經訓〉作“德交歸焉，而莫之充忍”。高誘注曰：“忍，不忍也。”王念孫校《淮南子》云：“高（指高誘注）蓋誤讀‘忍也’二字為句，訓‘忍’為‘不忍’，於正文無當也。今案：‘充忍’二自當連讀，‘忍’讀為‘仞’。〈大雅・靈臺〉‘於牣魚躍’，毛傳曰：‘牣，滿。’德交歸焉而莫之充滿，所謂‘大盈若虛’也。”細審二書，《文子》此處文字較勝，意謂：因施者不以為德，受者不讓所來，至德反歸，而未始為恩惠。高誘所見本，當與〈下德〉篇保留《淮南子》別本不同。

第三、“不言之辯”段：此段文字近於《莊子・齊物論》，似與劉安解《莊》資料有關。〈齊物論〉曰：“孰知不言之辯，不道之道？若有能知，此之謂天府。注焉而不滿，酌焉而不竭，而不知其所由來，此之謂葆光。”“搖光”，〈齊物論〉作“葆光”。高誘注《淮南子》此句曰：“一說：搖光，和氣之見者也。”高注之義，與“葆光”相近。成玄英疏：“葆，蔽也。”“葆光”，似指“隱蔽的光顯”。

9-12

〔老子曰：〕

天愛其精，地愛其平，人愛其情。天之精，日月星辰、雷霆風雨也；地之平，水火金木土也；人之情，思慮聰明喜怒也。故閉四關，止五道，即與道淪。

神明藏於無形，精氣反於真，目明而不以視，耳聰而不以聽，〔口當而不以言，〕心條通而不以思慮，委而不為，知而不矜，直性命之情，而知故不得害。精存於目即其視明，存於耳即聽聰，留於口即其言當，集於心即其慮通。故閉四關即終身無患，四肢九竅，莫死莫生，是謂真人。

　　地之生財，大本不過五行，聖人節五行，即治不荒。

【相關資料尋索】

　　天愛其精，地愛其平，人愛其情。天之精，日月星辰、雷電風雨也；地之平，水火金木土也；人之情，思慮聰明喜怒也。故閉四關，止五‘遁’，‘則’與道淪。

　　是故神明藏於無形，精神反於〔至〕真，〔則〕目明而不以視，耳聰而不以聽，心條‘達’而不以思慮，委而‘弗’為，‘和’而‘弗’矜，‘冥’性命之情，而‘智’故不‘得雜’〔焉〕。精‘泄’於目‘則’其視明，‘在’於耳‘則’〔其〕聽聰，留於口‘則’其言當，集於心‘則’其慮通。故閉四關‘則’身無患，‘百節莫苑’，莫死莫生，莫虛莫盈，是謂真人。

　　凡亂之所由生者，皆在流遁。流遁之所生者五：大構駕，興宮室，延樓棧道，雞棲井榦，標林欂櫨，以相支持，木巧之飾，盤紆刻儼，羸鏤雕琢，詭文回波，淌游瀷淢，菱杅紾抱，芒繁亂澤，巧偽紛挐，以相摧錯，此遁於木也。鑿汙池之深，肆畛崖之遠，來谿谷之流，飾曲岸之際，積牒旋石，以純脩碕，抑滅怒瀨，以揚激波，曲拂邅迴，以像渦、浯，盈樹蓮菱，以食鱉魚，鴻鵠鸕鷞，稻粱饒餘，龍舟鷁首，浮吹以娛，此遁於水也。高築城郭，設樹險阻，崇臺榭之隆，侈苑囿之大，以窮要妙之望，魏闕之高，上際青雲，大廈曾加，擬於崑崙，脩為牆垣，甬道相連，殘高增下，積土為山，接徑歷遠，直道夷險，終日馳騖，而無蹪蹈之患，此遁於土也。大鍾鼎，美重器，華蟲疏鏤，以相繆紾，寢兇伏虎，蟠龍連組，焜昱錯眩，照耀煇煌，偃蹇蓼糾，曲成文章，雕琢之飾，鍛錫文鐃，乍晦乍明，抑微滅瑕，霜文沈居，若簟簵篠，纏錦經冗，似數而疏，此遁於金也。煎熬焚炙，調齊和之適，以窮荆、吳甘酸之變，焚林而獵，燒燎大木，鼓橐吹埵，以銷銅鐵，靡流堅鍛，無厭足目，山無峻幹，林無柘梓，燎木以為炭，燔草而為灰，野莽白素，不得其時，上掩天光，下殄地財，此遁於火也。此五者。一足以亡天下矣。

　　是故古者明堂之制，下之潤溼弗能及，上之霧露弗能入，四方之風弗能襲，土事不文，木工不斲，金器不鏤，衣無隅差之削，冠無覷之理，堂大足以周旋理文，靜潔足以饗上帝，禮鬼神，以示民知儉節。

＊

夫聲色五味，遠國珍怪，瑰異奇物，足以變易心志，搖蕩精神，感動血氣者，不可勝計也。夫天地之生財〔也〕，本不過五。聖人節五行，‘則’治不荒。《淮南子・本經訓》p. 260-265／〈本經訓〉辨析，頁 139-142

【探析與解說】

此章見於《淮南子・本經訓》，全章論說"閉四關，止五遁"的修持，強調"神明藏於無形，精氣反於至真"，應屬道家傳承史料。《文子》此章有多處誤字與脫文，似《淮南子》別本殘文竄入，但保留部份《淮南子》舊文。以下分三點來說明：

第一、"天愛其精"段：分別陳述"天之精"、"地之平"與"人之情"。所謂"精"、"平"[1]與"情"，分別指"天"、"地"與"人"所顯發的實際情狀。人能閉四關、止五遁，藏神明於無形，返精氣於至真，即與"道"相渾同。

又，"止五道"句，〈本經訓〉作"止五遁"，下文有"流遁之所生者五"的詳盡說明。"道"字當爲"遁"之形誤。"遁"意指"逸失"。

第二、"神明藏於無形"段：此段詳述"閉四關"之義。"精氣反於真"句，"精氣"二字，〈本精〉篇作"精神"。王念孫校《淮南子》云："‘精神’與‘神明’意相複，‘神’字即涉上句而誤，‘精神’當爲‘精氣’。《淮南》一書多以‘神’與‘氣’對文也。《文子》〈下德〉正作‘精氣反於至（案：《文子》無"至"字。）真。’"

又，"口當而不以言"句，〈本經訓〉無，下文曰："留於口則其言當"，

---

[1] "平"，《爾雅・釋詁下》："平，成也。"《書・大禹謨》："地平天成。"孔傳："水土治曰平。"孔穎達疏："平，成義同。"

《淮南子》恐脫此句。王叔岷校《淮南子》云：“案：上文言‘閉四關。’高注：‘四關，耳、目、心、口。’此僅言目、耳、心三關，而不及口，必有脫文。《文子》〈下德〉篇‘耳聰而不以聽’下，更有‘口當而不以言’一句。”

又，“直性命之情”句，“直”字，〈本經訓〉作“冥”。“直”，有“順展”之義，“直性命之情”，即“達性命之情”。“性命之情”爲《莊子》哲學的重要觀念。“冥”字，似因形近而誤，

又，“終身無患，四肢九竅，莫死莫生”三句，〈本經訓〉作“身無患，百節莫苑，莫死莫生，莫虛莫盈。”王念孫校《淮南子》云：“‘身無患’當依《文子・下德》篇作‘終身無患’。‘終身無患’，‘百節莫苑’，相對爲文。脫去‘終’字，則句法參差不協矣。”〈下德〉篇“四肢九竅”，與前後文間語意不足，當據〈本經訓〉作“百節莫苑”。

第三、“地之生財”段：此段文意與前文無所關連，當爲《淮南子》別本殘文。此章並未見“止五遁”的敘說，見於〈本經訓〉處，前文有“凡亂之所由生者，皆在流遁。流遁之所生者五……此五者，一足以亡天下矣”大段說明文字，《文子》此處恐有脫文。而〈本經訓〉此段作“夫聲色五味，遠國珍怪，瑰異奇物，足以變易心志，搖蕩精神，感動血氣者，不可勝計也。夫天地之生財也，本不過五。聖人節五行，則治不荒。”“夫聲色五味”七句，與“夫天地之生財也”四句，文意不能銜接，恐亦有脫文。

9-13

〔老子曰：〕

衡之於左右，無私輕重，故可以爲平。繩之於內外，無私曲直，故可以爲正。人主之於法，無私好憎，故可以爲令。德無所立，怨無所藏，是任道而合人心者也。故爲治者，知不與焉。

水戾破舟，木擊折軸，不怨木石而罪巧拙者，智不載也。故道有智則亂，德有心則險，心有眼則眩。夫權衡規矩，一定而不易，

常一而不邪，方行而不留，一日形之，萬世傳之，無為之為也。〔一者無為也，百王用之，萬世傳之，為而不易也。〕

【相關資料尋索】

衡之於左右，無私輕重，故可以為平。繩之於內外，無私曲直，故可以為正。人主之於〔用〕法，無私好憎，故可以為命。夫權輕重不差蚊首，扶撥枉橈不失針鋒，直施矯邪不私辟險，姦不能枉，讒不能亂，德無所立，怨無所藏，是任‘術’而‘釋’人心者也，故為治者不與焉。

夫舟浮於水，車轉於陸，此勢之自然也。｛木擊折轊，水戾破舟，｝不怨木石而罪巧拙者，‘知故’不載焉。〔是〕故道有智則‘惑’，德有心‘則’險，心有‘目’則眩。兵莫憯於志而莫邪為下，寇莫大於陰陽而枹鼓為小。今夫權衡規矩，一定而不易，不為秦、楚變節，不為胡、越改容，常一而不邪，方行而不‘流’，一日‘刑’之，萬世傳之，〔而〕以無為為之。《淮南子・主術訓》p. 276-278

〈主術訓〉辨析，頁158

【探析與解說】

此章與下章雖均接續見於《淮南子・主術訓》，《文子》此處文字簡要，〈主術訓〉則恐有訛奪。全章強調人主當以法為權衡規矩，無私好憎則可以為令，似原屬“文子外編”資料，而《淮南子》引用。以下分兩點來說明：

第一、“衡之於左右”段：“任道而合人心者”句，〈主術訓〉作“任術而釋人心”。《文子》此處與〈主術訓〉表達的思想不太相同。二者比較如下：

德無所立，怨無所藏，是任道而合人心者也。故為治者，知不與焉。〈下德〉篇

夫權輕重不差蚊首，扶撥枉橈不失針鋒，直施矯邪不私辟險，姦不能枉，讒不能亂，德無所立，怨無所藏，是任術而釋人心者也，故為治者不與焉。〈主術訓〉

〈下德〉篇意謂：〔人主保持法的公正，〕人們即不感受到蒙受恩德，也不會產生怨恨，這是施行道理而契合於人民的本心，所以主政的人，不能憑藉著智巧。

〈主術訓〉整段內容似說明：〔人主在施行法治時，〕權衡輕重，不差錙銖；矯正枉曲，不失針尖；糾舉邪僻，不暗自避險；奸佞不能使他屈服，讒媚不能使他亂心。這樣，恩德就無法樹立起來，怨恨反而到處滋生，這是只憑藉治術而廢棄了人心，所以主政的人不採取這種辦法。

從上述解釋可以看出，“德無所立”句後，二者說明的方向完全不同。“釋”字可釋爲“廢棄”，《玉篇·釆部》曰：“釋，廢也。”《書·多方》：“非天庸釋有夏。”孔穎達疏：“非天用廢有夏。”但“釋”字可與“懌”相通，意指“怡悅”。“怡悅”與“合”的意思相近。若取此義，則“任道而合人心”就與“任術而釋人心”相同。假如〈主術訓〉此句原義作“怡悅人心”解，則“德無所立”之後數句，就與其前文文意衝突。也許〈主術訓〉“夫權輕重不差蚊首……讒不能亂”段原爲他處錯簡，如此，“德無所立”即可上接“故可以爲令”句，而與《文子》句序相同。

又，“故爲治者，知不與焉”兩句，〈主術訓〉作“故爲治者不與焉”。王念孫校《淮南子》云：“‘不與’上當有‘治’字，老子曰：‘以智治國，國之賊。不以智治國，國之福。’故曰‘爲治者不與焉’。脫去‘智’，則文不成義。高注曰：‘智在道，不在智，故曰不與焉。’則有‘智’字明矣。《文子》〈下德〉篇正作‘知不與焉’。”

第二、“水戾破舟”段：此段文字見於《鄧析子·無厚》，〈無厚〉篇曰：“夫不擊折轅，水戾破舟，不怨木石，而罪巧拙，故不載焉。故有知則惑，有心則嶮，有目則眩。是以規矩一而不易，不爲秦楚緩節，不爲胡越改容。一而不邪，方行而不流，一日形之，萬世傳之，無爲爲之也。”此段也與《莊子·山木》篇思想相近，〈山木〉篇曰：“方舟而濟於河，有虛船來觸舟，雖有偏心之人不怒；有一人在其上，則呼張歙之；一呼而不聞，再呼而不聞，於是三呼邪，則必以惡聲隨之。向也不怒而今也怒，向也虛而今也實。”

又，“智不載也”句，“智”字，〈主術訓〉作“知故”，《鄧析子》作

"故"。下文曰："故道有智則亂"，此處當作"智"字。

又，"木擊折軸"句，"軸"字，〈主術訓〉作"轊"。劉文典云："《意林》引'轊'作'軸'。"王叔岷云："案：《文子》〈下德〉篇亦作'軸'。"

又，"無為之為也"句，〈主術訓〉作"而以無為為之"，《鄧析子》作"無為為之"，《文子》記述似與前二書不同。

又，"一者無為也，百王用之，萬世傳之，為而不易也"四句，〈主術訓〉無，四部叢刊本《通玄真經》亦無此句，萬有文庫本《文子纘義》則置於舊注中。此四句當原屬《文子》本文，《淮南子》脫漏。

9-14

〔老子曰[1]：

人之言曰：〕國有亡主，世'無'[2]亡道，人有窮，而理無不通。故無為者，道之宗也。得道之宗，並應無窮。故不因道理之數，而專己之能，其窮不遠也。

夫人君不出戶，而知天下者，因物以識物，因人以知人。故積力之所舉，即無不勝也，眾智之所為，即無不成也。千人之眾無絕糧，萬人之群無廢功。

工無異伎，士無兼官，各守其職，不得相干，人得所宜，物得所安，是以器械不惡，職事不慢也。夫債少易償，職寡易守也，任輕易勸也，上操約少之分，下效易為之功，是以君臣久而不相厭也。

【相關資料尋索】

---

[1] 景宋本無"老子曰"三字，並不提行。
[2] "無"字原作"亡"，據《文子纘義》道藏本改。

　　〔故〕國有亡主，〔而〕世無廢道；人有〔困〕窮，而理無不通。由此觀之，無為者，道之宗。〔故〕得道之宗，‘應物’無窮；任人之才，難以至治。

　　湯、武、聖主也，而不能與越人乘幹舟而浮於江湖；伊尹、賢相也，而不能與胡人騎騵馬而服騊騄；孔、墨博通，而不能與山居者入榛薄、出險阻也。由此觀之，則人知之於物也，淺矣。而欲以偏照海內，存萬方，不因道之數，而專己之能，則其窮不‘達’矣。故智不足以治天下也。

　　桀之力，制觡伸鉤，索鐵歙金，推移大犧，水殺黿鼉，陸捕熊羆，然湯革車三百乘，困之鳴條，擒之焦門。由此觀之，勇不足以持天下矣。

　　智不足以為治，勇不足以為強，則人材不足任，明也。而‘君人者不下廟堂之下’，〔而〕知‘四海之外’者，因物以識物，因人以知人〔也〕。故積力之所舉，‘則’無不勝也；眾智之所為，‘則’無不成也。塪井之無黿鼉，隘也；園中之無脩木，小也。夫舉重鼎者，少力而不能勝也，及至其移徙之，不待其多力者。故千人之‘群’無絕‘梁’，萬人之‘聚’無廢功。

　　夫華騮、綠耳，一日而至千里，然其使之搏兔，不如豺狼，伎能殊也。鴟夜撮蚤蚊，察分秋豪，晝日，瞋目不能見丘山，形性詭也。夫螣蛇游霧而動，應龍乘雲而舉，猨得木而捷，魚得水而騖。

　　故古之為車也，漆者不畫，鑿者不斲，工無‘二’伎，士‘不’兼官，各守其職，不得相‘姦’，人得‘其’宜，物得‘其’安，是以器械不‘苦’，而職事不‘嫚’。夫‘責’少〔者〕易償，職寡〔者〕易守，任輕〔者〕易權。上操約‘省’之分，下效易為之功，是以君臣〔彌久而〕不相厭。《淮南子‧主術訓》

p. 278-281／〈主術訓〉辨析，頁 159-161

【探析與解說】

　　此章接續上章見於《淮南子‧主術訓》處，全章說明以“無為”為“道之宗”，因道之數，不專己之能，集眾之所為，則能得天下，應屬道家傳承史料，後輯入“文子外編”。《文子》此章文意並非完整。以下分三點來說明：

　　第一、“人之言曰”段：此章“老子曰”三字，四部叢刊本《通玄真經》無。此章資料似原屬上章，同為“文子外編”殘文。

又，"人之言曰"四字，〈主術訓〉作"故"。"國有亡主，世無亡道，人有窮而理無不通"三句，似古時傳言或諺語。《文子》此處引述以提出"無爲者，道之宗"的論題。〈主術訓〉作"故國有亡主，而世無廢道；人有困窮，而理無不通。由此觀之，無爲者，道之宗。故得道之宗，應物無窮；任人之才，難以至治。"〈主術訓〉發揮"文子外編"資料的旨意。《文子》，"窮"字前似奪"困"字。

又，"其窮不遠也"句，"遠"字，〈主術訓〉作"達"。王念孫校《淮南子》云："'則其窮不達矣'，'達'字當爲'遠'，字之誤也。'其窮不遠'爲其窮可立而待也。《文子》〈下德〉篇正作'遠'。"

第二、"夫人君不出戶"段：此段見於〈主術訓〉"故智者不足以治天下也"數句後，作"智不足以爲治，勇不足以爲強，則人材不足任，明也。而君人者不下廟堂之下，而知四海之外者。"《文子》此處文義簡約，〈主術訓〉似加以發揮。《文子》此處內容，承續並推衍《老子》哲學。《老子》第四十七章："不出戶，知天下；不闚牖，見天道。其出彌遠、其知彌少。是以聖人不行而知、不見而名，不爲而成。"《老子》所稱"知天下"、"見天道"，是排除人文的設施，而在"人"的"獨聞之聰"、"獨見之明"中，上承"天"的本然。（《文子·微明》第五章曰："必有獨見之明，獨聞之聰，然後能擅道而行。"）。這種人存情狀始源復歸，提供人文重建的嶄新基礎，也因此種"獨聞"與"獨見"的根源體驗，使"執一無爲"的人文規劃，得以重新建立在"萬物"與"萬民"本然的運作之上。

又，"千人之眾無絕糧，萬人之群無費功"兩句，〈主術訓〉作"故千人之群無絕梁，萬人之聚無廢功。""無絕糧"，似指"農事"，而"無費功"，當指"功事"，"梁"、"糧"，音近而通假。向宗魯校《淮南子》云："《呂氏春秋》〈用眾〉篇注引《淮南記》曰：'萬人之眾無廢功，千人之眾無絕良。'"植案：此當爲不同《淮南子》文本。何寧云："《文子》〈下德〉篇作'千人之眾無絕糧'，疑糧字是。"

第三、"工無異伎"段：此段文意與本篇第十章相近，均強調分工任職，不使相干，人得其宜，物得所安。

又，"任輕易勸也"句，〈主術訓〉作"任輕者易權"。俞樾校《淮南子》云："《文子》〈下德〉篇作'任輕者易勸也'，'勸'字之義，視'權'字為長，言任輕則易舉，故人皆勸而為之。高注曰：'權，謀也。'知所據本已誤。"植案：《文子》此處保留"文子·外編"文字與今本《淮南子》有別。

9-15

〔老子曰：〕

帝者體太一，王者法陰陽，霸者則四時，君者用六律。

體太一者：明天地之情，通道德之倫，聰明照於日月，精神通於萬物，動靜調於陰陽，喜怒和於四時，覆露皆道，溥洽[1]而無私，蜎飛蠕動，莫不依德而生，德流方外，名聲傳於後世。

法陰陽者：承天地之和，德與天地參，光明與日月並照，精神與鬼神齊靈，戴圓履方，抱表寢繩，內能理身，外得人心，發施號令，天下從風。

則四時者：春生夏長，秋收冬藏，取與有節，出入有量，喜怒剛柔，不離其理，柔而不脆，剛而不壯，寬而不肆，肅而不悖，優游[2]委順，以養群類，其德含愚而容不肖，無所私愛也。

用六律者：生之與殺也，賞之與罰也，與之與奪也，非此無道也。伐亂禁暴，興賢良，廢不肖，匡邪以為正，攘險以為平，矯枉以為直，明施舍開塞之道，乘時因勢，以服役人心者也。

帝者[3]體陰陽即侵，王者法四時即削，霸者用六律即辱，君者失

---

[1] "溥洽"二字，《文子纘義》道藏本作"並眖"。

[2] "游"字，《文子纘義》道藏本作"柔"。

[3] "帝者"、"王者"、"霸者"下均有"不"字，據景宋本刪。

準繩即廢。故小而行大，即窮塞而不親，大而行小，即狹隘而不容。

【相關資料尋索】

帝者體太一，王者法陰陽，霸者則四時，君者用六律。

稟太一者，牢籠天地，彈壓山川，含吐陰陽，伸曳四時，紀綱八極，經緯六合，{覆露照導，普氾無私，蠉飛蠕動，莫不‘仰’德而生。}

陰陽者，{承天地之和，}形萬殊之體，含氣化物，以成垺類，嬴縮卷舒，淪於不測，終始虛滿，轉於無原。

四時者，{春生夏長，秋收冬藏，取予有節，出入有時，開闔張歙，不失其敘，喜怒剛柔，不離其理。}

六律者，{生之與殺也，賞之與罰也，予之與奪也，非此無道也，}故謹於權衡準繩，審乎輕重，足以治其境內矣。

是故體太一者，明〔於〕天地之情，通〔於〕道德之倫，聰明‘燿’於日月，精神通於萬物，動靜調於陰陽，喜怒和‘于’四時，德澤施‘于’方外，名聲傳‘于’後世。

法陰陽者，德與天地參，明與日月並，精與鬼神‘總’，戴員履方，抱表懷繩，內能治身，外‘能得人’，發號施令，天下莫不從風。

則四時者，柔而不脆，剛而不韌，寬而不肆，肅而不悖，優柔委‘從’，以養群類，其德含愚而容不肖，無所私愛。

用六律者，伐亂禁暴，‘進’賢〔而〕廢不肖，‘扶撥’以為正，壞險以為平，矯枉以為直，明〔於〕‘禁’舍開‘閉’之道，乘時因勢、以服役人心也。

帝者‘體’陰陽‘則’侵，王者‘法’四時則削，霸者‘節’六律‘則’辱，君者失準繩則廢。故小而行大，‘則’‘滔窕’而不親；大而行小，則陋隘而不容。貴賤不失其體，而天下治矣。《淮南子·本經訓》p. 258-260／〈本經訓〉辨析，頁137-138

【探析與解說】

　　此章見於《淮南子·本經訓》。全章說明四種人文之治的評價，以"體太一"、"法陰陽"、"則四時"、"用六律"，分別歸屬"帝"、"王"、"霸"、"君"四等人主的風格，似屬黃老之學的重要思想史料，可能與文子學派哲學發展有關。《文子》此處敘說的方式與見於〈本經訓〉者不同。〈本經訓〉的說明結構爲：

帝者體太一	王者法陰陽	霸者則四時	君者用六律
太一	陰陽	四時	六律
體太一者	法陰陽者	則四時者	用六律者
帝者體陰陽	王者法四時	霸者節六律	君者失準繩

　　〈本經訓〉文意完整而清晰，《文子》似將第二、三兩層說明混雜，恐原爲《淮南子》別本殘文，經由編輯者改動整理。

　　第一、"體陰陽者"段："覆露皆道，溥洽而無私，蜎飛蠕動，莫不依德而生"四句，似〈本經訓〉"（原有"稟"字，據王念孫校刪。）太一者"段殘文。"覆露皆道"句，"皆道"二字，〈本經訓〉作"照導"。〈本經〉此處言"太一"之容，當作"照導"，意指光照而引導。"溥洽而無私"句，"溥洽"二字，〈本經訓〉作"普氾"，"溥恰"與"普氾"，義通，均有"遍及"之義。

　　第二、"法陰陽者"段："承天地之和"句，似〈本經訓〉"陰陽者"段殘文。"德與天地參，光明與日月並照，精神與鬼神齊靈"三句，〈本經訓〉作"德與天地參，明與日月並，精與鬼神總"。"總"與"結、繫"之義，《爾雅·釋詁四》："總，結也。"〈本經訓〉文句較簡約整齊。

　　又，"外得人心"句，〈本經訓〉作"外能得人"。王念孫校《淮南子》云："'外能得人'本作'外得人心'，高注'能得人之歡心'，正釋'得人心'三字，今本作'外能得人'，即涉注內'能得人'而誤。……《文子》正作'內能治身，外得人心'。"

　　第三、"則四時"段："春生夏長，秋收多藏，取與有節，出入有量，喜怒剛柔，不離其理”六句，似〈本經訓〉“四時者”段殘文。“出入有量”句，〈本經訓〉作“出入有時”。王念孫校《淮南子》云：“‘有時’本作‘有量’，此涉上文‘四時’而誤也。‘取與有節，出入有量’，‘量’與‘節’義相近。若作‘時’，則非其旨矣。且‘量’與‘長’、‘藏’爲韻，若作‘時’，則失其韻矣。《文子》正作‘出入有量’。”

第四，“用六律者”段：“生之與殺也，賞之與罰也，與之與奪也，非此無道也”四句，似〈本經訓〉“六律者”段殘文。“伐亂禁暴，興賢良，廢不肖，匡邪以爲正，攘險以爲平，矯枉以爲直，明施舍開塞之道”七句，〈本經訓〉作“伐亂禁暴，進賢而廢不肖，扶撥以爲正，壞險以爲平，矯枉以爲直，明於禁舍開閉之道。”二者文意相通，似屬不同資料文本。“明於施捨開塞之道”句，李定生云：“此句疑讀爲‘明於禁舍開塞之道’。《尉繚子·制談》：‘不明乎禁舍開塞之道也。’〈兵談〉：‘明乎禁舍開塞之道，其取天下若化。’”

又，“攘險以爲平，矯枉以爲直”兩句，〈本經訓〉作“扶撥以爲正，壞險以爲平”。何寧校《淮南子》云：“《管子·宙合》篇：‘繩，扶撥以爲正；準，壞險以爲平；鉤，入枉而出直。’此《淮南》文所本。”

第五、“帝者不體陰陽即侵”段：此段申明“大不可行小”。“帝者體陰陽即侵”三句，〈本經訓〉作“帝者體陰陽則侵，王者法四時則削，霸者節六律則辱”。“帝者體陰陽”、“王者法四時”、“霸者節六律”，指“大而行小”，故必“侵”、“削”而“辱”，《文子》“不體”、“不法”、“不用”，三“不”字，當爲衍文，景宋本無三處“不”字。

9-16

〔老子曰：〕

地廣民眾，不足以爲強；甲堅兵利，不可以恃勝；城高池深，不足以爲固；嚴刑峻法，不足以爲威。爲存政者，雖小必存焉；爲亡政者，雖大必亡焉。

故善守者，無與禦，善戰者，無與鬥。乘時勢，因民欲，而天下服[1]。

故善為政者，積其德；善用兵者，畜其怒。德積而民可用也，怒畜而威可立也。

故文之所加者深，則權之所服者大；德之所施者博，則威之所制者廣。廣則我強而‘敵’[2]弱。善用兵者，先弱敵而後戰，故費不半而功十倍。

千乘之國，行文德者王；萬乘之國，好用兵者亡，王兵先勝而後戰，敗兵先戰而後求勝。〔此不明於道也〕。

【相關資料尋索】

地廣‘人’眾，不足以為強；堅甲‘利兵’，不‘足’以‘為’勝；‘高城’深池，不足以為固；‘嚴令繁刑’，不足以為威。為存政者，雖小必存；為亡政者，雖大必亡。

昔者楚人地，南卷沅、湘，北繞潁、泗，西包巴、蜀，東裹郯、淮；潁、汝以為洫，江漢以為池，垣之以鄧林，綿之以方城；山高尋雲，谿肆無景，地利形便，卒民勇敢；蛟革犀兕，以為甲冑，脩鎩短鏦，齊為前行，積弩陪後，錯車衛旁，疾如錐矢，合如雷電，解如風雨。然而兵殆於垂沙，眾破於柏舉。楚國之強，大地計眾，中分天下，然懷王北畏孟嘗君，背社稷之守而委身強秦，兵挫地削，身死不還。

二世皇帝勢為天子，富有天下，人迹所至，舟楫所通，莫不為郡縣。然縱耳目之欲，窮侈靡之變，不顧百姓之飢寒窮匱也，興萬乘之駕而作阿房之宮，發閭左之戍，收太半之賦，百姓之隨逮肆刑、挽輅首路死者，一旦不知千萬之

---

[1] “天下服”三字，《文子纘義》道藏本作“取天下”。

[2] “敵”字原作“適”，據《文子纘義》道藏本改。

數。天下敖然若焦熱，傾然若苦烈，上下不相寧，吏民不相慘。戍卒陳勝興於大澤，攘臂袒右，稱為大楚，而天下響應。當此之時，非有堅甲利兵，勁弩強衝也，伐棘棗而為矜，周錐鑿而為刃，剡摺槊，奮儋钁，以當脩戟強弩，攻城略地，莫不降下。天下為之糜沸螘動，雲徹席卷，方數千里。勢位至賤，而器械甚不利，然一人唱而天下應之者，積怨在於民也。

武王伐紂，東面而迎歲。至氾而水，至共頭而墜。慧星出而授殷人其柄。當戰之時，十日亂於上，風雨擊於中，然而前無蹈難之賞，而後無遁北之刑，白刃不畢拔而天下得矣。

是故善守者，無與禦，而善戰者無與鬥，明於禁舍開塞之道，乘時勢、因民欲而取天下。

故善為政者，積其德，善用兵者，畜其怒。德積而民可用，怒畜而威可立也。

故文之所〔以〕加者‘淺’，則‘勢’之所‘勝’者‘小’；德之所施者博，則威之所制者廣。威之所制者廣，則我強而敵弱〔矣〕。

〔故〕善用兵者，先弱敵而後戰〔者也〕，故費不半而功‘自’倍〔也〕。

湯之地方七十里而王者，脩德也；智伯有千里之地而亡者，窮武也。〔故〕千乘之國，行文德者王，萬乘之國，好用兵者亡。

〔故〕‘全’兵先勝而後戰，敗兵先戰而後求勝。德均、則眾者勝寡，力敵、則智者勝愚，智侔、則有數者禽無數。《淮南子・兵略訓》p. 497-500／〈兵略訓〉辨析，頁 435-438

【探析與解說】

此章見於《淮南子・兵略訓》。文中強調“行文德、為存政者者王”，文意近於《吳子》。《吳子・圖國》曰：“昔承桑氏之君，修德廢武，以滅其國；有扈氏之君，恃眾好勇，以喪其社稷；明主鑒茲，必內修文德，外治武備。”此章似原屬兵家資料，後輯入“文子外編”，《淮南子》引用並舉事例加以闡發。《文子》此處文意多不能連貫，恐為《淮南子》別本殘文。以下分四點來說明：

　　第一、"地廣民眾"段："地廣民眾"、"甲堅兵利"、"城高池深"、"嚴刑峻法"，〈兵略訓〉作"地廣人眾"、"甲堅利兵"、"高城深池"、"嚴令繁刑"。"利兵"、"高城"，與前後句法不一，〈兵略訓〉似改動"文子外編"文字。

　　第二、"故善守者"段：見於〈兵略訓〉處，回應前文所舉"楚雖地勢險峻，而不能守"事例，《文子》僅存摘錄，文意與前文不能連屬。"故善守者，無與禦"兩句，"禦"字，〈兵略訓〉作"御"。王叔岷校《淮南子》云："案：古鈔卷子本'御'作'禦'，《文子》〈下德〉篇同。'御'、'禦'古通。"此段"鬥"字下，〈本經訓〉有"明於禁舍開塞之道"句。

　　第三、"故善為政者"段：見於〈兵略訓〉處，回應前文所舉"秦二世積怨於民，而致身死國滅"、"周武王與民同心齊力，伐紂滅商"二事例，《文子》此處僅存摘錄。

　　第四、"故文之所加者深，則權之所服者大"段：〈兵略訓〉作"文之所以加者淺，則勢之所勝者小。"王念孫校《淮南子》云："上二句當作'故文之所加者淺，則勢之所服者小'。今本'加'上衍'以'字，'服'字又誤作'勝'。下文'威之所制者廣'，'威之所制'猶言'勢之所服'耳。'服'與'制'義相近，若作'勝'，則非其指矣。《漢書》〈刑法志〉作'文之所加者深，則武之所服者大'，《文子》〈下德〉篇作'文之所加者深，則權之所服者大'，皆其證。"王叔岷云："案：古鈔卷子本作'故文之所加者淺，則權之所服者小'。王說惟'勢'字異耳。"日本古鈔卷子本《淮南鴻烈》雖僅存〈兵略訓〉殘文，但與景宋本出入頗大，此處與《文子》文字相同，顯見《淮南子》當有別本流傳於世。此段見於《漢書·刑法志》，曰："文德者，帝王之利器；威武者，文德之輔助也。夫文之所加者深，則武之所服者大；德之所施者博，則威之所制者廣。三代之盛，至於刑錯兵寢者，其本末有序，帝王之極功也。"

　　第五、"千乘之國"段："王兵"二字，〈兵略訓〉作"全兵"。"王"字似"全"字殘缺而誤。"此不明於道也"句，〈兵略訓〉無，《文子》此句恐為注文竄入，或編輯今本《文子》者所加案語。

十 〈上仁〉篇探析

　　"上仁"的觀念出現於《老子》第三十八章。《老子》第三十八章曰："上仁爲之而無以爲"。今本《文子》以"上仁"名篇，可能源自《老子》此處。本篇第十一章有"上仁者海內歸之"，"上仁"的觀念也取自《老子》。但本篇資料內容，似與以"上仁"名篇，並無關連。

　　《漢書·藝文志》載錄《文子》爲九卷，而今本有十二卷。因此，有人認爲今本《文子》的後三卷，是割裂前九卷資料而分爲三卷。但實際上，關於《文子》資料問題並非如此單純。我們認爲，十二卷本《文子》是南北朝晚期至隋代之前，由道士將竄入《文子》古本的《淮南子》別本資料，重新加以改編而成。它與班固所見九卷本，不只是卷數上的差異，在內容上也有著極大的改動。

　　全篇分爲十二章，第一、二、七、八、九章見於〈主術訓〉，第三、四、五章與第十二章部份文字見於〈道應訓〉，第六章，見於〈泰族訓〉，第十、第十一章，見於〈氾論訓〉，第十二章，第一段見於〈齊俗訓〉，此外大段文字不見於《淮南子》。

　　本篇資料大部份均爲《淮南子》別本殘文，其中少數可能原屬"文子外編"資料，與《淮南子》同源，並爲後者所引用。但本篇第十一與十二章，卻保存《文子》古本殘文，與部份文子學派的解《老》資料。尤其第十二章中，有完整解注《老子》第十五章經文的文字，不但對經文有"注"，也對"注"有"疏"。而其所引用《老子》文本，在個別詞語中，與竹簡《老子》或帛書《老子》略有差異，可作爲探索《老子》文本流傳考證的線索之一。

　　今本《文子》有於各篇之末，載錄大段不見於《淮南子》文字，而其內容所呈現的思想，也多與竹簡《文子》相類者，如：〈道原〉篇第十章，〈精誠〉篇第十一章，〈微明〉篇第十九章與〈上仁〉篇十二章。這是否顯示出，今本《文子》編輯時常將《老子》古本殘文附於一篇之末，而將其他資料分置各章？

今本《文子》的編輯體例已經很難辨識。竹簡《文子》的資料多見於〈道德〉篇,而據竹簡殘文所顯示"聖□"、"明王"的篇名,與今本是完全不同。今本各篇的篇目,與其資料的內容又不具有必然而完整的關係,確實可稱之爲"駁雜"。

10-1

〔老子曰:〕

君子之道,靜以修身,儉以養生。靜即下不擾,'儉則'[1]民不怨,下擾即政亂,民怨即德薄,政亂賢者不爲謀,德薄勇者不爲鬥。

亂主則不然,一日有天下之富,處一主之勢,竭百姓之力,以奉耳目之欲,志專於宮室臺榭,溝池苑囿,猛獸珍怪。貧民飢餓,虎狼厭芻豢,百姓凍寒,宮室衣綺繡。故人主畜茲無用之物,而天下不安其性命矣。

【相關資料尋索】

君'人'之道,〔處〕靜以修身,'儉約以率下'。靜'則'下不擾〔矣〕,儉則民不怨〔矣〕。下擾則政亂,民怨則德薄,政亂則賢者不爲謀,德薄則勇者不爲'死'。是故人主好鷙鳥猛獸,珍怪奇物,狡躁康荒,不愛民力,馳騁田獵,出入不時,如此則百官務亂,事勤財匱,萬民愁苦,生業不修矣。人主好高臺深池,雕琢刻鏤,黼黻文章,絺綌綺繡,寶玩珠玉,則賦斂無度,而萬民力竭矣。

堯之有天下也,非貪萬民之富而安人主之位也,以爲百姓力征,強凌弱,眾暴寡,於是堯乃身服節儉之行,而明相愛之仁,以和輯之。是故茅茨不剪,采椽不斷斲,大路不畫,越席不緣,大羹不和,粢食不糳,巡狩行教,勤勞天

---

[1] "儉則"二字,原作"下不擾即",據《文子纘義》道藏本改。

下，周流五嶽。豈其奉養不足樂哉？舉天下而以爲社稷，非有利焉。年衰志憫，舉天下而傳之舜，猶卻行而脫蹝也。

'衰世'則不然，一日而有天下之富，處'人'主之勢，〔則〕竭百姓之力，以奉耳目之欲，志專〔在〕于宮室臺榭，'陂池'苑囿，猛獸〔熊羆，玩好〕珍怪。〔是故〕貧民'糟糠不接於口'，而虎狼〔熊羆〕厭芻豢；百姓'短褐不完'，〔而〕宮室衣錦繡。人主'急'茲無用之'功'，百姓黎明顯頓於天下，是故使天下不安其性。《淮南子‧主術訓》p. 289-291／〈主術訓〉辨析，173-174

【探析與解說】

此章可分爲兩段，首段論述"君子之道"，次段則以"亂主則不然"做比對性說明。全文見於《淮南子‧主術訓》，〈主術訓〉說明"君人之道"在於"靜處以修身，簡約以率下"，並舉出"堯之有天下"能"身服節儉之行"、"明相愛之仁"，由此分辨"亂主之治"的逞欲驕奢，窮困百姓以亂天下之性。此章資料或原輯入"文子外編"，〈主術訓〉加以申述，《文子》此處恐爲《淮南子》別本殘文竄入，編輯今本《文子》者有所改動整理。以下分兩點來說明：

第一、"君子之道"四字，《淮南子‧主術訓》作"君人之道"。《文子》全書並未使用"君人"一詞，而《淮南子》卻出現有十二次之多。"君人"、"君人者"或"君人之道"，均爲先秦常用詞語，見於先秦典籍多處，《慎子》更有以"君人"名篇者。《淮南子‧主術訓》與《文子》互見資料中，凡使用"君人"時，《文子》均作他詞，如："君人者，其猶射者乎"，《文子》作："故君子者，其猶射者也。"（〈精誠〉第十一章）；"君人者不下廟堂之下"，《文子》作："夫人君不出戶"（〈下德〉第十四章）；"君人之道，其猶零星之尸也"，《文子》作："道之爲君如尸"（〈自然〉第七章）；"君人者釋所守而與臣下爭"，《文子》作："人君舍其所守，而與臣爭事"（〈上仁〉第七章）；"君人者不任能，而好自爲之"，《文子》作："人君者，不任能而好自爲"（〈上仁〉第七章）；"君人者，無爲而有守也"，《文子》作："人君之道，無爲而有就也"。（〈上仁〉第七章）。此種情形，說明〈主術訓〉似改動"文子外編"資料。又，〈主術訓〉："是故人君者，上因天時"兩句，《文子‧上仁》第八章作："故人君者，上

因天時。"王念孫云:"'君'字當在'人'字上。《群書治要》引此,正作
'君人者'。"或許"君人"與"人君"二詞,在後世傳鈔與翻刻中,也有訛
誤。[1]

第二、"亂主則不然"段:《文子》以"亂主則不然",與前段""君子
之道"相比較。〈主術訓〉作"衰世則不然",與其前文"君人之道"相對比。
《文子》此段文字的敘說較爲簡要,恐爲輯者所改動。

又,"故人主畜茲無用之物"兩句,〈主術訓〉作"人主急茲無用之功,
百姓黎明顯頓於天下,是故使天下不安其性。"因此段均以"亂主"與"下民"
的生活作對比,《文子》似脫"百姓黎明顯頓於天下"句。

10-2

〔老子曰:〕

非淡漠無以明德,非寧靜無以致遠,非寬大無以並覆,非正平
無以制斷。

以天下之目視,以天下之耳聽,以天下之智慮,以天下之力爭。
故號令能下究,而臣情得上聞,百官'條通',[2]群臣輻輳,喜不以
賞賜,怒不以罪誅。法令察而不苛,耳目聰[3]而不闇,善否之情,日
陳於前而不逆。故賢者盡其智,不肖者竭其力,近者安其性,遠者
懷其德,得用人之道也。夫乘輿馬者,不勞而致千里;乘舟楫者,

---

[1] 《淮南子》中,也有與《文子》同用"人君"一詞者,如:〈主術訓〉:"卿相人君""雖
在人君卿相"(〈上仁〉篇第二章);〈齊俗〉:"猶人君與僕虜,不足以諭之""貧富之相傾,人
君之與僕虜,不足以論。"(〈上禮〉篇第五章);〈氾論訓〉:"今人君論其臣也""今人君之論
臣也"(〈微明〉篇第九章);〈說林訓〉:"騏驥驢之不進,引之不止,人君不以取道里""驥驢
之不進,引之不止,人君不以求道里。"(〈上德〉篇第三章)

[2] 原作"修達",據景宋本改。

[3] "聰"字,景宋本、《文子纘義》道藏本作"通"。

不游而濟江海。

使言之而是，雖商夫芻蕘，猶不可棄也。言之而非，雖在人君卿相，猶不可用也。是非之處，不可以貴賤尊卑論也。其計可用，不羞其位，其言可行，不貴其辯。闇主則不然，群臣盡誠效忠者，希不用其身也，而親習邪枉，賢者不能見也，疏遠卑賤，竭力盡忠者，不能聞也。有言者，窮之以辭，有諫者，誅之以罪。如此而欲安海內，存萬方，其離聰明亦以遠矣。

【相關資料尋索】

人主之居也，如日月之明也，天下之所同側目而視，側耳而聽，延頸舉踵而望也。是故非‘澹薄’無以明德，非寧靜無以致遠，非寬大無以‘兼’覆，非慈厚無以懷眾，非平正無以制斷。

是故賢主之用人也，猶巧工之制木也：大者以爲舟航柱梁，小者以爲楫楔，脩者以爲櫚榱，短者以爲朱儒枅櫨；無小大脩短，各得其所宜；規矩方員，各有所施。天下之物，莫凶於雞毒，然而良醫橐而藏之，有所用也。是故林莽之材，猶無可棄者，而況人乎！

今夫朝廷之所不舉，鄉曲之所不譽，非其人不肖也，其所以官之者非其職也。鹿之上山，獐不能跂也，及其下，牧豎能追之，才有所脩短也。是故有大略者不可責以捷巧，有小智者不可任以大功。人有其才，物有其形，有任一而大重，或任百而尚輕。是故審毫釐之計者，必遺天下之大數，不失小物之選者，惑於大數之舉。譬猶狸之不可使搏牛，虎之不可使搏鼠也。

今人之才，或欲平九州，并方外，存危國，繼絕世，志在直道正邪，決煩理挐，而乃責之以閨閤之禮，隩窔之間；或佞巧小具，諂進愉說，隨鄉曲之俗卑，下眾人之耳目，而乃任之以天下之權，治亂之機。是猶以斧劗毛，以刀抵木也，皆失其宜矣。

　　人主者，以天下之目視，以天之耳聽，以天下之智慮，以天下之力爭。是故號令能下究，而臣情得上聞。百官修‘通’，群臣輻輳，喜不以賞賜，怒不以罪誅。是故威立而不廢，聰明光而不弊，法令察而不苛，耳目‘達’而不闇，善否之情，日陳於前而‘無所’逆。〔是〕故賢者盡其智，不肖者竭其力，德澤兼覆而不偏，群臣勸務而不怠，近者安其性，遠者懷其德。所以然者，何也？得用人之道，而不任己之才者也。故假輿馬者，足不勞而致千里；乘舟楫者，不能游而‘絕’江海。

　　夫人主之情，莫不欲總海內之智，盡眾人之力，然而｛群臣志達效忠者，希不困其身｝。使言之而是〔也〕，雖〔在〕‘褐’夫芻蕘，猶不可棄也。〔使〕言之而非〔也〕，雖在卿相人君，揄策于廟堂之上，‘未必’可用。是非之‘所在’，不可以貴賤尊卑論也。是明主之聽於群臣，其計‘乃’可用，不‘羞’其位；其言可行，不‘責’其辯。

　　闇主則不然，｛〔所愛〕習親近者，雖邪枉不正，不能見也；疏遠卑賤者，竭力盡忠，不能知也｝。有言者，窮之以辭，有諫者，誅之以罪。如此而欲‘照’海內，存萬方，是猶塞耳而聽清濁，掩目而視青黃也，其離聰明則亦遠矣。《淮南子·主術訓》p. 291-5／〈主術訓〉辨析，頁 174-176

【探析與解說】

　　此章資料見於《淮南子·主術訓》，全文文意雜亂，常不能通貫，恐為《淮南子》別本殘文竄入。〈主術訓〉此處分別敘說“人主”的操持，“淡漠明德，寧靜致遠，寬大並覆，正平制斷”等觀念，與黃老思想相通。此章部份文字或原屬先秦文獻，後輯入“文子外編”，《淮南子》引用並發揮。以下分三點來說明：

　　第一、“非淡漠無以明德”段：此段似“文子外編”所輯古人資料。〈上仁〉篇以“故曰”引述。“淡漠”二字，〈上仁〉篇作“澹薄”，劉文典校《淮南子》云：“《御覽》七十七引，‘淡薄’作‘淡漠’。”

　　“非平正無以制斷”句下，〈主術訓〉有“是故賢主之用人也”、“今夫朝廷之所不舉”、“今人之才”三段文字，論述君主用人原則，與前段所敘說人君的操持，文意有別，恐為錯簡。

第二、"以天下之目視"段：此段文意近於《韓非子·定法》，〈定法〉篇曰："人主以一國目視，故視莫明焉；以一國耳聽，故聽莫聰焉。"此種"天命"取決於"民意"的觀念，來源甚為古老。《書經·泰誓》即曰："天視自我民視，天聽自我民聽。"

又，此段之前，〈主術訓〉有"人主者"三字，〈上仁〉篇無。此處〈主術訓〉文意完整，論說清晰，其主要結構為：

> 人主者，以天下之目視……。是故號令能下究……。是故威立而不廢，聰明光而不弊，法令察而不苛……。是故賢者盡其智……。所以然者，何也？得用人之道……。故假輿馬者，足不勞而致千里；乘舟楫者，不能游而絕江海。

《文子》此段，不但無"人主"作為主語，亦脫漏多次"是故"的連接用詞，文意不能通貫，似《淮南子》別本摘錄的殘文。

又，"以天下之力爭"，〈主術訓〉同。王念孫校《淮南子》云："'爭'本作'動'，動謂舉事也。慮則用群策，動則用群力，故曰：'以天下之智慮，以天下之力動'。今本'動'作'爭'，後人依《文子》〈上仁〉篇改之耳。《藝文類聚》〈帝王部〉一、《太平御覽》〈皇王部二〉引此，並作'動'。"《淮南子》似有不同文本流傳。

又，"百官修達"句，景宋本作"百官條通"，〈主術訓〉作"百官脩同"。王念孫校《淮南子》云："劉本作'脩同'，云'同'一作'通'。莊本從劉本作'同'。案：作'通'是也。《藝文類聚》引此作'脩道'，'道'即'通'之誤。《太平御覽》引此，正作'脩通'。《文子》〈上仁〉篇同。《韓子》〈難一〉篇'百官脩通，群臣輻湊'，即《淮南》所本。《管子》〈任法〉篇亦云：'群臣脩通輻湊，以事其主。'"植案：〈難一〉篇曰："明主之道，一人不兼官，一官不兼事。卑賤不待尊貴而進，大臣不因左右而見。百官修通，群臣輻湊。有賞者君見其功，有罰者君知其罪。見知不悖於前，賞罰不弊於後。"〈難一〉篇文意與此段相近。

又，“夫乘輿馬者”四句，〈主術訓〉作“故假輿馬者，足不勞而致千里；乘舟楫者，不能游而絕江海。”〈主術訓〉似取自《荀子‧勸學》，〈勸學〉篇曰：“假輿馬者，非利足也，而致千里；假舟楫者，非能水也，而絕江河。”

第三、“使言之而是”段：《文子》此段與見於〈主術訓〉處句序不同。《文子》似就《淮南子》別本殘文加以湊合而成。〈主術訓〉先言“夫人主之情，莫不欲總海內之智，盡眾人之力，然而群臣志達效忠者，希不困其身。”《文子》僅存“群臣盡誠效忠者，希不用其身也”兩句，並誤置於“闇主則不然”句下。“希不用其身也”句，“用”字，〈主術訓〉作“困”，“用”字似“困”之形誤。

又，“其計可用，不羞其位，其言可行，不貴其辯。闇主則不然……”數句，〈主術訓〉作“是明主之聽於群臣，其計乃可用，不羞其位；其言可行，不責其辯。闇主則不然……“〈主術訓〉“明主”與“闇主”相對提出，《文子》無“是明主之聽於群臣”句，文意不清。王念孫校《淮南子》云：“案：此當作‘其言而可行，不責其辯’。‘其計乃可用’、‘其言而可行’，相對為文。乃而皆如也。《文子》〈上仁〉篇作‘其言可行，不責（植案：《文子》作“貴”。）其辯’。”劉文典云：“《治要》引此作‘其計可行也，不羞其位。其言可行也，不責其辯’。”〈上仁〉篇文句，與《治要》引文同，當與今本《淮南子》分屬不同文本。“貴”字，俞樾云：“‘貴’當作‘責’。《淮南子》〈主術訓〉正作‘不責其辨’。”

又，“如此而欲安海內，存萬方，其離聰明亦以遠矣”兩句，〈主術訓〉作“如此而欲照海內，存萬方，是猶塞耳而聽清濁，掩目而視青黃也，其離聰明則亦遠矣。”《文子》無“是猶塞耳而聽清濁，掩目而視青黃也”二句，而下文曰：“其離聰明亦以遠矣”，文意不完，恐有脫文。

10-3
〔老子曰：〕

　　能尊生者，雖富貴不以養傷身，雖貧賤不以利累形。今受先祖之遺爵，必重失之。生之所由來久矣，而輕失之，豈不惑哉。

　　故“貴以身治天下，可以寄天下，愛以身治天下，所以託天下。”

【相關資料尋索】

　　大王亶父居邠，翟人攻之。事之以皮帛珠玉而弗受，曰：“翟人之所求者、地，無以財物爲也。”大王亶父曰：“與人之兄居而殺其弟，與人之父處而殺其子。吾弗爲。皆勉處矣！爲吾臣，與翟人奚以異？且吾聞之也，不以其所養害其養。杖策而去，民相連而從之，遂成國於岐山之下。大王亶父可謂能保生矣。雖富貴，不以養傷身；雖貧賤，不以利累形。今受其先‘人’之‘爵祿’，〔則〕必重失之。‘所自來者’久矣，而輕失之，豈不惑哉！故〔老子曰〕：“貴以身爲天下，〔焉〕可以‘託’天下。愛以身‘爲’天下，〔焉〕可以‘寄’天下矣。”《淮南子・道應訓》p. 389-390／〈道應訓〉辨析，頁 304-305

　　大王亶父居邠，狄人攻之；事之以皮帛而不受，事之以犬馬而不受，事之以珠玉而不受，狄人之所求者土地也。大王亶父曰：“與人之兄居而殺其弟，與人之父居而殺其子，吾不忍也。子皆勉居矣！爲吾臣與爲狄人臣奚以異！且吾聞之，不以所用養害所養。”因杖筴而去之。民相連而從之，遂成國於岐山之下。夫大王亶父，可謂能尊生矣。能尊生者，雖貴富不以養傷身，雖貧賤不以利累形。今世之人居高官尊爵者，皆重失之，見利輕亡其身，豈不惑哉！《莊子・讓王》

　　太王亶父居邠，狄人攻之，事以皮帛而不受，事以珠玉而不肯，狄人之所求者地也。太王亶父曰：“與人之兄居，而殺其弟，與人之父處，而殺其子，吾不忍爲也。皆勉處矣，爲吾臣與狄人臣奚以異？且吾聞之：不以所以養害所養。”杖策而去，民相連而從之，遂成國於岐山之下。太王亶父可謂能尊生矣。能尊生，雖貴富不以養傷身，雖貧賤不以利累形。今受其先人之爵祿，則必重失之。生之所自來者久矣，而輕失之，豈不惑哉？《呂氏春秋・審爲》

【探析與解說】

此章資料的主要內容，分別見於《莊子·讓王》、《呂氏春秋·審爲》與《淮南子·道應訓》。《文子》此處雖具摘錄形式，但並非直接取自〈道應訓〉，似襲自與〈道應訓〉同源之解《老》資料。"貴以身治天下"四句，語出《老子》第十三章。

又，"能尊生者"三句，〈道應訓〉作"大王亶父可謂能保生矣。雖富貴，不以養傷身；雖貧賤，不以利累形。"王叔岷校《淮南子》云："案：'能保生矣'下，當更有'能保生'三字，文意乃完。《莊子》〈讓王〉、《呂氏春秋》〈審爲〉並作'大王亶父可謂能尊生矣。能尊生：雖富貴，不以養傷身；雖貧賤，不以利累形。'《文子》〈上仁〉篇亦云：'能尊生（植案：當有"者"字）：雖富貴，不以養傷身；雖貧賤，不以利累形。'咸可證今本此文脫'能保生'三字。"

又"生之所由來久矣"句，〈道應訓〉作"所自來者久矣"。王念孫校《淮南子》云："'所自來者'上當有'生之'二字。此承上文'保生'而言，言人皆重爵祿而輕其生也。脫去'生之'二字，則文不成義。《莊子》〈讓王〉篇、《呂氏春秋》〈審爲〉篇、《文子》〈上仁〉篇皆有'生之'二字。"

10-4

〔文子問治國之本。

老子曰：〕

本在於治身。未嘗聞身治而國亂者也，身亂而國治者[1]，未有也。故曰"修之身，其德乃真。"

*

道之所以至妙者，父不能以教子，子亦不能受之於父。

---

[1] 景宋本此兩句作"未嘗聞身治而國亂，身亂而國治也"。

　　故 “道可道，非常道也，名可名，非常名也。”

【相關資料尋索】

　　楚莊王問詹何曰：“治國奈何？”對曰：“何明於治身，而不明於治國？”楚王曰：“寡人得立宗廟社稷，願學所以守之。”詹何對曰：“臣未嘗聞身治而國亂者也，未嘗聞身亂而國治者也。故本任於身，不敢對以末。”楚王曰：“善。”故〔老子曰〕：“修之身，其德乃真〔也〕。” 《淮南子·道應訓》p.391／〈道應訓〉辨析，頁306-307

　　楚王問爲國於詹子。詹子對曰：“何聞爲身，不聞爲國。”詹子豈以國可無爲哉？以爲爲國之本在於爲身，身爲而家爲，家爲而國爲，國爲而天下爲。故曰，以身爲家，以家爲國，以國爲天下。此四者異位同本。故聖人之事，廣之則極宇宙、窮日月，約之則無出乎身者也。慈親不能傳於子，忠臣不能入於君，唯有其材者爲近之。 《呂氏春秋·執一》

　　楚莊王問詹何曰：“治國奈何？”詹何對曰：“臣明於治身，而不明於治國。”楚莊王曰：“寡人得奉宗廟社稷，願學所以守之。”詹何對曰：“臣未嘗聞身治而國亂者也，又未嘗聞身亂而治者也。故本在於身，不敢對以末。”楚王曰：“善。” 《列子·說符》

＊

　　桓公讀書於堂，輪人斲輪於堂下，釋其椎鑿而問桓公曰：“君之所讀者，何書？”桓公曰：“聖人之書。”輪扁曰：“其人在焉”？桓公曰：“已死矣。”輪扁曰：“是直聖人之糟粕耳！”桓公悖然作色而怒曰：“寡人讀書，工人焉得而譏之哉！有說則可，無說則死。”輪扁曰：“然，有說。臣試以臣之斲輪語之：大疾，則苦而不入；大徐，則甘而不固。不甘不苦，應於手，厭於心，而可以至妙者，‘臣’不能以教〔臣之〕子，〔而臣之〕子亦不能‘得’之於‘臣’。是以行年六十，老而爲輪。今聖人之所言者，亦以懷其實，窮而死，獨其糟粕在耳！”故〔老子曰〕：“道可道，非常道。名可名，非常名。” 《淮南子·道應訓》p.390／〈道應訓〉辨析，頁307

　　桓公讀書於堂上，輪扁斲輪於堂下，釋椎鑿而上，問桓公曰：“敢問，公之所讀者何言邪？”公曰：“聖人之言也。”曰：“聖人在乎？”公曰：“已死矣。”曰：“然則君之所讀者，古人之糟魄已夫！”桓公曰：“寡人讀書，輪人安得議乎！有說則可，無說則死。”輪扁曰：“臣也以臣之事觀之。斲輪，徐則甘而不固，疾則苦而不入。不徐不疾，得之於手而應於心，口不能言，有數存焉於其間。臣不能以喻臣之子，臣之子亦不能受之於臣，是以行年七十老而斲輪。古之人與其不可傳也死矣，然則君之所讀者，古人之糟魄已夫！”《莊子·天道》

　　楚成王讀書於殿上，而輪扁在下，作而問曰：“不審主君所讀何書也？”成王曰：“先聖之書。”輪扁曰：“此真先聖王之糟粕耳。非美者也。”成王曰：“子何以言之？”輪扁曰：“以臣輪言之。夫以規爲圓，矩爲方，此其可付乎子孫者也。若夫合三木合而爲一，應乎心，動乎體，其不可得而傳者也。以爲所傳真糟粕耳。”故唐虞之法可得而攷也。其喻人心不可及矣。《詩》曰：“上天之載，無聲無臭。”其孰能及之？《韓詩外傳》卷五

【探析與解說】

　　此章資料可分爲兩段，分見於《淮南子·道應訓》第十七、八兩章，並另見於《莊子·天道》、《呂氏春秋·執一》、《列子·說符》與《韓詩外傳》。以下分兩部份來說明：

　　第一部份：“文子問治國之本”段，《文子》此段的敘說方向，與〈道應訓〉不同。《文子》曰：“文子問治國之本。老子曰：‘本在於治身。’”〈道應訓〉作“楚莊王問詹何曰：‘治國奈何？’對曰：‘何明於治身，而不明於治國？’楚王曰：‘寡人得立宗廟社稷，願學所以守之。’”〈道應訓〉此處與《列子》相近。而《呂氏春秋》作：“楚王問爲國於詹子。詹子對曰：‘何聞爲身，不聞爲國。’詹子豈以國可無爲哉？以爲爲國之本在於爲身，身爲而家爲，家爲而國爲，國爲而天下爲。”《文子》“本在於治身”句，與《呂氏春秋》“以爲爲國之本在於爲身”句相近。“楚王問詹何治□”故事，當爲先

秦傳言，各有記述文本。《文子》此章作“文子問老子”。《文子》全書有十六章出現“文子”之名[1]，這些出現“文子”的資料，應當與《文子》的古本資料有關。但作“文子問老子”的體例，當是編輯者所改。“修之身”兩句，語出《老子》第五十四章。

又，“本在於治身”句，“在”字，〈道應訓〉作“任”。王念孫校《淮南子》云：“‘任’當爲‘在’，《呂氏春秋》〈執一〉篇作‘爲國之本，在於爲身’。《列子》〈說符〉篇作‘故本在身’，皆其證。”王叔岷云：“案：王說是也，《文子》〈上仁〉篇作‘本在於身’，亦其證。”

第二部份：《文子》此段與前段，文意毫無關係，當是解《老》資料殘文。〈道應訓〉取〈天道〉篇資料，以解證《老子》。“道可道”四句，語出《老子》第一章。

10-5

〔文子問曰：何行而民親其上？

老子曰：〕

使之以時而敬慎之，如臨深淵，如履薄冰。天地之間，善即吾

---

[1] 文子問治國之本。〈上仁〉篇第四章；文子問曰：“何行而民親其上？”〈上仁〉篇第五章；文子問曰：“仁義禮何以爲薄於道德也？”〈上仁〉篇第十二章；文子問曰：“法安所生？”〈上義〉篇第六章；文子問曰：“人可以微言乎？”〈微明〉篇第二章；文子問曰：“爲國亦有法乎？”〈微明〉篇第三章；文子問道。〈道德〉第一章；文子問德。〈道德〉篇第二章；文子問聖智。〈道德〉篇第五章；文子問曰：“古之王者，以道蒞天下，爲之奈何？”〈道德〉篇第七章；文子問曰：“王道有幾？”〈道德〉篇第九章；文子問曰：“王者得其懽心，爲之奈何？”〈道德〉篇第十一章；文子問政。〈道德〉篇第十三章；文子問曰：“夫子之言，非道德無以治天下也，上世之王，繼嗣因業，亦有無道，各沒其世而無禍敗者，何道以然？”〈道德〉篇第十五章；平王問文子曰：“吾聞子得道於老聃，今賢人雖有道，而遭淫亂之世，以一人之權，而欲化久亂之民，其庸能乎？”〈道德〉篇第二十章；文子曰：“名可強立，功可強成。……”〈精誠〉篇二十一章

畜也，不善即吾讎也。昔者夏商之臣，反讎桀紂，而臣湯武，宿沙之民，自攻其君，歸神農氏。故曰"人之所畏，不可不畏也。"

【相關資料尋索】

成王問政於尹佚曰："吾何德之行，而民親其上？"對曰："使之以時，而敬順之。"王曰："其度安至？"曰："如臨深淵，如履薄冰。"王曰："懼哉！王人乎！"尹佚曰："天地之間，四海之內，善〔之〕'則'吾畜也，不善'則'吾讎也。昔夏、商之臣反讎桀、紂而臣湯、武，宿沙之民〔皆〕自攻其君〔而〕歸神農，此世之所明知也。如何其無懼也？"故〔老子〕曰："人之所畏，不可不畏也。"《淮南子・道應訓》p. 402／〈道應訓〉辨析，頁327

成王問政于尹逸曰："吾何德之行，而民親其上？"對曰："使之以時，而敬順之，忠而愛之，布令信而不食言。"王曰："其度安至？"對曰："如臨深淵，如履薄冰。"王曰："懼哉！"對曰："天地之間，四海之內，善之則畜也，不善則仇也。夏、殷之臣，反仇桀、紂而臣湯、武；夙沙之民，自攻其主而歸神農氏。此君之所明知也，若何其無懼也？"《說苑・政理》

【探析與解說】

此章資料見於《淮南子・道應訓》。成王與尹佚的談話，當是先秦傳說，可能首先流傳三晉地區。《文子》此章"文子問老子"形式，應是編輯今本《文子》編輯者所改。但就其內容而言，強調敬謹戒懼以保天命的思想，確屬周文初建時所強調的憂患心態，這也與〈道應訓〉所記"成王與尹佚"問答事例相合。此章資料或與周王畿史官思想傳承有關，似屬文子學派解《老》資料，與〈道應訓〉似出同源。

又，"宿沙之民"三句，《淮南子》高誘注："伏羲神農之間，有共工宿沙，霸天下者。"

又，"人之所畏，不可畏也"句，語出《老子》第二十章。帛書《老子》

乙本作"人之所畏，亦不可以不畏人"。郭店竹簡《老子》"人之所禔（畏），亦不可以不禔（畏）。"。簡文"禔"字後有"﹏"符號，原釋文者認為"人"字與下句連讀，作"人寵（寵）辱若纓（驚）"[1]。

又，"使之以時而敬慎之"句，〈道應訓〉作"使之時，而敬順之"。王念孫校《淮南子》云："'時'上當有'以'字。《說苑》〈政理〉篇、《文子》〈上仁〉篇並作'使之以時'，是其證。"

10-6

〔老子曰：〕

治大者，道不可以小；地廣者，制不可以狹；位高者，事不可以煩；民衆者，教不可以苛。事煩難治[2]，法苛難行，求多難贍。寸而度之，至丈必差，銖而稱之，至石必過，石稱丈量，徑而寡失。大較易為智，曲辯難為慧。故無益於治，有益於亂者，聖人不為也。無益於用[3]，有益於費者，智者不行也。故功不厭約，事不厭省，求不厭寡。功約易成，事省易治，求寡易贍，任於衆人則易。故小辯害義，小義破道，道小必不通，通必簡。

河以逶迤故能遠，山以陵遲故能高，道以優游故能化。夫通於一伎，審於一事，察於一能，可以曲說，不可以廣應也。夫調音者，小絃急，大絃緩，立事者，賤者勞，貴者佚。

*

道之言曰："芒芒昧昧，因天之威，與天同氣。"同氣者帝，

---

[1] 見今王弼本第十三章，參閱拙著《郭店竹簡老子釋析與研究》頁 267。
[2] "治"字，《文子纘義》道藏本作"理"﹏。
[3] "用"字下原有"者"字，據《文子纘義》道藏本刪。

同義者王，同功者霸，無一焉者亡。故不言而信，不施而仁，不怒而威，是以天心動化者也；施而仁，言而信，怒而威，是以精誠為之者也；施而不仁，言而不信，怒而不威，是以外貌為之者也。故有道以理之，法雖少，足以治；無道以理之，法雖眾，足以亂[1]。

【相關資料尋索】

治大者，道不可以小；地廣者，制不可以狹；位高者，事不可以煩；民眾者，教不可以苛。〔夫〕事‘碎’，難治〔也〕；法‘煩’，難行〔也〕；求多，難贍〔也〕。寸而度之，至丈必差；銖而稱之，至石必過。石秤丈量，徑而寡失；簡絲數米，煩而不察。故大較易為智，曲辯難為慧。

故：無益於治而有益於煩者，聖人不為；無益於用而有益於費者，智者‘弗’行也。

故：功不厭約，事不厭省，求不厭寡。功約，易成也；事省，易治也；求寡，易‘澹’也。‘眾易之，於以任人，易矣’！

＊

〔孔子曰〕：“｛小辯破言，小利破義，小藝破道，小見不達，必簡｝。”

河以逶‘蛇’故能遠，山以陵遲故能高，陰陽無為故能和，道以優游故能化，夫‘徹’於一‘事’，察於一辭，審於一‘技’，可以曲說，而‘未’可廣應也。

蓼菜成行，甌瓿有藩，秤薪而爨，數米而炊，可以治小，而未可以治大也。員中規，方中矩，動成獸，止成文，可以愉舞，而不可以陳軍。滌盃而食，洗爵而飲，盥而後饋，可以養少，而不可以饗眾。今夫祭者，屠割烹殺，剝狗燒豕，調平五味者，庖也；陳簠簋，列樽俎，設籩豆者，祝也；齊明盛服，淵默而不言，神之所依者，尸也。宰、祝雖不能，尸不越樽俎而代之。

故‘張瑟者’，小絃急而大絃緩；立事者，賤者勞而貴者‘逸’。舜為天子，彈五絃之琴，歌《南風》之詩，而天下治。周公肴臑不收於前，鍾鼓不解

---

[1] 此三句，《群書治要》引作“無道以臨之，命雖眾，足以亂矣”。

於懸，而四夷服。趙政畫決獄、而夜理書，御史冠蓋接於郡縣，覆稽趨留，戍五嶺以備越，築脩城以守胡，然奸邪萌生，盜賊群居，事愈煩而亂愈生。

*

故法者、治之具也，而非所以爲治也。而猶弓矢、中之具，而非所以中也。

‘黃帝曰’：“芒芒昧昧，因天之威，與‘元’同氣。”

〔故〕同氣者帝，同義者王，同‘力’者霸，無一焉者亡。故人主有伐國之志，邑犬群嗥，雄雞夜鳴，庫兵動而戎馬驚；今日解怨偃兵，家老甘臥，巷無聚人，妖菑不生。非法之應也，精氣之動也。

故不言而信，不施而仁，不怒而威，是以天心動化者也；施而仁，言而信，怒而威，是以精誠‘感’之者也；施而不仁，言而不信，怒而不威，是以外貌爲之者也。

故有道以‘統’之，法雖少、足以‘化’〔矣〕；無道以‘行’之，法雖眾、足以亂〔矣〕。《淮南子‧泰族訓》p. 678-679／〈泰族訓〉辨析，626-629

黃帝曰：“芒芒昧昧，因天之威，與元同氣。：故曰：同氣賢於同義，同義賢於同力，同力賢於同居，同居賢於同名。帝者同氣，王者同義，霸者同力，勤者同居，則薄矣，亡者同名則觕矣。其智彌觕者，其所同彌觕；其智彌精者，其所同彌精；故凡用意不可不精。夫精，五帝三王之所以成也。成齊類同皆有合，故堯爲善而眾善至，桀爲非而眾非來。《商箴》云：“天降災布祥，並有其職”以言禍福人或召之也。故國亂非獨亂也，又必召寇。獨亂未必亡也，召寇則無以存矣。《呂氏春秋‧應同》

【探析與解說】

此章見於《淮南子‧泰族訓》，全章可分爲兩個部份，第一部份說明“治大者，道不可以小；地廣者，制不可以狹；位高者，事不可以煩；民眾者，教不可以苛”。第二部份則敘說“治國不在法，而在精誠，以天心動化天下”。見於〈泰族訓〉處，似輯略前人精要雋語而成，而《文子》此處各段之間，文意並非連貫，恐爲《淮南子》別本殘文竄入，保留部份《淮南子》舊文。

　　第一部份："治大者"段，全段文字幾與〈泰族訓〉全同。"寸而度之"等六句，前四句分兩組對稱，"石秤丈量，徑而寡失"後，似缺〈泰族訓〉"簡絲數米，煩而不察"兩句。"大較易爲智"句前，〈泰族訓〉有"故"字。

　　又，"故功不厭約"段，"求寡易贍"句，"贍"字，〈泰族訓〉作"澹"，此處意謂：欲求寡者容易滿足，當作"贍"，《小爾雅·廣言》："贍，足也。""任於眾人則易"句，〈泰族訓〉作"眾易之，於以任人，易矣。"《文子》此段與見於〈泰族訓〉處均說明："功不厭約，事不厭省，求不厭寡"，故"功約易成，事省易治，求寡易贍"。後三句是針對前三句而言。"任於眾人則易"句，文意似不足。〈泰族訓〉"眾易之"三句，意謂：將這些容易完成的事情，交付給人們，就容易成功。

　　又，"故小辯害義"四句，〈泰族訓〉前有"孔子曰"三字。《淮南子》書中提到孔子有四十餘處，並多處引用孔子對話資料，而《文子》全書僅〈道原〉篇第五章記載"孔子問道，老子曰"。〈道原〉篇彼處原當作"平王問道與文子曰"，今本爲後人所改。《文子》此處似有意略去"孔子曰"三字。《文子》此四句，〈泰族訓〉作"小辯破言，小利破義，小藝破道，小見不達，必簡"。王念孫校《淮南子》云："'必簡'上，當有'達'字。此言大者達，達則必簡，猶〈樂記〉言'大樂必易，大禮必簡'也。《文子》〈上仁〉篇作'道小必不通，通則必簡'。"俞樾則云："'小'上當有'道'字，因涉上句'小藝破道'，兩'道'字適相連，寫者止於上句'道'字下作二小畫以識之，而歲脫去也。'見'，乃'則'字之誤。'則'字闕壞，止存左旁之'貝'，因誤爲'見'矣。'達'下當更有'達'字，亦因止作二小畫而脫去也，其文本曰：'道小則不達，達必簡。'《文子·上仁》篇作'道小必不通，通則必簡'，與此文小異而義同。若如今本，則不成文理矣。"王叔岷云："案：《大戴禮記》作"道小不通，通必簡"。亦可爲王、俞說之證。"植案：《大戴禮記·小辨》曰："子曰：'辨而不小。夫小辨破言，小言破義，小義破道，道小不通，通道必簡。'"《文子》此章資料來源，似與今通行《淮南子》文本不同。

　　又，"道以優遊故能化"句，〈泰族訓〉此句之後有"陰陽無爲，故能和"。王念孫校《淮南子》云："'陰陽無爲，故能和'，後人所加也。此以河之逶蛇、山之陵遲喻道之優游，若加入'陰陽無爲'二句，則與'透蛇'、'陵遲'、'優游'之義咸不相比附矣。且'陰陽無爲'與'河以透蛇'三句句法亦屬參差。《太平御覽》〈地部〉二十六引《淮南》，無此二句。《說苑》〈說叢〉篇、《文子》〈上仁〉篇并同。"

又，"夫通於一伎"五句，〈泰族訓〉作"夫徹於一事，察於一辭，審於一技，可以曲說，而未可廣應也。"《管子·宙合》曰："道也者，通乎無上，詳乎無窮，運乎諸生。是故辨于一言，察于一治，攻于一事者，可以曲說，而不可以廣舉。聖人由此知言之不可兼也。"三者文字記述略異。

又，"貴者佚"句，"佚"字，〈泰族訓〉作"逸"，"佚"，"逸"通。

第二部份：見於〈泰族訓〉處，前有"故法者，治之具也，而非所以爲治也"段，似論述聖人以天心動化，精誠感人，徒"法"不足以化民。

又，"道之言曰"段，"道之言曰"四字，〈泰族訓〉與《呂氏春秋》均稱作"黃帝曰"。此段可能爲先秦道家史料佚文。《列子》有三處引用"黃帝書"[1]，兩漢至魏晉時期，應有多種道家思想資料以"黃帝之言"傳誦，這應與漢初"黃老之學"盛行有關。《文子·符言》第十一章："道曰：芒芒昧昧，從天之威，與天同氣。"〈符言〉篇此段與其前後文字，見於〈繆稱訓〉，作"黃帝曰：芒芒昧昧，從天之道，與元同氣。"《文子》"與天同氣"句，"天"字，《呂氏春秋》、《淮南子》均作"元"，但《文子》下文曰："是以天心動化者也"，《文子》"道之言曰"段，可能所據資料文本，與《呂氏春秋》所引者有異。《淮南子》似直接取自《呂氏春秋》。

又，"同氣者帝，同義者王，同功者霸，無一焉者亡"四句，"功"字，〈泰族訓〉作"力"，似"功"字形殘而誤。《文子》書中，比較"帝、王、霸"的資料，有："帝者有名，莫知其情，帝者貴其德，王者尙其義，霸者通

---

[1] 它們爲："《黃帝書》曰：'谷神不死，是謂玄牝。玄牝之門，是謂天地之根。綿綿若存，用之不勤。'"（〈天瑞〉；此段文字見於《老子》第六章。）"黃帝曰：'精神入其門，骨骸反其根，我尙何存？'"（〈天瑞〉；此章見於《文子·九守》第一章與《淮南子·精神訓》。）。"黃帝之書云：'至人居若死，動若械。'"（〈力命〉）

於理。聖人之道，於物無有，道狹然後任智，德薄然後任刑，明淺然後任察。" (〈自然〉篇第七章、 "帝者體太一，王者法陰陽，霸者則四時，君者用六律。" (〈下德〉篇第十六章)、"帝王富其民，霸王富其地。" (〈微明〉篇第十九章)。"同氣者帝"，指帝者與天同德，以太一爲體；"同義者王"，指王者與天的運作相映，以陰陽爲御；"同功者霸"，指霸者與天的功效相參，以四時爲理。三者遞相以"天"的根源、運作與效用爲法。《呂氏春秋》闡釋"芒芒昧昧"三句曰："同氣賢於同義，同義賢於同力，同力賢於同居，同居賢於同名。帝者同氣，王者同義，霸者同力，勤者同居，則薄矣，亡者同名則犅矣。"此與《文子》取擇之義，似有不同。

10-7

〔老子曰：〕

鯨魚失水，則制於螻蟻。人君舍其所守，而與臣爭事，則制於有司。以無[1]爲持位，守職者以聽從取容，臣下藏智而不用，反以事專其上。

人君者，不任能而好自爲，則智日困而自負責。數窮於下，則不能申理，行墮於位，則不能持制。智不足以爲治，威不足以行刑，則無以與下交矣。喜怒形於心，嗜欲見於外，則守職者離正而阿上，有司枉法而從風。賞不當功，誅不應罪，則上下乖心，君臣相怨。

百官煩亂而智不能解，非譽萌生而明不能照，非己之失而反自責，則人主愈勞，人臣愈佚。"是代大匠斫，夫代大匠斫者，希有不傷其手矣。"與馬逐走，筋絕不能及也；上車攝轡，馬服衡下。伯樂相之，王良御之，明主乘之，無御相之勞而致千里，善乘人之資也。

---

[1] "無"字，《文子纘義》道藏本作"自"。

人君之道，無為而有就也，有立而無好也。有為即議，有好即
諛。〔議即可奪，諛即可誘〕。夫以建而制於人者，〔不能持國，〕
故"善建者不拔"，〔言建之無形也。〕唯神化者，物莫能勝。

中欲不出謂之扃，外邪不入謂之閉。中扃外閉，何事不節；外
閉中扃，何事不成。故不用之，不為之，而有用之，而有為之。

不伐之言，不奪之事，循名責實，使自有司，以不知為道，以
禁苛為主。如此，則百官之事，各有所考。

【相關資料尋索】

'吞舟之魚'，〔蕩而〕失水，則制於螻蟻，離其居也。猿狄失木，而擒
於狐狸，非其處也。'君人者''釋'所守而與臣下爭，則'有司以無為持位'，
守職者以'從君'取容，〔是以〕人臣藏智而'弗'用，反以事'轉任'其上
矣。

夫貴富者之於勞也，達事者之於察也，驕恣者之於恭也，勢不及君。君人
者不任能，而好自為之，則智日困而自負其責〔也〕。數窮於下則不能伸理，
行墮於'國'則不能'專'制，智不足以為治，威不足以行'誅'，則無以與
天下交也。喜怒形於心〔者〕，欲見於外，則守職者離正而阿上，有司枉法而
從〔風〕，賞不當功，誅不應罪，上下'離'心，而君臣相怨〔也〕。

是以執政阿主，而有過則無以責之。有罪而不誅，則百官〔相〕煩亂，智
'弗'能解〔也〕；毀譽萌生，而明不能照〔也〕。'不正本而反自然'，則
人主'逾'勞，人臣'逾'逸。'是猶代庖宰剝牲，而為大匠斲也'。與馬'競'
走，筋絕而弗能及；上車執轡，〔則〕馬死〔于〕衡下。〔故〕伯樂相之，王
良御之，明主乘之，無御相之勞而致千里〔者〕，乘於人資以為羽翼也。

是故'君人者'，無為而有'守'也，有'為'而無好也。有為則'讒生'，
有好'則'諛〔起〕。昔者齊桓公好味而易牙烹其首子而餌之，虞君好寶而晉
獻以璧馬鉤之，胡王好音而秦穆公以女樂誘之，是皆以〔利〕'見'制於人〔也〕。
故善建者不拔。

夫火熱而水滅之，金剛而火銷之，木強而斧伐之，水流而土遏之，唯'造化'者，物莫能勝〔也〕。

〔故〕中欲不出謂之扃，外邪不入謂之塞。中扃外閉，何事〔之〕不節！外閉中扃，何事〔之〕不成！'弗用而後能用之，弗為而後能為之'。精神勞則越，耳目淫則竭。

故有道之主，滅想去意，清虛以待，不伐之言，不奪之事，循名責實，使有司任而弗詔，責而弗教，以不知為道，'以奈何為實'。如此，則百官之事各有所'守'〔矣〕。《淮南子·主術訓》p. 299-301 ／〈主術訓〉辨析，頁 184-187

人主好以己為，則守職者舍職而阿主之為矣。阿主之為有過，則主無以責之，則人主日侵，而人臣日得。是宜動者靜，宜靜者動也；尊之為卑，卑之為尊，從此生矣。此國之所以衰，而敵之所以攻之者也。《呂氏春秋·君守》

凡官者以治為任，以亂為罪。今亂而無責，則亂愈長矣。人主以好暴示能，以好唱自奮，人臣以不爭持位，以聽從取容，是君代有司為有司也，是臣得後隨以進其業。君臣不定，耳雖聞不可以聽，目雖見不可以視，心雖知不可以舉，勢使之也。凡耳之聞也藉於靜，目之見也藉於昭，心之知也藉於理。君臣易操，則上之三官者廢矣。亡國之主，其耳非不可以聞也，其目非不可以見也，其心非不可以知也，，臣亂擾，上下不分，別雖聞曷聞，雖見曷見，雖知曷知，馳騁而因耳矣，此愚者之所不至也。不至則不知，不知則不信。無骨者不可令知冰。有土之君能察此言也，則災無由至矣。《呂氏春秋·任數》

【探析與解說】

此章資料見於《淮南子·主術訓》，部份文字見於《呂氏春秋》，全文論述"人君之道"，近於"黃老之學"，主要內容似屬先秦史料，後輯入"文子外編"。《淮南子》引用。《文子》此處恐為《淮南子》別本殘文，但保留部份《淮南子》舊文。以下分六點來說明：

第一、"鯨魚失水"段：此段文意近於《莊子》與《呂氏春秋》，〈庚桑楚〉篇曰："吞舟之魚，碭而失水，則蟻能苦之。"《呂氏春秋·慎勢》曰：

"失之乎數，求之乎信，疑。失之乎勢，求之乎國，危。吞舟之魚，陸處則不勝螻蟻。權鈞則不能相使，勢等則不能相并，治亂齊則不能相正，故小大、輕重、少多、治亂不可不察，此禍福之門也。"〈上仁〉篇此處與〈主術訓〉均有脫漏，二者比較如下：

> 鯨魚失水，則制於螻蟻。人君舍其所守而與臣爭事，則制於有司。以無為持位，守職者以聽從取容，臣下藏智而不用，反以事專其上。

> 吞舟之魚，蕩而失水，則制於螻蟻，離其居也。猿狖失木，而擒於狐狸，非其處也。君人者釋所守而與臣下爭，則有司以無為持位，守職者以從君取容，是以人臣藏智而弗用，反以事轉任其上矣。

"鯨魚失水"句，〈主術訓〉似就"文子外編"資料，加以申述。《文子》"則制於有司"句，"制於有司"，文意較明確，〈主術訓〉脫"制於"二字。《文子》"以無爲持位"句，似脫"有司"重文符號，當據〈主術訓〉增，此句《呂氏春秋》作"人臣以不爭持位"，"爭"字當爲"爲"字之誤。《文子》此處"無爲"二字，《文子續義》作"自爲"，或原作"不爲"，"有司以自爲持位"，或"有司以不爲持位"，文意似較"有司以無爲持位"爲佳。《文子》"反以事專其上"句，〈主術訓〉作"反以事轉任其上"。此處文意在說明"有司無所事事"，當作"以事轉任其上"，《文子》似脫"任"字，而"轉"字誤作"專"。

又，"與臣爭事"四字，〈主術訓〉無"事"字。王念孫校《淮南子》云："'與臣下爭'當作'與臣下爭事'。唯君與臣爭事，是以臣藏智弗用，而以事轉任其上也。脫去'事'字，則文義不明。《文子》〈上義〉篇正作'與臣爭事'。"

第二、"人君者"段：此段文意近於《鄧析子》，部份文意即取自〈轉辭〉篇，〈轉辭〉篇曰："君人者不能自專而好任下，則智日困而數日窮。迫於下則不能申，行隨於國則不能持。知不足以爲治，威不足以行誅，無以與下交矣。故喜而使賞，不必當功；怒而使誅，不必值罪。不慎喜怒，誅賞從其意，而欲委任臣下，故亡國相繼，殺君不絕。古人有言，眾口鑠金，三人成虎，不可不察也。"《文子》此段與見於〈主術訓〉處，均有訛誤。見於〈主術訓〉處，此段之前曰：“夫富貴者之於勞也，達事者之於察也，驕恣者之於恭也，勢不及君”四句，〈主術訓〉此處文意相當費解，前後似有脫文，或為他處錯簡。

又，“則智日困而自負責”句，“責”字上，〈主術訓〉有“其”字。《文子》恐奪“其”字。“數窮於下，責不能伸理；行墮於位，則不能持制”四句，“位”、“持”二字，〈主術訓〉分別作“國”，“專”。《文子》後二句，是就人君失去國君的身分來說，當作“行墮於位”。《淮南子・氾論訓》：“周公事文王也，行無專制”，“專制”當為人君制斷的權力，一失其位，即不能專制。〈主術訓〉作“專制”，文意較佳。

又，“則無以與下交矣”句，〈主術訓〉作：“則無以與天下交也”。王念孫校《淮南子》云：“‘與天下交’當作‘與下交’，下，謂群臣也。……《文子》〈上仁〉篇有‘天’字，亦後人依誤本《淮南》加之。《群書治要》引《文子》無‘天’字。”案：景宋本即無‘天’字。

又，“喜怒形於心，嗜欲見於外”兩句，“喜怒形於心者欲見於外”。王念孫校《淮南子》云：“‘者’字當為‘耆’，字之誤。‘耆欲’與‘喜怒’相對為文。《文子》〈上仁〉篇作‘嗜欲’，是其證。”

第三、“百官繁亂而智不能解”段：〈主術訓〉文字有錯亂。〈主術訓〉此段為：

> 是以執政阿主，而有過則無以責之。有罪而不誅，則百官相煩亂，智弗能解也；毀譽萌生，而明不能照也。不正本而反自然，則人主逾勞，人臣逾逸。

《文子》無“是以執政……不誅”數句。細審〈主術訓〉此處文意，“百官煩亂”以下數句，與前文並不通貫，前三句似錯簡。“不正本而反自然”句，文意不可解。《文子》作“非己之失而反自責”。“非己之失”指臣下“以無為持位”致使“百官煩亂”，而“反自責”，指“自負其責”，所以“人主愈勞，人臣愈逸”。《文子》文意較為清楚。“代大匠斲”三句，語出《老子》第七十四章。

又，“馬服衡下”四字，景宋本作“馬死衡下”，與〈主術訓〉同。陳觀

樓校《淮南子》云：“‘狄’字義不可通。《文子》〈上仁〉篇作‘馬服（案：各
本君無 “於” 字。）於衡下’，是也。‘狄’本作‘𩢲’，‘服’或作‘𦩘’，下半
相似而誤。”

第四、“人君之道”段：《文子》此段與〈主術訓〉文字差異較大，二者
比較如下：

> 人君之道，無為而有就也，有立而無好也。有為即議，有好即諜。議即
> 可奪，諜即可誘。夫以建而制於人者，不能持國，故 “善建者不拔” ，
> 言建之無形也。唯神化者，物莫能勝。《文子》

> 是故君人者，無為而有守也，有為而無好也。有為則讒生，有好則諜起。
> 昔者齊桓公好味而易牙烹其首子而餌之，虞君好寶而晉獻以璧馬釣之，
> 胡王好音而秦穆公以女樂誘之，是皆以利見制於人也。故善建者不拔。
>
> 《淮南子》

“人君之道”，先秦典籍未見，〈主術訓〉作“君人之道”。“無為而有
就”等六句，〈主術訓〉缺後兩句。《文子》的結構為：

　　　　無為—有就　　　有立—無好

　　　　有為→議　　　　　　有好→諜

　　　　　議→可奪　　　　　　　諜→可誘

“有就”意指“有成”。《爾雅·釋詁下》曰：“就，成也。”《詩·周
頌·敬之》：“日就月將，學友輯熙於光明。”孔穎達疏：“日就，謂學之使
每日有成成就。”〈主術訓〉作“有守”，恐誤，“有守”意近於“有立”。
“有立”，〈主術訓〉作“有為”。王念孫校《淮南子》云：“有為與無為正
相反，且下二句云：‘有為則讒生，有好則諜起’，則不當言有為，明矣。‘有
為’本作‘有立。有立而無好，謂有所建立而無私好也。”“有為即議”四句，
〈主術訓〉似簡略言之。

“夫以建而制於人者，不能持國”兩句，〈主術訓〉舉出“齊桓公好味而
易牙烹其首子而餌之”、“君好寶而晉獻以璧馬釣之”與“胡王好音而秦穆公

以女樂誘之"三個事例來加以申說。

"言建之無形也"句，〈主術訓〉無，卻見於高誘注文中。王念孫校《淮南子》云："此六字乃正文，非注文也。'故善建者不拔'者，引《老子》語也。'言建之無形也'者，釋其義也。〈精神訓〉曰：'故曰：其出彌遠者，其知彌少，以言夫精神之不可使外淫也。'亦是引《老子》而釋之。後人誤以此六字爲注文耳。《文子》正作'故善建者不拔，言建之無形也。"植案：高誘或據《淮南子》別本此句爲之注，或今本《文子》編輯者引用此句以入正文。

"唯神化者，物莫能勝"兩句，〈主術訓〉作"夫火熱而水滅之，金剛而火銷之，木強而斧伐之，水流而土遏之，唯造化者，物莫能勝也。"〈主術訓〉此段與前後文文意不相連屬，"夫火熱……而土遏之"恐爲錯簡，"唯造化者"當屬"言建之無形"句下，"造"字，似"神"字之誤。

第五、"中欲不出謂之扃"段：《呂氏春秋·君守》曰："得道者必靜。靜者無知，知乃無知，可以言君道也。故曰：中欲不出謂之扃，外欲不入謂之閉。既扃而又閉：天之用密，有准不以平，有繩不以正；天之大靜，既靜而又寧，可以爲天下正。"《呂氏春秋》此處當與"文子外編"資料來源有關。

又，"外邪不入謂之閉"句，"閉"字，〈主術訓〉作"塞"。王念孫校《淮南子》云："'扃'，與'閉'皆以門爲喻，'閉'字是。"植案：下文曰："中扃外閉"、"外閉中扃"，〈主術訓〉作"塞"，當誤。

第六、"不伐之言"段：見於《呂氏春秋·知度》，〈知度〉篇曰："故有道之主，因而不爲，責而不詔，去想去意，靜虛以待，不伐之言，不奪之事，督名審實，官使自司，以不知爲道，以奈何爲實。"俞樾曰："舊校云：'實'，一作'寶'。"《淮南子》與《呂氏春秋》文字較近，前者當引自後者。

又，"不伐之言"句，〈主術訓〉同。王念孫校《淮南子》云："'不伐之言'，'伐'當作'代'。'不代之言，不奪之事'，謂臣所當言者，君不之言，臣當行者，君不奪之事也。《呂氏春秋》〈知度〉篇'代'字亦誤作'伐'。"

又，"使自有司"句，〈主術訓〉無"自"字。王念孫校《淮南子》云："'使自司'當從《呂氏春秋》作'官使自司'，謂使百官自司其事而君不與也。故下文云'如此，則百官之事各有所守'。此文上下皆以四字為句，脫去'官'字則不成句矣。劉本作'使有司'，《文子》〈上仁〉篇作'使自有司'，皆於義未安。"

又，"以禁苛為主"句，文意難解，〈主術訓〉作"以奈何為寶"。"禁苛"二字，似"奈何"之形誤。

10-8

〔老子曰：〕

食者民之本也，民者國之基也。故人君者，上因天時，下盡地理，中用人力，是以群生遂長，萬物蕃殖。春伐枯槁，夏收百果，秋畜蔬食，冬取薪蒸，以為民資。生無乏用，死無傳尸。

先王之法，不掩群而取夭跳，不涸澤而漁，不焚林而獵；豺未祭獸，罝罘不得通於野；獺未祭魚，網罟不得入於水；鷹隼未擊，羅網不得張於皋[1]；草木未落，斤斧不得入於山林；昆蟲未蟄，不得以火田；育孕不殺，鷇卵不探，魚不長尺不得取，犬豕不期年不得食；是故萬物之發生若蒸氣出。先王之所以應時修備，富國利民〔之道也〕，非目見而足行之也，欲利民[2]不忘乎心，則民自備矣。

【相關資料尋索】

食者，民之本也。民者，國之本也。國者，君之本也。是故人君者上因天時，下盡地'財'，中用人力，是以群生遂長，'五穀'蕃植，教民養育六畜，以時種樹，務脩田疇，滋植桑麻，肥墝高下，各因其宜。丘陵阪險不生五穀者，

---

[1] "皋"字，《文子纘義》道藏本作"谷"。
[2] 景宋本"民"下有"者也"二字。

以樹竹木,春伐枯槁,夏取‘果蓏’,秋畜疏食,冬伐薪蒸,以為民資。是故生無乏用,死無轉尸。

〔故〕先王之法,畋不掩群,‘不’取麛天,不涸澤而漁,不焚林而獵。豺未祭獸,罝罘不得‘布’於野;獺未祭魚,罔罟不得入於水;鷹隼未摯,羅網不得張於〔谿〕‘谷’,草木未落,斤斧不得入山林;昆蟲未蟄,不得以火〔燒〕田。孕育不〔得〕殺,鷇卵不〔得〕探,魚不長尺不得取,‘彘’不期年不得食。是故‘草木’之發若蒸氣,禽獸歸之若流泉,飛鳥歸之若煙雲,有所以致之也。

故先王之政,四海之雲至而脩封疆,蝦蟆鳴、燕降而達路除道,陰降百泉則脩橋梁,昏張中則務種穀,大火中則種黍菽,虛中則種宿麥,昴中則收斂畜積,伐薪木。上告于天,下布之民,先王之所以應時脩備,富國利民,實曠來遠者,其道備矣。非〔能〕目見而足行之也,欲利之也。欲利‘之’〔也〕,不忘於心,則‘官’自備矣。心之於九竅四肢也,不能一事焉,然而動靜聽視皆以為主者,不忘于欲利之也。《淮南子・主術訓》p. 308-9／〈主術訓〉辨析,頁192-194

【探析與解說】

此章與下章均見於《淮南子・主術訓》。〈主術訓〉此處敘說“食為民之本,民為國之本,國為君之本”,人君之務,要在養民,養民需重農事的完善,並引先王之法以作說明。〈主術訓〉此處前後幾段文字,均與此種內容相關。此項資料,或原輯入“文子外編”,《淮南子》引用,並加以申述。《文子》此章恐為《淮南子》別本殘文竄入。以下分兩點來說明:

第一、“食者民之本也”段:〈主術訓〉“國者君之本”句,《文子》無,恐奪此句。“下盡地理”,“理”字,〈主術訓〉作“財”。《管子・形勢解》曰:“明主上不逆天,下不壙地,故天予之時,地生之財。亂主上逆天道,下絕地理,故天不予時,地不生財。”“天時”、“地財”,對文。《文子》作“理”,誤。

又,“故人君者”句,〈主術訓〉同。王念孫校《淮南子》云:“‘君’字當在‘人’字上。《群書治要》引此,正作‘君人者’。”《淮南子》中“君人”一詞，凡互見於《文子》者，《文子》均作“人君”。就《淮南子》此處作“人君”來看，“人君”當爲後人竄改，《文子》此處情況，恐亦如此。

又，“萬物繁殖”句，“萬物”二字，〈主術訓〉作“五穀”，此處敘說農事，當作“五穀”。

又，“生無乏用”兩句，〈主術訓〉句前以“是故”引述，文意較完。

第二、“先王之法”段：《禮記·曲禮》曰：“國君春田不圍澤；大夫不掩群，士不取麛卵。”《禮記·王制》曰：“天子不合圍，諸侯不掩群。天子殺則下大綏，諸侯殺則下小綏，大夫殺則止佐車。佐車止，則百姓田獵。獺祭魚，然後虞人入澤梁。豺祭獸，然後田獵。鳩化爲鷹，然後設罿羅。草木零落，然後入山林。昆蟲未蟄，不以火田，不麛，不卵，不殺胎，不殀夭，不覆巢。”《禮記》兩段文字記述，與此段內容相近。所謂“先王之法”，可能原屬儒家傳承思想史料。

又，“不掩群而取鴳鵔”句，〈主術訓〉作“畋不掩群，不取麛夭”，二者文字差異較大，可能所據文本不同。

又，“罝罘不得通於野”句，“通”字，〈主術訓〉作“布”，《文子》恐誤。

又，“豺未祭獸，罝罘不得通於野；獺未祭魚，網罟不得入於水”四句，見於《禮記·王制》，此事當爲古制。

又，“羅網不得張於皋”句，“皋”字，〈主術訓〉作“谿谷”，《文子纘義》本作“谷”。“皋”字，似“谷”之形誤。

又，“不得以火田”句，〈主術訓〉作“不得以火燒田”。王念孫校《淮南子》云：“正文‘燒’字，因注文‘燒田’而衍。‘不得以火田’，謂田獵不得用火。《爾雅》曰‘火田爲狩’是也。……‘燒’字正釋‘火’字，若云‘以火燒田’，則不詞矣。……《文子》〈上仁〉篇亦作‘不得以火田’。”

又，“是故萬物之發生若蒸氣出”句，〈主術訓〉作“是故草木之發若蒸氣，禽獸歸之若流泉，飛鳥歸之若煙雲，有所以致之也。”《文子》此句似殘文，"出"字衍。

又，"先王之所以應時修備，富國利民之道也"兩句，〈主術訓〉作"上告于天，下布之民，先王之所以應時脩備，富國利民，實曠來遠者，其道備矣。"〈主術訓〉此數句，屬"故先王之政"段，《文子》似殘文，並綴合於"先王之法"段。

又，"非目見而足行之也，欲利民不忘乎心，則民自備矣"三句，〈主術訓〉作"非能目見而足行之也，欲利之也。欲利之也，不忘於心，則官自備矣。"《文子》與〈主術訓〉此處似均有訛誤，《文子》"欲利民不忘乎心"句，似脫"欲利之"三字重文符號，原當作"欲利之也，欲利之，不忘乎心"。〈主術訓〉"則官自備"，"官"字恐誤，當據《文子》作"民"。〈主術訓〉"心之於九竅四肢也"等四句，似申論"民自備"之義。

10-9

〔老子曰：〕

古者明君，取下有節，自養有度，必計歲而收，量民積聚，知有餘不足之數，然後取奉。〔如此，即得承所受於天地，而不'罷'[1]於飢寒之患〕。其憯怛於民也，國有飢者，食不重味；民有寒者，冬不被裘，與民同苦樂，即天下無哀民。

闇主即不然，取民不裁其力，求下不量其積，男女不得耕織之業，以供上求，力勤財盡，〔有旦無暮，〕君臣相疾。

且人之為生也，一人蹠耒而耕，不益十畝，中田之收，不過四石，妻子老弱仰之而食。或時有災害之患，無以供上求，即人主愍之矣。

---

[1] "罷"字原作"離"，據《文子纘義》道藏本改。

　　貪主暴君，涸漁其下，以適無極之欲，則百姓不被天和履地德矣。

【相關資料尋索】

　　{人主租斂於民也}，必先計歲收，量民積聚，知'饒饉'有餘不足之數，然後取'車輿衣食供養其欲'。高臺層榭，接屋連閣，非不麗也，然民無掘穴狹廬所以託身者，明主弗樂也。肥醲甘脆，非不美也，然也有糟糠菽粟不接於口者，則明主弗甘也。匡床蒻席，非不寧也，然民有處邊城，犯危難，澤死暴骸者，明主弗安也。

　　故古之君人者，其惨怛於民也，國有飢者，食不重味；民有寒者，而冬不被裘。歲登民豐，乃始縣鍾鼓，陳干戚，'君臣上下同心而樂之'，'國'無哀'人'。

　　故古之為金石管絃者，所以宣樂也；兵革斧鉞者，所以飾怒也；觴酌俎豆，酬酢之禮，所以效善也；衰絰菅屨，辟踊哭泣，所以諭哀也，此皆有充於內，而成像於外。及至亂主，取民〔則〕不裁其力，求〔於〕下〔則〕不量其積，男女不得事耕織之業，以供上〔之〕求，力勤財匱，君臣相疾〔也〕。故民至於焦脣沸肝，有今無儲，而乃始撞大鍾，擊鳴鼓，吹竽笙，彈琴瑟，是猶貫甲冑而入宗廟，被羅紈而從軍旅，失樂之所由生矣。

　　夫'民'之為生也，一人蹠耒而耕，不'過'十畝，中田之〔獲，卒歲之〕收，不過〔畝〕四石，妻子老弱仰而食之。時有〔涔旱〕災害之患，{無以給上之徵賦車馬兵革之費。由此觀之，則人之生，閔矣！}

　　夫天地之大，計三年耕而餘一年之食，率九年而有三年之畜，十八年而有六年之積，二十七年而有九年之儲，雖涔旱災害之殃，民莫困窮流亡也。故國無九年之畜，謂之不足；無六年之積，謂之閔急；無三年之畜，謂之窮乏。

　　故有仁君明主，其取下有節，自養有度，則得承受於天地，而不離飢寒之患矣。若得貪主暴君，撓於其下，{侵漁其民}，以適無窮之欲，則百姓'無以'被天和〔而〕履地德矣。《淮南子・主術訓》p. 305-8／〈主術訓〉辨析，頁190-192

【探析與解說】

此章見於《淮南子·主術訓》上章引文之前段落。《文子》敘說的方式與《淮南子》不同。《文子》是以"古者明君"與"闇主"對於租斂的對比,提出"人之爲生"的艱難,以強調人君需重視人民的生計,雖文意結構完整,但似經過後人整理。《淮南子》敘說則較爲駁雜,首段說明"人主租斂於民"的情況,然後以兩次"故"的形式加以申述,並對"夫民之爲生也"段,多重加以發揮衍論。此章資料似《淮南子》別本竄入。以下分三點來說明:

第一、"古者明君,取下有節"段:與"闇主即不然",以作對比。〈主術訓〉此段以"人主租斂於民也"起首,故文意直接聯繫"必先計歲收"等句。

又,'如此,即得承所授予天地,而不罹於饑寒之患"三句,見於〈主術訓〉此處末段,作"故有仁君明主,其取下有節,自養有度,則得承受於天地,而不離飢寒之患矣。"〈主術訓〉此數句,在《文子》此章被分隔爲兩處,似經過整理編排。

又,"其慘怛於民也"句,〈主術訓〉作"故古之君人者,其慘怛於民也"。"故古之君人者"與後文"及至亂主"相對比。

又,"必計歲而收"句,〈主術訓〉無"而"字,王叔岷云:"案:茅本、《漢魏叢書》本'收'上並有'而'字,《文子》〈上仁〉篇同。"

又,"其憯怛於民也"句,"憯"字,〈主術訓〉作"慘"。王叔岷云:"案:'慘'與'憯'同,《文子》亦作'憯'。〈繆稱訓〉:'君子之慘怛,非正僞形也。'《文子》〈精誠〉篇作'憯',與此同例。"

又,"冬不被裘"句,〈主術訓〉"冬"字前有"而"字。王叔岷云:"案:'而'字衍文,'民有寒者,冬不被裘'與上'國有饑者,食不重味'相對爲文。多一'而'字,則句法參差不協矣。《文子》正無'而'字。"

又,"求下不量其積"句,〈主術訓〉"求"下有"於"字,王叔岷云:"案:'求'下不當有'於'字,蓋涉上文'有充於內而成像於外'而衍,'取民則不裁其力,求下則不量其積'相對爲文。《治要》引此正無'於'字。《文子》同。

第二、"且人之爲生也"段：此段〈主術訓〉與前文"人主租斂於民也"段相對應，敘說民之爲生的艱困。

"中田之收"句，〈主術訓〉作"中田之獲，卒歲之收"。俞樾校《淮南子》云："既言之'獲'，又言之'收'，重複無謂。疑本作'中田卒歲之收'，無'之獲'二字。故《文子》〈上仁〉篇作'中田之收'，蓋省'卒歲'二字耳。若使本作'中田之獲，卒歲之收'，而《文子》省其一句，則何不曰'中田之獲'，而必變'獲'言'收'乎？"

又，"即人主憫之矣"句，〈主術訓〉作"則人之生，憫矣。"《文子》前文曰："無以供上求"，此處不得言："即人主憫之矣"，"主"字，似"生"字之誤，並誤置"之"字於"憫"下。

第三、"貪主暴君"段：見於〈主術訓〉"故有仁君明主"段，作"若得貪主暴君"。〈文子〉此段僅存殘文，與前文文氣不相連貫。

10-10

〔老子曰：〕

天地之氣，莫大於和。和者，陰陽調，日夜分，故萬物春分而生，秋分而成，生之與成，必得和之精。故積陰不生，積陽不化，陰陽交接，乃能成和。

是以聖人之道，寬而栗[1]，嚴而溫，柔而直，猛而仁。夫太剛則折，太柔則卷，道正在於剛柔之間。

夫繩之爲度也，可卷而懷也，引而申之，可直而布之，長而不橫，短而不窮，直而不剛，故聖人體之。夫恩推即懦，懦即不威；嚴推即猛，猛即不和；愛推即縱，縱即不令；刑推即禍，禍即無親。

---

[1] "栗"字，《文子纘義》道藏本作"慄"，"栗"通"慄"。

〔是以貴和也。〕

【相關資料尋索】

天地之氣，莫大於和，和者，陰陽調，日夜分，'而生物'。春分而生，秋分而成，生之與成，必得和之精。{'故'聖人之道，寬而栗，嚴而溫，柔而直，猛而仁。太剛則折，太柔則卷，'聖人'正在剛柔之間，} 乃得道之本。積陰則'沉'，積陽則'飛'，陰陽'相'接，乃能成和。

夫繩之為度也，可卷而懷也，引而伸之，可直而'睎'也，{故聖人以身體之}。〔夫〕'脩'而不橫，短而不窮，直而不剛，久而不忘者，其唯繩乎！故恩推'則'懦，懦'則'不威；嚴推'則'猛，猛'則'不和；愛推'則'縱，縱'則'不令；刑推'則''虐'，'虐'則無親。《淮南子·氾論訓》p. 432-433

／〈氾論訓〉辨析，頁 361-362

【探析與解說】

此章見於《淮南子·氾論訓》，《文子》此處論述"貴和"之說，所謂"天地之氣，莫大於和"。《老子》第四十二章："萬物負陰而抱陽，沖氣以為和。"此種"和氣"的觀念，在戰國時代持續發展，如《墨子·辭過》曰："凡回於天地之間，包於四海之內，天壤之情，陰陽之和，莫不有也，雖至聖不能更也。"《莊子·田子方》曰："至陰肅肅，至陽赫赫；肅肅出乎天，赫赫發乎地；兩者交通成和而物生焉。"《荀子·天論》曰："列星隨旋，日月遞炤，四時代御，陰陽大化，風雨博施，萬物各得其和以生，各得其養以成。"《文子》此章承襲《老子》"和氣"之說，似原屬道家傳承史料，後輯入"文子外編"，見於〈氾論訓〉處，文字有訛誤，句序也有錯亂。以下分三點來說明：

第一、"天地之氣"段：《文子》此段結構清楚，〈氾論訓〉"故聖人之道"段，似誤置於"故積陰不生"句前。

又，"故萬物春分而生"四句，〈氾論訓〉作"陰陽調，日夜分，而生物。春分而生，秋分而成。"俞樾云校《淮南子》云："下言'春分而成'，上言

‘日夜分而生物’，文義重複。且春分秋分皆日夜分也，日夜分而生物，於秋分而成，義亦不合。《文子》〈上仁〉篇作：‘和者，陰陽調，日夜分，故萬物春分而生，秋分而成。’然則此亦當同。上‘而生’二字乃‘故萬’之誤。”

第二、“是以聖人之道”段：此段以“寬而栗，嚴而溫，柔而直，猛而仁”爲“聖人之道”，似因襲《書經》所載古老的哲學傳統，〈舜典〉篇曰：“直而溫，寬而栗，剛而無虐，簡而無傲。”〈皋陶謨〉篇亦曰：“皋陶曰：‘寬而栗，柔而立，愿而恭，亂而敬，擾而毅，直而溫，簡而廉，剛而塞，強而義；彰厥有常，吉哉。’”

又，“道正在於剛柔之間”句，《文子》言“道”體現爲“和”，故在“剛柔之間”，〈氾論訓〉“道”字作“聖人”，誤。

第三、“夫繩之爲度也”段：見於〈氾論訓〉處，“故聖人體之”句，似竄入“長而不橫”句前。

又，“可卷而懷也”句，“懷”字，〈氾論訓〉作“伸”。王念孫校《淮南子》云：“‘可卷而伸’，劉本作‘可卷而懷’，是也。此言繩之爲物，可曲可直，故先言卷而懷，後言引而伸。且‘懷’與‘晞’爲韻，若作‘伸’，則失其韻矣。《文子》〈上仁〉正作‘可卷而懷’。”

又，“刑推即禍，禍即無親”兩句，兩“禍”字，〈氾論訓〉均作“虐”。《文子》前文曰：“愛推即縱”，此處當言“刑推則虐”，“縱”、“虐”指“愛”、“刑”推行下的深化程度。

又，“是以貴和”句，〈氾論訓〉無，恐爲編輯今本《文子》者整理時所加的按語。

10-11

〔老子曰：〕

國之所以存者，得道也，所以亡者，理塞也。故聖人見化以觀其徵。德有昌衰，風為先萌。故得‘存’¹道者，雖小必大；有亡徵者，雖成必敗。國之亡也，大不足恃；道之行也，小不可輕。故存在得道，不在於小；亡在失道，不在於大。

故亂國之主，務於地廣，而不務於仁義，務在高位，而不務於道德，是捨其所以存，而造其所以亡也。

若上亂三光之明，下失萬民之心，孰不能承？故審其己者，不備諸人也。

＊

〔古之為君²者，深行之謂之道德，淺行之謂之仁義，薄行之謂之禮智，此六者，國家之綱維也。深行之則厚得福，淺行之則薄得福，盡行之天下服。古者修道德即正天下，修仁義即正一國，修禮智即正一鄉，德厚者大，德薄者小。

故道不以雄武立，不以堅強勝，不以貪競得。立在於天下推己，勝在於天下自服，得在於天下與之，不在於自取。故雌牝即立，柔弱即勝，仁義即得，不爭即莫能與之爭。故道之在於天下也，譬猶江海也。

天之道，為者敗之，執者失之。夫欲名之大而求之爭也，吾見其不得已，而雖執而得之，不留也。夫名不可求而得也，在天下與之，與之者歸之，天下所歸者，德也。

故云：上德者天下歸之，上仁者海內歸之，上義者一國歸之，上禮者一鄉歸之，無此四者，民不歸也。不歸‘即用兵，用兵’³即

---

¹ “存”字原作“生”，據《文子續義》道藏本改。

² “君”字，景宋本作“道”。

³ 原作“用兵”，據《文子續義》道藏本改。

危道也。故曰：「兵者，不祥之器也，不得已而用之。」‘用之’[1]殺傷人，勝而勿美。故曰：「死地，荊棘生焉，以悲哀泣之，以喪禮居之。」是以君子務於道德，不重用兵也。〕

【相關資料尋索】

國之所以存者，道德也；〔家之〕所以亡者，理塞也。堯無百戶之郭，舜無置錐之地，以有天下。禹無十人之眾，湯無七里之分，以王諸侯。文王處岐周之間也，地方不過百里，而立爲天子者，有王道也。夏桀、殷紂之盛也，人跡所至，舟車所通，莫不爲郡縣，然而身死人手，而爲天下笑者，有亡形也。故聖人見化以觀其徵。德有‘盛’衰，風先萌〔焉〕。故得‘王’道者，雖小必大；有亡‘形’者，雖成必敗。

夫夏之將亡，太史令終古先奔於商，三年而桀乃亡。殷之將敗也，太史令向藝先歸文王，期年而紂乃亡。故聖人之見存亡之跡，成敗之際也，非乃鳴條之野，甲子之日也。

今謂彊者勝則度地計眾，富者利則量粟稱金，若此，則千乘之君無不霸王者，而萬乘之國無破亡者矣。存亡之跡，若此其易知也，愚夫蠢婦皆能論之。趙襄子以晉陽之城霸，智伯以三晉之地擒；湣王以大齊亡，田單以即墨有功。

故國之亡也，〔雖〕大不足恃；道之行也，〔雖〕小不可輕。由此觀之，存在得道而不在於‘大’也，亡在失道〔而〕不在於‘小’也。《詩》云：「乃眷西顧，此惟與宅。」言去殷而遷於周也。故亂國之‘君’，務廣其地而不務仁義，務‘高其位’而不務道德，是‘釋’其所以存，而造其所以亡也。故桀囚於焦門，而不能自非其所行，而悔不殺湯於夏臺；紂拘於宣室，而不反其過，而悔其不誅文王於羑里。二君處彊大之勢，脩仁義之道，湯、武救罪之不給，何謀之敢當！

若上亂三光之明，下失萬民之心，雖微湯、武，孰‘弗’能奪也？〔今不〕審其在己者，而反備‘之于’人，天下非一湯、武也，殺一人，則必有繼之者

---

[1] 據《文子纘義》道藏本補。

也。且湯、武之所以處小弱而能以王者，以其有道也；桀、紂之所以處彊大而
見奪者，以其無道也。今不行人之所以王者，而反益己之所以奪，是趨亡之道
也。《淮南子·氾論訓》p. 439-442／〈氾論訓〉辨析，頁 365-367

【探析與解說】

此章資料應分爲兩個部份，第一部份，敍說"國以得道而存"，全文見於
《淮南子·氾論訓》。第二部份，論述道、德、仁、義與禮的意含與作用，不
見於《淮南子》，似原屬《文子》古本。

第一部份，此部份雖見於〈氾論訓〉，但全文以"道德"、"仁義"爲存
國之道，與後段義理相通，或同爲《文子》古本資料。

第一、"國之所以存者"段："得道也"三字，〈氾論訓〉作"道德也"。
高誘注曰："道德施行，民悅其化，故國存也。"俞樾校《淮南子》云："'德'
當爲'得'，字之誤。《文子》〈上仁〉篇正作'得'。'國之所以存者，得
道也'，與下句'家之所以亡者，理塞也'，正同一律。"

又，"國之所以存者"數句，文意近於《淮南子·主術訓》，〈主術訓〉
曰："國有以存，人有以生。國之所以存者，仁義是也。人之所以生者，行善
是也。國無義，雖大必亡；人無善志，雖勇必傷。"

又，"故得存道者"句，"存道"與"王徵"並舉，〈氾論訓〉"存"字，
似誤作"王"。

第二、"故亂國之主"段："亂國之主，務於地廣，而不務於仁義，務在
高位，而不務於道德"等句，〈氾論訓〉作"故亂國之君，務廣其地而不務仁
義，務高其位而不務道德。"二者敍說方式有異。"地廣"二字，當作"廣地"，
以與下文"高位"對文。

第三、"若上亂三光之明"段：李定生云："謂上亂而失民心，誰不能承
繼上位呢！審，審慎。此言審慎己之道德，而不備於人之奪也。"〈氾論訓〉
作"若上亂三光之明，下失萬民之心，雖微湯、武，孰弗能奪也？今不審其在

己者，而反備之于人，天下非一湯、武也，殺一人，則必有繼之者也。" "承"字似 "奪" 之形誤。杜道堅《文子纘義》注曰： "猶木之無根槁，仆可俟也。" 杜注有 "可奪" 之義。 "故審其己者" 兩句，由正面敘說審慎自己道德修持的人，不必汲汲於防範別人。《文子》此處為扼要的記載，《淮南子》恐為申論之說。

第二部份，全不見於《淮南子》。此部份資料，應與文子學派關係密切，其中不但發揮《老子》哲學的意旨，同時也與竹簡《文子》的思想相近。

第一、 "古之為君者" 段：說明 "道德仁義禮智" 六者為 "國家之綱維"。《文子·道德》第三章曰： "故德者……仁者……義者……禮者……此四者，文之順也……君子無德……無仁……無義……無禮……四經不立，謂之無道。"〈道德〉篇此章有部份竹簡殘文可以對應，應屬《文子》古本。 "德" 由 "道" 所生，因此 "道德" 意指 "作為自然始源之道與人文根基之德" 的雙重作用。 "仁義" 連稱，說明人文規劃的價值取向。而 "禮智" 並舉，是以 "禮" 表現人文制度的施展，以 "智" 指涉人文建構的籌劃。《文子》此處所稱 "國家之綱維"，即是 "四經" 觀念的推衍。這種人文導源的探討，同時也釐清人文規劃的遞減程序。所以，能修道德於人文之始源，即正天下，能修仁義於人義之根基，即正一國，能修禮智於行事之分際，即正一鄉。〈道德〉篇第一章曰： "夫道者，小行之小得福，大行之大得福，盡行之天下服，服則懷之。" 此段可對應竹簡《文子》編號 0937 殘文： "□□，小行之小得福，大行之大得福"。《文子》與此處內容相近。

第二、 "故道不以雄武立" 段：此段發揮《老子》 "守柔、不爭" 的哲學思想。 "道" 立在於 "天下推己"、 "天下自服"、 "天下與之"。此與黃之學的 "雌節" 觀念相通。 "故道之在天下" 兩句，似襲自《老子》。《老子》第三十二章： "譬道之在天下，猶川谷之於江海。"

第三、 "天之道" 段：《老子》第三十一章曰： "將欲取天下而為之，吾見其不得已。天下神器，不可為也，為者敗之，執者失之。" 此處以 "德" 作為取 "天下" 之 "名" 的根基，是對《老子》第三十一章義理的一種闡釋。

第四、"故云"段：此段指出"上德、上仁、上義、上禮"四者，與《文子·道德》"四經"之說相同，而與前文"道德仁義禮智"六者有別。《文子》此章資料，恐為古本《文子》殘卷，包含文子學派發展的多重史料。段中引用《老子》第三十、三十一章部份經文。今本《文子》有〈上德〉、〈上仁〉、〈上義〉與〈上禮〉四篇，這四篇篇名的編定，或與《文子》此段資料內容有關。

10-12

〔文子問仁、義、禮、何以為薄於道德也？

老子曰：〕

為仁者，必以哀樂論之；為義者，必以取與明之。四海之內，哀樂不能遍，竭府庫之財貨，不足以贍萬民。〔故知不如修道而行德，因天地之性，萬物自正而天下贍，仁義因附，"是以大丈夫居其厚，不居其薄。"〕

夫禮者，實之文也；仁者，恩之效也。故禮因人情而制。不過其實，仁不溢恩。悲哀抱於情，送死稱於仁。夫養生不強人所不能及，不絕人所不能已，度量不失其適，非譽無由生矣。故制樂足以合歡，〔不出於和，〕明於死生之分，通於侈儉之適也。

末世即不然，言與行相悖，情與貌相反，禮飾以煩，樂擾以淫。風俗'濁'[1]於世，非譽萃於朝，故至人廢而不用也。

【相關資料尋索】

為仁者，必以哀樂論之，為義者，必以取予明之。人目所見不過十里，欲

---

[1] "濁"字原作"溺"，據《文子纘義》道藏本改。

遍照‘海內之民’，哀樂‘弗’能‘給’也。〔無天下之委財，而欲遍贍萬民，利不能足也〕。且喜怒哀樂，有感而自然者也。故哭發之發於口，涕之出於目，此皆憤於中而形於外者也。譬若水之下流，煙之上尋也，夫有孰推之者！故強哭者雖病不哀，強親者雖笑不和。情發於中而聲應於外，故螫負羈之壺餐，愈於晉獻公之垂棘；趙宣孟之束脯，賢於智伯之大鍾。故禮豐不足以效愛，而誠心可以懷遠。《淮南子·齊俗訓》p. 354 ／ 258-259

禮者、實之文也；仁者、恩之效也。故禮因人情而‘為之節文’，而仁發怦以見容。〔禮〕不過實，仁不溢恩也，治世之道也。夫三年之喪，是強人所不及也，而以偽輔情也。三月之服，是絕哀而迫切之性也。

夫儒、墨不原人情之終始，而務以行相反之制，五縗之服。悲哀抱於情，‘葬埋稱於養’，不強人之所不能‘為’，不絕人之所不能已，度量不失於適，誹譽無所由生。

古者，非不知繁升降槃還之禮也，蹀《采齊》、《肆夏》之容也，以為曠日煩民而無所用，故制禮足以佐實喻意而已矣。古者，非不能陳鐘鼓，盛竽簫，揚干戚奮羽旄，以為費財亂政，制樂足以合歡宣意而已，喜不羨於音。非不能竭國糜民，虛府殫財，含珠鱗施，綸組節束，追送死也，以為窮民絕業而無益於槁骨腐肉也，故葬埋足以收斂蓋藏而已。昔舜葬蒼梧，市不變其肆；禹葬會稽之山，農不易其畝；明乎死生之分，通乎侈儉之適〔者〕也。

‘亂國’則不然，言與行相悖，情與貌相反，禮‘節’以煩，樂‘優’以淫，崇死以害生，久喪以昭行，是以風俗濁於世，而‘誹’譽‘萌’於朝，〔是〕故‘聖人’廢而弗用也。《淮南子·齊俗訓》p. 356-357 ／ 261-262

【探析與解說】

此章資料極為複雜，可分為三個部份。第一部份敘說“仁義禮何以薄於道德”，其中大部份文字見於《淮南子·齊俗訓》。第二部份為一些思想的散論，僅第一段見於《淮南子·道應訓》，其他不見於《淮南子》。第三部份，全未見於《淮南子》，是今本《文子》保留重要而完整解的《老》的資料。

　　第一部份：這部份資料也很複雜，其內容的主旨爲：“文子（平王）問仁義禮何以爲薄於道德”，這種提問的方式，與竹簡《文子》相近。但以“老子曰”稱引的文字，卻有《淮南子》別本殘文竄入，而編輯爲之湊合的跡象。

　　第一、“爲仁者”段：此段內容回答前文提問。“四海之內”等四句，〈齊俗訓〉作“人目所見不過十里，欲遍照海內之民，哀樂弗能給也。無天下之委財，而欲遍贍萬民，利不能足也。”《文子》此處似保存原始資料，而〈齊俗訓〉引用，並加以闡述。“故知不如修道而行德”數句，不見於《淮南子》，可能原屬古本《文子》。

　　第二、“夫禮者，實之文”段：全文見於〈齊俗訓〉。《文子》此段文意與前文有別，其中更提到“制樂”之事，原當不屬接於上段之後，似編輯今本《文子》者，將《淮南子》別本殘文附綴於此。

　　又，“四海之內”四句，〈齊俗訓〉作“人目所見不過十里，欲遍照海內之民，哀樂弗能給也。無天下之委財，而欲遍贍萬民，利不能足也。”何寧校《淮南子》云：“‘之民’二字，疑涉下‘萬民’而衍。‘所見不過十里，而欲遍照海內’，以視域之廣狹言；‘無天下之委財，而欲遍贍萬民’，以利民之多寡言。‘遍照海內’，‘遍贍萬民’，相對爲文，若作‘海內之民’，則於義複矣。《文子》〈上仁〉篇作‘四海之內，哀樂不能遍，竭府庫之財貨，不足以贍萬民’，亦不作‘四海之民’。是其證。”

　　又，“夫禮者，實之文；仁者，恩之效也”四句，此處“禮”、“仁”是就人情性的表現來說。此種意含也見於《文子·微明》第十三章，曰：“仁者，積恩之證也。”

　　又，“故禮因人情而制”三句，〈齊俗訓〉作“故禮因人情而爲之節文，而仁發怦以見容。禮不過實，仁不溢恩也。”“禮”、“仁”相對來敘說，《文子》此處恐脫“仁發怦以見容”句。

　　又，“悲哀抱於情”四句，〈齊俗訓〉作“悲哀抱於情，葬埋稱於養，不強人之所不能爲，不絕人之所不能已。”《文子》“送死稱於仁”句，“仁”字恐上前文“仁”字而誤。〈齊俗訓〉前文曰：“夫三年之喪，是強人所不及也，而以偽輔情也。三月之服，是絕哀而迫切之性也。夫儒、墨不原人情之終始，而務以行相反之制，五縗之服。”“埋葬稱於養”，指葬禮的儀式能符應父母養育之恩。此與前句所稱“哀悼的悲慟符合孝子的實情”相對爲文。原“養”字，似竄入《文子》下文“夫養生不強人所不能及”句中。“不絕人所不能已”句，〈齊俗訓〉作“不絕人之所能已”。陳觀樓校《淮南子》云：“‘能已’上當有‘不’字。《文子》〈上仁〉篇正作‘不絕人之所不能已’。”

又，“故制樂足以合歡，不出於和”兩句，與前後文文意無關，前句當爲〈齊俗訓〉殘文竄入，後句恐爲編輯者所增。

又，“明於死生之分”兩句，當爲〈齊俗訓〉“昔舜葬蒼梧，市不變其肆；禹葬會稽之山，農不易其畝；明乎死生之分，通乎侈儉之適者也”段的殘文。

第三、“未世即不然”段：此段見於〈齊俗訓〉，文意與前文不盡相屬，似《淮南子》別本殘文。

＊

與驥逐走，即人不勝驥；託於車上，即驥不勝人。〔故善用道者，乘人之資以立功。〕以其所能，託其所不能也。

〔主興之以時，民報之以財；主遇之以禮，民報之以死。故有危國無安君，有憂主無樂臣。

德過其位者尊，祿過其德者凶；德貴無高，義取無多。不以德貴者，竊位也；不以義取者，盜財也。聖人安貧樂道，不以欲傷生，不以利累己，故不違義而妄取。

古者無德不尊，無能不官，無功不賞，無罪不誅，其進人也以禮，其退人也以義。小人之世，其進人也若上之天，其退人也若内之淵。言古者以疾今也。

相馬失之瘦，選士失之貧，豚肥充廚，骨脊不官。君子察實，無信讒言。君過而不諫，非忠臣也；諫而不聽，君不明也；民沉溺而不憂，非賢君也。故守節死難，人臣之職也；衣寒食飢，慈父之恩也。

以大事小謂之變人，以小犯大謂之逆天。前雖登天，後必入淵。故鄉里以齒，老窮不遺；朝廷以爵，尊卑有差。夫崇貴者，為其近君也；尊老者，謂其近親也；敬長者，謂其近兄也。生而貴者驕，生而富者奢。故富貴不以明道自鑒而能無為非者，寡矣。

學而不厭，所以治身也；教而不倦，所以治民也。有賢師良友舍而為非者，寡矣。

知賢之謂智，愛賢之謂仁，尊‘賢’[1]之謂義，敬賢之謂禮，樂賢之謂樂。〕

【相關資料尋索】

昔堯之佐九人，舜之佐七人，武王之佐五人。堯、舜、武王於九、七、五者，不能一事焉，然而垂拱受成功焉，善乘人之資也。故人與驥逐走，‘則’不勝驥；託於車上，則驥不能勝人。北方有獸，其名曰蹶，鼠前而兔後，趨則頓，走則顛，常為蛩蛩駏驉取甘草以與之。蹶有患害，蛩蛩駏驉必負而走。此以其能，託其所不能。故老子曰：“夫代大匠斲者，希不傷其手。”《淮南子·道應訓》p.387／〈道應訓〉辨析，頁298

智者之舉事必因時，時不可必成，其人事則不廣，成亦可，不成亦可。以其所能託其所不能，若舟之與車。北方有獸，名曰蹶，鼠前而兔後，趨則跲，走則顛，常為蛩蛩距虛取甘草以與之。蹶有患害也，蛩蛩距虛必負而走。此以其所能託其所不能。《呂氏春秋·貴因》

---

[1]　“賢”字原作“仁”，據《文子續義》道藏本改。

凡爲善難，任善易。奚以知之？人與驥俱走，則人不勝驥矣；居於車上而任驥，則驥不勝人矣。人主好治人官之事，則是與驥俱走也，必多所不及矣。《呂氏春秋·審分》

孔子曰：「北方有獸，其名曰蟨，前足鼠，后足兔。是獸也，甚矣其愛蛩蛩巨虛也，食得甘草，必齧以遺蛩蛩巨虛，蛩蛩巨虛見人將來，必負蟨以走。蟨非性之愛蛩蛩巨虛也，爲其假足之故也。二獸者，亦非性之愛蟨也，爲其得甘草而遺之故也。夫禽獸昆蟲，猶知比假而相有報也，況于士君子之欲興名利于天下者乎？夫臣不復君之恩，而苟營其私門，禍之原也；君不能報臣之功，而憚行賞者，亦亂之基也。夫禍亂之原基，由不報恩生矣。」《說苑·復恩》

【探析與解說】

第二部份：此部份資料，除第一段有文字見於《淮南子·道應訓》外，均不見於《淮南子》。但各段之間，文意並不相連，似古本《文子》資料殘文，按文意可分八段，均與儒家思想相近。

第一、"與驥逐走"段：此段除"故善用人者"兩句外，均見於〈道應訓〉。〈道應訓〉分別舉出"堯、舜、武王垂拱受成功"與"蹶有患害，蛩蛩駏驢必負而走"兩種事例，說明"因人之資以立功"之說，並解證《老子》第七十四章"夫代大匠斲者，希不傷其手"兩句經文。《文子》並未引《老子》，似保存古時成說。

第二、"學而不厭"段：《論語·述而》曰："子曰：'默而識之，學而不厭，誨人不倦，何有於我哉？'"《呂氏春秋·尊師》："故子貢問孔子曰：'後世將何以稱夫子？'孔子曰：'吾何足以稱哉？勿已者，則好學而不厭好教而不倦，其惟此邪。'"

第三、"知賢之謂智"段：此段提到"仁、義、禮、智、樂"，與馬王堆帛書《五行》篇資料或有關連，如《五行》篇曰："見而知之，智也；知而安之，仁也；安而敬之，禮也；〔仁義，禮樂所由生也，五刑之所和，和〕則樂，樂則有德，有德則國家興。"又曰："見而知之，智也；知而〔安〕之，仁也；安而刑之，義也；刑而敬之，禮〔也〕；仁義，禮智之所由生也，四刑之所和，和則同，同則善。"[1]

*

古之善為天下者，無為而無不為也，故為天下有容。能得其容，無為而有功，不得其容，動作必凶。

為天下有容者："豫兮其若冬涉川，猶兮其若畏四鄰，儼兮其若容，渙兮其若冰之液，敦兮其若樸，混兮其若濁，廣兮其若谷，"此為天下容也。

豫兮其若冬涉大川者，不敢行也。猶兮其若畏四鄰者，恐'自'[2]傷也。儼兮其若容也，謙恭敬也。渙兮其若冰之液者，不敢積藏也。敦兮其若樸者，不敢廉成也。混兮其若濁者，不敢'清明'[3]也。廣兮其若谷者，不敢盛盈也。

進不敢行者，退不敢先也。恐自傷者，守柔弱不敢矜也。謙恭敬者，自卑下尊敬人也。不敢積藏者，自損弊不敢堅也。不敢廉成者，自虧缺不敢全也。不敢清明者，處濁辱而不敢新鮮也。不敢盛盈者，見不足而不敢自賢也。

夫道，退故能先，守柔弱故能矜，自卑下故能高人，自損弊故實堅，自虧缺故盛全，處濁辱故新鮮，見不足故能賢，道無為而無不為也。

【相關資料尋索】

[1] 引自龐朴校補，見《帛書五行篇研究》，齊魯書社，1988年。

[2] "自"字原作"四"，據景宋本、《文子纘義》道藏本改。

[3] "清明"二字原作"明清"，據《文子纘義》道藏本改。

古之善爲士者，微妙玄通，深不可識。夫唯不可識，故強爲之容。豫焉若冬涉川；猶兮若畏四鄰；儼兮其若容；渙兮若冰之將釋；敦兮其若樸；曠兮其若谷；混兮其若濁。孰能濁以靜之徐清？孰能安以動之徐生？保此道者不欲盈。夫唯不盈，故能蔽不新成。<small>王弼注本《老子》第十五章</small>

□□□□□□，□□□□，深不可志（識）。夫唯不可志（識），故強爲之容。曰：與（豫）呵其若多□□。□□□□畏四□。□□其若客。渙呵其若淩（凌）澤（釋）；玗呵其若榁（樸）；湷（混）□□□□；□□□若浴（谷）。濁而情（靜）之余（徐）清，女（安）以重（動）之余（徐）生。葆（保）此道不欲盈。〔夫唯不欲□，□□□□□成。〕<small>（帛書《老子》甲本）</small>

古之善爲道者，微眇（妙）玄達，深不可志。夫唯不可志（識），故強爲之容。曰：與（豫）呵其若多涉水。猶呵其若畏四叟（鄰）。嚴呵其若客。渙呵其若淩（凌）澤（釋）；沌呵其若樸；湷（混）呵其若濁；泔（曠）呵其若浴（谷）。濁而靜之徐清，女（安）以重（動）之徐生。葆（保）此道□欲盈。是以能獘（敝）而不成。<small>（帛書《老子》乙本）</small>

長古之善爲士者，必非（微）溺玄達，深不可志（識），是以爲之頌（容）：夜（豫）虖（乎）奴（若）多涉川；猷（猶）虖（乎）其奴（若）愄（畏）四叟（鄰）；敢（嚴）虖（乎）其奴（若）客；覿（渙）虖（乎）其奴（若）懌（釋）；屯虖（乎）其奴（若）樸，坉虖（乎）其奴（若）濁。竺（孰）能濁以束（靜）者，牂（將）舍（徐）清。竺（孰）能庀以迬者，牂（將）舍（徐）生。保此衒（道）者不谷（欲）蛸（尚）呈（盈）。<small>（郭店竹簡《老子》甲本）</small>

【探析與解說】

此部份文字不見於《淮南子》，爲今本《文子》所保留文子學派重要解《老》資料。全文注解《老子》第十五章經文。

"古之善爲天下者，無爲而無不爲也，故爲天下有容，能得其容，無爲而有功，不得其容，動作必凶"七句，王弼注本作"微妙玄通，深不可識，夫唯不可識，故強爲之容"。《文子》此處文字與通行本，或竹簡、帛書《老子》

文字記述不同。

　　“古之善爲天下者”，郭店竹簡《老子》甲本與今通行本《老子》作“古之善爲士者”，帛書《老子》乙本作“古之善爲道者”。此種情形可能來自《老子》不同的傳本。但“士”、“道”與“爲天下”，三者在義理上各有其強調處。“善爲士”應指“善於處置天下之事”者。但《老子》第十五章並非直接討論“治天下”的問題，而是對“士”生存樣態的描述。全章以詩體形式，述說獨立自存的精神人格。就哲學觀念的發展來說，“善爲士者”，顯示一種較爲根源的特質。若只就語詞的哲學性意含來說，作“士”字的文本可能較早。帛書作“善爲道”與“善爲天下”，可能是一種推演性的闡發。它或者強調著“道”，或者關切了“天下”之事的處置，對於“道”的強調，是將《老子》哲學引向思辨觀念的探討，而對於“天下”之事的關注，則是推展了人文重建的重要根源。這與道家後續思想的發展是相關連的。〈上仁〉篇此處保留了《老子》一種推衍性解釋的傳本。

　　“無爲而無不爲”句，此句爲古本《文子》思想的根基，《文子》透過“四經”的觀念，完成《老子》哲學人爲規劃的推衍。故特意強調“古之善爲士者”在於“無爲而無不爲”，並說“故爲天下有容”。這顯然將“有容”當作“爲天下”的條件與法度。“有容”不單單是“形容”，它包含內在性的“容受”，也就是一種“可以爲天下”所顯示的條件或“內容”。[1]合乎這個條件內容者，也就是“能得其容”，則“無爲而有功”，必定表現著“無爲”，因而“有功”。反之，“不得其容”，則“動作必凶”，妄自動作而遭受凶難。今通行本或竹簡、帛書《老子》，均以“微妙玄通，深不可識。夫唯不可識，故強爲之容”等句文意，敘說一種“古之善爲道者”的形容，與《文子》不同。。

　　此節對《老子》第十五章的經文分層解說。這種解經的方式是：先引用經文，然後再加以層層闡釋，與後世“注”與“疏”的體例相類似。其結構可整理如下：

---

[1] 《說文》：“容，盛也。”徐鉉等曰：“屋與谷，皆所以承受也。”

A	B	C	D
豫兮其若冬涉川	不敢行也	退不敢先也	故能先
猶兮其若畏四鄰	恐自傷也	守柔弱不敢矜也	故能矜
儼兮其若容	謙恭敬也	自卑下尊敬人也	故能高人
渙兮其若冰之液	不敢積藏也	自損弊不敢堅也	故實堅
敦兮其若樸	不敢廉成也	自虧缺不敢全也	故盛全
混兮其若濁	不敢明清也	處濁辱而不敢新鮮也	故新鮮
廣兮其若谷	不敢盛盈也	見不足而不敢自賢也	故能賢

“A”部份引用《老子》經文，大部分與竹簡《老子》相同。“B”與“C”兩部分，仍因襲著《老子》的原義加以申述，但“D”部份卻以“故”的語式，形成一種語氣上的轉折。也就是將前三者視為能達成以“故”所說明者的先在條件。前三者的內容，說明“善為天下者”的“無為”，而“故”之後，則提出“無不為”的效用。所以“能先”、“能矜”、“能高人”、“實堅”、“盛全”、“新鮮”與“能賢”。此七項事例共同指出，以“無為”的方式，必然達致“無所不為”的各種效用，也只有如此，乃能“為天下容”，也就是承受著天下之事的處置。

就先秦思想的發展來看，這種解經的傳承應當與學派的嫡系有關。今傳世《管子》書中，就載錄了這種盛行於稷下學宮的解經資料。《文子》此章顯示出，《老子》之後也應有這樣的學派存在。班固的《漢書・藝文志》就列出《老子鄰氏經傳》四篇，《老子傳氏經說》三十七篇，與《老子徐氏經說》六篇，可惜這些資料業已失傳，我們無法看到這種《老子》解經傳承的實際情形。因此，《文子》書中所保留的這段資料，尤其顯得珍貴。

十一 〈上義〉篇探析

"上義"的觀念出現於《老子》第三十八章。《老子》第三十八章稱"上義爲之而有以爲"。《文子·上仁》第十一章有"上義者一國歸之"句,這可能都是本篇篇目編定的由來。

本篇第十五章曰:"上義者,治國家,理境內,行仁義,……此上義之道也。"但此章文字全見於《淮南子·兵略訓》。〈兵略訓〉論述"兵有三詆",指用兵的三種境界,與"上義"之義理無關。〈上義〉篇實際上將它改造爲"上義之道"的三種層次。可見,本篇的篇目是後人所定,而資料的安排也由編輯者加以妄改。我們認爲本篇多爲《淮南子》別本資料的竄入。

全篇分爲十六章,第一、十一章、見於〈泰族訓〉;第二、三、六、八章,見於〈主術訓〉;第四、五、七、九、十章,見於〈氾論訓〉;第十二章前段第十三章,見於〈齊俗訓〉;第十二章後段、第十四、十五、十六章章,見於〈兵略訓〉。

11-1

〔老子曰:〕

凡學者,能明於天人之分,通於治亂之本,澄心清意以存之,見其終始,〔反於虛無,〕可謂達矣。

治之本,仁義也,其末,法度也。人之所生者,本也,其所不生者,末也。本末,一體也,其兩愛之,性也。先本後末,謂之君子；先末後本，謂之小人。

法之生也，以輔義，重法棄義，是貴其冠履而忘其首足也。仁義者，廣崇也，不益其厚而張其廣者毀，不廣其基而增其高者覆。故不大其棟，不能任重。任重莫若棟，任國莫若德。人主之有民，猶城[1]之有基，木之有根。根深即本固，基厚即上安。

故事不本於道德者，不可以為經；言不合於先王者，不可以為道。便說掇取，〔一行一功之術〕，非天下通道也。

【相關資料尋索】

凡學者，能明於天人之分，通於治亂之本，澄心清意以存之，見其終始，可謂‘知略’矣。天之所為，禽獸草木；人之所為，禮節制度，構而為宮室，制而為舟輿是也。治之〔所以為〕本〔者〕，仁義也；‘所以為’末〔者〕，法度也。〔凡〕人之所〔以事〕生者，本也；其所以‘事死’者，末也。本末，一體也；其兩愛之，〔一〕性也。先本後末，謂之君子，‘以末害本’，謂之小人。君子與小人之性非異也，所在先後而已矣。

草木，洪者為本，而殺者為末。禽獸之性，大者為首，而小者為尾。末大於本則折，尾大於要則不掉矣。故食其口而百節肥，灌其本而枝葉美，天地之性也。天地之生物也有本末，其養物也有先後，人之於治也，豈得無終始哉！故仁義者、治之本也，今不知事脩其本，而務治其末，是釋其根而灌其枝也。

〔且〕法之生也，以輔〔仁〕義，〔今〕重法〔而〕棄義，是貴其冠履而忘其‘頭’足也。〔故〕仁義者、‘為厚基者’也，不益其厚而張其廣者毀，不廣其基而增其高者覆。趙政不增其德而累其高，故滅；智伯不行仁義而務廣地，故亡其國。《語》曰：“不大其棟，不能任重。重莫若‘國’，‘棟’莫若德。”‘國’主之有民〔也〕，猶城之有基，木之有根。根深即本固，基‘美’則上‘寧’。

---

[1] “城”字下原有“中”字，據《文子纘義》道藏本刪。

　　五帝三王之道，天下之綱紀，治之儀表也。今商鞅之啓塞，申子之三符，韓非之孤憤，張儀、蘇秦之從衡，皆掇取之權，｛一切之術｝也，非治之大本，事之恒常，可博聞而世傳者也。子囊北而全楚，北不可以爲庸；弦高誕而存鄭，誕不可以爲常。

　　今夫《雅》、《頌》之聲，皆發於詞，本於情，故君臣以睦，父子以親。故《韶》、《夏》之樂也，聲浸乎金石，潤乎草木。今取怨思之聲，施之於絃管，聞其音者，不淫則悲，淫則亂男女之辯，悲則感怨思之氣，豈所謂樂哉！趙王遷流於房陵，思故鄉，作爲《山水》之嘔，聞者莫不殞涕。荊軻西刺秦王，高漸離、宋意爲擊筑，而歌於易水之上，聞者莫不瞋目裂眥，髮植穿冠。因以此聲爲樂而入宗廟，豈古之所謂樂哉！

　　故弁冕輅輿，可服而不可好也；大羹之和，可食而不可嗜也；朱絃漏越，一唱而三歎，可聽而不可快也。故無聲者、正其可聽者也，其無味者、正其足味者也。吷聲清於耳，兼味快於口，非其貴也。

　　故事不本於道德者，不可以為'儀'；言不合乎先王者，不可以為道；音不調乎《雅》、《頌》者，不可以爲樂。故五子之言，〔所以〕便說掇取〔也〕，非天下之通'義'也。《淮南子・泰族訓》p. 691-694 ／〈泰族訓〉辨析，頁 643-645

【探析與解說】

　　此章見於《淮南子・泰族訓》，全文敘說"天人之分"、"治亂之本"，強調"道德"爲行事之經，"仁義"爲治國之本，與黃老之學相近，也與儒家思想相通，似輯入"文子外編"中先秦史料，《淮南子》引用，後竄入《文子》。以下分四點來說明：

　　第一、"凡學者"段："天人"的分辨，是中國古典哲學探索的重要論題之一，如《荀子》即曰："故明於天人之分，則可謂至人矣。不爲而成，不求而得，夫是之謂天職。如是者，雖深、其人不加慮焉；雖大、不加能焉；雖精、不加察焉，夫是之謂不與天爭職。"《荀子・天論》《莊子》則稱："天在內，人在外，德在乎天。知天人之行，本乎天，位乎得……牛馬四足，是謂天；落馬首，穿牛鼻，是謂人。"《莊子・秋水》《文子》此章見於〈泰族訓〉，〈泰族訓〉此段之後，曰：“天之所爲，禽獸草木；人之所爲，禮節制度，構而爲宮室，制而爲舟輿是也。”〈泰族訓〉此段文意，當承襲先秦“天人之辨”的論說，《文子》似保留“文子外編”資料，或與文子學派的發展有關。

又，“反於虛無”句，〈泰族訓〉無，“反於虛無”與“見其終始”對文《文子》此處保留《淮南子》舊文。

第二、“治之本”段：首四句，〈泰族訓〉作“治之所以爲本者，仁義也；所以爲末者，法度也。凡人之所以事生者，本也；其所以事死者，末也。”《文子》文字較爲簡要，而兩“生”字，似均指“性”而言。“人之所生者”，指人性之本然，即“天人之分”中屬“天”者；“人之所不生者”，指非人性所本有，即“天人之分”中屬“人”者。〈泰族〉以“養生”之義加以闡釋，故改曰：“所以事生者”與“所以事死者”。

又，“其兩愛之，性也”兩句，〈泰族訓〉作“其兩愛之，一性也”。王念孫校《淮南子》云：“下‘一’字因上‘一’字而衍。此言本末兼愛，人性皆然。‘性也’二字，與《孟子》‘食色，性也’同義，‘性’上不當有‘一’字，劉依《文子》〈上義〉篇刪去‘一’字，是也。”

第三、“法之生也”段：此段說明“法”的根源在於“輔義”，與本篇第六章“法生於義，義生於眾適，眾適合乎人心”思想相同。“以輔義”句，〈泰族訓〉作“以輔仁義”，“仁”字似衍。

又，“仁義者、廣崇也”句，〈泰族訓〉作“故仁義者，爲厚基者也”。下文：“不益其厚而張其廣者毀，不廣其基而增其高者覆”，明指“厚”、“基”二事，此處論述“治國的根基”，當依《淮南子》作“厚基”。

又，“不大其棟”四句，《國語·魯語》曰：“不厚其棟，不能任重，重莫如國，棟莫如德。”〈泰族訓〉作“不大其棟，不能任重，重莫如國，棟莫如德。”〈泰族訓〉僅改“大”爲“厚”，餘皆與《國語》同。《文子》後兩句作“任重莫若棟，任國莫若德”，語氣與文意不同。

又，“根深即本固，基厚即上安”兩句，〈泰族訓〉作“根深則本固，基美則上寧"。王念孫校《淮南子》云："'本'當爲'木'。上文'木之有根'即其證。"俞樾則云："根即本也，不得云'根深則本固'，'本'乃'末'字之誤。……後人習於'根本'之說，歲改爲'本'字，失其義矣。'根深則末固'與下句'基美則上寧'一律。《說文》〈木部〉曰：'木上曰末。'然則末即木之上也。'末固'、'上寧'，文異而義同。"

第四、"故事不本於道德者"段：強調"行事以道德爲經"、"言說以合於先王爲道"。此段思想近於《荀子》。《荀子・堯問》曰："君子好以道德，故其民歸道。"〈非相〉篇曰："凡言不合先王，不順禮義，謂之姦言；雖辯，君子不聽。"

又，"便說掇取"三句，〈泰族訓〉作"故五子之言，所以便說掇取也，非天下之通義也。"所謂"五子之言"指前文"今商鞅之啓塞，申子之三符，韓非之孤憤，張儀、蘇秦之從衡，皆掇取之權，一切之術也。"〈泰族訓〉"一切之術"句，當原作"一功之術"。〈泰族訓〉似發揮"文子學派"此處文字的思想，並加以申論。

11-2

〔老子曰：〕

治人之道，其猶造父之御駟馬也。齊輯之乎轡銜，正度之乎胸膺，內得於中心，外合乎馬志。故能取道致遠，氣力有餘，進退還曲，莫不如意，誠得其術也。

今夫權勢者，人主之車輿也；大臣者，人主之駟馬也。身不可離車輿之安，手不可失駟馬之心。故駟馬不調，造父不能以取道；君臣不和，聖人不能以爲治。執道以御之，中才可盡；明分以示之，姦邪可止。物至而觀其變，事來而應其化。近者不亂，即遠者治矣。不用適然之數，而得自然之道，萬舉而不失矣。

【相關資料尋索】

'聖主之治也'，其猶造父之御，齊輯之'于'轡銜之際，而急緩之于脣吻之和，正度'于'胸'臆'之中，而執節於掌握之閒，內得於'心中'，外合於馬志，〔是〕故能｛進退〔履繩〕，〔而〕'旋'曲〔中規〕，取道致遠，〔而〕氣力有餘，｝誠得其術也。

〔是故〕權勢者，人主之車輿也；大臣者，人主之駟馬也。｛體離車輿之安，而手失駟馬之心，｝而能不危者，古今未有也。

〔是〕故'輿'馬不調，'王良'不能以取道；君臣不和，'唐、虞'不能以為治。執'術''而'御之，｛則管、晏之智盡矣｝；明分以示之，｛則蹠、蹻之姦止矣｝。

＊

夫據幹而窺井底，雖達視猶不能見其睛；借明於鑑以照之，則寸分可得而察也。是故明主之耳目不勞，精神不竭，物至而觀其'象'，事來而應其化，近者不亂，遠者治〔也〕。〔是故〕不用適然之數，而'行''必然'之道，〔故〕萬舉而'無遺策'矣。《淮南子·主術訓》p. 297-8 ／〈主術訓〉辨析，頁 180-181

【探析與解說】

《文子》此章與下章，全文連續見於《淮南子·主術訓》，二者僅句序稍有不同。此章敘說人主統御之術，似原屬輯入"文子外編"之法家傳承資料，此處恐為《淮南子》別本殘文竄入，編輯今本《文子》者將此項資料斷分為兩章。以下分兩點來說明：

第一、"治人之道"段：首兩句，〈主術訓〉作"聖主之治，其猶造父之御"。《文子》文字簡約，〈主術訓〉似加以申述。

又"內得於中心"句，〈主術訓〉作"內得於心中"。王念孫校《淮南子》云："'心中'當作'中心'，'中心'與'馬志'相對為文。《太平御覽》〈治道部〉五、〈獸部〉八引此，並作'中心'。《列子》〈湯問〉篇、《文子》〈上義〉篇皆同。"

第二、“今夫權勢者”段：重人主執權勢的思想，爲法家重要觀念之一，《管子》曰：“權勢者人主之所獨守也”〈七臣七主〉《韓非子・人主》亦云：“權勢不可以借人，上失其一，臣以爲百。”〈內諸說下〉。《文子》此處以“車輿”比喻“人主之權勢”，而將“大臣”比作統御的駟馬，強調人主執道以御之，明分以示之。此種論述，應爲法家思想的重要闡發。

又，“造父”一詞，〈主術訓〉作“王良”。以“造父”爲事例的說理，《韓非子》有十一次之多，並有兩次“造父”、“王良”並舉。此處二者記載不同。

又，“中才可盡”、“奸邪可止”兩句，〈主術訓〉分別作“管、晏之智盡矣”、“蹠、蹻之姦止矣”，《文子》使用泛稱之詞，而《淮南子》舉實例來說明。

又，“物至而觀其變”句，〈主術訓〉作“是故明主之耳目不勞，精神不竭，物至而觀其象”。《文子》此處恐僅存殘文。下文“近者不亂”即指“耳目不勞，精神不竭”而言。“變”字，〈主術訓〉作“象”。王念孫校《淮南子》云：“‘物至而觀其象’，‘象’當爲‘變’，草書之誤。‘變’與‘化’同義，‘觀其變’亦謂觀其變而應之也。作‘象’則非其指矣。《文子》〈上義〉篇正作‘物至而觀其變’。”

又，“自然之道”句，“自”爲字誤，當作“必然之道”，方與前文“適然之教”，邏輯上對稱。《韓非子・顯學》：“故有術之君，不隨適然之善，而行必然之道。”

11-3

〔老子曰：

凡為道者，塞邪隧[1]，防未然。〕不貴其自是也，貴其不得為非

[1] “隧”字，景宋本作“道”。

也。故曰：“勿使可欲，無‘曰’不求。勿使可奪，無‘曰’[1]不爭。”如此，則人欲釋而公道行矣。有餘者止於度，不足者逮於用，故天下可一[2]也。

夫釋職事而聽非譽，棄功勞而用朋黨，即奇伎‘夭’[3]長，守職不進，民俗亂於國，功臣爭於朝。故有道以御人，無道則制於人。

【相關資料尋索】

今夫御者，馬體調于車，御心和于馬，則歷險致遠，進退周游，莫不如志。雖有騏驥、騄駬之良，而臧獲御之，則馬反自恣，而人弗能制矣。

故治者不貴其自是，〔而〕貴其不得為非也。故曰：“勿使可欲，‘毋曰’‘弗’求。勿使可奪，‘毋曰’不爭。”如此，則人‘材’釋而公道行矣。‘美’者‘正’於度，〔而〕不足者逮於用，故‘海內’可一也。

夫釋職事而聽非譽，棄公勞而用朋黨，‘則’奇‘材’‘佻’長而干次，‘守官者’雍遏而不進。如此，則民俗亂於國，而功臣爭於朝。

故法律度量者，人主之所以執下，釋之而不用，是猶無轡銜而馳也，群臣百姓反弄其上。是故有‘術’則制人，無‘術’則制於人。《淮南子·主術訓》p. 298-9 /〈主術訓〉辨析，頁 181-182

【探析與解說】

《文子》此章見於〈主術訓〉前引文之後。全章可分為兩段，前段論述為道者在於“塞邪隧，防未然”；後段說明“有道可御人”，“無道則為人所御”。兩段間文意不相承接，恐為《淮南子》別本扼要的摘錄。以下分兩點來說明：

---

[1] “曰”字原作“日”，“無日”義不可通，《淮南子·主術訓》作“毋曰”，李定生云：“疑兩句‘無日’皆為‘無日’之誤。”

[2] “一”字下原有“人”字，據景宋本、《文子纘義》道藏本刪。

[3] “夭”原作“天”，“天長”二字無義，“夭長”，指盛貌。“夭”似因形近而誤。

第一、“凡爲道者”段：首三句，〈主術訓〉作“故治者”。下文“勿使可欲”四句，即說明“塞邪隧，防未然”，《淮南子》似引用並改動“文子外編”資料，《文子》此處保留其舊文。“勿使可欲”四句中兩“無日”，當依《淮南子》作“無曰”，《文子》作“日”字，誤。“勿使可欲”四句，以“故曰”形式引述，當屬前人資料，似強調防範於人欲之未起，而非禁制於已發之後，意謂：要做到不使人欲有所興動，而非強制性禁止“不當有欲”；要做到不使爭心有所竄動，而非強制性禁止“不當有爭”。《老子》第三章曰：“不尚賢，使民不爭。不貴難得之貨，使民不爲盜。不見可欲，使民心不亂。”此四句或爲道家思想史料的佚文。

又，“有餘者止於度，不足者逮於用”兩句，〈主術訓〉作“美者正於度，而不足者逮於用”。王念孫校《淮南子》云：“‘美’當爲‘羡’，‘正’當爲‘止’，‘見’當爲‘逮’，皆字之誤也。羡謂才有餘也。‘羡者止於度，而不足者逮於用’，謂人主有一定之法，則才之有餘者，止於法度之中，而不得過；其不足者，亦可逮於用，而不患其不及也。‘羡’與‘不足’正相反。《文子》〈上義〉篇作‘有餘者止於度，不足者逮於用’，是其明證矣。”

又，“則人欲釋而公道行矣”句，“欲”字，《淮南子·主術訓》作“材”。何寧校《淮南子》云：“‘人材’當作‘人欲’，此後人臆改。……《文子》〈上義〉篇正作‘人欲釋’。”

第二“夫釋職事”段：此段說明人主無道則受制於人。“即奇伎夭長，守職不進”兩句，〈主術訓〉作“則奇材佻長而干次，守官者雍遏而不進。”“伎”，巧藝也，《老子》第五十七章：“人多伎巧。”王弼注：“民多智慧則巧僞生。”《淮南子·主術訓》：“工無二伎，士不兼官。”“夭”，盛貌，《書經·禹貢》：“厥草惟夭，厥木惟喬。”因此，“奇伎夭長”意謂巧僞的諂媚滋起盛行。與此相對，“守職不近”意指“職守敬業的風氣不能長進。”〈主術訓〉將“奇才”與“守官者”對應來說，指人的能力與身份。高誘注曰：“奇才，非常之才。佻長，卒非純賢，故曰干次也。”〈主術訓〉似改動“文子外編”文字。

11-4

〔老子曰：〕

治國有常，而利民為本；政教有道而令行為古。苟利於民，不必法古；苟周於事，不必循俗。故聖人法與時變，禮與俗化，衣服器械，各便其用，法度制令，各因其宜。故變古未可非，而循俗未足多也。

誦先王之書，不若聞其言；聞其言，不若得其所以言；得其所以言者，言不能言也。故"道可道，非常道也，名可名，非常名也。"

故聖人所由曰道，〔所為曰事，道〕¹猶金石也，一調不可更；事猶琴瑟也，曲終改調。法制禮樂者，治之具也，非所以為治也。

故曲士不可與論²至道者，訊寤於俗而束於教也。

【相關資料尋索】

治國有常，而利民為本。政教有'經'，而令行為'上'。苟利於民，不必法古。苟周於事，不必循'舊'。夫夏、商之衰也，不變法而亡。三代之起也，不相襲而王。故聖人法與時變，禮與俗化，衣服器械，各便其用，法度制令，各因其宜。故變古未可非，而循俗未足多也。

百川異源而皆歸於海，百家殊業而皆務於治。王道缺而《詩》作，周室廢、禮義壞而《春秋》作。《詩》、《春秋》、學之美者也，皆衰世之造也，儒者循之以教導於世，豈若三代之盛哉！以《詩》、《春秋》為古之道而貴之，又有未作《詩》、《春秋》之時。夫道其缺也，不若道其全也。誦先王之〔《詩》〕《書》，不若聞〔得〕其言；聞〔得〕其言，不若得其所以言。得其所以言者，言'弗'能言也。故："道可道者，非常道也。"

---

1 李定生云："《文選·從游京口北固應詔》注引《文子》：'聖人所由曰道，所為曰事。'今據補。"《文子要詮》，復旦大學出版社 1988 年。

2 "論"字，《文子纘義》道藏本作"言"。

周公事文王也，行無專制，事無由己，身若不勝衣，言若不出口，有奉侍於文王，洞洞屬屬，而將不能，恐失之，可謂能子矣！武王崩，成王幼少，周公繼文王之業，履天子之籍，聽天下之政，平夷狄之亂，誅管、蔡之罪，負扆而朝諸侯，誅賞制斷，無所顧問，威動天地，聲慴海內，可謂能武矣！成王既壯，周公屬籍致政，北面委質而臣事之，請而後爲，復而後行，無擅恣之志，無伐矜之色，可謂能臣矣！故一人之身而三變者，所以應時矣。

何況乎君數易世，國數易君，人以其位達其好憎，以其威勢供嗜欲，而欲以一行之禮，一定之法，應時偶變，其不能中權，亦明矣。

故聖人所由曰道，〔所爲曰事。道〕猶金石，一調不更；事、猶琴瑟，‘每’絃改調。〔故〕法制禮‘義’者，治〔人〕之具也，〔而〕非所以爲治也。故仁以爲經，義以爲紀，此萬世不更者也。若乃人考其才，而時省其用，雖日變可也。天下豈有常法哉！當於世事，得於人理，順於天地，祥於鬼神，則可以正治矣。《淮南子‧氾論訓》p. 426-429／〈氾論訓〉辨析，356-358

夫井魚不可與語大，拘於隘也；夏蟲不可與語寒，篤於時也；曲士不可與語至道，拘於俗，束於教也。《淮南子‧原道訓》p. 20／〈原道訓〉辨析，頁 16

【探析與解說】

此章見於《淮南子‧氾論訓》。全章敘說“法與時變”、“禮與俗化”的思想，似與晉法家傳承有關，〈氾論訓〉加以引用申說。《史記‧商君列傳》曰：“衛鞅曰：‘治世不一道，便國不法古。故湯武不循古而王，夏殷不易禮而亡。反古者不可非，而循禮者不足多。’孝公曰：‘善。’以衛鞅爲左庶長，卒定變法之令。”商鞅說秦孝公即用此說。《文子》此處文字有脫漏，恐爲《淮南子》別本殘文竄入。以下分三點來說明：

第一、“治國有常”段：“不必法古”的思想近於商鞅，《商君書‧更法》言：“杜摯曰：“臣聞之，利不百，不變法，功不十，不易器。臣聞法古無過，循禮無邪。君其圖之。”公孫鞅曰：“前世不同教，何古之法？帝王不相復，何禮之循？伏羲、神農教而不誅；黃帝、堯、舜誅而不怒；及至文、武，各當時而立法，因事而制禮。禮法以時而定，制令各順其宜，兵甲器備，各便其用。臣故曰：'治世不一道，便國不必法古。'"

又，"政教有道而令行為古"句，"古"字，〈氾論訓〉作"上"。王叔岷云："《治要》引此，'古'作'右'，'古'即'右'之誤。右猶上也。"

又，"不必循俗"句，因下文曰："禮與俗化"，此處不當言"不必循俗"，"俗"字誤，當依〈氾論訓〉，作"舊"。

又，"故變古未可非，而循俗未足多也"句，《文子》、《淮南子》均作"循俗"，恐誤，當作"循舊"，以與"法古"對稱。

第二、"誦先王之書"段：〈氾論訓〉作"誦先王之《詩》、《書》，不若聞得其言；聞得其言，不若得其所以言。"王念孫校《淮南子》云："'誦先王之《詩》、《書》''詩'字因上文'《詩》、《春秋》'而衍。'先王之書'泛指六藝而言，非《詩》、《書》也。'不若聞得其言'，'聞得其言'，兩'得'字皆因下句'得'字而衍。高注云'聞先王之言，不如得其未言之本意'，則'聞'下無'得'字明矣。《文子》〈上義〉篇正作'誦先王之書，不若聞其言，聞其言，不若得其所以言'。"

第三、"故聖人所由"段：《淮南子·氾論訓》作："故聖人所由曰道，所為曰事。道猶金石，一調不更；事猶琴瑟，每絃改調。""道"與"事"相對而舉，《文子》此處似脫"所為曰事道"五字。

又，"曲終改調"句，〈氾論訓〉作"每絃改調"，王叔岷校《淮南子》云："案：宋本'絃'作'終'，是也。《文子》〈上義〉篇亦作'終'。作'絃'者，'終'、'絃'形近，又涉注'絃有數急'而誤。"

又，"治之具也"句，〈氾論訓〉作"治人之具也"。王念孫校《淮南子》云："'人'字後人所加。高注'言法制禮義，可以為治之基耳，非所以為治。'則無'人'字明矣。《文子》〈上義〉篇無'人'字。〈泰族訓〉'故法者，治之具也，而非所以為治也。'亦無'人'字。"

又，"故曲士不可與論至道"兩句，見於《淮南子·原道訓》。此句出自

《莊子》,〈秋水〉篇曰:"曲士不可以語於道者,束於教也。"見於〈原道訓〉處,此數句與其上下文間,文意有出入,疑似錯簡。《文子》此句亦似錯簡。

11-5

〔老子曰:〕

天下幾有常法哉!當於世事,得於人理,順於天地,詳於鬼神,即可以正治矣。

昔者三皇無制令而民從,五帝有制令而無刑罰,夏后氏不負言,殷人誓,周人盟。末世之衰也,忍垢而輕辱,貪得而寡羞。故法度制令者,論民俗而節緩急;器械者,因時變而制宜適。

夫制於法者,不可與'遠'[1]舉,拘禮之人,不可使應變。必有獨見之明,獨聞之聰,然後能擅道而行。

夫知法之所由生者,即應時而變;不知治道之源者,雖循終亂。今為學者,循先襲業,握篇籍,守文法,欲以為治,非此不治[2],猶持方柄而內圓鑿也,欲得宜適亦難矣。

夫存危治亂,雖智不能;道先稱古,雖愚有餘。故不用之法,聖人不行也;不驗之言,明主不聽也。

【相關資料尋索】

天下'豈'有常法哉!當於世事,得於人理,順於天地,'祥'於鬼神,'則'可以正治矣。古者民醇、工龐、商樸、女重,是以政教易化,風俗易移

---

[1] "遠"字,原作"達",據景宋本、《文子纘義》道藏本改。

[2] 《文子纘義》道藏本無"非此不治"四字。

也。今世德益衰，民俗益薄，欲以樸重之法，治既弊之民，是猶無鏑銜橛策錣而御馯馬也。昔者，‘神農’無制令而民從，‘唐、虞’有制令而無刑罰，夏后氏不負言，殷人誓，周人盟。‘逮至當今之世’，忍詬而輕辱，貪得而寡羞，欲以神農之道治之，則其亂必矣。伯成子高辭爲諸侯而耕，天下高之。今時之人，辭官而隱處，爲鄉邑之下，豈可同哉！古之兵，弓劍而已矣，槽矛無擊，脩戟無刺。晚世之兵，隆衝以攻，渠幨以守，連弩以射，銷車以鬥。古之伐國，不殺黃口，不獲二毛。於古爲義，於今爲笑。古之所以爲榮者，今之所以爲辱也。古之所以爲治者，今之所以爲亂也。夫神農、伏犧不施賞罰而民不爲非，然而立政者不能廢法而治民。舜執干戚而服有苗，然而征伐者不能釋甲兵而制彊暴。由此觀之，法度者，〔所以〕論民俗而節緩急也；器械者，因時變而制宜適〔也〕。

夫聖人作法而萬物制焉，賢者立禮而不肖者拘焉。‘制法之民’，不可與遠舉；拘禮之人，不可使應變。耳不知清濁之分者，不可令調音；心不知治亂之源者，不可令制法。必有｛獨聞之耳，獨見之明｝，然後能擅道而行〔矣〕。

夫殷變夏，周變殷，春秋變周，三代之禮不同，何古之從！大人作而弟子循。知法‘治’所由生，‘則’應時而變；不知‘法治’之源，雖循〔古〕，終亂。今世之法籍與時變，禮義與俗易，為學者循先襲業，據‘籍’守‘舊教’，〔以為〕非此不治，〔是〕猶持方枘而‘周’員鑿也，欲得宜適〔致固焉，則〕難矣。

今儒墨者稱三代、文武而弗行，是言其所不行也；非今時之世而弗改，是行其所非也。稱其所是，行其所非，是以盡日極慮而無益於治，勞形竭智而無補於主也。今夫圖工好畫鬼魅，而憎圖狗馬者，何也？鬼魅不世出，而狗馬可日見也。

夫存危治亂，‘非’智不能；道〔而〕先稱古，雖愚有餘。故不用之法，聖王‘弗’行；不驗之言，‘聖王弗’聽。《淮南子·氾論訓》p. 429-432／〈氾論訓〉辨析，頁 358-360

【探析與解說】

此章接續見於《淮南子，氾論訓》，全章說明“法度制令，需應時而變”，與晉法家思想相近。《淮南子》撰述時，似受到此資料影響。但《文子》此章文意並不完備，仍恐為《淮南子》別本殘文竄入。以下分五點來說明：

第一、"天下幾有常法"段：《黃帝四經·前道》曰："聖人舉事，闓於天地，順於民，羊於鬼神，使民同利，萬夫賴之。"與此段文意相近。"得於人理"，即〈前道〉所稱"順於民……使民同利，萬夫賴之。""順於天地，詳於鬼神"，與"闓於天地"、"羊於鬼神"語意一致。"詳"字，〈氾論訓〉作"祥"，"羊"、"詳"、"祥"，三者相通。

第二、"昔者三皇"段：《文子》此段"三皇"、"五帝"二詞，〈氾論訓〉分別作"神農"、"唐虞"。二者文本所記載，似不同。

又，"末世之衰"三句，〈氾論訓〉作"逮至當今之世，忍訽而輕辱，貪得而寡羞，欲以神農之道治之，則其亂必矣。"細審此段論述，"三皇無制令而民從"等句，說明由上古至三代，法制隨時代而變遷，"末世之衰也，忍垢而輕辱，貪得而寡羞"三句，與此文意，不能呼應。〈氾論訓〉於段末曰："欲以神農之道治之，則其亂必矣。"意謂：至當今的時代，人們不顧廉恥，貪得無厭，而想用神農的古法來治理，必定出現大亂。《文子》脫"欲以神農之道治之"兩句，文亦不完，顯見為《淮南子》別本殘文。

又，"故法度制令"數句，〈氾論訓〉前文提及"立政者不能廢法而治民"，"征伐者不能釋甲兵而制彊暴"。《文子》此處以"法度制令"、"器械"對舉，恐有脫文。"法度制令"，"制令"二字，似涉上文而衍，〈氾論訓〉正作"法度"。

第三、"制於法者"段：此段說明受制於法者，不能有遠大的謀略，被禮法約束的人，不能應時變化。"遠舉"一詞的意含，似取自《管子》，〈形勢解〉曰："明主之慮事也，為天下計者，謂之譙巨，譙巨則海內被其澤，澤布於天下，後世享其功，久遠而利愈多，故曰：'譙巨者可與遠舉。'""譙巨者可與遠舉"，正與"制於法者，不可與遠舉"相反而言。"夫制於法者"五字，〈氾論訓〉作"制法之民"。〈氾論訓〉似回應前文"夫聖人作法而愚民（原作"萬物"，據楊樹達校改）制焉"。

又，“獨聞之聰”句，“聰”字，〈氾論訓〉作“耳”。“耳”爲“聰”之壞字。王念孫校《淮南子》云：“劉本‘耳’作‘聰’，是也。《文子》〈上義〉篇正作‘獨聞之聰’。”

第四、“夫知法之所由生者”段：《文子》此段與見於〈氾論〉處，似均有訛誤。“夫知法之所由生者，即應時而變；不知治道之源者，雖循終亂”四句，〈氾論訓〉作“知法治所由生，則應時而變；不知法治之源，雖循古，終亂。”《文子·上義》第一章：“法之生也，以輔義。”（見於《淮南子·泰族訓》）“法之所由生”，當指此事，〈氾論訓〉作“法治所由生”，恐誤。“治道”一詞，《文子》與《淮南子》多見，《文子》並未使用“法治”，《淮南子》僅出現於此處。〈氾論訓〉作“法治之原”，恐誤。“雖循終亂”句，王叔岷云：“案：‘循’下當有‘古’字，‘循古’與上‘應時’對言，脫一‘古’字，則文意不明。《淮南子》正作‘雖循古終亂’。”

又，“欲以爲治非此不治”句，〈氾論訓〉作“教以爲非此不治”。王叔岷云：“案：‘循先襲業，據籍守舊’，相對爲文。‘教’當爲‘欲’，字之誤也。《文子》〈上義〉篇正作‘欲以爲非此不治’（今本‘爲’下衍‘治’字）。‘欲’誤爲‘教’，義不可通。”

第五、“夫存危治亂”段：《文子》此段與見於〈氾論〉處，仍均有訛誤。“雖智不能”句，〈氾論訓〉作“非智不能”，意謂：沒有才智是不能辦到的。《文子》作“雖”，則意謂：雖有才智，也不能辦到。此義與後文文意不合，“雖”字，似涉前文而誤。

又，“道先稱古”句，〈氾論訓〉作“道而先稱古”，王念孫校《淮南子》云：“‘道’字當在‘而’字下，‘道先稱古’與‘存亡治亂’相對，《群書治要》引此正作‘道先稱古’。”王叔岷云：“案：王說是也。《漢魏叢書》本亦作‘道先稱古’。《文子》同。”

又，“明主不聽也”句，〈氾論訓〉作“聖王弗聽”，王叔岷云：“《治要》引作‘明主不聽也’。《文子》同。”

11-6

〔文子問曰：法安所‘生’[1]？

老子曰：〕法生於義，義生於眾適，眾適合乎人心，此治之要也。法非從天下也，非從地出也，發乎人間，反己自正。誠達其本，不亂於末，知其要，不惑於疑。

有諸己，不非於人，無諸己，不責於所立。立於下者不廢於上，禁於民者不行於身。故人主之制法也，以自為檢式。故禁勝於身，即令行於民。

夫法者，天下之準繩也，人主之度量也。縣法者，法不法也。法定之後，中繩者賞，缺繩者誅。雖尊貴者不輕其賞，卑賤者不重其刑。犯法者，雖賢必誅，中度者，雖不肖無罪。是故公道‘行，而’[2]私欲塞也。

古之置有司也，所以禁民使不得恣也。其立君也，所以制有司使不專行也。法度道術，所以禁君使不得橫斷也。人莫得恣，即道勝而理得矣，故反樸[3]無為。無為者，非謂其不動也，言其從己出也。

【相關資料尋索】

{法者，天下之‘度量’，〔而〕人主之‘準繩’也。縣法者，法不法也；設賞者，賞當賞也。法定之後，中‘程’者賞，缺繩者誅，尊貴者不輕其罰，〔而〕卑賤者不重其刑，犯法者雖賢必誅，中度者雖不肖〔必〕無罪，是故公道‘通’而私道塞‘矣’。

古之置有司也，所以禁民，使不得自恣也。其立君也，所以‘削’有司，

---

[1] “生”字原作“主”，據景宋本、《文子纘義》道藏本改。

[2] 原作“而行”，據景宋本、《文子纘義》道藏本改。

[3] “樸”字，景宋本同，《文子纘義》道藏本作“於”。

使‘無’專行也。‘法籍禮義者’，所以禁君，使‘無’‘擅’斷也。人莫得‘自’恣，則道勝，〔道勝〕而理‘達’矣，故反於無為。無為者，非‘謂’其〔凝滯而〕不動也，〔以其〕言〔莫〕從己出也。〕

夫寸生於樑，樑生於形，形生於景。此度之本也。樂生於音，音生於律，律生於風，此聲之宗也。法生於義，義生於眾適，眾適合於人心，此治之要也。〔〔故〕‘通’於本者，不亂於末，‘睹於要者’，不惑於‘詳’。法者，非天‘墮’，非地生，發於人間〔而〕反‘以’自正〕，是故有諸己不非‘諸’人，無諸己不‘求諸’人，〔所〕立於下者不廢於上，〔所〕禁於民者不行於身。所謂亡國，非無君也，無法也；變法者，非無法也，有法者而不用，與無法等。是故人主之‘立’法，先自為檢式儀表，故令行於天下。孔子曰：“其身正，不令而行。其身不正，雖令不從。”故禁勝於身，‘則’令行於民〔矣〕。

《淮南子·主術訓》p. 295-7

【探析與解說】

此章見於《淮南子·主術訓》，其問答體例，與定州竹簡《文子》同。“文子問老子”，是後人改竄“平王與文子”的對答。《文子》此處保留此種形式，說明其資料與竹簡《文子》應有密切關係。全章提出“法生於義”的觀點，以“法”作為“天下之準繩，人主之度量”，並將“法度道術”歸結為“不從己出”的“無為”，表現出顯明晉法家思想的特徵，《淮南子》似因襲此種哲學觀念，加以申述。此章資料，似屬“文子外編”殘文竄入，後編入今本《文子》。以下分四點來說明：

第一、“法生於義”段：先秦哲學對“法”產生原因，有多種說法。《黃帝四經·經法》曰：“道生法。”《管子·心術上》曰：“法出乎權，權出乎道。”二者均以“道”作為“法”的根源。因而，也就推演出，執道者制法於上，以治理下民的思想。《文子》此處卻說：“法生於義，義生於眾適，眾適合乎人心。”此種思想強調“法”是由下而形成。“法非從天下，非從地出，發乎人間，反己自正”。“法”不但具客觀存在的獨立性，並建立在眾人共同心意的基礎上。不是“聖人”立“法”，而是“法”本乎人群自我的要求。“法”

一但建立，它就成爲天下的準繩，也是君主的度量。人主同樣受到法的制約，“人主之制法也，以自爲檢式”。對國君而言，“法度道術，所以禁君使不得專橫也”。在《老子》書中，並未出現此種意義的“法”觀念[1]。這種思想極可能是對《老子》第十七章：“功成事遂，百姓皆謂我自然”的推衍。也就是此章文中所稱“人莫得恣，即道勝而理得矣，故反於無爲。”因此，人文之“道”來自於百姓的自然，這是“衆宜”，也就是“義”。由“義”產生“法”，亦即：“法”生於人文世界本然運作之“道”。按《文子》承繼並發展了《老子》哲學的人文建構來考慮，《文子》此章的資料似形成於《淮南子》之前，而爲文子學派思想史料。《淮南子》引用，並加以闡釋發揮。

又，“誠達其本，不亂於末，知其要，不惑於疑”四句，〈主術訓〉作“故通於本者，不亂於末，睹於要者，不惑於詳”。二者文字與句序，均不相同，可能記載有異。

第二、“有諸己”段：此段首兩句費解。“不責其所立”句，〈主術訓〉作“不求諸人”。〈主術訓〉此兩句似意謂：自己也犯的過錯，不非難別人，自己沒有的善行，不苛求他人。

又，“立於下者不廢於上”兩句，意謂：根據衆人之宜所制定的法律，在上位者不要隨意廢掉；禁止人民做的事，君主不試行於身。

第三、“夫法者”段：此段見於〈氾論訓〉處，在“法生於義”段之前。首三句，〈氾論訓〉作“法者，天下之度量，而人主之準繩也。”先秦文獻多以“度量”之事屬人主，如：《管子·任法》：“上無度量以禁之，是以私說日益，而公法日損，國之不治，從此產矣。”〈明法解〉：“明主者，一度量，立表儀，而堅守之，故令下而民從，法者，天下之程式也，萬事之儀表也。”“明主之治也，審是非，察事情，以度量案之，合於法則行，不合於法則止。”《韓非子·揚權》：“故度量之立，主之寶也。”〈難二〉：“人主雖使人必以度量準之，以刑名參之，以事；遇於法則行，不遇於法則止。”〈氾論訓〉

----

[1] 《老子》書中，“法”字僅兩見，一爲第二十五章之“人、地、天”展轉“效法”之義，一則形成第五十七章“法令”之詞，此均非“法”的哲學觀念。

似當據《文子》改作"法者，天下之準繩，而人主之度量也"。

　　"懸法者，法不法也"句下，〈主術訓〉有"設賞者，賞當賞也"兩句。俞樾校《淮南子》云："'設賞者，賞當賞也'七字，疑衍文。下文'法定之後，中程者賞，缺繩者誅'，即承'縣法者，法不法也'而言，《文子》〈上義〉篇正作'縣法者，法不法也。法定之後，中繩者賞，缺繩者誅'，可據以訂正。"

　　第四、"古之置有司也"段："制有司"三字，〈主術訓〉作"剬有司"，"制"、"剬"可通。

　　又，"法度道術"四字，〈主術訓〉作"法籍禮義"。下文曰"人莫得自恣即道勝而理得"，此處似當作"法度道術"。〈主術訓〉後段引孔子之語，此處似以儒家觀念而改"文子外編"文字。

　　又，"言其從己出也"句，"從"前奪"莫"字。〈主術訓〉作"以其言莫從出也"。王念孫校《淮南子》云："'以其言'當作'以言其'，與'非謂其'相對爲文，今本'言其'二字誤倒，則文不成義。《文子》〈上義〉篇正作'言其'。"此句當作"以言其莫從己出也。

11-7

　　〔老子曰：〕

　　善賞者，費少而勸多；善罰者，刑省而姦禁；善與者，用約而為德；善取者，入多而無怨。

　　故聖人因民之所喜以勸善，因民之所憎以禁姦，賞一人而天下趨之，罰一人而天下畏之。是以至賞不費，至刑不濫。聖人守約而治廣，此之謂也。

【相關資料尋索】

古之善賞者，費少而勸「眾」；善罰者，刑省而姦禁；善「予」者，用約而為德；善取者，入多而無怨。

趙襄子圍於晉陽，罷圍而賞有功者五人，高赫爲賞首。左右曰：「晉陽之難，赫無大功，今爲賞首，何也？」襄子曰：「晉陽之圍，寡人社稷危，國家殆，群臣無不有驕侮之心，唯赫不失君臣之禮。」故賞一人，而天下爲忠之臣者，莫不終忠於其君。此賞少而勸善者眾也。

齊威王設大鼎於庭中，而數無鹽令曰：「子之譽，日聞吾耳。察子之事，田野蕪，倉廩虛，囹圄實。子以姦事我者也。」乃烹之。齊以此三十二歲道路不拾遺。此刑省姦禁者也。

秦穆公出遊而車敗，右服失馬，野人得之。穆公追而及之岐山之陽，野人方屠而食之。穆公曰：「夫食駿馬之肉，而不還飲酒者，傷人。吾恐其傷汝等。」遍飲而去之。處一年，與晉惠公爲韓之戰，晉師圍穆公之車，梁由靡扣穆公之驂，獲之。食馬肉者三百餘人，皆出死爲穆公戰於車下，遂克晉，虜惠公以歸。此用約而爲得者也。

齊桓公將欲征伐，甲兵不足，令有重罪者出犀甲一戟，有輕罪者贖以金分，訟而不勝者出一束箭。百姓皆說，乃矯箭爲矢，鑄金而爲刃，以伐不義而征無道，遂霸天下。此入多而無怨者也。

故聖人因民之所喜而勸善，因民之所「惡」以禁姦。〔故〕賞一人而天下「譽」之，罰一人而天下畏之。「故」至賞不費，至刑不濫。

孔子誅少正卯而魯國之邪塞，子產誅鄧析而鄭國之姦禁，以近論遠，以小知大也。〔故〕聖人守約而治廣〔者〕，此之謂也。《淮南子·氾論訓》p. 453-455 /〈氾論訓〉辨析，頁 377-379

【探析與解說】

此章見於《淮南子·氾論訓》。全章說明：聖人因順民情之喜惡，而施賞罰取予，強調重民心，體民意的思想，似與周王畿史官之學相近，當爲先秦史料，後輯入「文子外編」，〈氾論〉引用並舉事例加以闡發。《文子》此處後段文意不完，似《淮南子》別本資料殘文竄入。以下分兩點來說明：

第一、"善賞者"段：見於〈氾論訓〉處，舉趙襄子首賞高赫，齊威王烹無鹽令，秦穆公體恤野人，齊桓公令罪犯以出兵器折罪等四個典故，分別申述此段義理。

第二、"故聖人因民喜而勸善"段：見於〈氾論訓〉處，引述"孔子誅少正卯而魯國之邪塞，子產誅鄧析而鄭國之姦禁"，來說明"罰一人而天下畏之"。下文"此之謂也"句，即相應此事。《文子》此段無此種例證，不應曰"此之謂也"，顯見其爲《淮南子》別本殘文。

11-8

〔老子曰：〕

臣道方，論是處當，爲事先唱，守職明分，以立成功，故君臣異道即治，同道即亂。各得其宜，處有[1]其當，即上下有以相使也。

故枝不得大於幹，末不得強於本，言輕重大小有以相制也。夫得威勢者，所持甚小，所'任'[2]甚大，所守甚約，所制甚廣。十圍之木，持千鈞之屋〔，'所得'[3]勢也〕，五寸之關，能制開闔，所居要也。

下必行之令，順之者利，逆之者凶[4]，天下莫不聽從者，順也。發號令行禁止者，以衆爲勢也。

義者，非能盡利於天下之民也，利一人而天下從之；暴者，非

---

[1] "有"字，景宋本作"得"。

[2] "任"字原作"在"，據景宋本、《文子纘義》道藏本改。

[3] "所得"二字，原作"得所"，據《文子纘義》道藏本改。

[4] "凶"字，《文子纘義》道藏本作"害"。

能盡害於海內也，害一人而天下叛之。故舉措廢置，不可不審也。

【相關資料尋索】

主道員者，運轉而無端，化育如神，虛無因循，常後而不先也。臣道〔員者運轉而無〕方，論是〔而〕處當，為事先「倡」，守職「分明」，以立成功〔也〕。〔是〕故君臣異道「則」治，同道「則」亂。各得其宜，處其當，則上下有以相使也。《淮南子·主術訓》p. 283-4／〈主術訓〉辨析，頁165

攝權勢之柄，其於化民易矣。衛君役子路，權重也；景、桓公臣管、晏，位尊也。怯服勇而愚制智，其所託勢者勝也。故枝不得大於幹，末不得強於本，「則」輕重小大有以相制也。若五指之屬於臂也，搏援攫捷，莫不如志，言以小屬於大也。是故得「勢之利」者，所持甚小，「其存」甚大；所守甚約，所制甚廣。〔是故〕十圍之木，持千鈞之屋；五寸之鍵，制開闔〔之門〕。豈其材之巨小足哉？所居要也。

孔丘、墨翟脩先聖之術，通六藝之論，口道其言，身行其志，慕義從風而為之服役者不過數十人。使居天子之位，則天下遍為儒墨矣。楚莊王傷文無畏之死於宋也，奮袂而起，衣冠相連於道，遂成軍宋城之下，權柄重也。楚文王好服獬冠，楚國效之；趙武靈王貝帶鵔䴊而朝，趙國化之。使在匹夫布衣，雖冠獬冠，帶貝帶，鵔䴊而朝，則不免為人笑也。

夫民之好善樂正，不待禁誅而自中法度者，萬無一也。下必行之令，「從」之者利，逆之者「凶」，日陰未移，而海內莫不被繩矣。故握劍鋒，雖以北宮子、司馬蒯蕢不使應敵；操其觚，招其末，則庸人能以制勝。今使烏獲、藉蕃從後牽牛尾，尾絕而不從者，逆也；若指之桑條以貫其鼻，則五尺童子牽而周四海者，順也。夫七尺之橈而制船之左右者，以水為資；天子發號，令行禁止，以眾為勢也。

夫防民之所害，開民之所利，威行也，若發城決塘。故循流而下易以至，背風而馳易以遠。桓公立政，去食肉之獸，食粟之鳥，係罝之網，三舉而百姓說。紂殺王子比干而骨肉怨，斮朝涉者之脛而萬民叛，再舉而天下失矣。〔故〕義者，非能「遍」利天下之民也，利一人而天下從「風」；暴者，非盡害海內

〔之眾〕也，害一人而天下‘離叛’。故桓公三舉而九合諸侯，紂再舉而不得為匹夫。故舉錯不可不審。《淮南子‧主術訓》p. 301-5／〈主術訓〉辨析，頁 187-189

【探析與解說】

　　此章分別見於《淮南子‧主術訓》兩處。“君道圓”、“臣道方”的思想源自《呂氏春秋‧圜道》篇，〈圜道〉篇曰：“天道圓，地道方，聖王法之，所以立上下。”《淮南子》發揮此種思想，分別析說“主道”與“臣道”的不同。〈主術訓〉全章文句見於《文子‧自然》與〈上義〉兩篇。此項資料似輯入“文子外編”，但《文子》此處恐為《淮南子》別本殘文竄入，編輯今本《文子》者將其分別劃入〈自然〉與〈上義〉兩章。以下分四點來說明：

　　第一、“臣道方”段：《正統道藏》本，“方”字作“者”。〈主術訓〉論述“主道員”、“臣道方”，所以“君臣異道”，《文子》此段僅為殘文。“臣道方”三字，〈主術訓〉作“臣道員者運轉而無方”。王念孫校《淮南子》云：“‘臣道員者運轉而無方者’本作‘臣道方者’，其‘運轉而無方’六字，則因上文而誤衍也。《群書治要》引，無此六字。《文子》〈上義〉亦無。”此段資料原當作“主道員者，運轉而無端”，“臣道方者，論事而處當”，二者相對為文。“君道圓”、“臣道方”思想源自《呂氏春秋‧圜道》，而所稱“君臣異道則治，同道則亂”，則近於《管子‧明法解》，〈明法解〉篇曰：“故主行臣道則亂，臣行主道則危，故上下無分，君臣共道，亂之本也。”〈君臣上〉篇亦曰：“主勞者方，主制者圓。圓者運，運者通，通則和。方者執，執則固，固則信。”此種思想也見於《莊子‧天道》，〈天道〉篇曰：“上無為也，下亦無為也，是下與上同德，下與上同德則不臣；下有為也，上亦有為也，是上與下同道，上與下同道則不主。上必無為而用天下，下必有為為天下用，此不易之道也。”

　　第二、“故枝不得大於幹”段：《文子》此段似精要節錄形勢，並保留《淮南子》舊文。

　　“言輕重大小有以相制也”句，〈主術訓〉作“則輕重小大有以相制也”。

王念孫校《淮南子》云：“‘則輕重小大有以相制也’，本作‘言輕重大小有以相制也’。此釋上文之詞，與下‘言以小屬於大也’文同一例。後人不達，而改‘言’為‘則’，上言‘不得’，下言‘則’，則文義不相承接矣。《文子》〈上義〉篇正作‘言輕重大小有以相制也’。”

又，“所任甚大”句，〈主術訓〉作“其存甚大”。王念孫校《淮南子》云：“‘其存甚大’，本作‘所任甚大’。‘所持甚小，所任甚大’，即下文所謂‘十圍之木，持千鈞之屋’也。今本‘所任’作‘其存’者，‘其存’字因與上下三‘甚’字相似而誤，‘任’誤為‘在’。後人因改為‘存’耳。《文子》作‘所在甚大’，‘在’亦‘任’之誤。《群書治要》引《文子》正作‘所任甚大’。”案：景宋本作“所任甚大”。

又，“十圍之木，持千鈞之屋，所得勢也，五寸之關，能制開闔，所居要也”等句，〈主術訓〉作“是故十圍之木，持千鈞之屋；五寸之鍵，制開闔之門”。王念孫校《淮南子》云：“‘制開闔’三字文義未足。《說苑》〈說叢〉作‘而制開闔’，《文子》作‘能制開闔’，‘能’亦‘而’也。二書皆本於《淮南》，則《淮南》原本作‘五寸之鍵，而制開闔’，明矣。《道藏》脫‘而’字，劉績不能攷正，乃於‘制開闔’下加‘之門’二字，而諸本及莊本皆從之，謬矣。”植案：《文子》此處，於“持千鈞之屋”句下，有“所得勢也”，可與下文“所居要也”對稱，〈主術訓〉卻無此四字。〈主術訓〉似據“文子外編”資料改寫，《文子》恐非本於《淮南子》。

第三、“下必行之令”段：《文子》此段似《淮南子》別本殘文的綴合。“下必行之令，順之者利，逆之者凶，天下莫不聽從者，順也”五句，〈主術訓〉作“下必行之令，從之者利，逆之者凶，日陰未移，而海內莫不被繩矣。……今使烏獲、藉蕃從後牽牛尾，尾絕而不從者，逆也；若指之桑條以貫其鼻，則五尺童子牽而周四海者，順也。”二者對照，《文子》此數句，文意不通，顯為殘文。

第四、“義者”段：此段文意與前段不相承續，見於〈主術訓〉者屬另段文字，並舉出個別事例加以申述。又，“非能盡害於海內也”句，〈主術訓〉無“能”字，王叔岷校《淮南子》云：“案：‘非’下當有‘能’字，乃與上文句法一律。《文子》正有‘能’字。"

11-9

〔老子曰：〕

屈寸而伸尺，小枉而大直，聖人為之。今人君之論臣也，不計其大功，總其略行，而求其小善，即失賢之道也。

故人有厚德，無‘問’[1]其小節，人有大譽，無疵其小故。夫人情莫不有所短，‘誠’[2]其大略是也，雖有小過，不以[3]為累也。誠其大略非也，閭里之行，未足多也。

故小謹者無成功，訾行者不容眾，體大者節疎，度巨者譽遠，〔論臣之道也。〕

【相關資料尋索】

屈寸而伸尺，聖人為之；小枉而大直，君子行之。

周公有殺弟之累，齊桓有爭國之名，然而周公以義補缺，桓公以功滅醜，而皆為賢。今以人之小過揜其大美，則天下無聖王賢相矣。故目中有疵，不害於視，不可灼也；喉中有病，無害於息，不可鑿也。河上之丘冢，不可勝數，猶之為易也。水激興波，高下相臨，差以尋常，猶之為平。

昔者曹子為魯將兵，三戰不勝，亡地千里。使曹子計不顧後，足不旋踵，刎頸於陳中，則終身為破軍擒將矣。然而曹子不羞其敗，恥死而無功。柯之盟，揄三尺之刃，造桓公之胸，三戰所亡，一朝而反之，勇聞于天下，功立於魯國。管仲輔公子糾而不能遂，不可謂智；遁逃奔走，不死其難，不可謂勇；束縛桎

---

[1] "問"字原作"間"，據景宋本、《文子纘義》道藏本、《子彙》本改。

[2] "誠"字原作"成"，據景宋本改。

[3] "以"字下，《文子纘義》道藏本有"足"字。

梏，不諱其恥，不可謂貞。當此三行者，布衣弗友，人君弗臣。然而管仲免於
束縛之中，立齊國之政，九合諸侯，一匡天下。使管仲出死捐軀，不顧後圖，
豈有此霸功哉！

今人君論其臣也，不計其大功，總其略行，而求其小善，則失賢之'數'
也。故人有厚德，無'問'其小節；'而'有大譽，無疵其小故。夫牛蹄之涔
不能生鱣鮪，而蜂房不容鵠卵，小形不足以包大體也。

夫人〔之〕情，莫不有所短。'誠'其大略是也，雖有小過，不足以為累。
'若'其大略非也，雖有閭里之行，未足'大舉'。夫顏喙聚、梁父之大盜也，
而為齊忠臣。段干木、晉國之大駔也，而為文侯師。孟卯妻其嫂，有五子焉，
然而相魏，寧其危，解其患。景陽淫酒，被髮而御於婦人，威服諸侯。此四人
者，皆有所短，然而功名不滅者，其略得也。季襄、陳仲子立節抗行，不入洿
君之朝，不食亂世之食，遂餓而死。不能存亡接絕者何？小節伸而大略屈。

故小謹者無成功，'訾'行者不容〔於〕眾，體大者節疏，'蹠距者舉'遠。

《淮南子·氾論訓》p. 446-449 ／〈氾論訓〉辨析，頁 372-373

【探析與解說】

此章與下章均接續見於《淮南子·氾論訓》。兩章內容表現出寬宏的重賢
思想，具有晉學的特色，似屬先秦思想史料，後輯入“文子外編”，〈氾論訓〉
曾引用並申述，今本《文子》文義意扼要，並保留“文子外編”舊文。以下分
三點來說明：

第一、“屈寸而伸尺”段：首三句，〈氾論訓〉作“屈寸而伸尺，聖人為
之；小枉而大直，君子行之”，並引述周公、齊桓、曹子、管仲等事例作為申
論。

第二、“故人有厚德”段：《文子》此段與《淮南子》記載略異，恐屬不
同文本。“無間其小節”句，“間”字，景宋本、《纘義》本均作“問”。〈氾
論訓〉亦作“問”。王念孫校《淮南子》云：“'問'當作'間'。《方言》：
'間，非也。'……今本'間'誤為'問'，則非其指矣。《文子》〈上義〉

篇正作'無間其小節'。"

又，"閭里之行，未足多也"兩句，〈氾論訓〉作"雖有閭里之行，未足大舉"。"閭里之行"，意指受到鄉里稱頌的品行。

第三、"故小謹者無成功"段：《文子》此段段末有"論臣之道也"五字，〈氾論訓〉無。

又，"度巨者譽遠"句，〈氾論訓〉作"蹠距者舉遠"。"度巨"指氣度寬闊者，《漢書·高帝紀上》："常有大度，不事家人生產作業。"〈上義〉篇此段說明：在小事上拘謹者不能成功，好詆毀他人者不能為眾所容，包容廣大者不守細節，氣度寬闊者聲譽遠播，這是"論臣之道"。"小謹"、"疵行"與"體大"、"度巨"相互呼應。〈氾論訓〉文意不清，"蹠距者舉遠"句恐誤。"小謹者無成功"數句文意，《管子·形勢》曰："小謹者不大立，訾食者不肥體。"

11-10

〔老子曰：〕

自古及今，未有能全其行者也。故君子不責備於一人。方而不割，廉而不劌，〔直而不肆〕，博達而不訾，道德文武，不責備於人[1]力，自修以道而不責於人，易'償'[2]也，自修以道，則無病矣。

夫夏后氏之璜，不能無瑕，明月之珠，不能無穢，然天下寶之者，不以小惡妨大美。今志人之所短，忘人之所長，而欲求賢於天下，即難矣。夫眾人之見位之卑，身之賤，事之洿辱，而不知其大略。

---

[1] "人"字下原有"以"字，據《文子纘義》道藏本刪。

[2] "償"字原作"賞"，據《文子纘義》道藏本改。

　　故論人之道，貴即觀其所舉，富即觀其所施，窮即觀其所'不'[1]受，賤即觀其所'不'[2]為。視其所'處'[3]難，以知其所勇；動以喜樂，以觀其守；委以貨財，以觀其仁；振以恐懼，以觀其節。如此，則人情可得矣。

【相關資料尋索】

　　自古及今，五帝三王，未有能全其行者也。故《易》曰：“小過亨，利貞。”言人莫不有過，而不欲其大也。夫堯、舜、湯、武，世主之隆也；齊桓、晉文，五霸之豪英也。然堯有不慈之名，舜有卑父之謗，湯、武有放弒之事，五伯有暴亂之謀。

　　〔是〕故君子不責備於一人，方〔正〕而不以割，廉〔直〕而不'以切'，博通而不〔以〕訾，｛文武〔而〕不〔以〕責。｛求於一人則任以人力，自脩〔則〕以道〔德〕。責人以人力，易償也；自脩以道〔德〕，難為也。難為則行高矣，易償則求贍矣｝。夫夏后氏之璜不能無考，明月之珠不能無纇，然〔而〕天下寶之者，何也？'其小惡不足妨大美也'。今志人之所短，〔而〕忘人之所'脩'，而求〔得〕其賢'乎'天下，'則'難矣。

＊

　　夫百里奚之飯牛，伊尹之負鼎，太公之鼓刀，甯戚之商歌，其美有存焉者矣。'眾人見其位之卑賤'，事之污辱，而不知其大略，以為不肖。及其為天子三公，而立為諸侯賢相，乃始信於異眾也。夫發于鼎俎之閒，出于屠酤之肆，解于累紲之中，興於牛頷之下，洗之以湯沐，被之以爐火，立之于本朝之上，倚之于三公之位，內不慚於國家，外不愧於諸侯，符勢有以內合。故未有功而知其賢者，堯之知舜；功成事立而知其賢者，市人之知舜也。為是釋度數而求之於朝肆草莽之中，其失人也必多矣。何則？能效其求，而不知其所以取人也。

---

[1] "不"字，據《文子纘義》道藏本補。

[2] 同上。

[3] "處"字原作"換"，據《文子纘義》道藏本改。

　　夫物之相類者，世主之所亂惑也；嫌疑肖象者，眾人之所眩燿。故狠者類知而非知，愚者類仁而非仁，戇者類勇而非勇也。使人之相去也，若玉之與石，美之與惡，則論人易矣。夫亂人者，芎藭之與 　本也，蛇床之與麋蕪也，此皆相似者。故劍工惑劍之似莫邪者，唯歐冶能名其種；玉工眩玉之似碧盧者，唯猗頓不失其情；闇主亂于姦臣小人之疑君子者，唯聖人能見微以知明。故蛇擧首尺，而脩短可知也；象見其牙，而大小可論也。薛燭庸子見若狐甲於劍而利鈍識矣；臾兒、易牙，淄、澠之水合者，嘗一哈水而甘苦知矣。故聖人之論賢也，見其一行而賢不肖分也。

　　孔子辭廩丘，終不盜刀鉤；許由讓天子，終不利封侯。故未嘗灼而不敢握火者，見其有所燒也；未嘗傷而不敢握刀者，見其有所害也。由此觀之，見者可以論未發也，而觀小節足以知大體矣。故論人之道，貴則觀其所擧，富則觀其所施，窮則觀其所〔不〕受，賤則觀其所〔不〕為，貧則觀其所不取。視其‘更’難，以知其勇；動以喜樂，以觀其守；委以貨財，以‘論’其仁；振以恐懼，以‘知’其節；則人情‘備’矣 。《淮南子·氾論訓》p. 449-453 ／〈氾論訓〉辨析，頁374-376

　　故君子遠使之而觀其忠，近使之而觀其敬，煩使之而觀其能，卒然問焉而觀其知，急與之期而觀其信，委之以財而觀其仁，告之以危而觀其節，醉之以酒而觀其側，雜之以處而觀其色。九徵至，不肖人得矣。《莊子·列御寇》

　　凡論人，通則觀其所禮，貴則觀其所進，富則觀其所養，聽則觀其所行，止則觀其所好，習則觀其所言，窮則觀其所不受，賤則觀其所不為，喜之以驗其守，樂之以驗其僻，怒之以驗其節，懼之以驗其特，哀之以驗其人，苦之以驗其志，八觀六驗，此賢主之所以論人也。論人者，又必以六戚四隱。何謂六戚？父母兄弟妻子。何為四隱？交友故舊邑里門郭。內則用六戚四隱，外則用八觀六驗，人之情偽貪鄙美惡無所失矣，譬之若逃，雨汙無之而非是，此先聖王之所以知人也。《呂氏春秋·論人》

【探析與解說】

　　此章見於《淮南子·氾論訓》前章引文之後。《文子》此兩章文意相通，均論述"論人之道"在於"觀其大略，而不拘於小節，則人情可得"。原當屬相互連貫"文子外編"資料，編輯今本《文子》者，妄加區隔爲兩章。以下分三點來說明：

第一、"自古及今"段：《文子》此段文句似有脫漏，與〈氾論訓〉互見文字比較如下：

> 故君子不責備於一人。方而不割，廉而不劌，直而不肆，博達而不訾，道德文武，不責備於人以力，自修以道而不責於人，易償也，自修以道，則無病矣。《文子》

> 是故君子不責備於一人，方正而不以割，廉直而不以切，博通而不以訾，文武而不以責。求於一人則任以人力，自脩則以道德。責人以人力，易償也；自脩以道德，難爲也。難爲則行高矣，易償則求贍矣。《淮南子》

《文子》"道德文武，不責備於人以力，自修以道而不責於人"三句，文意費解，〈氾論訓〉雖文意較爲完整，但亦有字誤。"於人以力"句，〈氾論訓〉作"求於一人則任以人力"。王念孫校《淮南子》云："'求於人'與'自脩'相對爲文，'人'上不當有'一'字，下文'責人以人力'，'自脩以道德'，即其證。《文子》〈上義〉篇作；'於人以力，自脩以道'。"《文子》此數句，或當作"道德文武不責備於人。求於一人則任以人力，自脩則以道德。責人以人力，易償也；自脩以道德，難爲也。"今本此處當爲《淮南子》別本殘文湊合。

又，"方而不割，廉而不劌，直而不肆，博達而不訾"四句，〈氾論訓〉作"方正而不以割，廉直而不以切，博通而不以訾，文武而不以責"，《文子》此處似本諸《老子》，《老子》第五十八章曰："是以聖人方而不割，廉而不劌，直而不肆、光而不燿。"《文子》文字與《老子》相近，《淮南子》似有闡發。

第二、"夫夏后氏之璜"段：《文子》此段有脫文。"眾人之見位卑身賤"句，文意不全。〈氾論訓〉作"夫百里奚之飯牛，伊尹之負鼎，太公之鼓刀，甯戚之商歌，其美有存焉者矣。眾人見其位之卑賤，事之污辱，而不知其大略，以為不肖。及其為天子三公,而立為諸侯賢相,乃始信於異眾也。"顯見今本此段為殘文。

第三、"故論人之道"段:此段文字見於《呂氏春秋·論人》,也與《莊子·列御寇》文意相近。

又,"窮即觀其所不受,賤即觀其所不為"兩句,"受"、"為"二字前,〈氾論訓〉均有"不"字,《呂氏春秋》,《文子纘義》本同。

又,"視其處難"句,〈氾論訓〉作"視其更難"。何寧校《淮南子》云:"'視其更難',義不可通。'更'當作'處'。'處'字俗書作'雱',缺壞而誤。《史記》〈藺相如傳〉:'知死必勇,非死者難也,處死者難也。'故曰'視其處難也'。《文子》〈上義〉作'視其所處難',是其證。"

11-11

〔老子曰:〕

屈者所以求 '伸' 也,枉者所以求直也。〔屈寸 '伸' [1]尺,小枉大直,君子為之〕。百川並流,不注海者不為谷;趨行殊方,不歸善者不為君子。善言貴乎可行,善行貴乎仁義。

夫君子之過,猶日月之蝕,不害於明。

故智者不妄為,〔勇者不妄殺,〕擇是而為之,計禮而行之。故事成而功足恃也,身死[2]而名足稱也。雖有智能,必以仁義為本而後立,智能並行,聖人一以仁義為準繩,中繩者謂之君子,不中繩者謂之小人。君子雖死亡,其名不滅;小人雖得勢,其罪不除。左手據天下之圖,而右手刎其喉,雖愚者不為,身貴於天下也。死君

---

[1] 兩"伸"字原均作"申",據《文子纘義》道藏本。
[2] "死"字,景宋本作"立"。

親之難者，視死如歸，義重於身也。故天下大利也，比之身即小；身之所重也，比之仁義即輕。此以仁義為準繩者也。

【相關資料尋索】

〔夫聖人之〕屈者，以求伸也；枉者，以求直也；故雖出邪辟之道，行幽昧之塗，將欲以直大道，成大功。猶出林之中不得道，拯溺之人不得不濡足也。

伊尹憂天下之不治，調和五味，負鼎俎而行，五就桀，五就湯，將欲以濁為清，以危為寧也。周公股肱周室，輔翼成王，管叔、蔡叔奉公子祿父而欲為亂，周公誅之以定天下，緣不得已也。管子憂周室之卑，諸侯之力征，夷狄伐中國，民不得寧處，故蒙恥辱而不死，將欲以憂夷狄之患，平夷狄之亂也。孔子欲行王道，東南西北七十說而無所偶，故因衛夫人、彌子瑕而欲通其道。此皆欲平險除穢，由冥冥至炤炤，動於權而統於善者也。

夫觀逐者於其反也，而觀行者於其終也。故舜放弟，周公殺兄，猶之為仁也；文公樹米，曾子架羊，猶之為知也。當今之世，醜必託善以自為解，邪必蒙正以自為辟。游不論國，仕不擇官，行不辟污，曰"伊尹之道也"。分別爭財，親戚兄弟構怨，骨肉相賊，曰"周公之義也"。行無廉恥，辱而不死，曰"管子之趨也"。行貨賂，趣勢門，立私廢公，比周而取容，曰"孔子之術也"。此使君子小人紛然殽亂，莫知其是非者也。

故百川並流，不注海者不為〔川〕谷；趨行'蹲馳'，不歸善者不為君子。〔故〕善言'歸'乎可行，善行'歸'乎仁義。田子方、段干木輕爵祿而重其身，不以欲傷生，不以利累形，李克竭股肱之力，領理百官，輯穆萬民，使其君生無廢事，死無遺憂，此異行而歸於善者。張儀、蘇秦家無常居，身無定君，約從衡之事，為傾覆之謀，濁亂天下，撓滑諸侯，使百姓不遑啟居，或從或橫，或合眾弱，或輔富強，此異行而歸於醜者也。

故君子之過〔也〕，猶日月之蝕，'何'害於明！小人之可也，猶狗之畫吠，鴟之夜見，何益於善！

'夫'知者不妄'發'，擇'善'而為之，計'義'而行之，故事成而功足'賴'也，身死而名足稱也。雖有'知'能，必以仁義為〔之〕本，〔然〕

557

后〔可〕立〔也〕。'知'能〔蹪馳,百事〕並行,聖人一以仁義為之準繩,中'之'者謂之君子,'弗'中者謂之小人。君子雖死亡,其名不滅;小人雖得勢,其罪不除。

〔使人〕左據天下之圖而右刎喉,愚者不為〔也〕,身貴於天下也。死君親之難,視死'若'歸,義重於身也。天下、大利也,比之身'則'小;身所重也,比之義則輕;義、所全也。《詩》曰:"愷悌君子,求福不回。"'言'以〔信〕義為準繩也。《淮南子·泰族訓》p. 683-685/〈泰族訓〉辨析,頁634-636

【探析與解說】

此章見於《淮南子·泰族訓》。全文敘說聖人以仁義爲準繩,他之所爲屈、枉,是欲終得其伸、直。此種思想與儒家傳承相近。《文子》此處各段間,文意並不連貫,恐爲《淮南子》別本殘文竄入。以下分三點來說明:

第一、"屈者所以求伸也"段:〈泰族訓〉此處有大篇文字,申論"聖人之屈者,以求伸;枉者,以求直"之說。《文子》似《淮南子》別本精要的摘錄,但有錯簡重出。上章首句曰:"屈寸而伸尺,小枉而大直,聖人爲之。"此處"屈寸伸尺,小枉大直,君子爲之"三句,當爲錯簡。上章見於〈氾論訓〉處,曰"屈寸而伸尺,聖人爲之;小枉而大直,君子行之。"

又,"百川並流"等句,與上文不相連貫,見於〈泰族訓〉處屬另段資料,並舉事例加以申說。"不注海者不爲谷"句,〈泰族訓〉"谷"上有"川"字,俞樾校《淮南子》云:"既云'百川',則不得又云'不爲川'。'川'字衍文也。後人因下句云'不爲君子',故妄增'川'字,使字數相當耳。《文子》〈上義〉篇正作'不注海者不爲谷'。"又,兩"貴"字,當依〈泰族訓〉作"歸"。

第二、"夫君子之過"兩句,與上下文均不相連貫,見於〈泰族訓〉處,文意亦與前後段有別,爲他處錯簡。《文子》仍依循其錯亂句序,顯爲《淮南子》別本殘文竄入。此數句,《說苑·雜言》引述曰:"君子之過猶日月之蝕也,何害於明?小人可也,猶狗之吠盜,狸之夜見,何益於善?夫智者不妄爲,勇者不妄殺。"

　　第三、"故智者不妄爲"段："故智者不妄爲，勇者不妄殺"兩句，〈泰族訓〉作"夫知者不妄發"。王念孫校《淮南子》云："'故智者不妄發'，《群書治要》引，作'故智者不妄爲，勇者不妄發'，是也。下文'計義而行之'及'身死而名足稱'，皆承'勇者不妄發'而言。今本脫'爲'字及'勇者不妄'似字，與下文不合。《說苑》〈說叢〉篇亦云：'夫智者不妄爲，勇者不妄發。'（今本'發'誤作'殺'。）"植案：《文子》此處保留《淮南子》舊文，〈泰族訓〉有脫漏。又，"勇者不妄殺"句，"殺"字，似"發"字之誤。

　　又，"智能並行"句，文意難解，〈泰族訓〉作"智能蹐馳，百事並行"，《文子》似有脫漏。

　　又，"右手刎其喉"句，〈泰族訓〉無"其"字，俞樾校《淮南子》云："'刎'下當有'其'字。《文子》〈上義〉篇作'左手據天下之圖而右手刎其喉。'"

　　又，"身之所重也，比之仁義即輕"兩句，〈泰族訓〉作"身所重也，比之義則輕"。俞樾校《淮南子》云："'身之重也'，本作'身，（句）所重也'，與'天下，（句）大利也'一律，涉上下兩兩言'比之'而誤。《文子》〈上義〉篇作'身之所重也，比之仁義則輕'，'所'字不誤，'之'字亦涉上下句而誤。"

　　又，"此以仁義爲準繩也"句，"此"字並無指涉之事，〈泰族訓〉作"言"，以回應引用《詩經》經文"愷悌君子，求福不回"句，〈上義〉篇無此段引文，"此"字，當誤，也顯出其爲《淮南子》別本殘文之痕跡。

11-12

〔老子曰：〕

道德之'倫'[1]，猶日月也，夷狄蠻貊不能易其指。趣舍同，即

---

[1]　"倫"字原作"備"，據《文子纘義》道藏本改。

非譽在俗；意行均，即窮達在時。事周於世即功成，務合於時即名立。是故立功名之人，簡於世而謹於時。〔時之至也，間不容息。〕

*

古之用兵者，非利土地而貪寶賂也，將以存亡平亂為民除害也。貪叨多欲之人，殘賊天下，萬民騷動，莫寧其所。有聖人勃然而起，討強暴，平亂世，為天下除害，以濁為清，以危為寧，故不得不中絕。

赤帝為火災，故黃帝擒之；共工為水害，故顓頊誅之。教'之'[1]以道，導之以德而不聽，即臨之以威武。臨之不從，則制之以兵革。

殺無罪之民，養不義之主，害莫大焉；聚[2]天下之財，肆[3]一人之欲，禍莫深焉。肆一人之欲，而長海內之患，此天倫所不取也。所為立君者，以禁暴亂也。今乘萬民之力，反為殘賊，是以虎傅翼，何'為'[4]不除。夫畜魚者，必去其'獱'[5]獺，養禽獸者，必除其豺狼，又況牧民乎！〔是故兵革之所為起也。〕

【相關資料尋索】

道德之'論'，譬猶日月也，'江南河北'不能易其指，馳騖千里不能易其處。趨舍禮俗，猶室宅之居也，東家謂之西家，西家謂之東家，雖皋陶為之理，不能定其處。

故趨舍同，誹譽在俗；意行鈞，窮達在時。湯、武之累行積善，可及也；其遭桀、紂之世，天授也。今有湯、武之意，而無桀、紂之時，而欲成霸王之

---

[1] "之"字原作"人"，據《文子纘義》道藏本改。

[2] "聚"字，景宋本同，《文子纘義》道藏本作"殫"。

[3] "肆"字，景宋本、《文子纘義》道藏本作"贍"。

[4] "為"字原作"謂"，據《文子纘義》道藏本改。

[5] "獱"字原作"蝙"，據《文子纘義》道藏本改。

業，亦不幾矣。

　　昔武王執戈秉鉞以伐紂勝殷，搢笏杖殳以臨朝。武王既歿，殷民叛之，周公踐東宮，履乘石，攝天子之位，負扆而朝諸侯，放蔡叔，誅管叔，克殷殘商，祀文王于明堂，七年而致政成王。夫武王先武而後文，非意變也，以應時也；周公放兄誅弟，非不仁也，以匡亂也。故事周於世則功成，務合於時則名立。

　　昔齊桓公合諸侯以乘車，退誅於國以斧鉞，晉文公合諸侯以革車，退行於國以禮義。桓公前柔而後剛，文公前剛而後柔，然而令行乎天下，權制諸侯鈞者，審於勢之變也。顏闔，魯君欲相之，而不肯，使人以幣先焉，鑿培而遁之，為天下顯武。使遇商鞅、申不害，刑及三族，又況身乎！世多稱古之人而高其行，並世有與同者而弗知貴也，非才下也，時弗宜也。故六騏驥、駬駃騠，以濟江河，不若窾木便者，處勢然也。是故立功之人，簡於‘行’而謹於時。《淮南子·齊俗訓》p. 371-372／〈齊俗訓〉辨析，頁 277-279

　　古之用兵者，非利土‘壤’〔之廣〕而貪‘金玉之略’，將以存亡‘繼絕’，平〔天下之〕亂，〔而〕除〔萬民之〕害也。

　　凡有血氣之蟲，含牙帶角，前爪後距，有角者觸，有齒者噬，有毒者螫，有蹄者趹，喜而相戲，怒而相害，天之性也。人有衣食之情，而物弗能足也，故群居雜處，分不均，求不贍，則爭。爭，則強脅弱而勇侵怯。人無筋骨之強，爪牙之利，故割革而為甲，鑠鐵而為刃。

　　‘貪昧饕餮之人’，殘賊天下，萬人騷動，莫寧其所〔有〕。聖人勃然而起，〔乃〕討強暴，平亂世，‘夷險除穢’，以濁為清，以危為寧，故不得不中絕。

　　兵之所由來者遠矣！黃帝嘗與炎帝戰矣，顓頊嘗與共工爭矣。故黃帝戰於涿鹿之野，堯戰於丹水之浦，舜伐有苗，啟攻有扈。自五帝而弗能偃也，又況衰世乎！

　　夫兵者，所以禁暴討亂也。炎帝為火災，〔故〕黃帝擒之；共工為水害，故顓頊誅之。教之以道，導之以德而不聽，則臨之以威武。臨之〔威武〕而不從，則制之以兵革。故聖人之用兵也，若櫛髮耨苗，所去者少，而所利者多。

　　殺無罪之民，〔而〕養‘無’義之‘君’，害莫大焉；殫天下之財，〔而〕贍一人〔之〕欲，禍莫深焉。使夏桀、殷紂有害於民而立被其患，不至於為炮烙：晉厲、宋康行一不義而身死國亡，不至於侵奪爲暴。此四君者，皆有小過而莫之討也，故至於攘天下，害百姓。

肆一人之‘邪’，而長海內之‘禍’，此‘大論’之所不取也。所‘爲’立君者，以禁暴〔討〕亂也。今乘萬民之力，〔而〕反爲殘賊，是爲虎傅翼，‘曷’爲‘弗’除！夫畜〔池〕魚者必去猵獺，養禽獸者必‘去’豺狼，又况‘治人’乎！《淮南子‧兵略訓》p. 489-491／〈兵略訓〉辨析，頁 425-426

【探析與解說】

此章資料按文意可分爲兩個部份，分別見於《淮南子‧齊俗》與〈兵略〉兩篇。第一部份，文意結構似非完整，恐爲《淮南子》別本精要摘錄，但有脫漏。第二部份，敘說古時用兵之義，與前段文意無關。分別說明如下：

第一部份：“道德之備”三句，見於〈齊俗訓〉處說明：“道德之論”如日月之運行，無論在何處，都不會改變行進的軌跡。而人世間的“趨舍禮俗”卻像東、西方位一樣，因人所處位置的不同而改易彼此的指稱，永遠無法明確加以界定。《文子》脫“趨舍禮俗”等句，文意不清。

又，“道德之倫”段，“倫”，《淮南子》作“論”。“倫”字，有“包攬統攝”之意，義理較“論”爲佳。“夷狄蠻貊”四字，《淮南子》作“江南河北”。“江南河北”的說法，似從西漢統一之後的局面著眼，“夷狄蠻貊”的說法較爲古樸。

又，“時之至也，間不容息”兩句，未見於《淮南子》，但此兩句文意不完，似他處殘文，或編輯者的按語。〈道原〉篇第九章曰：“時之變則，間不容息，先之則太過，後之則不及。”

第二部份，見於《淮南子‧兵略訓》，〈兵略訓〉中有多處脫文，《文子》此章文意亦不完整，似有脫漏。

第一、“古之用兵者”段：首三句，與“貪叨多欲之人”數句，文意不能通貫，而見於〈兵略訓〉處，前後文意亦不相聯繫，恐均爲錯亂。《文子》保留部份《淮南子》舊文。"非利土地而貪寶賂也"句，〈兵略訓〉作"非利土壤之廣，而貪金玉之略"。劉文典云："《御覽》二百七十一引'略'作'賂'。"王叔岷云："案：日本古鈔卷子本'土壤'作'壤土'，'略'下有'也'字。《御覽》二七一引'土讓'亦作'壤土'。《文子》〈上義〉篇'略'作'賂'，'賂'下有'也'字。"

又，"萬民騷動"句，〈兵略訓〉作"萬人騷動"。劉文典校《淮南子》云："《御覽》二百七十一引'人'作'民'。"何寧校《淮南子》云："今本作人，避唐諱改。"王叔岷校《淮南子》云："案：古鈔卷子本'人'正作'民'，《文子》同。"

又，"故不得不中絕"句，〈兵略訓〉同。高誘注此句曰："中絕，謂若殷王中相絕滅。"俞樾校《淮南子》云："此當作'故人得不中絕'，言聖人勃然而起，夷險除穢，故人類不至於中絕也。今作'不得不中絕'，於義難通。《文子》〈上義〉篇亦然，則其誤久矣。"

第二、"赤帝爲火災"段：見於〈兵略訓〉處，段前曰："夫兵者，所以禁暴討亂也。"文意較完。

又，"貪叨多欲之人"句，〈兵略訓〉作"貪昧饕餮之人"，前文有"凡有血氣之蟲……鑠鐵而爲刃"大段文字。此大段文字，與前後文文意不能契合，極似錯簡。《文子》此句上接"古之用兵者"數句，文意較爲連貫。

第三、"殺無罪之民"段：見於〈兵略訓〉處，屬另段資料。〈兵略訓〉此段之後有："使夏桀、殷紂有害於民而立被其患……故至於攘天下，害百姓"段文字，後接"肆一人之邪"數句，文意不能通貫。《文子》"肆一人之欲"上接"禍莫深焉"句，文意結構較爲緊密。

又，"天倫"，〈兵略訓〉作"大倫"。王念孫校《淮南子》云："'大'當爲'天'，字之誤。'論'與'倫'同。倫，道也。言天道之所不取也。《文子》〈上義〉篇正作'天倫'。""天倫"觀念見於《莊子・刻意》，曰："純素之道，唯神是守；守而勿失，與神爲一；一之精通，合於天倫。"

又，《文選・四子講德論》注引《文子》曰："所爲立君者，以禁暴亂也，夫養禽獸者，必除豺狼。"《太平御覽》卷四九二引曰："今采萬民之力，反相殘賊，是爲虎翼，何爲不除。"兩處引文，與通行本《文子》文字差異較大，傳世《文子》似有不同文本。

又，"是故兵革之所爲起也"句，未見於《淮南子》。此句似《文子》注文或編輯者案語竄入。

11-13

〔老子曰：〕

為國之道，上無苛令，官無煩治，士無偽行，工無淫巧，其事任而不擾，其器完而不飾。亂世即不然。為行者相揭以高，為禮者相矜以偽，車輿極於雕琢，器用逐[1]於刻鏤，求貨者爭難得以為寶，詆文者逐煩撓以為急。事為詭[2]辯，久稽而不決，無益於治〔，有益於亂〕。工為奇器，歷歲而後成，不周於用。

故：神農之法曰："丈夫丁壯不耕，天下有受其飢者。婦人當年不織，天下有受其寒者。"故身親耕，妻親織，以為天下先。其導民也，不貴難得之貨，不重無用之物。是故耕者不強，無以養生；織者不力，無以衣形；有餘不足，各歸其身。衣食饒裕，姦邪不生，安樂無事，天下和平，智者無所施其策，勇者無所'措'[3]其威。

【相關資料尋索】

'治'國之道，上無苛令，官無煩治，士無偽行，工無淫巧，其事'經'

---

[1] "逐"字，《文子纘義》道藏本作"邃"。

[2] "詭"字，《文子纘義》道藏本作"偽"。

[3] "措"字原作"錯"，據《文子纘義》道藏本改。

而不擾，其器完而不飾。亂世‘則’不然。為行者相揭以高，為禮者相矜以偽，車輿極於雕琢，器用‘逐’於刻鏤，求貨者爭難得以為寶，詆文者‘處’煩撓以為‘慧’，‘爭’為‘佹’辯，久‘積’而不決，無益於治。工為奇器，歷歲而後成，不周於用。

故神農之法曰：“丈夫丁壯〔而〕不耕，天下有受其飢者。婦人當年‘而’不織，天下有受其寒者。”故身‘自’耕，妻親織，以為天下先。其導民也，不貴難得之貨，不‘器’無用之物。是故〔其〕耕不強者，無以養生；〔其〕織不力者，無以‘揜’形；有餘不足，各歸其身。衣食饒‘溢’，姦邪不生，安樂無事〔而〕天下‘均’平，‘故孔丘、曾參’無所施其‘善’，‘孟賁、成荊’無所行其威。《淮南子‧齊俗訓》p. 374-375／〈齊俗訓〉辨析，頁 281-282

《神農之教》曰：“士有當年而不耕者，則天下或受其饑矣；女有當年而不績者，則天下或受其寒矣。”故身親耕，妻親織，所以見致民利也。賢人之不遠海內之路，而時往來乎王公之朝，非以要利也，以民為務故也。人主有能以民為務者，則天下歸之矣。王也者，非必堅甲利兵選卒練士也，非必墮人之城郭殺人之士民也。上世之王者眾矣，而事皆不同。其當世之急、憂民之利、除民之害同。《呂氏春秋‧愛類》

【探析與解說】

此章見於《淮南子‧齊俗訓》，似原屬輯入“文子外編”之先秦思想史料，《淮南子》引用，《文子》此處恐為《淮南子》別本殘文竄入。以下分兩點來說明：

第一、“為國之道”段：此段說明治國之道與亂世之政的比較。“為國之道”四字，〈齊俗訓〉作“治國之道”。古典文獻未見“為國之道”一語，而“治國之道”見於《管子》兩次，《韓非子》一次，而《淮南子‧主術訓》亦曰：“君得所以制臣，臣得所以事君，治國之道明矣。”《文子》作“為”，恐誤。

又，“其事任而不擾”句，“任”字，〈齊俗訓〉作“經”。劉文典云：

"《群書治要》引'經'作'任'。"王叔岷云:"案:《文子》〈上義〉篇亦作'任'。"

又,"器用逐於彫刻"句,"逐"字,〈齊俗訓〉作"逐",《文子纘義》本作"邃"。《群書治要》引"逐"作"遽"。《廣雅・釋詁三》:"邃,竟也。""邃"有"終極"之義,與前文"極"字相應,〈齊俗訓〉作"逐"或"遽",均誤。

又,"詆文者逐煩撓以爲急"句,〈齊俗訓〉作"詆文者處煩撓以爲慧"。《漢書・刑法志》:"詆欺文致微細之法蠲除。"此指詆詐弄法,競逐於文辭的瑣碎,以爲聰慧。原文似當作"詆文者逐煩撓以爲慧",《文子》與《淮南子》均有誤字。

又,"事爲詭辯"句,"事"字當據〈齊俗訓〉作"爭"。

又,"久稽而不決"句,〈齊俗訓〉或作"久積而不訣",《群書治要》本與景宋本作"久稽而不決",與《文子》同。

又,"有益於亂"句,〈齊俗訓〉無,此句文意累贅,恐爲衍文。

第二、"故神農之法"段:部份文句也見於《呂氏春秋》。此段文字,《劉子・貴農》引述曰:

> 神農之法曰:"丈夫丁壯而不耕,天下有受其飢者;婦人當年而不織,天下有受其寒者。"故天子親耕,后妃親織,以為天下先。是以其耕不強者,無以養其生;其織者不力者,無以蓋其形。衣食饒足,姦邪不生,安樂無事,天下和平,智者無所施其策,勇者無所措其威。"

《劉子》與《文子》文句相近,"智者"、"勇者"的泛稱與《文子》同,《淮南子》則分別作"孔丘、曾參"、"孟奔、成荊"。高誘注曰:"成荊,古勇士。"高氏所見《淮南子》文本即如今本。但《劉子》此段文字之下,曰"故衣食爲民之本,而工巧爲其末也。是以雕文刻鏤,傷於農事;綿繡纂組,害於女工。農事傷,則饑之本也;女工害,則寒之源也。饑寒並至,而欲禁人爲盜,是揚火而欲無炎,撓水而望其靜,不可得也。"《文子》未見此段資料,而見於《淮南子·齊俗訓》，曰："夫雕琢刻鏤，傷農事者也；綿繡纂組，害女工者也。農事廢，女工傷，則飢之本而寒之原也。夫飢寒並至，能不犯法干誅者，古今未之聞也。"《劉子》恐非前捨《淮南子》文字而引《文子》，後再引《淮南子》。顯見《劉子》前段文字並非襲自《文子》，而是取自《淮南子》別本。此《淮南子》別本，當與今傳世者不同。

又，"不重無用之物"句，"重"字，〈齊俗訓〉作"器"。"不貴"、"不重"相對爲文，"器"字，恐誤。

又，"是故耕者不強，無以養生；織者不力，無以衣形"四句，〈齊俗訓〉作"是故其耕不強者，無以養生；其織不力者，無以揜形"。二者文本記載不同。

又，"衣食饒裕"句，"裕"字，〈齊俗訓〉作"溢"。劉文典校《淮南子》云："《群書治要》引'溢'作'裕'。"王叔岷云："案：《文子》亦作'裕'。"

11-14

〔老子曰：〕

霸王之道，以謀慮之，以策圖之，挾義而動，非以圖存也，將以存亡也。故聞敵國之君，有暴虐其民者，即舉兵而臨其境，責以不義，刺以過行。兵至其郊，令軍帥曰："無伐樹木！無掘墳墓！無敗五穀！無焚積聚！無捕民虜！無聚六畜！。

乃發號施令曰："其國之君，逆天地，侮鬼神，決獄不平，殺戮無罪，天之所誅，民之所讎也。兵之來也，以廢不義而授有德也。有敢逆天道，亂民之賊者，身死族滅！以家聽者，祿以家。以里聽者，賞以里。以鄉聽者，封以鄉。以縣聽者，侯其縣。"

剋其國不及其民，廢其君，易其政，尊其秀士，顯其賢良，振

其孤寡，恤其貧窮，出其囹圄，賞其有功。百姓開戶而‘納’[1]之，
漬米而儲之，唯恐其不來也。

義兵至於境，不戰而止。不義之兵，至於伏屍流血，相交於前。
故為地戰者，不能成其王，為身求者，不能立其功。舉事以為人者，
眾助之，以自為者，眾去之，眾之所‘助’[2]，雖弱必強，眾之所去，
雖大必亡。

【相關資料尋索】

故霸王之‘兵’，以‘論’慮之，以策圖之，‘以義扶之’，非以‘亡存’
也，將以存亡也。故聞敵國之君有‘加’虐‘於’民者，‘則’舉兵而臨其境，
責〔之〕以不義，刺〔之〕以過行。兵至其郊，〔乃〕令軍師曰：“無伐樹木！
‘毋抉’墳墓！‘毋爇’五穀！‘毋’焚積聚！‘毋’捕民虜！‘毋收’六畜！”
乃發號施令曰：“其國之君，‘傲天侮鬼’，決獄不‘辜’，殺戮無罪，〔此〕
天之所〔以〕誅〔也〕，民之所〔以〕仇也。兵之來也，以廢不義而‘復’有
德也。有逆天〔之〕道，‘帥’民之賊者，身死族滅！以家聽者，祿以家。以
里聽者，賞以里。以鄉聽者，封以鄉。以縣聽者，侯〔以〕縣。”

‘剋’國不及其民，廢其君〔而〕易其政，尊其秀士〔而〕顯其賢良，振
其孤寡，恤其貧窮，‘出’其囹圄，賞其有功。百姓開門而‘待’之，‘漸’
米而儲之，唯恐其不來也。此湯、武之所以致王，而齊桓之所以成霸也。故君
為無道，民之思兵也，苦旱而望雨，渴而求飲，夫有誰與交兵接刃乎！故義兵
‘之至也’，〔至於〕不戰而止。

{晚世之兵}，君雖無道，莫不設渠塹，傳堞而守，攻者非以禁暴除害也，
欲以侵地廣壤也。是故至於伏尸流血，‘相支以日’，而霸王之功不世出者，
自為之故也。夫為地戰者，不能成其王，為身‘戰’者，不能立其功。舉事以
為人者，眾助之，舉事以自為者，眾去之。眾之所助，雖弱必強；眾之所去，

---

[1] “納”字原作“內”，據《文子纘義》道藏本改。

[2] “助”字原作“動”，據《文子纘義》道藏本改。

雖大必亡。《淮南子・兵略訓》p.491-492／〈兵略訓〉辨析，428-430

其有失命亂常、悖德逆天之時，而危有功之君，遍告於諸侯，彰明有罪；乃告於皇天上帝，日月星辰，禱於后土，四海神祇，山川塚社，乃造於先王。肉塚宰徵師於諸侯曰："某國爲不道，征之；以某年月日，師至於某國，會天子正刑。"塚宰與百官布令於君曰："入罪人之地，無暴神祇，無行田獵，無伐林木，無取六畜、禾黍、器械。見其老幼，奉歸勿傷。雖遇壯者，不校勿敵。敵若傷之，醫藥歸之。"既誅有罪，王及諸侯修正其國，舉賢立明，正復厥職。
《司馬法・仁本》

故兵入於敵之境，則民知所庇矣，黔首知不死矣。至於國邑之郊，不虐五穀，不掘墳墓，不伐樹木，不燒積聚，不焚室屋，不取六畜。得民虜，奉而題歸之，以彰好惡；信與民期，以奪敵資。若此，而猶有憂恨冒疾遂過不聽者，雖行武焉亦可矣。

先發聲出號曰："兵之來也以救民之死。子之在上無道，据傲荒怠，貪戾虐眾，恣睢自用也，辟遠聖制，謷醜先王，排訾舊典，上不順天，下不惠民，徵斂無期，求索無厭，罪殺不辜，慶賞不當，若此者天之所誅也，人之所讎也，不當爲君。今兵之來也，將以誅不當爲君者也，以除民之讎而順天之道也。民有逆天之道衛人之讎者，身死家戮不赦。有能以家聽者，祿之以家；以里聽者，祿之以里；以鄉聽者，祿之以鄉；以邑聽者，祿之以邑；以國聽者，祿之以國。"

故克其國不及其民，獨誅所誅而已矣。舉其秀士而封侯之，選其賢良而尊顯之，求其孤寡而振恤之，見其長老而敬禮之。皆益其祿，加其級。論其罪人而救出之；分府庫之金，散倉廩之粟，以鎮撫其眾，不私其財；問其叢社大祠，民之所不欲廢者，而復興之，曲加其祀禮。是以賢者榮其名，而長老說其禮，民懷其德。

今有人於此，能生死一人，則天下必爭事之矣。義兵之生一人亦多矣，人孰不說？故義兵至，則鄰國之民歸之若流水，誅國之民望之若父母，行地滋遠，得民滋眾，兵不接刃，而民服若化。《呂氏春秋・懷寵》

【探析與解說】

此章見於《淮南子·兵略訓》，全章說明“霸王之道”，在於挾義而動，非圖奪取存國，而欲續存亡國。《管子·重令》曰：“若夫地雖大，而不並兼，不攘奪。人雖眾，不緩怠，不傲下。國雖富，不侈泰，不縱欲。兵雖彊，不輕侮諸侯。動眾用兵，必為天下政理；此正天下之本，而霸王之主也。”此章部份內容見於《呂氏春秋》，就三者文字比較，《文子》詞意最為古樸簡要，恐為輯入“文子外編”之先琴史料。《呂氏春秋》似參考此項原始資料，而《淮南子》則直接引自“文子外編”。以下分三點來說明：

第一、“霸王之道”段：首六句，似古語。〈兵略訓〉作“霸王之兵，以論慮之，以策圖之，以義扶之，非以亡存也，將以存亡也。”〈兵略訓〉此處，似有改動。

又，“故聞敵國之君”之後文字，說明“霸王之道”的施展情況，有暴虐人民之國君，即舉兵臨其境，責以不義，刺以過行。此項文字見於《司馬法·仁本》與《呂氏春秋·懷寵》。《司馬法》的敘說似較為原始，而就《文子》與《呂氏春秋》比較，《文子》文字古樸簡要，《呂氏春秋》似對《文子》資料加以引述改寫。《淮南子》當直接引用“文子外編”中此項資料。

第二、“乃發號施令”段，此段文字，《文子》與《淮南子》記載略異。“其國之君”句，〈兵略訓〉同。王念孫校《淮南子》云：“‘其’當為‘某’，字之誤。《太平御覽》〈兵部〉二引此，正作‘某國’。《司馬法》〈仁本〉篇亦云：‘某國為不道，征之。’”

又，“天之所誅，民之所仇”兩句，〈兵略訓〉作“此天之所以誅，民之所以仇”。俞樾校《淮南子》云：“兩‘以’字皆衍文。《呂氏春秋》〈懷寵〉篇作‘若此者，天之所誅也，仁之所讎也。’無兩‘以’字。《文子》〈上義〉篇同。”

又，“以廢不義而授有德也”句，〈兵略訓〉作“以廢不義而復有德也”。王叔岷校《淮南子》云：“案：古卷子本‘復’作‘授’，《文子》同。《長短經》〈兵權〉篇引作‘而授有德者也’。《御覽》二七一引杜恕論：‘兵之來也，以除不義，而授有德’，即本此文，亦作‘授’。”

又“有敢逆天道，亂民之賊者”兩句，〈兵略訓〉作“有逆天之道，帥民之賊者”。俞樾校《淮南子》云：“‘帥’字義不可通，《呂氏春秋》作‘衛’，是也。當由‘衛’誤作‘衞’，因改爲‘帥’耳。”但劉文典云：“《御覽》引，‘帥民之賊’作‘帥民爲賊’。”《文子》此處文字或與今通行《淮南子》文本有異。

第三、“義兵至於境”段：此段〈兵略訓〉似改動“文子外編”文意。“義兵至於境，不戰而止”兩句，〈兵略訓〉作“義兵之至也，至於不戰而止”。莊逵吉校《淮南子》云：“《御覽》作‘至於不戰而心服。’”何寧云：“‘至於不戰而止’，義不可通，‘於’字下當有‘境’字。上文云：‘故聞敵國之君有加虐於民者，則舉兵而臨其境，責之以不義，刺之以過行。’故此曰：‘至於境’也。《文子》〈上義〉篇有‘境’字。”

又“義兵”一詞，見於竹簡《文子》。編號2217竹簡的殘文曰：“眔。欲見賢於適（敵）者，謂之驕兵。義兵”。此殘句可對應今本《文子·道德》第九章“眔，欲見賢於敵國者，謂之驕。義兵王，應兵勝，忿兵敗，貪兵死，驕兵滅，此天之道也。古典文獻中，“義兵”觀念最早見於《吳子》一次，除此之外全出現於《呂氏春秋》。“義兵”可能是文子所提出的重要哲學觀念，《吳子》受其影響，而在《呂氏春秋》中得到進一步的發揮。

又，“相交於前”句，〈兵略訓〉作“相支以日”。俞樾校《淮南子》云：“‘相支以日’，甚爲無義。《文子》〈上義〉作‘相交於前’，當從之。‘交’與‘支’形似而誤。‘交’誤爲‘支’，因改‘於前’爲‘以日’，使成文義耳。”

又，“爲身求”，〈兵略訓〉作“爲身戰”，王叔岷校《淮南子》云：“古鈔卷子本‘戰’作‘求’，《文子》同。《晏子春秋·內篇·雜上》，晏子曰：“臣聞之，爲地戰者，不能成其王；爲祿仕者，不能正其君。”《晏子春秋》與《文子》文意相近。此種說法，當爲古時格言。可見“爲地戰者……爲身戰者”是《淮南子》改動《文子》“爲身求”的意含，以配合此處專對戰爭之事的論述。

11-15

〔老子曰：〕

上義者，〕治國家，理境內，行仁義，布德施惠，立正法，塞邪道，群臣親附，百姓和輯，上下一心，群臣同力，諸侯服其威，四方懷其德，修‘政’[1]廟堂之上，折衝千里之外，發號行令而天下響應，此其上也。

地廣民眾，主賢將良，國富兵強，約束信，號令明，兩敵相當，未交兵接刃，而敵人奔亡，此其次也。

知土地之宜，習險隘之利，明苛政之變，察行陣之事，白刃合，流矢接，輿死扶傷，流血千里，暴骸滿野，義之下也。

兵之勝敗，皆在於政。政勝其民，下附其上，即兵強。民勝其政，下叛其上，即兵弱。義足以懷天下之民，事業足以當天下之急，選舉足以得賢士之心，謀慮足以決輕重之權，此上義之道也。

【相關資料尋索】

兵有三詆：治國家、理境內、行仁義，布德惠，立正法，塞邪隧，群臣親附，百姓和輯，上下一心，‘君’臣同力，諸侯服其威〔而〕四方懷其德，‘脩’政廟堂之上〔而〕折衝千里之外，‘拱揖指撝’而天下響應，此‘用兵之’上也。

地廣民眾，主賢將‘忠’，國富兵強，約束信，號令明，兩‘軍’相當，鼓鐸相望，未〔至〕‘兵交’接刃而敵人奔亡，此‘用兵之’次也。

知土地之宜，習險隘之利，明‘奇正’之變，察行陳〔解贖〕之‘數’，維枹綰而鼓之，白刃合，流矢接，涉血屬腸，輿死扶傷，流血千里，暴骸‘盈場’，乃以決勝，此‘用兵之’下也。

---

[1] “政”字原作“正”，據《文子纘義》道藏本改。

今夫天下皆知事治其末，而莫知務脩其本，釋其根而樹其枝也。

＊

夫兵之所以佐勝者眾，而所以必勝者寡。

甲堅兵利，車固馬良，畜積給足，士卒殷軫，此軍之大資也，而勝亡焉。明於星辰日月之運，刑德奇賚之數，背鄉左右之便，此戰之助也，而全亡焉。良將之所以必勝者，恒有不原之智、不道之道，難以與眾同也。

夫論除謹，動靜時，吏卒辨，兵甲治，正行伍，連什伯，明鼓旗，此尉之官也。前後知險易，見敵知難易，發斥不忘遺，此候之官也。隧路亟，行輜治，賦丈均，處軍輯，井竈通，此司空之官也。收藏於後，遷舍不離，無淫輿，無遺輜，此輿之官也。凡此五官之於將也，猶身之有股肱手足也，必擇其人，技能其才，使官勝其任，人能其事。告之以政，申之以令，使之若虎豹之有爪牙，飛鳥之有六翮，莫不為用。然皆佐勝之具也，非所以必勝也。

兵之勝敗，‘本’在於政。政勝其民，下附其上，則兵強〔矣〕。民勝其政，下‘畔’其上，‘則’兵弱〔矣〕。〔故德〕義足以懷天下之民，事業足以當天下之急，選舉足以得賢士之心，謀慮足以‘知強弱之勢’，〔此必勝之本也。〕《淮南子·兵略訓》p. 495-497／〈兵略訓〉辨析，頁 433-435

【探析與解說】

此章見於《淮南子·兵略訓》。〈兵略訓〉此處言"兵有三詆"，指用兵作戰的三種憑藉。而《文子》此章，則說明"義"的三種效果。《文子·上仁》第十一章曰："上德者天下歸之，上仁者海內歸之，上義者一國歸之，上禮者一鄉歸之。"但此章說："上義者，……諸侯服其威，四方懷其德，修政廟堂之上，折衝千里之外，發號行令而天下響應"，又說："義足以懷天下之民，事業足以當天下之急，……此上義之道也。"此章所說的"上義"，當指〈上仁〉篇所謂的"上德"。因此，此章內容似與"上義"名篇的關係不大。全章強調"兵之勝敗"在行仁義之政，似受儒家思想影響。此章資料似原輯入"文子外編"，《淮南子》引述以說明"用兵之三詆"。但《文子》此章恐為《淮南子》別本殘文竄入，而經後人改編成論述"上義之道"的形式。二者敘說結構的對應關係為：

　　"上義者"——"兵有三詆"；"此其上也"——"此用兵之上也"；"此其次也"——"此用兵之次也"；"義之下也"——"此用兵之下也"；"此上義之道也"——"此必勝之本也"

　　第一、"上義者"段：此段見於〈兵略訓〉處，說明"用兵之上"。《文子》首句作"上義者"，而段末又曰"此其上也"，結構不嚴整，似經後人改動。

　　又，"布德施惠"句，〈兵略訓〉作"布德惠"，此句前後，多三字爲句，"施"字似衍。

　　又，"群臣同力"句，"群"字，〈兵略訓〉作"君"。"上下一心"、"君臣同力"，相對爲文，"群"字恐誤。

　　第二、"地廣民衆"段：此段見於〈兵略訓〉處，說明"用兵之次"。"未交兵接刃"句，〈兵略訓〉作"未至兵交接刃"。王念孫校《淮南子》云："'兵交'當爲'交兵'。《文子》〈上義〉篇正作'交兵接刃'，下文亦云'不待交兵接刃'。"王叔岷云："案：王說是也，古鈔卷子本正作'交兵'。"

　　第三、"知土地之宜"段：此段見於〈兵略訓〉處，說明"用兵之下"。"明苛政之變"句，〈主術訓〉作"明奇正之變"。"奇正"爲古代兵法用語。稱對陣交鋒爲"正"，邀截襲擊爲"奇"。"苛政"當作"奇正"，似因形近而誤。

　　第四、"兵之勝敗"段：此段見於〈兵略訓〉處，屬另段資料。〈兵略訓〉說明"必勝之道"，而《文子》改編爲"上義之道"。全章強調戰爭的勝敗，皆由政治是否得當，應屬"用兵之事"。

　　又，"下叛其上"句，"叛"字，〈兵略訓〉作"畔"。王叔岷云："案：古鈔卷子本'畔'作'叛'，《文子》同。'畔'、'叛'古通。"

　　又，"義足以懷天下之民"句，"義"字，〈兵略訓〉作"德義"。"德義"與下句"事業"對文，指"德政與道義"，《文子》似脫"德"字。

　　又，"謀慮足以決輕重之權"句，〈兵略訓〉作"謀慮足以知強弱之勢"。

王叔岷云："古鈔卷子本'勢'作'權'，《文子》同。"

11-16

〔老子曰：〕

國之所以強者必死也，所以'死者必'[1]義也，義之所以行者威也。是故令之以文，齊之以武，是謂必取；威義並行，是謂必強。白刃交接，矢石若雨，而士爭先者，賞信而罰明也。

上視下如子，下事上如父；上視下如弟，下事上如兄；上視下如子，必王四海；下事上如父，必政天下；上視下如弟，即'不'難為之死；下事上如兄，即'不'[2]難為之亡。故父子兄弟之寇，不可與之鬥。

是故〔義君〕內修其政以積其德，外塞於邪以明其勢，察其勞佚，以知飢飽，戰期有日，視死若歸〔，恩之加也〕。

【相關資料尋索】

{兵之所以強者，民也；民之所以必死者，義也；}義之所以能行者，威也。是故'合'之以文，齊之以武，是謂必取；威儀並行，是謂'至'強。

夫人之所樂者、生也，而所憎者、死也；然而高城深池，矢石若雨，平原廣澤，白刃交接，而'卒'爭先〔合〕者，彼非輕死而樂傷也，為其賞信而罰明也。

是故上視下如子，〔則〕下視上如父；上視下如弟，〔則〕下視上如兄。上視下如子，〔則〕必王四海；下視上如父，〔則〕必'正'天下。上視下如

---

[1] "死者必"三字原作"必死者"，據《文子續義》道藏本改。
[2] 兩"不"字，原均作"必"，據《文子續義》道藏本改。

弟，則不難為之死；下事上如兄，則不難為之亡。〔是〕故父子兄弟之寇，不可與鬥〔者〕，積恩先施也。故四馬不調，造父不能以致遠；弓矢不調，羿不能以必中；君臣乖心，則孫子不能以應敵。

是故內脩其政以積其德，外塞‘其醜以服其威’，察其勞佚，以知〔其〕飽飢，故‘戰日有期’，視死若歸。故將必與卒同甘苦、俟飢寒，故其死可得而盡也。《淮南子·兵略訓》p. 512-513／〈兵略訓〉辨析，頁 447-448

【探析與解說】

此章強調“義之所以行者，威也”，與本篇第六章所稱“法生於義，義生於眾適，眾適合乎人心”，二者義理有相當出入。以“威”來展現“義”，或為晉法家後續發展的思想。《商君書》有“所謂刑者，義之本也”（《商君書·開塞》篇），《申子》亦言：“君必有明法正義，若懸權衡以稱輕重，所以一群臣也。”（《申子·大體》篇）。此章見於《淮南子·兵略訓》，全章恐為《淮南子》別本殘文竄入。今本《文子》“上義”篇目的釐訂，或受到《淮南子·兵略訓》論“義”與“兵”觀念的影響。以下分三點來說明：

第一、“國之所以強者必死也”段：首句文意難解，見於〈兵略訓〉處作“兵之所以強者，民也；民之所以必死者，義也；義之所以能行者，威也。”何寧校《淮南子》云：“《荀子》〈議兵〉篇‘凡用兵攻戰之本，在乎壹民。弓矢不調，則羿不能以中微；六馬不和，則造父不能以致遠；士民不親附，則湯武不能以必勝也。故善附民者，是乃善用兵者也。故兵要在乎附民而已。’（《韓詩外傳》三第三十六章略同）故曰：‘兵之所以強者，民也。’《呂氏》〈蕩兵〉篇：‘凡兵也者，威也，威也者，力也，民之有威力，性也’，義與此文尤近。”王念孫校《淮南子》云：“《文子》〈上義〉篇作‘兵之所以強者必死也’，於義為長。”但劉文典云：“王說非也。……此文‘兵之所以強者，民也；民之所以必死者，義也；義之所以能行者，威也’三句相連，而以兩‘民’字，兩‘義’字為之樞紐。若改‘民’字為‘必死’，則句法既參差不齊，文義亦不相連貫矣。《文子》〈上義〉篇‘國之所以強者必死也，所以死者必義也，義之所以行者威也’，文義本不可通。”植案：〈兵略訓〉文字，句法整齊，義理明晰，〈上義〉篇此段有脫誤。

又，"是故令之以文"數句，見於《孫子·行軍》，〈行軍〉篇曰："故令之以文，齊之以武，是謂必取。令素行以教其民，則民服；令不素行以教其民，則民不服；令素行者，與眾相得也。""威義並行"句，〈兵略訓〉作"威儀併行"。劉文典云："儀，《文子》〈上義〉作'義'，當從之。"

又，"白刃交接"數句，〈兵略訓〉屬"夫人之所樂者，生也"段，作"然而高城深池，矢石若雨，平原廣澤，白刃交接，而卒爭先合者，彼非輕死而樂傷也，爲其賞信而罰明也。"《文子》此處似殘文綴合。

第二、"上視下如子"段：說明上下的關係，若如同父子兄弟，則無人可與鬥。此段文意與《孟子·離婁》相近，〈離婁〉篇曰："君之視臣如手足，則臣視君如腹心；君之視臣如犬馬，則臣視君如國人；君之視臣如土芥，則臣視君如寇讎。"

第三、"是故義君內修其政以積其德"段：首句，〈兵略訓〉無"義君"二字。段末亦無"恩之加也"四字，此當爲後世編輯《文子》者所加，以強調其與"上義"名篇的關係。

十二 〈上禮〉篇探析

　　"上禮"觀念出現於《老子》第三十八章,曰:"上禮爲之而莫之應,則攘臂而扔之",而《文子‧上仁》篇也云"上禮者一鄉歸之"。編輯今本《文子》者,似取此項資料"上禮"一詞,來名此篇。

　　今本《文子》後四篇篇名,在"下德"之後,接續使用"上仁"、"上義"與"上禮",可能也與《老子》第三十八章所稱"失道而後德,失德而後仁,失仁而後義,失義而後禮"的分層遞失過程有關。今本《文子》十二篇篇名的編定,或許即因襲著道家思想中此種哲學觀念類別的排列。我們提出今本《文子》編輯者可能的一種設想:

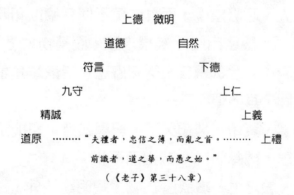

以"道原"作爲始源,而以"上禮"作爲終結,形成一個系統化的理論架構。"道原"爲萬物之源,"精誠"則是萬物之間所感通的本質(見朱弁注)。"九守"是人之所守,"專一於志,而九備於數"(朱弁注)。"符言"是契合道理(見朱弁注),故可"行道立德",以至於"上德"之"無所不得"(朱弁注)。"上德"以"微究真宗,以明契玄旨"(朱弁注),故以"微明"言道之體用。以"上德=微明"作爲修道之極致,而顯示於外者是謂"天理"之"自然"(見杜道堅注)。後世之君執德以顯,謂之"下德"。"下德"之後,層層遞失,故"上仁"則"海內歸之","上義"則"一國歸之","上禮"則"一鄉歸之"(〈上仁〉第十一章)。

　　這種解經之義的理論架構，實際上不但與《文子》古本資料內容無關，也與竄入《文子》中《淮南子》別本文義有別。但經過道士的編輯與注解，卻使《文子》一書哲學的真正義理，被湮滅了兩千年之久。

　　我們認爲本篇仍多爲《淮南子》別本殘文的竄入，但有部份文字仍爲與《淮南子》關係密切的“文子外編”資料。全篇分爲七章，第一章見於〈俶眞訓〉；第二章見於〈氾論訓〉；第三章見於〈泰族訓〉；第四章，見於〈精神訓〉；第五章見於〈齊俗訓〉；第六章，見於〈本經訓〉；第七章見於〈覽冥訓〉。

12-1

〔老子曰：〕

　　上古眞人，呼吸陰陽，而群生莫不仰其德以和順。當此之時，‘莫不，’[1]領理，隱密自成[2]，純樸未散，而萬物大優。

　　及世之衰也，至伏羲氏，昧昧憫憫，皆欲離其童蒙之心，而覺悟乎天地之間，其德煩而不一。

　　及至神農、黃帝，覈領天下，紀綱四時，和調陰陽。於是萬民莫不竦身而思，戴聽而視[3]，故治而不和。

　　下至夏、殷之世，嗜欲達[4]於物，聰明誘於外，性命失其眞。

　　施及周室，澆醇散樸，離道以爲僞，險德以爲行，智巧萌生。狙學以擬聖，華誣[5]以脅衆，琢飾《詩》《書》，以賈名譽。各欲以

---

[1] “莫不”二字，據《文子纘義》道藏本補。

[2] “成”字下，原有“純樸”二字，據《文子纘義》道藏本刪。

[3] 《文子纘義》道藏本作“竦身而思戴聽視”。

[4] “達”字，《文子纘義》道藏本作“連”。

[5] “誣”字，《文子纘義》道藏本作“誕”。

行其智偽，以容於世，而失大宗之本。

故世有喪性命，衰漸所由來久矣。

＊

是故至人之學也，欲以反性於無，游心於虛。世俗之學，擢德攓性，內愁五藏，暴行越知，以譊名聲於世，此至人所不為也。〔擢德，自見也，攓性，絕生也。〕

若夫至人定乎死生之意，通乎榮辱之理，舉世譽之而不益勸，舉世非之而不加沮，〔得至道之要也。〕

【相關資料尋索】

至德之世，甘瞑于溷澖之域，而徙倚于汗漫之宇，提挈天地而委萬物，以鴻濛為景柱，而浮揚乎無畛崖之際。〔是故〕‘聖人’呼吸陰陽〔之氣〕，而群生莫不〔顥顥然，〕仰其德以和順。當此之時，莫‘之’領理，‘決離’隱密〔而〕自成，〔渾渾蒼蒼，〕純樸未散，〔旁薄為一，〕而萬物大優，是故雖有羿之知而無所用之。

及世之衰也，至伏羲氏，〔其道〕昧昧‘芒芒’〔然〕，吟德懷和，被施頗烈，而知乃始昧昧栥栥，皆欲離其童蒙之心，而覺‘視’於天地之間，〔是故〕其德煩而不〔能〕一。

乃至神農、黃帝，〔剖判大宗，〕‘竅’領天地，襲九竅，重九垠，提挈陰陽，嫥捖剛柔，枝解葉貫，萬物百族，使各有經紀條貫，於此萬民睢睢盱盱然，莫不竦身而載聽視，是故治而不〔能〕和〔下〕。

棲遲至于昆吾、‘夏后’之世，嗜欲連於物，聰明誘於外，〔而〕性命失其‘得’。

施及周室〔之衰〕，澆淳散樸，‘雜’道以偽，‘檢’德以行，〔而〕‘巧故’萌生。

周室衰而王道廢，儒墨乃始列道而議，分徒而訟。於是‘博’學以‘疑’聖，華誣以脅眾，弦歌鼓舞，‘緣’飾《詩》、《書》，以買名譽於天下。繁登降之禮，飾絨冕之服，聚眾不足以極其變，積財不足以贍其費，於是萬民乃始懆觟離跂，各欲行其知偽，﹝以求鑿枘於世﹞而錯擇名利，是故百姓曼衍於淫荒之陂，而失其大宗之本。夫世之所以喪性命，有衰漸以然，所由來者久矣。

是故‘聖人’之學也，欲﹝以﹞反性於‘初’，﹝而﹞游心於虛﹝也﹞。達人之學也，欲以通性於遼廓，而覺於寂漠也。若夫俗世之學也則不然，‘擢’德塞性，內愁五藏，外勞耳目，乃始招蟯振繢物之豪芒，搖消掉捎仁義禮樂，暴行越智﹝於天下﹞，以‘招號’名聲於世。此‘我’﹝所羞而﹞不為也。

是故與其有天下也，不若有說也；與其有說也，不若尚羊物之終始，而條達有無之際。

是故舉世﹝而﹞譽之不加勸，舉世﹝而﹞非之不加沮，﹝定于死生之境，而通于榮辱之理﹞，雖有炎火洪水彌靡於天下，神無虧缺於胸臆之中矣。若然者，視天下之間，猶飛羽浮芥也，孰肯分分然以物為事也。《淮南子·俶真訓》p. 64-67

／〈俶真訓〉辨析，65-67

古之人，在混芒之中，與一世而得澹漠焉。當是時也，陰陽和靜，鬼神不擾，四時得節，萬物不傷，群生不夭，人雖有知，無所用之，此之謂至一。當是時也，莫之為而常自然。

逮德下衰，及燧人伏羲始為天下，是故順而不一。

德又下衰，及神農黃帝始為天下，是故安而不順。

德又下衰，及唐虞始為天下，興治化之流，澆淳散朴，離道以善，險德以行，然後去性而從於心。心與心識知而不足以定天下，然後附之以文，益之以博。文滅質，博溺心，然後民始惑亂，無以反其性情而復其初。

由是觀之，世喪道矣，道喪世矣。《莊子·繕性》

【探析與解說】

此章見於《淮南子·俶真訓》，而其中部份文字則見於《莊子·繕性》。全章可分為兩段，第一段敘說“世之喪性命，有衰漸以然”。第二段辨析“至人之學”與“世俗之學”的差異，並提出“得至道之要”的說明。此章文意，與《莊子·繕性》思想相近，其撰寫時代或《淮南子》成書之前，後輯入“文

子外編"。《淮南子》引用,並加以闡發。以下分四點來說明:

第一段:此段見於《淮南子・俶真訓》。〈俶真訓〉有多段資料,內容與此處相類,並與《莊子》關係密切。如:

> 古之人有處混冥之中,神氣不蕩於外,萬物恬漠以愉靜,攙搶〔衝〕(原作‘衝’,據王引之校改)杓之氣莫不彌靡,而不能為害(《莊子・繕性》:"古之人,在混芒之中,與一世而得澹漠焉。當是時也,陰陽和靜,鬼神不擾,四時得節,萬物不傷,群生不夭,人雖有知,無所用之,此之謂至一。當是時也,莫之為而常自然。")。當此之時,萬民倡狂,不知東西(《莊子・庚桑楚》:"吾聞至人,尸居環堵之室,而百姓猖狂不知所如往。";《莊子・在宥》:"浮遊不知所求;猖狂不知所往;遊者鞅掌,以觀無妄。");含哺而游,鼓腹而熙(夫赫胥氏之時,民居不知所為,行不知所之,含哺而熙,鼓腹而遊,民能以此矣。)《莊子・馬蹄》;《莊子・胠篋》:"夫赫胥氏之時,民居不知所為,行不知所之,含哺而熙,鼓腹而遊,民能以此矣。");交被天和,食於地德(《莊子・庚桑楚》:"夫至人者,相與交食乎地而交樂乎天。");不以曲故、是非相尤,茫茫〔沉沉〕(原作"沈沈",據王念孫校改);是謂大治。

> 古之真人,立於天地之本,中至優游,抱德煬和,而萬物〔炊〕(原作"雜",據孫詒讓校改。)累焉,孰肯解構人間之事,以物煩其性命乎!(《莊子・在宥》:"故君子苟能無解其五藏,無擢其聰明;尸居而龍見,淵默而雷聲,神動而天隨,從容無為而萬物炊累焉。吾又何暇治天下哉!")

這種標榜遠古至德盛世,人與天地自然交和的思想,是《莊子》〈駢拇〉、〈馬蹄〉、〈胠篋〉、〈在宥〉等篇所特意強調的。淮南王劉安曾注解《莊子》,〈俶真訓〉似保留此項資料的部份內容。《莊子》資料的編輯,首由劉安開其端。劉安及其門客,似也曾收集莊學傳承史料,而輯入"文子外編"。這些資料部份以《淮南子》別本的形式竄入《文子》。《文子》此章即顯現此種情況。

此段的原始資料應與《莊子・繕性》有關。〈繕性〉的文意結構為:"古之人……逮德下衰,及燧人伏羲始為天下……德又下衰,及神農黃帝始為天下……德又下衰,及唐虞始為天下。"分層說明"世喪道矣,道喪世矣。"而《文子》的敘說方式為:"上古真人……及世之衰也,至伏羲氏……及至神農、黃帝……下至夏、殷之世……施及周室……故世有喪性命,衰漸所由來久矣。"

"上古真人"，〈俶真訓〉作"至德之世，……是故聖人"，"上古真人"一詞，近於〈繕性〉篇"古之人"。而〈繕性〉篇"古之人"段文意又與《淮南子·俶真訓》："古之人有處混冥之中"段相近。

《文子》此段文字古樸，文句也較〈俶真訓〉簡要。〈俶真訓〉多見鋪章堆砌之處，似就"文子外編"資料加以申述發揮。

又，"莫不領理"句，〈俶真訓〉"不"作"之"，當從，"之"代名詞，指"群生"；"莫之領理"，指不去治理群生，《文子》似誤。

又，"昧昧懋懋"句，〈俶真訓〉作"昧昧㴱㴱"，王念孫校《淮南子》云："《說文》、《玉篇》、《廣韻》、《集韻》皆無'㴱'字，'㴱㴱'當爲'楙楙'。'昧昧'、'楙楙'，一聲之轉，皆欲知之貌也。《文子》〈上禮〉篇作'昧昧懋懋'，'懋'與'楙'古字通。

又，"及至神農"句，"及"字，〈俶真訓〉作"乃"，王念孫校《淮南子》云："'乃'當爲'及'，《文子》〈上禮〉篇正作'及'。"

又，"戴聽而視"句，文意費解。俞樾曰："'戴聽而視'，義不可通。《淮南子》〈俶真訓〉作'莫不竦身而載視聽'，亦似有誤。疑本作'竦耳而聽，載目而視'。今作'竦身'者，'身'乃'耳'之誤也。'載目'即'側目'。載、側一聲之轉。《詩·七月》、〈湛露〉諸篇鄭箋並云：'載之言則也。'是其例也。《淮南》作'載'，尚得其字。此變作'戴'，於義更難曉矣。"

又，"霻領天下"句，"霻"字，〈俶真訓〉作"竅"。于大成[1]云："《淮南·俶真訓》'霻'作'竅'，高誘彼注云：'竅，通也。領，理也。'此文徐注云：'謂陰陽壅沈而通之'，亦以通訓竅，是'霻'即'竅'之形誤。"

又，"施及周室"句，〈俶真訓〉作"施及周室之衰"。王引之校《淮南子》云："'之衰'二字，後人所加也。尋繹上文，自伏羲氏以下，皆爲衰世，則方其盛時亦謂之衰·不待其衰而後爲衰也。下文'周室衰而王道費'，始言周室之衰耳。若此句先言周室之衰，則下文不須更言衰矣。《文子》〈俶真訓〉

---

[1] 于大成，〈文子上禮校釋〉，淡江學報第十五期 1977 年，台北。後引同書不標明出處。

作‘施及周室’，無‘之衰’二字。”

又，“離道以爲僞”句，〈俶真訓〉作“雜道以僞”。高誘注：“雜，粗。”王念孫曰：“‘雜’當爲‘離’，字之誤。‘儉’讀爲‘險’。……《莊子》〈繕性〉篇：‘德又下衰，澆淳散朴，離道以善，險德以行。’《文子》作‘離道以爲僞，險德以爲行’，又本於《淮南》。此正《淮南》所本。然則原文作‘離道’明矣。高注訓‘離’爲‘粗’，則所見本已誤作‘雜’。”但《文子》並非本於《淮南子》，〈上禮〉篇此處資料，當屬“文子外編”中《淮南子》別本殘文。高誘所見本與此種別本文字有異。可見竄入《文子》之《淮南子》別本資料，在東漢之前即已流傳於世。

“又，“狙學以擬聖”句，〈俶真訓〉作“博學以疑聖”。高誘注曰：“博學楊、墨之道，以疑孔子之術。”王引之校《淮南子》云：“疑，讀曰擬。‘博學以擬聖’，謂博學多聞以字比於聖人也。……《文子》作‘狙學以擬聖’，是其證。《莊子》〈天地〉篇‘博學以擬聖，於于以蓋眾’，即《淮南》所本也。高說失之。”〈俶真訓〉似保留與高誘所見不同文本文字。“狙”，《說文》：“玃屬。”《廣雅·釋獸》：“狙，獼猴也。”《管子·七臣七主》：“從狙而好小察。”尹知章注：“狙，伺也。”“狙學”，無所根源之學也。

又，“華誣以脅眾”句，“華誣”二字，〈俶真訓〉同，《文子纘義》本作“華誕”。《逸周書·官人》：“少知而不大決，少能而不大成，規小物而不知大倫，曰華誕者也。”“華誕”，指不知大道而媚於小成，與前文“狙學”對文。《文子》與〈俶真訓〉作“華誣”，均誤。

又，“琢飾《詩》《書》”句，“琢”字，〈俶真訓〉作“緣”。于大成云：“‘緣飾’常語，‘琢’與‘緣’形似，故‘緣’誤爲‘琢’。”

第二段：此段敘說“反性於無，游心於虛”的“至人之學”。這是〈駢拇〉等四篇的作者，針對人文之世所提出的一種本源回歸的處世操持。至人能“定乎死生之意，通乎榮辱之理”，以求徹底擺脫人間世域的糾葛。在道家傳承的發展中，此種人義的要求具有激烈反對人文價值的傾向。

《文子》此段區分出“至人之學”與“俗事之學”的差異，而〈俶真訓〉

則列出“聖人之學”、“達人之學”與“俗世之學”三者的不同情況。〈俶真
訓〉此處對“聖人”與“達人”的區分，差異難辨，而“達”字又與“至”字
可通，似刻意加以衍述。

又，“此至人所不爲也”，〈俶真訓〉作“此我所羞而不爲也”，此處出
現第一人稱的“我”，頗顯唐突。

又，“耀德，自見也，攖性，絕生也”四句，似“耀德攖性”句注文竄入。

又“若夫至人定乎死生之意”數句，似出自《莊子》。〈逍遙游〉曰：“且
舉世而譽之而不加勸，舉世而非之而不加沮；定乎內外之分，辯乎榮辱之境，
斯已矣。”〈俶真訓〉此處“雖有炎火洪水彌靡於天下”等句似引用〈德充符〉
文意。〈德充符〉曰：“而況官天地，府萬物，直寓六骸，象耳目，一知之所
知，而心未嘗死者乎！彼且擇日而登假，人則從是也。彼且何肯以物爲事乎！”
“若夫至人定乎死生之意”句，“意”字，〈俶真訓〉作“境”。“意”似“竟”
之形誤。

又，“得至道之要”句，未見於《淮南子》。此句爲此章結語，似編輯今
本《文子》者所加。

12-2

〔老子曰：〕

古者被髮而無卷領，以王天下，其德生而不殺，與而不奪，天
下‘不’[1]非其服，同懷其德；當此之時，陰陽和平，萬物蕃息，飛
鳥之巢，可俯[2]而探也，走獸可係而從也。〔及其衰也，〕鳥獸蟲蛇，
皆爲民害，故鑄鐵鍛刃，以禦其難。夫民迫其難即求其便，因其患

---

[1] “不”字，據《文子纘義》道藏本補。

[2] “俯”字，《文子纘義》道藏本作“俛”。

即操¹其備,各以其智,去其所害,就其所利。常故不可循,器械不可因,故先王之法度,有變易者也。〔故曰:"名可名,非常名也。"〕

五帝異道而德覆天下,三王殊事而名'立'²後世,因時而變者也。譬猶師曠之調五音也,所推移上下,無常尺寸以度,而靡不中者。故通於樂之情者能作音,有本主於中而知規矩鉤繩之所用者能治人。故先王之制,不宜即廢之,末世之事,善即著之。故聖人之制禮樂者,不制於禮樂。〔制物者,不制於物,制法者,不制於法。故曰"道可道,非常道也。"〕

【相關資料尋索】

古者'有螫而絭領'以王天下〔者矣〕,其德生而不'辱','予'而不奪,天下不非其服,同懷其德。當此之時,陰陽和平,〔風雨時節,〕萬物蕃息,'烏鵲'之巢可俯而探也,'禽'獸可'羈'而從也,豈必褒衣博帶,句襟委章甫哉!

*

古者民澤處復穴,多日則不勝霜雪霧露,夏日則不勝暑熱蚊䖟。聖人乃作,爲之築土構木,以爲宮室,上棟下宇,以蔽風雨,以避寒暑,而百姓安之。伯余之初作衣也,緂麻索縷,手經指挂,其成猶網羅。後世爲之,機杼勝複,以便其用,而民得以掩形御寒。古者剡耜而耕,摩蜃而耨,木鉤而樵,抱甀而汲,民勞而利薄。後世爲之耒耜耰鉏,斧柯而樵,桔皋而汲,民逸而利多焉。古者大川名谷,衝絕道路,不通往來也,乃爲窬木方版,以爲舟航,故地勢有無,得相委輸。乃爲蹢躅而超千里,肩尚負儋之勤也,而作爲之楺輪建輿,駕馬服牛,民以致遠而不勞。'爲鷙禽猛獸之害傷人',而無以禁御也,而'作爲之鑄金鍛鐵,以爲兵刃',猛獸不能爲害。

1　"操"字,《文子纘義》道藏本作"造"。
2　"立"字,據《文子纘義》道藏本補。

　　故民迫其難‘則’求其便，困其患‘則’造其備，〔人〕各以其〔所〕知，去其所害，就其所利。常故不可循，器械不可因〔也〕，‘則’先王之法度有移易者〔矣〕。

　　古之制，婚禮不稱主人，舜不告而娶，非禮也。立子以長，文王舍伯邑考而用武王，非制也。禮三十而娶，文王十五而生武王，非法也。夏后氏殯於阼階之上，殷人殯於兩楹之間，周人殯於西階之上，此禮之不同者也。有虞氏用瓦棺，夏后氏堲周，殷人用椁，周人牆置翣，此葬之不同者也。夏后氏祭於闇，殷人祭於陽，周人祭於日出以朝，此祭之不同者也。堯《大章》，舜《九韶》，禹《大夏》，湯《大濩》，周《武象》，此樂之不同者也。

　　〔故〕五帝異道而德覆天下，三王殊事而名‘施’後世，〔此皆〕因時變〔而制禮樂〕者也。譬猶師曠之‘施瑟柱’也，所推移上下〔者〕無寸尺之度，而靡不中〔音〕。故通於禮樂之情者能作音，有本主於中，而〔以〕知矩‘籰’之所‘周者’也。

　　魯昭公有慈母而愛之，死爲之練冠，故有慈母之服。陽侯殺蓼侯而竊其夫人，故大饗廢夫人之禮。先王之制，不宜‘則’廢之；末世之事，善‘則’著之；是故禮樂未始有常也。故聖人制禮樂，〔而〕不制於禮樂。治國有常，而利民爲本。政教有經，而令行爲上。苟利於民，不必法古。苟周於事，不必循舊。夫夏、商之衰也，不變法而亡。三代之起也，不相襲而王。故聖人法與時變，禮與俗化，衣服器械各便其用，法度制令各因其宜。故變古未可非，而循俗未足多也。《淮南子·氾論訓》p. 421 ／〈氾論訓〉辨析，頁 352-355

　　景公問晏子曰：“吾欲服聖王之服，居聖王之室，如此，則諸侯其至乎？”晏子對曰：“法其節儉則可，法其服，居其室，無益也。三王不同服而王，非以服致諸侯也。誠于愛民，果于行善，天下懷其德而歸其義，若其衣服節儉而眾說也。夫冠足以修敬，不務其飾；衣足以掩形，不務其美。衣無隅差之削，冠無觚嬴之理，身服不雜彩，首服不鏤刻。且古者嘗有紩衣攣領而王天下者，其政好生，而惡殺，節上而羨下。天下不朝其服而並歸其義，其義。古者嘗有處橧巢窟穴而王天下者，其政而不惡，予而不取，天下不朝其室，而共歸其仁。及三代作服，爲益敬也，首服足以修敬，而不重也，身服足以行潔，而不害于動作；服之輕重便於身，用財之費順于民。其不爲橧巢者，以避風也；其不爲窟穴者，以避溼也。是故明堂之制，下之潤溼，不能及也；上之寒暑，不能入也。土事不文，木事不鏤，示民知節也。及其衰也，衣服之侈過足以敬；宮室之美，過避潤溼，用力甚多，用財甚費，與民爲讎。今君欲法聖王之服室，不法其制，法其節儉也，則雖未成治，庶其有益也。今君窮臺榭之高，極汙池之深而不止；務于刻鏤之巧，文章之觀而不厭，則亦與民爲讎矣。若臣之慮，恐國之危，而公不平也。公乃願致諸侯，不亦難乎？公之言過矣！" 《晏子春秋·諫篇》

魯哀公問舜冠於孔子，孔子不對。三問，不對。哀公曰："寡人問舜冠於子，何以不言也？" 孔子對曰："古之王者，有務而拘領者矣，其政好生而惡殺焉，是以鳳在列樹，麟在郊野，烏鵲之巢可俯而窺也。君不此問而問舜冠，所以不對也。" 《荀子·哀公》

故至德之世，其行填填，其視顛顛。當是時也，山無蹊隧，澤無舟梁；萬物群生，連屬其鄉；禽獸成群，草木遂長。是故禽獸可係羈而遊，烏鵲之巢可攀援而闚。《莊子·馬蹄》

【探析與解說】

此章見於《淮南子·氾論訓》。全章可分前、後兩節，似具有解證《老子》的形式。但《文子》此處文字內容，與其所引《老子》經文，毫無關係。唐代徐靈府曾分別注此兩節，曰："世之衰，物不淳一，各生異情，遞相殘害，智詐相欺，制器械而爲備，去其害就其利，故先王變法非有常也。故法無常名也。" "制禮非禮，乖於道也。制樂非樂，失其和也。物制於物，尙可也，法制非法，逾其政也。" 徐注解釋，甚爲牽強，顯示出編輯今本《文子》者，改編竄入其中《淮南子》別本殘文。〈氾論訓〉此處原始資料似與《荀子》有關，〈哀公〉篇曰："古之王者，有務而拘領者矣，其政好生而惡殺焉。" 此與見於〈氾論訓〉處首兩句文意相近。以下分兩點來說明：

第一、"古者被髮"段：《文子》此段的文意結構爲"古者被髮而無卷領，以王天下…………/及其衰也，鳥獸蟲蛇，皆爲民害，故鑄鐵鍛刃，以禦其難。/夫民迫其難即求其便，因其患即操其備，……故先王之法度，有變易者也。

／故曰："名可名，非常名也。"見於〈氾論訓〉處，"古者有鏊而綣領以王天下者矣"段，與文子相近，但"及其衰也"四字，〈氾論訓〉無，"鳥獸蟲蛇，皆爲人害，故鑄鐵鍛刃，以禦其難"四句，〈氾論〉作"爲鷙禽猛獸之害傷人，而無以禁御也，而作爲之鑄金鍛鐵，以爲兵刃，猛獸不能爲害。"〈氾論訓〉此四句見於"古者民澤處復穴"段，說明聖人因民之患，而造其備。《文子》雖以"及其衰也"形式，形成與前文"古者"的對比。但前段敘說"王天下"之事，與後者"故鑄鐵鍛刃，以禦其難"文意，不能承續。顯見《文子》此處爲《淮南子》別本殘文綴合，"及其衰也"四字，當爲編輯今本者所加。但〈氾論訓〉"古者民澤處復穴"段，就歷史發展，舉事例說明"古者"與"後世"生活狀況的不同。當人民迫於困難，就會找出方便的辦法，被禍患困擾，就會造出防備的器具。此種論述，與〈氾論訓〉前節強調古時以無爲"王天下"的敘說，明顯不同。二節之間似也有脫文。

又，"古者被髮而無卷領"句，〈氾論〉訓作"古者有鏊而綣領"。高誘注："一說，鏊，放髮也。""放髮"與"被髮"，意近，高誘似曾見《淮南子》別本。"無卷領"三字，顧觀光云："'無'字衍，當依〈氾論訓〉刪。"于大成云："顧說是也。……'卷領'，《淮南》作'綣領'《晏子春秋》〈諫下〉篇作'攣領'，《荀子》〈哀公〉篇作'拘領'，《尚書大傳》作'句領'，《韓詩外傳・三》作'鏊領'，並音近義同。《荀子》楊注云：'曲領也。'禮正服方領；被髮與曲領，皆謂無飾也。"

又，"其德生而不辱"句，"不辱"二字，〈氾論訓〉作"不殺"。王念孫校《淮南子》云："'不辱'當作'不殺'。，故高注'刑措不用'。今作'辱'者，後人妄改之也。……《太平御覽》〈皇王部〉引此已誤作'辱'。張載〈魏都賦〉注及舊本《北堂書抄》〈衣冠部〉三引此並作'殺'。《文子》〈上禮〉篇同。《晏子春秋》〈諫篇〉'且古者嘗有絻衣攣領而王天下者，其政好生而惡殺'，《荀子》〈哀公〉篇'古之王者，有務而拘領者矣，其政好生而惡殺焉'，此《淮南》所本。"

又，"陰陽和平"句後，〈氾論訓〉句後有"風雨時節"四字。王叔岷云："案：《御覽》七七引此，以'風雨時節'爲'陰陽和平'之注。《文子》〈上禮〉篇正無'風雨時節'四字。"

又，“因其患即操其備”句，“因”當爲“困”之形誤，〈氾論訓〉正作“困”。“困其患”與上文“迫其難”相對爲文。

又，“各以其智”四字，〈氾論訓〉“智”前有“所”字。王念孫校《淮南子》云：“‘人各以其所知’，當作‘人各以其知’，‘知’與‘智’同，言各用其智，以去害而就利也。今本‘知’上有‘所’字者，涉下兩‘所’衍。《文子》〈上禮〉正作‘各以其智，去其所害，就其所利’。”

第二、“五帝異道而德覆天下”段：《文子》此段，說明五帝三王異道殊事，皆因時而變，故德覆天下，名立後世。《文子》此段與〈氾論訓〉記載略異，似屬不同文本來源，但二者文字均有訛誤。“因時而變者”句，〈氾論訓〉作“此皆因時變而制禮樂者也”。下文曰：“聖人之制禮樂者，不制於禮樂。”《文子》似脫“制禮樂”等字。

又，“譬猶師曠之調五音也，所推移上下，無常尺寸以度，而靡不中者”四句，〈氾論訓〉作“譬猶師曠之施瑟柱也，所推移上下者無寸尺之度，而靡不中音。”“調五音”，“施瑟柱”意含相近。“無常尺寸以度”句，意指無作爲標準的尺來度量。與〈氾論訓〉敍說略異。

又，“故通於樂之情者能作音，有本主於中而知規矩鉤繩之所用者能治人”兩句，〈氾論訓〉作“故通於禮樂之情者能作音，有本主於中，而以知矩矱之所周者也。”《文子》此處分作“能作音”、“能治人”兩事來說。〈氾論訓〉則僅說明“通於禮樂之情者能作音”，“有本於中”句下，申述前句之義。《文子》此處與〈氾論訓〉均以“師曠之不以尺寸之度調音”取譬，〈氾論訓〉作“通於禮樂之情”，“樂”字恐涉前文而衍。《文子》意含較佳。

又，“制物者，不制於物”等數句，不見於《淮南子》，或原爲解《老》殘文。編輯今本《文子》者，就竄入其中《淮南子》別本殘文，加以增添湊合。

12-3

〔老子曰：〕

昔者[1]聖王，仰取象於天，俯取度於地，中取法於人。調陰陽之氣，和四時之節，察陵陸水澤肥墽高下之宜，以立事生財，除飢寒之患，辟疾疢之災。中受人事，以制禮樂，行仁義之道，以治人倫。列金木水火土之性，以立父子之親而成家；聽五音清濁六律相生之數，以立君臣之義而成國；察四時孟仲季之序，以立長幼之節而成官；列地而州之，分國而治之，立大學以教之，此治之綱紀也。得道即舉，失道即廢。

夫物未嘗有張而不弛，盛而不敗者也，唯聖人可盛而不敗。聖人初作樂也，以歸神杜淫，反其天心；至其衰也，流而不反，淫而好色，不顧正法，〔流及後世，〕至於亡國。其作書也，以領理百事，愚者以不忘，智者以記事；及其衰也，為姦偽以解有罪，而殺不辜。其作囿也，以‘奉’[2]宗廟之具，簡士卒以戒不虞；及其衰也，馳騁弋獵以奪民時，以罷民力。其‘尚’[3]賢也，以平教化，正獄訟，賢者在位，能者在職，澤施於下，萬民懷德；至其衰也，朋黨比周，各推其所與，廢公趨私，外內相舉，姦人在位，賢者隱處。天地之道，極則反，益則損。故聖人治弊而改制，事終而更為。其美在和，其失在權。

〔聖人之道曰：〕非修禮義，廉恥不立；民無廉恥，不可以治；不知禮義，法不能正；非崇善廢醜，不響禮義。無法不可以為治，不知禮義，不可以行法。法能殺不孝者，不能使人孝；能刑盜者，

1　“者”下原有“之‘字，據《文子纘義》道藏本刪。
2　“奉”字原作“成”，據《文子纘義》道藏本改。
3　“尙”字原作“上”，據《文子纘義》道藏本改。

不能使人廉。聖王在上，明好惡以示人，經非譽以導之，親'賢'[1]而進之，賤不肖而退之。刑錯而不用，禮義修而任賢德也。

故天下之高，以為三公；一州之高，以為九卿；一國之高，以為二十七大夫；一鄉之高，以為八十一元士。智過萬人者謂之英，千人者謂之雋，百人者謂之傑，十人者謂之豪。明於天地之道，通於人情之理，大足以容眾，惠足以懷遠，智足以知權，人英也。德足以教化，行足以隱義，信足以得眾，明足以照下，人雋也。行可以為儀表，智足以決嫌疑，信可以守約，廉可以使分財，作事可法，出言可道，人傑也。守職不廢，處義不比，見難不苟免，見利不苟得，人豪也。英俊豪傑，各以大小之材處其位，由本流末，以重制輕，上唱下和，四海之內，一心同歸，背貪鄙，嚮仁義，其於化民，若風之靡草。

今使不肖臨賢，雖嚴刑不能禁其姦。小不能制大，弱不能使強〔，天地之性也〕。故聖人舉賢以立功，不肖之主舉其所與同。觀其所舉，治亂分矣；察其黨與，賢不肖可論也。

【相關資料尋索】

昔者，'五帝三王'之蒞政施教，必用參五。何謂參五？仰取象於天，俯取度於地，中取法於人。

乃立明堂之朝，行明堂之令，以調陰陽之氣，而和四時之節，〔以〕辟疾'病'之菑。

俯視地理，以制度量，察陵陸水澤肥墽高下之宜，立事生財，以除飢寒之患。

中'考乎人德'，以制禮樂，行仁義之道，以治人倫而除暴亂之禍。乃澄

---

[1] "賢"字，據《文子纘義》道藏本補。

列金木水火土之性，‘故’立父子之親而成家；‘別清濁’五音六律相生之數，以立君臣之義而成國；察四時季孟之序，以立長幼之禮而成官；此之謂參。

制君臣之義，父子之親，夫婦之辨，長幼之序，朋友之際，此之謂五。

乃裂地而州之，分職而治之，築城而居之，割宅而異之，分財而衣食之，立大學而教〔誨〕之，夙興夜寐而勞力之。此治之紀綱也。然得‘其人’則舉，失‘其人’則廢。

堯治天下，政教平，德潤洽。在位七十載，乃求所屬天下之統，令四岳揚側陋。四岳舉舜而薦之堯，堯乃妻以二女，以觀其內；任以百官，以觀其外；既入大麓，烈風雷雨而不迷，乃屬以九子，贈以昭華之玉，而傳天下焉。以為雖有法度，而朱弗能統也。

＊

夫物未嘗有張而不弛、成而不毀者也，唯聖人能‘盛’而不衰，盈而不虧。‘神農之初作琴也’，以歸神；及其淫也，反其天心。‘夔’之初作樂也，皆合六律而調五音，以通八風；‘及’其衰也，‘以沈湎淫康’，‘不顧政治’，‘至於滅亡’。‘蒼頡之’〔初〕作書，〔以辯治百官，〕領理‘萬’事，愚者〔得〕以不忘，智者〔得〕以‘志遠’；及〔至〕其衰也，為奸〔刻〕偽〔書〕，以解有罪，以殺不辜。〔湯之初〕作囿也，以奉宗廟‘鮮犧’之具，簡士卒，〔習射御，〕以戒不虞；及‘至’其衰也，馳騁‘獵射’，以奪民時，罷民之力。

〔堯之舉禹、契、后稷、皋陶，政教平，奸宄息，獄訟止而衣食足，賢者勸善而不肖者懷其德〕；〔及〕至其‘末’，朋黨比周，各推其與，廢公趨私，外內相〔推〕舉，‘奸’人在‘朝’〔而〕賢者隱處。

故《易》之失也卦，《書》之失也敷，樂之失也淫，《詩》之失也辟，《禮》之失也忮，《春秋》之失也訾。

天地之道，極則反，‘盈’則損。五色雖朗，有時而渝；茂木豐草，有時而落；物有隆殺，不得自若。故聖人｛事‘窮’而‘更為’｝，法弊而改制，非樂變古易常也，將以救敗扶衰，黜淫濟非，以調天地之氣，順萬物之宜也。

＊

聖人天覆地載，日月照，陰陽調，四時化，萬物不同，無故無新，無疏無親，故能法天。天不一時，地不一利，人不一事，是以緒業不得不多端，趨行不得不殊方。五行異氣而皆適調，六藝異科而皆同道。溫惠柔良者，《詩》之風也，淳厖敦厚者，《書》之教也；清明條達者，《易》之義也；恭儉尊讓者，禮之爲也；寬裕簡易者，樂之化也；刺幾辯義者，《春秋》之靡也。

故《易》之失鬼，《樂》之失淫，《詩》之失愚，《書》之失拘，禮之失忮，《春秋》之失訾。六者，聖人兼用而財制之。失本則亂，得本則治。其美在調，其失在權。

水火金木土穀，異物而皆任；規矩權衡準繩，異形而皆施。丹青膠漆，不同而皆用。各有所適，物各有宜。輪圓輿方，轅從衡橫，勢施便也。驂欲馳，服欲步，帶不猒新，鉤不猒故，處地宜也。《淮南子·泰族訓》p. 671-675／〈泰族訓〉辨析，頁 620-624

{民無廉恥，不可治也}；非修禮義，廉恥不立。民‘不知禮義’，法‘弗’能正〔也〕；非崇善廢醜，不‘向’禮義。無法不可以為治〔也〕，不知禮義，不可以行法〔也〕。法能殺不孝者，〔而〕不能使人‘為孔、曾之行’；〔法〕能刑〔竊〕盜者，〔而〕不能使人‘為伯夷之廉’。

孔子弟子七十，養徒三千人，皆入孝出悌，言爲文章，行爲儀表，教之所成也。墨子服役者百八十人，皆可使赴火蹈刃，死不還踵，化之所致也。夫刻肌膚，鑱皮革，被創流血，至難也，然越人爲之，以求榮也。

聖王在上，明好惡以示之，經‘誹’譽以導之，親賢而進之，賤不肖而退之，無被創流血之苦，而有高世尊顯之名，民孰不從？

古者法設而不犯，刑錯而不用，非可刑而不刑也，百工維時，庶績咸熙，禮義‘脩’而任賢德也。故〔舉〕天下之高，以為三公，一‘國’之高以為九卿，一‘縣’之高以為二十七大夫，一鄉之高以為八十一元士。

〔故〕‘知’過萬人者謂之英，千人者謂之‘俊’，百人者謂之‘豪’，十人者謂之‘傑’。‘明於天道，察於地理’，通於人情，大足以容眾，‘德’足以懷遠，信足以一異，‘知’足以知‘變者’，人〔之〕英也。德足以教化，行足以隱義，‘仁’足以得眾，明足以照下〔者〕，人〔之〕‘俊’也。行‘足’以為儀表，‘知’足以決嫌疑，{廉足以分財}，信可使守約，作事可法，出言可道〔者〕，人〔之〕‘豪’也。守職〔而〕不廢，處義〔而〕不比，見難

595

不苟免，見利不苟得〔者〕，人〔之〕‘傑’也。

英‘俊’豪傑，各以小大之材處其位，得其宜，由本流末，以重制輕，上唱〔而〕‘民’和，上動而下隨，四海之內，一心同歸，背貪鄙〔而〕‘向’義理，其於化民〔也〕，若風之‘搖’草〔木〕，無之而不靡。

今使愚教知，使不肖臨賢，雖嚴刑罰，‘民弗從也’。小不能制大，弱不能使強〔也〕。故‘聖主者’舉賢以立功，不肖主舉其所與同。文王舉太公望、召公奭而王，桓公任管仲、隰朋而霸，此舉賢以立功也。夫差用太宰嚭而滅，秦任李斯、趙高而亡，此舉所與同。故觀其所舉，而治亂‘可見也’；察其黨與，〔而〕賢不肖可論也。《淮南子·泰族訓》p. 681-683／〈泰族訓〉辨析，頁 632-634

【探析與解說】

此章說明聖人取象於天，取度於地，取法於人的思想，強調聖人治弊改制，能成而不敗，並以修禮義，任賢德為“聖人之道”，與儒家傳承相近。全章接續見於《淮南子·泰族訓》多處，但文意不能通貫，似《淮南子》別本殘文竄入，〈泰族訓〉亦有脫文錯簡。以下分五點來說明：

第一、“昔者聖王”段：《文子》此段文意不完。見於〈泰族訓〉處則說明“昔者，五帝三王之蒞政施教，必用參五”，“參”指“仰取象於天，俯取度於地，中取法於人”，“五”指“制君臣之義，父子之親，夫婦之辨，長幼之序，朋友之際”。《文子》此處並未見“參五”的說明，似《淮南子》殘文綴合。但〈泰族訓〉此章文意，恐亦有脫文。文中對於“用參”的內容解釋詳盡，而對“用五”之事，僅言“制君臣之義，父子之親，夫婦之辨，長幼之序，朋友之際，此之謂五。”有違此處行文的體例。全段文意見於《荀子·禮論》，〈禮論〉篇曰：“上取象於天，下取象於地，中取則於人，人所以群居和一之理盡矣。”

又，“條陰陽之氣”兩句，〈泰族訓〉作“乃立明堂之朝，行明堂之令，以調陰陽之氣，而和四時之節，以辟疾病之菑。”〈泰族訓〉此段似說明“用三”之“仰取象於天”事項的殘文。

又，"察陵陸水澤肥墝高下之宜"四句，〈泰族訓〉作"俯視地理，以制度量，察陵陸水澤肥墝高下之宜，立事生財，以除飢寒之患。"〈泰族訓〉此段似說明"用三"之"俯取度於地"事項。

又，"中受人事"數句，〈泰族訓〉說明"用三"之"中取法於人"事項。首句作"中考乎人德"。"列金木水火土之性"，〈泰族訓〉作"乃列金木水火土之性"，與前文聯繫較爲完整。

又"辟疾疢之災"句，〈泰族訓〉作"以辟疾病之菑"。王念孫在〈脩務訓〉"時多疾病毒傷之害"句下，校云："'疾病'本作'疢病'，後人誤讀'疢'爲'瘡疹'之'疹'也。《小雅》〈小弁〉篇及《左傳》成六年、哀五年《釋文》并云：'疢或作疹。'《廣雅音》云：'疢，今疹字也。'……是'疢'與'疹'同。《史記》〈貨殖列傳〉《正義》、《太平御覽》〈皇王部〉三、〈資産部〉三、〈鱗介部〉十三引此，併作'疢病'，是其證。又〈泰族訓〉'以調陰陽之氣，而和四時之節，以辟疾病之菑'，亦是本作'疾疢'，而後人改爲'疾病'也《文子》〈上禮〉篇作'疾疢之災'，是其證。"〈上禮〉篇此處當保留《淮南子》舊文。

又，"以立父子之親而成家；聽五音清濁六律相生之數"兩句，〈泰族訓〉作"故立父子之親而成家；別清濁五音六律相生之數"。王念孫校《淮南子》云："'故父子之親'，亦當作'以立父子之親'，與下文相對。《文子》〈上禮〉篇正作'以立'，'清濁五音'亦當依《文子》作'五音清濁'。"

又，"分國而治之"句，"國"字，〈泰族訓〉作"職"。《文子纘義》本作"職"。王叔岷云："《治要》引'國'作'職'。"植案：《文子》上文稱"以立君臣之義而成國"，"國"字文意似較古樸。

第二、"夫物未嘗有張而不弛"段：此段見於〈泰族訓〉處，屬另章資料，二者敍說的方式有異：《文子》的結構爲："聖人初作樂也……其作書也…………其作囹也……其尙賢也……"；《淮南子》作"神農之初作琴也……夔之初作樂也……蒼頡之初作書……湯之初作囹也……堯之舉禹、契、后稷、皋陶……"。〈泰族訓〉舉出"神農作琴"、"夔作樂"、"倉頡作書"、"湯作囹"、"堯之舉禹、契、后稷、皋陶"等事例，《文子》均歸諸"聖人"的作爲。

又，王念孫於"反其天心"句下校云："此文本作'神農之初作琴也，以歸神杜淫，反其天心；至其衰也，流而不反，淫而好色，至於亡國。''流而不反'正對'反其天心'言之'淫而好色'正對'杜淫'言之。下文'夔之初作樂也，皆合六律而調五音，以通八風；及其衰也，以沈湎淫康，不顧政治，至於滅亡。'句法皆與此相對。此以淫、心為韻，色、國為韻；下文以音、風為韻，康、亡為韻。《文子》〈上禮〉篇作'聖人初作樂也，以歸神杜淫，反其天心；至其衰也，流而不反，淫而好色，（今本此下有"不順正法，流及後世"八字，蓋後人所加，《群書治要》引《文子》無此八字。），至於亡國'，是其明證矣。《文選》〈長笛賦〉注引上三句云：'神農之初作瑟，以歸神反望，及其天心。''杜淫'作'反望'，'反其'作'及其'，皆傳寫之誤。而句法正與《文子》同。若今本，則錯脫不成文理，且失其韻矣。"

又，"智者以記事"句，〈泰族訓〉作"智者得以智遠"。王念孫校《淮南子》云："'智遠'本作'志事'。以書記事，無分於遠近，不當獨言志遠。後人以兩'事'字重出，故改'志事'為'志遠'耳，不知古人之文不嫌於複，且兩'事'字自為韻，若作'志遠'，則失其韻矣。《文子》正作'智者以記事。"

又，"以罷民力"句，〈泰族訓〉作"罷民之力"。王念孫校《淮南子》云："'罷民之力'，當作'以罷民力'，與上句相對為文。'上句'以解有罪，以殺不辜'，與此文同一例。《文子》正作'以罷民力'。"但劉文典云："《初學記》〈居處部〉引，作'馳騁游獵，以奪人之時，勞人之力'。"植案：此處文字當屬不同《淮南子》文本。

又，"外內相舉"句，〈泰族訓〉作"內外相推舉"。王念孫校《淮南子》云："'內外相推舉'，句法與上文不協。且'推'字與上文'各推其類'相複，去衍文也。《文子》無'推'字。"

又，"其美在和，其失在權"兩句，"和"字，〈泰族訓〉作"調"。王念孫校《淮南子》云："'調'當為'和'，……若作'調'，則失其韻矣。《文子》〈上禮〉篇正作'其美在和，其失在權'。"此兩句，〈泰族訓〉在"六者，聖人兼用而財制之"段之後，作"失本則亂，得本則治。其美在調，其失在權。"〈泰族訓〉此處似有錯簡，"失本則亂"等四句恐屬於"天地之道"段，〈上禮〉篇保留《淮南子》資料舊文次序。

第三、"聖人之道曰"段：《文子》此段似以"聖人之道曰"引述前人資料，〈泰族訓〉無此五字。〈泰族訓〉此段作"民無廉恥，不可治也；非修禮義，廉恥不立。民不知禮義，法弗能正也；非崇善廢醜，不向禮義。無法不可以為治也，不知禮義，不可以行法也。"文句對偶完整，語意清晰，《文子》句序似有錯亂。"不能使人孝"、"不能使人賢"兩句，〈泰族訓〉作"不能使人為孔、曾之行"、"不能使人為伯夷之廉"。《文子》此處使用泛稱之詞。

又，"刑錯不用，禮義修而任賢德"，文義費解。〈泰族訓〉作"古者法設而不犯，刑錯而不用，非可刑而不刑也，百工維時，庶績咸熙，禮義脩而任賢德也。"《文子》似僅存殘文。

第四、"故天下之高"段："三公"、"九卿"、"二十七大夫"、"八十一原士"等官制的分類見於《禮記·王制》。〈王制〉篇曰："天子：三公，九卿，二十七大夫，八十一元士。大國：三卿；皆命於天子；下大夫五人，上士二十七人。次國：三卿；二卿命於天子，一卿命於其君；下大夫五人，上士二十七人。小國：二卿；皆命於其君；下大夫五人，上士二十七人。"此段敘說舉用英俊豪傑，以為國家棟樑，使各安其位，上下一心，施政化民，如風之靡草。此種重賢、尊仁的思想，似出自儒家傳承史料，後輯入"文子外編"，《淮南子》引用。《文子》此段與《淮南子》文字記載略異。關於"英俊豪傑"的說法，古書多見，但並無一定說法。如《鶡冠子·能天》："故德萬人者謂之俊，德千人者謂之豪，德百人者謂之英。"《春秋繁露·爵國》："有大功德者受大爵土，功德小者受小爵土，大材者執大官位，小材者受小官位，如其能，宜治之至也。故萬人者曰英，千人者曰俊，百人者曰傑，十人者曰豪。豪傑俊英不相陵，故治天下如視諸掌上。"

又，"故天下之高"句，〈泰族訓〉"故"下有"舉"字，文意較明，《文子》恐脫"舉"字。

又，"智足以知權，人英也"兩句，〈泰族訓〉作"智足以知變者，人英也。"劉文典校《淮南子》云："《御覽》四百三十二引，作'智之足以知權

599

者，人英也。’”《文子》此處文字與《太平御覽》較近。

又，“背貪鄙，嚮仁義”兩句，〈泰族訓〉作“背貪鄙而向義理”。何寧校《淮南子》云：“‘義理’當作‘禮義’，蓋‘禮義’誤倒作‘義理’，因改作‘義理’耳。上文‘非修禮義，廉恥不立。民不知禮義，法弗能正也；非崇善廢醜，不向禮義。無法不可以爲治也，不知禮義，不可以行法。’又云：‘百工維時，庶績咸熙，禮義修而任賢德也。’凡五舉‘禮義’，以申言法必因禮義而後行。此云‘背貪必而向禮義’，正與上文‘非崇善費醜，不向禮義’文義正反相承，即以總束上文，不得忽言仁義也。”植案：《文子》與《淮南子》此處均誤。

第五、“今使不肖臨賢”段：“天地之性也”句，〈泰族訓〉無。《文子》此段以“小不能制大，弱不能使強”的“天地之性”，來強調“舉賢”的功效。全段文意結構簡要而完整，〈泰族訓〉似引用並加以申述。

12-4

〔老子曰：

爲禮者，〕雕琢人性，矯拂其情。目雖欲之禁以度，心雖樂之節以禮，趨翔周旋，屈節卑拜，肉凝而不食，酒澂而不飲，外束其形，内愁其德[1]，鉗陰陽之和，而迫性命之情，故終身爲哀人。〔何則？〕不本其所以欲，而禁其所欲，不原其所以樂，而防其所樂，是猶圈獸[2]不塞其垣，‘而’[3]禁其野心，決江河之流，而壅之以手。〔故曰“開其兑，濟其事，終身不救。”〕

〔夫禮者，〕遏情閉欲，以義自防。雖情心咽噎，形性飢渴，

---

[1] “德”字，《文子纘義》道藏本作“意”。

[2] “獸”字下原有“而”字，據《文子纘義》道藏本刪。

[3] “而”字，據《文子纘義》道藏本補。

以不得已自強，故莫能終其天年。

〔禮者，〕非能使人不欲也，而能止之；樂者，非能使人勿樂也，而能防之。夫使天下畏刑而不敢盜竊，豈若使無有盜心哉！

故知其無所用，雖貪者皆辭之；不知其‘無’[1]所用，廉者不能讓之。夫人之所以亡社稷，身死人手，為天下笑者，未嘗非欲也。

知冬日之扇、夏日之裘無用於己，則萬物變為塵垢矣！故揚湯止沸，沸乃益甚；知其本者，去火而已。

【相關資料尋索】

衰世湊學，不知原心反本，直雕琢‘其’性，矯拂其情，以與世交，故目雖欲之，禁〔之〕‘以度’，心雖樂之，節之以禮，趨翔周旋，‘詘’節卑拜，肉凝而不食，酒‘澄’而不飲，外束其形，內‘總’其德，‘鉗’陰陽之和，而迫性命之情，故終身為悲人。

達至道者則不然，理情性，治心術，養以和，持以適，樂道而忘賤，安德而忘貧，性有不欲，無欲而不得，心有不樂，無樂而弗為，無益情者不以累德，不便於性者不以滑和，故縱體肆意，而度制可以為天下儀。

今夫儒者，不本其所以欲，而禁其所欲，不原其所以樂，而‘閉’其所樂，是猶決江河之‘源’而‘障’之以手〔也〕。夫牧民者，｛猶‘畜禽’獸也，不塞其〔圂〕垣，‘使有’野心｝，繫絆其足，以禁其動，而欲脩生壽終，豈可得乎！

夫顏回、季路、子夏、冉伯牛，孔子之通學也。然顏淵夭死，季路菹於衛，子夏失明，冉伯牛為厲。此皆迫性拂情而不得其和也。故子夏見曾子，一臞一肥，曾子問其故，曰：「出見富貴之樂而欲之，入見先王之道又說之，兩者心戰，故臞。先王之道勝，故肥。」推此，志非能不貪富貴之位，不便侈靡之樂，直‘迫’性閉欲，以義自防〔也〕。雖情心‘鬱殪’，形性‘屈’竭，‘猶’

---

[1]　“無”字，據《文子纘義》道藏本補。

不得已自強〔也〕，故莫能終其天年。

　　若夫至人，量腹而食，度形而衣，容身而游，適情而行，餘天下而不貪，委萬物而不利；處大廓之宇，游無極之野，登太皇，馮太一，玩天地于掌握之中，夫豈為貧富肥臞哉！故儒者非能使人'弗'欲也，〔欲〕而能止之；非能使人勿樂也，〔樂〕而能禁之。夫使天下畏刑而不敢盜，豈若〔能〕使無有盜心哉！

＊

　　越人得髯蛇，以為上肴，中國得而棄之無用。故知其無所用，貪者'能'辭之；不知其無所用，廉者不能讓〔也〕。夫人〔主〕之所以殘亡〔其國家，捐棄〕其社稷，身死〔於〕人手，為天下笑，未嘗〔非為〕非欲也。

　　夫仇由貪大鐘之賂而亡其國，虞君利垂棘之璧而擒其身，獻公艷驪姬之美而亂四世，桓公甘易牙之和而不以時葬，胡王淫女樂之娛而亡上地。使此五君者，適情辭餘，以己為度，不隨物而動，豈有此大患哉？故射者，非矢不中也，學射者不治矢也；御者非轡不行，學御者不為轡也。知冬日之'箑'、夏日之裘無用於己，則萬物〔之〕變為塵埃矣。故'以'湯止沸，沸乃'不止'；〔誠〕知其本，〔則〕去火而已〔矣〕。《淮南子·精神訓》p. 240-243／〈精神訓〉辨析，頁 120-123

【探析與解說】

　　此章見於《淮南子·精神訓》，見於〈精神訓〉處，部份文句見於《文子·九守》。《文子》此章文意多不能通貫，並顯現編造改竄的痕跡，恐為編輯今本《文子》者，就《淮南子》殘文加以拼湊、整理，而分別編入〈九守〉與〈上禮〉兩篇。見於〈精神訓〉處，提出對於儒家禮樂之教的批判，認為儒者之學只是衰世的湊學，不知推究人心的本然，而刻意殘傷人性，矯飾人情。其中所稱 "形命之情"、"無所用"、"終其天年"、"揚湯止沸，沸乃益甚" 等說，似取自《莊子》，屬莊學傳承資料。以下分五點來說明：

　　第一、"為禮者" 段：首三句，〈精神訓〉作 "衰世湊學，不知原心反本，直雕琢其性，矯拂其情，以與世交"。《文子》此段似以 "為禮者" 改造《淮南子》別本殘文，形成 "論禮" 的形式。

「何則？」句後，〈精神訓〉屬另段文字。二者比較如下（「〔〕」號表示《淮南子》別本所殘缺者。）：

> 何則？不本其所以欲，而禁其所欲，不原其所以樂，而防其所樂，是猶圈獸不塞其垣，而禁其野心，決江河之流而壅之以手。故曰「開其兌，濟其事，終身不救。」

> 〔今夫儒者，〕不本其所以欲，而禁其所欲，不原其所以樂，而閉其所樂，是猶決江河之源而障之以手也。〔夫牧民者，〕猶畜禽獸也，不塞其圍垣，使有野心，〔繫絆其足，以禁其動，而欲脩生壽終，豈可得乎！〕

〈精神訓〉此處所稱「今夫儒者」，是接續應前文「衰世湊學，不知原心反本」、「達至道者則不然」兩段的比較，明確提出對儒者禮樂之教的批判。《文子》此處似以「何則」一詞，聯繫《淮南子》別本「不本其所以欲」等句殘文。「是猶圈獸不塞其垣，而禁其野心」等句，當爲編輯今本《文子》者所改，並引《老子》「開其兌」三句經文來解證其說。

又，「內愁其德」，「愁」字，〈精神訓〉作「總」。王念孫曰：「『總』字義不可通，『總』當爲『愁』，『愁』與『揫』同。《說文》：『揫，束也。』外束其形，內揫其德，其義一也。〈俶真訓〉『內愁五臟，外勞耳目』，亦亦與此同。……《文子》〈上禮〉篇正作『外束其形，內愁其德』。」植案：《文子》「愁」字，當保留《淮南子》舊文。

第二，「夫禮者」段：見於〈精神訓〉處，屬「夫顏回、季路、子夏、冉伯牛，孔子之通學也」段殘文。〈精神訓〉此段敘說曾子「一臞一肥」內心交戰故事，故曰「推此，志非能不貪富貴之位，不便侈靡之樂，直迫性閉欲，以義自防也。」《文子》段前「夫禮者」三字，爲編輯者增。

第三、「禮者，非能使人勿欲」段：〈精神訓〉作「故儒者非能使人弗欲，欲而能止之；非能使人勿樂也，樂而能禁之。」《文子》所稱「禮者，非能使人勿欲也，而能止之；樂者，非能使人勿樂也，而能防之。」文意費解，且「禮者」、「樂者」，不當接下文「止之」、「防之」。〈精神訓〉此處謂：儒者之徒，不能使人不興起欲念，只會制止人們已經產生的欲念，不能使人不發生逸樂之心，只會禁止已經放縱的逸樂。”今本《文子》似就殘文而妄改。

第四、“故知無所用”段：〈精神訓〉作“越人得髯蛇，以爲上肴，中國得而棄之無用。故知其無所用，貪者能辭之；不知其無所用，廉者不能讓也。”“故知其無所用”等句，是解證“越人以髯蛇爲上肴，中國則棄之”的事例。《文子》此段與前文文亦不能連貫，當仍爲《淮南子》別本殘文。

第五、“知冬日之扇”段：《文子》此段文字記載，與〈精神訓〉略異，“揚湯止沸，沸乃益甚”，〈精神訓〉作“以湯止沸，沸乃不止”。《呂氏春秋·盡數》曰：“夫以湯止沸，沸愈不止，去其火，則止矣。”《文子》與〈精神訓〉此處，恐屬不同文本資料。

12-5

〔老子曰：〕

循性而行謂之道，得其天性謂之德，性失然後貴仁，‘道失然後貴’[1]義。仁義立而道德廢，純樸散而禮樂飾，是非形而百姓眩，珠玉貴而天下爭。

夫禮者，所以別尊卑貴賤也；義者，所以和君臣、父子、兄弟、夫婦、人道之際也。末世之禮，恭敬而交，爲義者，布施而得，君臣以相非，骨肉以生怨也。故水積則生相食之蟲，土積則生自肉之狩，禮樂飾則生詐僞。

*

末世之爲治，不積於養生之具，澆天下之醇[2]，散天下之樸，滑亂萬民，以清爲濁，性命飛揚，皆亂以營，貞信熳爛，人失其性，

---

[1] “道失然後貴”五字，據《文子纘義》道藏本補。

[2] “醇”字，《文子纘義》道藏本作“淳”，“醇”，同“淳”。

法與義相背，行與利相反，貧富之相傾，人君之與僕虜，不足以論。

　　夫有餘則讓，不足則爭，讓則禮義生，爭則暴亂起。故多欲則事不省，求贍則爭不止。故世治則小人守正，而利不能誘也。世亂則君子為姦，而法不能禁也。

【相關資料尋索】

　　‘率’性而行謂之道，得其天性謂之德，性失然後貴仁，道失然後貴義。是故仁義立而道德‘遷’〔矣〕，禮樂飾則純朴散矣，是非形而百姓眩〔矣〕，珠玉貴而天下爭矣。凡此四者，衰世之造也，末世之用也。

　　夫禮者，所以別尊卑、〔異〕貴賤；義者，所以合君臣、父子、兄弟、夫妻、‘友朋’之際也。‘今世’之為禮〔者〕，恭敬而‘伎’；為義者，布施而‘德’；君臣以相非，骨肉以生怨，則失禮義之本也，故搆而多責。夫水積則生相食之‘魚’，土積則生自肉之獸，禮義飾則生偽匿之本。夫吹灰而欲無眯，涉水而欲無濡，不可得也。《淮南子‧齊俗訓》p. 343-344／〈齊俗訓〉辨析，頁 244-245

　　‘衰世之俗’，以其知巧詐偽，飾眾無用，貴遠方之貨，珍難得之財，不積於養生之具。澆天下之淳，‘析’天下之樸，牿服馬牛以為牢。滑亂萬民，以清為濁，性命飛揚，皆亂以營。貞信漫瀾，人失其〔情〕性。於是乃有翡翠犀象、黼黻文章以亂其目，刻鏤黍粱、荊吳芬馨以嚂其口，鍾鼓笙簫、絲竹金石以淫其耳，趨舍行義、禮節謗議以營其心。於是，百姓靡沸豪亂，暮行逐利，煩挐澆淺，法與義相‘非’，行與利相反。雖十管仲，弗能治也。

　　且富人則車輿衣纂錦，馬飾傅旄象，帷幕茵席，綺繡絛組，青黃相錯，不可為象；貧人則夏被褐帶索，唅菽飲水以充腸，以支暑熱，冬則羊裘解札，短褐不掩形，而煬灶口；故其為編戶齊民無以異，〔然〕貧富之相‘去’〔也〕，‘猶’人君與僕虜，不足以論之。

　　夫乘奇技、偽邪施者，自足乎一世之間，守正脩理、不苟得者，不免乎飢寒之患，而欲民之去末反本，是由發其原而壅其流也。夫雕琢刻鏤，傷農事者也；錦繡纂組，害女工者也。農事廢，女工傷，則飢之本而寒之原也。夫飢寒並至，能不犯法干誅者，古今未之聞也。

＊

故仁鄙在時不在行，利害在命不在智。夫敗軍之卒，勇武遁逃，將不能止也；勝軍之陳，怯者死行，懼不能走也。故江河決流，一鄉父子兄弟相遺而走，爭升陵阪，上高丘，輕足先升，不能相顧也；世樂志平，見鄰國之人溺，尚猶哀之，又況親戚乎！故身安則恩及鄰國，志爲之滅；身危則忘其親戚，而人不能解也。游者不能拯溺，手足有所急也；灼者不能救火，身體有所痛也。夫〔民〕有餘即讓，不足則爭。讓則禮義生，爭則暴亂起。扣門求水，莫弗與者，所饒足也；林中不賣薪，湖上不鬻魚，所有餘也。

故物豐則欲省，‘求澹則爭止’。秦王之時，或人菹子，利不足也；劉氏持政，獨夫收孤，財有餘也。

故世治則小人守正，而利不能誘也；世亂則君子爲姦，〔而〕法‘弗’能禁也。《淮南子・齊俗訓》p. 375-377／〈齊俗訓〉辨析，頁283-284

【探析與解說】

此章見於《淮南子・齊俗訓》。〈齊俗訓〉全篇資料並不整齊，各段之間，常文意不相承續，此處與《文子》文字互見部份，爲〈齊俗訓〉篇首數段，其中亦似有脫文。此數段文意仍似對儒家仁義等人文價值的批判，其中提到道德仁義禮樂的遞失層次，同時也說明“禮義之本”的作用，與“末世之禮”的弊失，原始資料似與《老子》傳承，或“文子學派”思想發展有關。《文子》此章文意欠連貫，恐爲《淮南子》別本殘文。以下分四點來說明：

第一、“循性而行謂之道”段：此段是就“性”的本質，辨析“道”、“德”、“仁”、“義”的運作。《中庸》曰：“天命之謂性，率性之謂道，修道之謂教。”《中庸》之“率性之謂道”，與《文子》所稱“循性而行謂之道”相同，但對“道”的回應方式卻有極大的區別。《中庸》以“修道之謂教”，開展了“仁義禮樂”之治，曰：“故爲政在人，取人以身，修身以道，修道以仁。仁者人也，親親爲大；義者宜也，尊賢爲大。親親之殺，尊賢之等，禮所生也。”而《文子》則以“性失然後貴仁，道失然後貴義”，表現人文導源復樸的要求，承襲《老子》第三十八章的思想旨意。但凸顯"性"問題的作用，具有戰國時代哲學特徵，應屬與《老子》傳承相近的一種思想發展。

"性失然後貴仁義"句，〈齊俗訓〉作"性失然後貴仁，道失然後貴義"，並於段末有"凡此四者，衰世之造也，末世之用也"，三句，《文子》此處似保留《淮南子》別本摘要的論述。

第二、"夫禮者"段：此段辨析"禮義"的本義與"末世爲禮義者"的墮失。"禮"的根本，在於釐訂人倫的秩序，"義"的作用，在於理順這些人倫關係的適宜運作。而末世操持禮義之人，在恭敬的禮儀形式下，隱藏妒忌之私念，在布施的作爲中，懷有表現恩德的企圖。如此，混淆"禮義"的本義，失去人性質樸的本質，而形成是非的交爭，詐僞的矯飾。《文子》此處，僅存殘文，文意不如〈齊俗訓〉清晰。

"人道之際"句，〈齊俗訓〉作"有朋之際"，此處說明"君臣、父子、兄弟、夫妻、友朋"等五倫的關係，"人道"一詞，恐誤。

又，"恭敬而交"句，俞樾云："《淮南》〈齊俗訓〉作'今世之爲禮者，恭敬而忮；爲義者，布施而德'。以彼證此，文有脫誤。'交'與'忮'形之誤也；'得'與'德'，古通用。'布施而德'，言以布施爲德也。"

又，"骨肉以生怨"句，〈齊俗訓〉此句下曰："則失禮義之本也，故構而多責。"〈齊俗訓〉此兩句，對此段文意的表述，甚爲重要，《文子》當有脫文。

又，"故水積則生相食之蟲"句，于大成云："《淮南子》'蟲'作'魚'。《御覽》二百二十三引《淮南子》作'蟲'，與本書合，並引注曰：'言大魚食小魚'。案《說文》：'魚，水蟲也'，是魚亦蟲也，故《淮南》一本作'魚'，一本作'蟲'矣。"植案：此爲竄入《文子》者，爲《淮南子》別本之例。

又，"禮樂飾則生詐僞"句，與前文"土積則生自肉之獸"，體例不一，〈齊俗訓〉作"禮義飾則生僞匿之本"，《文子》似脫"之本"二字。"禮樂"二字，〈齊俗訓〉作"禮義"。上言"禮"、"義"之事，"樂"恐爲"義"之字誤。

第三、"末世之爲治"段：此段見於〈齊俗訓〉處，敘說"衰世之俗"的種種亂象，文意清晰，結構完整，《文子》似《淮南子》別本殘文的綴合，並將之改爲"末世之爲治"。

"不足以論"句，〈齊俗訓〉作"不足以論之"。王念孫校《淮南子》云："'論'當爲'諭'，字之誤也。'諭'，或作'喻'。"于大成云："'論'當作'諭'，字之誤也。……《淮南》句尾有'之'字，於文爲順。"

第四、"夫有餘則讓"段：說明人民的衣食有餘，就能表現謙讓，而禮義的修養也就容易做到。反之，則爭生而亂起。見於〈齊俗訓〉處，屬另段資料，《文子》此處，不但與前段"禮樂飾則生詐僞"義理相悖，段中文意也不能通貫。"多欲則事不省，求贍則爭不止"兩句，〈齊俗訓〉作"故物豐則欲省，求澹則爭止"。"物豐"，回應前文"有餘"之義，《文子》作"多欲"，恐爲後人所改。"贍"，足也，"求贍"，則"爭止"。《文子》文意不通，當衍"不"字。

"故世治則小人守正"句，"正"字，〈齊俗訓〉或作"政"。劉文典云："《群書治要》引'政'作'正'。"王叔岷云："案：宋本'政'正作'正'，《文子》〈上禮〉篇同。"

12-6

〔老子曰：〕

衰世之主，鑽山石，挈金玉，摘蚌蜃，消銅鐵，而萬物不滋。刳胎焚郊，覆巢毀卵，鳳凰不翔，麒麟不遊。構木為臺，焚林而畋，竭澤而漁，積壤而邱[1]處，掘地而井飲，濬川而為池，築城而為固，拘獸以為畜，則陰陽繆戾，四時失序，雷霆毀折，雹霜為害，萬物焦夭，處於太半，草木夏枯，三川絕而不流。分山川蹊谷，使有壤

---

[1] "邱"字，《文子纘義》道藏本作"丘"。

界，計人眾寡，使有分數，設機械險阻以為備，制服色，等異貴賤，差[1]賢不肖，行賞罰，則兵革起而忿爭生。虐殺不辜，誅罰無罪，於是興矣。

【相關資料尋索】

……

'逮至衰世'，'鐫'山石，鍥金玉，擿'蚌'蜃，消銅鐵，而萬物不滋。刳胎'殺夭'，麒麟不游，覆巢毀卵，鳳凰不翔，鑽燧取火，構木為臺，焚林而'田'，竭澤而漁，龜龍不往，人械不足，畜藏有餘，而萬物不繁兆。萌牙卵胎而不成者，﹛處之太半﹜矣。積壤而丘處，糞田而種穀，掘地而井飲，疏川而為'利'，築城而為固，拘獸以為畜，則陰陽繆戾，四時失'敘'；雷霆毀折，電霰'降虐'，氛霧霜雪不霽，而萬物燋夭，菑榛穢，聚垺畝，芟野菼，長苗秀，草木﹛之句萌、銜華、戴實而死者，不可勝數﹜。乃至夏屋宮駕，縣聯房植，橑檐榱題，雕琢刻鏤，喬枝菱阿，芙蓉芰荷，五采爭勝，流漫陸離，脩掞曲校，夭矯曾橈，芒繁紛挐，以相交持，公輸、王爾無所錯其剞劂削鋸，然猶未能贍人主之欲也。是以松柏菌露夏槁，江、河、三川絕而不流，夷羊在牧，飛蛩滿野，天旱地坼，鳳凰不下，句爪、居牙、戴角、出距之獸於是鷙矣。民之專室蓬廬，無所歸宿，凍餓飢寒死者相枕席也。及至分山川'谿'谷使有壞界，計人〔多少〕眾寡，使有分數，築城掘池，設機械險阻以為備，飾職事，制服'等'，異貴賤，差賢不肖，經誹譽，行賞罰，則兵革興而'分'爭生，民之滅抑夭隱，虐殺不辜〔而〕'刑誅'無罪，於是'生'矣。《淮南子·本經訓》p.245-249／〈本經訓〉辨析，頁127-128

【探析與解說】

此章見於《淮南子·本經訓》。見於〈本經訓〉處，前有"太清之〔治〕(原

---

[1] "差"字下，《文子續義》道藏本有"殊"字。

作‘始’，據王念孫校改。）也”段，此段文字同時出現於《文子‧下德》第九章。就〈本經訓〉前後兩段文意來看，《文子》此章與〈下德〉第九章，極似編輯今本《文子》者，將竄入其中《淮南子》別本殘文，分置兩處。

“衰世之主”句，〈本經訓〉作“逮至衰世”。〈本經訓〉以“太清之治”，“逮及衰世”比較性論述二者的差異，文意層次分明，《文子》此句似改動《淮南子》別本殘文，以作爲此章的句首。

又，“雹霜爲害”句，“雹霜”二字，〈本經訓〉作“電霰”。王念孫校《淮南子》云：“電、霰不同類，且電亦不得言降虐，‘電’當爲‘雹’，草書之誤。電霆爲一類，雹霜爲一類。……《文子》〈上禮〉篇作‘雹霜爲害’，是其證。”《文子》似保留《淮南子》舊文。

又，“萬物焦夭，處之太半，草木夏枯，三川絕而不流”四句，與〈本經訓〉文字記載有異，《文子》似保留《淮南子》別本摘要記述。

又，“制服色，等異貴賤，差賢不肖”三句，〈本經訓〉作“飾職事，制服等，異貴賤，差賢不肖”。王念孫校《淮南子》云：“‘差賢不’下本無‘肖’字。‘不’與‘否’同。貴賤、賢不、誹譽、賞罰，皆相對爲文。後人不知‘不’爲‘否’之借字，故又加‘肖’字耳。”植案：《文子纘義》本作‘制服色，等異貴賤，差殊賢不肖’。《文子》與《淮南子》此處均有衍誤。

又，“則兵革起而忿爭生”句，〈本經訓〉作“則兵革興而分爭生”。陶鴻慶云：“‘分’當爲‘忿’，‘忿爭’屢見下文。”王叔岷云：“陶說是也，《文子》〈上禮〉正作‘忿’。”

12-7

〔老子曰：

世之將喪性命，猶陰氣之所起也。〕主闇昧而不明，道廢而不行，德滅而不揚。舉事戾於天，發號逆四時，春秋縮其和，天地除其德。人君處位而不安，大夫隱遁而不言。群臣推[1]上意而壞常，疎骨肉而自容。邪人諂而陰謀，遽載驕主而像其，亂人以成其事。是故君臣乖而不親，骨肉疎而不附。田無立苗，路無緩步，金積折廉，‘璧’[2]襲無羸，殼龜無腹，蓍筮日施。

天下不合而為一家，諸侯制法各異習俗。悖拔其根而棄其本，鑿五刑，為刻削，爭力錐刀之末，斬刈百姓，盡其太半。舉兵為難，攻城濫殺，覆高危安，大衝車，高重壘，除戰隊，使陣死路，犯嚴敵，百往一反，名聲苟盛，兼國有地，伏尸數十萬，老弱飢寒而死者，不可勝計。自此之後，天下未嘗得安其性命，樂其習俗也。

賢聖勃然而起，持以道德，輔以仁義，近者進其智，遠者懷其德，天下混而為一，子孫相代，輔佐，黜讒佞之端，息末辯之說，除刻削之法，去煩苛之事，屏流言之跡，塞朋黨之門。消智能，循大常，墮‘肢’[3]體，黜聰明，大通混冥，萬物各復歸其根。夫聖人非能生時，時至而不失也，〔是以不得中絕。〕

【相關資料尋索】

　　……

　　‘逮至夏桀之時’，主闇晦而不明，道‘瀾漫’而不修，棄捐五帝之恩刑，推蹶三王之法籍，是以至德滅而不揚，帝道搷而不興，舉事戾‘蒼’天，發號逆四時，春秋縮其和，天地除其德，‘仁’君處位而不安，
大夫隱道而不言，群臣‘準’上意而懷‘當’，疏骨肉而自容，邪人‘參耦比周’而陰謀，居君臣父子之間而‘競’載，驕主而像其意，亂人以成其事，是

---

[1] “推”字，《文子纘義》道藏本作“準”。

[2] “璧”字原作“壁”，據《文子纘義》道藏本改。

[3] “肢”字原作“枝”，據《文子纘義》道藏本改。

故君臣乖而不親，骨肉疏而不附，植社槁而埳裂，容臺振而掩覆，犬群嗥而入淵，豕銜蓐而席澳，美人挐首黑面而不容，曼聲吞炭內閉而不歌，喪不盡其哀，獵不聽其樂，西老折勝，黃神嘯吟，飛鳥鎩翼，走獸廢腳，山無峻榦，澤無洼水，狐狸首穴，馬牛放失，田無立「禾」，路無「莎薠」，金積折廉，璧襲無「理」，磬龜無腹，蓍策日施。

　　｛晚世之時，七國異族｝，諸侯制法，各「殊」習俗，從橫間之，舉兵「而相角」，攻城濫殺，覆高危安，掘墳墓，揚人骸，大衝車，高重「京」，除戰「道」，「便」死路，犯嚴敵，殘不義，百往一反，名聲苟盛〔也〕。是故質狀輕足者爲甲卒千里之外，家老羸弱悽愴於內，廝徒馬圉，軵車奉饟，道路遼遠，霜雪亟集，短褐不完，人羸車弊，泥塗至膝，相攜於道，奮首於路，身枕格而死。所謂兼國有地者，伏尸數十萬，破車以千百數，傷弓弩矛戟矢石之創者扶舉於路，故世至於枕人頭，食人肉，菹人肝，飲人血，甘之於芻豢。

　　故自三代以後者，天下未嘗得安其情性，而樂其習俗，保其脩命，天而不夭於人虐也。所以然者何也？諸侯力征，天下不合而爲一家。

　　｛逮至當今之時，天子在上位｝，持以道德，輔以仁義，近者「獻」其智，遠者懷其德，拱揖指麾而四海賓服，春秋冬夏皆獻其貢職，天下混而爲一，子孫相代，此五帝之所以迎天德也。

＊

　　｛夫聖人者，不能生時，時至而弗失也。｝輔佐〔有能〕，黜讒佞之端，息「巧」辯之說，除刻削之法，去煩苛之事，屏流言之跡，塞朋黨之門，「消知能」，「脩」太常，墮肢體，絀聰明，大通混冥，解意釋神，漠然若無魂魄，使萬物各復歸其根，則是所脩伏犧氏之跡，而反五帝之道也。

　　夫鉗且、大丙不施轡銜而以善御聞於天下，伏戲、女媧不設法度而以至德遺於後世，何則？至虛無純一，而不喋喋苟事也。

　　《周書》曰：「掩雉不得，更順其風。」今若夫申、韓、商鞅之爲治也，｛挬拔其根，蕪棄其本，而不窮究其所由生。何以至此也？鑿五刑，爲刻削，乃背道德之本，而爭於錐刀之末，斬「艾」百姓，「殫盡」太半，｝而忻忻然常自以爲治，是猶抱薪而救火，鑿竇而出水。《淮南子・覽冥訓》p. 210-215／〈覽冥訓〉辨析，頁90-93

【探析與解說】

此章見於《淮南子·覽冥訓》，全章文意頗不通順，似《淮南子》別本殘文竄入，編輯今本者拼湊而成。唯《淮南子》此處文句亦非完整，似有脫漏。〈覽冥訓〉此處部份文字也見於〈精誠〉篇。(參見《精誠》篇第五章探析與解說。) 以下分三點來說明：

第一、 "世之將喪性命也" 段：首兩句未見於《淮南子》，〈覽冥訓〉作 "逮至下桀之時" ，以與前文所稱 "虙戲氏之道" 相比較。《文子》本篇第一章曰： "故世有喪性命，衰漸所由來久矣。" 次兩句見於《淮南子·俶真訓》作 "夫世之所以喪性命，有衰漸以然，所由來者久矣。" 《文子》此兩句，似編輯者就《淮南子》別本 "主闇晦而不明" 等句殘文而妄增。

又， "群臣推上意而壞常" 句，〈覽冥訓〉作 "群臣準上意而懷當" 。高誘注曰： "準，望。懷，思。當，合。" 俞樾云： " '懷當' 二字，甚為不辭，高注亦曲說耳。 '懷當' 乃 '壞常' 之誤。言群臣皆準上意而敗壞其常也。《文子》〈上禮〉篇作 '群臣推上意而壞常' ，是其明證。" 植案：高誘所見《淮南子》文本，當與《文子》此處所保留《淮南子》別本文字有異。

又， "邪人諂而陰謀，遽載驕主而像其，亂人以成其事" 三句，文意不可解。〈覽冥訓〉作 "邪人參耦比周而陰謀，居君臣父子之間而競載，驕主而像其意，亂人以成其事。" 顯見《文子》此處文句的殘亂，似湊合而成。

又， "是故君臣乖而不親" 等句，文意見於《新書·君瘣》，〈君瘣〉篇曰： "君臣乖而不調，置社稷而分裂，容臺榭而掩敗，犬群嗥而入淵，麑麏菢而適奧，燕雀剖而觑蛇生，食蘆菹而見蛭，浴清水而遇蠆。"

又， "璧襲無贏" 句， "贏" 字，〈覽冥訓〉作 "理" 。王引之校《淮南子》云： " '贏' 當作 '蠃' ，《淮南》原文當亦是 '蠃' 字，非 '理' 字。……璧形圓，故謂之蠃·久而慢滅，故曰無蠃。"

第二、 "天下不合而為一家" 段：《文子》此段之後，文句錯亂尤甚。首句，〈覽冥訓〉作 "晚世之時，七國異族" ，承續前文 "逮至夏桀之時" 段，說明戰國時代的混亂。《文子》此句，見於〈覽冥訓〉下文"故自三代以後者"段，作"故自三代以後者，天下未嘗得安其情性，而樂其習俗，保其脩命，天而不夭於人虐也。所以然者何也？諸侯力征，天下不合而爲一家。"《文子》此處似殘文的綴合，但保留《淮南子》舊文。"天下不合於一家"句，〈覽冥訓〉"合"上無"不"字。王念孫校《淮南子》云："《太平御覽》引此有'不'字，《文子》〈上禮〉篇同。"

又，"悖拔其根而棄其本，鑿五刑，爲刻削，爭力錐刀之末，斬刈百姓，盡其太半"六句，見於〈覽冥訓〉後文敘說"申、韓、商鞅之爲治"段。《文子》此處亦似殘文的綴合。

又，"斬刈百姓"句，"刈"字，〈覽冥〉，篇作"艾"，王叔岷云："案：'艾'借爲'刈'，《文子》〈上禮〉篇正作'刈'。"

又，"高重疊"句，"疊"字，〈覽冥訓〉作"京"。王念孫校《淮南子》云："'高重京'，'京'當爲'疊'。注云：'故曰：高重疊'，即其證。……《文子》〈上禮〉篇作'高重疊'，是其明證矣。"

又，"除戰隊，使陣死路"兩句，文意不通。〈覽冥訓〉作"除戰道，便死路"。《文子》文字有訛誤。

第三、"聖賢勃然而起"段：首句，〈覽冥訓〉作"逮及當今之世，天子在位"。〈覽冥訓〉此段盛讚劉漢政權，譽捧爲至德盛世，與劉安所處時代境遇有關。《文子》首句，似編輯者所改。

又，"天下混而爲一，子孫相代，輔佐"數句，〈覽冥訓〉作"天下混而爲一，子孫相代。此五帝之所以迎天德也。夫聖人者，不能生時，時至而弗失也。輔佐有能"，《文子》"夫聖人者"三句誤置於後文，"子孫相代"與"輔佐"文意不能相連。〈覽冥訓〉"夫聖人者"數另段資料，但與前文關連不大，恐爲他處錯簡。見於〈覽冥訓〉處，上段言"天子在上位，持以道德，輔以仁義，近者獻其智，遠者懷其德"，表現出儒法或黃老的思想特徵。而下段所稱"消知能，循太常，墮肢體，絀聰明，大通混冥，解意釋神，漠然若無魂魄"，則徹底體現南方道家與莊學傳承的要求。前段與後段觀念相悖，也與後文"所脩伏犧氏之跡"不合。又，〈覽冥訓〉"輔佐有能"句前，並無主語，並與後數句中"黜"、"息"、"去"、"屏"、"塞"等動詞的主動用法不合，似有脫文。

又，"循大常"句，"循"字，〈覽冥訓〉作"脩"。王叔岷校《淮南子》云："案：'脩'當作'循'，字之誤也。'循太常'猶言順太常也。《文子》〈上禮〉篇'脩'正作'循'。"

又，"夫聖人非能生時，時至而不失也"兩句，與見於〈覽冥訓〉處，句序不同。

又"是以不得中絕"句，與前文文意不相連屬，並未見於《淮南子》此處。《淮南子·兵略訓》曰："有聖人勃然而起，……故不得不中絕"。〈兵略訓〉此段文字也見於《文子·上義》第十二章。〈上禮〉篇此句似〈兵略訓〉殘文竄入。

12-8

〔老子曰：〕

酆水之深十仞而不受塵垢，金石在中，形見於外，非不深且清也，魚鱉蛟龍莫之歸也。石上不生五穀，禿山不游麋鹿，無所蔭蔽[1]也。

故為政以苛為察，以切為明，以刻下為忠，以計多為功。如此者，譬猶廣革者也，大'即'[2]大，裂之道也。"其政悶悶，其民淳淳，其政察察，其民缺缺。"

【相關資料尋索】

---

[1] "蔽"字，《文子纘義》道藏本作"庇"。

[2] "即"字原作"敗"，據《文子纘義》道藏本改。

灃水之深‘千’仞，而不受塵垢，‘投金鐵鍼焉’，則形見於外。非不深且清也，魚鱉龍蛇莫之〔肯〕歸也。是故石上不生五穀，禿山不游麋鹿，無所‘陰’蔽也。昔趙文子問於叔向曰：“晉六將軍，其孰先亡乎？”對曰：“中行、知氏。”文子曰：“何乎？”對曰：“‘其為政也’，以苛為察，以切為明，以刻下為忠，以計多為功。譬〔之〕猶廓革者也，〔廓之〕，大則大〔矣〕，裂之道也。”故老子曰：“其政悶悶，其民‘純純’。其政察察，其民缺缺。”

《淮南子‧道應訓》p. 416／〈道應訓〉辨析，頁 343

【探析與解說】

此章見於《淮南子‧道應訓》，全文敘說“為政不在苛察”，並引《老子》經文加以解證，似屬《文子》解《老》資料，與〈道應訓〉併行流傳。“其政悶悶”四句，語出《老子》第五十八章。

又，“金石在中”句，〈道應訓〉作“投金鐵鍼焉”。王念孫校《淮南子》云：“‘金鐵’下不當有‘鍼’字，‘鍼’即‘鐵’之誤也。……《文子》〈上禮〉篇作‘金鐵在中，形見於外’。《群書治要》所引如是。今本《文子》‘金鐵’作‘金石’，乃後人所改。”

12-9

〔老子曰：“以正治國，以奇用兵。”〕先為不可勝之政，而後求勝於敵。以未治而攻人之亂，是猶以火應火，以水應水也。

同莫足以相治，故以異為奇。奇，靜為躁，奇，治為亂，奇，飽為飢，奇，逸為勞，奇正之相應，若水火金木之相伐也，〔何往而不勝。〕

故：德均則眾者勝寡，力敵則智者制愚，智同則有數者禽無數。

【相關資料尋索】

　　蓋聞善用兵者，必先脩諸己，而後求諸人；先為不可勝，而後求勝。脩己於人，求勝於敵，‘己’未〔能〕治〔也〕，而攻人之亂，是猶以火救火，以水應水也，何所能制！今使陶人化而爲埴，則不能成盆盎；工女化而爲絲，則不能織文綿。同莫足以相治也，故以異為奇，兩爵相與鬥，未有死者也；鷯鷹至，則爲之解，以其異類也。故‘靜為躁奇’，‘治為亂奇’，‘飽為飢奇’，‘佚為勞奇’。奇正之相應，若水火金木之‘代為雌雄’也。善用兵者，持五殺以應，故能全其勝。拙者處五死以貪，故動而爲人擒。《淮南子·兵略訓》 p. 515-516／〈兵略訓〉辨析, 頁 451-452

　　故全兵先勝而後求戰，敗兵先戰而後求勝。德均、則眾者勝寡，力敵、則智者‘勝’愚，智‘侔’、則有數者禽無數。《淮南子·兵略訓》 p. 500／437-438

【探析與解說】

　　此章見於《淮南子·兵略訓》兩處，似與解《老》資料相關，但全文結構，卻似《淮南子》別本扼要摘錄的殘文。“以正治國，以奇用兵”二句，語出《老子》第五十七章。以下分兩點來說明：

　　第一、“以政治國”段：《老子》此處經文，未見於《淮南子》。《文子》此處似解釋以“正道”治國，以“奇術”治兵。所謂正道，即“不可勝之政”。“先爲不可勝之政，而後求勝於敵”兩句，〈兵略訓〉無“之政”、“於敵”，但下接“修己於人，求勝於敵”。〈兵略訓〉以“修己”爲“不可勝”之資憑，而《文子》則強調“不可勝之政務”。“以未治而攻人之亂”句，“以”字，〈兵略訓〉作“己”，亦似強調“修己”之義。《文子》此章似與〈兵略訓〉資料來源不相同。

　　“是猶以火應火”兩句，見於〈兵略訓〉處同，亦見於見於《莊子·人間世》，〈人間世〉篇曰：“是以火救火，以水救水，名之曰益多。”

　　第二、“同莫足以相治”段：《黃帝四經·稱》曰：“奇從奇，正從正，奇與正，恒不同廷。"《文子》此處似襲《老子》之說，以"治國"當用"正"，以"治兵"當用"奇"。《老子》第五十六章曰："以正治國，以奇用兵，以無事取天下。"所謂"同莫足以相治"之義，亦見於〈上義〉篇，〈上義〉篇第八章："故君臣異道即治，同道即亂。"

"奇，靜爲躁，奇，治爲亂，奇，飽爲飢，奇，佚爲勞"數句，〈兵略訓〉作"靜爲躁奇，治爲亂奇，飽爲飢奇，佚爲勞奇"，《文子》此處首"奇"字似涉上文"古以異爲奇"之"奇"而衍，"佚爲勞"後之"奇"字，似涉下文"奇正之相應"而奪，當依〈兵略訓〉。

又，"若水火金木之相伐也"句，"相伐"二字，〈兵略訓〉作"代爲雌雄"，"伐"字似"代"之形誤。

又，"何往而不勝"四字，〈兵略訓〉作"善用兵者，持五殺以應，故能全其勝。""五殺"即指前文所稱"五行"。

又，"智同則有數者禽無數"句，"智同"二字，〈兵略訓〉作"勢侔"。王念孫校《淮南子》云："劉本改'者侔'爲'勢侔'。案：劉改非也。'者'當爲'智'，字之誤。'力敵'二字承'眾者害寡'而言，言眾寡相等，則智者勝愚也。'智侔'二字又承'智者勝愚'而言，言智相等，則有數者禽無數也。劉改爲'勢侔'，則義與上句不相承，且與'力敵'相複矣。……《文子》〈上禮〉篇正作'智同則有數者禽無數。'"王叔岷云："案：古鈔卷子本'者侔'正作'智侔'，王說是也。"植案：《文子》此處文字，似與今通行《淮南子》文本有異。

參考書目

（僅限本書參考引用者）

通玄真經／四部叢刊三編重印涵芬樓景印鐵琴銅劍樓藏宋刊本

通玄真經／道藏本

通玄真經朱弁注／道藏本

通玄真經纘義／道藏本

〈定州西漢中山懷王墓竹簡《文子》釋文〉／見《文物》 1995 年第 12 期

〈定州西漢中山懷王墓竹簡《文子》校勘記〉／見《文物》 1995 年第 12 期

〈定州西漢中山懷王墓竹簡《文子》的整理和意義〉／見《文物》 1995 年第 12 期

李學勤：《試論八角廊簡〈文子〉》／《文物》 1996 年第 1 期

《文子》與道家思想發展兩岸學術研討會論文集／台北輔仁大學 1996 年

何智華：〈出土《文子》新證〉／香港浸信大學人文中國學報第 5 期／ 1998 年。

何智華：〈論《淮南子》高誘《注》與《文子》之關係／中國文化研究所學報第 1 期／香港， 1998 年。

文子斠補／王叔岷／收入《諸子斠補》／世界書局 1964 年台北

文子斠補（包含〈道原〉、〈九守〉、〈符言〉、〈道德〉）
　　　　　　　　于大成／中山學術文化集刊第二集 1996 年

文子精誠校釋／于大成／中山學術文化集刊第一集 1968 年

文子上德校釋／于大成／高雄師院學報第四期 1976 年

文子自然校釋／于大成／幼獅學誌第十四卷第一期 1977 年

文子微明校釋／于大成／文史哲學報第二十五期 1976 年

文子上禮校釋／于大成／淡江學報第十五期 1977 年

太平御覽／四部叢刊三編／台灣商務印書館重印 1992 年

問字堂集／孫星衍／中華書局 1996 年

群書治要／台灣商務印書館重印 1937 年版

意林／台灣商務印書館重印

翁注困學紀聞／王應麟／台灣商務印書館 1978 年

文子要詮／李定生／復旦大學出版社 1988 年

文子逐字索引／劉殿爵／台灣商務印書館 1992 年

淮南鴻烈解／台北藝文印書館景印北宋小字本 1994 年

讀淮南子雜志／王念孫／江蘇古籍出版社 1985 年

經義述聞／王引之／江蘇古籍出版社 1985 年

淮南子雜記／王紹蘭／中華書局《學術筆記叢刊》排印本 1988 年

淮南子叢錄　洪頤煊

讀淮南子平議／俞樾／收入《諸子平議》／上海商務印書館 1935 年

讀淮南子劄記／陶鴻慶／收入《讀諸子雜記》／

淮南子札迻／　孫詒讓／收入《札迻》／中華書局 1989 年

淮南鴻烈集解／劉文典／中華書局 1989 年

淮南子集證／劉家立／台灣廣文書局影印 1978 年

淮南子舊注參正／馬宗霍／齊魯書社 1984 年

淮南子校錄拾遺／劉文典／上海商務印書館 1938 年

淮南子新證／于省吾／收入《諸子新證》／台灣樂天出版社影印 1970 年

淮南子證聞／楊樹達／上海古籍出版社 1985 年

淮南子校記／蔣禮鴻／上海古籍出版社 1986 年

淮南子斠證／王叔岷／收入《諸子斠證》／台灣世界書局 1964 年

淮南子校釋／于大成／台灣 1969 年油印本

淮南子校釋／張雙棣／1997 年北京大學出版社

淮南子集釋／何寧／1998 年　中華書局

淮南子逐字索引／劉殿爵／台灣商務印書館 1992 年

《文子疏義》序／王利器／收入《曉傳書齋集》／華東師範大學 1997 年

鹽鐵論校注（定本）／王利器／中華書局 1992 年

劉子集證／王叔岷／台聯國風出版社 1975 年

莊子校詮／王叔岷／中央研究院歷史語言研究所 1994 年

管子／四部叢刊影宋本

呂氏春秋校釋／陳奇猷 校注／學林出版社 1984 年

呂氏春秋研究／王範之／內蒙古大學 1993 年

說苑／四部叢刊影平湖葛氏傅樸堂藏明鈔本

逸周書彙校集注／黃懷信　張懋鎔　田旭東／上海古籍出版社 1995 年

淮南子全譯／許匡一／貴州人民出版社／ 1993 年

《文子》資料探索

著　　　者：丁原植

發　行　人：許錟輝

出　版　者：萬卷樓圖書有限公司

　　　　　　台北市和平東路一段 67 號 14 樓之 1

　　　　　　電話(02)23216565・23952992

　　　　　　FAX(02)23944113

　　　　　　劃撥帳號 15624015

出版登記證：新聞局局版臺業字第 5655 號

網 站 網 址：http://www.wanjuan.com.tw/

E 　 -mail：wanjuan@tpts5.seed.net.tw

經 銷 代 理：紅螞蟻圖書有限公司

　　　　　　台北市內湖區文德路 210 巷 30 弄 25 號

　　　　　　電話(02)27999490

　　　　　　FAX(02)27995284

承 印 廠 商：晟齊實業有限公司

電 腦 排 版：浩瀚電腦排版股份有限公司

定　　　價：800 元

出 版 日 期：民國 88 年 9 月初版

ISBN 957-739-232-6